해양경찰학개론

순 길 태

도서출판 대영문화사

머리말

해양경찰은 1953년 12월 23일 우리 수역을 침범하는 외국 불법 어선들로부터 해양 주권을 수호하기 위해 창설되었으며, 60여년이 넘는 기간 동안 해양에서의 유일한 법집행기관으로 역할을 다하고 있다. 그러나 이러한 유구한 역사와 국가기관으로서의 사회적 역할에도 불구하고 잦은 조직 변경 등으로 인해 그 역할과 실적이 제대로 평가받지 못하고, 해양경찰학이 학문으로서 정립되지 못하고 있는 것 같다.

해양경찰은 1996년 외청 이후 한국해양대학교를 필두로 해양경찰학과가 설치되고, 해양경찰학을 전공한 우수한 인재들이 해양경찰에 진출해 충실히 그 소임을 다하고 있으며, 해양경찰학회나 경찰연구학회 등을 중심으로 해양경찰에 대한 논문 등 연구 성과가 발표되고 있으나, 아직까지 학문적으로 충분히 연구되지 않았으며, 그 기반도 취약하다고 볼 수 있다. 이로 인해 해양경찰학을 전공하는 학생뿐 아니라 해양경찰 조직에서 업무를 담당하는 경찰관들에게 해양경찰학이 난해한 학문으로 인식되고 있는 안타까운 현실인 것이 사실이다.

이러한 연유로 저자는 해양경찰에서 지난 30여년 동안 경비함정부터 수사, 정보 등 다양한 직책을 수행하면서 평소에 기록했던 내용과 학회지 등에 발표하면서 연구한 내용 등을 중심으로 『해양경찰학개론』을 집필하게 되었다.

이 책의 가장 큰 특징은 해양경찰학을 전개하되 경찰학과 동등한 지위에서 바라보고 있다는 것이다. 그동안 해양경찰은 조직, 작용 등에서 경찰과 동일한 지위와 업무의 독자성이 인정되고 있음에도 기존의 경찰학에서는 해양경찰을 경찰의 일부분으로 분류해 왔다. 이러한 오류를 개선하고 해양경찰학이 독자적인 학문으로 발전하는 초석을 마련하고자 한다.

이 책의 구성은 다음과 같다.

첫째, 대학에서 해양경찰학을 공부하는 전공자와 해양경찰에 진출하려는 수험생, 그리고 해양경찰 조직 내에서 업무 중 필요한 사항을 찾아볼 수 있도록 정리했고, 대학 강의 교재 및 수험 기본서로 활용할 수 있도록 요약했다.

둘째, 해양경찰 조직, 해양경찰제도, 해양경찰작용, 해양경찰행정법 등 해양경찰의 신분, 조직, 작용에 대한 전반적인 내용을 총론에 빠짐없이 기술해 해양경찰학에 대한 기초지식 습득이 가능하도록 편제했다.

셋째, 미국, 일본, 중국 등 외국의 해양경찰제도를 총론에서 내용을 소개함과 동시에 각론에서 분야별로 특성을 제시함으로써 각국의 해양경찰제도를 비교 가능하도록 기술했다.

넷째, 해양경찰학 각론에서는 해양에서의 경비활동, 해양경찰활동 중 비권력적이며 대(對)국민서비스 업무로 구분되는 해양수색구조, 연안해역 안전관리 및 범죄예방 등과 관련된 해양안전, 해양범죄 첩보 수집, 범죄 수사 및 치안정보 생산, 해상집회 · 시위, 방첩활동과 관련된 보안경찰, 외국인 범죄 관련 외사 등 해양정보 수사활동과 해양경찰의 특수 업무인 해양에서의 오염방제 활동 등에 대해 개괄했다.

특히 이 책을 서술하면서 김재규 저 『경찰학개론』(2016), 전국 9개 대학 해양경찰학과 교수 공저 『해양경찰학개론』(2016) 등을 참고로 했음을 밝히며 감사드린다.

『해양경찰학개론』을 출간하기 위해 오랫동안 마음에 두고 준비했지만, 아직 부족한 부분이 많으며, 그 범위 역시 정립하기가 쉽지 않았다. 앞으로 더욱 연구해 보완할 것을 다짐해 본다.

끝으로 이 책을 출간하도록 배려해 준 대영문화사 임춘환 사장님과 이 자리에 있기까지 논문 지도를 비롯해 학문적 지도와 격려를 아끼지 않은 인하대학교 김영민 교수님께 감사의 말씀을 전함과 동시에, 집필 내내 많은 도움을 준 해양경찰 관계자 여러분께도 깊은 감사를 드린다.

2017년 2월
저자 씀

차 례

제 2 편　해양경찰과 그 법적 토대

제 3 편 해양경찰 행정관리 및 통제

제Ⅱ부 각 론

제 1 편 해양경찰 경비론

제 2 편 해양경찰 수색구조론

제 3 편 해양경찰 안전관리론

제 4 편 해양경찰 수사론

제 5 편 해양경찰 정보론

제 6 편 해양경찰 보안론

제 7 편　해양경찰 외사론

제 I 부

총 론

제 1 편

해양경찰 개념

제 1 장 해양경찰학의 기초

제 1 절 해양경찰학 접근 방법론

1. 해양경찰학의 개념

(1) 의의

① 해양경찰은 입법부 · 사법부 · 행정부로 나뉜 국가조직 중 행정부에 소속된 국가조직의 일부이다. 따라서 해양경찰학이란 해양경찰이라고 불리는 국가조직의 구성과 그 활동에 대해 연구하는 학문이라고 볼 수 있다.

② 즉, 해양경찰행정과 제도와 조직, 해양경찰 업무에 대한 다양한 요구로 관련 이론을 정립하고 검증하며, 새로운 발전 방향을 모색해 가는 사회과학의 한 영역이라고 정의할 수 있다.

③ 해양경찰학의 연구 범위는 해양경찰 조직 및 작용과 관련된 것으로 해양경찰의 이념과 윤리, 해양경찰 법제, 해양경찰 행정, 해양경찰의 역사, 외국 해양경찰 법제와 행정의 비교, 해양경찰 실무 등 해양경찰에 관한 학문적 관심 대상을 포괄한다.

(2) 학문적 체계

기초이론에 의한 분류	해양경찰철학	해양경찰이념론, 해양경찰윤리학
	해양경찰사학	한국해양경찰제도사, 외국해양경찰제도사
	해양경찰법학	해양경찰조직법학, 해양경찰작용법학
	해양경찰행정학	해양경찰 조직관리, 인사관리, 예산관리, 장비관리 등 해양경찰 관리론
응용론에 의한 분류	해양경찰경비론, 해양경찰수색구조론, 해양경찰안전론, 해양경찰수사정보론, 해양경찰오염방제론 등	

2. 해양경찰학의 연구 방법

역사적 접근 방법	해양경찰제도의 진정한 성격과 그 제도가 형성되어온 특수한 방법을 분석해 현 제도에 대한 인식 수단 제공
법률적 접근 방법	해양경찰 법규를 중심으로 그 특성과 차이를 분석하고, 국가 간의 비교도 가능
행정적 접근 방법	해양경찰 업무를 수행하는 경찰공무원의 채용과 승진 등 인사행정 전반에 대한 연구를 통해 해양경찰을 분석, 평가
생태적 접근 방법	해양경찰과 그를 둘러싸고 있는 환경적 요소 및 인접국의 해양정책의 변화 등을 통해 해양경찰의 제도와 법령의 개선, 발전을 도모
해양범죄문제 접근 방법	해양범죄에 대한 과학적인 진단 및 효과적인 대응을 통해 해양경찰학의 학문적 위치를 정립하고 확장

3. 해양경찰학의 접근 방법

해양경찰학이란 학문적으로 정립되지 않은 분야이다. 이러한 연유로 해양경찰학에 대한 접근방법론 역시 제시된 바 없으며, 해양경찰학의 전개 방법 또한 난해한 실정이다.

해양경찰은 1953년 창설 당시 내무부 치안국 소속으로 육상경찰과 그 뿌리를 같이하고 있으며, 1996년 해양수산부 외청으로 독립되기 전까지 육상경찰의 산하기관으로 육상경찰은 육지에서, 해양경찰은 해양에서 각각 경찰 업무를 집행했으며, 독립 이후 현재까지 신분·직용·임무·수난 등에서 육상경찰과 동일한 지위와 역할을 유지하고 있다.

그래서 이 책에서는 인접 학문인 경찰학에 기반을 두고 전술한 학문적 체계와 연구방법론을 적용해 해양경찰학에 접근해 보고자 한다.

제 2 절 해양경찰의 개념

1. 형식적 의미의 해양경찰(실정법 · 제도 · 조직을 기준)

(1) 의의

해양경찰작용의 성질과 관계없이 실정법상(「정부조직법」, 「해양경비법」, 「경찰관직무집행법」) 해양경찰기관에 분배되어 있는 임무를 달성하기 위해 행해지는 모든 해양경찰 활동을 의미하며, 그 범위는 각국의 전통이나 현실적 환경에 따라 국가별로 차이가 크다.

(2) 내용

① 조직(실정법)을 기준으로 역사적 · 제도적으로 발전해 온 개념이다.

② 현재의 법 규정에 해양경찰이 담당하도록 규정되어 있는 사항(해양경비 · 안전 · 범죄수사 등)은 내용(성질)을 불문하고 모두 형식적 의미의 해양경찰 업무에 속한다.

③ 「정부조직법」 제22조의2(국민안전처) 제3항, 「해양경비법」 제7조(경비활동의 범위), 「경찰관직무집행법」 제2조(경찰관의 직무 범위)가 형식적 의미의 해양경찰 개념에 해당한다.

④ 분야별로 해양경비 · 해양안전 · 수사 · 정보 · 보안 · 외사 경찰 등과 구조 · 구난 등 비권력적 활동(해양경찰의 서비스 활동)도 형식적 의미의 해양경찰 작용에 해당한다.

2. 실질적 의미의 해양경찰(성질 · 작용 · 활동을 기준)

(1) 의의

① 해양경찰기관이 담당하는 권한이나 조직의 활동에 관계없이 해양경찰작용의 성질을 기준으로 파악한 개념이다.

② 실질적 의미의 해양경찰작용은 사회 질서를 유지하기 위해 일반통치권을 바탕으로 국민에게 명령 · 강제하는 권력작용을 말한다.

(2) 내용

1) 목적

① 사회 공공의 안녕과 질서를 유지하기 위한 작용인 점에서 사회목적적 · 소극목적적 작용에 속한다(국가목적적 · 적극목적적 작용이 아님).

② 수사를 담당하는 사법경찰은 직접 목적이 사회 공공의 안녕과 질서 유지가 아니라 범인을 체포해 증거를 확보하고 공소 제기 및 유죄 판결을 직접 목적으로 하므로 실질적 의미의 해양경찰이 아니다.

③ 정보경찰 · 보안경찰의 직접 목적은 국가안전 보장이고, 간접적으로 사회 공공의 안녕과 질서 유지를 그 임무로 하고 있으므로 이는 실질적 의미의 해양경찰이 아니다.

2) 권력의 기초

① 해양경찰권은 일반통치권에 기초를 두고 있다.

② 그러므로, 특별한 근무 관계에 의해 그 복종자에게 명령 · 강제하는 특별권력 관계와는 그 성격이 다르다.

3) 권력의 수단

① 실질적 의미의 해양경찰 수단은 국민에게 명령 · 강제하는 권력적 작용이다.

② 비권력적 작용은 실질적 의미의 해양경찰작용이 아니다.

③ 실질적 의미의 해양경찰은 기관의 종류에 관계없이 그 작용을 기준으로 규정되고 학문적으로 정립된 개념으로, 해양경찰기관이 아닌 일반행정기관에서 수행하는 행정작용도 실질적 의미의 해양경찰작용에 해당된다.

제 3 절 해양경찰의 분류

1. 행정해양경찰과 사법해양경찰

(1) 의의

우리나라의 경우 조직법상 행정해양경찰과 사법해양경찰의 구분이 되어 있지 않으며, 보통 해양경찰기관에서 양 사무를 담당하고 있다.

(2) 양자의 비교

행정해양경찰	사법해양경찰
사회 공공의 안녕과 질서를 유지하는 권한을 행사하는 실질적 의미의 경찰	범죄를 수사하고 범인을 체포하는 권한을 행사하는 형식적 의미의 경찰
「행정법규」 적용	「형사소송법」 적용
상급기관이나 상사의 지휘를 받음.	검사의 지휘·감독을 받음.

2. 예방해양경찰과 진압해양경찰

(1) 의의

경찰권 발동의 시점을 기준으로 사전에 발동되는 예방해양경찰과 사후에 발동되는 진압해양경찰이 있다.

(2) 양자의 비교

예방해양경찰	진압해양경찰
공공의 안녕과 질서를 해하는 위험한 상황의 발생을 예방하기 위한 권력적 작용	이미 공공의 안녕과 질서를 해하는 위험한 상황이 발생했거나 이미 발생한 범죄의 수사를 위한 권력적 작용
기상 불량 시 선박 출항 통제, 항포구 사고 예방 순찰 등	해상시위의 진압, 범죄의 제지, 범죄의 진압, 피의자 체포 등

3. 국가해양경찰과 자치해양경찰

해양경찰의 조직과 운영 책임이 중앙정부에 있느냐 아니면 지방자치단체에 있느냐를 기준으로 한 구별이다. 우리나라의 경우 해양경찰과 육상경찰은 중앙집권적 국가경찰이 원칙이나, 육상경찰에서 현행법상 제주특별자치도의 경우 지자체 경찰이 운영되고 있다.

4. 질서해양경찰과 봉사해양경찰

(1) 의의

강제력을 수단으로 권력적 활동을 하는지, 강제력이 아닌 서비스 등을 통해 직무를 수행하는 비권력적 활동을 하는지에 따라 구분한다.

(2) 종류

질서해양경찰	봉사해양경찰
강제력을 수단으로 공공의 안녕과 질서를 위한 법 집행을 주로 하는 경찰활동(권력적)	강제력이 아닌 서비스, 계몽, 지도 등을 통해 직무를 수행하는 경찰활동(비권력적)
범죄 수사, 즉시강제, 경찰강제 등	수난구호, 항·포구 순찰, 해수욕장 안전관리 등

5. 평시해양경찰과 비상해양경찰

① 평시해양경찰: 해양경찰기관이 관련 법규에 따라 공공의 안녕과 질서 유지 작용을 담당하는 것을 말한다.

② 비상해양경찰: 전시, 사변, 계엄선포 등과 같이 비상시 군이 행하는 경찰작용을 말한다. 해상은 통합방위 사태 발생 시 함대사령관이 관할 해역에서 군·경 합동작전 등을 수행한다.

제 4 절 해양경찰의 임무 및 수단

1. 해양경찰의 기본적 임무

(1) 의의

해양경찰의 임무는 행정조직법상 해양경찰기관을 전제로 한다. 조직법을 가지고 있지 않은 해양경찰은 「정부조직법」에 임무규정이 포함되어 있으며, 「경찰관직무집행법」과 「해양경비법」에도 규정되어 있는 것이 특색이다.

「정부조직법」은 2014년 세월호 사건을 계기로 해양경찰의 임무를 "해양에서의 경찰"에서 "해양에서의 경비・안전・오염 방제 및 해상에서 발생한 사건에 관한 수사"로 열거적으로 명시했다. 그러나 이는 현실적으로 해양경찰의 업무를 모두 포괄하지 못하고 있는 게 사실이다. 이로 인해 해양 집행력이 약화되거나 공권력의 공백 발생 우려가 예상된다. 해양경찰의 임무 규정에 대해 「정부조직법」의 개정이나 조직법의 제정을 통해 현실에 맞도록 재조정할 필요가 있다.

현재의 「정부조직법」 규정에도 불구하고, 해양경찰은 전통적으로 법집행적 임무인 해양에서의 질서 유지, 해양범죄 수사뿐 아니라 적극적인 서비스 지향적 활동을 통해 국민에게 봉사하는 임무를 수행하고 있으며, 국가 경찰로서 임무를 수행하고 있다. 그러므로 임무에 대한 접근은 해양에서의 경찰활동을 토대로 전개하고자 한다.

(2) 실정법상 해양경찰의 임무

① 해양경찰의 임무를 형식적 해양경찰을 전제로 한 개념으로서, 공공의 안녕과 질서 유지에 대한 위험의 방지, 범죄 수사, 각종 치안 서비스의 제공을 말한다.

② 해양경찰 임무는 육상경찰과 달리 개별적인 조직법을 가지지 않고 「정부조직법」에 직접 명시하고 있으며, 작용법인 「경찰관직무집행법」과 해양에서 경비활동에 관한 전반을 규정한 「해양경비법」에 근거를 두는 특징을 가지고 있다.

「정부조직법」(제22조의2)	「경찰관직무집행법」(제2조)	「해양경비법」(7조)
해양에서의 경비・안전・오염 방제 및 해상에서 발생한 사건에 관한 수사사무	① 국민의 생명・신체 및 재산의 보호 ② 범죄의 예방・진압 및 수사 ③ 경비・요인경호 및 대간첩작전 수행 ④ 치안정보의 수집・작성 및 배포 ⑤ 교통의 단속 및 위해의 방지 ⑥ 기타 공공의 안녕과 질서 유지	① 해양 관련 범죄에 대한 예방 ② 해양오염 방제 및 해양자원 보호에 관한 조치 ③ 해상경호, 대테러 및 대간첩작전 수행 ④ 해양시설의 보호에 관한 조치 ⑤ 해상 항행 보호에 관한 조치 ⑥ 그 밖에 경비수역에서 해양경비를 위한 공공의 안녕과 질서 유지

(3) 종류

1) 위험의 방지

① 해양경찰은 해양에서 공공의 안녕과 질서 유지에 대한 위험의 방지가 가장 기본적인 임무이다. 그러므로 위험 방지는 해양경찰의 궁극적 임무이며 전통적 임무라고 볼 수 있다.

② 해양에서의 공공의 안녕은 국민의 생명과 재산 보호를 포함하는 상위 개념이다.

2) 범죄의 수사

① 경찰 위반의 상태가 범죄의 구성 요건을 충족시키는 경우에는 수사 대상이 된다.

② 수사는 사법경찰작용이며, 「형사소송법」에 근거를 두고 있다.

③ 범죄 수사와 위험 방지 의무와의 관계는 상호 연관 관계가 있다.

3) 대국민 서비스 활동

① 오늘날 해양경찰에게는 서비스 활동을 통해 국민에게 봉사하는 역할의 중요성이 강조되고 있다.

② 특히, 최근 레저활동 등을 통해 국민들이 바다를 단순한 생계의 터전이 아닌 놀이의 장소로 이용하는 추세에 있어 해양경찰의 대국민 서비스 역할과 활동 범위가 더욱 증대하고 있다.

③ 위험 방지와 범죄 수사는 결과적으로 서비스 활동으로 귀결된다고 볼 수 있다.

2. 해양경찰의 수단

권력적 수단	경찰하명 (경찰명령)	① 상대방에게 작위, 부작위, 수인, 급부의무를 부과하는 것으로 이를 통해 공공의 안녕과 질서에 대한 위험 또는 경찰 위반 상태를 방지하고 제거되는 것이다. ② 조종 면허가 없는 사람은 레저기구를 운전해서는 안 된다는 부작위의무(경찰상 금지)를 통해 해상에서의 질서를 유지할 수 있다.
	경찰강제	경찰 목적을 위해 사인(私人)의 의사에 관계없이 즉시강제, 강제집행 등 그의 신체 또는 재산에 실력을 가해 질서 유지에 필요한 상태를 실현하는 권력적 사실행위이다.
	부수적인 것	해양경찰에게 법적으로 허용된 것으로서 허가(조종 면허), 확인(조종 면허 시험의 합격·불합격의 결정), 공증(합격증서의 발급, 임명장 교부 등) 또는 그 철회를 통해서도 임무를 수행한다.
비권력적 수단	비권력적 수단은 구체적 수권 없이 임무에 관한 일반 조항만으로 행사할 수 있다. 「해양경비법」상 범죄 예방을 위한 해상 순찰, 해상 항행 보호 조치, 「수상에서의 수색·구조에 관한 법률」상 구호·구난 등이 있다.	
범죄 수사를 위한 수단	「형사소송법」 제199조는 수사 목적의 달성과 인권 보장의 조화를 위해 임의수사를 원칙으로 하고, 강제수사는 예외적으로 허용하고 있다.	

3. 해양경찰의 관할

사물관할 (직무 범위, 조직 규범, 조직법적 근거)	의의	경찰이 처리할 수 있고 또 처리해야 하는 사무 내용의 범위를 말하며, 넓은 의미의 경찰권이 발동될 수 있는 범위를 설정함으로써 그 범위를 넘는 분야에 관해서는 개입할 수 없도록 한다는 점에서 법적인 의미를 가진다.
	특징	우리나라는 영미법계의 영향으로 범죄 수사에 관한 임무가 경찰의 사물관할로서 인정되고 있다.
	근거	① 「정부조직법」 제22조의2와 「경찰관직무집행법」 제2조, 「해양경비법」 제7조에 규정되어 있는 임무가 해양경찰의 사물관할에 해당한다. ② 해양경찰의 사물관할은 궁극적으로 해양에서의 공공의 안녕과 질서 유지에 귀결되며, 해양경찰의 특성상 위험 방지뿐만 아니라 수난구호 등 서비스 영역도 포함된다.
지역관할 (토지관할)	의의	넓은 의미의 경찰권이 발동될 수 있는 지역적 범위를 말하며, 해양경찰은 영해, 접속수역, 배타적 경제수역까지 그 범위가 광활하다.
	특징	원칙적으로 해양에서의 경찰권의 집행은 해양경찰이 맡고 있으며, 육지에서의 관할은 육상경찰이 맡고 있으나, 해안가 방범순찰, 위험 예방을 위한 순찰, 해양범죄의 검거 및 추적 등 업무의 연속성과 효율성을 기준으로 지역관할을 구분한다.

	근거	해양경찰은 「정부조직법」 제22조의2와 「해양경비법」 제2조에 규정된 범위에서 경찰권을 행사하고 있어 이를 지역관할로 구분할 수 있다.
인적 관할	의의	넓은 의미의 경찰권이 어떤 사람에게 적용되는가의 문제로서, 원칙적으로 일반통치권에 복종하는 모든 사람이 그 대상이 된다. 그러나 대통령, 국회의원, 외교사절, 주한미군 등에 대해서는 일정한 한계가 있다.
	특징	해양은 영해, 접속수역, 배타적 경제수역 등 국제법적으로 규율받는 내용에 따라 각기 구분되며, 선박에 대해서는 영해라 할지라도 무해통항권이 인정되고 국제법적으로 기국주의가 적용되기 때문에 선박에 승선한 선원들에 대한 경찰권 행사에 일정한 제한이 있다.

제 5 절 해양경찰의 기본 이념

1. 서설

(1) 의의

① 일반적으로 이념이라 함은 도달하고자 하는 목표나 바람직한 상태를 말한다.

② 해양경찰은 해양에서 공공의 안녕과 질서 유지 및 국민의 생명과 재산 보호라는 존재 목적을 가지고 있다. 이러한 해양경찰의 목적을 달성하기 위해 해양경찰 행정이 지향하는 가치와 정신 등을 해양경찰 행정의 기본 이념이라고 할 수 있다.

(2) 내용

해양경찰의 기본 이념은 헌법에 명시되어 있으며, 이는 민주주의, 법치주의, 정치적 중립주의, 인권존중주의, 경영주의를 지향하는 것이라고 볼 수 있다.

2. 기본 이념 유형

민주주의	의의	해양경찰의 조직과 작용이 민주적이어야 한다는 원칙을 말한다.
	법적 근거	「헌법」 제1조, 제7조

	구현 내용	① 해양경찰 조직의 민주화: 해양경찰기관의 법정주의, 민주적 경찰공무원제도, 직업공무원제도 등 ② 해양경찰작용의 민주화: 실질적 법치주의, 해양경찰 책임의 인정, 해양경찰작용에 대한 적절한 통제와 행정구제제도 등
	확보 방안	① 대외적 민주화 확보 방안: 국민의 해양경찰에 대한 민주적 통제와 참여장치의 보장(국민권익위원회)과 해양경찰활동의 공개(「공공기관의 정보공개에 관한 법률」) 등이 있다. ② 대내적 민주화 확보 방안: 해양경찰 내부의 적절한 권한 분배와 해양경찰 공무원 개인의 민주적 의식의 확립 등이 있다.
법치주의	의의	국민의 자유와 권리에 대한 제한이나 국민에게 의무를 부과하는 경찰권 발동은 국회에서 제정한 법률에 근거가 있어야 한다는 원칙을 말한다.
	법적 근거	「헌법」 제37조
	적용 범위	① 권력적 활동의 경우(강제집행, 즉시강제 등)에는 국민의 자유와 권리에 제한을 가하는 것으로서 법치주의 원리가 강하게 적용되어 조직법적 근거와 작용법적 근거를 모두 필요로 한다. ② 비권력적 활동(구조·구난 등)의 경우에는 법치주의의 적용이 완화되어 직무의 범위 내에서라면 개별적 수권 없이도 경찰권의 행사가 가능하다. ③ 「경찰관직무집행법」은 경찰권의 남용을 금하고 있으며, 남용자에 대한 처벌도 규정하고 있다.
정치적 중립주의	의의	경찰관은 특정 정당 기타 정치단체의 이익이나 이념을 위해 활동할 수 없으며, 오로지 주권자인 전체 국민과 국가를 위해 활동해야 한다.
	법적 근거	「헌법」 제7조, 국가공무원법 제65조
	내용	① 특정 정당이나 단체의 이익이나 이념을 위해 활동해서는 안 된다. ② 정치적 중립을 훼손하는 소속 상관의 위법한 지시에 따를 의무가 없다.
인권존중주의	의의	경찰권의 발동 수단의 조건에 관한 원칙이며, 범죄 수사에서 임의수사 원칙과 비례의 원칙은 이를 구현하는 기본 이념이다.
	법적 근거	「헌법」 제10조
	적용 범위	① 해양경찰 행정상 경찰권 발동의 수단, 조건, 정도에 관한 원칙으로 이는 필요 최소한 발동한다. ② 인권존중주의는 수사경찰에게 더욱 중요한 이념으로 임의수사의 원칙과 강제처분 법정주의를 택하고 있다.
경영주의	의의	21세기 해양경찰에게 능률성의 차원이나 효과성의 차원을 넘어 경영 차원에서 조직화하고 조직을 관리·운영해 나가야 할 이념을 의미한다.
	이념	① 고객만족: 고객인 국민에게 최적의 방법으로 높은 질의 서비스를 제공함으로써 국민을 최대한 만족시켜 주는 것을 말한다. ② 효율성: 효과성과 능률성을 합한 것으로 투입과 산출의 비율을 의미하는데 이를 통해 생산성을 극대화하는 조직을 만든다.

제 6 절 해양경찰의 윤리적 · 사상적 토대

1. 해양경찰과 윤리

(1) 해양경찰 윤리 확립의 필요성

① 해양경찰이 해양에서 경찰권을 행사하는 데 상당한 재량에 의한 강력한 권한이 부여되어 있다.

② 해상에서 급박한 위기 상황 발생 시 신속한 대처 능력이 필요하며, 이는 적절히 발달된 도덕적 대응이 요구된다.

③ 위급한 사태 발생 시 비정상적 상황하에서 의사 결정되는 경우가 많이 있으므로, 업무 처리를 합리적으로 하기 위해 요구된다.

④ 집단 내부에서의 의무불이행에 대한 유혹이 있을수 있어 이를 이기기 위한 도덕적 의식이 필요하기 때문이다.

(2) 현대 행정에서 행정윤리가 강조되는 이유

행정권의 강화	행정권이 강화되면 될수록 행정이 국민에 미치는 영향력은 더욱더 커지게 되므로 윤리에 바탕을 둔 행정이 되지 않으면 안 된다.
현대 관료제의 역기능	조직의 대규모화로 인해 관료제의 역기능이 표출되고 있기 때문에 봉사행정의 정립을 위해서는 행동준칙과 행정윤리의 확립이 필요하다.
행정의 권력화	현대 행정은 점차 권력화 · 정치화의 경향을 띠고 있어 이를 방지할 필요가 있다.
부정적 윤리 의식의 영향	공직사회는 일반사회의 일부분으로 구성하고 있으므로 일반사회의 바람직하지 않은 윤리 의식이 공직에도 침투한다.

(3) 해양경찰 윤리교육의 목적(클라이니히)

도덕적 '결의' 강화	해양경찰이 실무에서 내부 및 외부로부터의 여러 가지 압력과 유혹에도 굴복하지 않고 자신의 소신과 직업 의식에 따라 일을 처리하도록 하기 위함이다.
도덕적 '감수성' 강화	해양경찰이 실무에서 다양한 계층의 사람들에게 모두 인간으로서 존중하고 공평하게 봉사하도록 하기 위함이다.
도덕적 '전문 능력' 강화	비판적이고 반성적인 사고방식을 배양해 부정적 관행을 비판적으로 검토하고 수용하는 것이며, 해양경찰 윤리교육에서 가장 중요한 목적이다.

(4) 해양경찰 윤리 확립을 위한 실천 과제

윤리 확립을 위한 실천은 임무를 통해 발현되는데 이는 ① 자율적 임무 수행, ② 책임 있는 임무 수행, ③ 창의적인 임무 수행, ④ 양심적인 임무 수행 등 네 가지로 축약할 수 있다.

(5) 객관적 윤리 질서와 악법의 문제

1) 의의

① 법률이 공동체가 가치로 승인한 객관적 윤리 질서를 내용으로 하지 않을 때 악법이 될 수 있다.

② 법이 정당한 것인지 아닌지를 판별해 주는 기준은 자연법이다. 따라서 악법의 문제는 정당한 법의 존재를 이념적으로 규정하는 자연법의 존재를 전제로 한다.

2) 악법의 징표

인간의 존엄성을 부정하는 법, 자유와 생명을 부정하는 법, 평등의 원칙을 부정하는 법이 악법의 징표이다.

3) 악법에 대한 학설

법실증주의자	① 법적인 안정성을 강조, 자연법을 부정하는 관점에서 정당한 절차만 밟아서 제정된 법은 악법도 법이라고 본다. ② 실정법〉 자연법 → 실정법에의 복종을 주장(저항권 부정)한다.
자연법론자	① 법적 안정성보다 공동체가 추구하는 객관적 윤리 질서에 중점, 공동체가 추구하는 객관적 윤리 질서에 반하는 법은 악법에 지나지 않는다고 본다. ② 실정법 〈자연법 → 실정법에 우선되는 자연법을 강조, 자연법에 위배된 실정법의 구속력을 부정(저항권 인정)한다.

4) 저항권 행사와 해양경찰의 태도

① 어떠한 법이 공동체의 객관적 윤리 질서에 반하는 것이 명백하고 정상적인 제도적 채널로 그 해결이 어려운 상태라면 해양경찰은 시민의 저항권을 저지하기 위해 공권력을 행사할 수 없다.

② 다만, 법이 객관적 윤리 질서에 위배되는지 불분명할 경우에는 현실적인 법에 근거해 법집행을 해야 한다.

(6) 해양경찰의 전문직업화의 장점 및 문제점

구분		내용
장점		사회적 위상 제고와 긍지를 불러일으킴.
문제점	부권주의(父權主義)	① 전문직업적 부권주의란 아버지가 자식의 문제를 결정하듯이 전문가가 우월적 지식에 근거해 비전문가의 판단을 전혀 고려하지 않고 자신의 판단으로 대신 하려는 윤리적 문제점을 말한다. ② 이러한 자세는 해양경찰 서비스의 질을 저하시킬 수 있다.
	차별의 문제	자신의 이익을 추구함에 따라 경제적 · 교육적 약자에게 전문가가 되는 기회를 상실하게 하는 것 → 전문직업화를 위해 초임 순경 공채시험의 학력을 대졸 이상으로 제한할 경우 차별문제가 야기된다.
	소외의 문제	나무는 보고 숲은 보지 못하듯 전문가가 자신의 국지적 분야만 보고 전체적인 맥락을 보지 못하는 것이다.

(7) 내부고발의 의의와 정당화 요건(존 클라이니히)

1) 의의

① 내부고발(whistle blowing)은 동료나 상사의 부정에 대해 감찰이나 외부의 언론매체를 통해 공표하는 내부고발 행위이다.

② 비지바디니스(busybodiness)는 남의 비행(非行)에 대해 일일이 참견해 도덕적 충고를 하는 것으로서 내부고발과 구별된다.

2) 내부고발의 정당화 요건

① 적절한 도덕적 동기에 의해 행해져야 한다.

② 내부고발자는 특별한 경우를 제외하고 공표를 하기 전에 자신의 의견을 표시하기 위한 모든 내부적인 채널을 다 사용해야 한다.

③ 내부고발자는 부적절한 행동을 하도록 지시되었다는 자신의 신념이 합리적 증거에 근거했는지 확인해야 한다.

④ 내부고발자는 도덕적 위반이 얼마나 중대한가, 얼마나 급박한가 등 세심한 고려가 있어야 한다.

⑤ 어느 정도 성공할 가능성이 있어야 한다.

2. 해양경찰 윤리강령

(1) 의의

① 해양경찰 강령 또는 윤리강령이란 해양경찰공무원 개개인이 자율적 행동요령으로, 해양경찰공무원으로서의 공직윤리를 확보하기 위해 제정된 강령을 말한다.

② 이러한 해양경찰 윤리강령은 그 형식에서 강령 · 윤리 · 헌장 등 다양한 명칭으로 규정되며, 훈령 · 예규의 형태를 통해 발현될 수도 있다.

(2) 해양경찰 윤리강령의 기능

대내적 기능	대외적 기능
① 해양경찰 공무원 개인적 기준 설정 ② 해양경찰 조직의 기준 제시 ③ 해양경찰 조직에 대한 소속감 고취 ④ 해양경찰 조직구성원에 대한 교육자료 제공	① 서비스 수준 보장 ② 국민과의 신뢰 관계 형성 ③ 과도한 요구에 대한 책임 제한

(3) 해양경찰 헌장

1) 목적

21세기 신해양시대에 부응하는 해양경찰의 독자적 위상을 제고하고 독립외청 발족 후 해양경찰 고유의 정신 함양, 사명감 고취 및 정통성 확립 등을 통한 새로운 해양경찰상 정립을 위한 목적으로 제정되었다.

2) 구성

전문과 강령으로 구성되어 있으며, 전문은 해양경찰의 정통성과 헌법의 기본 이념에 부응한 사명과 정신을 표현하며, 강령은 4대 덕목으로 구분해 구성되었다.

3) 「해양경찰 헌장」 4대 덕목

① 충성: 어떠한 고난에도 굴하지 않고 헌신하며 국가에 대한 충성심을 표현

② 정신: 공무원으로서 양심에 따라 공정하게 법을 집행하는 의로운 정신을 표현

③ 임무: 국제해양 질서 유지와 해양환경 보전의 임무를 표현

④ 자기개발: 공복(公僕)으로서 무한한 봉사와 부단한 자기개발에 대한 각오를 표현

3. 해양경찰 심볼마크

(1) 상징 표지

① 2009년에 변경한 해양경찰 상징 표지는 대한민국 해양의 수호자인 해양경찰의 모습을 천연기념물 제243호 흰꼬리수리와 전통 원형 방패로 형상화했다.

② 전통 방패와 흰꼬리수리의 넓은 날개는 대한민국의 해양과 국민을 보호하는 의미를 담고 있고, 역동적으로 비상하는 흰꼬리수리를 통해 좀 더 적극적으로 국민에게 봉사하겠다는 해양경찰의 다짐을 표명한 것이다.

③ 흰꼬리수리는 몸길이의 2배가 넘는 큰 길이의 날개를 가진 독수리로 신속한 구조로 대한민국의 해상을 관할한다는 점, 오랜 비행은 오랜 시간 해상에 떠 있는 함정을, 또한 우리나라 해안가에 서식하는 텃새로서 해경의 역할을 대변하는 독수리이다.

④ 전통 방패 안의 삼태극 문양은 대한민국과 국민을 상징하며, 이를 감싸고 있는 팔괘는 충(忠), 신(信), 용(勇), 인(仁), 의(義), 예(禮), 지(知), 덕(德)의 해양경찰이 지향하는 가치 개념을 상징한다.

⑤ 독수리 꼬리의 6면은 해양경찰의 주요 업무인 해양 주권 수호, 해양자원 보호, 안전한 해양활동의 강화, 해상 치안 확보, 해양 보호 활동, 창의적 업무 수행, 해양경찰 역량 강화 등을 의미한다.

⑥ 독수리 꼬리 부분의 삼각형은 3면의 바다로 둘러싸여 있는 대한민국 해양을 힘차게 전진하는 해양경찰 함정의 함수를 나타낸다.

⑦ 경비함정, 항공기, 순찰차 등에 적용된 3색선 중 파란색은 맑고 푸른 대한민국 해양, 노란색은 해양 안전의 든든한 동반자, 붉은 색은 안전한 해양활동에 대한 해양경찰의 열정과 의지를 상징한다.

(2) 무궁화

① 무궁화 중심의 태극장은 만물의 근원으로서 '대한민국 국민'을 상징한다.

② 이를 감싸는 무궁화의 꽃잎은 5장으로 각각 해양경찰이 지향하는 가치 개념인 충(忠), 신(信), 용(勇), 의(義), 인(仁)을 의미한다.

4. 해양경찰 윤리의 실천 과제

(1) 자율(↔ 타율)

① 광범위한 재량권의 행사에서 해양경찰관의 자율적 판단이 중요하다.

② 윤리와 책임 의식을 바탕으로 한 자율성이 요구되며, 자율을 가능케 하는 권한의 분배가 필요하다.

③ 자율이 전제되었을 때 창의가 가능하다.

(2) 창의(↔ 맹종)

① 현재의 지식정보사회에서 임무를 달성하기 위해 다양한 방법의 개발과 창의적 사고가 요구된다.

② 창의적 사고는 자율이 전제되어야 한다는 점에서 자율과 창의는 동전의 양면이다.

(3) 책임(개인책임과 기관책임)

① 책임 없는 자율은 방종이다. 참다운 책임은 단순한 처벌을 전제로 한 피동적 관념이 아닌 발전을 위한 능동적 창조 과정으로 이해해야 한다.

② 흔히 개인적 책임에는 민감한 반면, 조직관리자의 정책 결정 책임에 대해서는 둔감한 경향이 있다.

③ 책임과 권한의 균형이 필요하며, 권한 배분상 균형을 유지하는 것이 책임감 강화에 직결된다.

(4) 양심(직업인으로서의 마음가짐)

① 양심은 정직, 책임 의식, 사명감 등을 포함하는 넓은 개념으로서 직업인으로서 해양경찰관에게 요구되는 기본적인 마음가짐이라고 정의할 수 있다.

② 양심은 「해양경찰 헌장」 제2호에 "우리는 법과 정의의 상징으로서 오직 양심에 따라 올바르게 법을 집행하는 의로운 해양경찰이다."라고 함으로써 그 근거를 두고 있다.

제 2 장 한국 해양경찰의 역사와 제도

제 1 절 한국 해양경찰의 시대적 구분

1. 서설

(1) 해양경찰 태동에 대한 제반 견해

① 통일신라시대: 장보고가 청해진을 건설, 해적을 소탕하던 시기를 해양경찰의 출발로 보는 시각

② 일제 강점기: 1924년과 1949년 부산과 인천에 수상경찰서가 신설되어 수상에서의 경찰 및 위생사무 관리, 사법행정 업무를 맡았던 시기로 보는 시각

③ 해방 이후: 해방 이후인 1946년에 창설된 '조선해양경비단'을 그 시작으로 보는 시각 등이 있다.

(2) 저자의 견해

① 위와 같은 제반 견해를 검토해 본 결과, 장보고가 설치한 청해진은 국가에서 지정하고 관리, 운영하던 것이 아닌 장보고 개인이 조직한 지방조직으로서, 국제무역을 활성화하기 위해 해적을 소탕하는 일을 했던 것으로 국가행정조

직의 일환으로 보기 어렵고, 일제 강점기 수상경찰은 해양을 수상경찰과 해상보안청으로 이원화해 관리하는 일본의 제도를 적용한 것인데 본질적으로 성격상 해양경찰과 상이하며, 조선해양경비단은 해군으로 전환된 해군의 전신으로 고유한 의미의 해양경찰로 보기는 어려운 점이 있다.

② 그러므로 저자는 해양경찰의 태동을 해방 이후, 일본 어선들의 불법조업 등으로 인해 정부 주도로 입안되고 법률에 의해 창설된 1953년을 기준으로 삼고자 한다.

2. 한국 해양경찰의 시대적 개관

구분	정부	기간	소속기관
태동기	이승만 정부	1953~1955	내무부 치안국 해양경찰대
해무청 시기	이승만 ~ 윤보선 정부	1955~1962	상공부 해무청 해양경비대(1955.2.7)
해양경찰대 시기	박정희, 최규하, 전두환, 노태우 정부	1962~1991	내무부 치안국 해양경찰대(1962.5.5)
해양경찰청 시기	노태우 ~ 김영삼 정부	1991~1996	경찰청 소속 해양경찰청(1991.7.23)
독립 외청 시기	김영삼, 김대중, 노무현, 이명박, 박근혜 정부	1996~ 2014.11.	해양수산부 해양경찰청 외청 독립(1996.8.8) 국토해양부 해양경찰청 직제 변경(2008.2.29) 해양수산부 해양경찰청 직제 변경(2013.3.23)
국민안전처 해양경비안전본부 시기	박근혜 정부	2014.11 ~ 현재	국무총리 소속 국민안전처(2014.11.19)

제 2 절 태동기(1945~1953년)

1. 창설 배경

(1) 일본 어선의 불법조업 극성(맥아더 라인 설정)

① 1945년 광복 이후 일본 어선들의 불법조업이 만연함에 따라, 미국 제5함대

사령관의 명의로 일본 어선의 어로를 제한하는 수역을 설정해 군사상 통제 뿐만 아니라 어자원 남획에 제동을 걸었다. 이 제한선을 당시 연합군 총사령관이었던 맥아더(Douglas McArthur) 원수의 이름을 따서 '맥아더 라인(McArthur Line)'이라 부르게 되었다.

② 타격을 받은 일본 수산업계는 맥아더 라인의 철회를 요구했고, 맥아더 라인을 월선해 제주도와 흑산도를 중심으로 한 서해 해역의 주요 어장에 대거 침입해 남획하기에 이르렀다.

(2) 6 · 25로 인한 일본 어선의 월선 조업 만연(이승만 라인 설정)

① 1950년 6월 25일 전쟁이 발발하자 일본 어선들의 맥아더 라인 월선조업은 더욱 심해졌고, 1951년 9월 8일 샌프란시스코에서 대(對)일본평화조약이 조인됨으로써 맥아더 라인도 철폐되었다.

② 이에 정부는 우리 해양의 천연자원 개발과 어업자원을 보존하기 위해 1952년 1월 18일 '인접 해양의 주권에 대한 대통령 선언'을 내외에 선포했는데, 이를 우리 국민들은 '평화선'으로 불렀으며, 일본인들은 당시 대통령의 이름을 따서 '이승만 라인'이라 불렀다.

(3) 북한의 해상 침투 상존(클라크 라인 설정)

평화선이 설정되고 3개월이 지난 1952년 4월 25일 '맥아더 라인'이 철폐되었고, 그 후 1952년 9월 27일 당시 연합군 총사령관인 클라크(Mark W. Clark) 장군이 적의 해상 침투를 봉쇄하기 위해 한반도 주변에 해상 방위수역인 '클라크 라인(Clark Line)'을 설정했다.

2. 해양경찰조직 창설(1953. 12. 23)

(1) 의의

① 1953년 7월 27일 휴전되면서 클라크 라인도 철폐되자, 일본 어선들의 평화선 침범은 더욱 기승을 부리게 되었고, 그들의 축출과 나포, 불순분자 침입 등 해양경비의 필요성이 절실히 요구되었다.

② 이에 따라 정부는 1953년 12월 23일 부산항에 있는 해양경찰대 기지에서 내무부 치안국 산하에 해양경찰대를 창설하게 되었다.

(2) 조직

해양경찰대장은 경무관으로 보하고, 업무를 분장하기 위해 참모장, 행정참모, 작전참모, 정비참모, 보급참모를 두었으며, 참모장과 각 참모는 총경으로 보했다.

(3) 지방조직

부산, 인천, 군산, 목포, 제주, 포항, 묵호 등 7개 기지대와 해양순찰반이 편성되었다.

(4) 인력 및 장비

인력은 경무관 1명, 총경 5명, 경감 27명, 경위 86명, 경사 288명, 순경 251명 등 총 658명으로 구성되었으며, 경비함정은 181톤급의 소규모 경비정 6척으로 구성되었다.

(5) 임무

평화선을 침범하는 외국 어선 단속 및 어업자원 보호

(6) 관할

관할구역은 인근 해양주권선 내의 해양에서 연안 3마일 외부로부터 인접 해양주권선까지의 해역으로 지정되었다(3마일 이내의 해역은 육상경찰 관할).

제 3 절 상공부 해무청 해양경비대 시기(1955.2.7~1962.5.1)

1. 변경 사유

정부에서는 여러 부처에 흩어져 있는 해양 업무를 일원화하기 위해 1955년 2월 7일 「정부조직법」을 개정했다.

2. 개편 내용

① '수산, 해양경비, 조선, 항만공사에 관한 사무와 일반항만 및 해운행정 등 해양 관련 업무'를 일괄 관장하기 위해 상공부 소속하에 해무청을 신설했다.
② 해무청 내에 수산국, 해운국, 시설국을 두었으며, 수산국 내에 해양경비과를 두고 「어업자원보호법」에 관련되는 해양 경비와 항로 표지 보호에 관한 사항을 분장, 정원은 572명으로 축소되었다.

3. 신분

신분은 경찰관에서 해양경비원으로, 수사권은 특별사법경찰관으로 변경되었다.

4. 주요 정책

(1) 해양경비사령부로 개편(1956년)

① 해양경비대의 업무를 원활히 수행하기 위해 해양경비대를 해양경비사령부로 개칭하고, 조직 개편 시 참모장 제도를 다시 부활, 사령관은 이사관으로, 참모장은 서기관으로 각각 보했다.
② 7개 기지대 가운데 부산기지대를 폐지하고 나머지 6개 기지는 '기지사령'으로 개칭했다.

(2) 해양경비대 체제로 복귀(1957년)

① 1957년 들어 재정이 부족해진 정부는 예산 절감 시책의 일환으로 해양경비사령부를 '해양경비대' 체제로 복귀했다.
② 기지사령도 원래의 기지대로 복원했으며, 인천・군산・포항・묵호 4개 기지대를 추가로 폐지해 목포・제주 2곳만 남겨두었다. 정원은 창설 당시 658명에서 524명으로 감축되었다.

제 4 절 내무부 해양경찰대 시기(1962.5.1~1991.7.31)

1. 변경 사유

정부는 재정난 극복을 위해 1961년 10월 2일 정부조직을 개편했으며, 해무청을 해체하고 해양경비대를 원래의 내무부 치안국 소속으로 이관함으로써 경찰 기능에 더욱 충실하도록 했다.

2. 임무

관할수역 내의 범죄 수사와 기타 해양에서의 경찰에 관한 사무를 관장하도록 규정했다.

3. 신분

경찰관 신분으로 다시 복귀했다.

4. 주요 정책

(1) 동 · 서해 어로보호본부 설치(1969년)

① 우리 어선이 북한에 피랍되는 것을 방지하기 위해 어로 보호경비를 강화하게 되었고, 처음에는 해군이 담당했으나, 1969년부터 해군, 수산청 등 관계기관의 협조하에 해양경찰이 주관하게 되었다.

③ 1972년 4월 17일 합동부령으로 「선박안전조업규칙」이 제정되면서 속초 및 인천지구대에 어로보호본부를 신설하고, 지구해양경찰대장이 어로보호본부장을 겸하게 되었다.

(2) 정보수사 기능 강화(1969년)

정보수사과를 신설해 경비과에 속해 있던 정보 및 수사 업무를 확대 · 독립했다.

(3) 지구해양경찰대 중심, 운영 체제 개편(1972년)

부산지구해양경찰대를 신설하는 한편 기지대를 지구해양경찰대로 개칭함으로써 경찰기관으로서의 지위를 향상시켰다.

(4) 치안본부로 소속 변경(1974년)

1974년 8월 15일 광복절 기념 행사 시 발생한 육영수 여사 저격사건을 계기로, 내무부 치안국을 치안본부(차관급)로 격상시켰으며, 해양경찰대는 치안본부로 소속이 변경되었다.

(5) 해양오염 방제 업무 신설(1978년)

환경보전의 필요성이 날로 증가하자, 본대에 해양오염관리관실을 신설하고, 오염관리관 아래에 감시과, 방제과, 시험연구과를 두었으며, 각 지구해양경찰대에 해상공해과를 둠으로써 본대에 2부 1실 9개 과, 지구대에 4개 과를 두어 새로운 조직으로서 면모를 갖췄다.

(6) 대장 직급 상향(1991년)

조직의 위상 제고를 위해 대장의 직급을 치안감에서 치안정감으로, 경정급 지구해양경찰대장의 직급을 총경으로 격상했다.

(7) 선박출입항 신고기관 인수(1984~1991년)

선박에 대한 안전 조업·운항 지도와 월선, 피랍 방지 등을 위해 선박출입항 신고기관 368개소를 연안경찰서로부터 인수받았다.

(8) 해양경찰 대훈과 해양경찰가 제정(1985년)

서정주 시인의 감수를 받아 1985년 5월 13일 "굳센 체력과 강인한 정신력으로 조국 수호에 신명을 다하는 역사적인 해양경찰이 되자"라는 해양경찰 대훈(隊訓)을 제정했으며, 서정주 시인이 작사를 맡고 작곡가 김동진 교수가 작곡한 해양경찰가(歌)를 제정했다.

제 5 절 경찰청 산하 해양경찰청 시기(1991.5.31~1996.8.8)

1. 변경 사유

① 1991년 5월 31일 정부는 「경찰법」을 제정해, 내무부 치안본부를 내무부 장관 소속의 외청인 경찰청으로 독립, 신설했다. 또한 경찰청장 소속하에 해양경찰청을, 해양경찰청 산하에 해양경찰서를 둔다고 규정했다.

② 해양경찰은 1953년 해양경찰대로 창설된 이후 37년 만에 청(廳) 체제로 전환되었으며, 대내 · 외적으로 행정관청으로 지위가 부여되었다.

2. 중앙조직

본청에 경무부 · 경비부 · 정보수사부 · 해양오염관리부를 두고, 정비창을 청장 보좌기관으로 소속을 변경했으며, 4부 11과 33계 1창 1담당관 체제로 개편, 조정되었다.

3. 지방조직

일선조직은 11개 해양경찰서와 368개의 선박출입항 신고기관, 1개의 해양검문소, 6개의 지서, 그리고 159척의 함정으로 구성되었다.

4. 주요 정책

(1) 울산해양경찰서 신설(1992년)

직제 개정을 통해 울산해양경찰서가 신설되었다. 해양경찰서는 기존의 11개서에서 12개서로 늘어났으며, 해양경찰 전체 정원도 4,178명으로 책정되었다.

(2) 「수난구호법」 개정 및 「SAR협약」 발효(1994년)

① 1994년 「수난구호법」을 개정해 "해상에서의 수난구호는 관할 해양경찰서장

이 행하고, 하천에서는 관할 소방서장이 행한다."라고 규정함으로써 모든 해양사고에 대한 구호활동의 책임기관을 해양경찰로 일원화했다.

② 「SAR협약」에 가입하면서 본청에 중앙구조조정본부를, 인천 · 목포 · 제주 · 부산 · 동해 5개 해양경찰서에 구조조정본부를, 그리고 나머지 8개 해양경찰서에 구조지부를 설치했다.

(3) 해양오염 방제 업무 일원화(1995년)

대형 해양오염사고 빈발에 따라 좀 더 신속하고 체계적인 방제를 위해 1995년 12월 29일 「해양오염방지법」을 개정하면서 해양오염 방제 업무 책임기관이 해양경찰청으로 일원화되었다.

제 6 절 해양경찰청 독립 외청 시기(1996.8.8~2014.11.18)

1. 변경 사유

① 정부는 16개 부처에 흩어져 있던 해양행정을 일원화하고, 해양관리의 효율성을 높이기 위해 1996년 8월 8일 법률 제5153호로 「정부조직법」을 개정해 해양수산부를 신설하고, 해양경찰청을 해양수산부 소속의 외청으로 독립시켰다.

② 해양경찰청은 1953년 창설 이후 43년 만에 중앙행정기관으로 그 위상이 격상되었다.

2. 중앙조직

본청은 기존의 4부 1담당관 11과에서 4국 1관 3담당관 12과로 확대 개편되었다. 수사과 · 정보과 · 외사과가 각각 독립적인 과 단위로 승격되었다.

3. 지방조직

12개 해양경찰서와, 52개 해양경찰지서, 375개의 선박출입항 신고기관, 180여 척의 함정을 보유하게 되었다.

4. 주요 정책

(1) 수상레저안전법 제정 · 시행(2000년)

수상레저 활동의 안전과 질서를 확보하고 수상레저사업의 건전한 발전을 도모하기 위해 제정되었다.

(2) 일선 해양경찰서 신설(2002~2014년)

완도, 서귀포, 평택, 창원, 보령 등 4개 해양경찰서가 신설되었다. 이로써 해양경찰서는 17개서로 확대되었다.

(3) 해양경찰특공대 신설(2002년)

기존의 해상특수기동대를 새롭게 재편해 본청 소속의 해양경찰특공대를 신설하고, 각 해양경찰서에는 해상특수기동대가 운영되었다. 해상 테러 진압, 해양사고 발생 시 특수구조, 해상 특수범죄 진압 등의 임무를 수행했다.

(4) 제주도 해양경찰수련원 개원(2003년)

직원들을 위한 후생복지의 일환으로 총면적 8,328평에 연면적 1,237평, 지하 1층 지상 3층 규모의 해양경찰수련원을 개원했다.

(5) 해양경찰학교 개교(2004년)

인천시 중구 운북동 정부기관단지 내 3만 평의 대지 위에 해양경찰학교를 개교했다. 교무과, 총무과, 훈련단 등 2과 1단으로 조직을 편제했다.

(6) 차관급 소식 승격(2005년)

해양경찰청장의 직급을 치안정감에서 치안총감으로, 차장의 직급을 치안감에서 치안정감으로 상향 조정하고, 정책홍보관리관 및 국제협력관을 신설했으며, 경무기획국을 장비기술국으로 개편했다.

(7) 지방해양경찰청 개청(2006년)

인천 · 목포 · 부산 · 동해지방해양경찰본부를 신설했고, 그 해 12월 1일 동해 · 서해 · 남해지방해양경찰청으로 확대 개편, 2012년 6월 1일 제주지방해양경찰청이 신설되어 대한민국 해역을 4개 지방청이 관할하는 지방해양경찰청 시대가 열렸다.

(8) 해양수산부에서 국토해양부로 소속 변경(2008년)

이명박 정부 출범으로 인한 정부조직 개편을 통해 해양수산부가 국토해양부로 통합됨에 따라 소속이 국토해양부로 변경되었다.

(9) 「해양경비법」 제정(2012년)

해양의 특수성을 반영해 해양경비 수행에 필요한 작용법인 「해양경비법」을 제정해 해양경비의 법적 토대를 마련했다.

제 7 절 국민안전처 해양경비안전본부 시기(2014.11.19~현재)

1. 변경 사유

2014년 4월 16일 진도 해상에서 발생한 세월호 사건을 계기로 동년 11월 19일 「정부조직법」이 개정되면서 각 부처에 분산된 안전 관련 조직을 통합하고, 지휘 체계를 일원화해 육상과 해상에서 일어나는 모든 유형의 재난에 현장 중심으로 대응할 수 있도록 국민안전처를 설립하면서 해양경찰청은 해양경비안전본부로 개편되었다.

2. 조직

해양경비안전국, 해양장비기술국, 해양오염방제국 등 3국 체제로 변화되었다.

3. 임무

사무 범위는 "해양에서의 경비, 안전, 오염 방제 및 해상 발생 사건의 수사사무"로 다소 축소되었으며, 조직 개편에 따라 정보수사국, 기획조정관, 국제협력관 등의 직제가 폐지되고, 그 업무는 해양경비안전국으로 통합되었다.

4. 주요 정책

(1) 수사 · 정보 · 외사 업무 일부 경찰청 이관(2014년)

수사 업무의 조정으로 해양 범죄의 일부가 경찰청으로 이관됨에 따라 정보 · 수사 부서에서 근무하는 경찰관 정원 505명이 경찰청으로 이체되었다.

(2) 중부해양경비안전본부 신설(2014년)

인천 · 평택 · 태안 · 보령 해양경비안전서를 담당할 중부해양경비안전본부가 출범했다. 이로써 5개 지방본부 체제가 되었다.

(3) 부안해양경비안전서 신설(2014년)

직제 개정을 통해 부안해양경비안전서가 신설되었다. 이로써 해양경찰서는 기존의 17개서에서 18개서로 확대되었다.

제 8 절 해양경찰과 육상경찰의 비교

1. 유사성

신분의 동일성	① 「경찰공무원법」과 「경찰공무원임용령」, 「경찰공무원징계령」은 양자 모두에 적용된다. ② 경찰공무원은 공사 · 상시 국가유공자에 준해 군 · 경지원 혜택을 받을 수 있는 「국가유공자 등 예우 등에 관한 법률」의 적용을 받는다. ③ 경찰공무원은 「경찰공제회법」에 의해 공제회원으로서의 권리를 누린다. ④ 경찰공무원은 퇴직 후에 「대한민국 재향경우회법」에 의해 사회활동을 할 수 있다.

작용법의 동일성	① 「경찰관직무집행법」은 해양경찰과 육상경찰에 동일하게 적용된다. 해양경찰과 육상경찰은 「경찰관직무집행법」에서 규정하고 있는 직무 범위와 개별적 수권 조항, 일반적 수권 조항에 따라 업무를 수행하고 있다. ② 「경찰관직무집행법」에 의한 범죄의 예방, 위험 발생 방지 조치, 사실 확인, 장구의 사용, 총기의 사용, 유치장의 설치 등 양 경찰기관이 동일하게 적용된다.
일반사법경찰권 수행	「형사소송법」 제196조는 "수사관, 경무관, 총경, 경정, 경감, 경위는 사법경찰관으로서 검사의 지휘를 받아 수사를 하여야 하고", "경사, 경장, 순경은 사법경찰리로서 검사 또는 사법경찰관의 지휘를 받아 수사의 보조를 하여야 한다."고 규정하고 있어 동일한 일반사법권을 보유하고 있다.
제복의 착용과 무기의 휴대	해양경찰과 육상경찰은 동일하게 「경찰공무원법」 제20조에 의해 제복을 착용할 의무가 있고, 직무 수행을 위해 필요한 때에는 무기를 휴대할 수 있다.
정서적 · 문화적 동질성	해양경찰은 1953년 12월 23일 창설 당시 내무부 치안국 소속으로 창설되었으며, 주 임무가 불법어로 단속, 대간첩작전 수행 등 권력적 작용을 중심으로 육상경찰과 동일한 임무를 수행함에 따라 정서적 · 문화적 동질성을 유지하고 있다.

2. 차별성

인접국과의 상호교류성	해양경찰이 관할하는 수역은 육상의 영토와 유사한 영해뿐만 아니라 배타적 경제수역 등 공해까지 관장하고 있고, 이러한 수역은 외국적 선박이 자유로이 통항할 수 있으며, 특히 동 · 서해를 가운데 두고 중국과 일본 등 인접국과 마주하고 있어 법집행 과정에서 인접 국가와의 관련성이 매우 높다.
자치경찰화 곤란	해양은 국가의 영토 개념이 강한 지역으로 자치단체에서 관리 운영하기 곤란한 환경적 요인이 있다. 그래서 미국, 일본 등 선진국에서도 해상치안기관을 국가에서 직접 운영하고 있고 소속 또한 정부기관으로 되어 있다. 우리나라 역시 해양경찰을 제주도처럼 자치경찰화시키기 곤란한 점이 있다.
법집행 과정에서 장비 의존성	해상은 육상과 달리 바다에서 법률의 집행이 이뤄지고 있으므로 이를 위해서는 경비함정, 인명구조정, 항공기 등 장비가 필수적이다.
대국민 서비스 기능 강화	해양경찰은 공공의 안녕 · 질서와 국민의 생명 및 재산을 보호하는 임무를 수행하고 있어 육상에서의 경찰과 소방의 업무를 동시에 수행하고 있다. 이를 위해 「수상에서의 수색 및 구조 등에 관한 법률」을 근거로 해상에서 발생한 조난 선박의 인명 및 재산의 구조 · 구난 업무를 수행하고 있다.
기술적 전문성	해양경찰은 함정 등 장비에 의존하고 있으므로, 이러한 장비의 운용을 위해 항해, 기관, 통신 등 특수 분야의 전문성을 필요로 하고 있다. 그런 이유로 직제상 국 단위의 해양장비기술국이 편제되어 있다.
해양환경 업무 수행	해양경찰은 「정부조직법」에 근거해 해양에서 발생한 오염의 방제 업무를 수행하고 있는데, 이는 순수한 경찰 업무라기보다 행정경찰에 가까우며 이 업무를 수행하기 위해 신분상 경찰공무원이 아닌 일반직 공무원이 직제에 편성되어 있다.

제 3 장 비교 해양경찰론

제 1 절 서설

1. 서설

각국의 해양경찰제도를 비교·연구하고, 제도의 특수성과 보편성을 규명함으로써 해양경찰제도의 일반 원리를 탐구하는 데 유용하며, 이를 통해 우리 해양경찰제도의 근원적 고찰이 가능하다.

2. 유용성

외국의 제도와 역사 연구를 통해 외국 해양경찰제도를 계수하는 데 실천적 도움을 주고, 법 제정의 지침, 법 해석의 자료 제공, 세계 해양경찰의 흐름을 비교·분석함으로써 우리 해양경찰의 나아갈 바를 제시한다.

제 2 절 미국 해안경비대(USCG)

1. 역사

미국 해안경비대(U.S. Coast Guard: USCG)는 연방법(United States Code: U.S.C)에 설립 근거를 두고 1790년에 창설되어 전시에 해군 소속으로 운용되는 경우를 제외하고 평시에는 미국 국토안보부(Department of Homeland Security) 소속으로 편제되어 있다.

창설 배경	① 1776년 영국으로부터 독립한 이후, 밀수품의 대량 유입으로 인한 경제 질서 혼란에 대처하기 위해 무역규제를 위한 법률 제정 및 법 집행 세력 필요 ② 1790년 8월 관세밀수감시청(Us Revenue Cutter Service) 창설 ③ 밀수 감시를 임무로 하는 군사조직으로 오늘날 미국 코스트 가드(Coast Guard: 해양경비대)의 전신이 됨.
연혁	① 1915년 미국 구조청(US Life-Saving Service)과 통합해 코스트 가드가 정식으로 발족 ② 1939년 미국 등대청(US Lighthouse Service)을 흡수 ③ 1942년 미국 해양순찰 및 인도국(Bereau of Marine Inspection and Naviagtion)을 흡수 ④ 1966년 재무부에서 교통부로 이관, 2001년 9월 국토안보부로 이관

2. 조직 및 장비

(1) 인력

1) 현역: 군인(장교, 사병)과 민간인으로 구별하는데, 군인은 약 4만 2천 명이다.
2) 예비인력: 8천 여명의 자원봉사자와 3만 2천 여명의 보조대를 두고 있다.

(2) 장비

경비함정은 약 244척, 순찰보트는 약 1,700척, 쇄빙선 등 특수정은 약 90척을 보유하고 있으며, 항공기는 약 210대를 운영하고 있다.

(3) USCG 조직도

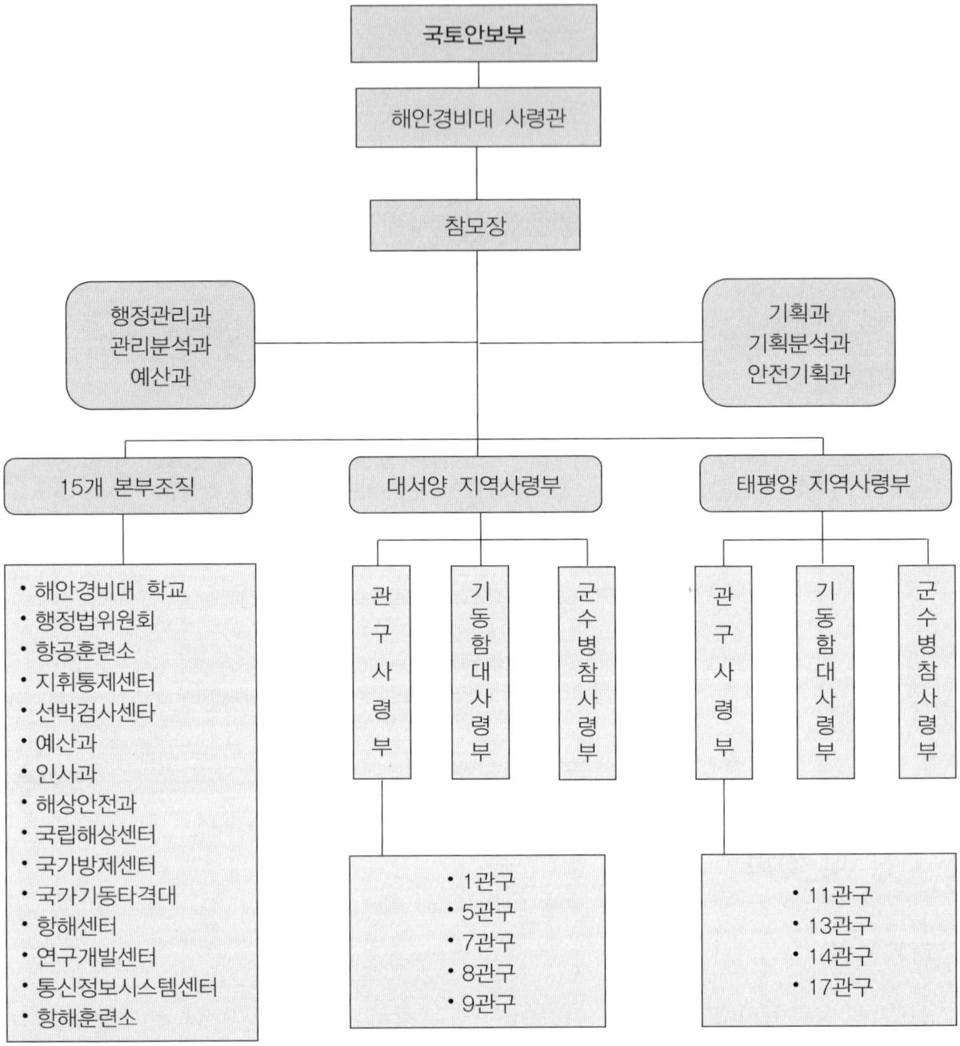

(4) 계급 체계

장성급	대장, 중장, 소장, 준장
장교급	대령, 중령, 소령, 대위, 중위, 소위
부사관급	최선임상등상사, 선임상등상사, 상등상사, 1등상사, 2등상사, 3등상사
사병	상등수병, 1등수병

3. 임무 및 신분

(1) 임무

전 세계 해양경찰기관 중 가장 폭넓은 임무를 수행하고 있으며, 해양은 물론 5대호 등 내수를 포함해 해상안전, 해상보안, 해상교통, 해상수사, 국방에 관한 임무 등 5개 분야를 수행하고 있다.

구분	주요 담당 업무
해상안전	① 해상 운송, 어로, 여가 보트 놀이 보호 ② 상기 활동에서 발생한 사망 및 부상 사고와 재화의 손실 최소화
해상보안	① 해상 항로를 통한 마약, 밀입국자 밀수품 반입 저지 및 불법 어로 방지 ② 미국 연방법 위반자들로부터 미국 국경 보호 ③ 배타적 경제수역과 공해상의 중요 지역 보호
해상교통	선박 교통 장애 제거 및 교통신호 정보 제공
해상수사	범죄의 예방 · 적발 · 퇴치 및 법령 위반자에 대한 질문 · 심사 · 수색 · 압류 · 체포
국방 임무	해안, 항구, 내륙수로 등이 위협받을 경우 방어 책임, 해상으로부터 밀수, 밀입국, 폭발물 · 대량살상무기 유입 방지 및 지역의 안전성 증진

(2) 신분

① 미국 해양경비대는 군인 신분이며, 일반사법경찰권이 아닌 특별사법경찰권을 가지고 있다.

② 수사 관할 및 권한에 대해 Title 14 §89에 명기했는데 "미국 관할권 내 공해(high seas)와 수역(waters)에서 미국 법령 위반 범죄의 예방, 적발 및 퇴치를 위해 질의(inquiries), 심사(examination), 검사(inspections), 수색(search), 압류(seizures) 그리고 체포(arrests)를 행사할 수 있다."고 하여 행정경찰작용과 사법경찰작용을 동시에 규정하고 있다.

제 3 절 일본 해상보안청

1. 역사

① 1946년 7월 운수성 해운총국에 불법입국선박감시본부를 설치해 운영
② 1948년 「해상보안청법」 제정, 운수성 외청으로 공식 출범
③ 2001년 운수성에서 국토교통성 외청으로 이관
④ 국토교통성 본성에는 해사국 · 항만국이 있으며, 외청으로는 해상보안청, 해난심판청이 편제
⑤ 해상보안청과 유사한 방위성 소속 군대조직인 해상자위대는 1952년 4월 창설

2. 조직 및 장비

(1) 조직

해상보안청 중앙	총무부, 장비기술부, 경비구난부, 해양정보부, 교통부
교육기관	해상보안대학교, 해상보안학교
소속기관	11개 관구에 해상보안본부 설치
해상보안본부 산하	해상보안부, 해상보안서, 해상보안항공기지, 해상교통센터, 국제조직범죄대책기지, 특수경비기지, 특수구난기지, 기동방제기지, 수로관측소 등

(2) 인력

인력은 약 1만 3천 여명으로, 이 중 90% 이상이 해상보안관이다.

(3) 장비

함정	경비함정	399척으로 200톤 이상을 순시선, 200톤 미만을 순시정으로 명명
	특수함정	40척으로 소방정, 수로 업무용 측량선, 방사능조사선, 실습선 등이 있음.
항공기	고정익 27기와 회전익 46기 등 총 70기를 보유	

(4) 계급 체계

해상보안청 장관, 차관 및 경비구난감 이하 해상보안감(1등 갑, 1등 을, 2등, 3등), 해상보안정(1등, 2등, 3등), 해상보안사(1등, 2등, 3등)로 구분된다.

3. 임무 및 신분

(1) 임무

일본 해상보안청은 해상 법집행, 수색구조, 수로 및 항로 표지, 해상재해 등 업무를 관장하고 있다.

구분	주요 담당 업무
해상경비 및 치안	법령의 해상에서의 집행, 연안수역 순시경계, 해상에서의 폭동, 소란 진압, 해상에서의 범인 수사 및 체포, 국제수사 공조에 관한 사항
수색구조	① 해난 시 인명, 적하 및 선박의 구조 또는 천재지변 기타 구제를 필요로 하는 경우 원조에 관한 사항 ② 조난 선박의 구호 또는 표류물 및 침몰물의 처리에 관한 제도 ③ 긴급구조 원조대의 파견에 관한 사항, 해난의 조사에 관한 사항
해상교통	선박 교통 장애 제거, 항법 및 해상교통 신호에 관한 사항, 선박 교통 안전을 위해 필요한 사항
수로 및 항로 표지	① 선박의 이동에 필요한 연안 해역의 수심, 해류 등 수로의 조사 ② 선박의 안전한 교통 확보를 위한 항해 표지 설치 및 정비 ③ 선박 통항로에 장애물 제거
해양오염 및 해상재해	해양오염 및 해상재해 방지에 관한 사항 및 해상재해방지센터에 관한 사항

(2) 신분

해상보안청 직원의 신분은 공안직이며, 사법경찰직원으로 업무를 수행하고 있다. 수사권의 종류에 대해 법령에 명시되어 있지 않으나 통상 특별사법경찰권을 보유한 것으로 보고 있다.

제 4 절 중국 해경국

1. 역사

① 1964년 국가해양국이 설립되어 중국 국무원 소속으로 해군에 의해 관리되다 국무원 직속으로 편제

② 1993년 중국 국무원은 국가해양국을 중국 국가과학기술위원회가 관리하도록 결정

③ 1998년 제9기 중국 전국인민대표대회에서 국가해양국을 국토자원부가 관리하는 국가국으로 개편

④ 2013년 중국 국무원은 국가해양국을 중국 해경국으로 편제하고, 중국 공안부의 업무 지도를 받으며, 해상 권익 수호와 법 집행을 담당

2. 재편 경위 및 내용

① 국가해양국과 소속 중국 해양감시총대(海洋監視總隊), 공안부 변방해경부대(邊防海警部隊, China Coast Guard,), 농업부 중국어정(中國漁政), 해관총서(海關總署) 소속 해상 밀수 수사경찰의 부서와 직책을 통합 조정해 국가해양국을 재편성함으로써 국토자원부가 관리하도록 했다.

② 주요 업무는 해양발전계획을 입안하고 해상 권익 수호와 법 집행을 하며, 해역 이용과 해양환경 보호 등을 관리 및 감독하는 것이다.

③ 해양사무의 총괄과 종합적인 조정을 강화하기 위해 국가해양위원회를 설립해 국가해양발전전략에 대해 연구하고 해양의 중대 사항을 전면적으로 조정한다.

④ 예하 부서: 국가해양국기관 · 국가해양정보센터 등 14개 부서를 관장한다.

3. 신분 및 인력

중국해양국 소속 직원은 군인 신분이며, 인력은 약 1만 6천 명이다.

4. 담당 업무

여러 부처를 통합해 구성했던 관계로 임무가 해양 감시, 해양환경 보호, 해양권익 수호 등 다양한 업무를 수행하고 있다.

업무	내용
해양감시 및 과학 연구	국가해양사업 발전전략과 방침정책을 입안하고 해양주체기능구역계획(海洋主體功能區計劃)과 해양정보화계획(海洋信息化計劃), 해양과학기술계획(海洋科技規劃), 과학기술해양발전(科技興海) 전략을 입안 및 감독하며, 관련 기관들과 해양사업 발전에서의 장기적인 계획과 해양경제 발전계획 입안 및 감독
해양관리 관련 제도 및 법률	해양관리 관련 제도의 구축 및 개선을 책임지고 해안지대와 섬, 관할 해역에 대한 법률 초안을 작성하고 관련 기관들과 극지방 및 공해, 국제 해저 등 관련 구역에 대한 중국 국내 일련의 정책과 제도를 입안하고 감독해 국제 해역 관련 조약 및 법률 방면에서의 사무 처리
해양경제 은행에 대한 감시 및 평가	관련 기관들과 최적화된 해양경제 구조 및 산업구조 조정과 관련된 제안을 제출하고 해양경제와 사회 발전에 대한 통계 및 정산 업무를 진행하며, 해양 분야에서의 에너지 절약 및 온실가스 배출 감소와 기후변화 대책 업무 전개
관할 해역 이용의 규범화	법에 의거해 해역 이용에 대한 감독 및 관리를 실시하고 중국 해양기능구역을 편성 및 감독하며, 해역에 대한 이용 권한을 관리하고 규정에 따라 해역 유상(有償) 이용제도 시행
섬의 생태 보호와 무인도 이용	섬 보호 및 개발 계획과 정책을 제정하고 감독하며, 무인도에 대한 이용을 관리하고 섬의 대외 개방과 보호 명단 발표
해양환경 보호	중국 국가 통일의 요구에 따라, 관련 기관들과 해양환경 보호와 복원계획, 기준, 규범을 입안하고 오염물질의 바다 배출 기준과 총량에 대한 통제제도의 초안 작성
해양 조사연구	해양 조사연구를 전개하고 해양 과학기술 혁신을 추진하며, 해양에 대한 기초 및 종합적인 조사 시행
해양환경 관측과 해양재해 조기경보	전문적인 해양환경 안전보장 체계의 구축과 일상적인 운행의 관리를 시행하고 해양재해와 평균 해수면 공보를 발표하며, 해양 자연재해 영향에 대한 평가 업무 전개
대외협력 및 국제조약 이행	대외협력과 교류를 전개하고 전 세계 및 지역의 해양사무에 참여하며, 관련 국제해양공약과 조약을 이행한다. 또한, 극지방과 공해, 국제해저 관련 사무를 담당하고 해외 관련 해양 과학연구 활동을 감독 및 관리하며, 법에 따라 대외적인 해양시설 건설과 해저공정, 여타 개발활동 감독
해양 권익 수호	법에 따라 중국의 국가 해양 권익을 수호하고, 관련 기관들과 해양 권익 수호의 정책과 조치를 연구하고 중국 관할 해역에서 정기적으로 권익수호 순찰집법제도를 시행하고 불법활동을 조사해 처리하고 중국 해양감시 대오(隊伍) 관리

5. 조직

(1) 중앙

중앙 본부에 해경사, 인사사, 재무장비사 등 3개 기구가 있다.

(2) 지방

① 북해분국: 황해 담당(랴오닝, 텐진, 허베이, 산둥총대)

② 남해분국: 남중국해 담당(광둥, 하이난, 광시총대)

③ 동해분국: 동중국해 담당(장쑤, 상하이, 푸젠총대)

제 2 편

해양경찰과 그 법적 토대

제 1 장 서 설

제 1 절 해양경찰법과 법치행정

1. 의의 및 구성

(1) 의의

해양경찰법 혹은 해양경찰행정법이란 해양경찰의 조직과 작용 및 그 권리구제에 관한 법이라고 할 수 있다.

(2) 해양경찰법의 구성

<table>
<tr><td rowspan="2">해양경찰 조직법</td><td>의의</td><td>해양경찰을 운영하는 조직이나 기구 및 신분 등에 관해 정한 법을 말한다.</td></tr>
<tr><td>법률</td><td>「정부조직법」, 「경찰공무원법」, 「전투경찰대설치법」 등</td></tr>
<tr><td rowspan="2">해양경찰 작용법</td><td>의의</td><td>해양경찰조직이 실시해야 할 활동의 내용을 정한 법을 말한다.</td></tr>
<tr><td>법률</td><td>「해양경비법」, 「경찰관직무집행법」, 「수상에서의 수색·구조 등에 관한 법률」 등</td></tr>
<tr><td rowspan="2">해양경찰 구제법</td><td>의의</td><td>해양경찰 활동에 의해 불이익을 받은 국민의 권리구제 절차를 정한 법을 말한다.</td></tr>
<tr><td>법률</td><td>「행정절차법」, 「행정심판법」, 「행정소송법」, 「국가배상법」 등</td></tr>
</table>

2. 해양경찰과 법치행정

(1) 법치행정

<table>
<tr><td>의의</td><td colspan="2">① 법치행정의 원칙이란 법치국가의 필수 요건으로 해양경찰 행정이 국민의 권리와 의무에 관계되는 작용을 행할 경우에는 반드시 국민의 대표기관인 국회에서 제정한 법률에 따라야 한다는 원칙으로 '법률에 의한 행정의 원리'라고 부른다.
② 해양경찰은 국가에 대해 법을 준수할 책임을 짐과 동시에 국민에 대해서도 법에 따라 행정을 수행할 책임을 진다.</td></tr>
<tr><td rowspan="3">내용</td><td>법률의 법규창조력</td><td>① 국민의 권리나 의무에 관한 일반적이고 추상적인 규범인 법규를 창조하는 힘은 국민의 대표기관인 의회의 전속적 권한에 속한다는 것을 의미한다.
② 국가가 국민의 권리를 제한하거나 새로운 의무를 부과하는 경우에는 국회가 제정한 법률 또는 법률의 위임에 의한 명령에 의해서만 할 수 있다.</td></tr>
<tr><td>법률우위의 원칙</td><td>① 행정은 법률에 저촉될 수 없다는 것을 의미하는데, 이는 행정의 모든 영역에 적용된다.
② 어떠한 경찰활동도 활동을 제약하는 법률의 규정을 위반해서는 안 된다.
③ 법률은 국회에서 제정한 형식적인 의미의 법률만을 의미하는 것이 아니라 「헌법」, 법률, 법규명령, 행정법의 일반 원칙 등을 포함하는 개념이다.</td></tr>
<tr><td>법률유보의 원칙</td><td>① 행정권의 발동에는 개별적인 법률의 근거를 요한다는 원칙적으로 이는 행정의 일정한 영역에서만 적용된다.
② 근거(수권)규범이 없으면 경찰기관은 자기의 판단에 따른 독창적인 행위를 할 수 없다.
③ 법률유보의 범위(법적 근거가 반드시 필요한 행정의 범위)에 대해 침해유보설, 권력행정유보설, 급부행정유보설, 전부유보설 등의 견해가 있으나, 국가 및 사회생활에서 중요하고 본질적인 사항에 대해서는 법적 근거가 필요하다는 중요사항유보설이 다수설이다.</td></tr>
<tr><td>위반의 효과</td><td colspan="2">해양경찰이 법에 위반해 국민에게 불이익한 조치를 취했다면 국민에게는 재판, 기타 법적 구제절차를 통해 해양경찰에 대해 위법한 조치의 시정을 구할 권리가 보장된다. 이 점이 법과 직무명령의 본질적인 차이이다.</td></tr>
</table>

(2) 해양경찰 활동과 법률과의 관계

<table>
<tr><td>조직규범</td><td>해양경찰기관의 활동은 조직규범으로서 법률에 정해진 권한의 범위 내에서 행해져야 하며, 해양경찰이 조직법상의 직무 범위 내의 행위를 하지 않았다면 그것은 직무행위로 볼 수 없고 그 효과는 국가에 귀속되지 않는다.</td></tr>
<tr><td>제약규범</td><td>어떠한 해양경찰 활동도 그 활동을 제약하는 법률의 규정에 위반해서는 안 된다(법률우위의 원칙)</td></tr>
<tr><td>근거규범</td><td>법률에 일정한 행위를 일정한 요건하에 수행하도록 수권하는 근거 규정이 없으면 해양경찰기관은 자기의 판단에 따라 독창적으로 행위를 할 수 없다(법률유보의 원칙).</td></tr>
</table>

제 2 절 해양경찰법의 법원

1. 의의

해양경찰법의 법원이란 해양경찰 행정의 조직과 작용에 관한 실정법의 존재 형식 내지 인식 근거를 말한다. 법의 인식 근거는 “그 어떤 것을 법으로서 인식하는 근거”를 의미한다.

2. 원칙

해양경찰 관련 법령은 다른 법 영역에서와 마찬가지로 성문법과 불문법이 있으나, 현재 거의 모든 국가는 성문법주의를 원칙으로 하고 있다.

3. 성문법원

해양경찰법의 성문법원은 헌법・법률・조약・명령・자치법규 등이 있다. 이들 성문법은 「헌법」을 정점으로 하여 통일적・단계적 체계를 이루고 있다.

<table>
<tr><td>「헌법」</td><td colspan="2">「헌법」은 국가의 근본법이며 최고법이기 때문에 국가의 모든 법규는 「헌법」을 기본으로 하여 제정・시행되어야 한다. 따라서 기본권의 보장, 공무원의 지위・책임, 경찰조직에 관한 사항 및 행정구제에 관한 사항 등에 관하여 「헌법」은 경찰작용의 기본 법원이 되고, 모든 법원에 우선하는 효력을 갖는다.</td></tr>
<tr><td rowspan="2">법률</td><td>의의</td><td>법률이란 국회가 입법절차에 따라 제정해 공포되는 법 형식을 말한다. 그러므로 국회입법의 원칙에 입각하고 있는 입헌국가에서 법률은 해양경찰법의 법원으로서 중요한 위치를 차지한다.</td></tr>
<tr><td>내용</td><td>「정부조직법」, 「해양경비법」, 「경찰관직무집행법」, 「경범죄처벌법」, 「해사안전법」, 「선박직원법」, 「수산업법」, 「선원법」, 「영해 및 접속수역법」, 「배타적 경제수역법」, 「수상레저안전법」, 「수상에서의 수색・구조 등에 관한 법률」 등</td></tr>
<tr><td rowspan="2">조약 및 국제법규</td><td>의의</td><td>조약이란 문서에 의해 이뤄지는 국가 간의 합의를 말하며, 국제법규란 국제사회에서 일반적으로 규범성이 승인된 것을 말한다.</td></tr>
<tr><td>효력</td><td>① 「헌법」에 의해 체결・공포된 조약과 일반적으로 승인된 국제법규는 국내법과 같은 효력을 가진다. 그러므로 조약이나 국제법규가 국내에 적용되기 위한 별도의 국내법 제정은 필요 없다.</td></tr>
</table>

<table>
<tr><td></td><td></td><td>② 국회의 동의를 얻어야 하는 조약의 경우 국회의 동의를 얻지 못할 경우 국내법적으로는 효력이 없으나 국제법적으로는 효력이 있다.</td></tr>
<tr><td rowspan="3">법규명령
(행정입법)</td><td>의의</td><td>행정권이 정립하는 일반적·추상적 규정으로서 법규의 성질을 갖는 명령을 의미한다.</td></tr>
<tr><td>분류</td><td>발동 형식에 따라 시행령·시행규칙으로 구분되며, 내용에 따라 위임명령과 집행명령으로 구분된다.</td></tr>
<tr><td>한계</td><td>위임명령의 경우 법률의 개별적·구체적 위임을 요하며, 집행명령의 경우 새로운 법규 사항을 규정할 수 없다.</td></tr>
<tr><td rowspan="2">자치법규</td><td>조례</td><td>① 지방자치단체가 법령의 범위 내에서 그 권한에 속하는 사무에 관해 지방의회의 의결을 거쳐 제정하는 법규를 말한다.
② 조례로써 주민의 권리 제한 또는 의무 부과에 관한 사항이나 벌칙을 정할 때에는 법률의 위임이 있어야 한다.</td></tr>
<tr><td>규칙</td><td>지방자치단체의 장이 법령 또는 조례가 위임한 범위 내에서 그 권한에 속하는 사무에 관해 정립하는 법규를 말한다.</td></tr>
<tr><td rowspan="2">행정규칙</td><td>의의</td><td>행정규칙은 상위 법령의 위임 없이 행정청 내부의 사무 처리를 위해 정립된 것으로(훈령·지시·예규·일일명령 등), 법규의 성질을 가지지 않는다.</td></tr>
<tr><td>재량준칙</td><td>① 재량준칙이란 재량권 행사의 일반적 방향을 제시하기 위해 발하는 것으로 행정청의 재량권 행사의 기준을 정하는 행정규칙에 속한다.
② 재량준칙을 발하는 이유로는 재량권 행사의 통일성 및 예측가능성을 확보하고 자의적인 재량권 행사를 방지하는 데 있다.
③ 재량준칙은 행정규칙의 법규성을 인정하려는 경향이 있으나, 대법원은 원칙적으로 재량준칙을 포함한 행정규칙의 법규성을 인정하지 않고 있다.
④ 재량준칙의 준법규성을 인정하는 학설에 의하면 재량준칙은 평등의 원칙 또는 행정의 자기구속의 원칙을 매개로 하여 국민에 대해서도 법규적 효력을 갖는다고 본다.
⑤ 재량준칙이 위법한 경우에는 행정의 자기구속의 원칙이 인정되지 않는다.</td></tr>
</table>

4. 불문법원

① 해양경찰법의 법원은 성문법을 원칙으로 하지만 현대 행정의 복잡·다기하고 변화무쌍한 행정 현실에 대해 모두 성문법으로 규정하는 것은 사실상 불가능하다.

② 따라서 성문법이 정비되어 있지 않은 행정 분야에서는 불문법원으로서 관습법, 판례법, 조리법 등이 적용된다.

<table>
<tr><td rowspan="4">관습법</td><td>의의</td><td colspan="2">일정한 관행이 장기적·계속적으로 반복되어 일반국민의 법적 확신에 의해 법규범으로 승인된 규범을 말한다.</td></tr>
<tr><td>효력</td><td colspan="2">성문법의 결여시 적용될 수 있는 보충적 효력만 인정하는 견해가 다수설과 판례이다.</td></tr>
<tr><td rowspan="2">유형</td><td>행정 선례법</td><td>행정상 같은 선례가 반복됨으로써 이뤄진 관습법이다.</td></tr>
<tr><td>민중적 관습법</td><td>민중 사이의 오랜 기간의 관행에 의해 성립되는 관습법이다.</td></tr>
<tr><td rowspan="5">판례법</td><td>의의</td><td colspan="2">① 동일 내용의 판결이 반복되어 그 내용이 법으로서 확신되는 경우
② 성문법이 결여되어 있거나 실정법이 불확정 개념을 사용하고 있는 경우에는 형성될 수 있으나, 실정법에 명문화되어 있는 사항에 대해서는 형성될 수 없다.</td></tr>
<tr><td>영미법계</td><td colspan="2">상급법원의 판결은 장래에 향해 하급법원을 법적으로 구속하는 효력이 인정되므로 판례 그 자체가 법원이 된다.</td></tr>
<tr><td>대륙법계</td><td colspan="2">대륙법계 국가(독일·프랑스·일본 등)에서는 상급법원의 판결은 당해 사건 이외에는 하급법원을 법적으로 구속하는 효력이 인정되어 있지 않으므로 판례의 법원성이 부정된다.</td></tr>
<tr><td rowspan="2">우리나라</td><td>대법원 판례</td><td>법률상으로는 상급법원의 판결은 '당해 사건'에 한해 하급심을 기속하는 효력만이 인정되어 있으나, 하급법원이나 행정청에 대해 사실상의 구속력을 갖는다.</td></tr>
<tr><td>헌법 재판소 판례</td><td>헌법재판소의 위헌 결정은 법원 기타 국가기관 및 지방자치단체를 기속하므로 법원성이 인정된다.</td></tr>
<tr><td rowspan="5">행정법 일반 원칙</td><td>의의</td><td colspan="2">사물의 본질적 법칙 또는 일반사회의 정의감에 합치되는 보편적 원리이다.</td></tr>
<tr><td>기능</td><td colspan="2">① 법령 해석상 의문이 있는 경우에 그 해석의 기본 원리로서 작용하고, 법령의 규정이 미비한 점이 있는 경우에 적용되는 최후의 보충적 법원으로서 기능한다.
② 조리는 불문법원으로서 사인 간의 법률 관계뿐만 아니라 행정상의 법률 관계도 구속한다. 따라서 경찰관의 행위가 형식상 적법하다 하더라도 조리에 위반할 경우 위법이 될 수 있다.</td></tr>
<tr><td rowspan="3">유형</td><td>평등의 원칙</td><td>① 불합리한 차별을 해서는 안 된다는 원칙이다.
② 이는 모든 공권력 행사를 통제하는 법원칙이며, 특히 재량권을 통제하는 원칙으로 재량준칙이 대외적 효력을 갖게 하는 전환 규범으로서의 기능을 한다.</td></tr>
<tr><td>자기 구속의 원칙</td><td>① 행정청이 상대방에 대해 동종의 사안에서 제3자에게 행한 결정과 동일한 결정을 하도록 스스로 구속당하는 원칙이다.
② 행정규칙에 따른 종래의 관행이 위법한 경우에는 적용되지 않는다.</td></tr>
<tr><td>비례의 원칙</td><td>① 행정작용에서 목적 실현을 위한 수단과 당해 목적 사이에는 합리적인 비례 관계가 있어야 한다는 원칙이다(적합성·필요성·상당성의 원칙을 모두 충족해야 함).</td></tr>
</table>

		(과잉금지 원칙)	② 이에 위반한 국가작용에 대해서는 국가손해배상책임이 성립할 수 있다. ③ 실정법적인 근거로는 「헌법」 제37조 제2항과 「경찰관직무집행법」 제1조 제2항 등이 있다.
		신뢰 보호의 원칙	① 행정기관의 일정한 언동(명시적 · 묵시적)의 정당성 또는 존속성에 대한 개인의 보호 가치 있는 신뢰는 보호해 주어야 한다는 원칙이다. ② 이에 반하는 행정청의 처분행위는 원칙적으로 취소 사유가 된다. ③ 일반적인 근거로는 「행정절차법」이 있다.
		부당 결부금지 원칙	행정기관이 행정권을 행사할 때 그것과 실질적 관련이 없는 반대급부를 결부시켜서는 안 된다는 원칙이다.
		신의성실 원칙	모든 사람은 공동체의 일원으로서 상대방의 신뢰를 헛되이 하지 않도록 성의 있게 행동해야 한다는 원칙이다.

제 2 장 해양경찰 조직법

제 1 절 해양경찰 조직법 일반

1. 서설

(1) 의의

해양경찰 조직법이란 해양경찰의 존립의 근거를 부여하고 해양경찰이 설치한 기관의 명칭·권한, 관청 상호간의 관계, 경찰관청의 임면·신분·직무 등에 대해 규정하는 법을 말한다.

(2) 해양경찰조직의 기본법

국가행정조직에 관한 기본법은 「정부조직법」이다.

(3) 해양경찰 행정기관

1) 의의

① 해양경찰 행정은 행정 주체가 자기 이름과 책임 하에 실시하지만, 행정 주체인 국가는 법인이므로 현실적으로 그 업무를 수행하는 것은 행정 주체를 위

한 해양경찰 행정기관이 수행한다.

② 해양경찰 행정기관에는 법률에 의해 일정한 범위의 권한과 책임이 주어지며, 해양경찰 행정기관이 그 권한 범위 내에서 행하는 법적 효과는 모두 행정 주체인 국가에 귀속한다.

2) 종류

해양경찰관청	해양경비안전본부장, 지방해양경비안전본부장, 해양경비안전서장
보조기관	조정관, 국장, 부장, 과장, 계장 등
보좌기관	담당관, 관리관 등
의결기관	경찰공무원 징계위원회 등
자문기관	경찰공무원 인사위원회 등
집행기관	경찰공무원(순경 ~ 치안총감)

※ 해양경비안전본부장은 직제상 해양경찰관청은 아니나, 실제 업무 집행상 관청으로서의 역할을 수행하고 있으므로 해양경찰관청으로 분류했다(이하, 같은 기준으로 분류했다).

2. 해양경찰 행정기관

(1) 해양경찰관청

해양경찰관청이란 해양경찰사무에 관한 국가의 의사를 결정・표시하는 권한을 가진 해양경찰 행정기관을 말한다. 현행법은 국가 해양경찰 조직만을 인정하고 있으므로 해양경찰관청은 중앙부터 지방까지 계층적 구조를 이루고 있다.

1) 해양경비안전본부장

① 설치 근거: 「정부조직법」 제22조의2 해양에서의 경비・안전・오염 방제 및 해상에서 발생한 사건의 수사에 관한 사무를 관장하기 위해 국민안전처 장관 소속에 해양경비안전본부를 두고 있다.

② 지위: 치안총감으로 보한다

③ 임명 절차: 국민안전처 장관의 제청으로 국무총리를 경유하고 대통령이 임명한다.

④ 권한: 해양경찰 업무에 관한 사무를 통할하고, 본부의 업무를 관장하며 소속 공무원 및 각급 해양경찰관서의 장을 지휘・감독한다.

※ 「정부조직법」 제22조의2 제4항에 따라 "본부장은 각각의 소관사무에 관하여 국민안전처 장관의 지휘 아래 인사 및 예산에 대한 독자적인 권한을 수행한다."고 규정되어 있으나 실질적으로 소속 공무원 및 각급 해양경찰기관의 장을 지휘 · 감독한다.

⑤ 부속기관: 중앙해양특수구조대, 해양경비안전교육원, 정비창(책임운영기관)

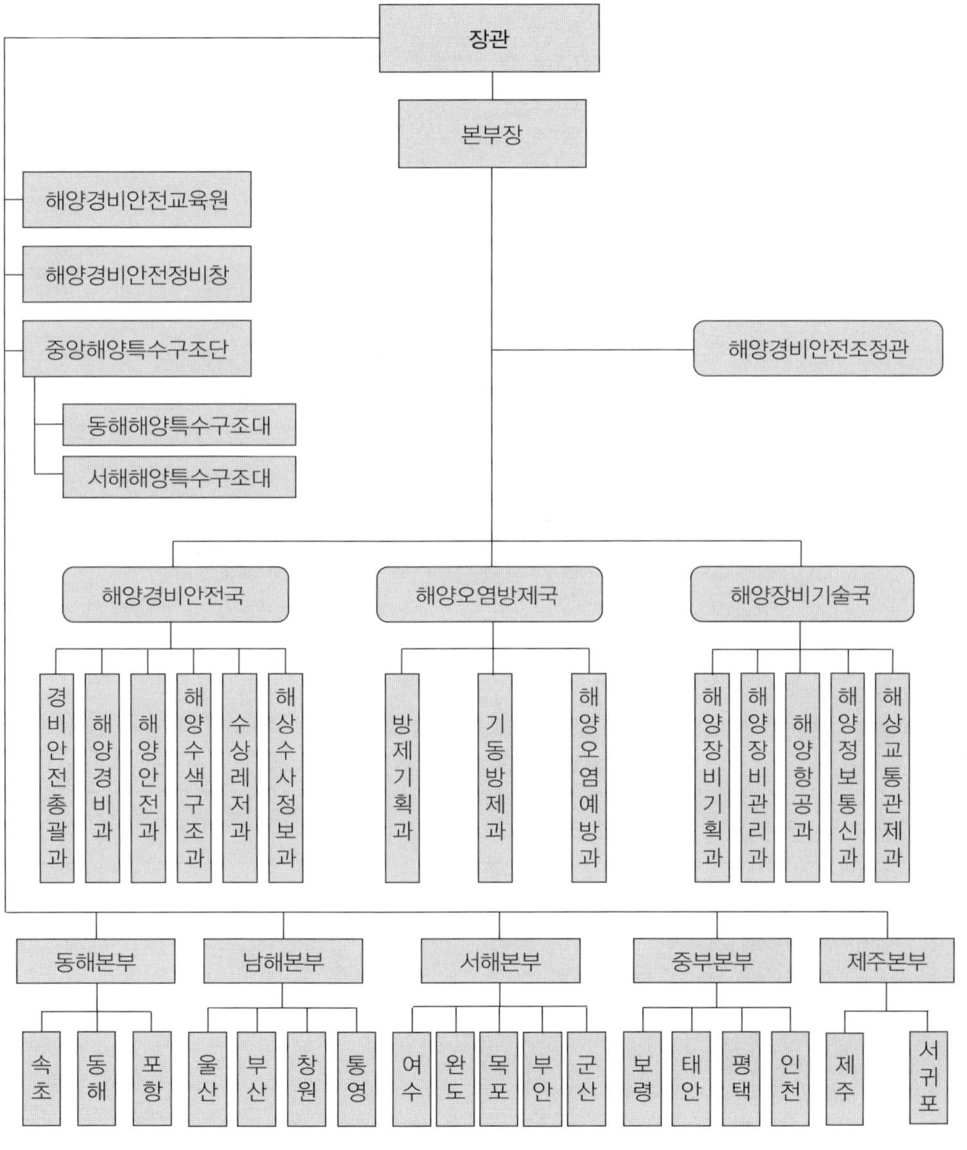

⑥ 해양경비안전국장은 치안감 또는 경무관으로 보하며, 다음 사항을 관장한다.

1. 해양경비안전 업무 종합계획의 수립·시행 및 해양경비 안전정책에 대한 종합대책 수립·운영·지도(해양안전 업무 중 해양수산부의 소관 사항은 제외)
2. 경찰공무원의 인사·교육훈련·복무 및 상훈제도, 징계에 관한 사항
3. 해양경비 안전 업무를 담당하는 공무원의 임용·교육훈련 및 복무 감독에 관한 사항
4. 해양경비안전본부 소관 예산의 편성·배정·집행 및 결산에 관한 사항
5. 지방해양경비안전관서의 운영에 대한 지도·감독에 관한 사항
6. 해양경비안전교육원 업무의 운영 지원에 관한 사항
7. 해양경비에 관한 계획의 수립·조정 및 지도
8. 함정, 항공기 등 경비 세력의 운용 및 지도·감독
9. 해양에서의 대테러 예방 및 진압에 관한 사항
10. 통합방위 업무의 기획 및 지도·감독에 관한 사항
12. 연안해역 안전관리
13. 유선 및 도선 사업관련 제도의 운영(해수면에 관한 사항으로 한정한다.)
14. 유선 및 도선 사업의 면허·신고 및 안전관리에 관한 사항(해수면에 관한 사항으로 한정한다.)
15. 해양사고 재난 대비·대응 및 해양에서의 구조·구급 업무
16. 중앙해양특수구조단 및 122구조대 운영 지원 및 지도·감독
17. 해양수색구조 관련 국제 협력 및 협약 이행
18. 수상레저 안전관리에 관한 정책의 수립·조정 및 지도
19. 수상레저 안전과 관련된 법령·제도의 연구 및 개선에 관한 사항
20. 수상레저사업의 등록 및 안전관리·감독·지도에 관한 사항
21. 수상레저 안전 관련 단체 관리 및 민관 협업 체계 구성에 관한 사항
22. 수사 업무 및 범죄첩보에 관한 기획·지도 및 조정(해상에서 발생한 사건에 한정한다.)
23. 해양 과학수사 업무에 관한 기획·지도 및 조정
24. 정보 업무의 기획·지도 및 조정(해상에서 발생한 사건에 한정한다.)
25. 정보의 수집·종합·분석 및 배포(해상에서 발생한 사건에 한정한다.)
26. 보안경찰 업무의 기획·지도 및 조정(해상에서 발생한 사건에 한정한다.)
27. 외사경찰 업무의 기획·지도 및 조정(해상에서 발생한 사건에 한정한다.)
28. 국제형사 업무에 관한 사항(해상에서 발생한 사건에 한정한다.)
29. 범죄의 수사에 관한 사항(해상에서 발생한 사건에 한정한다.)
30. 외국 해양치안기관 및 주한외국공관과의 교류·협력 업무

⑦ 해양오염방제국장은 고위공무원단에 속하는 일반직 공무원으로 하며, 다음 사항을 관장한다.

1. 해양오염 방제 조치에 관한 사항
2. 국가긴급방제계획 수립 및 시행
3. 해양오염 방제자원 확보 및 운영
4. 방제대책본부의 구성·운영 및 긴급방제 조정·통제

5. 방제훈련 계획의 수립 · 운영
6. 기름 및 유해물질 사고 대비 · 대응에 관한 사항
7. 오염물질 해양배출신고 처리에 관한 사항
8. 지방자치단체의 해안 방제 조치 지원에 관한 사항
9. 해양오염 방지를 위한 예방활동 및 지도 · 점검
10. 선박 해양오염 · 해양시설오염 비상계획서 검인 등에 관한 사항
11. 방제자재 · 약제 형식 승인에 관한 사항
12. 오염물질 해양배출행위 조사 및 오염물질의 감식 · 분석 등에 관한 사항
13. 해양환경관리공단의 방제사업 중 긴급방제 조치에 대한 지도 · 감독

⑧ 해양장비기술국장은 치안감 또는 경무관으로 하며, 다음 사항을 관장한다.

1. 해양경비 · 안전장비(함정, 항공기, 차량, 무기 등)의 개선 및 획득
2. 해양경비 · 안전장비의 정비 및 유지 관리
3. 해양경비안전정비창에 대한 지도 · 감독
4. 물품 · 무기 · 탄약 · 화학장비 수급관리 및 출납 · 통제
5. 경찰 복제 및 피복의 보급 · 개선
6. 해양항공 업무 관련 계획의 수립 · 조정 등에 관한 사항
7. 해양에서의 항공기 사고조사 및 원인분석에 관한 사항
8. 해양경비 · 안전 및 오염방제 관련 정보통신 업무계획의 수립 · 조정 등에 관한 사항
9. 해양경비 · 안전 및 오염방제 관련 정보통신 보안 업무
10. 해상교통안전 및 질서 유지에 관한 사항
11. 해상교통관제(VTS) 정책 수립 및 기술지원
12. 해상교통관제센터의 설치 운영에 관한 사항
13. 해상교통관제센터의 항만 운영 정보 제공에 관한 사항
14. 해상교통관제 관련 국제 · 교류 협력에 관한 사항

2) 지방해양경비안전본부장

① 구성: 중부 · 서해 · 제주 · 남해 · 동해 등 5개의 지방해양경비안전본부를 둔다.

② 지위: 지방본부장은 치안감 또는 경무관으로 보한다.

② 권한: 해양경비안전본부장의 지휘 · 감독을 받아 관할 해역에서의 해양경비 · 안전 · 오염 방제 및 해상에서 발생한 사건의 수사에 관한 사무를 수행한다.

3) 해양경비안전서장

① 구성: 지방해양경비안전본부장의 소관사무를 분장하기 위해 지방해양경비안전본부장 소속하에 18개 해양경비안전서를 두고 있다.

② 지위: 해양경비안전서장은 총경으로 보한다.

③ 하부조직: 해양경비안전서장의 소관사무를 분장하기 위해 해양경비안전서장 소속으로 해양경비안전센터를 두고, 산하에 출장소를 둘 수 있다.

(2) 해양경찰 의결기관

① 의의: 해양경찰관청의 의사를 구속하는 의결을 행하는 합의제 행정기관이다.

② 종류: 징계위원회 등이 이에 속한다.

③ 효과: 해양경찰 행정관청이 참여기관의 의결을 거치지 아니하고 행위한 경우에는 무권한의 행위가 되며 무효가 된다.

(3) 해양경찰 자문기관

① 의의: 해양경찰관청으로부터 자문을 요청받아 그 의견을 제시하는 기관이다(각종 심의회).

② 종류: 경찰공무원인사위원회 등이 이에 속한다.

③ 효과: 심의회의 의견은 법적으로 행정관청을 구속하지 못한다.

(4) 해양경찰 집행기관

① 의의: 해양경찰의 행정 목적을 실현하기 위해 필요한 실력을 행사하는 기관이다.

② 종류: 순경에서 치안총감까지 각 경찰관이 집행기관으로서 그 의사를 집행한다.

(5) 해양경찰 보조기관

① 의의: 행정관청, 기타 행정기관의 직무를 보조하기 위해 일상적인 직무를 수행하는 기관이다

② 종류: 조정관, 국장, 부장, 과장, 계장, 센터장 등

(6) 해양경찰 보좌기관

행정청 또는 보조기관을 보좌하는 행정기관을 말하는 것으로, 담당관 등이 이에 해당한다.

3. 해양경찰관청 상호간의 관계

(1) 개관

상하 관청 간의 관계	① 권한의 대리, ② 권한의 위임, ③ 권한의 감독(훈령권, 감시권, 주관(권한)쟁의 결정권, 인가권, 취소, 정지권)
대등 관청 간의 관계	① 권한의 상호 존중(권한의 불가침, 주관(권한)쟁의) ② 상호 협력 관계(협의, 사무의 위탁・촉탁, 경찰응원)

(2) 권한의 대리

1) 의의

권한의 대리란 해양경찰관청의 권한의 전부 또는 일부를 다른 해양경찰기관(대리기관)이 피대리관청을 위한 것임을 표시하고, 자기(대리기관)의 이름으로 행하며, 그 행위는 피대리관청의 행위로서 법률상 효과를 발생하는 것을 말한다.

2) 종류

대리권의 발생 원인을 표준으로 임의대리(수권대리, 위임대리)와 법정대리가 있다.

구분	임의대리	법정대리
의의	피대리관청의 수권에 의해 대리 관계가 발생하는 경우	법령의 규정에 의해 일정한 사실이 발생했을 때 대리 관계가 발생하는 경우
법적 근거	근거를 요하지 않음.	반드시 법령의 근거가 필요
범위	권한의 일부만 가능하며, 권한의 전부대리는 인정되지 않으며, 대통령령・부령의 제정권 등과 같은 형식적 권한은 대상이 안 됨.	대리권은 피대리관청의 전부에 대해 미치며, 형식적 권한도 법정대리의 대상이 됨.
상대방	피대리관청의 보조기관	피대리관청의 보조기관 또는 다른 해양경찰관청이 되는 경우도 있음.

복대리 가능	임의대리는 신임 관계에 의한 대리권의 행사이므로 복대리는 원칙적으로 인정 안 됨.	복대리 인정. 대리기관의 대리가 아니라 피대리관청의 대리임.
권한 행사 방식	피대리관청을 위한 것임을 표시하고 대리기관 자신의 이름으로 권한을 행사	피대리관청을 위한 것임을 표시하고 대리기관 자신의 이름으로 권한 행사
효과	행위는 피대리관청의 행위로서 효과 발생	행위는 피대리관청의 행위로서 효과 발생
감독	피대리관청은 감독 가능	감독 불가
행정소송 피고	피대리관청	

(2) 권한의 위임

1) 의의

권한의 위임이란 해양경찰관청의 권한의 일부를 다른 해양경찰기관(통상 하급관청)에 이전해 수임청 자신의 명의와 책임으로 권한을 행사하게 하는 것을 말한다.

2) 근거

권한 자체가 이전되므로 반드시 법적인 근거를 요한다.

3) 범위

권한의 일부에 관해서만 가능하고, 대통령령·부령 제정권 등 형식적 권한은 대상이 안 된다.

4) 재위임

권한이 위임되면 수임청의 권한이 되는 것이므로, 수임청은 재위임이 가능하다.

5) 상대방

주로 하급관청이 되며, 사인(私人)에 대한 위임도 가능하다.

6) 효과

① 수임청의 권한으로 귀속이 변경되므로, 수임청이 권한을 행사하지 않을 경우에도 위임청은 그 권한을 대행할 수 없다.

② 수임청은 자기의 명의와 책임으로 권한을 행사하며, 행위에 대한 책임도 수임청이 부담하고, 수임청이 행정소송의 피고가 된다. 권한의 일부에 관해서만 가능하고, 대통령령·부령 제정권 등 형식적 권한은 대상이 될 수 없다.

7) 지휘 · 감독

① 수임청이 위임관청의 지휘 · 감독 하에 있는 기관인 경우에는 지휘 · 감독이 가능하다.

② 수임청이 위임관청의 지휘 · 감독 하에 있는 기관이 아닌 경우에는 할 수 없는 것이 원칙이다.

4. 해양경찰관청 권한의 감독

(1) 의의

상급관청이 하급관청의 권한 행사에 대한 합목적성 및 능률성 등을 확보하기 위한 통제적 작용을 말하며, 조직법적 근거를 필요로 한다.

(2) 수단

예방적 감독 수단으로 훈령권, 감시권, 주관쟁의결정권, 인가권이 있으며, 교정적 감독 수단으로 취소 · 정지권 등이 있다.

(3) 감독 수단의 종류

<table>
<tr><td rowspan="4">예방적 수단</td><td>훈령권</td><td>① 상급관청이 하급관청의 권한 행사를 지휘하기 위해 발하는 명령이다.
② 훈령에 의한 감독은 대집행권을 포함하지는 않는다.
③ 훈령은 특별한 형식이 없고, 구두 · 문서의 형식으로 발할 수 있으며, 상대방에 도달함으로써 효력이 발생한다.</td></tr>
<tr><td>감시권</td><td>① 하급관청의 권한 행사의 상황을 파악하기 위해 사무를 감독하고 보고를 받는 등의 권한이다.
② 별도의 법적인 근거를 요하지 않는다.
③ 감시권은 예방적 감독 수단인 것이 원칙이나, 교정적 감독 수단일 때도 있다.</td></tr>
<tr><td>주관쟁의 결정권</td><td>① 소속 하급 해양경찰관청 간에 권한의 다툼이 있는 경우에 해당한다.
② 쌍방 관청에 공통되는 상급관청이 그에 관해 결정하는 권한을 의미한다.</td></tr>
<tr><td>승인 (인가)권</td><td>하급 해양경찰관청이 명령을 발하거나 처분을 하기 이전에 미리 그것을 상급 해양경찰관청에 제출해 그의 동의를 구하는 것이다.</td></tr>
<tr><td>교정적 수단</td><td colspan="2">상급 해양경찰관청이 직권으로 또는 행정심판의 청구에 따라 하급 해양경찰관청의 위법 · 부당한 행위를 취소 또는 정지하는 권한이다.</td></tr>
</table>

제 2 절 해양경찰공무원의 분류와 임용

1. 서설

① 해양경찰공무원은 법령상 '경찰공무원'이며, 국가 경찰기관을 구성하는 공무원으로서, 국민의 자유·권리의 보호 및 사회 공공의 안녕·질서의 유지를 목적으로 하는 '특정직 국가공무원'을 말한다.

② 형식상으로는 해양경비안전본부·지방해양경비안전본부·해양경비안전서 등에 소속되어 경찰 업무를 담당하는 순경에서부터 치안총감에 이르는 계급으로 되어 있는 국가공무원이다.

③ 해양경찰공무원은 특별법으로서 「경찰공무원법」과 일반법으로서 「국가공무원법」의 적용을 받는다.

④ 경찰공무원은 실적과 자격에 따라 임용되고 그 신분이 보장되며, 평생 동안(근무 기간을 정해 임용하는 공무원의 경우에는 그 기간 동안을 말한다.) 공무원으로 근무할 것이 예정되어 있는 '경력직 공무원'이며, 특수 분야를 담당하는 공무원으로서 '특정직 공무원'에 해당한다.

⑤ 의무경찰은 경찰공무원에 해당되지 않는다. 그러나 「형법」상 공무집행방해죄의 공무원에 해당하고, 「국가배상법」상의 공무원의 개념에 포함된다.

2. 경찰공무원의 분류

계급	의의	계급제는 경찰관을 상하로 구분해 권한과 책임 및 보수 등에 차이를 두기 위한 제도이다(수직적 분류).
	구분	치안총감, 치안정감, 치안감, 경무관, 총경, 경정, 경감, 경위, 경사, 경장, 순경 등 11단계로 구분한다.
경과	의의	① 경과(또는 특기)는 경찰 업무의 특성에 따라 적합한 경찰관을 모집·채용하고, 능력을 발전시킴으로써 경찰 업무의 효율성을 높이기 위한 제도이다(수평적 분류). ② 경과는 경찰공무원을 신규채용할 때 부여한다(기속 사항). ③ 경과는 원칙적으로 총경 이하의 경찰관에게 적용된다. ④ 경찰공무원은 그 직무의 종류에 따라 경과에 의해 구분할 수 있으며, 경과의 구분에 필요한 사항은 대통령령으로 정한다(「경찰공무원법」 제3조).

		⑤ 해양경찰공무원은 「국민안전처 소속 경찰공무원임용령 시행규칙」 제20조에 따라 아래와 같이 구분되어 있다.	
	구분	해양경과	홍보 · 기획 · 국제협력 · 감사 · 수사 · 형사 · 정보 · 외사 · 장비기술 · 해양오염 방제 또는 그 밖의 직무로서 항공경과, 정보통신경과 및 특임경과에 속하지 아니하는 직무
		항공경과	경찰항공기의 운영 · 관리에 관한 직무
		정보통신 경과	경찰정보통신의 운영 · 관리에 관한 직무
		특임경과	잠수 · 특공대 또는 응급구조에 관한 직무
특기	의의	① 특기는 경위 이상 경정 이하의 경찰관에게 부여할 수 있다. ② 전문특기를 부여하여 전문화관리를 할 수 있는 범위는 해당 일반특기 분야 정원의 3할 이내로 하되, 경찰교육훈련기관에 해당 분야 전문화 교육과정이 설치되어 있는 경우에는 그 교육을 받은 자에 한하여 전문특기를 부여한다(동 시행규칙 제21조). ③ 특기는 예비 분류와 확정 분류의 2단계를 거쳐서 분류한다(동 시행규칙 제24조). ④ 특기를 분류할 때에는 본인의 희망, 근무 경험, 적성(전공 분야 및 자격증 등), 전문화 교육, 소속 상관의 의견 등을 고려하여 심사한다(동 시행규칙 제30조).	
	구분	일반특기	기획 · 감사 · 경무 · 해상안전 · 형사 · 수사 · 경비 · 작전 · 정보 · 보안 및 외사특기
		전문특기	형사 · 조사 · 과학수사 · 정보관리 · 정보분석 · 보안수사공작 · 보안수사신문 · 외사 및 기술(함정 · 정보통신 · 항공 · 잠수)특기

3. 경찰공무원 관계의 발생 · 변경 · 소멸

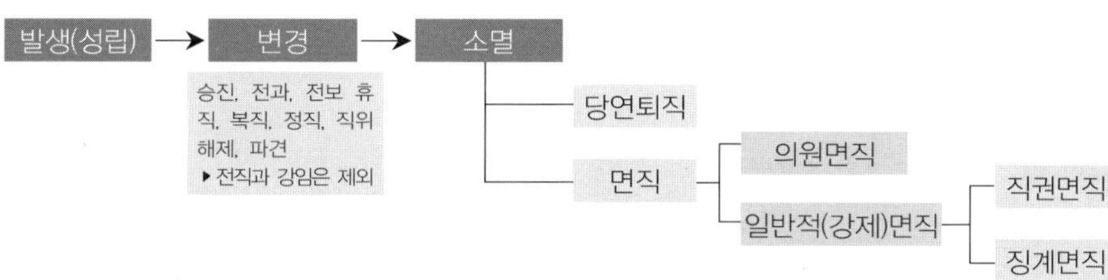

(1) 경찰공무원 관계의 발생

1) 의의

경찰공무원의 근무 관계의 성립이란 특정인에게 공무원으로서의 신분을 부여해 근무 관계를 설정하는 행위를 의미하며, 「경찰공무원법」에서는 임용 · 신규채용이라는 용어를 사용하고 있다.

임명	신규채용을 의미
임용	신규채용·승진·전보·파견·휴직·직위해제·정직·강등·복직·면직·해임 및 파면을 의미

2) 법적 성질

임명의 법적 성질은 일반인과 임용권자 사이의 쌍방적 행정행위(동의에 의한 행정행위 내지 협력을 요하는 행정행위)라고 할 수 있다.

3) 임용 원칙

평등의 원칙	공개경쟁에 따른 채용시험은 같은 자격을 가진 모든 국민에게 평등하게 공개해야 한다.
실적주의의 원칙	공무원의 임용은 시험성적·근무성적, 그 밖의 능력의 실증에 따라 행한다.
적격자 임용의 원칙	경과·특기·교육훈련·근무 경력 등을 고려해야 한다.

4) 임용권자(「경찰공무원법」 제6조)

임용권자	임용 대상자 및 절차
대통령	① 총경 이상의 임용(국민안전처 장관의 제청 → 국무총리 경유 → 대통령) ② 경정에의 신규채용·승진임용·면직
국민안전처 장관	「경찰공무원법」 제5조 3호 단서에 따라 ① 경정 이하의 임용 ② 총경의 전보·휴직·직위해제·강등·정직·복직
소속기관 등의 장	① 국민안전처 장관의 권한을 위임받아 소속 경감 이하의 임용 ② 국민안전처 장관의 권한을 위임받아 소속 경정의 전보·파견·휴직·직위해제·복직 ※ 국민안전처 장관은 해양경비안전교육원장 또는 지방해양경비안전본부장에게 그 소속 경찰공무원 중 경정 계급의 경찰공무원의 전보·파견·휴직·직위해제 및 복직에 관한 권한과 경감 이하 계급의 경찰공무원에 대한 임용권을 위임할 수 있다(「국민안전처 소속 경찰공무원 임용에 관한 규정」 제2조 제1항). ※ 국민안전처 장관은 정원의 조정, 신규채용, 인사교류 및 파견을 위하여 필요한 경우에는 위임규정에도 불구하고 임용권을 행사할 수 있다(동 시행령 제2조 제5항).
해양경비 안전서장	지방해양경비안전본부장 등의 권한을 위임받아 소속 경감 이하의 경찰공무원의 전보(동 시행령 제2조 제3항) ※ 임명권 없음.

5) 경찰공무원 인사위원회(「경찰공무원법」 제4조・제5조, 「경찰공무원임용령」 제9조 내지 제13조)

근거	경찰공무원 인사 운영에 필요한 사항을 심의하기 위하여 해양경비안전본부 및 소속기관에 설치된 비상설위원회이다(「국민안전처 소속 경찰공무원 인사규칙」 제7조).	
법적 성격	자문기관이다.	
위원회 구성	위원 수	위원장을 포함한 5인 이상 7인 이하의 위원으로 구성
	위원 및 위원장	위원은 인사위원회에 부의된 대상자의 계급보다 상위계급으로, 위원장은 위원보다 상위계급 또는 선임자로 구성하며, 위원장과 위원은 소속 공무원 중에서 소속기관의 장이 임명(동 규칙 제8조 제2항)
	간사	간사는 위원회가 설치된 소속 인사담당 경찰공무원 중에서 소속기관의 장이 임명(동 규칙 제8조 제3항)
회의	소집	위원장은 인사위원회의 회의를 소집하고 그 의장이 된다.
	의결 정족수	회의는 위원 과반수 이상의 출석과 출석위원 과반수 이상의 찬성으로 의결한다. 단, 가・부 동수일 경우에는 위원장이 결정
심의 사항	① 승진, 포상, 고충심사 및 정기전보에 대한 사항 ② 교류인사 순위 결정에 대한 사항 ③ 경과・특기・직별 변경 심사에 대한 사항 ④ 그 밖의 중요 인사 운영에 대한 사항	

6) 임용 형식 및 효력 발생 시기

임용 형식	공무원의 임용은 임용장 또는 임용통지서의 교부로써 행해지는 것이 원칙이다. 그러나 임용장의 교부는 유효 요건(요식행위)이 아니라 임용행위를 형식적으로 표시・증명하는 선언적・공증적 효력이 있을 뿐이다.
효력 발생 시기	① 경찰공무원은 임용장 또는 임용통지서에 기재된 일자에 임용된 것으로 본다. 다만, 사망으로 인한 면직은 사망한 다음날에 면직된 것으로 본다(「경찰공무원임용령」 제5조 제1항). ② 임용일자는 그 임용장이 피임용자에게 송달되는 기간 및 사무인계에 필요한 기간을 참작하여 정하여야 한다(동 법령 제5조 제2항).

7) 임용 자격 및 결격 사유(「경찰공무원법」 제7조)

의의	경찰공무원의 임용 요건은 결격 사유에 해당하는 배제적 요소에 해당하는 소극적 요건과 임용에 따른 일정한 요건을 정한 적극적 요건으로 구분할 수 있다.
소극 요건 (결격 사유)	① 대한민국 국적을 가지지 아니한 사람 ② 국적법에 따른 복수 국적자 ③ 피성년 후견인 또는 피한정 후견인 ④ 파산선고를 받고 복권되지 아니한 사람 ⑤ 자격정지 이상의 형(刑)을 선고받은 사람

	⑥ 자격정지 이상의 형의 선고유예를 선고받고 그 유예기간 중에 있는 사람 ⑦ 징계에 의해 파면 또는 해임처분을 받은 사람
적극 요건	① 경찰공무원은 신체 및 사상이 건전하고, 품행이 방정한 자 중에서 임용한다. ② 신규채용의 경우 능력주의(성적주의)가 적용되어, 경정과 순경은 공개경쟁시험의 성적에 의하는 것이 원칙이다. 단, 경찰간부후보생이나 경찰대 졸업자의 경우에는 예외가 인정되며, 경정의 경우 사법연수원을 수료한 사시 합격자와 2년 이상 근무한 행시 합격자에 대한 제한경쟁시험이 가능하다.

8) 신규채용(「경찰공무원법」 제8조)

① 종류

공개경쟁채용	방법	경찰공무원의 신규채용은 원칙적으로 공개경쟁채용시험에 의한다.
	대상	① 경정 및 순경의 채용은 공개경쟁채용시험에 의해 합격한 사람을 채용한다. ② 경위의 신규채용은 경찰대학을 졸업한 사람 및 대통령령이 정하는 자격을 갖추고 공개경쟁시험에 의해 선발된 사람(해양경찰 간부후보생)으로서 교육훈련을 마치고 소정의 시험에 합격한 사람 중에서 채용된다.
	실시	공개경쟁채용시험은 국민안전처 장관이 실시한다. 다만, 권한의 일부를 소속기관의 장과 지방해양경비안전관서의 장에게 위임할 수 있다(「경찰공무원법」 제15조).
경력경쟁채용	방법	경력경쟁채용시험에 의하되, 동일한 사유에 해당하는 여러 사람을 제한 경쟁의 방법으로 채용할 수 있다.
	대상	① 「국가공무원법」 제70조 제1항 제3호(직제와 정원의 개폐 또는 예산의 감소 등에 따라 폐직 또는 과원으로 인한 직권면직)의 사유로 퇴직하거나 같은 법 제71조 제1항 제1호(신체·정신의 장애로 장기 요양이 필요하여 휴직)의 휴직 기간 만료로 퇴직한 경찰공무원을 퇴직한 날부터 3년(「공무원연금법」에 따른 공무상 질병 또는 부상으로 인한 휴직의 경우에는 5년) 이내에 퇴직 시에 재직한 계급의 경찰공무원으로 재임용하는 경우 ② 공개경쟁시험으로 임용하는 것이 부적당한 경우에 임용 예정 직무에 관련된 자격증 소지자를 임용하는 경우 ③ 임용 예정직에 상응하는 근무실적 또는 연구실적이 있거나 전문지식을 가진 사람을 임용하는 경우 ④ 5급 공무원의 공개경쟁채용시험이나 사법시험에 합격한 사람을 경정 이하의 경찰공무원으로 임용하는 경우 ⑤ 타 교육기관 재학 중에 장학금을 받고 졸업한 사람을 임용하는 경우 ⑥ 섬, 외딴곳 등 특수지역에서 근무할 사람을 임용하는 경우 ⑦ 외국어에 능통한 사람을 임용하는 경우 ⑧ 제주특별자치도의 자치경찰공무원을 그 계급에 상응하는 경찰공무원으로 임용하는 경우
	요건	종전의 재직기관에서 감봉 이상의 징계처분을 받은 자 또는 경찰공무원으로 계급정년 퇴직한 자는 경력채용을 할 수 없다(「경찰공무원임용령」 제16조 제1항).
	제한	경력경쟁채용시험 실시 당시의 임용예정 직위 외의 직위에 임용할 수 없다(「경찰공무원임용령」 제15조).

② 채용후보자명부 등(「경찰공무원법」 제9조)

등재 순위	① 국민안전처 장관(해양경비안전본부장) 또는 경찰청장은 신규채용시험에 합격한 사람을 성적 순위에 따라 채용후보자명부에 등재해야 한다. ② 경찰공무원의 신규채용은 채용후보자명부의 등재 순위에 따른다. 다만, 채용후보자가 경찰교육기관에서 신임교육을 받은 경우에는 그 교육성적 순위에 따른다.
유효 기간	① 채용후보자명부의 유효 기간은 2년으로 하되, 경찰청장은 필요에 따라 1년의 범위 안에서 그 기간을 연장할 수 있다. ② 국민안전처 장관(해양경비안전본부장) 또는 경찰청장은 채용후보자명부의 유효 기간을 연장하기로 결정한 경우에는 그 사실을 공고해야 한다.
자격 상실	채용후보자가 다음에 해당하는 경우에는 채용후보자로서의 자격을 상실한다. ① 채용후보자가 임용 또는 임용 제청에 불응한 때 ② 채용후보자로서 받아야 할 교육훈련에 불응한 때 ③ 채용후보자로서 받은 교육훈련성적이 수료 점수에 미달되거나 교육훈련 중 질병·병역복무 기타 교육훈련을 계속할 수 없는 불가피한 사정외의 사유로 퇴학처분을 받은 때

9) 시보임용(「경찰공무원법」 제10조)

의의	경정 이하의 경찰공무원을 신규채용하는 경우 일정한 기간을 정해 그 기간 동안 자질·적성 등을 검토·심사해 적격하면 임용하고 부적격하면 임용하지 않고 면직시킬 수 있는 제도를 말하며, 시보임용기간 중에는 공무원으로서의 신분 보장이 되지 않는다. 따라서 인사상 불이익에 따른 소청을 제기할 수 없다.	
필요성	① 자질·성격·품성 등이 법을 집행하는 경찰공무원으로서 적합하지 않은 사람을 가려 일정 기간 내에 미리 면직시킴으로써 시험제도의 부족한 점을 보완하려는 것이다. ② 신규채용된 사람에게 경찰사무에 관한 지식과 신념을 갖게 하고 그 사무를 수행할 수 있는 능력을 훈련시키기 위해 시행하는 제도이다.	
적용 대상	경찰공무원의 시보임용은 경정 이하의 경찰관을 신규채용하는 경우에만 적용된다.	
시보기간	① 1년의 기간을 시보로 임용하고 그 기간이 만료된 다음날에 정규 임용한다. ② 휴직기간·직위해제기간 및 징계에 의한 정직처분 또는 감봉처분을 받은 기간은 시보임용기간에 산입하지 않는다.	
면제 대상	① 해양경찰 간부후보생으로서 정해진 교육을 마친 사람을 경위로 임용하는 경우 ② 경찰공무원으로서 대통령령으로 정하는 상위계급으로의 승진에 필요한 자격 요건을 갖추고 임용 예정 계급에 상응한 공개경쟁채용시험에 합격한 사람을 해당 계급의 경찰공무원으로 임용하는 경우 ③ 퇴직한 경찰공무원으로서 퇴직 시에 재직했던 계급의 채용시험에 합격한 사람을 재임용하는 경우 ④ 자치경찰공무원을 그 계급에 상응하는 경찰공무원으로 임용하는 경우	
면직	사유	① 징계 사유에 해당할 때 ② 교육훈련성적이 만점의 6할 미만이거나 생활 기록이 극히 불량할 때 ③ 근무성적 제2평정요소의 점수가 5할에 미만일 때

	절차	시보임용기간 중에 있는 자가 면직 사유에 해당해 정규경찰공무원으로 임용함이 부적당하다고 인정되는 경우 임용권자 또는 임용제청권자는 정규임용심사위원회의 심사를 거쳐 당해 시보임용 경찰공무원을 면직시키거나 면직을 제청할 수 있다.
정규임용 심사위원회	① 정규임용과 면직을 심사하기 위해 임용권자 또는 임용제청권자 소속하에 정규임용심사위원회를 둔다. ② 위원회는 재적위원 3분의 2 이상의 출석과 출석위원 과반수의 찬성으로 의결한다.	

(2) 경찰공무원 관계의 변경

1) 의의

경찰공무원 관계의 변경이란 공무원인 신분을 유지하면서 그 직위·직급·직렬·기타 공무원 관계의 내용을 변경하는 것을 말하는 바, 임명행위와는 달리 행정주체의 일방적 행위로 행해진다. 따라서 처분성이 긍정되어 행정소송의 대상이 될 수 있다. 변경 요인으로는 승진·전직·전보·복직·휴직·정직·직위해제·강등·파견·강임·감봉 등이 있다.

2) 승진

의의	① 승진은 동일 직렬 내에서 상위 직급의 직위, 즉 권한과 책임 수준이 높은 직위로 이동하는 것을 말한다. ② 경찰공무원은 바로 아래 하위 계급에 있는 경찰공무원 중에서 근무성적평정, 경력평정, 그 밖의 능력을 실증하여 승진임용한다(「경찰공무원법」 제11조 제1항). ③ 경무관 이하 계급으로의 승진은 승진심사에 의하여 한다(동법 제11조 제2항). 다만, 경정 이하 계급으로의 승진은 심사승진과 시험승진을 병행할 수 있다. ④ 총경 이하의 경찰공무원에 대하여는 대통령령으로 정하는 바에 따라 계급별로 승진대상자명부를 작성하여야 한다(동법 제11조 제4항).	
승진임용 구분	심사승진	경무관 이하까지 승진 가능
	시험승진	경정 이하까지 승진 가능
	특별승진	치안정감 이하까지 승진 가능
	근속승진	순경 → 경장(5년), 경장 → 경사(6년), 경사 → 경위(7년 6개월), 경위 → 경감(12년)
승진소요 최저근무 연수	총경: 4년, 경정·경감: 3년, 경위·경사: 2년, 경장·순경: 1년 ※ 위의 기간에는 휴직기간·직위해제기간·징계처분기간, 승진임용 제한기간(강등·정직 18개월, 감봉 12개월, 견책 6개월), 경찰대학을 졸업하고 경위로 임용된 사람이 의무경찰대의 대원으로 복무한 기간 등을 포함하지 아니한다(「경찰공무원 승진임용규정」 제5조 제2항, 제3항).	

<table>
<tr><td>승진 제한 사유
(경찰공무원 승진임용 규정 제6조)</td><td colspan="4">① 징계의결요구 · 징계처분 · 직위해제 · 휴직 · 시보임용기간 중에 있는 사람
② 징계처분의 집행이 끝난 날부터 강등 · 정직 18개월, 감봉 12개월, 견책 6개월의 기간이 지나지 아니한 사람(단, 금품 및 향응 수수, 공금의 횡령 · 유용에 따른 징계처분의 경우에는 각각 3개월을 더한 기간이다.)
③ 근신 · 영창 또는 그 밖에 이와 유사한 징계처분을 받고 그 징계처분의 집행이 끝난 날부터 6월이 경과되지 아니한 사람
④ 수사, 정보, 외사, 보안 등 특수 부문에 근무하는 경찰공무원으로서 대통령령으로 정하는 바에 따라 지정을 받은 총경 및 경정의 경우에 3년의 범위에서 계급정년 연장을 받은 사람</td></tr>
<tr><td>승진심사</td><td colspan="4">① 경찰공무원의 승진심사는 승진심사위원회의 심사에 의한다.
② 승진심사위원회의 회의는 비공개로 하며 재적위원 과반수의 찬성으로 의결한다.
③ 임용권자 또는 임용제청권자는 심사승진후보자명부에 기록된 사람이 승진임용되기 전에 정직 이상의 징계처분을 받은 경우에는 심사승진후보자 명부에서 그 사람을 제외해야 한다.</td></tr>
<tr><td rowspan="4">승진심사 위원회</td><td>구분</td><td>중앙승진심사위원회</td><td>보통승진심사위원회</td><td>보통승진심사위원회</td></tr>
<tr><td>구성</td><td colspan="3">위원장을 포함한 위원 5명 이상 7명 이하</td></tr>
<tr><td>설치</td><td>국민안전처
(해양경비안전본부)</td><td>국민안전처
(해양경비안전본부)</td><td>소속기관</td></tr>
<tr><td>관할</td><td>총경 이상에의 승진심사</td><td>경정에의 승진심사</td><td>경감 이하에의 승진심사</td></tr>
<tr><td>승진심사 위원회 관할</td><td colspan="4">승진심사위원회는 위의 구분에 따라 경찰공무원의 승진심사를 관할한다. 다만, 국민안전처장관(해양경비안전본부장)은 승진 예정 인원 등을 고려해 부득이한 경우에는 중앙해양특수구조단, 해양경비안전연구센터 또는 해양경비안전서 소속 경찰공무원 중 다음 각 호에 해당하는 계급의 경찰공무원에 대한 승진심사를 각 호에 따른 기관의 보통승진심사위원회에서 심사하게 할 수 있다.
① 중앙해양특수구조단 소속 경사 이하 계급의 경찰공무원: 국민안전처(해양경비안전본부)
② 해양경비안전연구센터 소속 경위 이하 계급의 경찰공무원: 해양경비안전교육원
③ 해양경비안전서 소속 경위 이하 계급의 경찰공무원: 지방해양경비안전본부</td></tr>
</table>

3) 특별승진(「경찰공무원법」 제14조)

<table>
<tr><th colspan="2">구분</th><th>대상자</th><th>계급 범위</th></tr>
<tr><td rowspan="5">범위</td><td rowspan="5">1계급 승진
(원칙)</td><td>청렴하고 투철한 봉사 정신으로 직무에 모든 힘을 다해 공무 집행의 공정성을 유지하고 깨끗한 공직사회를 구현하는 데에 다른 공무원의 귀감이 되는 사람</td><td>경정 이하에의 승진</td></tr>
<tr><td>직무 수행 능력이 탁월해 행정 발전에 큰 공헌을 한 사람</td><td>경감 이하에의 승진</td></tr>
<tr><td>제안의 채택 · 시행으로 국가 예산을 절감하는 등 행정 운영 발전에 뚜렷한 실적이 있는 사람</td><td>경감 이하에의 승진</td></tr>
<tr><td>재직 중 공적이 특히 뚜렷한 사람이 명예퇴직할 때</td><td>치안정감 이하에의 승진</td></tr>
<tr><td>전사하거나 순직한 사람
직무 수행 중 현저한 공적을 세운 사람</td><td>치안정감 이하에의 승진</td></tr>
</table>

		※ 다만, 행정자치부령이 정하는 특별경비부서에서 헌신적으로 직무를 수행한 공이 있고, 상위직의 직무 수행 능력이 있다고 인정되는 사람 – 경위 이하에의 승진 → 이 경우는 승진소요 최저근무연수가 적용된다.	경감 이하에의 승진
	2계급 승진 (예외)	경위 이하로서 모든 경찰공무원의 귀감이 되는 공을 세우고 전사하거나 순직한 사람	

4) 대우공무원제도

개념	임용권자 또는 임용제청권자가 소속 경찰공무원 중 해당 계급에서 승진소요 최저근무연수 이상 근무하고 승진임용의 제한 사유가 없는 근무실적 우수자를 바로 위 계급의 대우공무원으로 선발하는 것을 말한다.	
요건	승진소요 최저근무연수가 지난 총경 이하 경찰공무원으로서 해당 계급에서 다음의 구분에 따른 기간 동안 근무해야 한다. ① 총경・경정: 7년 이상 ② 경감 이하: 5년 이상	
절차 및 시기	선발 절차	임용권자 등은 매분기 말 5일 전까지 대우공무원 발령일을 기준으로 하여 대우공무원 선발 요건을 충족하는 대상자를 결정해야 하고, 인사기록카드에 등재해야 한다.
	시기	대상자를 결정한 후 그 다음 분기 첫 달 1일에 일괄해 대우공무원으로 발령해야 한다.
수당 지급	원칙	① 대우공무원으로 선발된 경찰공무원에게는 대우공무원 수당(월봉급액의 4.1%)을 지급한다. ② 대우공무원의 선발이나 수당 지급에 중대한 착오가 발생한 경우에는 임용권자나 임용 제청권자는 그 잘못을 정정하고 대우공무원수당을 소급해 지급할 수 있다.
	감액	대우공무원이 징계・직위해제 처분을 받거나 휴직하여도 수당은 계속 지급하되, 감액해 지급한다.
자격 상실	대우공무원이 다음에 해당하는 경우 그 해당 일에 대우공무원의 자격은 별도 조치 없이 당연히 상실한다. ① 상위 계급으로 승진임용되는 경우: 승진임용일 ② 강등되는 경우: 강등일	

5) 전보

의의	전보란 경찰공무원의 동일 직위 및 자격 내에서의 근무기관이나 부서를 달리하는 임용으로, 동일 직급 내의 보직 변경을 말한다(「경찰공무원법」 제1조의2).
전보의 제한	① 임용권자 또는 임용제청권자는 소속 공무원을 해당 직위에 임용된 날부터 1년 이내에 다른 직위에 전보할 수 없다. ② 특정한 직무 분야에 근무할 것을 조건으로 신규채용 또는 승진임용된 자는 5년이 경과되지 아니한 경우에는 채용 조건 또는 승진임용 조건과 다른 직무 분야에 전보될 수 없다. ③ 3월 이내에 정년으로 퇴직할 자는 다음에 해당하는 직위에 보직할 수 없다. 다만, 이미

	보직된 자는 퇴직예정일 3월 전에 보직을 변경해야 한다. (a) 회계관계직 공무원의 직위 (b) 민원사무를 취급하는 부서의 직위
전보 제한 예외 사유	① 직제상의 최저 단위 보조기관(담당관을 포함한다) 내에서의 전보 ② 국민안전처 또는 소속기관 등 상호간의 교류를 위한 전보 ③ 기구의 개편, 직제 또는 정원의 변경으로 인한 해당 경찰공무원의 전보 ④ 당해 경찰공무원을 승진시키는 경우 ⑤ 특수한 기술을 가진 경찰공무원 또는 전문특기자를 당해 직무 분야에 보직하는 경우 ⑥ 징계처분을 받은 경우 ⑦ 형사사건에 관련되어 수사기관에서 조사를 받고 있는 경우 ⑧ 경찰기동대 기타 특수임무 부서와의 정기적인 교체에 의하는 경우 ⑨ 교육훈련기관의 교수요원으로 보직하는 경우 ⑩ 시보임용 중인 경우 ⑪ 신규채용된 경찰공무원으로서 제22조 제5항의 규정에 의한 보직관리 기준에 따라 순환보직 중인 자의 전보 및 이와 관련한 전보 ⑫ 감사 담당 경찰공무원 가운데 부적격자로 인정되는 경우

6) 복직

복직이란 휴직 · 직위해제 또는 정직(강등에 따른 정직 포함) 중에 있는 경찰공무원을 직위에 복귀시키는 것을 말한다(「경찰공무원법」 제1조의2).

7) 휴직(「국가공무원법」 제71조~제73조)

의의	① 경찰관으로서의 신분은 가지면서 일정 기간 직무 담당을 해제하는 것이다. ② 휴직에는 공무원의 의사와 관계없이 임용권자가 직권으로 행하는 직권휴직과 공무원 본인의 원에 응해 임용권자가 행하는 의원휴직이 있다.	
직권휴직 사유	신체 · 정신상의 장애로 장기 요양이 필요할 때	1년 이내, 1년의 범위에서 연장 가능
	① 병역 복무를 마치기 위해 징집 또는 소집된 때 ② 그 밖에 법률의 규정에 따른 의무를 수행하기 위해 직무를 이탈하게 된 때	복무 기간이 끝날 때까지
	천재지변이나 전시 · 사변, 그 밖의 사유로 생사 또는 소재가 불명확하게 된 때	법원의 실종선고를 받는 날까지 (「경찰공무원법」 제23조)
	공무원노동조합 전임자로 종사하게 된 때	전임기간
의원휴직 사유	국제기구, 외국기관, 국내외의 대학 · 연구기관이, 다른 국가기관 또는 대통령령으로 정하는 민간기업, 그 밖의 기관에 임시로 채용될 때	채용 기간 (민간기업이나 그 밖의 기관에 채용되면 3년 이내)

	① 국외 유학을 하게 된 때 ② 외국에서 근무 · 유학 또는 연수하게 되는 배우자를 동반하게 된 때	3년 이내 (부득이한 경우 2년의 범위에서 연장 가능)
	국민안전처 장관(해양경비안전본부장)이 지정하는 연구기관이나 교육기관 등에서 연수하게 된 때	2년 이내
	만 8세 이하 또는 초등학교 2학년 이하의 자녀를 양육하기 위해 필요하거나, 여성공무원이 임심 또는 출산하게 된 때	자녀 1명에 대해 3년 이내
	사고나 질병 등으로 장기간 요양이 필요한 조부모, 부모(배우자의 부모를 포함), 배우자, 자녀 또는 손자녀를 간호하기 위해 필요한 때	1년 이내로 하되, 재직기간 중 총 3년을 넘을 수 없음.
효력	① 휴직 중인 공무원은 신분은 보유하나 직무에 종사하지 못한다. ② 휴직기간 중에 그 사유가 없어지면 30일 이내에 임용권자 또는 임용제청권자에게 신고해야 하며, 임용권자는 지체없이 복직을 명해야 한다. ③ 휴직기간이 끝난 공무원이 30일 이내에 복귀신고를 하면 당연히 복직된다.	

8) 정직

경찰관 신분은 가지면서 1개월 이상 3개월 이하의 기간 동안 직무담당이 정지되고 보수의 3분의 1을 지급받는 것이다(「국가공무원법」 제80조 제3항).

9) 직위해제(「국가공무원법」 제73조의3)

의의	공무원으로서의 신분을 보유하면서 직위를 계속 유지시킬 수 없는 사유가 있어 직위를 부여하지 않는 조치를 말한다.
성격	① 직위해제는 휴직과 달리 본인에게 귀책사유가 있을 때에 행하는 것이므로 제재적 성질을 갖는다. ② 직위해제는 징계벌과는 그 성질을 달리하므로 동일한 사유를 이유로 직위해제 후 징계 또는 징계 후 직위해제를 하더라도 일사부재리의 원칙이나 이중처벌 금지의 원칙에 위배되지 않는다.
직위해제 사유	① 직무 수행 능력이 부족하거나 근무성적이 극히 나쁜 자(이 경우 임용권자 또는 임용제청권자는 직위해제된 자에 대해 3월 이내의 기간 대기를 명한다.) ② 파면 · 해임 · 강등 또는 정직에 해당하는 징계 의결이 요구 중인 자 ③ 형사사건으로 기소된 자(약식명령이 청구된 자는 제외) ④ 고위공무원단에 속하는 일반직 공무원으로서, (a) 근무성적평정에서 최하위 등급의 평정을 총 2년 이상 받은 때, (b) 정당한 사유 없이 직위를 부여받지 못한 기간이 총 1년에 이른 때, (c) 근무성적평정에서 최하위 등급을 1년 이상 받은 사실이 있는 경우 그리고 정당한 사유 없이 6개월 이상 직위를 부여받지 못한 사실이 있는 경우에 모두 해당할 때, (d) 조건부 적격자가 교육훈련을 이수하지 아니하거나 연구과제를 수행하지 아니한 때 등의 사유로 적격 심사를 요구받은 자 ⑤ 금품 비위, 성범죄 등 대통령령으로 정하는 비위행위로 인해 감사원 및 검찰 · 경찰 등 수사기관에서 조사나 수사 중인 자로서 비위의 정도가 중대하고 이로 인해 정상적인 업무수행을 기대하기 현저히 어려운 자

효력	① 직위해제된 공무원은 직무에 종사하지 못하고 출근할 수도 없다. ② 직위해제된 자에 대해서는 봉급의 80퍼센트를 지급한다(「공무원보수규정」 제29조). ③ 직위해제 기간은 승진소요 최저근무연수에 산입되지 않는다(「경찰공무원 승진임용규정」 제5조). ④ 임용권자는 직위해제 사유가 소멸한 경우 지체없이 직위를 부여해야 한다.
경합	직위해제 여부는 임용권자의 재량에 속한다. 다만, 직위해제 사유 중 ①의 사유와 ②의 사유가 경합하는 경우에는 ②의 사유로, ①의 사유와 ③의 사유가 경합하는 경우에는 ③의 사유로, ①의 사유와 ⑤의 사유가 경합하는 경우에는 ⑤의 사유로 직위해제 처분을 해야 한다.

10) 전직

전직이란 동일한 계급에서 직급직렬을 달리하는 다른 직위로의 횡적 이동을 말한다. 다만, 전직은 경찰공무원에게는 적용되지 않는다.

11) 강임

강임이란 같은 직렬 내에서 하위 직급에 임명하거나 하위 직급이 없어 다른 직렬의 하위 직급으로 임명하는 것을 말한다. 경찰공무원에게는 적용되지 않는다.

※ 강등: 경찰공무원에게 적용되며, 경찰공무원의 신분은 보유하되, 1계급 아래로 직급을 내리고 3개월간 직무가 정지되고 보수의 3분의 2가 감액된다(징계의 종류).

(3) 경찰공무원 관계의 소멸

1) 의의

경찰공무원 관계의 소멸이란 경찰공무원으로서 신분이 해소되는 경우를 말한다.

2) 퇴직

퇴직이란, 일정한 법정 사유가 발생한 경우 별도의 행위를 기다릴 것 없이 당연히 경찰공무원의 신분을 상실하는 것을 말하며, 당연퇴직과 정년퇴직이 있다.

3) 당연퇴직

당연퇴직	의의	일정한 사유가 발생하면 당연히 공무원 관계가 소멸하는 것을 말한다.
	사유	① 경찰공무원의 결격 사유에 해당할 때. 다만, 자격정지 이상의 형의 선고유예를 선고받고 그 유예기간 중에 있는 사람의 경우에는 당연퇴직 사유가 아니다(「경찰공무원법」 제21조). ② 경찰공무원이 사망한 때 ③ 경찰공무원이 정년에 달한 때 ④ 경찰공무원이 국적을 상실한 때

	효과	① 당연퇴직 사유가 발생하면 별도의 처분이 없어도 당연퇴직의 효과가 발생한다. ② 당연퇴직 발령은 퇴직된 사실을 알리는 관념의 통지에 불과하므로 처분성이 인정되지 않아 항고소송의 대상이 되지 않는다.
연령정년	의의	일정한 나이가 되면 자동적으로 퇴직하는 제도이다.
	기준	60세(가족관계등록부상 생년월일 기준). 연령정년은 연장될 수 없다
계급정년	의의	일정한 계급에서 일정 기간 동안 승진하지 못할 경우 퇴직하는 제도이다.
	기준	치안감 4년, 경무관 6년, 총경 11년, 경정 14년(임용일 기준) ① 강등된 계급의 계급정년은 강등되기 전 계급 중 가장 높은 계급의 계급정년으로 함. ② 계급정년을 산정할 때에는 강등되기 전 계급의 근무연수와 강등 이후의 근무연수를 합산함.
	계급정년 연장	① 수사・정보・외사・보안 등 특수부문에 근무하는 경찰공무원으로서 전문특기를 부여받은 사람은 총경 및 경정의 경우에는 3년의 범위에서 계급정년을 연장할 수 있다. ② 해양경비안전본부장 또는 경찰청장은 전시・사변이나 그 밖에 이에 준하는 비상사태에서는 2년의 범위에서 계급정년을 연장할 수 있다.

4) 연령정년과 계급정년

5) 면직

면직이란 공무원 관계의 소멸이 법정 사유에 의해서가 아니라 공무원 본인이나 임용권자의 의사에 의해 행해지는 것을 말한다. 이에는 의원면직과 일방적 면직(징계면직・직권면직)이 있다.

① 의원면직

의의	공무원 자신의 사직 의사 표시를 전제로 하여 임용권자의 처분으로 공무원 관계를 소멸시키는 행위를 말한다.
성질	사직원의 제출과 임용권자의 사직원 수리에 의해 행해지는 쌍방적 행정행위이다.
효력 발생 시기	사직의 의사 표시만으로 면직의 효과가 발생하는 것이 아니라, 서면에 의한 면직발령장 또는 면직통지서에 기재된 일자에 효력이 발생한다. 따라서 사직원은 제출했어도 아직 수리되지 않고 있는 동안에 직장을 무단이탈하면 징계 및 형사책임의 사유가 된다.

② 징계면직

공무원의 공무원법상의 의무 위반에 대한 징계로서 내려지는 파면과 해임을 말한다.

③ 직권면직(「경찰공무원법」 제22조, 「경찰공무원임용령」 제47조)

의의	일정한 법정 사유가 있는 경우에 본인의 의사와 관계없이 임용권자가 직권으로 행하는 면직 처분을 말하며, 이에 대해 행정소송의 대상이 될 수 있다.
직권면직 사유	① 직제와 정원의 개폐 또는 예산의 감소 등에 따라 폐직(廢職) 또는 과원(過員)이 되었을 때 ② 휴직기간이 끝나거나 휴직사유가 소멸된 후에도 직무에 복귀하지 아니하거나 직무를 감당할 수 없을 때 ③ 직위해제로 인한 대기 명령을 받은 자가 그 기간에 능력 또는 근무성적의 향상을 기대하기 어렵다고 인정된 때(징계위원회 동의 필요) ④ 경찰공무원으로서 부적합할 정도로 직무수행능력 또는 성실성이 현저히 결여된 사람으로서(징계위원회 동의 필요) (a) 지능 저하 또는 판단력의 부족으로 경찰 업무를 감당할 수 없는 경우 (b) 책임감의 결여로 직무 수행에 성의가 없고 위험한 직무에 당하여 고의로 직무 수행을 기피 또는 포기하는 경우 ⑤ 직무를 수행하는 데에 위험을 일으킬 우려가 있을 정도의 성격적 또는 도덕적 결함이 있는 사람으로서(징계위원회 동의 필요) (a) 인격장애, 알코올·약물 중독 그 밖의 정신장애로 인해 경찰 업무를 감당할 수 없는 경우 (b) 사행행위 또는 재산의 낭비로 인한 채무 과다, 부정한 이성관계 등 도덕적 결함이 현저해 타인의 비난을 받는 경우 ⑥ 당해 경과에서 직무를 수행하는 데 필요한 자격증의 효력이 상실되거나 면허가 취소되어 담당 직무를 수행할 수 없게 되었을 때
효력	① 경찰공무원의 자격이 상실된다. ② 불복이 있는 경우에는 소청심사위원회에 소청심사청구가 가능하다.

[참고 사항] 경찰공무원 관계의 변경·소멸 사유 구분

변경 사유	승진, 전보, 파견, 휴직, 직위해제, 정직, 강등, 복직, 전과	
소멸 사유	당연퇴직	사망, 정년(계급정년, 연령정년), 임용 결격 사유(자격정지 이상의 형의 선고유예를 받고 그 선고유예기간 중에 있는 자 제외)
	면직	① 의원면직 ② 일방적 면직: 직권면직, 징계면직(파면, 해임)

제 3 절 해양경찰공무원의 권리와 의무

1. 경찰공무원의 권리

(1) 의의

경찰공무원은 국민의 한 사람으로서 양심의 자유, 표현의 자유 등 「헌법」에서 보장하는 기본권의 주체로서 각종 권리를 갖는다. 그러나 공무원이라는 직업의 특성상 일반 국민들에게 인정되는 기본권 중 노동3권, 국가배상권, 거주 이전의 자유 등의 행사에 일정한 제약을 받는다.

(2) 신분상의 권리

경찰공무원은 일반공무원과 동일한 권리인 일반적 권리와 무기 휴대권 등 일반 공무원에게는 없는 특수한 권리로 나뉜다.

일반적 권리	신분보유권	① 경찰공무원은 형의 선고, 징계처분 또는 「국가공무원법」 및 「경찰공무원법」에 정하는 사유에 의하지 아니하고는 본인의 의사에 반해 휴직·강임 또는 면직을 당하지 아니한다. ② 그러나 치안총감, 치안정감, 시보임용기간 중에 있는 경찰공무원은 신분보장이 되지 않는다. ③ 치안총감의 경찰공무원 중 경찰청장은 임기제(2년)의 대상이 되나, 국민안전처 소속 치안총감은 임기제 대상이 되지 않는다.
	직위보유권	경찰공무원에 임용된 자는 계급에 상응하는 일정한 직위를 부여받을 권리와 부여받은 직위를 법정 사유에 의하지 않고는 박탈당하지 않을 권리이다.
	직무집행권	경찰공무원은 자기가 담당하는 직무를 수행하고 그 직무 집행에 방해를 받지 않을 권리가 있다. 이를 방해하는 자는 공무집행방해죄를 구성한다.
	쟁송제기권	소청심사청구권, 행정쟁송권, 고충심사권을 보유한다.
특수한 권리	제복착용권	경찰공무원의 권리이자 의무이기도 하다.
	무기 휴대 및 사용권	무기휴대는 경찰공무원법, 무기 사용은 「경찰관직무집행법」과 「해양경비법」에 법적 근거를 두고 있다.
	장구사용권	경찰공무원은 「경찰관직무집행법」에 근거해 일정한 경우 수갑·포승·경찰봉 등 경찰장구를 사용할 수 있다.

(3) 재산상 권리

보수 청구권	보수의 의의	① 공무원의 보수는 봉급과 기타 각종 수당을 합산한 금액으로서 근로의 대가로서의 성질과 공무원의 생활보장적 성질을 가지고 있다. ② 보수는 다른 법령에 특별한 규정이 있는 경우를 제외하고는 현금 또는 요구불 예금으로 지급한다(「공무원보수규정」 제19조).
	근거	대통령령인 「공무원보수규정」으로 정하고 있다.
	성격	보수청구권은 공법상의 권리의 성질을 가지므로 그에 관한 분쟁은 행정쟁송(특히 당사자소송)에 의해야 한다(다만, 소송 실무상 민사소송에 의함).

	권리의 보호	보수청구권은 포기나 양도가 금지되고, 보수에 대한 압류는 2분의 1을 초과하지 못한다.
	소멸시효	「국가재정법」상 금전채권 소멸시효는 원칙적으로 5년이나, 판례는 보수청구권의 소멸시효의 경우 「민법」 제163조를 적용해 3년이라고 한다.
	보수의 부정 수령	보수를 거짓이나 그 밖의 부정한 방법으로 수령한 경우에는 수령한 금액의 2배의 범위에서 가산해 징수할 수 있다.
연금 청구권	의의	경찰공무원이 상당한 기간 근무해 퇴직·사망과 공무로 인한 부상·질병·폐질의 경우에 본인 및 그 유족의 생활 안정과 복리 향상을 위해 지급하는 급여를 말한다.
	권리 보호	연금급여를 받을 권리는 이를 양도, 압류하거나 담보에 제공할 수 없다.
	심사청구	연금급여의 결정에 관해 이의가 있는 자는 결정이 있은 날로부터 180일, 그 사실을 안 날로부터 90일 이내에 공무원연금급여 재심위원회에 심사를 청구할 수 있다.
	소멸시효	연금의 단기급여는 3년, 장기급여는 5년의 시효로 소멸된다.
실비변상 청구권	경찰공무원은 공무 집행상 소요되는 여비, 출장비, 수사활동비 등 특별한 비용을 요할 때에는 따로 실비 변상을 받는다.	
보급품 수령권	경찰공무원은 제복, 기타 물품의 급여 및 대여를 받는다.	
보상 청구권	사회보장	경찰공무원이 질병·부상·폐질·퇴직·사망·재해를 입으면 본인이나 유족에게 법률로 정하는 바에 따라 적절한 급여를 지급한다.
	보훈	경찰공무원으로서 전투나 그 밖의 직무 수행 또는 교육훈련 중 사망한 사람 및 부상을 입고 퇴직한 사람과 그 유족 또는 가족은 「국가유공자 등 예우 및 지원에 관한 법률」에서 정하는 바에 따라 예우를 받는다.

(4) 신분상 권리와 재산상 권리 비교

신분상의 권리		재산상의 권리
일반적 권리	특수한 권리	
① 신분보유권 ② 직위보유권 ③ 직무집행권 ④ 쟁송제기권	① 제복착용권 ② 무기 휴대 및 사용권 ③ 장구사용권	① 보수청구권 ② 연금청구권 ③ 실비변상청구권 ④ 보급품수령권 ⑤ 보상청구권

2. 경찰공무원의 의무

(1) 의의

공무원은 국민 전체에 대한 봉사자로서의 지위에 있으므로 일반 국민이 지지 않는 특별한 의무를 진다. 경찰공무원의 의무는 모두 법적 의무로서 이를 위반하면 위법·징계 사유가 될 수 있으며, 공무원의 의무 중 정치운동 금지 의무와 집단행동 금지 의무 위반에 대해 「국가공무원법」에 직접 형사상 처벌 규정을 두고 있다.

(2) 일반적 의무(「국가공무원법」)

구분		내용
선서의무		경찰공무원은 취임할 때에 소속기관장 앞에서 선서할 의무를 갖는다. 다만, 불가피한 사유가 있으면 취임 후에 선서하게 할 수 있다.
성실의무	개념	성실의 의무는 공무원의 의무 중 가장 기본적인 의무로서 다른 의무의 원천이 되는 의무이며, 최대한으로 공공의 이익을 도모하고 그 불이익을 방지하기 위해 전 인격과 양심을 바쳐서 성실히 직무를 수행할 의무를 의미한다. 성실의무는 윤리성을 강하게 띠고 있는 자발적이고 적극적인 성격을 지닌다.
	적용	성실의무는 경우에 따라서는 근무시간 외에 근무지 밖까지 미칠 수도 있다.

(3) 직무상의 의무(「국가공무원법」 및 「경찰공무원법」)

구분			내용
「국가공무원법」	법령준수의무	의의	공무원은 직무 수행에 있어 법령을 준수해야 한다.
		위반 효과	경찰공무원의 법령 위반은 위법행위 또는 불법행위로서 무효 또는 취소의 원인이 되고, 경찰공무원은 그로 인한 징계책임·형사책임 또는 민사상의 배상책임을 지게 된다.
	복종의무	의의	공무원은 직무를 수행할 때 소속 상관(직무에 관해 지휘·감독할 수 있는 정당한 권한을 가진 자)의 직무상 명령에 복종해야 한다.
		요건	① 형식적 요건: 권한 있는 상관, 부하 공무원의 직무상 독립의 범위 내, 부하 공무원의 권한 내, 형식과 절차 구비 ② 실질적 요건: 법령에 맞고 공익에 적합, 가능하고 명백
		심사	① 형식적 요건: 부하 공무원은 형식적 요건에 대한 심사 가능, 요건 결여 시 복종 거부 ② 실질적 요건: 직무명령이 범죄를 구성하거나 중대하고 명백한 법규 위반으로 절대 무효인 경우 이를 거부
		적용 제외	직무의 성질상 독립이 보장된 공무원의 직무 수행에는 복종의무가 인정되지 않는다.
	친절·공정의무		① 국민 전체의 봉사자로서 친절하고 공정하게 직무를 수행해야 한다. ② 친절·공정의 의무는 법에 명시된 법적인 의무이다.
	종교중립의무		① 종교에 따른 차별 없이 직무를 수행해야 한다. ② 공무원은 소속 상관이 종교 중립의 의무에 위배되는 직무상 명령을 한 경우에는 이에 따르지 아니할 수 있다.

	직무전념의무	직장 이탈 금지	① 소속 상관의 허가 또는 정당한 이유 없이 직장을 이탈하지 못한다. ② 수사기관이 공무원을 구속하려면 현행범인을 제외하고는 소속기관의 장에게 통보해야 한다.
		영리 업무 종사 금지	공무원은 공무 외에 영리를 목적으로 하는 업무에 종사하지 못한다. 소속기관장의 허가를 받아도 영리 업무에 종사할 수 없다.
		겸직 금지	공무원은 소속 기관장의 허가 없이 다른 직무를 겸할 수 없다.
「경찰 공무원법」	거짓보고 및 직무유지금지		경찰공무원은 직무에 관해 거짓으로 보고나 통보를 해서는 아니 되며, 직무를 게을리하거나 유기해서도 아니 된다.
	지휘권 남용 등 금지의무		① 전시·사변, 그 밖에 이에 준하는 비상사태에 처하거나, ② 작전 수행 중인 경우, ③ 많은 인명 손상이나 국가재산 손실의 우려가 있는 위급한 사태가 발생한 경우에 경찰공무원을 지휘·감독하는 사람은 정당한 사유 없이 그 직무 수행을 거부 또는 유기하거나 경찰공무원을 지정된 근무지에서 진출·퇴각 또는 이탈하게 해서는 아니 된다.
	제복착용의무		경찰공무원은 특수한 경우를 제외하고는 제복을 착용해야 한다.

(4) 신분상의 의무(「국가공무원법」)

비밀엄수 의무	의의	공무원은 재직 중은 물론 퇴직 후에도 직무상 알게 된 비밀을 엄수해야 한다(「국가공무원법」 제60조). 직무와 관련해 알게 된 비밀도 포함된다.
	비밀의 범위	행정기관이 비밀로 취급하는 것은 모두 해당한다는 형식설과 실질적으로 보호할 가치가 있는 것만이 비밀이라는 실질설(다수설, 판례)의 대립이 있다.
	진술의 허가	공무원 또는 공무원이었던 자가 법원 기타 법률상 권한을 가진 관청의 증인 또는 감정인이 되어 직무상 비밀에 관해 신문을 받을 때에는 소속관청 또는 감독관청의 허가를 받은 사항에 관해서만 진술할 수 있다.
	위반 효과	비밀 누설은 징계 사유가 될 뿐만 아니라 형사상의 피의 사실 공표죄 또는 공무상 비밀누설죄를 구성한다.
청렴의무	의의	공무원은 직무와 관련해 직접적이든 간접적이든 사례·증여·향응을 주거나 받을 수 없으며, 직무상의 관계가 있든 없든 그 소속 상관에게 증여하거나 소속 공무원으로부터 증여를 받아서는 아니 된다.
	재산등록 의무	총경 이상의 경찰공무원(「공직자윤리법」 제3조 1항 제8호)과 경정·경감·경위·경사(동법 제3조1항 제11호 및 시행령 제3조 3항 제5호)는 재산을 등록해야 한다.
	위반 효과	청렴의무 위반은 징계 사유가 되며 징계 감경의 대상에서도 제외된다. 일정한 경우에는 형법상 뇌물에 관한 죄를 구성한다.

품위 유지 의무	① 공무원은 직무의 내외를 불문하고 그 품위가 손상되는 행위를 해서는 아니 된다. ② 공직의 체면·위신·신용을 유지하기 위한 것으로 사생활에까지는 미치지 아니한다.
영예의 제한	공무원이 외국 정부로부터 영예나 증여를 받을 경우에는 대통령의 허가를 받아야 한다. 이는 공무원에 대한 외국 정부의 영향력을 배제하기 위한 것이다.
정치운동 금지의무	① 공무원은 정당이나 그 밖의 정치단체의 결성에 관여하거나 이에 가입할 수 없다. ② 공무원은 선거에서 특정 정당 또는 특정인을 지지 또는 반대하기 위한 다음의 행위를 해서는 아니 된다. (a) 투표를 하거나 하지 아니하도록 권유운동을 하는 것 (b) 서명운동을 기도·주재하거나 권유하는 것 (c) 문서나 도서를 공공시설 등에 게시하거나 게시하게 하는 것 (d) 기부금을 모집 또는 모집하게 하거나, 공공자금을 이용 또는 이용하게 하는 것 (e) 타인에게 정당이나 그 밖의 정치단체에 가입하게 하거나 가입하지 아니하도록 권유 운동을 하는 것 ③ 공무원은 다른 공무원에게 ①, ②에 위배되는 행위를 하도록 요구하거나 또는 정치적 행위에 대한 보상 또는 보복으로서 이익 또는 불이익을 약속해서는 아니 된다.
집단행위 금지의무	① 사실상 노무에 종사하는 공무원을 제외하고 공무원은 노동운동이나 그 밖에 공무 외의 일을 위한 집단행위를 해서는 아니 된다. ② 경찰공무원의 경우 노동3권(단결권·단체교섭권·단체행동권)이 인정되지 않는다.

[요약 정리] 경찰공무원의 의무의 유형 구분

유형	규정 법령	종류
일반의무	「국가공무원법」	선서의무(제55조), 성실의무(제56조)
직무상 의무	「국가공무원법」	법령준수의무(제56조), 복종의무(제57조), 직무전념의무[직장이탈금지(제58조)·영리업무 종사금지(제64조)·겸직금지(제64조)], 친절공정의무(제59조), 종교중립의무(제59조의2)
	「경찰공무원법」	거짓보고 및 통보금지의무(제18조 제1항), 직무유기 금지의무(제18조 제2항), 지휘권남용 금지의무(제19조), 제복착용의무(제20조 제1항)
	「경찰공무원 복무규정」	지정장소 외에서의 직무수행금지(제8조), 근무시간 중 음주금지(제9조), 민사분쟁에의 부당개입금지(제10조)
신분상 의무	「국가공무원법」	비밀엄수의무(제60조), 청렴의무(제61조), 품위유지의무(제63조), 영예 등의 제한(제62조), 정치운동 금지의무(제65조), 집단행위 금지의무(제66조)
	「공직자윤리법」	재산등록·공개의무(제3조·제10조)
	「부패방지 및 국민권익위원회 설치와 운영에 관한 법률」	부패행위의 신고의무(제56조)

제 4 절 해양경찰공무원의 책임

1. 개념

경찰공무원이 그 의무를 위반함으로써 법률의 제재 또는 불이익을 받게 되는 지위를 말한다.

2. 유형

행정상 책임 (협의의 책임)	징계책임, 변상책임
형사상 책임	형법상의 책임, 경찰형벌상의 책임
민사상 책임	손해배상책임

(1) 징계책임

[징계 절차]

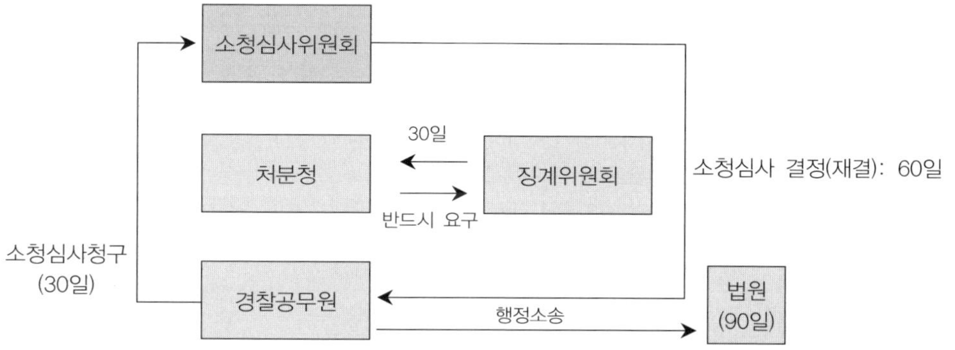

1) 의의 및 징계 사유

의의	① 경찰공무원의 의무 위반에 대해 공법상 특별권력 관계의 내부 질서를 유지하기 위해 국가가 그 특별권력에 의거해 과하는 제재를 말한다. ② 임명 전의 행위라도 공무원의 체면 또는 위신을 손상시킬 경우에는 징계 사유가 될 수 있다(대판 1990.5.22, 89누7368). ③ 징계 사유는 행위자의 고의·과실을 불문한다(다수설·판례).

<table>
<tr><td>징계 사유
(법정주의)</td><td>① 「국가공무원법」 및 「국가공무원법」에 의한 명령에 위반했을 때
② 직무상 의무에 위반하거나 직무를 태만히 할 때
③ 직무의 내외(內外)를 불문하고 그 체면 또는 위신을 손상하는 행위를 한 때</td></tr>
<tr><td>재량 인정
여부</td><td>징계 사유가 발생하는 한 징계권자는 반드시 징계위원회에 징계를 요구해야 하므로 징계를 선택할 것인가에 대한 결정재량은 인정되지 않는다. 그러나 징계의 종류 중 어떤 것을 선택할 것인지에 관한 선택 재량은 인정된다.</td></tr>
<tr><td>소멸시효</td><td>징계의결의 요구는 징계 사유가 발생한 날부터 3년이다. 다만, 금품 및 향응 수수, 공금의 횡령·유용의 경우에는 5년 이내이다.</td></tr>
</table>

2) 징계의 종류

<table>
<tr><td rowspan="2">배제
징계</td><td rowspan="4">중
징
계</td><td>파면</td><td>① 경찰공무원 관계가 소멸되고, 경찰관 재 임용 불가, 향후 5년간 일반공무원 임용 금지
② 퇴직급여는 1/2(5년 이상 근무) 또는 1/4(5년 미만 근무)을 감액하고 지급
③ 퇴직수당은 재직기간과 상관없이 1/2 감액</td><td rowspan="2">배
제
징
계</td></tr>
<tr><td>해임</td><td>① 경찰공무원 관계가 소멸되고, 경찰관 재임용 불가, 향후 3년간 일반공무원 임용 금지
② 원칙적으로 퇴직급여 및 퇴직수당은 전액 지급되나, 금품·향응 수수, 공금의 횡령·유용으로 징계 해임된 자의 퇴직급여는 1/8(5년 미만) 또는 1/4(5년 이상)
③ 퇴직수당은 재직기간과 상관없이 1/4 감액</td></tr>
<tr><td rowspan="4">교정
징계</td><td>강등</td><td>① 공무원 신분은 보유하되, 1계급 아래로 직급을 내리고 3개월간 직무 정지
② 3개월간 보수의 2/3 감액
③ 승진임용 제한기간(18개월)은 승진소요 최저근무연수에서 제외
④ 직무정지기간 종료 후 18개월(금품 및 향응 수수, 공금의 횡령·유용인 경우 3개월 가산) 승진과 승급 제한</td><td rowspan="4">교
정
징
계</td></tr>
<tr><td>정직</td><td>① 공무원 신분 보유하되, 1개월 이상 3개월 이하 직무정지
② 정직기간 중 보수의 2/3 감액
③ 정직기간 및 승진임용 제한기간(18개월)은 승진소요 최저근무연수에서 제외
④ 정직기간은 경력평정기간에서 제외
⑤ 정직기간 종료 후 18개월간 승진과 승급 제한</td></tr>
<tr><td rowspan="2">경
징
계</td><td>감봉</td><td>① 1개월 이상 3개월 이하 보수의 1/3 감액
② 감봉기간 및 승진임용 제한기간(12개월)은 승진소요 최저근무연수에서 제외
③ 감봉기간 종료 후 12개월(금품 및 향응 수수, 공금의 횡령·유용인 경우 3개월 가산) 승진과 승급 제한</td></tr>
<tr><td>견책</td><td>① 전과(前過)에 대해 훈계·경고 조치
② 승진임용 제한기간(6개월)은 승진소요 최저근무연수에서 제외
③ 견책 후 6개월(금품 및 향응 수수, 공금의 횡령·유용인 경우 3개월 가산) 승진과 승급 제한</td></tr>
</table>

3) 징계권자

원칙	징계권은 임용권에 포함되는 것이 원칙이므로 징계권자는 인사권자(임용권자)가 된다.
중징계의 집행	① 경무관 이상의 강등・정직과 경정 이상의 파면・해임은 국민안전처 장관의 제청으로 국무총리를 거쳐 대통령이 행한다. ② 총경 및 경정의 강등・정직과 경감 이하의 파면・강등・정직은 징계위원회 의결을 거쳐 해당 경찰공무원의 임용권자가 한다.
경징계의 집행	① 징계위원회의 의결을 거쳐 징계위원회가 설치된 소속기관의 장이 행한다. ② 국무총리 소속으로 설치된 징계위원회에서 의결한 경무관 이상의 징계는 국민안전처 장관이 한다.

4) 징계 절차

<table>
<tr><td>의의</td><td colspan="3">① 징계처분은 경찰기관의 장의 요구에 의해 징계위원회의 의결을 거쳐 징계위원회가 설치된 소속기관의 장이 행한다.
② 징계처분은 반드시 징계위원회의 의결을 거쳐서 행해야 하며, 징계위원회의 의결을 거치지 않고 행한 징계처분은 무효가 된다.</td></tr>
<tr><td rowspan="2">징계의결 요구</td><td colspan="3">① 경찰기관의 장은 소속 경찰공무원 중 징계 사유가 있다고 인정한 때와, 하급 경찰기관으로부터 징계 등 의결 요구의 신청을 받은 때에는 지체없이 관할 징계위원회를 구성해 징계 등 의결을 요구해야 한다. 이 경우 경찰공무원 징계 의결 또는 징계부가금 부과 의결 요구서와 확인서를 관할 징계위원회에 제출해야 한다.</td></tr>
<tr><td colspan="3">② 경찰기관의 장은 그 소속 경찰공무원에 대한 징계사건의 관할이 상급 경찰기관에 설치된 징계위원회 관할에 속한 때에는 그 상급 경찰기관의 장에게 징계의결의 요구를 신청해야 한다.
③ 징계의결 요구 또는 신청은 중징계 또는 경징계로 구분해 요구 또는 신청해야 한다.</td></tr>
<tr><td rowspan="5">징계 위원회</td><td rowspan="3">관할</td><td>국무총리 중앙징계 위원회</td><td>경무관 이상</td></tr>
<tr><td>경찰공무원 중앙징계 위원회</td><td>총경・경정</td></tr>
<tr><td>경찰공무원 보통징계 위원회</td><td>경감 이하</td></tr>
<tr><td rowspan="2">구성</td><td>중앙징계 위원회</td><td>위원장 1명을 포함, 5명 이상 7명 이하의 공무원위원과 민간위원</td></tr>
<tr><td>보통징계 위원회</td><td>위원장 1명을 포함, 3명 이상 7명 이하의 공무원위원과 민간위원</td></tr>
</table>

구분	세부	내용
	위원 및 위원장	① 징계위원회가 설치된 경찰기관의 장은 징계 등 심의의 대상자보다 상위 계급인 경위 이상의 소속 경찰공무원 또는 상위 직급에 있는 6급 이상의 소속 공무원 중에서 징계위원회의 공무원위원을 임명한다. ② 징계위원회가 설치된 경찰기관의 장은 위원장을 제외한 위원 수의 2분의 1 이상을 민간위원으로 위촉한다. ③ 위촉되는 민간위원의 임기는 2년으로 하며, 한 차례만 연임 ④ 위원장은 위원 중 최상위 계급에 있거나 최상위 계급에 먼저 승진임용된 경찰공무원이 되며, 위원회 사무를 총괄하고 위원회를 대표하며 표결권을 가진다.
관련 사건의 관할		① 상위 계급과 하위 계급의 경찰공무원이 관련된 징계 등 사건은 상위계급의 경찰공무원을 관할하는 징계위원회에서 심의·의결하고, 상급 경찰기관과 하급 경찰기관에 소속된 경찰공무원이 관련된 징계 등 사건은 상급 경찰기관에 설치된 징계위원회에서 심의·의결한다. 다만, 상위 계급의 경찰공무원이 감독상 과실책임만으로 관련된 경우에는 관할 징계위원회에서 각각 심의·의결할 수 있다. ② 소속이 다른 2명 이상의 경찰공무원이 관련된 징계 등 사건으로서 관할 징계위원회가 서로 다른 경우에는 모두를 관할 하는 바로 위 상급 경찰기관에 설치된 징계위원회에서 심의·의결한다.
징계의결 기한		징계 등 의결 요구를 받은 징계위원회는 그 요구서를 받은 날로부터 30일 이내에 징계 등 관한 의결을 해야 하나, 부득이한 사유가 있을 때에는 해당 징계 등 의결을 요구한 경찰기관의 장의 승인을 받아 30일 이내의 범위에서 그 기간을 연장할 수 있다.
심문과 진술권		징계위원회가 징계 등 심의 대상자의 출석을 요구할 때에는 출석통지서로 하되, 징계위원회 개최일 3일 전까지 그 징계 등 심의 대상자에게 도달되도록 해야 하며, 진술할 수 있는 기회를 충분히 주어야 한다. 진술의 기회를 주지 않고 한 징계 등 의결은 절차상 하자로 무효가 된다.
의결 정족수		징계위원회의 의결은 위원장을 포함한 위원 과반수(과반수가 3명 미만인 때에는 3명 이상)의 출석과 출석위원 과반수의 찬성으로 의결하되, 의견이 나뉘어 출석위원 과반수의 찬성을 얻지 못한 경우에는 출석위원 과반수가 될 때까지 징계 심의 대상자에게 가장 불리한 의견을 제시한 위원의 수를 그 다음으로 불리한 의견을 제시한 위원의 수에 차례로 더해 그 의견을 합의된 의견으로 본다.
징계의 양정	양정 기준	징계의결요구권자 또는 징계위원회는 ① 행위자에 대한 의무 위반 행위의 유형·정도, ② 과실의 경중, ③ 평소의 행실, ④ 근무성적, ⑤ 공적, ⑥ 뉘우치는 정도 또는 그 밖의 정상을 참작해 징계 양정 기준에 따라 징계의결 요구 또는 징계의결해야 한다.
	행위자 정상 참작 사유	① 과실로 인해 발생한 의무 위반 행위가 다른 법령에 의해 처벌 사유가 되지 않고 비난 가능성이 없는 때 ② 국가 또는 공공의 이익을 증진하기 위해 성실하고 능동적으로 업무를 처리하는 과정에서 부분적인 절차상 하자 또는 비효율, 손실 등의 잘못이 발생한 때

		③ 의무 위반 행위의 발생을 방지하기 위해 최선을 다했으나 부득이한 사유로 결과가 발생한 때 ④ 발생한 의무 위반 행위에 대해 자진신고하거나 사후 조치에 최선을 다해 원상회복에 크게 기여한 때 ⑤ 간첩 또는 사회 이목을 집중시킨 중요 사건의 범인을 검거한 공로가 있을 때 ⑥ 제8조 제3항에 따른 감경 제외 대상이 아닌 의무 위반 행위 중 직무와 관련이 없는 사고로 인한 의무 위반 행위로서 사회 통념에 비춰 공무원의 품위를 손상하지 아니했다고 인정되는 때
	감독자 문책 시 정상 참작 사유	① 부하 직원의 의무 위반 행위를 사전에 발견해 적법 타당하게 조치한 때 ② 부하 직원의 의무 위반 행위가 감독자 또는 행위자의 비번일, 휴가기간, 교육기간 등에 발생하거나, 소관 업무와 직접 관련 없는 등 감독자의 실질적 감독 범위를 벗어났다고 인정된 때 ③ 부임기간이 1개월 미만으로 실질적인 감독이 곤란하다고 인정된 때 ④ 교정이 불가능하다고 판단된 부하 직원의 사유를 명시해 인사상 조치(전출 등)를 상신하는 등 성실히 관리한 이후에 같은 부하 직원이 의무 위반 행위를 야기했을 때 ⑤ 그 밖의 부하 직원에 대해 평소 철저한 교양감독 등 감독자로서의 임무를 성실히 수행했다고 인정된 때
징계의결 통고	징계위원회는 징계 등 의결을 했을 때에는 지체없이 징계 등 의결을 요구한 자에게 의견서 정본을 보내어 통지해야 한다(「경찰공무원 징계령」 제17조).	
징계의 제청 · 집행	경징계	징계 등 의결을 요구한 자는 경징계의 징계 등 의결을 통지받았을 때에는 통지받은 날부터 15일 이내에 징계 등을 집행해야 한다.
	중징계	징계 등 의결을 요구한 자는 중징계의 징계 등 의결을 통지받았을 때에는 지체없이 징계 등 처분 대상자의 임용권자에게 의결서 정본을 보내어 해당 징계 등 처분을 제청해야 한다.
	징계처분 사유설명서	중징계 처분의 제청을 받은 임용권자는 15일 이내에 의결서 사본에 징계 등 처분사유 설명서를 첨부해 징계 등 처분 대상자에게 보내야 한다.

5) 징계에 대한 구제 절차

① 소청심사청구: 징계처분을 받는 자는 처분사유 설명서를 받은 날로부터 30일 이내에 소청심사위원회 심사를 청구할 수 있다.

② 행정소송: 소청심사위원회의 결정에 불복이 있거나 소청 제기 후 60일이 지나도 소청심사위원회의 결정이 없을 때는 관할 고등법원에 행정소송을 제기할 수 있다.

※ 행정소송은 소청심사위원회의 심사 · 결정을 거치지 아니하면 제기할 수 없다(「국가공무원법」 제16조 제1항).

6) 재징계의결의 요구

<table>
<tr><td rowspan="2">재징계 의결의 요구</td><td>원칙</td><td>처분권자는 다음에 해당하는 사유로 소청심사위원회 또는 법원에서 징계처분 또는 징계부가금 부과처분의 무효 또는 취소(취소명령 포함)의 결정이나 판결을 받은 경우에는 3개월 이내에 다시 징계의결 또는 징계부가금 부과의결을 요구해야 한다.
① 법령의 적용, 증거 및 사실 조사에 명백한 흠이 있는 경우
② 징계위원회의 구성 또는 징계의결, 그 밖에 절차상의 흠이 있는 경우
③ 징계양정 및 징계부가금이 과다한 경우</td></tr>
<tr><td>예외</td><td>징계양정 및 징계부가금의 과다를 이유로 무효 또는 취소(취소명령 포함)의 결정이나 판결을 받은 감봉·견책처분에 대해서는 징계의결을 요구하지 아니할 수 있다.</td></tr>
</table>

7) 감사원 등 조사와의 관계

① 감사원에서 조사 중인 사건에 대해서는 조사 개시 통보를 받은 날부터 징계의결의 요구나 그 밖의 징계절차를 진행하지 못한다(감사 선행의 원칙 적용).

② 검찰·경찰, 그 밖의 수사기관에서 수사 중인 사건에 대해서는 수사 개시 통보를 받은 날부터 징계의결의 요구나 그 밖의 징계 절차를 진행하지 아니할 수 있다.

③ 감사원과 검찰·경찰, 그 밖의 수사기관은 조사나 수사를 시작한 때와 이를 마친 때에는 10일 이내에 소속기관장에게 그 사실을 통보해야 한다.

(2) 변상책임

<table>
<tr><td>의의</td><td colspan="2">공무원이 그 의무를 위반해 국가에 재산상의 손해(적극적·소극적·재산적·비재산적 손해를 모두 포함)를 발생하게 한 경우에 이에 대해 공무원이 국가에 대해 지는 책임을 말한다.</td></tr>
<tr><td>국가배상법 변상책임</td><td colspan="2">① 경찰공무원이 그 직무를 집행함에 고의 또는 과실로 법령에 위반해 타인에게 손해를 가한 경우와 공공의 영조물의 설치·관리의 하자로 인해 타인에게 손해를 발생한 경우에 국가는 국민에 대해 손해배상 책임을 지게 된다.
② 이때 가해 공무원에게 고의 또는 중과실이 있는 경우에는 국가는 공무원에게 구상할 수 있게 되므로, 이에 의해 그 공무원은 국가에 대해 변상책임을 지게 된다.</td></tr>
<tr><td rowspan="2">회계 관계 직원 등의 책임에 관한 법률에 의한 변상책임</td><td>회계 관계 직원의 책임</td><td>회계 관계 직원은 고의 또는 중대한 과실로 법령이나 그 밖의 관계 규정 및 예산에 정해진 바를 위반해 국가 등의 재산에 손해를 끼친 경우에는 변상할 책임이 있다(제4조 제1항).</td></tr>
<tr><td>현금·물품의 출납·보관자의 책임</td><td>현금·물품을 출납·보관하는 회계 관계 직원은 선량한 관리자로서의 주의를 게을리해 그가 보관하는 현금·물품이 망실·훼손된 경우에는 변상할 책임이 있다. 이 경우 당해 직원은 스스로 사무를 집행하지 아니한 것을 이유로 그 책임을 면할 수 없다.</td></tr>
</table>

	변상책임의 판정	변상책임의 유무 및 변상액은 감사원이 판정한다.
	변상 금액의 감면	감사원은 변상 금액을 정함에 있어서 일정한 사유가 있는 경우에는 그 금액의 전부 또는 일부를 감면할 수 있다. 다만, 그 손해가 고의에 의해 발생한 경우에는 그러하지 아니하다.
	감사원의 판정 전의 변상책임	감독기관의 장은 회계 관계 직원이 책임이 있다고 인정하면 감사원의 판정 전에도 관계 직원에게 변상을 명할 수 있다(제6조 제1항).

3. 형사상의 책임

(1) 의의

경찰공무원의 행위가 의무 위반에 그치지 않고, 나아가서 일반법익을 침해하는 것일 때에는 징계벌을 과하는 외에 형벌을 과하는 일이 있다.

(2) 징계벌과 형사벌의 구분

구분	징계벌	형사벌
권력의 기초	국가와 공무원 간 특별권력 관계를 근거	일반통치권에 근거
목적	공무원 조직 내의 질서 유지	일반사회의 질서 유지
내용	공무원의 신분상의 불이익을 주된 내용	일반국민의 재산상의 이익이나 자유・생명까지도 박탈하는 것을 내용
대상	의무(법규) 위반 공무원	형사법상의 의무 위반(반사회적 법익 침해)
시간적 한계	퇴직 후에는 처벌 불가	퇴직 후에도 처벌 가능
구성 요건	고의・과실을 요하지 않음.	고의・과실을 요함.
양자의 관계	양자는 목적이 다르므로 병과해도 일사부재리의 원칙에 저촉되지 않는다.	

4. 민사상의 책임

경찰공무원이 직무상 불법행위로 특정 개인에게 손해를 가한 경우에는 「국가배상법」에 의해 국가가 피해자에게 배상을 하고, 이때 경찰공무원에게 '고의 또는 중과실이 있을 때'에는 국가가 행위자인 경찰공무원에게 구상하도록 했으므로 경찰공무원은 민사상 배상책임을 지고 있다고 볼 수 있다(판례 입장).

제 5 절 해양경찰공무원 구제법

1. 서설

(1) 의의

경찰공무원이 법률이 정하는 사유에 의하지 아니하고 그 의사에 반하는 불이익처분을 받은 경우 임용권자 또는 그 상급 관청에 직접 이의신청 · 소청, 그 밖의 방법으로 구제를 청구하거나 법원에 행정소송을 제기해 구제를 청구할 수 있는 제도를 말한다.

(2) 처분사유 설명서의 교부(사전 구제절차)

① 경찰공무원에 대해 징계처분 또는 징계부가금 부과처분 등 불리한 처분을 행할 경우에는 그 처분권자 또는 처분제청권자는 처분 사유를 기재한 설명서를 교부해야 한다. 다만, 본인의 원에 따른 강임 · 휴직 · 면직처분은 그러하지 아니하다.

② 이 제도는 피 처분권자에게 소청심사위원회에서 소청심사를 청구할 수 있는 기회를 부여하는 사전적 구제절차로서의 의미를 지닌다고 할 수 있다.

2. 고충심사

<table>
<tr><td>의의</td><td colspan="2">① 공무원의 근무조건 · 인사관리 기타 신상문제에 대한 고충이 있을 경우, 고충심사위원회에 청구할 수 있는 제도를 말한다.
② 국민안전처 소속 경찰공무원의 인사상담 및 고충을 심사하기 위해 국민안전처 및 대통령령으로 정하는 지방해양경비안전관서에 경찰공무원 고충심사위원회를 둔다.</td></tr>
<tr><td>성격</td><td colspan="2">고충심사제도는 공무원을 위한 옴부즈맨(ombudsman)적 성격을 가진다고 할 수 있으며, 동시에 공무원에게 근로3권이 제약되는 것에 대한 배상적 의미를 가진다고 볼 수 있다.</td></tr>
<tr><td>대상</td><td colspan="2">공무원은 누구나 근무조건 · 인사관리 기타 신상문제에 대해 인사상담 및 고충심사를 청구할 수 있다. 따라서 직무와 관련한 모든 문제가 대상이 된다고 할 수 있다.</td></tr>
<tr><td>심사기관</td><td>중앙고충
심사위원회</td><td>① 경찰공무원고충심사위원회의 심사를 거친 재심청구와 경정 이상의 경찰공무원의 고충심사를 담당한다.
② 중앙고충심사위원회의 기능은 소청심사위원회에서 관장한다.</td></tr>
</table>

<table>
<tr><td></td><td>경찰공무원
고충심사
위원회</td><td>경감 이하 경찰공무원의 고충심사를 담당한다.</td></tr>
<tr><td rowspan="5">절차</td><td>청구기간</td><td>청구기간의 제한은 없다.</td></tr>
<tr><td>고충심사</td><td>고충심사위원회가 청구서를 접수한 때에는 30일 이내에 고충심사에 대한 결정을 해야 한다. 다만, 부득이하다고 인정되는 경우에는 설치기관의 장의 승인을 얻어 30일을 연장할 수 있다(「공무원고충처리규정」 제7조 제1항).</td></tr>
<tr><td>심사 결정</td><td>고충심사의 결정은 재적위원 과반수의 합의에 의한다(동 규정 제10조).</td></tr>
<tr><td>결정서
작성 · 송부</td><td>고충심사위원회가 고충심사청구에 대해 결정을 한 때에는 결정서를 작성하고, 지체없이 이를 설치기관의 장에게 송부해야 한다(동 규정 제11조).</td></tr>
<tr><td>심사 결과
처리</td><td>결정서를 송부받은 설치기관의 장은 심사 결과를 청구인에게 통보하는 외에 스스로 고충의 해소를 위한 조치를 하거나 관계 기관의 장에게 필요한 조치를 요청해야 한다(동 규정 제12조). 그러나 처리 결과에 대한 강제성이 없으므로 권익구제로서의 실효성이 떨어진다고 할 수 있다.</td></tr>
<tr><td>재심청구</td><td colspan="2">경찰공무원고충심사위원회의 고충심사에 대해 불복이 있어 중앙고충심사위원회에 재심을 청구하는 경우에는 통보받은 날로부터 30일 이내에 청구서를 제출해야 한다.</td></tr>
</table>

3. 소청(「국가공무원법」)

(1) 소청심사

<table>
<tr><td>의의</td><td colspan="3">소청이란 공무원의 징계처분, 그 밖에 그 의사에 반하는 불리한 처분이나 부작위에 대해 관할 소청심사위원회에 심사를 청구하는 행정심판이다. 즉, 소청은 공무원 관계의 특수성을 고려해 마련된 행정심판법에 의한 행정심판에 대한 특별행정심판절차이다.</td></tr>
<tr><td>소청
대상</td><td colspan="3">① 징계처분 · 강임 · 휴직 · 직위해제 · 면직처분 그 밖에 본인의 의사에 반하는 불리한 처분 또는 부작위이다.
② '본인의 의사에 반하는 불리한 처분'은 공무원의 신분에 관한 불이익처분 중 법에 열거되어 있는 것을 제외한 것을 말하는데, 의원면직의 형식에 의한 면직, 전직, 전보, 대기발령, 경력평정, 복직청구 등이 그 예로 들어진다.</td></tr>
<tr><td rowspan="3">소청
절차</td><td>심사
청구</td><td colspan="2">징계처분 · 강임 · 휴직 · 직위해제 · 면직처분의 경우에는 처분사유 설명서를 교부받은 날로부터 30일 이내에, 그 밖에 불리한 처분을 받았을 때에는 그 처분이 있은 것을 안 날로부터 30일 이내에 소청심사위원회에 심사를 청구할 수 있다.</td></tr>
<tr><td rowspan="2">심사</td><td>심사 시기</td><td>소청심사위원회는 소청이 접수되면 지체없이 심사해야 한다.</td></tr>
<tr><td>증거
조사</td><td>① 소청심사위원회는 필요하면 검증 · 감정, 그 밖의 사실조사를 하거나 증인을 소환해 질문하거나 관계 서류를 제출하도록 명할 수 있다.
② 관계기관의 소속 공무원을 증인으로 소환할 경우에는 당해 기관의 장은 이에 따라야 한다.</td></tr>
</table>

		진술권	소청심사위원회가 소청사건을 심사할 때에는 소청인 또는 대리인에게 진술 기회를 주어야 하며, 진술 기회를 주지 아니한 결정은 무효이다.
		결정 기간	소청심사청구를 접수한 날부터 60일 이내에 이에 대한 결정을 해야 한다. 다만, 불가피하다고 인정되면 소청심사위원회의 의결로 30일을 연장할 수 있다.
		결정 정족수	소청사건의 결정은 재적위원 3분의 2 이상의 출석과 출석위원 과반수의 합의에 따르되, 의견이 나뉠 경우에는 출석위원 과반수에 이를 때까지 소청인에게 가장 불리한 의견에 차례로 유리한 의견을 더해 그중 가장 유리한 의견을 합의된 의견으로 본다.
	결정	결정의 방식	소청심사위원회의 결정은 그 이유를 구체적으로 밝힌 결정서로 해야 한다.
		결정의 종류	소청심사위원회의 결정은 각하 결정, 기각 결정, 취소·변경(명령) 결정, 무효·부존재 확인 결정, 의무이행(명령) 결정으로 구분된다.
		취소·변경 명령	소청심사위원회의 취소명령 또는 변경명령 결정은 그에 따른 징계나 그 밖의 처분이 있을 때까지는 종전에 행한 징계처분 또는 징계부가금 부과처분에 영향을 미치지 아니한다.
		불이익변경 금지 원칙	원징계처분보다 무거운 징계 또는 원징계부가금 부과처분보다 무거운 징계 부가금을 부과하는 결정을 하지 못한다.
	결정 효력	소청심사위원회의 결정은 처분행정청을 기속한다. 따라서 처분청은 위원회의 결정 내용에 따른 작위·부작위의 의무가 발생한다.	
불복	소청심사위원회의 결정에 불복하는 경우에는 행정소송을 제기할 수 있다.		

(2) 소청심사위원회(「국가공무원법」 제9조 내지 제11조)

설치	① 행정기관 소속 공무원의 소청을 심사·결정하게 하기 위해 인사혁신처 소속으로 설치한다. ② 국회·법원·헌법재판소·선거관리위원회는 각각 소청심사위원회를 설치해 해당 소속 공무원의 소청을 심사·결정한다.	
법적 성격	합의제 행정관청이다.	
구성	위원 수	인사혁신처에 설치된 소청심사위원회는 위원장 1명 포함한 5명 이상 7명 이하의 상임위원과 상임위원 수의 2분의 1이상인 비상임위원으로 구성한다.
	위원장	정무직으로 보한다.
	임명	위원은 인사혁신처장의 제청으로 국무총리를 거쳐 대통령이 임명한다.
	자격	① 법관·검사 또는 변호사의 직에 5년 이상 근무한 자 ② 대학에서 행정학·정치학 또는 법률학을 담당한 부교수 이상의 직에 5년 이상 근무한 자 ③ 3급 이상 공무원 또는 고위공무원단에 속하는 공무원으로 3년 이상 근무한 자

위원 (위원장)	결격 사유	① 국가공무원의 결격 사유에 해당하는 자, ② 정당의 당원, ③ 공직선거에 후보자로 등록한 자
	임기	상임위원의 임기는 3년으로 하며, 한 번만 연임할 수 있다.
	신분 보장	위원은 금고 이상의 형벌이나 장기의 심신 쇠약으로 직무를 수행할 수 없게 된 경우 외에는 본인의 의사에 반해 면직되지 아니한다.
	공무원 의제	공무원이 아닌 위원은 「형법」이나 그 밖의 법률에 따른 벌칙을 적용할 때 공무원으로 본다.
	의무	상임위원은 다른 직무를 겸할 수 없다.
	임시 위원	소청심사위원회 위원의 제척·기피 또는 회피 등으로 심사·결정에 참여할 수 있는 위원 수가 3명 미만이 된 경우에는 3명이 될 때까지 인사혁신처장 등은 임시위원을 임명해 해당 사건의 심사·결정에 참여하도록 해야 한다.

[요약 정리] 고충심사제도와 소청심사제도의 비교

구분	고충심사	소청
심사 대상	근무조건·인사관리 기타 신상문제	징계처분 등 공무원의 신분에 관한 불이익 처분
청구 기간	제한 없음.	30일 이내
결정 기간	30일 이내(30일 연장 가능)	60일 이내(30일 연장 가능)
결정정족수	재적위원 과반수 합의	재적위원 3분의 2 이상 출석 출석위원 과반수 합의
기속력	법적 기속력 없음.	법적 기속력 있음.
불복 방법	재심 청구	행정소송

4. 행정소송

의의	소청심사위원회의 결정에 불복이 있는 때 또는 소청 제기 후 60일이 지나도록 위원회의 결정이 없는 때에는 행정법원에 행정소송을 제기할 수 있다.
청구기간	소청결정서 정본을 송달받은 날로부터 90일(소청이 있은 날로부터 1년) 이내에 관할 행정법원(행정법원이 설치되지 아니한 지역에서는 지방법원합의부)에 제기해야 한다.
필요적 전치주의	행정소송은 소청심사위원회의 심사·결정을 거치지 아니하면 이를 제기할 수 없다.
소송의 대상	「행정소송법」은 원칙적으로 원처분주의를 채택하고 있으므로 소송의 대상은 소청심사위원회의 결정이 아니라 원래의 징계처분이 된다.
피고	행정소송의 피고는 국민안전처 장관이 됨이 원칙이나, 임용권을 위임한 경우에는 그 위임을 받은 자를 피고로 한다.

제 3 장 해양경찰 작용법

제 1 절 해양경찰 작용법의 개념 및 근거

1. 의의

① 해양경찰작용은 해양경찰의 목적 달성을 위해 일반통치권에 의거해 국민에게 명령·강제하는 권력적 행위를 말한다.

② 해양경찰 작용법은 해양경찰권 발동의 근거와 한계, 해양경찰행정의 유형, 해양경찰상 처분의 법적 효력 등에 관한 규율을 내용으로 한다.

③ 해양경찰 작용법은 일반통치권에 기한 권력적 활동뿐 아니라 대국민 서비스 성격이 강한 비권력적 활동을 규정한 법률이 있다.

2. 해양경찰 작용법의 구성

일반작용법	의의	해양경찰권 행사의 수단, 한계 등 일반적 규정을 정한 법률
	법률	「경찰관직무집행법」
경비 관련 작용법	의의	해양경비 업무에 대한 범위 등 전반적 활동에 관해 정한 법률로서 「경찰관직무집행법」의 한계를 보완하면서 특별법의 성격을 지님.

	법률	「해양경비법」
수색구조 관련 작용법	의의	해양에서 발생하는 각종 사고로부터 국민의 생명과 재산을 지키는 대국민 서비스적 성격을 지닌 법률
	법률	「수상에서의 수색 및 구조에 관한 법률」
해양안전 관련 작용법	의의	해양경찰의 안전활동은 수상레저에서부터 유선 및 도선, 연안 해역의 안전 등 장소와 대상에 따라 다양하게 여러 분야로 나눠 볼 수 있으며, 관련 법률 역시 개별법으로 존재
	법률	「수상레저안전법」, 「유선 및 도선사업법」, 「연안사고예방에 관한 법률」 등
오염방제 관련 작용법	의의	해양에서 발생한 각종 오염물질에 대한 방제 및 이를 사전에 차단하기 위한 활동은 해양경찰의 중요한 임무 중 하나임.
	법률	「해양환경관리법」
해양 고유 작용법	의의	해양경찰의 관할은 영해에서부터 공해까지 광활하며, 해양의 유형에 따라 적용하는 경찰권의 행사가 다양해 각 개별법으로 규정
	법률	「배타적 경제수역법」, 「영해 및 접속수역법」, 「배타적 경제수역에서의 외국인 어업 등에 대한 주권적 권리의 행사에 관한 법」, 「해사안전법」, 「국제항행 선박 및 항만시설의 보안에 관한 법률」 등

3. 해양경찰권 발동의 근거

(1) 조직법적 근거

조직법적 근거란 임무 범위를 의미하는 것으로서 해양경찰작용의 성질과 관계없이 모든 경찰작용(권력적, 비권력적 작용)에는 조직법적 근거가 필요하다. 즉, 해양경찰의 모든 활동은 그 직무 범위 내에서 이뤄져야 한다.

(2) 작용법적 근거(수권 조항)

1) 의의

국민의 자유와 권리를 침해하지 않는 비권력적 활동(임의적 활동)의 행사는 개별적 · 구체적 수권 없이 조직법적 근거만으로 가능하나, 국민의 자유와 권리를 침해하는 권력적 활동(강제적 활동)의 행사에는 반드시 권한을 정당화할 수 있는 개별적 · 구체적 수권이 필요하다(법률유보의 원칙).

2) 수권 조항(근거 조항)의 유형

① 개별적 수권 조항(특별 조항): 개별적 · 구체적 사안에 대해 발동할 수 있는

특정한 종류·내용의 조치에 관한 법적 근거 조항을 말하며, 법률유보의 원칙을 철저히 지킬 수 있는 장점이 있다. 이에는 「경찰관직무집행법」 제3조(불심검문)부터 제10조의4(무기의 사용), 「해양경비법」 제13조(해상 검문검색)부터 제15조(해상 항행 보호 조치) 등이 있다.

② 개괄적 수권 조항(일반 조항): 법률에 의한 개별적 수권 없이 경찰권의 발동 권한을 포괄적으로 수권하는 규정을 말하는데, 이와 같은 규정은 독일의 통일경찰법 모범 초안에서 찾아볼 수 있다. 법률유보의 원칙을 침해해 국민의 기본권을 위협할 수 있는 단점이 있다.

③ 개괄적 수권 조항과 개별적 수권 조항의 관계: 법률에 의한 개별적 수권 없이 경찰권의 발동 권한을 포괄적으로 수권

4. 개괄적 수권 조항의 인정 여부(「경찰관직무집행법」 제2조 제7호, 「해양경비법」 제7조 제6호)

긍정설 (판례)	① 「경찰관직무집행법」 제2조 제7호 및 「해양경비법」 제7조 제6호의 '그 밖의 공공의 안녕과 질서 유지'에 관한 규정을 실정법상의 경찰권에 대한 개괄적 수권 조항으로 본다. ② 개괄 조항은 다음과 같은 이유에서 필요성이 긍정되고 있다. (a) 개괄 조항을 확대 해석하거나 남용한 경우에는 법원의 심판을 받는다. (b) 사회 사정과 관념이 부단히 변하기 때문에 경찰권 발동의 요건이나 효과를 상세히 정한다는 것이 기술적으로 불가능하다. (c) 경찰권 남용의 가능성은 조리상의 한계 등으로 통제가 가능하다. (d) 개괄적 조항은 개별적 규정이 없는 때에 한해 제2차적·보충적으로 적용된다. (e) 독일에서의 학설과 판례가 일반 조항을 인정하고 있다
부정설	① 「헌법」 제37조 제2항 후단은 국민의 자유와 권리를 제한하기 위해서는 법률로써만 가능하도록 규정되어 있으므로 당연히 개별적 수권법이 있어야 한다. ② 법률유보의 원칙상 경찰권을 발동하기 위해서는 개별적인 작용법에 의한 국제적인 법적 수권(授權)을 필요로 한다는 견해이다. ③ 「경찰관직무집행법」 제2조 제7호 및 「해양경비법」 제7조 제6호는 경찰권 발동의 근거에 관한 개괄적인 조항이 아니고 단지 경찰의 직무 범위만을 정한 것으로 본질적으로 조직법적 성질의 규정이다. ④ 경찰작용의 분야가 법률유보의 본령이었음을 근거로 하여 경찰권을 발동하기 위해서는 개괄적 수권 조항의 존재만으로 불충분하다는 견해이다.

5. 재량행위와 경찰개입청구권

(1) 기속행위와 재량행위

1) 서설

재량행위와 기속행위의 구별의 기준은 법률 규정이며, 다만 법률 규정의 문리적 표현뿐만 아니라 관련 규정, 입법 취지 등을 종합적으로 고려해야 한다.

2) 기속행위

행정법규가 어떤 요건이나 효과를 일의적·획일적으로 규정해 행정청이 법규가 정한 바에 따라 기계적으로 집행하는데 그친 경우 당해 행정행위를 기속행위라 한다.

3) 재량행위

① 행정법규가 행정청에 대해 그 요건의 판단 또는 효과를 결정할 때 많은 가능성 중에서 선택의 여지를 부여하고 있는 경우의 행정행위를 말한다.

② 이에는 행정청이 어떠한 처분을 할 것인가, 아닌가를 결정하는 결정재량과 다수의 처분 중 어떠한 처분을 할 것인지를 선택하는 선택재량이 있다.

4) 구분하는 이유

<table>
<tr><td>기속행위</td><td colspan="2">위반하거나 그르치면 위법으로 행정소송 가능</td></tr>
<tr><td rowspan="2">재량행위</td><td rowspan="2">자유재량행위
(공익재량행위)</td><td>원칙: 위법의 문제는 발생하지 않고, 부당의 문제 야기</td></tr>
<tr><td>예외: 재량을 일탈, 남용한 경우 위법(행정소송 가능)</td></tr>
</table>

(2) 공권과 반사적 이익

<table>
<tr><td rowspan="2">공권</td><td>의의</td><td>공법 관계에서 직접 자기를 위해 일정한 이익을 주장할 수 있는 법적인 힘을 말하며, 귀속 주체에 따라 국가적 공권과 개인적 공권으로 구분할 수 있다.</td></tr>
<tr><td>내용</td><td>① 종류: 국가적 공권은 행정 주체가 객체에 대해 가지는 권리이며, 개인적 공권은 개인이 자기의 이익을 위해 국가·공공단체 등에 대해 일정한 행위를 청구할 수 있는 법률상 힘을 말한다.
② 효과: 공권은 침해받게 되면 소송을 통해 권리가 실현될 수 있고, 침해로 입은 손해에 대해서는 손해배상이 인정된다.</td></tr>
<tr><td>반사적 이익</td><td>의의</td><td>행정법규가 공익을 위해 국가나 개인의 작위·부작위 등을 규정하고 있는 결과로 인해 그 반사적 효과로서 국민이 사실상 받는 이익을 말한다.</td></tr>
</table>

	내용	① 개념 변화: 종래에는 반사적 이익으로 보았던 것도 관계 법규가 공익과 동시에 개인적 이익도 보호하는 것으로 해석함으로써 공권으로서의 성격이 인정되는 경우가 증가하고 있다. ② 손해배상청구: 반사적 이익론에 의할 경우 경찰관청이 권한의 행사를 게을리해 관계자가 손해를 입더라도 손해배상청구를 인정하지 않는다. ③ 재판 여부: 반사적 이익은 법에 의해 직접 보호된 이익이 아니므로 그 이익이 침해되더라도 원칙적으로 재판을 통해 구제되지 않는다. ④ 법적 보호: 직무명령은 특별행정법 관계 내부에서만 구속력이 인정되므로 공무원의 직무명령 수행으로 인한 시민의 이익은 법적으로 보호되는 이익이 아닌 반사적 이익으로서 법적으로 보호받을 수 없다.

제 2 절 경찰권 발동의 한계

1. 법규상의 한계

해양경찰작용은 국민에게 명령 또는 강제하는 전형적인 권력작용인 바, 반드시 법규에 엄격한 근거를 요한다. 따라서 해양경찰 법규는 경찰권의 근거인 동시에 한계가 되고 있다. 법규상 한계는 경찰권 발동의 근거이자 제1단계 제약이 된다(예컨대 「해양경비법」상 무기의 사용 등).

2. 조리상의 한계(재량 한계)

조리상의 한계는 경찰 법규가 경찰권 발동의 요건을 불확정 개념으로 정하고 있기 때문에 그 요건이 충족된 경우에도 경찰권의 행사와 관련해서는 행정편의주의가 적용되어 법규에 의한 제약이 형식적인 것에 불과한 경우가 많게 된다. 따라서 경찰권 발동에 대한 제2단계 제약으로 조리상의 한계는 매우 중요하다. 이를 위반할 경우 위법행위로서 무효 또는 취소 사유가 된다.

(1) 소극 목적의 원칙

경찰권은 사회 공공의 안녕과 질서 유지를 위한 위해 방지라는 소극 목적을 위해서만 발동될 수 있고, 복리 증진이라는 적극 목적 또는 재정·군정과 같은 국가 목적을 위해 발동될 수 없다.

(2) 공공의 원칙

1) 의의

해양경찰은 사회 공공의 안전의 확보와 질서의 유지를 목적으로 하는 작용이므로, 공공질서에 직접적인 관련이 없는 개인의 사익에 관한 사항에는 원칙적으로 관여할 수 없고, 그것이 사회 공공의 안녕과 질서에 영향을 미치는 경우에 한해 그 범위 안에서만 발동될 수 있다.

2) 내용

사생활 불가침의 원칙	① 경찰은 사회 공공의 안녕과 질서 유지와 관련이 없는 개인의 생활이나 행동에 개입해서는 안 된다. ② 다만, 개인의 생활활동이라도 동시에 사회 공공의 질서에 영향을 미치는 경우에는 그 범위 안에서 부득이 질서행정권이 발동된다.
사주소 불가침의 원칙	① 경찰은 일반사회와 직접 접촉되지 않는 사주소 내의 활동에 대해서는 원칙적으로 침해해서는 안 된다는 원칙을 말한다. ② 사주소 내의 행위라도 그것이 직접 사회 공공의 안녕과 질서에 영향을 미쳐 그에 대한 장해가 되는 경우에는 그 한도에서 경찰권 발동의 대상이 된다.
민사관계 불간섭의 원칙	민사상의 법률 관계라 할지라도 그것이 당사자 간의 개인적 이해에 관계되는 데 그치지 아니하고 동시에 사회 공공의 질서에 영향을 미치는 경우에는 그 한도 내에서 경찰권의 대상이 된다.
사경제 불간섭의 원칙	경찰은 원칙적으로 상품의 가격·품질·내용, 영업의 종류·방법, 물건의 매점매석과 같은 사경제생활에 관여하지 못한다는 원칙이다.

(3) 비례의 원칙

1) 의의

경찰권의 발동은 사회 공공의 질서 유지를 위해 묵과할 수 없는 위해(危害) 또는 위해 발생의 위험을 제거하기 위해 필요한 경우(경찰권 발동의 조건)에 그 목적을 달성하기 위해 필요한 최소한도의 범위 내에서 발동되어야 한다(경찰권 발동의 정도).

2) 발동 조건

① 진압경찰: 사회 공공의 안녕·질서에 대한 묵과할 수 없는 위해(장해)가 있을 때에만 발동되어야 한다.

② 예방경찰: 사회 공공의 안녕・질서에 대한 묵과할 수 없는 위해(장해)가 오직 발생할 가능성이 있는 정도에 그치는 것이 아니라, 그 위해가 현존하거나 적어도 보통의 상태 아래서 위해 발생을 확실히 예견할 수 있는 경우에 한해 발동해야 한다. 예컨대, 장래 홍수가 날 경우 위험성이 있었을지도 모른다는 이유로 현재 아무런 위험도 없는 교량의 통행을 금지하는 것은 허용되지 않는다.

3) 발동의 정도

경찰권의 행사와 경찰상의 필요 사이에는 반드시 적당한 비례가 유지되어야 한다. 즉, 경미한 사회적 장해를 제거하기 위해서는 그에 비례하는 경미한 제한만이 허용된다 할 것이다(「경찰관직무집행법」 제1조 제2항).

적합성 (수단의 적합성)	경찰기관이 취한 조치 또는 수단이 그가 의도하는 바 목적을 달성하는 데에 적합해야 함을 의미한다.
필요성 (최소 침해의 원칙)	경찰 목적을 달성할 수 있는 여러 가지 수단이 있는 경우에, 경찰기관은 관계자에게 그 수단 중 가장 적은 부담을 주는 수단을 선택하라는 원칙을 말한다.
상당성 (협의의 비례 원칙)	① 경찰기관의 어떤 조치가 경찰 목적 달성을 위해 필요한 경우라도 그 조치를 취함에 따른 불이익이 그 조치로 의해 발생하는 이익보다 큰 경우에는 그 조치를 취해서는 안 된다는 원칙을 말한다. ② 즉, 경찰권 발동의 보호법익(보호공익)이 경찰권 발동 대상자의 보호법익(침해사익)보다 커야 한다. ③ "대포로 참새를 쏘아서는 안 된다"라는 말은 상당성의 원칙을 잘 표현해 주고 있다.

※ 위반의 효과: 비례의 원칙에 위반한 경찰권 행사는 위헌・위법의 문제가 발생해 손해배상이나 행정쟁송의 대상이 될 수 있다.

(4) 책임의 원칙

의의	경찰책임의 원칙은 경찰권 발동의 대상에 관한 문제로, 경찰권은 원칙적으로 경찰 위반 상태에 대해 책임 있는 자(경찰책임자)에 대해서만 발동할 수 있고, 그 밖에 제3자에 대해서는 발동할 수 없다는 원칙을 말한다. 다만, 예외적으로 법령에 근거가 있는 경우에는 경찰책임이 없는 자에게도 경찰권이 발동될 수 있다.
특성	① 경찰책임의 원칙은 경찰권의 한계 중 조리상의 한계의 한 내용을 이루는 것으로서 실정법상 명문으로 인정된 것이 아니다 ② 경찰책임은 그의 생활 범위 내에서 사실상 사회 공공의 안녕・질서에 대한 위해가 발생한 경우에 성립되는 것으로 그 위해의 발생에 대한 고의・과실, 위법성의 유무, 위험에 대한

<table>
<tr><td></td><td colspan="2">인식 여부 등을 묻지 않는다.</td></tr>
<tr><td>주체</td><td colspan="2">① 모든 자연인은 경찰책임자가 될 수 있으므로 행위 능력, 불법행위 능력, 형사책임 능력, 국적 여부, 정당한 권원의 유무 등은 문제되지 않는다.
② 사법인뿐만 아니라 권리 능력 없는 사단도 경찰책임자가 될 수 있다.
③ 공법인 및 행정기관이 경찰책임의 주체가 될 수 있는가에 대해서는 견해의 대립이 있다.</td></tr>
<tr><td rowspan="3">유형</td><td>행위 책임</td><td>① 공공의 안녕·질서에 대한 위험이나 장해가 자기 또는 자기의 보호·감독하에 있는 자의 행위로 인해 발생한 경우에 지는 책임을 말한다.
② 타인을 보호·감독할 지위에 있는 자(친권자, 사용자)는 자신의 지배를 받는 자의 행위로부터 발생하는 경찰 위반의 상태에 대해서도 책임을 지는데, 이는 대위책임이 아니라, 자기책임이다.
③ 경찰상 위해의 상태를 발생시킨 행위는 작위뿐만 아니라 부작위도 포함한다. 부작위란 질서 위반 상태의 발생을 방지할 법적 의무가 있는 자가 그 의무를 이행하지 않고 있는 것을 말한다.</td></tr>
<tr><td>상태 책임</td><td>① 물건 또는 동물의 소유자, 점유자 기타 이를 사실상 관리하고 있는 자는 그 범위 안에서 그 물건 또는 동물로 말미암아 질서 위반의 상태가 발생한 경우에 지게 되는 책임을 말한다.
② 점유자, 관리자 등은 사실상 지배권자로서 1차적으로 책임을 지게 되며, 소유권자는 통상 2차적인 책임자가 된다. 그러나 물건이 도난된 경우와 같이 사실상 지배력을 미치고 있는 자가 소유자의 의사와 관계없이 지배력을 행사하고 있는 경우에는 소유자는 상태책임을 지지 않는다.
③ 소유권을 포기한 경우 원칙상 경찰책임에서 배제되지만, 예외적으로 그 포기가 경찰책임을 면하기 위한 것이면 소유권자의 상태책임은 배제되지 않는다.</td></tr>
<tr><td>복합적 책임 (다수자 책임)</td><td>① 하나의 질서 위반의 상태가 다수인의 행위 또는 다수인이 지배하는 물건의 상태에 기인했거나, 행위책임과 상태책임의 중복에 기인한 경우를 말한다.
② 경찰책임자가 다수인 경우에는 경찰상 '위해 제거의 효율성'과 '비례의 원칙'을 고려해 경찰권 발동의 대상자를 결정해야 한다.
③ 행위책임과 상태책임이 경합하는 경우에는 일반적으로 행위책임이 우선하다.</td></tr>
<tr><td rowspan="3">경찰 책임의 예외 (경찰 긴급권)</td><td>의의</td><td>긴급한 필요가 있는 경우에 경찰책임이 없는 제3자에 대해 경찰권을 발동하는 경우를 말한다.</td></tr>
<tr><td>법적 근거</td><td>경찰긴급권에 대한 일반법은 없으나, 개별법으로는 「수상에서의 수색·구조 등에 관한 법률」(제7조 제1항), 「경찰관직무집행법」(제5조 제1항 제3호), 「경범죄처벌법」(제3조 제29호), 「도로법」(제47조), 「소방기본법」(제24조 제1항) 등이 있다.</td></tr>
<tr><td>요건</td><td>① 경찰 위반의 상태가 현존·급박할 것
② 본래의 제1차적 경찰책임자에 대한 경찰권의 발동만으로는 위해의 제거를 기대할 수 없을 것(보충성의 원칙)
③ 제3자의 생명·건강을 해하지 않고, 제3자의 본래의 급박한 업무를 방해하지 않을 것
④ 법적 근거가 있을 것
⑤ 위해 방지를 위한 최소한도에 그칠 것
⑥ 일시적·임시적 방편에 그칠 것
⑦ 제3자가 특별한 손실을 입은 경우에는 그 손실을 보상해 줄 것</td></tr>
</table>

위반의 효과	경찰책임의 원칙을 위반하게 되면 위법행위로 무효 또는 취소의 사유가 된다.

(5) 평등의 원칙

경찰상 평등 원칙이란, 경찰권을 행사할 때 성별·종교·사회적 신분 등을 이유로 하는 차별 대우를 할 수 없다는 원칙을 말한다.

(6) 보충성의 원칙

개인에게 불이익을 주는 공권력의 행사는 행정 목적 달성을 위해 다른 수단이 없을 때 최후의 수단으로 행해야 한다는 원칙을 말한다. 즉, 사법적 보호가 적시에 이뤄지지 않고 경찰의 원조 없이는 법을 실현시키는 것이 무효화되거나 사실상 어려워질 경우에만 경찰이 개입할 수 있다.

[요약 정리] 조리상 한계의 내용

목적	소극 목적의 원칙	경찰권은 사회 공공의 안녕과 질서에 대한 위해의 방지·제거하는 소극 목적을 위해서만 발동될 수 있고, 복리 증진이라는 적극 목적을 위해서는 발동할 수 없다는 원칙
	공공의 원칙	공공의 안녕과 질서 유지에 직접 관계가 없는 개인의 사생활 관계는 경찰권 발동의 대상이 아니라는 원칙(사생활 불가침·사주소 불가침·민사관계 불간섭·사경제 자유의 원칙)
수단	비례의 원칙	경찰권의 발동은 조건 및 정도에 있어 필요 최소한도 내에서 이뤄져야 한다는 원칙(적합성·필요성·상당성의 원칙)
	평등의 원칙	경찰권을 발동할 때 상대방의 성별·종교·사회적 신분 등을 이유로 차별해서는 안 된다는 원칙(헌법상의 원칙)
	보충성의 원칙	경찰권은 최후에 발동된다는 원칙
대상	책임의 원칙	경찰권은 경찰상 위험의 발생 또는 위험의 제거에 책임이 있는 자에게 발동되어야 한다는 원칙

3. 한계 이탈의 효과

경찰권 발동의 한계를 위반한 권한 행사는 위법이 된다. 따라서 권한을 이탈한 행위는 무효·취소 등의 원인이 되고, 행위자는 형사상·민사상·징계상의 책임을 면할 수 없다.

제 3 절 해양경찰작용의 형태 및 구제 수단

1. 해양경찰상 행정행위

(1) 의의

해양경찰상 행정행위란 구체적 사실에 관한 법집행으로서 행하는 권력적・단독적 공법행위이며, 종류로는 법률행위적 행정행위와 준법률행위적 행정행위가 있다.

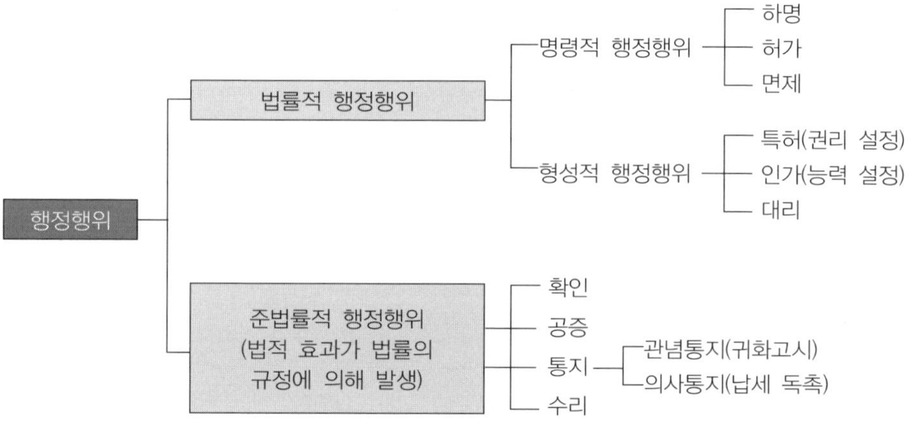

(2) 경찰하명

1) 의의

경찰하명(警察下命)이란, 경찰상의 목적을 달성하기 위해 일반통치권에 의거해, 개인에게 특정한 작위・부작위・수인 또는 급부의 의무를 명함으로써 개인의 자연적 자유를 제한하거나 새로운 의무를 부과하는 것을 내용으로 하는 행정행위이다.

2) 성질 및 대상

① 하명은 개인의 자유를 제한하거나 새로운 의무를 부과하는 행위이므로 부담적 행정행위이며, 명문의 규정이 없는 한 귀속행위이다.

② 하명의 대상은 원칙적으로 사실행위이나 법률행위인 경우도 있다.

3) 종류

<table>
<tr><td rowspan="3">부작위 하명</td><td colspan="2">소극적으로 어떤 행위를 행하지 아니할 의무를 명하는 하명이다. 이를 보통 경찰금지라고도 한다. 부작위하명은 가장 보편적인 경찰하명이다.</td></tr>
<tr><td>절대적 금지</td><td>마약의 판매 금지, 부녀자 매매 금지 등과 같이 어떠한 경우에도 절대로 해제할 수 없는 경우로, 법규하명의 형식으로 행해진다.</td></tr>
<tr><td>상대적 금지</td><td>특정한 경우에는 해제하는 금지이며, 경찰금지의 대부분이 해당한다.</td></tr>
<tr><td>작위 하명</td><td colspan="2">작위하명은 적극적으로 어떠한 행위를 하도록 의무를 명하는 경찰하명을 말한다.</td></tr>
<tr><td>수인 하명</td><td colspan="2">경찰권의 발동으로 인해 자신의 신체・재산에 가해지는 사실상의 침해를 수인할 의무를 지는 하명을 말한다. 수인하명에 의한 경찰권의 행사(경찰강제)는 법령에 의한 행위로서 위법성이 조각된다(「형법」 제20조). 만일 이를 거부하면 공무집행방해죄로서 처벌의 대상이 된다.</td></tr>
<tr><td>급부 하명</td><td colspan="2">금전 또는 물품의 급부의무를 과하는 하명이다.</td></tr>
</table>

3) 경찰하명의 형식

구분	법규하명(경찰명령)	경찰처분
의의	① 구체적인 행정행위의 존재를 요하지 않고 법령의 규정만으로 일정한 경찰하명의 효과를 발생하며, 법령의 공포라는 형식에 의해 그 효력이 발생한다. ② 일반적이고 추상적이다.	① 법령에 근거한 구체적인 행정행위에 의해 하명하는 형식으로, 특정인에 대해 개별적으로(개별처분)하는 경우도 있지만, 불특정 다수인에게 일반적으로 행하는 경우(일반처분)도 있다. ② 구술 또는 문서나 고시 등의 방법으로 상대방에게 그 내용이 고지된 때 효력이 발생한다. ③ 개별적이며 구체적이다.
예	① 건축법상 건축 금지 ② 청소년의 음주・흡연 금지	① 풍랑경보 시 서핑행위 금지 ② 위험 방파제 통행 금지

4) 경찰하명의 효과

내용상 효과	① 경찰하명을 받은 특정인 또는 불특정 다수인은 일정한 공법상 의무를 지게 된다. ② 수명자는 행정 주체에 대해 작위・부작위・수인・급부의 의무를 진다. ③ 경찰 의무를 이행하지 않는 경우에는 강제집행 또는 경찰벌의 대상이 된다.
대인적 효과	① 법규하명은 일반적으로 불특정 다수인에게 대해 그 효력이 발생한다. ② 경찰처분은 그 경찰처분의 상대방인 특정인에 대해 효력이 발생한다.
지역적 효과	① 경찰하명은 관할구역 내에서만 미치는 것이 원칙이다 ② 그러나, 해양경비안전서장의 수상레저 면허 정지처분과 같이 관할구역 밖에까지 그 효과가 미치는 경우도 있다.

5) 경찰하명 위반의 효과

① 경찰 의무를 불이행한 경우에는 경찰상 강제집행이 행해지고, 경찰 의무를 위반한 경우에는 경찰벌(경찰형벌, 경찰질서벌)이 가해진다.

② 하명에 위반한 행위는 원칙적으로 그 법적 효력에는 직접적으로 아무런 영향도 미치지 않는다.

6) 경찰하명에 대한 구제

<table>
<tr><td rowspan="2">적법한 경우</td><td>원칙</td><td>경찰하명의 수명자는 수인의무를 지므로 적법한 경찰하명으로 인해 어느 정도 손실이 발생했다 하더라도 국가에 대해 그 손실의 보상을 청구할 수 없다.</td></tr>
<tr><td>예외</td><td>경찰상 적법한 행위로 수명자 또는 책임 없는 제3자에게 '특별한 희생'을 가한 경우에 사유재산권 보장과 공평 이념에 배치될 때에는 그에 대한 보상청구가 인정된다(경찰상 손실보상).</td></tr>
<tr><td rowspan="4">위법 · 부당한 경우</td><td>행정상 구제</td><td>① 감독권에 의한 취소 · 정지
② 공무원의 징계 책임
③ 행정쟁송의 제기</td></tr>
<tr><td>민사상 구제</td><td>「국가배상법」에 의한 손해배상청구가 있다.</td></tr>
<tr><td>형사상 구제</td><td>① 공무원의 형사책임
② 정당방위
③ 고소 · 고발</td></tr>
<tr><td>기타</td><td>「헌법」 및 「청원법」에 의한 청원제도가 있다.</td></tr>
</table>

(3) 경찰허가(警察許可)

1) 의의 및 성질

<table>
<tr><td>의의</td><td colspan="2">① 경찰허가라 함은 국가의 일반통치권에 의거해 일반적 · 상대적 금지를 특정한 경우에 해제해 적법하게 특정 행위를 할 수 있도록 자연적 자유를 회복시켜주는 경찰처분을 말한다.
② 허가라는 용어는 학문상의 개념으로, 법령상으로는 허가라는 말 외에 면허, 인허, 특허, 지정 등의 용어가 쓰이는 경우가 많다.</td></tr>
<tr><td rowspan="3">성질</td><td>일반적 · 상대적 금지의 해제행위</td><td>경찰허가는 일반적인 경찰금지 중에서 누구에게나 또 어떤 경우에도 해제할 수 없는 절대적 금지(아편의 흡입)에 대해서가 아니라, 상대적 금지를 해제해 주는 것이다.</td></tr>
<tr><td>명령적 행정행위</td><td>경찰허가는 일반 국민에 대해 의무를 해제하는(자유를 회복시켜주는) 명령적 행정행위이다.</td></tr>
<tr><td>기속재량 행위</td><td>경찰법규가 허가 여부에 대해 일정한 기준을 정하지 않고, 경찰기관이 그 허가 여부를 결정하기 위해 판단을 가할 여지가 있는 경우에는 그 경찰허가는 재량행위에 속하는 것이다. 그러나 이 경우의 재량처분은 자유재량이 아니고 기속재량으로 보아야 한다(통설).</td></tr>
</table>

	쌍방적 행정행위	① 경찰허가는 당사자의 신청을 필요로 하는 쌍방적 행정행위인 것이 원칙이다. ② 예외적으로 야간통행의 허가와 같이 상대방의 신청이 없이도 직권에 의해 일반적 허가로 이뤄지는 경우도 있다.
	법률행위적 행정행위	경찰허가는 행정 주체의 의사 표시를 구성 요소로 하는 법률행위적 행정행위이다.

2) 허가의 대상과 상대방

허가의 대상	원칙적으로 사실행위이지만(통행금지 허가, 건축 허가 등), 예외적으로 법률행위(영업 허가, 무기판매 허가 등)일 때도 있다.
허가의 상대방	원칙적으로 특정인을 상대(수상레저 조종면허)로 하지만 불특정 다수인(야간통행금지 해제)에 대해 행해지는 경우도 있다.

3) 종류

대인적 허가 (이전성 없음)	사람의 경력·기능·건강·성행·지식 기타 신청인의 개인적 사정을 심사해 행해지는 경찰허가이다(예: 의사면허, 조종면허, 마약류 취급면허, 총포류 소지허가 등).
대물적 허가 (이전성 있음)	신청인이 갖추고 있는 물적 설비, 지리적 환경 기타의 객관적 사정을 심사해 행해지는 경찰허가이다(예: 건축허가, 자동차검사 합격처분, 목욕장 영업허가 등).
혼합적 허가 (이전성 제한)	신청인의 주관적 사정과 객관적 사정을 아울러 고려해 행해지는 경찰허가이다(예: 총포류제조·판매허가, 유·도선사업면허, 유기장영업허가 등).

4) 효과

경찰금지의 해제	경찰허가는 경찰금지를 해제해 자연의 자유를 회복시켜 주는데 그치며, 그로 인해 권리·능력 기타의 힘을 설정하거나 법률행위의 효력에 영향을 미치지는 아니한다(적법 요건이지 유효 요건은 아님).
경찰허가와 타 법률 관계	경찰허가는 법률상의 경찰금지를 해제하는 데 그치며, 다른 법률상의 경찰금지 또는 경찰 이외의 목적을 위해 금지를 해제하는 것은 아니다.
경찰허가와 법률행위의 효력	경찰허가는 일정한 사실행위를 적법하게 할 수 있도록 하는 데에 지나지 않으므로 허가를 받았다고 하여 사법상의 법률행위의 효력에 영향을 미치는 것은 아니다(예컨대, 임차권으로 인해 소유자와 임차인 간에 다툼이 있는 어떤 시설의 임차인에게 유기장영업허가를 부여하더라도, 당해 임차권에 관한 분쟁이 해결되는 것은 아니다.)
지역적 범위	① 경찰허가의 효과는 원칙적으로 당해 경찰관청의 관할구역 내에 한정되고 있다. ② 그러나 법령에 규정되어 있거나, 허가의 목적인 행위가 허가관청의 관할구역 내에 한정시킬 것이 아닌 경우는 그 허가의 효과는 허가관청의 관할구역 밖에까지 미치게 된다.
시간적 범위	법규 또는 부관에 의해 시간적 효과를 한정할 수 있으나 일반적으로 특별 규정이 없는 한 경찰허가가 소멸될 때까지 그 효과가 지속된다.

5) 경찰허가의 부관

① 부관의 의의 및 성질

<table>
<tr><td>의의</td><td>① 경찰허가의 부관이라 함은 경찰허가의 일반적 효과를 제한 또는 보충하기 위해 그 행위의 요소인 의사 표시의 주된 내용에 부가되는 '종된 의사 표시'를 말한다.
② 경찰법규가 직접 특정의 경찰허가의 효과를 제한하기 위해 붙이는, 이른바 법정 부관은 여기서 말하는 부관에 포함되지 않는다.
③ 부관은 법규에 명문 규정이 있는 경우뿐만 아니라 명문 규정이 없는 경우에도 법이 경찰기관에 대해 재량을 인정하고 있는 때에는 그 재량의 범위 내에서 경찰기관이 자주적으로 판단해 부관을 붙일 수 있다.</td></tr>
<tr><td>기능</td><td>행정청이 상황의 특성에 좀 더 적합한 행정행위를 할 수 있도록 함으로써 행정의 합리성·신축성·탄력성을 보장하게 한다.</td></tr>
</table>

② 부관의 종류

<table>
<tr><td rowspan="3">조건</td><td>의의</td><td colspan="2">경찰허가의 효력의 발생 또는 소멸을 장래의 '불확실한 사실'의 성부(成否)에 의존케 하는 의사 표시를 말한다.</td></tr>
<tr><td>정지조건</td><td colspan="2">경찰허가 효력이 발생하지 않고 있다가 조건이 성취되면 비로소 발생하는 경우를 말한다(효력의 발생을 장래의 불확실한 사실에 의존).</td></tr>
<tr><td>해제조건</td><td colspan="2">경찰허가의 효력은 처음부터 발생하지만 조건이 성취되면 효력이 소멸되는 것을 말한다(효력의 소멸을 장래의 불확실한 사실에 의존).</td></tr>
<tr><td rowspan="3">기한</td><td>의의</td><td colspan="2">기한이라 함은 경찰허가 효력의 발생 또는 소멸을 '도래가 확실한 장래'의 사실에 의존케 하는 경찰기관의 의사 표시를 말한다. 그 장래의 사실이 반드시 도래한다는 점에서 효력 발생이 불확실한 것인 조건과 구별된다. 기한이 성취되면 당연히 행정행위의 효력이 발생하거나 소멸한다.</td></tr>
<tr><td rowspan="2">종류</td><td>시기와 종기</td><td>기한이 도래하면 경찰허가의 효력이 비로소 발생하는 경우를 시기(時期)라 하고, 반대로 기한이 도래하면 경찰허가의 효력이 소멸하는 경우를 종기(終期)라고 한다.</td></tr>
<tr><td>확정기한과 불확정기한</td><td>도래 시기가 확정되어 있는 확정기한(예: 몇월·며칠까지)과 도래 시기가 확정되어 있지 않은 불확정기한(예: 甲이 죽을 때까지)이 있다.</td></tr>
<tr><td rowspan="2">부담</td><td>의의</td><td colspan="2">① 경찰허가의 주된 의사 표시에 부가해 그 효과를 받는 상대방에 대해 일정한 의무(작위·부작위·급부)를 과하는 경찰기관의 의사 표시를 말한다.
② 어떠한 부관이 부담인지 조건인지 불분명한 경우에는 최소 침해의 원칙상 상대방에게 유리한 부담으로 해석해야 할 것이다(통설).</td></tr>
<tr><td>법적 성질</td><td colspan="2">① 부담은 본체인 경찰허가에 부수해서 상대방에게 일정한 의무를 과할 뿐이며, 부담이 붙여져도 경찰허가의 효력은 처음부터 완전히 발생한다.
② 부담은 다른 부관과 달리 그 자체가 하나의 독립된 행정행위의 성질을 가진다. 따라서 부담만이 독립해 행정소송의 대상이 될 수 있고, 의무 불이행이 있는 경우에는 독립해 강제집행의 대상이 된다.</td></tr>
</table>

<table>
<tr><td></td><td>조건과의 구별</td><td>① 정지조건은 조건의 성취에 의해 효력이 발생하나, 부담은 처음부터 효력이 완전히 발생하며, 해제조건은 조건의 성취에 의해 당연히 효력이 소멸한다.
② 부담은 불이행이 있어도 부담부 행정행위가 당연히 효력을 상실하는 것은 아니며, 먼저 경찰벌이나 강제집행의 사유가 되고 그 후에 행정청의 철회의 의사 표시가 있어야 효력이 소멸한다.</td></tr>
<tr><td rowspan="2">철회권 유보</td><td>의의</td><td>경찰허가의 주된 의사 표시에 부가해 특정한 경우에 경찰허가를 철회할 수 있는 권리를 유보하는 부관을 말한다.</td></tr>
<tr><td>철회권의 행사</td><td>철회권의 유보의 경우에는 경찰허가의 효력을 소멸시키기 위한 별도의 의사 표시를 필요로 한다.</td></tr>
<tr><td rowspan="2">부담권 유보</td><td>의의</td><td>사후에 부담을 부과하거나 이미 부과된 부관의 내용을 변경·보충할 수 있는 권한을 유보시키는 의사 표시이다(행정행위의 사후 변경의 유보).</td></tr>
<tr><td>필요성</td><td>사회적·경제적 변화 및 기술 발전에 상응한 탄력적인 행정작용의 내용 확보를 위해 필요하다.</td></tr>
<tr><td rowspan="2">수정 부담</td><td>의의</td><td>일정한 의무의 부과가 아니라, 행정행위의 내용 자체를 상대방의 신청과 다르게 수정·변경하는 형태의 부관이다. 상대방의 동의가 있어야 효력이 발생한다.</td></tr>
<tr><td>법적 성질</td><td>수정부담이 부관의 일종인지에 대해서는 견해의 대립이 있다.</td></tr>
<tr><td rowspan="2">법률 효과의 일부배제 (제한)</td><td>의의</td><td>경찰허가의 주된 의사 표시에 부가해 법령이 그 행정행위에 대해 일반적으로 부여하고 있는 법률 효과의 일부를 제한하는 경찰기관의 의사 표시를 말한다.</td></tr>
<tr><td>법적 근거</td><td>법령상 규정되어 있는 효과를 일부 배제하는 것이라는 점에서, 관계 법령에 명시적 근거가 있는 경우에만 허용된다.</td></tr>
</table>

③ 부관의 종류

부관에 속하는 것	부관에 속하지 않는 것
조건, 기한, 부담, 수정부담(이설이 있음), 철회권의 유보, 부담권의 유보, 법률 효과의 일부배제(이설이 있음.)	기간, 법정 부관, 기일, 통지, 도달, 부담금, 공용부담, 법률 효과의 전부 배제, 해제권의 유보

④ 부관의 하자

<table>
<tr><td>개념</td><td>부관에 하자가 있는 경우에는 부관의 효력뿐만 아니라 주된 행정행위의 효력에도 영향을 미친다. 하자 있는 부관의 효력은 부관의 하자가 중대하고 명백한 경우에는 그 부관은 무효이며, 그 외의 경우에는 취소가 가능하다.</td></tr>
<tr><td>무효인 부관</td><td>① 원칙적으로 부관만 무효이고, 주된 행정행위는 부관 없는 행정행위로서 효력이 발생한다.
② 다만, 부관이 주된 행정행위를 함에 있어서 본질적 요소가 되는 경우(예: 도로점용허가의 점용기간)에는 부관만이 아니라 주된 행정행위도 무효가 된다(다수설, 판례).</td></tr>
</table>

취소할 수 있는 부관	① 취소할 수 있는 부관은 취소될 때까지 일단 유효한 부관이며, 취소되지 않는 유효한 부관을 붙인 행정행위로서의 효력을 가진다. ② 부관이 취소되면, 무효의 경우와 같게 된다.

⑤ 위법한 부관에 대한 쟁송

원칙	부관은 행정행위의 주된 내용에 부가된 부수적 규율이라는 점에서, 일반적으로 부관 그 자체를 행정쟁송의 대상으로 할 수는 없다고 할 것이다. 그러므로 위법한 부관을 쟁송으로 다투기 위해서는 부관부행정행위 전체를 쟁송의 대상으로 할 수밖에 없다.
예외	예외적으로 부담은 형식적으로 본체인 행정행위에 부가되어 있으나 그 자체의 독자적 규율성·처분성이 인정되어 부담만으로도 행정쟁송의 대상이 될 수 있다(부담독립쟁송설-다수설, 판례).

(4) 경찰면제(警察免除)

의의		경찰면제란 법령에 의해 과해진 경찰상의 작위·급부·수인의 의무를 특정한 경우에 해제해 주는 경찰상의 행정행위를 말하며, 이는 경찰상의 의무를 해제해 주는 행위이므로 명령적 행위에 속하며, 경찰면제의 발급 여부를 결정하는 것은 원칙적으로 경찰행정청의 기속재량에 속한다.
경찰허가와의 이동(異同)	공통점	의무의 해제
	차이점	경찰허가가 부작위 의무를 해제하는 것에 반해, 경찰면제는 경찰상의 작위·급부·수인의 의무를 해제하는 행위로서 해제되는 경찰 의무의 종류가 경찰허가와 다르다.

(5) 행정행위의 하자

행정행위의 성립 요건·효력 발생 요건을 충족하지 못한 행정행위를 하자 있는 행정행위라 한다.

1) 행정행위의 무효와 취소

의의	무효인 행정행위는 외형상 행정행위로서 존재하나 법적 효력이 전혀 없는 행위를 말하고, 취소할 수 있는 행정행위는 그 성립에 하자가 있지만 일단 유효한 행위로 효력을 가지며, 취소를 통해 비로소 그 효력을 상실하는 행위를 말한다.
구별 기준	행정행위의 하자가 중대한 법규 위반이고 명백한 것인 때에는 무효이고, 그에 이르지 않는 것인 때에는 취소할 수 있다(중대·명백설, 판례). 이 견해는 실질적 정의와 법적 안정성을 이론적 근거로 한다.

2) 무효와 취소의 구별

구분	무효	취소
발생 원인	① 공무원이 아닌 자의 행위 ② 내용이 실현 불가능이거나 불명확한 행위 ③ 필요한 서식에 의하지 아니한 행위 ④ 필요한 공고나 통지를 결여한 행위	① 사기 · 강박 · 착오에 의한 행위 ② 단순 위법 · 공익 위반의 행위 ③ 행위가 정당한 기관에 의해 행해졌음을 표시하는 등의 형식을 결여한 행위 ④ 행정의 능률 · 원활 등을 위한 편의적 절차를 위반한 때
효력	처음부터 효력이 발생하지 않음.	취소될 때까지는 효력이 인정됨.
공정력, 불가쟁력	인정되지 않음.	인정됨.
행정쟁송의 형식	① 무효확인심판 · 무효확인소송 ② 무효선언을 구하는 의미의 취소소송	취소심판 · 취소소송
행정심판전치주의, 제소기간	불요(단, 무효선언적 의미의 취소소송에서는 요함)	(예외적) 행정심판전치주의, 제소기간 준수
사정재결	불가	가능
선결문제	민 · 형사사건의 수소법원이 위법성 심사 가능	부당이득반환청구(×) 국가배상청구(○)
하자의 승계	독립해서 별개의 효과를 가져오는 경우에도 하자의 승계 긍정	독립해서 별개의 효과를 가져오는 경우에는 하자의 승계 불가
하자의 전환과 치유	(무효행위의) 전환만 가능	치유만 가능

3) 행정행위의 철회

① 의의: 하자 없이 성립한 행정행위의 효력을 그 후에 발생된 새로운 사정을 이유로 소멸시키는 행위를 말한다.

② 취소와 철회의 구별

구분	행정행위의 취소	행정행위의 철회
사유	원시적 하자	후발적 사유
권한자	처분청, 감독청, 법원	처분청 (감독청은 법률에 근거가 있는 경우 가능)
효과	원칙적으로 소급효	장래에 향해서만 발생

2. 경찰상 의무이행 확보 수단

<table>
<tr><td rowspan="3">전통적 의무이행 확보 수단</td><td rowspan="2">경찰강제</td><td>즉시강제
※ 의무 존재 및 불이행 전제(×)</td><td>대인적 즉시강제, 대물적 즉시강제, 대가택 즉시강제</td><td rowspan="2">직접적 의무이행 확보 수단</td></tr>
<tr><td>강제집행
※ 의무 존재 및 불이행 전제(○)</td><td>대집행, 직접강제, 강제징수,
집행법(간접적 의무이행 확보 수단)</td></tr>
<tr><td>경찰벌</td><td colspan="2">경찰형벌, 경찰질서벌</td><td rowspan="2">간접적 의무이행 확보 수단</td></tr>
<tr><td>새로운 의무이행 확보 수단</td><td colspan="3">① 금전상 제재: 과징금, 가산금, 가산세
② 비금전적 제재: 수익적 행정행위의 취소·철회, 공급 거부, 국외여행의 제한, 경찰상 공표(명단 공개), 취업 제한, 관허사업의 제한, 각종 신고포상금제도</td></tr>
</table>

(1) 경찰강제(警察强制)

<table>
<tr><td>의의</td><td colspan="2">경찰강제란 경찰기관이 경찰상 목적을 위해 일반통치권에 기해 개인의 신체·재산 또는 가택에 실력을 가해 경찰상 필요한 상태를 실현시키는 권력적 사실행위를 말한다. 이는 다시 경찰상 강제집행과 즉시강제로 나뉜다.</td></tr>
<tr><td>성질</td><td colspan="2">① 경찰강제는 질서 유지를 위해 일반통치권에 의거해서 행하는 권력적 작용이다.
② 경찰강제는 상대방의 의무이행 의사의 유무를 불문하고 경찰권에 의해 직접 일정한 경찰 상태를 실현시킨다.
③ 경찰강제는 장래에 향해 의무 내용을 이행시키거나 이행이 있는 것과 같은 상태를 실현하기 위한 강제 수단이다.</td></tr>
<tr><td rowspan="3">구분</td><td>경찰상의 강제집행</td><td>대집행·집행벌·직접강제·경찰상 강제징수가 있다.</td></tr>
<tr><td>경찰상의 즉시강제</td><td>대인적 강제, 대물적 강제 및 대가택적 강제로 구분할 수 있다.</td></tr>
<tr><td>경찰상의 조사</td><td>조사의 대상에 따라 대인적 조사·대물적 및 대가택적 조사로 나눌 수 있다.</td></tr>
</table>

1) 경찰상의 강제집행

① 의의 및 근거

의의	경찰상 강제집행이란 경찰하명에 의한 경찰 의무(법규상 의무 또는 법규에 의거한 경찰처분상의 의무)의 불이행에 대해 경찰권이 실력을 가해 그 의무를 이행시키거나 이행된 것과 동일한 상태를 실현시키는 작용을 말한다.

근거	이론적 근거	오늘날 법치국가에서는 엄격한 법률의 근거를 요하고 있다.
	실정법적 근거	경찰상 강제집행의 근거법으로는 일반적으로 「행정대집행법」과 「국세징수법」이 있고, 단행법으로는 「건축법」, 「출입국관리법」, 「관세법」 등이 있다.

② 수단(종류)

(a) 대집행

의의	경찰상의 대집행이란 경찰상의 강제집행의 수단의 하나로서 경찰법상의 대체적 작위의무를 진 자가 그 의무를 이행하지 아니한 경우에, 그 당해 경찰관청이 스스로 또는 제3자로 하여금 의무자가 해야 할 행위를 하게 함으로써 의무의 이행이 있는 것과 같은 상태를 실현시킨 후, 그에 관한 비용을 의무자로부터 징수하는 경찰상의 강제집행이다(「행정대집행법」 제2조).
대집행 주체 (대집행권자)	경찰 의무를 부과한 당해 경찰관청, 즉 처분청을 의미하며, 감독청은 주체가 될 수 없다.
대상	대집행의 대상인 의무는 경찰법상의 대체적 작위의무에 한한다.
요건	① 대체적 작위의무의 불이행이 있을 것 ② 다른 수단으로는 그 이행을 확보하기 곤란할 것(보충성의 원칙) ③ 그 불이행을 방치함이 심히 공익을 해할 것(비례성의 원칙)
절차	대집행의 계고 → 대집행영장에 의한 통지 → 대집행의 실행 → 비용의 징수
대집행에 대한 구제	① 대집행의 실행 전: 대집행의 계고 또는 대집행 영장에 의한 통지 자체를 대상으로 그 취소 또는 무효확인을 구하는 행정심판이나 행정소송을 제기할 수 있다. ② 대집행의 실행 완료: 대집행의 위법이나 과잉 집행을 이유로 하는 손해배상 또는 원상회복의 청구나, 대집행비용의 산정의 위법을 이유로 하는 비용납부명령의 취소·변경을 청구할 수 있다. 단, 대집행의 취소로 회복되는 법률상 이익이 있는 때에는 그 취소를 구하는 행정소송을 할 수 있다.

(b) 집행벌(이행강제금)

의의	① 경찰법상 부작위의무 또는 비대체적 작위의무(증인출석의무, 의사의 진료의무 등)를 이행하지 않는 경우에는 그 의무자에게 심리적 압박을 가해 장래의 의무 이행을 간접적으로 강제하는 금전적 부담 또는 강제금을 말한다. ② 과거에는 집행벌의 적용 대상이 부작위의무 또는 비대체적 작위의무의 불이행이었으나, 최근에는 대체적 작위의무의 이행 수단으로도 사용된다.
성질	집행벌은 장래의 의무 이행을 강제하기 위한 강제집행의 일종이라는 점에서, 과거의 의무위반 행위에 대한 제재의 성질을 가지는 경찰벌과 구별된다. 따라서 집행벌은 경찰벌과 병과 될 수 있으며, 의무가 이행될 때까지 계속적으로 부과할 수 있다(일사부재리의 원칙이 부적용)
근거	일반법은 없고, 개별법인 「건축법」 제80조(이행강제금: 시정명령을 받은 건축주는 시정기간 내에 시정명령을 이행하지 않으면 이행강제금을 부과)에 근거가 있다.

(c) 직접강제

의의	경찰법상의 의무 불이행의 경우 경찰상의 최후의 수단으로서, 직접적으로 의무자의 신체·재산에 실력을 가해 의무의 이행이 있었던 것과 동일한 상태를 실현하는 경찰상의 강제집행의 일종이다.
성질	직접강제는 대체적 작위의무·비대체적 작위의무·부작위의무 및 수인의무 등 일체의 의무의 불이행에 대해 할 수 있다. 따라서 의무자가 부작위 의무를 위반한 경우 그 결과의 제거 의무를 명함이 없이 직접 강제적으로 제거하는 것도 직접강제이다.
근거	일반적 규정이 없고, 개별법(「식품위생법」, 「출입국관리법」, 「집시법」 등)에서 인정되어 있을 뿐이다.
한계	직접강제는 강제집행 수단 중에서도 가장 강력한 수단이라고 할 수 있으므로 국민의 기본권을 침해할 가능성이 가장 높다. 따라서 과잉 금지의 원칙(비례의 원칙)의 제2차적·최후 수단(보충성의 원칙)으로서 활용해야 할 것이다.

(d) 경찰상 강제징수(일반법: 국세징수법)

의의	금전급부의무의 이행을 담보하기 위해 경찰관청이 의무자의 재산에 실력을 가하는 경찰상 강제집행을 말한다. 이는 「국세징수법」에 의한 체납처분 절차에 의한다.
절차	독촉 → 체납처분(재산의 압류) → 매각(공매, 환매) → 청산(충당, 배분) → 체납처분의 중지 → 결손처분
한계	강제징수 조치는 적합한 것이어야 하고, 필요한 것이어야 하며, 또한 상당한 것이어야 한다.

2) 경찰상의 즉시강제

① 의의: 경찰상 즉시강제라 함은 목전의 급박한 경찰상 장해를 미연에 제거하고 장해 발생을 예방하기 위해 미리 의무를 명할 시간적 여유가 없을 때, 또는 그 성질상 의무를 명하는 것으로는 그 목적을 달성하기 곤란할 때에, 직접 국민의 신체 또는 재산에 실력을 가해 경찰상 필요한 상태를 실현하는 작용을 말한다.

② 근거: 즉시강제는 오늘날 극히 예외적인 권력작용이므로 반드시 실정법적 근거가 있어야 하며, 즉시강제의 일반법인 「경찰관직무집행법」과 개별법인 「해양경비법」, 「식품위생법」, 「소방기본법」, 「마약류관리에 관한 법률」 등이 있다.

③ 수단

구분	「경찰관직무집행법」	개별법
대인적 강제	① 불심검문(제3조) ② 보호 조치 등(제4조) ③ 범죄 예방 · 제지(제6조) ④ 경찰장구의 사용(제10조의2) ⑤ 분사기 등의 사용(제10조의3) ⑥ 무기의 사용(제10조의4)	① 「해양경비법」 상의 무기의 사용 ② 「관세법」 상의 동행명령 ③ 「소방기본법」상의 소방활동 종사명령, 피난명령 ④ 「감염병의 예방 및 관리에 관한 법률」상의 강제 격리, 교통차단, 강제진찰 등
대물적 강제	① 무기 · 흉기 · 위험물의 임시영치 ② 위험 방지를 위한 출입 · 검색	① 「해양경비법」 상의 해상 검문 검색 ② 「식품위생법」(검역, 감염병오염물, 부패식품 등의 폐기, 식품검사를 위한 수거) ③ 「총포 · 도검 · 화약류 등의 안전관리에 관한 법률」(임시영치)
대가택적 강제	위험 방지를 위한 출입 · 검색	① 영업소 등 출입 · 음식물 저장품 검사 ② 총포 · 화약류 제조소 등 출입 및 조사

④ 한계

법규상의 한계	경찰상 즉시강제의 발동은 법치주의의 요청인 예측 가능성과 법적 안정성 보장을 위해 엄격한 법규상의 근거가 있어야 하며, 법규의 수권이 있는 경우에도 당해 법규의 내용에 적합하도록 해야 한다.	
조리상의 한계	급박성	경찰상 장해가 목전에 급박해야 한다.
	보충성	다른 수단으로는 경찰 목적을 달성할 수 없어야 한다.
	비례성	① 적합성의 원칙 ② 필요성의 원칙(최소 침해의 원칙) ③ 상당성의 원칙(협의의 비례의 원칙)
	소극성	경찰상 즉시강제는 소극적으로 사회 공공의 안녕 · 질서의 유지를 위해 필요한 한도 내에 그쳐야 한다.
절차상의 한계	영장주의의 적용 여부에 대해 원칙적으로 영장이 필요하고 예외적으로 불필요하다는 절충설이 통설과 판례이다.	

⑤ 구제 수단

구제	적법한 즉시강제에 대한 구제	적법한 경우라도 그로 인해 수인의 정도를 넘는 특별한 손실을 가했을 때에는 법률이 정하는 바에 따라 국가에 대해 손실보상을 청구할 수 있다.

	위법한 즉시강제에 대한 구제	행정상 구제	감독권에 의한 취소·정지, 공무원의 징계책임, 행정상 쟁송(행정심판·행정소송) 등이 있다.
		민사상 구제	위법한 경찰강제로 인한 피해자는 「국가배상법」이 정하는 바에 따라 손해배상을 청구할 수 있다.
		형사상 구제	이에는 공무원의 형사책임, 정당방위, 고소·고발 등이 있다.
		기타	「헌법」 및 「청원법」에 의한 청원제도가 있다.

[요약 정리] 경찰상 강제집행과 즉시강제의 구별

구분		경찰상 강제집행	경찰상 즉시강제
차이점	의무 존부	선행 의무의 존재와 그 불이행을 전제로 한다.	선행 의무의 존재와 그 불이행을 전제로 하지 않는다.
	성격	강제집행과 그 전제인 의무를 명하는 행위는 별개의 사실행위이다.	즉시강제는 의무를 명하는 행위와 결합된 작용이다.
	법적 근거	① 일반법: 「행정대집행법」, 「국세징수법」 ② 개별법: 「도로교통법」, 「출입국관리법」, 「관세법」, 「식품위생법」 등	① 일반법: 「경찰관직무집행법」 ② 개별법: 「소방기본법」, 「식품위생법」, 「마약류 관리에 관한 법률」 등
공통점		양자 모두 국민의 신체 또는 재산에 대해 실력으로써 경찰상 필요한 상태를 실현시키는 권력적 사실행위라는 점에서 공통하다.	

3) 경찰상의 조사

의의	① 경찰상의 조사는 경찰기관이 경찰상의 필요한 자료나 정보를 얻기 위한 준비적·보조적 수단으로 행해지는 권력적 조사작용을 말한다(통설). ② 경찰상의 조사는 질서 유지 목적을 위해 필요한 자료나 정보를 얻기 위해 하는 권력적 조사작용이기 때문에 경찰작용을 위한 준비적·부수적인 작용에 그치며, 그 자체로써 직접 일정한 경찰 상태를 실현시키는 작용은 아니다.	
근거	행정조사의 일반적인 근거법으로는 「행정조사기본법」이 있으며, 「경찰관직무집행법」, 「총포·도검·화약류 등의 안전관리에 대한 법률」, 「식품위생법」, 「소방기본법」, 「검역법」 등 개별법이 있다.	
양태(종류)	대상에 의한 구분	① 대인적 조사, ② 대물적 조사, ③ 대가택 조사: 가택출입, 가택수색, 출입조사
	방법에 의한 구분	① 적극적 조사(직접조사) ② 소극적 조사(간접조사)
	성질(수단)에 의한 구분	① 행정행위 또는 행정강제의 수단에 의해 행해지는 권력적 조사 ② 비권력적 사실행위에 의해 행해지는 비권력적 조사

[요약 정리] 경찰조사와 즉시강제의 이동(異同)

구분	경찰조사	즉시강제
목적	행정작용을 위한 정보 수집 (준비적·보조적 수단)	직접 개인의 신체나 재산에 실력을 행사해 경찰상 필요한 상태의 실현(자체목적적 행위)
성격	• 권력적 조사 작용설(다수설) • 권력적·비권력적 조사작용 포함설(소수설)	권력적 사실행위
수단	직접적인 실력 행사를 하지 않으며, 벌칙에 의해 간접적으로 강제	직접적인 실력 행사
급박성	불요(수인하명을 전제로 함)	필요
근거	• 권력적 경찰조사: 구체적 수권 필요 • 비권력적 경찰조사: 조직법적 근거만으로 가능	반드시 실정법적 근거를 요함.

(3) 경찰벌(행정벌)

1) 경찰벌의 의의

경찰벌이란 법규에 의한 명령·금지 등의 의무 위반에 대해 일반 사인(私人)에게 과해지는 제재로서 일반통치권에 의한 처벌을 말한다.

2) 경찰벌의 종류

경찰 형벌	① 경찰형벌이란 경찰법규 위반에 대한 제재로서 「형법」 제41조에 규정된(사형, 징역, 금고, 자격상실, 자격정지, 벌금, 구류, 과료, 몰수 등) 형을 과하는 경찰벌을 말한다. ② 경찰형벌은 원칙적으로 형사소송법에 의한 절차를 따르되, 예외적으로 즉결심판절차 또는 통고처분 절차에 의해 과해지는 경우도 있다.
경찰 질서벌	① 경찰질서벌이란 경찰법상의 의무 위반에 대한 제재로서 「형법」상의 형명이 없는 벌, 즉 과태료를 과하는 경찰벌을 말한다. ② 과태료에 대해서는 형법총칙이 적용되지 아니하며, 과벌절차는 「질서위반행위규제법」 및 「비송사건절차법」이 정하는 바에 의한다.
범칙금 (통고처분)	① 20만 원 이하의 벌금, 구류, 과료에 해당하는 경미한 범죄를 말한다. ② 범칙 금액만큼 당사자에게 통고처분을 행하며, 미납시 즉심절차를 진행한다.

[요약 정리] 경찰형벌과 경찰질서법 이동(異同)

구분	경찰형벌	경찰질서벌
의의	형법에 정해져 있는 형벌을 과하는 경찰벌	과태료를 과하는 경찰벌
형법총칙 적용 여부	적용됨(고의·과실 필요).	적용 안 됨(고의·과실 불요. 단, 「질서위반행위규제법」의 대상이 되는 경우에는 고의·과실 필요).

처벌 절차	① 원칙: 「형사소송법」 적용 ② 예외: 통고처분, 즉결심판절차	「질서위반행위규제법」, 「비송사건절차법」 적용
양자의 병과 여부	① 학설: 긍정설과 부정설이 대립 ② 판례: 병과 인정(대판 1996.4.12, 96도158)	

(4) 기타 경찰 의무 이행의 확보 수단

1) 공표제도

① 행정법상 의무 위반 사항을 불특정 다수인이 주지할 수 있도록 일반인에게 알리는 제도이다.

② 공표에 따른 사회적 비난이라는 간접적·심리적 강제로 그 의무를 이행하려는 제도로서, 그 자체는 어떠한 법적 효과도 따르지 않는 비권력적 사실행위에 불과하다

③ 공표는 관련자의 명예·신용·사생활 침해를 가져오는 동시에 공무원의 비밀 엄수의 의무와 관련해 법률상의 근거가 필요하다.

④ 공표제도는 아직 일반법적인 근거가 없으나, 「청소년보호법」, 「소비자보호법」 등 개별법에서 공표의 법적인 근거를 찾아볼 수 있다.

2) 과징금

경찰법상의 의무 위반에 대해 경찰관청이 그 의무자에게 부과, 징수하는 금전적 제재를 말한다.

3) 공급 거부

건축법상의 명령이나 처분에 위반해 행정청이 발한 시정명령을 불이행한 때에는 전기, 전화, 수도, 도시가스 공급시설의 설치나 공급을 중지하도록 하는 것을 말한다.

4) 과태료

목적	「질서위반행위규제법」은 법률상 의무의 효율적인 이행을 확보하고 국민의 권리와 이익을 보호하기 위해 질서 위반 행위의 성립 요건과 과태료의 부과·징수 및 재판 등에 관한 사항을 규정하는 것을 목적으로 한다(제1조).	
적용 범위	시간적 범위	① 질서 위반 행위의 성립과 과태료 처분은 행위 시의 법률에 따른다(제3조 제1항). ② 질서 위반 행위 후 법률이 변경되어 그 행위가 질서 위반 행위에 해당하

<table>
<tr><td></td><td></td><td>지 아니하게 되거나 과태료가 변경되기 전의 법률보다 가볍게 된 때에는 법률에 특별한 규정이 없는 한 변경된 법률을 적용한다(제3조 제2항).
③ 행정청의 과태료 처분이나 법원의 과태료 재판이 확정된 후 법률이 변경되어 그 행위가 질서위반 행위에 해당하지 아니하게 된 때에는 변경된 법률에 특별한 규정이 없는 한 과태료의 징수 또는 집행을 면제한다(제3조 제3항).</td></tr>
<tr><td></td><td>장소적 범위</td><td>① 대한민국 영역 안에서 질서 위반 행위를 한 자에게 적용한다(제4조 제1항).
② 대한민국 영역 밖에서 질서 위반 행위를 한 대한민국의 국민에게 적용한다(제4조 제2항).
③ 대한민국 영역 밖에 있는 대한민국의 선박·항공기 안에서 질서 위반 행위를 한 외국인에게 적용한다(제4조 제3항).</td></tr>
<tr><td>다른 법률과의 관계</td><td colspan="2">과태료의 부과·징수, 재판 및 집행 등의 절차에 관한 다른 법률의 규정 중 이 법의 규정에 저촉되는 것은 이 법으로 정하는 바에 따른다(제5조).</td></tr>
<tr><td>질서위반행위 법정주의</td><td colspan="2">법률에 따르지 아니하고는 어떤 행위도 질서 위반 행위로 과태료를 부과하지 아니한다(제6조).</td></tr>
<tr><td>고의 · 과실</td><td colspan="2">고의 또는 과실이 없는 질서 위반 행위는 과태료를 부과하지 아니한다(제7조).</td></tr>
<tr><td>책임 연령</td><td colspan="2">14세가 되지 아니한 자의 질서 위반 행위는 과태료를 부과하지 아니한다(제9조).</td></tr>
<tr><td>심신장애</td><td colspan="2">심신장애자에 대하여는 과태료를 면제하며, 심신미약자에 대하여는 과태료를 감경한다. 다만, 스스로 심신장애 상태를 일으킨 경우에는 감면하지 아니한다(제10조).</td></tr>
<tr><td>법인의 처리</td><td colspan="2">법인의 대표자, 법인 또는 개인의 대리인·사용인 및 그 밖의 종업원이 업무에 관하여 법인 또는 그 개인에게 부과된 법률상의 의무를 위반한 때에는 법인 또는 그 개인에게 과태료를 부과한다(제11조).</td></tr>
<tr><td>다수인의 질서 위반 행위</td><td colspan="2">2인 이상이 질서 위반 행위에 가담한 때에는 각자가 질서 위반 행위를 한 것으로 본다(제12조 제1항).</td></tr>
<tr><td>수개의 질서 위반 행위</td><td colspan="2">하나의 행위가 2인 이상의 질서 위반 행위에 해당하는 경우에는 각 질서 위반 행위에 대하여 정한 과태료 중 가장 중한 과태료를 부과한다(제13조 제1항).</td></tr>
<tr><td>소멸시효</td><td colspan="2">과태료는 과태료 부과처분이나 과태료 재판이 확정된 후 5년간 징수하지 아니하거나 집행하지 아니하면 시효로 인하여 소멸한다(제15조).</td></tr>
<tr><td>사전통지 및 의견 제출</td><td colspan="2">과태료를 부과하고자 하는 때에는 미리 과태료 부과의 원인이 되는 사실, 과태료 금액 및 적용 법령 등을 통지하고, 10일 이상의 기간을 정하여 의견을 제출할 기회를 주어야 한다(제16조 제1항).</td></tr>
<tr><td>부과 방법</td><td colspan="2">과태료는 의견 절차를 마친 후 서면(당사자가 동의하는 경우에는 전자문서를 포함)으로 부과하여야 한다(제17조).</td></tr>
<tr><td>자진납부자에 대한 감경</td><td colspan="2">의견 제출기한 이내에 과태료를 자진하여 납부하고자 하는 경우에는 부과될 과태료의 100분의 20의 범위 이내에서 과태료를 감경할 수 있다(제18조).</td></tr>
<tr><td>제척기간</td><td colspan="2">질서 위반 행위가 종료된 날부터 5년이 경과한 경우에는 과태료를 부과할 수 없다(제19조).</td></tr>
<tr><td>이의 제기</td><td colspan="2">과태료 부과에 불복하는 당사자는 과태료 부과 통지를 받은 날부터 60일 이내에 해당 행정청에 서면으로 이의 제기를 할 수 있으며, 이의 제기가 있는 경우에는 행정청의 과태료 부과처분은 그 효력을 상실한다(제20조).</td></tr>
</table>

3. 해양경찰작용에 대한 구제 수단

(1) 사전 구제제도

<table>
<tr><td rowspan="3">행정절차</td><td>의의</td><td>① 행정기관이 공권력을 행사해 행정에 관해 결정을 할 때 거쳐야 할 일련의 외부와의 교섭 과정을 말한다.
② 「행정절차법」상 처분 · 신고 · (행정상) 입법예고 · 행정예고 · 행정지도의 절차가 있다.</td></tr>
<tr><td>의견 청취
(「행정절차법」 제22조)</td><td>① 행정청은 처분을 하는 때에는 당사자의 의견을 청취해야 한다.
※ 절차: 청문 → 공청회 → 의견 제출 순
② 위반: 사전 통지나 의견 청취를 결략한 경우에는 특별한 예외 사유가 없는 한 취소 사유에 해당한다.
③ 예외
(a) 공공의 안전 또는 복리를 위하여 긴급히 처분을 할 필요가 있는 경우
(b) 법령 등에서 요구된 자격이 없거나 없어지게 되면 반드시 일정한 처분을 하여야 하는 경우에 그 자격이 없거나 없어지게 된 사실이 법원의 재판 등에 의하여 객관적으로 증명된 경우
(c) 해당 처분의 성질상 의견 청취가 현저히 곤란하거나 명백히 불필요하다고 인정될 만한 상당한 이유가 있는 경우
(d) 당사자가 의견 진술의 기회를 포기한다는 뜻을 명백히 표시한 경우</td></tr>
<tr><td>처분의 이유 제시
(동법 제23조)</td><td>① 행정청은 처분을 하는 때에는 당사자에게 그 근거와 이유를 제시하여야 한다.
② 예외(단, (b), (c)의 경우 처분 후 당사자가 요청하면 그 근거와 이유를 제시할 것)
(a) 신청 내용을 모두 그대로 인정하는 처분인 경우
(b) 단순 · 반복적인 처분 또는 경미한 처분으로서 당사자가 그 이유를 명백히 알 수 있는 경우
(c) 긴급히 처분을 할 필요가 있는 경우</td></tr>
<tr><td>옴부즈맨</td><td colspan="2">① 행정감찰관인 옴부즈맨(ombudsman)을 통해 행정기관의 위법 · 부당한 행정작용을 조사하고 통제해 국민의 권익을 보호하는 제도이다.
② 우리나라의 경우 고충민원의 처리와 이에 관련된 불합리한 행정제도를 개선하기 위해 국무총리 소속으로 국민권익위원회를 두고 있다(「부패방지 및 국민권익위원회의 설치와 운영에 관한 법률」 제11조).</td></tr>
<tr><td>청원</td><td colspan="2">① 모든 국민은 법률이 정하는 바에 의하여 국가기관에 문서로 청원할 권리를 가지며, 국가는 청원에 대하여 심사할 의무를 진다(「헌법」 제26조).
② 청원 대상(「청원법」 제4조)
(a) 피해의 구제
(b) 공무원의 위법 · 부당한 행위에 대한 시정이나 징계의 요구
(c) 법률 · 명령 · 조례 · 규칙 등의 제정 · 개정 또는 폐지
(d) 공공의 제도 또는 시설의 운영
(e) 그 밖에 국가기관 등의 권한에 속하는 사항</td></tr>
</table>

(2) 사후 구제제도

손실보상	① 공공의 필요를 위한 적법한 공권력의 행사로 인해 개인의 재산에 가해진 특별한 희생에 대해 재산권의 보장과 공평 부담의 관점에서 행해지는 보상(현금 지급이 원칙)을 말한다. ② 요건 (a) 공공의 필요에 의한 적법한 공권력의 행사일 것, (b) 재산권에 대한 의도적 침해일 것, (c) 특별한 희생일 것, (d) 보상 규정이 있을 것
손해배상	① 국가나 지방자치단체는 공무원 또는 공무를 위탁받은 사인이 직무를 집행하면서 고의 또는 과실로 법령을 위반해 타인에게 손해를 입히거나, 「자동차손해배상보장법」에 따라 손해배상의 책임이 있을 때에는 그 손해를 배상해야 한다. ② 도로・하천, 그 밖의 공공의 영조물(營造物)의 설치나 관리에 하자(瑕疵)가 있기 때문에 타인에게 손해를 발생하게 했을 때에는 국가나 지방자치단체는 그 손해를 배상해야 한다.
행정심판	행정청의 위법・부당한 처분 또는 부작위에 대한 불복에 대해 행정기관이 심판하는(약식) 행정쟁송절차를 말한다.
행정소송	행정법규의 해석・적용에 관한 소송으로서 법원의 행정법상 법률 관계에 관한 분쟁에 대해 정식 재판절차로 하는 행정쟁송을 말한다.

[요약 정리] 행정심판과 행정소송의 비교

구분	행정심판(「행정심판법」)	행정소송(「행정소송법」)
목적	행정감독, 행정통제	행정구제, 권리구제
담당기관	행정심판위원회	법원
종류	항고심판[취소심판, 무효등확인심판, 의무이행심판(부작위에 대한 의무이행심판 가능)]	① 항고소송(취소소송, 무효등 확인소송, 부작위위법확인소송) ② 당사자소송, 민중소송, 기관소송
심리절차	① 서면심리 또는 구술심리 ② 비공개의 원칙	① 구두변론 ② 공개의 원칙
쟁송 사항	위법(법률문제) + 부당(공익문제)	위법(법률문제)
제소기간	처분이 있음을 알게 된 날부터 90일 이내, 처분이 있었던 날부터 180일 이내 ※ 재결은 피청구인 또는 위원회가 심판청구서를 받은 날부터 60일(30일 연장 가능) 이내에 해야 한다.	처분 등이 있음을 안 날 또는 재결서의 정본을 송달받은 날부터 90일 이내, 처분 등이 있은 날로부터 1년 이내
공통점	① 원고적격(법률상 이익이 있는 자) ② 집행부정지 원칙(심판청구나 취소소송의 제기는 처분 등의 효력이나 그 집행 또는 절차의 속행에 영향을 주지 아니한다.) ③ 청구(소)의 변경 ④ (보충적) 직권심리주의 ⑤ 구술심리 ⑥ 불이익 변경 금지	

	⑦ 사정재결(판결) ⑧ 불고불리의 원칙

제 4 절 경찰관직무집행법

1. 서설

(1) 의의

① 「경찰관직무집행법」은 국가 경찰공무원에 한해 국민의 자유와 권리의 보호 및 사회 공공의 안녕 질서 유지를 위한 직무 수행에 필요한 사항을 규정하고 있다.

② 해양경찰의 경우 「해양경비법」과 「경찰관직무집행법」을 작용법의 대표적 법률로 적용하고 있다.

(2) 적용 범위

① 「경찰공무원법」상 국가경찰공무원

② 「전투경찰대설치법」상 작전전투경찰 및 의무전투경찰순경의 직무 집행

③ 청원경찰(경비구역 내에 한함.)

④ 제주자치경찰(예외적 준용)

(3) 기본 원칙

협의의 비례 원칙	경찰관의 직권은 직무 수행에 필요한 최소한도 내에서 행사	공통 원칙
상당성의 원칙	무기 사용, 보호 조치 등의 경우에 그러한 조치를 해야 할 상당한 이유가 있어야 즉시강제가 가능	
필요성의 원칙	경찰관의 사실의 확인(제8조), 장구의 사용(제10조의2), 분사기 등의 사용(제10조의3), 무기의 사용(제10조의4) 등의 경우에, 그러한 조치를 취해야 할 필요 또는 부득이한 경우에는 직권의 행사가 가능	

보충성의 원칙	① 경찰관의 무기 사용에 있어 무기를 사용하지 않고는 다른 수단이 없을 때에 한하여 사용이 가능하다(제10조의4 제1항 제1·2·3호) ② 다만, 대간첩작전의 수행이 무장간첩이 경찰관의 투항명령을 받고도 이에 불응하는 경우에는 보충성을 요하지 아니함.	무기 사용에 추가된 원칙

(4) 주요 내용

대인적 강제수단	① 불심검문(제3조), ② 보호조치 등(제4조), ③ 범죄 예방·제지(제6조), ④ 경찰장구의 사용(제10조의2), ⑤ 분사기 등의 사용(제10조의3), ⑥ 무기의 사용(제10조의4)
대물적 강제수단	무기, 흉기, 위험물의 임시영치(제4조 제3항)
대가택 강제수단	위험 방지를 위한 출입(제7조)
대인·대물·대가택 강제수단	위험 발생의 방지 조치(제5조)
임의적 강제수단	① 경찰상 직무 수행을 위한 사실행위(제8조 제1항) ② 경찰상 직무 수행을 위한 출석 요구(제8조 제2항)

2. 조항별 주요 내용

(1) 불심검문(제3조)

<table>
<tr><td>법적 성질</td><td colspan="2">경찰관이 범죄의 예방 및 범인 검거의 목적으로 거동불심자를 정지시켜서 그 권한에 의해 직접 질문해 조사하는 것으로서 대인적 즉시강제 수단(학설상 논란 있음)의 하나이다.</td></tr>
<tr><td>불심검문 대상</td><td colspan="2">① 수상한 행동이나 그 밖의 주위 사정을 합리적으로 판단해 볼 때 어떠한 죄를 범했거나 범하려 하고 있다고 의심할 만한 상당한 이유가 있는 사람
② 이미 행해진 범죄나 행해지려고 하는 범죄행위에 관한 사실을 안다고 인정되는 사람</td></tr>
<tr><td>불심검문 주의 사항</td><td colspan="2">① 경찰관은 질문을 하거나 동행을 요구할 경우 자신의 신분을 표시하는 증표를 제시하면서 소속과 성명을 밝히고 질문이나 동행의 목적과 이유를 설명해야 하며, 동행을 요구하는 경우에는 동행 장소를 밝혀야 한다.
② 동행한 경우, 경찰관은 동행한 사람의 가족이나 친지 등에게 동행한 경찰관의 신분, 동행 장소, 동행 목적과 이유를 알리거나 본인으로 하여금 즉시 연락할 수 있는 기회를 주어야 하며, 변호인의 도움을 받을 권리가 있음을 알려야 한다.
③ 동행한 경우 경찰관은 6시간을 초과해 경찰관서에 머물게 할 수 없다.</td></tr>
<tr><td>불심검문 수단 (방법)</td><td>정지·질문 (직무질문)</td><td>① 경찰관은 거동불심자(거동이 수상한 사람)라고 인정되는 때에는 그를 정지시켜 질문할 수 있는데, 그 사람(피질문자)은 답변을 강요당하지 아니한다.
② 여기서의 질문은 수사의 단서를 얻기 위한 질문이며 피의자신문이 아니므로 「형사소송법」상 진술거부권을 알릴 필요는 없다.</td></tr>
</table>

	임의동행	① 경찰관은 사람을 정지시킨 장소에서 질문을 하는 것이 그 사람에게 불리하거나 교통에 방해가 된다고 인정될 때에는 본인의 승낙을 얻어 가까운 경찰서·지구대·파출소 또는 출장소(지방해양경비안전관서를 포함한다. 이하 "경찰관서"라고 한다) 에 동행하는 것을 의미한다. ② 임의적인 것이므로 상대방의 동의를 요하며 강제적이어서는 아니 된다. ③ 경찰관이 불심자를 동행할 때에는 위해를 가하지 않도록 해야 하며, 증거인멸 방지·자살 방지·도주 방지에 주의해야 한다.
	강제의 금지	피질문자에 대해 형사소송에 관한 법률에 의하지 아니하고는 신체를 구속해서는 안 된다. 또한 의사에 반해 경찰관서 등에 동행하거나 답변을 강요하는 방법을 취해서도 안 된다.
	흉기의 조사	① 경찰관은 질문 시 경찰관 자신의 위험 방지와 피질문자의 자해 방지를 위해 흉기의 소지 여부를 조사할 수 있다. 이때의 소지품 검사의 대상은 흉기의 소지 여부만을 조사하는 것으로서의 검사의 수단은 외표검사(frisk)에 한정된다. ② 흉기 조사에 대한 상대방의 거부 가능성에 대한 별도의 규정을 두고 있지 않으므로 목적 달성을 위한 필요 최소한도의 강제력 행사는 가능하다.
불심검문 후의 조치	보호조치 범죄 예방	「경찰관직무집행법」 제4조에 해당하는 자에 대해서는 필요한 보호 조치를 하고 피질문자가 범죄를 행하려고 한 자이면 경고·제지한다.
	범인 수사 및 체포	범죄의 혐의가 있다고 생각되거나 현행범이라고 인정되면 「형사소송법」에 의해 범인을 수사 및 체포할 수 있다.
	동행검문 보고	경찰관이 동행해 검문한 때에는 24시간 이내에 동행검문 결과보고서를 작성, 소속 경찰관서의 장에게 보고해야 한다. 다만, 검문 결과 「형사소송법」에 의해 처리한 경우는 그러하지 아니하다.

(2) 보호 조치(제4조)

의의	경찰관이 응급구호가 필요한 사람을 발견한 때 관계 기관에 긴급구호를 요청하거나 경찰관서에 일시적으로 보호해 구호의 방법을 강구하는 조치이다.	
법적 성질	「경찰관직무집행법」상의 조치로서 경찰상 즉시강제 수단의 일종이며, 경찰상 대인적 강제수단의 성질을 가진다. 다만, 긴급구호 요청은 즉시강제 자체가 아니라 경찰관의 즉시강제에 수반한 후속적 조치이다.	
보호 조치 대상자	강제보호 대상자	① 정신착란을 일으키거나 술에 취해 자신 또는 다른 사람의 생명·신체·재산에 위해를 끼칠 우려가 있는 사람 ② 자살을 시도하는 사람
	임의보호 대상자	미아, 병자, 부상자 등으로서 적당한 보호자가 없으며 응급구호가 필요하다고 인정되는 사람 → 다만, 본인이 구호를 거절하는 경우 보호할 수 없는 점에서 임의보호 대상자이다.
보호 조치 방법	긴급구호 요청	응급구호가 필요하다고 믿을 만한 상당한 이유가 있는 사람을 발견 시 보건의료기관이나 공공구호기관에 긴급구호를 요청한다.
	경찰관서 일시 보호	① 구호 대상자를 보호자나 관계 기관에 인계할 때까지 또는 보호 조치 사유가 해제될 때까지 일시 보호한다. ② 일시 보호 조치는 24시간을 초과할 수 없다.

구분		내용
긴급구호 요청의 거부 금지		① 보건의료기관이나 공공구호기관은 정당한 이유 없이 긴급구호를 거절할 수 없다. ② 정당한 이유 없이 긴급구호를 거절할 수 없다는 규정은 선언적인 주의 규정에 불과하며, 이에 대한 「경찰관직무집행법」상의 처벌 규정은 없다.
무기, 흉기 등의 임시영치		구호 대상자의 보호 조치 시 구호 대상자가 휴대하고 있는 무기·흉기 등 위험을 일으킬 수 있는 것으로 인정되는 물건을 경찰관서에 임시로 영치할 수 있는데, 그 기간은 10일을 초과할 수 없고 임시영치는 경찰상 대물적 즉시강제의 일종이다.
보호 조치	보호 조치 대상자의 보호장소	① 보건의료기관: 국·공립병원, 보건소, 사설의료기관 등 ② 공공구호기관: 아동보호소, 부녀보호소, 고아원 등 ③ 경찰관서
	연고자 등 통지 (사후 조치)	① 경찰관이 긴급구호 요청 또는 경찰관서에 보호 조치했을 때에는 지체없이 구호 대상자의 가족, 친지 또는 그 밖의 연고자에게 그 사실을 알려야 한다. ② 만약, 연고자가 발견되니 아니할 때에는 구호 대상자를 적당한 공공보건의료기관이나 공공구호기관에 즉시 인계해야 한다.
	소속관서장 보고	① 경찰관이 구호 대상자를 공공보건의료기관이나 공공구호기관에 인계했을 때에는 즉시 그 사실을 소속 경찰관서의 장에게 보고해야 한다. ② 무기·흉기 등을 임시영치한 때에는 24시간 이내에 임시영치보고서를 작성해 소속 경찰관서의 장에게 보고해야 한다. 이를 반환한 때에도 또한 같다.

(3) 위험 발생의 방지(제5조)

구분		내용
의의		경찰관이 사람의 생명 또는 신체에 위해를 끼치거나 재산에 중대한 손해를 끼칠 우려가 있는 위험한 상태가 발생한 경우에 취하는 경찰상의 즉시 강제조치를 의미한다.
요건	위험 사태의 존재	사람의 생명 또는 신체에 위해를 끼치거나 재산에 중대한 손해를 끼칠 우려가 있는 위험한 상태가 존재해야 한다(천재·사변·교통사고·위험물 폭발 등).
	위험 사태의 절박성	위험 사태가 현실적으로 발생했거나 위험가능성이 절박한 경우에 한해 경찰권이 행사되어야 한다.
조치의 수단	경고 조치	① 경찰관이 위험 상태의 발생 장소에 모인 사람, 사물의 관리자와 그 밖의 관계인에게 필요한 경고를 발하는 것을 말한다. ② 여기서 '관계자'라 함은 직접·간접으로 위험한 사태에 관련이 있는 자로서, 그 위험한 사태로 인해 피해를 받을 우려가 있는 자이다. ③ 경고를 받은 상대방은 이에 따른 의무를 지며, 만일 이에 불응하면 강제 수단에 의할 수 있음은 물론, 「경범죄처벌법」 제3조 제29호(공무원 원조 불응)에 의해 처벌된다.
	억류 또는 피난 조치	매우 긴급한 경우에, 위해를 입을 우려가 있는 사람에 대해 필요한 한도에서 이를 억류시키거나 피난시키는 것을 의미한다.
	위험 방지 조치	위험 상태의 발생 장소에 있는 사람, 사물의 관리자, 그 밖의 관계인에게 위해를 방지하기 위해 필요하다고 인정되는 조치를 하게 하거나, 직접 그 조치를 하는 것을 말한다.

	통행의 제한·금지의 조치	경찰관서의 장은 대간첩 작전의 수행이나 소요 사태의 진압을 위해 필요하다고 인정되는 상당한 이유가 있을 때에는 대간첩 작전지역이나 경찰관서·무기고 등 국가중요시설에 대한 접근 또는 통행을 제한하거나 금지할 수 있다.
	보고 및 협조 조치	경찰관이 위험 발생의 방지 조치를 했을 때에는 지체없이 그 사실을 소속 경찰관서의 장에게 보고해야 하며, 이 보고를 받은 경찰관서의 장은 관계 기관의 협조를 구하는 등 적절한 조치를 해야 한다.

(4) 범죄의 예방과 제지(제6조)

의의		경찰관이 범죄행위가 목전에 행해지려고 하는 것을 인정했을 때에 이를 예방하기 위해 관계인에게 필요한 경고를 하고 또 그 행위로 인해 사람의 생명·신체에 위해를 끼치거나 재산에 중대한 손해를 끼칠 우려가 있는 긴급한 경우에는 그 행위를 제지하는 것을 말한다.
요건		① 범죄행위: 사회 질서에 반하는 일체의 행위, 즉 형사범뿐만 아니라 모든 형벌 법령에 저촉되는 행위를 포함한다. ② 목전에 행해지려고 할 것: 어떤 행위가 범죄 구성 요건을 실현하기 직전에 와 있음을 의미한다. ③ 목전에 행해지려고 하는 범죄행위로 인해 사람의 생명·신체에 위해를 끼치거나 재산에 중대한 손해를 끼칠 우려가 있으며 긴급한 경우이다.
수단	경고	범죄의 예방을 위해 범죄행위로 나아가려고 하는 것을 중지하도록 통고하는 것으로서, 경고는 그 방법에 제한이 없으며 구두·신호·문서 등 사태에 따라 적당한 방법으로 하면 된다.
	제지	목전에 행해지려고 하는 범죄행위로 인해 사람의 생명·신체에 위해를 끼치거나 재산에 중대한 손해를 끼칠 우려가 있으며 긴급한 경우에는 그 행위를 제지할 수 있다.
	범죄 예방과 제지 후 보고	경찰관이 범죄 예방을 위해 경고를 발하거나 그를 제지하기 위한 조치를 취했을 때에는 지체없이 경찰관서의 장에게 보고해야 한다.

(5) 위험 방지를 위한 출입(제7조)

의의			사람의 생명·신체, 재산에 대한 위해 또는 중대한 손해가 일어나려고 할 때 범죄 또는 위해를 예방하기 위해 그 위해 또는 손해의 발생 장소에 출입할 수 있는 권한을 말한다.
법적 성질			경찰상 즉시강제 수단(대가택적 강제 수단)의 일종이다.
출입의 종류	긴급 출입	요건	① 위험 사태의 발생 (a) 사람의 생명 또는 신체에 위해를 끼치거나 재산에 중대한 손해를 끼칠 우려가 있는 천재, 사변, 인공구조물의 파손이나 붕괴, 교통사고, 위험물의 폭발, 위험한 동물 등의 출현, 극도의 혼잡한 상황 (b) 대간첩작전의 수행 중이거나 소요 사태가 발생한 때 (c) 범죄행위가 목전에 행해지려고 하고 있다고 인정될 때 ② 사람의 생명·신체 또는 재산에 대한 위해가 임박한 때 ③ 위해 방지나 피해자 구조상 부득이한 것(보충성의 원리)

		내용	① 긴급출입의 목적은 위해를 방지하고 피해자를 구조하는 데 있으므로, 범죄 수사를 위해서는 이용될 수 없다. ② 긴급출입을 할 수 있는 시간은 주・야를 불문하며 이때 상대방은 수인의무를 진다. ③ 긴급출입할 수 있는 장소는 다른 사람의 토지・건물・배 또는 차 등인데, 관계자의 동의는 필요하지 않으며 출입을 거절 시에는 공무집행방해죄를 구성하게 된다.
	예방출입	요건	흥행장, 여관, 음식점, 역, 그 밖에 많은 사람이 출입하는 장소의 공개시간 내에 범죄의 예방 또는 사람의 생명・신체 또는 재산에 대한 위해 예방을 목적으로 함을 요한다.
		내용	① 예방출입의 목적은 범죄의 예방과 위해 예방에 있다. ② 예방출입이 가능한 시간은 공개시간에 한한다. ③ 예방출입의 경우에는 관리자 등에게 출입을 요구해 승인을 얻어야 출입이 가능하다. 이때 관리자 등은 정당한 이유 없이 그 요구를 거절하지 못한다. 만일 폭행・협박으로 출입을 거절하면 공무집행방해죄를 구성한다.
	긴급검색 (대간첩작전을 위한 검색)		① 경찰관이 대간첩작전 수행에 필요한 경우 작전지역 안의 흥행장, 여관, 음식점, 역, 그 밖에 많은 사람이 출입하는 장소, 즉 공개된 장소 안을 검색하는 것을 의미한다. 관계자의 동의는 필요하지 않다. ② 이러한 검색은 법관의 영장 없이 주간이나 야간을 가리지 않고 가능한 것으로, 사생활 보호에 대한 중대한 예외이다. 이는 대간첩작전 수행 목적에만 국한되는 한계가 존재한다.
출입 시 유의 사항	① 출입할 때에는 신분을 표시하는 증표를 제시 ② 정당한 관계인의 업무 방해 금지(관계인은 정당한 이유가 있으면 경찰관의 출입 요구를 거절 가능)		

[요약 정리] 위험 방지를 위한 출입의 비교

구분	긴급출입	예방출입	긴급검색
출입 장소(대상)	다른 사람의 토지・건물・배 또는 차	공개된 장소	공개된 장소
출입 가능 시간	주야 불문	영업・공개 시간 내	주야 불문
관리자 등 동의 여부	불요	필요	불요

(6) 사실 확인 및 출석 요구(제8조)

의의	경찰관서의 장이 직무 수행에 필요한 경우 국가기관 또는 공사 단체 등에 대해 사실을 조회하거나 경찰관이 사실의 확인을 위해 관계인에게 출석을 요구하는 행위를 말한다.
법적 성질	사실확인 행위는 임의적 사실행위로서 법적 효과를 발생시키는 법률행위가 아니며 즉시강제 수단도 아니다.

<table>
<tr><td rowspan="3">사실의 조회 및 출석 요구</td><td>사실의 조회</td><td>① 경찰관서의 장은 직무 수행에 필요하다고 인정되는 상당한 이유가 있을 때 국가기관이나 공사 단체 등에 대해 직무 수행에 관련된 사실을 조회할 수 있다.
② 긴급한 경우에는 소속 경찰관으로 하여금 현장에 나가 해당 기관 또는 단체의 장의 협조를 받아 그 사실을 확인하게 할 수 있다.</td></tr>
<tr><td>출석 요구 사유</td><td>① 미아를 인수할 보호자 확인
② 유실물을 인수할 권리자 확인
③ 사고로 인한 사상자 확인
④ 행정처분을 위한 교통사고 조사에 필요한 사실 확인</td></tr>
<tr><td>출석 요구 사유에 해당되지 않는 경우</td><td>① 형사책임을 규명하기 위한 사실조사
② 범죄 피해 내용 확인
③ 교통사고시의 가해자와 피해자의 합의를 위한 종용
④ 고소사건 처리에 대한 사실의 확인</td></tr>
</table>

(7) 유치장(제9조)

법률의 절차에 따라 체포 · 구속되는 사람	「형사소송법」에 의해 체포 · 구속되는 사람
신체의 자유를 제한하는 판결 · 처분을 받은 사람	「형사소송법」 및 「즉결심판에 관한 절차법」에 의한 판결 · 처분을 받은 사람과 기타 형사 특별법규에 의해 판결 처분을 받은 사람

(8) 경찰장구의 사용 등(제10조의2)

장구의 개념	① 경찰관이 경찰활동을 하기 위해 몸에 지녀 갖추는 일체의 물건으로서 사람의 생명 · 신체에 실력을 가하는 데 사용되는 장구를 지칭한다. ② 「경찰관직무집행법」은 경찰장구로서 수갑 · 포승 · 경찰봉 · 방패 등을 명시하고 있는데, 이는 예시적인 것에 불과하다. ※ 「위해성 경찰장비의 사용 기준 등에 관한 규정」상 경찰장구: 수갑 · 포승(捕繩) · 호송용 포승 · 경찰봉 · 호신용 경봉 · 전자충격기 · 방패 및 전자방패
법적 성질	경찰강제 중 경찰상 즉시강제 수단의 일종이며 대인적 강제 수단의 일종이다.
장구 사용의 요건	① 현행범이나 사형 · 무기 또는 장기 3년 이상의 징역이나 금고에 해당하는 죄를 범한 범인의 체포 또는 도주 방지 (a) 범인: 범인일 고도의 개연성을 갖는 자를 의미 (b) 체포: 현행범인의 체포, 체포영장에 의한 체포, 긴급체포를 의미 (c) 도주의 방지: 이미 체포된 자가 도망하려는 것을 방지하는 것을 의미 ② 자신이나 다른 사람의 생명 · 신체의 방어 및 보호(재산×) ③ 공무 집행에 대한 항거 제지
장구 사용의 한계	① 필요하다고 인정되는 상당한 이유가 있을 때 ② 합리적으로 판단해 필요한 한도 내에서

(9) 분사기 및 최루탄의 사용(제10조의3)

요건	① 범인의 체포 또는 범인의 도주 방지 ② 불법집회 · 시위로 인한 자신이나 다른 사람의 생명 · 신체와 재산 및 공공시설 안전에 대한 현저한 위해의 발생 억제
한계	① 부득이한 경우 ② 현장책임자가 판단 ③ 필요한 최소한의 범위

(10) 무기의 사용(제10조의4)

무기	사람의 생명이나 신체에 위해를 끼칠 수 있도록 제작된 권총 · 소총 · 도검 등을 말한다. ※ 「위해성 경찰장비의 사용 기준 등에 관한 규정」상 무기: 권총 · 소총 · 기관총(기관단총을 포함) · 산탄총 · 유탄발사기 · 박격포 · 3인치포 · 함포 · 크레모아 · 수류탄 · 폭약류 및 도검	
무기 사용 시 위해를 수반할 수 없는 경우	① 범인의 체포를 위해 ② 범인의 도주 방지를 위해 ③ 자신이나 다른 사람의 생명 · 신체의 방어 및 보호를 위해 ④ 공무 집행에 대한 항거의 제지를 위해 필요하다고 인정되는 상당한 이유가 있을 때	
무기 사용 시 위해가 수반될 수 있는 경우	① 「형법」에 규정된 정당방위와 긴급피난에 해당하는 때 ② 사형 · 무기 또는 장기 3년 이상의 징역이나 금고에 해당하는 범인을 체포하는 경우 경찰관의 직무 집행에 항거하거나 도주하려고 할 때 ③ 체포 · 구속영장과 압수 · 수색영장을 집행하는 과정에서 경찰관의 직무 집행에 항거하거나 도주하려고 할 때 ④ 제3자가 ② 또는 ③에 해당하는 사람을 도주시키려고 경찰관에게 항거할 때 ⑤ 무기 · 흉기 등 위험한 물건을 지닌 범인 · 소요행위자가 경찰관으로부터 3회 이상의 물건을 버리라는 명령이나 항복하라는 명령을 받고도 따르지 아니하면서 계속 항거할 때 ⑥ 대간첩작전 수행 과정에서 무장간첩이 항복하라는 경찰관의 명령을 받고도 따르지 아니할 때	
무기 사용의 한계에 관한 원칙	필요성의 원칙	무기 사용이 필요하다고 인정되는 상당한 이유(상당성의 원칙) → 주관적 판단이 아닌 사회통념상 객관성이 인정되어야 함.
	합리성의 원칙	무기 사용 필요성의 상당한 이유가 인정될 때 그 사태를 합리적으로 판단
	협의의 비례 원칙	무기를 사용하지 않고서는 다른 수단이 없다고 인정되는(보충성의 원칙) 불가피성이 존재

제 5 절 해양경비법

1. 서설

(1) 제정 배경

① 200해리 배타적 경제수역 선포 등으로 해양 영토를 불러싼 분쟁이 날이 갈수록 증대하고 중국 어선 등 외국 어선들의 불법조업으로 좀 더 강력한 해양 주권 수호 수단이 필요한 시점에 도달했다.

② 그동안 「경찰관직무집행법」을 해양경비 현장에서 활용하고 있었으나 동법은 장소적으로 육상 위주의 작용법이라는 특성을 가지고 있어서 해상에서 그대로 적용하는 데에 한계가 있었다.

③ 일반적인 경찰활동과는 다른 특성을 가진 해양경비 업무 수행에 관한 법적인 근거를 마련함으로써, 해양에서의 국민의 안전과 공공 질서 유지에 이바지하려는 것을 제정 배경으로 하고 있다.

(2) 입법 과정

① 2010년 2월 18일 「해양경비에 관한 법률」(안) 제정을 위한 공청회

② 2010년 8월 9일 법제처 심사의뢰 후, 같은 해 9월 6일 심사를 완료

③ 2010년 11월 11일 차관회의를 거쳐 2010년 11월 16일 국무회의 통과

④ 2010년 11월 23일 국회에 정부입법으로 발의

⑤ 2010년 11월 24일 국토해양위원회에 회부

⑥ 2011년 3월 7일 제3차 국토해양위원회(제298회, 임시회) 제출

⑦ 2011년 10월 18일 제1차 법안심사소위원회(제303회, 정기회)의 상정

⑧ 2011년 10월 26일 제2차 국토해양위원회(제303회, 정기회)에서 수정 가결

⑨ 2011년 12월 28일 제1차 법제사법위원회(제304회, 임시회)를 거쳐

⑩ 2011년 12월 29일 제304회 제2차 본회의에서 처리

⑪ 2012년 2월 22일 「해양경비법」으로 공포(법률 제11372호)

⑫ 2012년 8월 23일 시행

(3) 주요 내용

1) 해양경비 활동에 필요한 권한의 명문화

① 일반적으로 이뤄지는 해양경찰의 업무는 크게 네 가지로 나눠 볼 수 있다. 여기에는 첫째, 성질상 사법경찰에 속하는 해양경찰사무(예: 해상범죄의 예방, 진압 및 수사, 해상치안정보의 수집·작성·배포, 해상에서의 대간첩작전 수행 및 해적 단속, 외국 선박의 단속 및 감시 업무에 관한 사항, 밀항, 밀수, 마약운송행위 단속, 국제해상 형사공조 업무 등), 둘째, 해상에서의 일반적인 위험 방지활동과 같은 조직상의 해양경찰이 담당하는 사무(예: 해양구난, 해상교통 안전, 수상레저 안전, 영해 및 배타적 경제수역에서의 경비, 어로 보호, 해저 침몰 제거 등), 셋째, 오염방제 활동 등 성질상 타 행정부처에서 관장할 수 없는 사무(예: 오염방제 활동, 여객 및 화물 수송 안전 확보 등), 넷째, 기타 해상에서의 공공의 안녕과 질서에 대한 위험 방지활동 등이 있다.

② 이에 따라 「해양경비법」은 해양범죄에 대한 예방, 해양오염 및 해양자원 보호에 관한 조치, 해상경호·대테러 및 대간첩작전 수행, 해양시설의 보호에 관한 조치, 해상 항행 보호에 관한 조치, 그 외의 공공의 안녕과 질서 유지를 해양경비 활동 근거로 규정했다.

2) 해상에서의 선박 검문검색제도 도입(제12조)

① 일반적으로 불심검문이라 함은 경찰관이 수상한 거동 기타 주위의 사정을 합리적으로 판단해 어떠한 죄를 범했거나 범하려 하고 있다고 의심할 만한 상당한 이유가 있는 자 또는 이미 행해진 범죄나 행해지려고 하는 범죄행위에 관해 그 사실을 안다고 인정되는 자를 정지시켜 질문하는 것을 말한다(「경찰관직무집행법」 제3조 제1항).

② 그런데 「경찰관직무집행법」 제3조 제2항은 불심검문의 구체적 절차에 대해서 "그 장소에서 제1항의 질문을 하는 것이 당해인에게 불리하거나 교통의 방해가 된다고 인정되는 때에는 질문하기 위하여 부근의 경찰서·지구대·파출소 또는 출장소(이하 "경찰관서"라 하되, 지방해양경찰관서를 포함한다)에 동행할 것을 요구할 수 있다. 이 경우 당해인은 경찰관의 동행 요구를

거절할 수 있다."라고 규정함으로써 장소적으로 육상을 전제로 했으며, 그 결과 상당 부분의 경찰행정이 해상에서 이뤄지고 있는 해양경찰의 특수한 경찰작용을 포괄하지 못하는 실정이었다.

③ 즉, 육상경찰의 경찰작용은 장소적으로 다른 국가의 주권과 직접적인 접촉이 없는 대한민국의 영토 내에서의 경찰작용인데 반해, 해양경찰의 경찰작용은 다른 국가와의 주권 및 국제법적인 관계가 밀접히 관련되어 있는 해상에서의 경찰작용이라는 점에서 근본적인 차이가 있으며, 특히 「경찰관직무집행법」은 다른 선박의 항행 안전에 대한 지장을 주는 선박, 대량파괴무기나 그 밖의 무기류 또는 관련 물자의 수송에 사용되고 있다고 의심되는 선박 및 국내 법령 등 대한민국이 체결·비준한 조약을 위반하거나 위반행위가 발생하려 하고 있다는 의심이 되는 선박 등을 법의 적용 범위에서 충분히 고려하지 못했다는 문제점이 있었다.

④ 이에 「해양경비법」은 법령이나 조약을 위반한 사실이 의심되는 선박 등에 대해 주위의 사정을 합리적으로 판단해 상당한 이유가 있는 경우 해상 검문검색을 실시할 수 있도록 하고, 해상 검문검색 시에 선장에게 담당 해양경찰관의 신분과 검문검색의 목적과 이유를 고지하도록 해상 검문검색의 대상, 요건 및 절차에 대한 규정을 신설했다.

3) 선박 등에 대한 추적 및 나포(제13조)

① 그동안 개별 법령에는 해양에서 경찰관이 법령, 조약 위반에 대한 추적 및 나포를 할 수 있는 법령이 있었지만, 추적 및 나포권의 구성 요건에 대한 정의 및 절차 그리고 행사 주체에 대한 명확한 근거 조항이 없었다.

② 그런데 현실적으로 서해에서의 빈번한 중국 어선에 의한 불법조업의 사례는 추적 및 나포권에 대한 명확한 법 규정의 필요성을 부각시켰다.

③ 따라서 제13조에서는 해양경찰에게 추적, 나포에 대한 권한을 부여함과 동시에 그 대상을 명확하게 규정했고, 「유엔해양법협약」을 준수케 함으로써 국제적인 분쟁에도 대비했다.

4) 해상 항행 보호 조치에 대한 제제 수단 신설(제14조)

① 현행 「집회 및 시위에 관한 법률」 및 「해사안전법」은 다수의 선박 등이 다

른 선박의 항행을 방해하는 등 해상 집단행동을 할 경우 이를 규제하지 못하는 문제점이 있었다.

② 「집회 및 시위에 관한 법률」은 적법한 집회 및 시위를 최대한 보장하고 위법한 시위로부터 국민을 보호함으로써 집회 및 시위의 권리 보장과 공공의 안녕 질서가 적절히 조화를 이루도록 하는 것을 목적으로 하고 있다. 이 법은 천장이 없거나 사방이 폐쇄되지 아니한 장소에서 여는 집회인 '옥외집회'와 여러 사람이 공동의 목적을 가지고 도로, 광장, 공원 등 일반인이 자유로이 통행할 수 있는 장소를 행진하거나 위력(威力) 또는 기세(氣勢)를 보여, 불특정한 여러 사람의 의견에 영향을 주거나 제압(制壓)을 가하는 행위인 '시위'에 대한 규정을 두고 있지만, 이는 옥외집회 및 시위를 육상에서 보장하는 것에 그치기 때문에 해상에서 적용하기에는 무리가 있다.

③ 또한, 「해사안전법」은 술에 취한 상태에 있는 자가 운항을 하기 위해 조타기(操舵機)를 조작하거나 조작할 것을 지시하는 행위 또는 「도선법」 제2조 제1호에 따른 도선(이하 "도선"이라 한다)을 금지하는 술에 취한 상태에서의 조타기 조작 등에 대한 금지(제8조)만 규정할 뿐 다수의 선박 등이 다른 선박의 항행이나 입항·출항을 방해하거나 항구·포구 내외의 수역을 점거하는 행위, 임해 중요시설 앞 경비수역에서 위력적인 방법으로 항해해 안전사고가 발생할 우려가 높은 행위를 하는 경우에 대한 규정이 없는 실정이다.

④ 따라서 「해양경비법」은 해상 항행 보호 조치를 위해 선장에 대해 경고, 이동·해산 명령 등을 할 수 있는 규정을 설치했다.

5) 무기 사용에 대한 요건 등 법적 근거 마련(제17조)

① 무기 사용의 근거 규정인 「경찰관직무집행법」은 육상을 전제로 하고 있어 선박의 나포, 도주 방지 등 해상에서의 무기 사용에 대한 명확한 법적 근거를 제시하지 못하는 문제점이 있었다. 그러나 경찰의 무기 사용은 국민의 「헌법」상 기본권인 생명, 신체 등에 대한 직접적인 침해를 가할 수 있는 사항이므로 명확한 법 규정의 제정이 요청되었다.

② 이에 따라 해양에서 경찰관이 경비활동 중 선박 나포와 범인의 체포, 선박과 범인의 도주 방지 등을 위해 무기를 사용할 수 있도록 하고, 선체나 무기·

흉기 등 위험한 물건을 사용해 경비 세력을 공격하려는 선박에 대해 개인화기 및 공용화기를 사용할 수 있도록 했다.

6) 해양경찰장비 및 장구의 종류와 그 사용 기준 마련(제18조)

경찰장비 및 장구의 종류와 그 사용 기준은 현재 「경찰관직무집행법」에서 규정하고 있다. 그러나 이와 같은 경찰장비 및 장구의 사용 규정은 육상경찰을 중심으로 규정되어 있기 때문에 해상 검문검색, 추적·나포, 해상 항행 보호 조치 등에 필요한 해양경찰장비를 규정하기에는 부적절했다. 이에 따라 「해양경비법」은 해양경찰장비 및 장구의 사용에 대한 근거 규정을 마련했다.

7) 유관 기관과의 협력 제체 강화(제15조 지원 요청, 제19조 협조 요청)

해양에서의 상황은 해양경찰의 함정, 항공기 등 장비가 빠른 속도로 이동하는 것이 힘들고 기후 환경 등에 따른 제약을 많이 받는다. 또한 타국과의 경계가 맞닿아 있는 특성상 다른 기관과의 정보 교환, 시설 설비의 사용 요청 등에 대한 필요성이 수시로 존재한다. 이에 따라 「해양경비법」은 지원 요청 및 협조 요청에 관한 규정을 명문화함으로써 다른 기관과의 유기적인 협조가 가능하도록 했다.

8) 해양사고에 대한 해양경찰의 역할 확대 발판 마련

① 기존 해양사고에 대한 긴급 방제활동을 해양경찰에서 수행했는 바 사실 이러한 사고 처리는 사고 당사자 및 민간업자 간의 업무로서 해양경찰이 관여하기 어려운 측면이 있었다.

② 그러나 해양사고의 처리는 그 피해 속도가 빠르고 피해 범위가 광범위하기 때문에 신속한 대처가 필요하므로 해양경찰과 같은 공권력의 개입이 절실하게 요청되는 분야라 할 것이다.

③ 따라서 「해양경비법」은 제7조 제2호에서 해양오염 방제 등에 대한 해양경찰의 역할을 명문화함으로써 해양경비 활동의 범위에 포함되게 했다.

2. 조항별 주요 내용

(1) 목적

> 제1조(목적)
> 이 법은 경비수역에서의 해양안보 확보, 치안질서 유지, 해양자원 및 해양시설 보호를 위하여 해양경비에 관한 사항을 규정함으로써 국민의 안전과 공공 질서의 유지에 이바지함을 목적으로 한다.

해양안보의 확보, 치안 질서 유지, 해양자원 및 해양시설 보호를 위해 경찰관의 직무 수행에 필요한 사항을 목적으로 하는 「해양경비법」은 해양에서 직무를 수행하는 근거법이 된다. 따라서 개별적으로 해양에서의 경찰권 행사에 대해 구체적으로 열거하지 않고 있더라도 이 법을 토대로 직무를 수행하게 되는 것이다.

(2) 정의

> 제2조(정의)
> 이 법에서 사용하는 용어의 뜻은 다음과 같다.
> 1. "해양경비"란 국민안전처 장관이 경비수역에서 해양 주권의 수호를 목적으로 행하는 해양안보 및 해양치안의 확보, 해양자원 및 해양시설의 보호를 위한 경찰권의 행사를 말한다.
> 2. "경비수역"이란 대한민국의 법령과 국제법에 따라 대한민국의 권리가 미치는 수역으로서 연안수역, 근해수역 및 원해수역을 말한다.
> 3. "연안수역"이란 「영해 및 접속수역법」 제1조 및 제3조에 따른 영해 및 내수(「내수면어업법」 제2조 제1호에 따른 내수면은 제외한다)를 말한다.
> 4. "근해수역"이란 「영해 및 접속수역법」 제3조의2에 따른 접속수역을 말한다.
> 5. "원해수역"이란 「해양수산발전기본법」 제3조 제1호에 따른 해양 중 연안수역과 근해수역을 제외한 수역을 말한다.
> 6. "해양자원"이란 「해양수산발전기본법」 제3조 제2호에 따른 해양자원을 말한다.
> 7. "해양시설"이란 「해양환경관리법」 제2조 제17호에 따른 해양시설을 말한다.
> 8. "경비세력"이란 국민안전처 장관이 해양경비를 목적으로 투입하는 인력, 함정, 항공기 및 전기통신설비 등을 말한다.
> 9. "해상 검문검색"이란 국민안전처 장관이 경비 세력을 사용하여 경비수역에서 선박 등을 대상으로 정선(停船) 요구, 승선(乘船), 질문, 사실 확인, 선체(船體) 수색이나

그 밖에 필요한 조치를 하는 것을 말한다.
10. "선박 등"이란 「선박법」 제1조의2 제1항에 따른 선박(이하 "선박"이라 한다), 「수상레저안전법」 제2조 제3호에 따른 수상레저기구, 그 밖에 수상에서 사람이 탑승하여 이동 가능한 기구를 말한다.
11. "임해 중요시설"이란 바다와 인접하고 있는 공공기관, 공항, 항만, 발전소, 조선소 및 저유소(貯油所) 등 국민경제의 기간(基幹)이 되는 주요 산업시설로서 대통령령으로 정하는 시설을 말한다.

이 조항은 이 법을 해석, 적용할 때 발생할 수 있는 혼선을 방지하기 위한 것으로, 본법에서 중요하게 사용되는 용어 및 잘못 해석할 수 있는 용어에 대해 정의하고 있다.

① 해양경비는 「경찰관직무집행법」상의 경비 개념과 유사하지만, 기본적인 내용인 해양 주권의 수호 및 해양안보, 치안뿐 아니라 해양자원 및 해양시설의 보호까지 위 조항에 명시함으로써 그 범위를 해양으로까지 확장시켰다.

※ 「경찰관직무집행법」상 경비의 개념(제2조 직무의 범위)은 "인명과 재산을 인위적 · 자연적 위해로부터 보호하기 위하여 특정한 지역, 국가시설 및 중요시설을 경계 · 순찰 · 경비하는 것"이라고 정의하고 있다.

② 경비수역은 대한민국 법령과 국제법에 따라 대한민국의 권리가 미치는 수역이라고 정의하고 있는데, '대한민국의 법령'은 「영해 및 접속수역법」, 「해양수산발전기본법」 등이 해당하고, '국제법'은 「유엔해양법협약」과 같이 법률에 의해 체결, 공포된 조약 및 일반적으로 승인된 국제 법규 등이 해당된다.

③ 연안수역이란 「영해 및 접속수역법」 제1조에서 영해 기선(領海基線)으로부터 그 외측 12해리까지 이르는 수역을 영해라고 규정하고 있으므로, 위 영역이 연안수역이 된다.

④ 근해수역이란 「영해 및 접속수역법」 제3조의2에 따른 접속수역을 말한다고 정의하고 있으므로, 이는 대한민국의 접속수역은 기선으로부터 그 바깥쪽 24해리의 선까지에 이르는 수역에서 대한민국의 영해를 제외한 수역을 말하며, 이 수역을 이 법에서는 근해수역으로 규정했다.

⑤ 원해수역에 대해 법은 "「해양수산발전기본법」 제3조 제1호에 따른 해양 중 연안수역과 근해수역을 제외한 수역을 말한다."라고 정의하고 있다. 「해양

수산발전기본법」 제3조 제1호의 '해양'은 대한민국의 내수, 영해, 배타적 경제수역, 대륙붕 등 대한민국의 주권, 주권적 권리 또는 관할권이 미치는 해역과 「헌법」에 의해 체결, 공포된 조약 또는 일반적으로 승인된 국제 법규에 따라 대한민국의 정부 또는 국민이 개발 이용 보전에 참여할 수 있는 해역을 의미하고, 연안수역과 근해수역을 제외한 부분을 이 법에서 원해수역으로 규정하고 있다.

⑥ 해양자원에 대해 법은 "「해양수산발전기본법」 제3조 제2호에 따른 해양자원을 말한다."라고 정의하고 있다. 동법 제3조 제2호에서 규정한 '해양자원'은 개발, 이용이 가능한 해양생물자원, 해양광물자원, 해양에너지, 해양관광자원 및 해양공간자원 등 국가경제 및 국민생활에 유용한 자원을 말한다.

⑦ 해양시설에 대해 법은 "「해양환경관리법」 제2조 제17호에 따른 해양시설을 말한다."라고 정의하고 있다. 동법 제2조 제17호에서 규정한 '해양시설'은 해역(「항만법」 제2조 제1호의 규정에 따른 항만을 포함한다)의 안 또는 해역과 육지 사이에 연속해 설치, 배치하거나 투입되는 시설 또는 구조를 말한다.

⑧ 경비 세력이란 "국민안전처 장관이 해양경비를 목적으로 투입하는 인력, 함정, 항공기 및 전기통신설비 등을 말한다."라고 정의하고 있다. 여기에서 해양경비를 목적으로 투입하는 인력, 함정, 항공기 및 전기통신설비 등을 의미하는 것으로서 이 조항은 예시 규정에 해당한다. 따라서 이 법에서 의미하는 경비 세력이란 본조 제1호의 해양경비 업무를 위해 일반적으로 투입되는 모든 해양경찰의 인력과 설비 등을 총칭하는 것이다.

⑨ 해상 검문검색이란 "경비 세력을 사용하여 경비수역에서 선박 등을 대상으로 정선(停船) 요구, 승선(乘船), 질문, 사실 확인, 선체(船體) 수색이나 그 밖에 필요한 조치를 하는 것을 말한다."라고 정의하고 있다. 이는 「경찰관직무집행법」에서 사용되고 있는 불심검문에 해당하는 것이지만, 해양의 특수성을 고려해 이보다 폭넓은 권한을 부여한 것이다. 따라서 해상 검문검색은 정선 요구, 승선, 질문, 사실 확인, 선체 수색, 그 밖의 조치를 집행할 수 있는 포괄적 의미의 용어이다. 다만, '그 밖에 필요한 조치'라 함은 이 법 제8조 등의 규정을 고려할 때, 해상 검문검색에 필요한 범위, 즉 제12조 각호의 의심 사유를 확인하는 범위 내에서 제한적으로 해석되어야 할 것이다. 왜냐

하면 '필요한 조치'라는 법문은 법령상 불확정 개념에 해당하므로, 자의적인 공권력 행사 또는 재량권의 남용 원인이 될 수 있고, 이는 국민의 재산과 권리의 불법적 침해로 이어질 수 있기 때문이다.

⑩ 선박 등이란 이 법에서 "「선박법」 제1조의2 제1항에 따른 선박(이하 "선박"이라 한다), 「수상레저안전법」 제2조 제3호에 따른 수상레저기구, 그 밖에 수상에서 사람이 탑승하여 이동 가능한 기구를 말한다."라고 정의하고 있다. 여기서 '선박 등'이란 「선박법」 제1조의2 각 호에서 규정한 기선, 범선, 부선과 「수상레저안전법」 제2조 제3호의 것으로서 모터보트, 동력 요트, 수상오토바이, 고무 보트, 스쿠터 호버크래프트, 수상스키, 패러세일, 조정, 카약, 카누, 워터슬레드, 수상자전거, 서프보드, 노보트(「수상레저안전법 시행령」 제2조 각 호), 무동력 요트, 윈드서핑, 웨이크보드, 카이트보드, 케이블 수상스키, 케이블 웨이크보드, 수면 비행 선박, 수륙양용기구(「수상레저안전법 시행규칙」 제1조의2 제1항 각 호) 및 이와 유사한 방식을 가진 수상에서의 탈 것이 모두 포함된다 할 것이다.

⑪ 임해 중요시설은 "바다와 인접하고 있는 공공기관, 공항, 항만, 발전소, 조선소 및 저유소(貯油所) 등 국민경제의 기간(基幹)이 되는 주요 산업시설로서 대통령령으로 정하는 시설을 말한다."라고 정의하고 있다. 이 법 시행령 제2조는 '임해 중요시설의 범위'를 '국가, 지방자치단체 또는 「공공기관의 운영에 관한 법률」 제4조에 따른 공공기관의 청사, 「항공법」 제2조 제6호 및 제7호에 따른 비행장과 공항, 「항만법」 제2조 제1호 및 제5호에 따른 항만 및 항만시설, 그 밖에 발전소 · 조선소 · 제철소 및 저유소 등 국가기간산업시설을 말하는 것으로 규정하고 있고, 구체적인 시설에 대해서는 국민안전처 장관이 지정 고시하도록 위임하고 있다.

(3) 국가의 책무

> 제3조(국가의 책무)
> 국가는 경비수역에서의 해양안보 및 해양치안을 확보하고 해양자원 및 해양시설을 보호하기 위하여 해양경비에 필요한 제도와 여건을 확립하고 이를 위한 시책을 마련하여 추진하여야 한다.

이 조항은 이 법의 목적을 달성하기 위해 국가가 수행해야 할 책무를 법령으로 명확히 정함으로써 입법 목적을 좀 더 효과적으로 달성하기 위해 국가에 필요한 시책을 마련하고 이를 이행할 것을 법적 의무로 규정했다.

(4) 적용 범위

제4조(적용 범위) 이 법은 다음 각 호의 어느 하나에 해당하는 선박 등이나 해양시설에 대하여 적용한다. 1. 경비수역에 있는 선박 등이나 해양시설 2. 경비수역을 제외한 수역에 있는 「선박법」 제2조에 따른 대한민국 선박

1) 내용

① 경비수역에 있는 선박 등이나 해양시설: 대한민국 법령과 국제법에 따라 대한민국의 권리가 미치는 연안수역, 근해수역 및 연해수역에 있는 모든 선박(승무원 및 승선자 포함) 또는 해양시설을 의미하며, 선박의 경우 「영해 및 접속수역법」 등 관계법에 따라 국적에 상관없이 모두 이 법의 적용 대상으로 한다. 다만, 「영해 및 접속수역법」 제8조에 따라 외국 군함이나 비상업용 정부 선박, 그 승무원이나 승선자의 경우에는 특례가 적용되어 이 법의 일부가 배제될 수 있다.

② 경비수역 외에서의 대한민국 선박: 국제법상 기국주의 및 형법상 속인주의의 표현으로서 규정상으로는 타국의 영해도 포함될 것이나 실질적으로는 타국의 영해보다는 그 국가의 관할권과 충돌될 여지가 있기 때문에 공해상에서 적용될 것이다.

[참고 사항] 기국주의, 속인주의, 세계주의, 속지주의의 구분

구분	내용
기국주의	공해 상에 있는 선박은 그 선박의 소속국, 즉 선박을 등록하고 국기를 게양한 국가만이 관할권을 갖는다는 국제법상의 일반 원칙을 의미한다.
속인주의	그 나라의 국적을 가진 사람이라면 자국에 있든지 타국에 있든지 그 소재 여하를 불문하고 자국의 법을 적용되어야 한다는 원칙으로서 우리 「형법」 제3조에서 규정하고 있다.
세계주의	누가 어디서 누구에게 범한 범죄인가를 불문하고 문명국가에서 인정되는 공통된 법익을 침해하는 범죄에 대해 자국 형법을 적용하는 원칙을 말한다. 반인도적 범죄에 대한 사회방위

	의 국제적 연대성을 강조하는 입장이다.
속지주의	국내에서 행해진 범죄에 대해서는 행위자의 국적을 불문하고 자국의 형법을 적용하는 것을 말한다.

2) 외국의 입법례

미국의 경우 미국의 관할권에 속하는 수역이라 함은 미국의 항행수역(미국의 영해, 조수의 영향을 받는 내해와 조수의 영향을 받지 않는 내해), 미국이 소유권이나 통제권을 획득한 토지에 따른 승인된 수역 및 미국의 지리적·역사적 상황에 따라 "국제협약과 태평양 군도의 구(舊)신탁 영토(Trust Territory)에 관한 법령에 의하여 미국의 관할권에 기속되는 수역과 미국의 영토와 소유 내의 수역"을 관할권의 범위로 하고 있다.

(5) 다른 법률과의 관계

> 제5조(다른 법률과의 관계)
> ① 해양경비에 관하여 「통합방위법」에서 규정한 것을 제외하고는 이 법에서 정하는 바에 따른다.
> ② 해양경비에 관하여 이 법에서 규정한 것을 제외하고는 「경찰관직무집행법」을 적용한다.

1) 취지

다른 법률과의 관계에 관한 규정은 일반법과 특별법, 기본법과 관련 개별 법률 등 법령 상호간의 체계에 관한 사항을 정하는 것으로, 해석·집행상의 우선순위와 관련 법들 간의 모순·저촉을 방지하는 중요한 역할을 한다.

2) 내용

① 「통합방위법」과의 관계를 규정했다. 「통합방위법」은 적(敵)의 침투·도발이나 그 위협에 대응하기 위해 국가 총력전(總力戰)의 개념을 바탕으로 국가 방위 요소를 통합·운용하기 위한 통합방위 대책을 수립·시행하기 위한 목적을 가진 법(제1조)이므로 국가 안보상 「통합방위법」이 본법보다 우선해 적용된다.

② 제2항은 「경찰관직무집행법」과의 관계에 관해 규정했다. 본법은 「경찰관직

무집행법」의 적용 범위의 한계를 극복하고자 제정된 취지도 있으므로 양 법 간에 법 적용의 충돌이 있을 경우 본법이 「경찰관직무집행법」의 특별법이자 신법으로 우선 적용된다.

> 제5조의2(해양경비 안전의 날)
> 국민에게 해양 주권 수호의 중요성을 널리 알리고 해양 안전 의식을 높이기 위하여 매년 9월 10일을 해양경비 안전의 날로 정하여 기념행사를 한다.

해양경찰은 1953년 12월 23일 부산에서 창설되었으며, 그동안 해양경찰의 날 행사를 매년 창설일에 맞춰 거행했다. 그러나 전 세계적으로 해양 영유권을 주장하며 200해리 배타적 경제수역을 선포하는 등 해양에서의 영토 분쟁이 나날이 가속화되고 있는 실정이다. 해양경찰은 해양에서 주권 수호의 일익을 담당하는 세계적 추세를 반영해 해양경찰의 날을 배타적 경제수역 선포일인 9월 10일로 지정하고 이를 법제화해 오늘에 이르고 있다.

(6) 해양경비 기본계획의 수립

> 제6조(해양경비 기본계획의 수립)
> ① 국민안전처 장관은 해양경비 활동을 효율적으로 수행하기 위하여 해양경비 기본계획(이하 "기본계획"이라 한다)을 5년마다 수립하고 추진하여야 한다.
> ② 기본계획에는 다음 각 호의 사항이 포함되어야 한다.
> 1. 주변 정세의 변화에 따른 해양치안 수요 분석에 관한 사항
> 2. 해양치안 수요에 따른 경비 세력의 운용 방안 및 국제 공조에 관한 사항
> 3. 경비 세력 증감에 대한 전망 및 인력·재원의 조달에 관한 사항
> 4. 경비수역별 특성에 알맞은 경비 방법에 관한 사항
> 5. 그 밖에 해양경비 운용에 필요한 사항
>
> ③ 국민안전처 장관은 기본계획을 수립하려는 경우에는 외교부 장관, 국방부 장관, 경찰청장 등 관계 중앙행정기관의 장 및 특별시장·광역시장·도지사·특별자치도지사(이하 "시·도지사"라 한다)의 의견을 들어야 한다.
> ④ 국민안전처 장관은 수립된 기본계획에 따라 매년 전년도 해양경비 실적이나 치안여건 등을 분석하여 해당 연도의 중점 경비 대상과 달성 목표 등을 포함한 연간 해양경비계획을 수립하여야 한다.

1) 취지

① 해양경찰청의 기본계획의 수립에 대한 근거 및 내용을 법적으로 명문화한 규정이다.

② 그동안 해양경찰은 대한민국 주변 정세에 따른 해상치안 수요를 분석·전망하고, 경비 세력의 운용 방안 및 경비 인력·재원의 조달 등에 대한 기본계획을 세워 실천하고 있었으나 이에 대한 명시적인 법적 근거가 없었기 때문에 기본계획의 영속성 등에서 미흡할 수밖에 없었다. 이 조항을 통해 이와 같은 문제점이 해소되었다.

2) 내용

① 기본계획 수립·추진 시기: 5년마다 해양경비에 관한 중·장기 해양경비 기본계획을 수립하고 추진해야 하며, 기본계획을 수립 시에 필요한 경우 국방부 장관, 경찰청장 등 관계 행정기관의 장 및 특별시장·광역시장·도지사·특별자치도지사의 의견을 들을 수 있다.

② 해양경비계획 수립·추진 시기: 중·장기 해양경비 기본계획에 따라 전년도 해양경비 실적이나 치안 여건 등을 분석해 당해 연도 중점 경비 대상과 달성 목표 등을 포함한 연간 해양경비계획을 매년 수립·시행해야 한다.

3) 외국의 입법례

외국의 입법례로서 미국은 국가 해상수송 보안계획, 지구별 해상수송 보안계획 등으로 세분화해 기본 계획을 세우고 있으며, 그 평가에 대한 규정도 있다. 특히 시설보안계획, 선박보안계획 및 항구취약성평가, 일정한 선박이나 시설에 대한 보안계획, 절차 또는 프로그램과 관련된 기타 정보 등에 대해서는 비공개정보로 규정하고 있다.

(7) 해양경비 활동의 범위

> 제7조(해양경비 활동의 범위)
> 국민안전처 소속 경찰공무원은 다음 각 호의 어느 하나에 해당하는 해양경비 활동을 수행한다.
> 1. 해양 관련 범죄에 대한 예방

2. 해양오염 방제 및 해양자원 보호에 관한 조치
3. 해상경호, 대(對)테러 및 대간첩작전 수행
4. 해양시설의 보호에 관한 조치
5. 해상 항행 보호에 관한 조치
6. 그 밖에 경비수역에서 해양경비를 위한 공공의 안녕과 질서 유지

1) 취지

해양경비에 임하는 해양경찰관의 직무 범위를 명확히 정해 법치행정의 구현을 실현하는 데 그 목적이 있다.

2) 내용

이 조항은 「해양경비법」 제1조에 명시된 목적을 달성하기 위해 각 호에 해당하는 직무 수행과 관련한 권한과 의무를 부여함과 동시에 해양경찰의 직무 범위를 명확하게 함으로써 권한 밖의 행위로 국민에 대한 기본권 침해를 방지하는 역할도 한다.

3) 다른 기관의 입법례

① 「경찰관직무집행법」은 경찰관의 직무 범위를 1. 국민의 생명·신체 및 재산의 보호, 2. 범죄의 예방·진압 및 수사, 3. 경비·요인경호 및 대간첩작전 수행, 4. 치안정보의 수집·작성 및 배포, 5. 교통의 단속과 위해의 방지, 6. 외국 정부기관 및 국제기구와의 국제 협력, 7. 기타 공공의 안녕과 질서의 유지로 규정하고 있다.

② 본 조항 제6호는 「경찰관직무집행법」 제2조 제7호와 함께, 경찰권 행사의 개괄적 수권 조항에 대한 논란이 있는 부분이다.

(8) 권한 남용의 금지

제8조(권한 남용의 금지)
국민안전처 소속 경찰공무원은 이 법에 따른 직무를 수행할 때 권한을 남용하여 개인의 권리 및 자유를 침해하여서는 아니 된다.

1) 취지

① 위 조항은 「헌법」 제37조 제2항에 규정된 법률 유보 및 과잉 금지의 원칙을 재차 언급한 것이다.

② 제7조 제6호가 '공공의 안녕과 질서 유지'의 활동을 수행한다고 포괄적·추상적으로 규정되어 있어 해양경찰의 경비활동의 범위가 무제한적이 될 수 있는 점을 고려한 제한 규정이라 할 것이다.

2) 해석

① 경찰은 공공의 안녕과 질서에 대한 위해를 방지하고 제거하는 것을 목적으로 하는 소극적인 행정작용이다.

② 경찰은 그 개인의 활동이 공공의 안녕과 질서에 위해를 가하는 경우에 한해 경찰권을 발동할 수 있고, 법령에 특별한 규정이 없는 한 이러한 소극적인 경찰 목적을 넘어 공공의 복리를 증진시키거나 사회경제 질서를 유도할 목적으로 경찰권을 행사할 수 없고 또한 개인의 활동에 대해서도 원칙상 개입할 수 없으며, 이러한 소극적인 경찰 목적을 넘는 경찰권의 행사는 이 조항에 위배된다고 할 것이다.

3) 다른 기관의 입법례

「경찰관직무집행법」 제1조 제2항에 권한 남용 금지 규정을 두고 있다. 이는 경찰권을 발동하기 위해서는 일반적으로 공공의 안녕 또는 질서에 위해가 있거나 장애가 존재해 이를 예방하거나 제거할 필요가 있을 것을 요하고, 위 요건이 갖춰져 있는 경우에도 경찰권 행사의 한계로서 조리상의 한계를 들 수 있다.

4) 관련 판례

① 대법원은 경찰관의 총기 사용으로 사망한 원고가 국가를 상대로 손해배상을 청구한 사건에서 경찰관이 범인의 체포, 도주의 방지, 자기 또는 타인의 생명, 신체에 대한 방호, 공무 집행에 대한 항거의 억제를 위해 상당한 이유가 있을 때에는 필요한 한도 내에서 무기를 사용할 수 있으나, 「형법」 소정의 정당방위와 긴급피난에 해당할 때 또는 체포, 도주의 방지나 항거의 억제를 위해 다른 수단이 없다고 인정되는 상당한 이유가 있는 때에 한해 필요한

한도 내에서만 무기를 사용해 사람에게 위해를 가할 수 있음이 「경찰관직무 집행법」 제11조의 규정에 비춰 명백하다고 판시(대법원 1994. 11. 8. 94다25896)했다.

② 또한 적법성이 결여된 직무행위를 하는 공무원에게 대항하여 폭행이나 협박을 가한 사건의 경우에 「형법」 제136조가 정하는 공무집행방해죄는 공무원의 직무 집행이 적법한 경우에 한하여 성립하는 것으로, 이러한 적법성이 결여된 직무행위를 하는 공무원에게 대항하여 폭행이나 협박을 가하였더라도 이를 공무집행방해죄로 다스릴 수는 없다. 이때 '적법한 공무 집행'이란 그 행위가 공무원의 추상적 권한에 속할 뿐 아니라 구체적 직무 집행에 관한 법률상 요건과 방식을 갖춘 경우를 가리킨다."라고 판시(대법원 2011.04.28. 선고 2007도7514)했다.

(9) 경비 세력의 해외파견

> 제9조(경비 세력의 해외파견)
> 국민안전처 장관은 국제 협력을 위한 국가 간 합동훈련 및 구호활동을 위하여 대통령령으로 정하는 바에 따라 경비 세력의 일부를 외국에 파견할 수 있다.

이 조항은 함정을 외국에 파견하는 규정을 명시해 법치행정을 구현하고, 해양경찰의 국제적인 위상을 높이며, 국가 간 협력을 공고히 하기 위해 입법한 것이다.

(10) 협의체의 설치 및 운영

> 제10조(협의체의 설치 및 운영)
> ① 국민안전처 장관은 해양경비 활동과 관련하여 긴급한 사안이 있을 경우 신속한 정보의 수집·전파 등 업무 협조를 위하여 외교부, 해양수산부 및 경찰청 등 관계 기관과 협의체를 설치하여 운영할 수 있다.
> ② 제1항에 따른 협의체의 설치 및 운영 등에 필요한 사항은 대통령령으로 정한다.

1) 취지

이 조항은 해양경비와 관련해 해상경호 및 대테러, 대간첩작전 등 긴급한 사안의 경우에 대비해 해경과 해군, 경찰 등 관계 기관과 원활한 업무 협조를 위한 규정이다.

2) 내용

① 해양경비 활동과 관련해 관계 기관과의 협의체를 설치 운영할 수 있는 근거 조항으로 협의체 구성 및 협의·조정 사항에 관해서는 하위 법령인 시행령에 위임하고 있다.

② 시행령 제4조 제1항은 "해양경비협의체"의 기능과 운영에 관한 사항을 정하고자 설치한 것으로 "해양경비협의체"는 i) 해양경비 활동과 관련된 정보의 수집 및 공동 활용, ii) 관계 기관 간 업무 협조에 관한 사항, iii) 그 밖에 해양경비 활동과 관련된 사항으로서 위원장이 회의에 부치는 사항을 협의 및 조정하도록 했다.

③ 또한 시행령 제4조 제4항은 같은 "해양경비협의체"의 구성에 관해 위원장은 해양경비안전본부 경비안전국장이 되며, 협의체의 위원들은 국토해양부·외교통상부·농림수산식품부·경찰청 등 위원장이 지정한 안건과 관계된 기관의 과장급 이상 공무원 또는 이에 상응하는 공무원으로 구성되도록 했다.

3) 외국의 입법례

미국의 경우 "항구 보안을 위한 행정기관 간 공동협의센터"의 설치를 통해 긴급한 사태 발생 시 관계 기관과의 업무 협조를 위한 규정을 두고 있다(Title 46 해운 Subtitle Ⅶ – 보안 및 마약 집행 Chapter 701. 항구 보안 46 USC §70107A 항구 보안을 위한 행정기관 간 공동협의센터).

(11) 경비수역별 중점 경비 사항

> 제11조(경비수역별 중점 경비 사항)
> ① 국민안전처 장관은 경비수역의 구분에 따라 경비 세력의 배치와 중점 경비 사항을 달리할 수 있다.
> ② 제1항의 구분에 따른 중점 경비 사항은 다음 각 호와 같다.
> 1. 연안수역: 해양 관계 국내 법령을 위반한 선박 등의 단속 등 민생치안 확보 및 임해 중요시설의 보호 경비

2. 근해수역: 「영해 및 접속수역법」 제6조의2에 따른 법령을 위반한 외국 선박의 단속을 위한 경비
3. 원해수역: 해양자원 및 해양시설의 보호, 해양환경의 보전·관리, 해양과학조사 실시 등에 관한 국내 법령 및 대한민국이 체결·비준한 조약을 위반한 외국 선박의 단속을 위한 경비

이 조항은 해양경찰의 구역별 중점 경비 사항을 원해구역, 내해구역, 연안구역으로 분류해 각 구역별 특수성에 따른 맞춤형 경비를 규정하고, 아울러 해양경찰의 활동 범위를 명확히 하고자 했다. 이에 따라 경비 세력의 낭비를 최소화하고 효율적인 경비활동을 수행할 수 있을 것으로 기대된다.

(12) 해상 검문검색

제12조(해상 검문검색)
① 국민안전처 소속 경찰공무원은 해양경비 활동 중 다음 각 호의 어느 하나에 해당하는 선박 등에 대하여 주위의 사정을 합리적으로 판단하여 상당한 이유가 있는 경우 해상 검문검색을 실시 할 수 있다. 다만, 외국선박에 대한 해상 검문검색은 대한민국이 체결·비준한 조약 또는 일반적으로 승인된 국제 법규에 따라 실시한다.
1. 다른 선박의 항행 안전에 지장을 주거나 진로 등 항행 상태가 일정하지 아니하고 정상적인 항법을 일탈하여 운항되는 선박 등
2. 대량파괴무기나 그 밖의 무기류 또는 관련 물자의 수송에 사용되고 있다고 의심되는 선박 등
3. 대한민국 법령 및 대한민국이 체결·비준한 조약을 위반하거나 위반행위가 발생하려 하고 있다고 의심되는 선박 등

② 국민안전처 소속 경찰공무원은 해상 검문검색을 목적으로 선박 등에 승선하는 경우 선장(선박 등을 운용하는 자를 포함한다)에게 소속, 성명, 해상 검문검색의 목적과 이유를 고지하여야 한다.

1) 취지

① 이 조항 제정으로 선박의 수색 등에 대한 직접적인 법적 근거가 마련되어 「경찰직무집행법」 제3조의 불심검문 규정으로는 쉽게 해결할 수 없었던 해상에서의 검문검색 관련 문제를 해결할 수 있게 되었다.

② 아울러 본조 제1항 단서 규정은 외국 선박의 우리 영해 내에서의 무해통항권(無害通航權)을 침해하지 않도록 국제 법규에 따를 것을 명시했다.

2) 내용

정의	① 경비 세력을 사용해 경비수역에서 선박 등을 대상으로 정선(停船) 요구, 승선(乘船), 질문, 사실 확인, 선체(船體) 수색이나 그 밖에 필요한 조치를 하는 것을 말한다. ② 이는 「경찰관직무집행법」에서 사용되고 있는 불심검문에 비해 폭넓은 권한을 부여한 것으로 해상 검문검색은 정선 요구, 승선, 질문, 사실 확인, 선체 수색, 그 밖의 조치를 집행할 수 있는 포괄적 의미의 용어이다.
대상	① 다른 선박의 항행 안전에 지장을 주거나 진로 등 항행 상태가 일정하지 아니하고 정 상적인 항법을 일탈해 운항되는 선박이다. ② 대량파괴무기 및 그 밖의 무기, 관련 물자의 수송이 의심되는 선박이다. ③ 국내 법령 및 대한민국이 체결, 비준한 조약을 위반하거나 위반이 의심되는 선박
판단 요소	① 주위의 사정: 해상 검문검색 대상 선박의 직접적인 거동 또는 주변의 사정을 말하며, 인적·물적·장소적 상황 등 주변의 사정을 고려해 검문검색 시간, 장소 등을 판단한다. ② 합리적 판단: 해상 검문검색을 할 때 주관적이고 자의적이지 않은 그 정황과 대상자를 판단하는 기준이 합리성을 요구한다.
방법	① 정선명령(확성기나 무전기) → ② 승선(선박 정지 후) ③ 고지(소속, 성명, 목적 고지)
외국 선박	① 「유엔해양법협약」 제110조 제1항 대상 선박으로 한다. ② 대상은 해적행위, 노예 매매, 불법 라디오방송, 선박의 국적이 없는 것, 국기를 허위로 게양한 것에 한한다.

(13) 추적·나포

제13조(추적·나포)
국민안전처 소속 경찰공무원은 다음 각 호의 어느 하나에 해당하는 선박 등에 대하여 추적·나포(拿捕)할 수 있다. 다만, 외국 선박에 대한 추적권의 행사는 「해양법에 관한 국제연합 협약」 제111조에 따른다.
1. 제12조에 따른 해상 검문검색에 따르지 아니하고 도주하는 선박 등
2. 해당 경비수역에서 적용되는 국내 법령 및 대한민국이 체결·비준한 조약을 위반하거나 위반행위가 발생하려 하고 있다고 확실시되는 상당한 이유가 있는 선박 등

1) 취지

이 조항은 범죄에 대한 예방 및 초동 조치, 해양환경 및 자원 보호, 해상경호,

대테러 및 대간첩작전의 수행, 임해 중요시설 보호경비, 해상 안전을 위한 예방 조치 등을 수행하기 위해 해양경찰의 해양경비 활동 중에 혐의 선박에 대한 정선, 승선, 나포, 추적권을 행사할 수 있는 근거 조문으로서 국민 기본권 침해를 최소화하면서 국가의 안전 보장과 공공 질서를 도모하고자 규정했다.

2) 내용

① 선박의 추적, 나포와 관한 규정으로서 각 호에서 추적, 나포할 수 있는 사유를 제한적으로 규정했다. 이는 효과적인 해양경비를 수행하기 위해 강제적인 수단 사용에 대한 법적 근거를 명시한 것이다.

※ 단순히 해상 검문검색에 따르지 아니하고 도주하는 선박(제1호)과 국내 법령 및 대한민국이 체결, 비준한 조약을 위반하거나 위반할 우려가 있는 선박(제2호)에 대한 추적, 나포권을 인정하고 있으며, 혐의 선박에 대한 사후적인 처분은 물론 사전 예방적인 처분도 가능하도록 규정했다.

② 「형사소송법」 제211조에 따라 현행범인과 준현행범인의 경우에 한해서만 체포할 수 있고 그 절차로서는 체포한 때로부터 48시간 이내에 구속영장을 청구해야 한다. 따라서 이 법에서도 각 호에 규정된 추적, 나포의 사유를 제한적으로 해석할 것이며, 선박을 나포한 뒤에는 48시간 이내에 구속영장을 청구하는 것이 필요하다 할 것이다.

3) 외국 선박에 대한 추적권 행사

① 단서에서는 "외국 선박에 대한 추적권의 행사는 「유엔해양법협약」 제111조를 따른다"고 하여 위 협약을 국내법으로 수용했다. 이에 따라 종래 협약으로만 인정되던 외국 선박에 대한 추적, 나포권에 대한 국내법적 근거가 마련되었다.

② 다만 추적의 대상이 된 선박이 다른 국가의 영해나 선적국에 들어갔을 때는 그 국가의 관할권을 존중해야 하기 때문에 추적권이 소멸한다고 함이 타당할 것이다.

(14) 해상 항행 보호 조치 등

> 제14조(해상 항행 보호 조치 등)
> ① 국민안전처 소속 경찰공무원은 경비수역에서 다음 각 호의 어느 하나에 해당하는

행위를 하는 선박 등의 선장에 대해 경고, 이동·해산 명령 등 해상 항행 보호 조치를 할 수 있다. 다만, 외국 선박에 대한 해상항행 보호 조치는 연안수역에서만 실시한다.

1. 선박 등이 본래의 목적을 벗어나 다른 선박 등의 항행 또는 입항·출항 등에 현저히 지장을 주는 행위
2. 선박 등이 항구·포구 내외의 수역과 지정된 항로에서 무리를 지어 장시간 점거하거나 항법상 정상적인 횡단 방법을 일탈하여 다른 선박 등의 항행에 지장을 주는 행위
3. 임해 중요시설 경계 바깥쪽으로부터 1킬로미터 이내 경비수역에서 선박 등이 무리를 지어 위력적인 방법으로 항행 또는 점거함으로써 안전사고가 발생할 우려가 높은 행위

② 국민안전처 소속 경찰공무원은 경비수역(이 항에서 「선박의 입항 및 출항 등에 관한 법률」에 따른 무역항의 수상구역 등의 수역은 제외한다)에서 다음 각 호의 어느 하나에 해당하는 사유로 선박 등이 좌초·충돌·침몰·파손 등의 위험에 처하여 인명·신체에 대한 위해나 중대한 재산상 손해의 발생 또는 해양오염의 우려가 현저한 경우에는 그 선박 등의 선장에 대하여 경고, 이동·피난 명령 등 안전 조치를 할 수 있다. 다만, 외국 선박에 대한 안전 조치는 연안수역에서만 실시한다.

1. 태풍, 해일 등 천재(天災)
2. 위험물의 폭발 또는 선박의 화재
3. 해상구조물의 파손

③ 국민안전처 소속 경찰공무원은 선박 등의 통신장치 고장 등의 사유로 제2항에 따른 명령을 할 수 없거나 선박 등의 선장이 제2항에 따른 명령에 불응하는 경우로서 인명·신체에 대한 위해, 중대한 재산상 손해 또는 해양오염을 방지하기 위하여 긴급하거나 불가피하다고 인정할 때에는 합리적으로 판단하여 필요한 한도에서 다음 각 호의 조치를 할 수 있다.

1. 선박 등을 안전한 곳으로 이동시키는 조치
2. 선박 등의 선장, 해원(海員) 또는 승객을 하선하게 하여 안전한 곳으로 피난시키는 조치
3. 그 밖에 대통령령으로 정하는 조치

④ 국민안전처 소속 경찰공무원은 제3항에 따른 조치를 하려는 경우에는 선박 등의 선장에게 자신의 신분을 표시하는 증표를 제시하고 조치의 목적·이유 및 이동·피난 장소를 알려야 한다. 다만, 기상 상황 등으로 선박에 승선할 수 없는 경우에는 무선통신 등을 이용하여 자신의 신분 고지 등을 할 수 있다.

⑤ 해양경비안전서장은 제3항 제1호에 따른 이동 조치와 관련하여 발생한 비용을 대통

령령으로 정하는 선박 등의 소유자에게 부담하게 할 수 있다.
⑥ 제1항부터 제4항까지에 따른 해상 항행 보호 조치 등에 필요한 사항은 총리령으로 정한다.

1) 취지

이 조항은 해상에서는 위험의 발생에 대한 사후 조치보다는 사전 예방이 더 중요하다는 현실적 요청과 이와 같은 요청이 국민의 일반적 행동 자유권 내지 직업 수행의 자유를 침해할 우려가 있다는 사정을 감안해, 제한적인 경우에만 해양경찰이 특정 선박에 대해 경고, 이동, 해산 등을 명령하거나 보호 조치를 수행하고자 규정했다.

2) 내용

경고 · 이동 · 해산 명령	① 선박 등이 본래의 목적을 벗어나 다른 선박 등의 항행 또는 입항 · 출항 등에 현저히 지장을 주는 행위 ② 선박 등이 항구 · 포구 내외의 수역과 지정된 항로에서 무리를 지어 장시간 점거하거나 항법상 정상적인 횡단 방법을 일탈하여 다른 선박 등의 항행에 지장을 주는 행위 ③ 임해 중요시설 경계 바깥쪽으로부터 1킬로미터 이내 경비수역에서 선박 등이 무리를 지어 위력적인 방법으로 항행 또는 점거함으로써 안전사고가 발생할 우려가 높은 행위
경고, 이동· 피난명령	① 태풍, 해일 등 천재(天災) ② 위험물의 폭발 또는 선박의 화재 ③ 해상구조물의 파손
직접 실력 행사	① 선박 등을 안전한 곳으로 이동시키는 조치 ② 선박 등의 선장, 해원(海員) 또는 승객을 하선하게 하여 안전한 곳으로 피난시키는 조치 ③ 그 밖에 대통령령으로 정하는 조치

(15) 지원 요청

제15조(지원 요청)
① 해양경비안전관서의 장은 해양경비 활동 중 긴급하게 지원이 필요한 경우에는 인근에 있는 행정기관에 선박 및 항공기 등의 지원을 요청할 수 있다.
② 제1항에 따른 지원 요청을 받은 행정기관의 장은 정당한 사유가 없는 한 이에 따라야 한다.

1) 취지

이 조항은 해양경찰이 해양경비 활동을 수행하는 과정에서 긴급한 상황이 발생했음에도 시간적·장소적 제약으로 그 수행이 어려운 경우 인근의 민간 선박, 행정기관, 군기관 등의 도움을 받을 수 있도록 하기 위해 설치한 규정이다. 아울러 해경의 협력 요청의 실효성을 담보하기 위해 제2항의 의무 규정을 신설했다.

2) 내용

요건	긴급한 경우: 선박사고, 집단적 범죄행위, 기상이변 또는 그 밖의 사유 등으로 인해 대규모 인명 피해나 해양오염 등 재산 피해가 발생할 위험이 있거나 발생한 경우를 의미하며, 해양경찰관서장의 구체적인 판단에 의해 최종적으로 결정될 것이다.
대상	사건·사고의 발생 해역에서 활동 중이거나 인근에 위치해 지원이 가능한 행정기관(지방자치단체 포함) 및 군 기관 또는 민간 선박을 통제하는 기관 등을 지칭한다.
기속 여부	긴급하게 지원 요청을 받은 행정기관의 장은 정당한 사유가 없는 한 이에 따라야 한다고 규정하고 있어, 요청받은 행정기관의 행정응원을 적용하도록 규정하고 있다.

(16) 해양경비 교육훈련

> 第16조(해양경비 교육훈련)
> 국민안전처 장관은 해양경비를 원활하게 수행하기 위하여 함정 승조원 및 항공요원 등 경비인력에 대한 교육훈련, 함정·항공기 등을 이용한 종합훈련을 실시할 수 있다.

1) 취지

이 조항은 해양 경비활동을 실제로 수행하고 있는 함정 승조원, 항공요원, 특공대원 등 해양경찰청 소속의 경비 인력의 교육훈련을 위한 근거 규정이다.

2) 내용

해양경비를 원활하게 수행하기 위해 교육훈련 및 종합훈련을 "실시할 수 있다"라고 하여 법문 자체가 재량 규정인 듯하나 해양경비 교육훈련은 이 법의 목적을 달성하기 위해 반드시 필요한 것으로서 사실상 기속 규정이라 할 것이다.

3) 외국의 입법례

미국의 경우에는 해안경비대의 교육은 사령관의 권한으로 규정되어 있고, 일본의 경우에는 「해상보안청 조직규칙」으로 정하고 있다.

① 미국의 USC 93(7) Title 14, Part Ⅰ, Chapter 5, §93 사령관; 일반 권한 (7)에 따라 "미해안경비대 임무 수행을 위해 필요한 특수훈련, 교육훈련, 통신교육 등을 소속 인원에게 실시하거나 이용 가능토록 할 수 있다."고 규정하고 있다.

② 일본은 「해상보안청 조직규칙」 제8조(교육훈련 관리관의 직무) 교육훈련 관리관은 해상보안청의 직원의 교양 및 훈련, 해상보안대학교 및 해상보안학교의 교육 및 훈련에 관한 사무를 총괄하는 것으로 규정하고 있다.

(17) 무기의 사용

제17조(무기의 사용)

① 국민안전처 소속 경찰공무원은 해양경비 활동 중 다음 각 호의 어느 하나에 해당하는 경우에는 무기를 사용할 수 있다. 이 경우 무기 사용의 기준은 「경찰관직무집행법」 제10조의4에 따른다.

1. 선박 등의 나포와 범인을 체포하기 위한 경우
2. 선박 등과 범인의 도주를 방지하기 위한 경우
3. 자기 또는 다른 사람의 생명 · 신체에 대한 위해(危害)를 방지하기 위한 경우
4. 공무 집행에 대한 저항을 억제하기 위한 경우

② 제1항의 경우 선박 등과 범인이 선체나 무기 · 흉기 등 위험한 물건을 사용하여 경비세력을 공격한 때와 대간첩 · 대테러작전 등 국가안보와 관련되는 작전을 수행하는 때에는 개인화기(個人火器) 외에 공용화기를 사용할 수 있다.

1) 취지

이 조항은 육상과 달리 해상에서는 해양경비 과정에서 해당 선박이 소극적인 저항만 하더라도 그 목적을 달성하기가 쉽지 않으므로 해당 선박의 저항 등에 맞설 수 있는 강한 유형력 사용이 요청되어 해상에서 무기 사용에 대한 법적 근거를 마련했다. 다만, 이 경우 해양경찰의 유형력(有形力) 행사의 남용이 우려될 수 있으므로 무기를 사용할 수 있는 특수한 경우를 제한적으로 실시하고 그 사용 기준은 「경찰관직무집행법」 제10조의4 규정을 따른다고 규정했다.

2) 내용

① 선박 등의 나포와 범인의 체포하기 위한 경우: 제1항 제1호는 같은 법 제13조(추적 · 나포)에서 선박의 나포를 제한적으로 규정했는데, 이러한 나포의

사유가 인정될 정도이면 무기 사용의 유형력이 필요할 것으로 충분히 인정되므로 무기 사용을 규정한 것이다. 또한 범인 체포의 경우도 해상의 경우는 선박의 나포가 선행되어야 할 것이므로 선박의 나포와 함께 본 호에 규정되었다. 이때의 '범인'은 포괄적인 의미의 것으로서 비단 해상 관련 법률 및 조약을 위반한 자로 한정되게 해석할 것이 아니다.

② 선박 등과 범인의 도주를 방지하기 위한 경우: 제1항 제2호는 해상에서는 도주의 경우 선박이나 기계, 설비의 성능의 우월성으로 이를 제압하기가 어렵다. 그렇기 때문에 도주를 사전에 방지하기 위해 무기 사용의 필요성이 인정되므로 본 호를 규정했다. 따라서 통상적인 추적행위만으로 해상 도주를 방지하기 어려운 경우 무기를 사용할 수 있다.

③ 자기 또는 다른 사람의 생명·신체에 대한 위해를 방지하기 위한 경우: 제1항 제3호는「형법」제21조의 정당방위를 고려한 규정이다. 형법상 정당방위의 요건을 충족하기 위해서는 상대방 위해의 정도를 고려해야 하고, 경우에 따라 무기 사용의 방위행위는 자칫 과잉방위가 될 수 있는 것이나 해상에서는 그 특성상 작은 유형력 행사가 큰 위험으로 이어질 수 있으므로 이 규정으로써 해양경찰의 무기 사용 요건을 형법보다 완화한 것이다.

④ 공무 집행에 대한 저항을 억제하기 위한 경우: 제1항 제4호는 역시 해상이라는 장소적 특성상 무기 사용의 요건을 완화시킨 것이다.

⑤ 개인화기 외에 공용화기의 사용: 제2항은 특정 선박 등이나 범인이 무기, 흉기 및 위험한 물건을 상용해 경비 세력을 공격하거나 국가 안보와 관련되는 중요 작전을 수행하는 경우에는 개인화기 이외의 공용화기도 사용할 수 있다고 규정했다. 이는 제1항에 비해 직무 수행의 난이도가 높거나 위험성이 큰 사안에 대해 공용화기를 사용할 수 있다고 규정함으로써 실효성 있는 해양경비 업무 수행을 꾀한 것이다.

(18) 경찰장비 및 장구의 사용

> 제18조(경찰장비 및 장구의 사용)
> ① 국민안전처 소속 경찰공무원은「경찰관직무집행법」제10조 제2항 및 제10조의 2 제

2항에 따른 경찰장비 및 경찰장구 외에 다음 각 호의 어느 하나에 따른 경찰장비 및 경찰장구를 사용할 수 있다.

1. 해상 검문검색 및 추적·나포 시 선박 등을 강제 정선, 차단 또는 검색하는 경우 경비 세력에 부수되어 운용하는 경찰장비 및 경찰장구
2. 선박 등에 대한 이동·해산 명령 등 해상 항행 보호 조치에 필요한 경찰장비 및 경찰장구
3. 제1호 및 제2호에 따른 경찰장비 및 경찰장구 외에 정당한 직무 수행 중 경비 세력에 부당하게 저항하거나 위해를 가하려 하는 경우 경비 세력의 자체 방호를 위한 경찰장비 및 경찰장구

② 제1항에 따른 경찰장비 및 경찰장구의 종류 및 사용 기준은 대통령령으로 정한다.

1) 취지

이 조항은 해양경찰관의 직무 수행을 위해 필요한 경찰장비의 사용 근거를 규정하기 위해 설치했다. 다만 「경찰관직무집행법」의 규정과 같이 장비와 장구는 그 사용 요건이 다르기에 장구의 경우 별개의 조문으로 규정하도록 했다.

2) 내용

해상에서의 경비는 육상과 다른 특수한 어려움이 있고 나날이 과격해지는 중국 어선이나 시위 양상에 대항해 해양경비를 수호하기 위해서는 경찰장비, 장구의 사용이 필요하므로 이에 대한 법적 근거를 별도로 마련해, 이 법에 규정된 경찰장비 및 경찰장구는 제18조에 따르고, 그 외 경찰장비 및 경찰장구는 「경찰관직무집행법」 제10조 제2항 및 제10조의2 제2항에 따라 사용하도록 규정했다.

3) 본조 및 「경찰관직무집행법」상의 장구 사용의 비교

「경찰관 직무집행법」	① 무기 또는 장기 3년 이상의 징역, 금고에 해당하는 죄를 범한 범인의 체포, 도주의 방지 ② 자기 또는 타인의 생명 신체에 대한 방호 ③ 공무 집행에 대한 항거의 억제를 위해 필요한 경우 ④ 상당한 이유가 있을 때
「해양경비법」	① 해상 검문검색 및 추적·나포 시 선박 등을 강제 정선, 차단 또는 검색하는 경우 경비 세력에 부수되어 운용하는 경찰장비 및 경찰장구 ② 선박 등에 대한 이동·해산 명령 등 해상 항행 보호 조치에 필요한 때

(19) 협조 요청

> 제19조(협조 요청)
> 국민안전처 장관은 제7조 제1호부터 제5호까지의 규정에 따른 해양경비 활동을 하기 위하여 필요한 경우 관계 행정기관의 장에게 정보의 제공 등 협조를 요청할 수 있다.

1) 취지

이 조항은 해양경비 활동의 원활한 수행을 위해 관계 행정기관에 대한 정보협조를 원활히 받을 수 있는 법적 근거를 마련한 것으로서, 다른 행정기관의 협조를 통해 해양경비의 실효성을 높일 것으로 기대된다.

2) 외국의 입법례

① 미국 해안경비대: 연방법 해안경비대편(14 USC 141 Title 14, Part Ⅰ, Chapter 7 다른 기관과의 협조, Section 141. 타 기관, 관할구역 및 지방행정구역과의 협조)에서 관련 행정기관장의 동의 하에 자신의 임무 수행에 도움이 될 수 있는 타 연방행정기관, 주정부, 부속 영토, 소유지 기타 그 지방행정기관 또는 워싱턴 DC 등의 공무원, 피고용인, 자문(advise), 정보(information), 기타 시설 등을 사용할 수 있도록 규정하고 있다.

② 일본 해상보안청: 「해상보안청법」 제27조에 "해상보안청 및 경찰행정청, 세관 그 밖의 관계 행정청은 서로 연락을 유지해야 한다. 또한 범죄의 예방 또는 진압 또는 범인의 수사 및 체포로 인해 필요가 있다고 인정될 때는 서로 협의하고 관계 직원의 파견 기타 필요한 협력을 요구할 수 있다."라고 규정하고 있다.

(20) 경비수역 내 점용·사용 허가 등의 통보

> 제20조(경비수역 내 점용·사용 허가 등의 통보)
> ① 해양수산부 장관, 특별자치도지사·시장·군수·구청장(자치구의 구청장을 말한다. 이하 같다)은 경비수역에서 「공유수면 관리 및 매립에 관한 법률」 제8조에 따른 공유수면 점용·사용 허가를 하는 경우 제7조 제1호부터 제5호까지의 규정에 따른 해양경비 활동에 중대한 지장을 줄 것으로 인정할 때에는 국민안전처 장관, 지방해양경비안전본부장 또는 관할 해양경비안전서장에게 그 사실을 통보하여야 한다.

② 해양수산부 장관은 「항만법」 제9조 제1항에 따른 항만시설의 신설 · 개축(改築) · 유지 · 보수 및 준설 등에 관한 공사를 시행하는 경우 제7조 제1호부터 제5호까지의 규정에 따른 해양경비 활동에 중대한 지장을 줄 것으로 인정할 때에는 국민안전처 장관, 지방해양경비안전본부장 또는 관할 해양경비안전서장에게 그 사실을 통보하여야 한다.
③ 해양수산부 장관, 시 · 도지사 또는 시장 · 군수 · 구청장은 「어촌 · 어항법」 제23조제1항에 따른 어항개발사업을 시행하는 경우 제7조 제1호부터 제5호까지의 규정에 따른 해양경비 활동에 중대한 지장을 줄 것으로 인정할 때에는 국민안전처 장관, 지방해양경비안전본부장 또는 관할 해양경비안전서장에게 그 사실을 통보하여야 한다.
④ 시 · 도지사 또는 시장 · 군수 · 구청장은 「수산업법」 제8조에 따른 어업 면허를 하는 경우 제7조 각 호에 따른 해양경비 활동과 관련이 있는 사항에 대하여는 관할 해양경비안전서장에게 통보하여야 한다.
⑤ 제1항부터 제4항까지의 규정에 따른 구체적인 통보 사항 및 절차는 총리령으로 정한다.

1) 조문의 취지

이 조항은 항만 개발, 항만공사, 어항개발사업이 해양경비 활동과 불가분의 관계가 있기 때문에 이와 같은 사업 시행 관계 기관과 해양경찰과의 협의를 위해 규정한 것이다.

2) 내용

구분	해양경비 활동에 중대한 지장을 초래하는 허가 등의 통보 의무	허가 통보 등에 대한 행정절차
의의	경비수역에서 해양경비 활동에 중대한 지장을 초래하는 공유수면 점용 · 사용 허가를 하는 경우, 항만시설의 신설 · 개축 · 유지 · 보수 및 준설 등에 관한 공사 시행과 어항 개발사업의 시행 및 어업 면허를 한 경우에는 국토해양부 장관, 특별자치도지사 · 시장 · 군수 · 구청장은 해양경찰청장, 지방해양경찰청장 또는 관할 해양경찰서장에게 그 사실을 통보	해당 행정관청의 허가 등을 이뤄지기 전에 그 사실을 통보받음으로써 해양경비 활동에 지장을 초래할 우려가 있을 경우 해당 허가 등에 대해 행정관청에 의견을 제출하거나 그 밖에 필요한 협조를 요청할 수 있도록 하기 위해 허가 등 5일 전까지 통보받도록 규정
판단 근거	① 해양 관련 범죄 예방 ② 해양오염 방제 및 해양자원 보호에 관한 조치 ③ 해상경호, 대테러 및 대간첩작전 수행 ④ 해양시설의 보호에 관한 조치 ⑤ 해상 항행 보호에 관한 조치 ⑥ 그 밖에 경비수역에서 해양경비를 위한 공공의 안녕과 질서 유지에 근거	해당 없음.

제 6 절 국제해양법 협약

1. 서설

해양에서 경찰 업무를 수행하는 국가기관은 해양경찰이 유일한 기관으로 이에 대한 사무를 알기 위해서는 국제 법규의 이해가 필요하다. 해양에서의 공공 안녕 및 질서 유지를 위해 필요한 해양경찰권의 행사가 국내법과 국제법에 따라 적법하게 이뤄지도록 하는 것은 매우 중요하다. 특히 경비함정이 해양에서 업무를 수행하는 경찰작용에서는 「경찰관직무집행법」, 「해양경비법」과 더불어 국제 법규의 습득이 필요하다. 국제해양법 협약에서 인정하는 연안국의 경찰권은 임검권(협약 제110조)과 추적권(협약 제111조)을 각각 허용하고 있으므로 이에 대한 내용과 집행 절차 등에 대해 알아보자.

2. 임검권(「유엔해양법협약」 제110조 근거)

구분	주요 내용
의의	혐의가 있는 선박에 대해 직접 현장에서 검사(검색)를 시행하는 것을 말함.
대상 범죄 및 조건	① 해적행위, 노예 수송 종사, 무국적 선박 ② 무허가 방송 종사 및 군함 선적국이 동 협약 제109조에 따른 관할권을 보유(향유)한 경우 ③ 국기 위장, 국기 게양명령 불응(임검권을 행사하고자 하는 군함과 실질적으로 동일한 국적을 가진 선박에 한함.)
수단	① 군함, 군용항공기 ② 정부 업무를 수행하는 선박과 항공기 ※ 공해상에서 해양경찰의 경찰권 행사 근거
범위 및 보상	① 국기심사권 ※ 임검권의 첫 단계로 무국적 선박 여부 확인 → 서류 검열 후, 혐의가 있을 경우 재조사 가능 ② 방문수색권 ③ 무혐의, 혐의 입증 불가한 경우 손실 및 피해(손해) 보상
기타	① 임검권 조치 후, 해적행위 및 무허가 방송 행위에 대해 나포권 허용 ② 선적국에 대해 마약이나 향정신성물질의 불법 거래에 대해 임검권 허용

3. 추적권(「유엔해양법협약」 제111조 근거)

구분	주요 내용
의의	연안국의 주권적 권리가 미치는 수역인 내수·군도수역·영해·접속수역·배타적 경제수역·대륙붕에서 외국 선박이 연안국의 자국 법령을 위반한 것으로 믿을 만한 '충분한 이유(good reason)'가 있을 때 연안국은 불법한 외국 선박을 공해상까지 추적해 나포할 수 있는 경찰권을 말함.
조건	① '충분한 이유(good reason)'의 존재 및 성립 ② 연안국의 주권 및 경찰권에 영향을 미치는 경우
추적권의 예외	사소하고 경미한 위반일 경우에는 예외로 한다. (예: 통항규칙 위반, 보고 의무 위반, 선박 서류 미비치 등)
수단	① 군함, 군용항공기 ② 정부 업무를 수행하는 선박과 항공기 ※ 공해상에서 해양경찰의 경찰권 행사 근거
추적권 유지 조건	① 추적이 중단되지 아니한 경우에 한해 영해나 접속수역 밖으로 계속 진행 ② 항공기가 외국 선박을 직접 나포할 수 없는 경우에는 다른 선박이나 항공기가 추적을 인수하기 전까지 계속해서 추적을 요구함.
추적권 유지의 예외	추적 요청을 받지 않은 항공기나 선박은 단순 범법 사실 및 범법 혐의에 대한 목격만으로 영해 밖에서 나포행위를 할 수 없음.
추적권 소멸 및 보상조건	① 피추적선이 선적국 또는 제3국의 영해에 진입함과 동시에 소멸 ※제3국의 접속수역, EEZ, 대륙붕 상부수역 등은 제외 ② 추적권 행사가 부당한 경우 손실 및 피해보상(손해)에 대한 보상

제 3 편

해양경찰 행정관리 및 통제

제 1 장 해양경찰관리 일반론

제 1 절 해양경찰관리의 의의 및 필요성

1. 의의

해양경찰관리란 구성원들로 하여금 해양경찰의 직무를 성공적으로 수행해 나가는 과정을 말한다. 다시 말하면 해양경찰의 임무와 역할을 목표로 설정하고, 목표 달성을 위해 지휘하고 그 결과를 생산적으로 평가하는 과정상의 활동을 총칭하는 말이다.

2. 필요성

① 해양경찰 조직 목표의 명확화 추구
② 해양경찰 업무 집행의 합법성 확보
③ 해양경찰 조직의 계획적이고 효율적 관리
④ 해양경찰 업무의 예측 가능성 확보
⑤ 해양경찰 조직의 계속성 확보

제 2 절 해양경찰 관리자의 의의 및 요건

1. 의의

(1) 해양경찰 관리자의 의미

해양경찰 관리자는 경찰조직 목적을 달성하기 위해 조직의 인적·물적 자원을 활용해 업무를 추진해 가는 사람을 말한다.

(2) 해양경찰 관리자의 분류

해양경찰 관리자는 일반적으로 그 권한과 책임·의무의 정도에 따라 고위관리자와 중간관리자로 구분할 수 있는데, 고위관리자란 총경급 이상 간부를, 중간관리자는 경정·경감급의 과장이나 계장·반장 등을 지칭한다.

(3) 해양경찰 고위관리자와 중간관리자의 역할

구분	역할
고위관리자의 역할	① 비전의 제시 ② 환경에 대한 적응성 확보 ③ 조정과 통합 ④ 직원의 양성 ⑤ 직원의 사기관리 ⑥ 직원의 생활지도
중간관리자의 역할	① 상사의 보좌 ② 의사전달(커뮤니케이션) ③ 업무의 지도·감독: 지도와 감독은 업무 추진을 돕는 것은 물론이고 부하를 육성하는 기능도 한다.

※ 귤릭(Luther H. Gulick)과 어윅(Lyndall F. Urwick)이 제시한 일곱 가지 관리자의 기능(POSDCoRB) ⇒ ① 기획(planning), ② 조직(organizing), ③ 인사(staffing), ④ 지휘(directing), ⑤ 조정(coordinating), ⑥ 보고(reporting), ⑦ 예산(budgeting)

2. 요건

해양경찰 관리자의 요건으로는 ① 넓은 시야, ② 기획 능력, ③ 리더십, ④ 집행력, ⑤ 대외 교섭력, ⑥ 판단력, ⑦ 업무 지식 등이 필요하다.

제 2 장 해양경찰 조직관리

제 1 절 해양경찰 조직의 의의

1. 해양경찰 조직의 개념

조직은 일반적으로는 사회에서 목적을 가진 하나의 유기체라고 할 수 있다. 그러므로 해양경찰 조직이란 해양경찰 목적을 달성하기 위해 형성된 조직이며, 경찰권이 그 기능을 수행하기 위해 편성한 조직을 말한다. 조직이란 일정한 환경하에서 특정 목표를 추구하기 위해 일정한 구조를 가진 사회 단위를 의미한다(A. Etzioni).

2. 해양경찰 관료제의 특성

(1) 민주성

① 해양경찰 작용은 권력적 수단이므로 조직에서는 민주성의 확보가 강력히 요구된다.

② 종래의 조직상의 이념은 주로 능률성 또는 효율성에 치중해, 민주 이념은 소홀했다.

③ 이에 해양경찰대를 해양경찰청, 지방해양경찰청, 해양경찰서 등 행정관청화를 통해 권한과 책임의 조화를 도모한 바 있다.

(2) 효율성

① 해양경찰은 해양에서 공공의 안녕 질서와 질서 유지라는 신속한 작용을 요하는 특성으로 인해 조직의 능률성과 기동성을 요구하고 있다.

② 해양경찰 조직은 일사불란한 지휘 체계를 갖는 국가경찰제이고, 해양경비안전본부 → 지방해양경비안전본부 → 해양경비안전서로 이어지는 상하조직으로 계층제를 이루고 있다.

③ 각 계층의 조직 내에서도 기능 분장을 통해 업무의 효율적 추진을 도모함으로써 효율성을 추구한다.

(3) 중립성

해양경찰 조직은 불편부당, 공평중립을 요하므로 당연히 정치적 중립성의 보장을 필요로 한다.

3. 베버(Max Weber)가 주장하는 관료제의 특징

① 법규의 지배: 관료의 권한과 직무 범위는 법규에 의해 규정된다.

② 계층제적 조직구조: 모든 직위는 피라미드식의 계층 내에 배치되며, 상·하위 계층은 질서정연한 명령복종 체제를 이룬다.

③ 문서주의: 직무의 수행은 문서에 의해 이뤄지며, 기록은 장기간 보존된다.

④ 비개인성: 관료는 지무 수행 과정에서 애정이나 증오 등의 개인적 감정에 의하지 않고 법규에 따라 임무를 수행한다.

⑤ 전문가(관료)에 의한 직무 수행: 모든 직무는 전문지식과 기술을 지닌 관료가 담당하며, 이들은 시험 또는 자격 등에 의해 공개적으로 채용된다.

⑥ 관료의 전임화: 관료는 직무 수행의 대가로 급료를 정규적으로 받고, 승진 및 퇴직금 등의 직업적 보상을 받는다.

⑦ 고용 관계의 자유계약성: 관료제에서 구성원은 신분의 계급에 의한 관계가

아니라 계약 관계이다.

제 2 절 해양경찰 조직의 편성 원리

1. 의의

해양경찰 조직의 편성 원리는 조직을 가장 합리적으로 조직화하고 이것의 능률적 관리를 가능케 하는 원리 혹은 준거 기준이라고 할 수 있다. 이는 기본적으로 베버(Max Weber)에 의해 정립된 관료제 이론을 기초로 하고 있다.

※ 베버의 관료제의 특징: 법규의 지배, 계층제적 조직구조, 문서주의, 비개인성, 전문가에 의한 직무수행, 관료제의 전임화, 고용 관계의 자유계약성 등이다.

2. 계층제의 원리

구분	내용
개념	① 계층제란 조직 목적 수행을 위한 구성원의 임무를 책임과 난이도에 따라 상하로 나눠 배치하고, 상위로 갈수록 권한과 책임이 무거운 임무를 수행하도록 편성하는 것을 말한다. ② 이러한 계층제는 상명하복을 기본 원리로 수용하고 있으며 경찰과 군대조직의 편성에 핵심적인 원리이다. 그러나 이 원리는 조직의 모든 부서에 적용되는 것은 아니다. 계층제적 구조를 가지고 있지만 상하계층 간의 상명하복과 함께 수평적으로 움직이는 부서들도 많이 있다.
장점	① 명령·지시, 권한의 위임이나 의사소통의 통로가 된다. ② 경찰행정 목표를 설정하고 업무를 분담하는 통로가 된다. ③ 조직 내의 분쟁·갈등의 해결·조정과 내부통제의 확보 수단이다. ④ 지휘·감독을 통해 경찰의 질서와 통일성을 확보할 수 있다. ⑤ 경찰행정의 능률성과 책임의 명확성을 보장하는 수단이다. ⑥ 경찰 승진의 경로가 되어 사기를 앙양시킨다.
단점	① 조직의 경직화를 초래하고 동태적인 인간관계의 형성을 저해한다. ② 계층이 많아질수록 의사소통의 단계가 늘어나고 처리 시간이 길어진다. ③ 자율성이 강한 경찰관은 계층제의 권위와 대립·갈등을 빚는다. ④ 계층제를 능률적인 업무 수행보다 비합리적 인간 지배의 수단으로 인식하기 쉽다. ⑤ 집단 기능보다 개인에게 의존하게 되어 쇄신적·창조적 활동이 어렵다. ⑥ 인간의 자아실현 욕구나 성취 욕구의 추구와 잘 조화되지 않는다. ⑦ 조직이 환경 변동에 신축성 있게 적응하기 어렵다.

3. 통솔 범위의 원리

구분	내용
개념	통솔 범위란 1인의 상관 또는 감독자가 효과적으로 직접 통솔할 수 있는 부하의 수를 말한다. 관리자의 통솔 범위로 적정한 부하의 수는 어느 정도인가는 관리의 효율성을 좌우하는 중요한 원리이다. 최근 부각되고 있는 구조조정과 관련성이 있다.
결정 요인	① 공간적 요인: 공간상으로 어떤 조직이 한 지역 내에 집중되어 있는 경우에는 분산되어 있는 경우보다 통솔의 범위는 넓어지며(지리적 분포), 조직의 크기에 따라 통솔의 범위는 달라진다. ② 시간적 요인: 기성조직의 책임자는 신설조직의 책임자보다 통솔의 범위가 넓다. ③ 조직 및 업무의 성질: 업무의 종류가 단순할수록 통솔의 범위는 넓어지며, 그것이 복잡할수록 통솔의 범위는 좁아진다(업무의 성격). ④ 관리자 및 부하의 능력: 유능하고 훈련이 잘 된 경우일수록 통솔 범위가 넓어진다. ⑤ 관리자의 신임도와 부하집단의 특징: 신임도와 사기, 상하 관계가 양호할수록 통솔 범위가 넓어진다. ⑥ 참모조직과 정보관리 체계: 능률적인 참모제도나 정보관리 체제는 통솔 범위를 넓혀준다. ⑦ 조직 규모가 클수록 통솔 범위가 좁아진다.

4. 분업의 원리(전문화)

구분	내용
개념	① 분업의 원리란 조직의 종류와 성질, 그리고 업무의 전문화의 정도에 따라 기관별・개인별로 업무를 분담시키는 원리를 말한다. ② 분업의 원리를 기능의 원리, 전문화의 원리라고도 한다. ③ 경찰 업무는 대부분 여러 명의 협동을 요구하는 경우가 많은데, 각자의 임무를 명확히 나눠 부과하고 협력하도록 하는 것은 인간 능력의 한계를 극복함은 물론 전문화를 추구함으로써 업무의 효율성을 높이기 위한 것이다.
필요성	① 경찰조직의 목표 달성을 위한 능률적 수단이다. ② 사람이 습득할 수 있는 지식・기술에는 한계가 있으므로 특정 분야에 관한 전문화가 필요하다. ③ 업무를 세분할수록 업무를 습득하는 데 걸리는 시간을 단축시킬 수 있다.
문제점	① 분업화는 정형화된 업무를 반복시켜 일에 대한 흥미를 잃게 하고, 분업화의 정도가 높아질수록 조정과 통합이 어려워진다(할거주의). ② 업무의 지나친 세분화는 업무 관계의 예측 가능성을 저하시켜 불확실한 환경을 조성하게 된다. ③ 분업화에 의해 자기 분야는 잘 알지만 시야가 좁아지고 경찰문제를 전체적인 입장에서 보는 넓은 통찰력을 가지기 어렵다.

5. 명령 통일의 원리

구분	내용
개념	명령 통일의 원리란 조직의 구성원 간에 지시나 보고를 주고받는 과정에서 지시는 한 사람만이 할 수 있고 보고도 한 사람에게만 해야 한다는 원칙이다.
필요성	① 업무 효율성 확보: 둘 이상의 사람으로부터 지시나 명령을 받는 경우 모순된 지시 등으로 업무 수행의 혼선과 비능률이 발생할 수 있는데, 명령 통일의 원리는 이를 막아주는 기능을 한다. ② 지위 안정감 확보: 경찰조직의 구성원으로 하여금 누구에게 보고해야 하며 누구로부터 보고를 받는가를 명시해 줌으로써 지위의 안정감을 갖게 한다. ③ 전체적인 조정: 경찰조직의 관리책임자로 하여금 전체적인 조정을 가능케 한다. ④ 책임 한계 명확화: 판단이나 행동상의 잘못에 대한 책임을 명백히 함으로써 부하에 대한 통제를 가능케 한다.
한계	① 명령 통일의 원리를 너무 철저하게 지킨다면 실제 업무 수행에 더 큰 지체와 혼란을 야기할 수 있다. ② 경찰관리자는 대리나 위임제도를 적절하게 활용함으로써 계층제의 통솔 범위나 명령 통일의 원리를 적절하게 현실에 응용하고 업무의 공백이나 지휘 및 업무 수행에 혼란이 없도록 해야 한다. ③ 명령 통일의 원리의 관점에서 바라볼 때 수사경찰이 내부관리자와 검사로부터 이중의 지시를 받는 현재의 「형사소송법」 체계는 문제점으로 지적될 수 있다.

6. 조정과 통합의 원리

구분	내용
개념	① 조정과 통합의 원리란 경찰행정 목표를 효율적으로 달성하기 위해 조직의 각 단위와 구성원의 노력과 행동을 질서정연하게 배열하고 통일시키는 작용이며, 구성원이나 단위기간의 활동을 전체적인 관점에서 통일해 조직의 목표 달성을 높이려는 원리이다. ② 분업, 계층제, 명령 통일, 통솔 범위의 원리는 모두가 조직의 목적을 합리적이고 효율적으로 달성하기 위한 것이다. 위와 같은 원리들이 조직의 목적을 달성하는 데 기여하기 위해서는 각각의 원리의 중요성과 특성을 살리면서 조직의 목표에 공헌하도록 원리 간 갈등은 물론이고 부서 간, 계층 간, 구성원 간의 갈등을 조정해야 한다.
갈등의 원인	① 갈등의 가장 큰 원인은 분업의 원리로서, 업무의 과다한 분화와 이로 인한 의사소통의 단절은 조직 목적 달성에 장애가 된다. ② 목표나 이해관계의 상충, 인적 자원 또는 물적 자원에 대한 경쟁, 가치관이나 신념의 차이, 지위나 신분 이동의 불공정성, 의사전달의 왜곡, 대안 선택의 선택 기준의 차이, 자기 역할의 모호성 등이 갈등의 원인이 된다. ③ 경찰조직의 경우 특히 나타나기 쉬운 갈등은 인적 자원에 대한 경쟁, 지위나 신분 이동의 불공정성에 대한 것이 많다.

갈등의 조정과 통합 방법	단기적 해결 방안	① 갈등은 조직 내부의 문제를 알려 주는 중요한 정보가 될 수 있으므로 갈등을 묵살하거나 갈등을 야기하는 사람을 나쁘다고 보아서는 안 된다. ② 갈등의 원인을 진단하고 갈등이 생기는 원인을 근원적으로 찾아내어 이를 슬기롭게 해결해 주는 리더십과 조정 통합 능력을 발휘해야 한다. (a) 갈등의 원인이 세분화된 업무 처리에 있다면 업무 처리 과정을 통합한다든지 연결하는 장치나 대화 채널을 확보해 주는 것이 필요하다. (b) 부서 간의 갈등이 일어나고 있을 때는 더 높은 상위 목표를 서로 이해하고 양보하도록 해야 한다. (c) 한정된 인력이나 예산을 가지고 갈등이 생기는 경우에는 가능하면 예산과 인력을 확보하고 업무 추진의 우선순위를 관리자가 정해 주어야 한다. ③ 문제 해결이 어려울 때에는 갈등을 완화하거나, 양자 간의 타협을 이끌어내거나, 관리자가 갈등을 초래할 수 있는 결정을 보류하거나 회피하는 방법을 쓸 수 있다.
	장기적 해결 방안	갈등에 관한 장기적인 대응 방안으로는 조직의 구조, 보상 체계, 인사 등의 문제점을 제도 개선을 통해 해결하는 것이 필요하고, 조직원의 행태를 협력적이고 합리적으로 변화시키는 노력도 필요하다.

제3장 해양경찰 기획관리

제1절 해양경찰 기획의 정의 및 목적

1. 기획의 의의

해양경찰 기획(plan)은 최적 수단으로 해양경찰 목표를 달성하기 위해 장래의 활동에 관한 일련의 결정을 준비하는 계속적·동태적 과정을 말한다.

2. 계획과 구분

(1) 기획

계획을 세워가는 절차와 과정이며, 장기적·포괄적·동적·절차적 개념이다.

(2) 계획

활동 목표와 수단이 문서로 체계화된 것이며, 단기적·구체적·최종적·산출적 개념이다. 기획활동 과정을 거쳐서 나온 최종 산출물이 계획이다.

3. 기획의 목적 및 기능

목적	효과적인 기획을 통해 경찰기관은 그 방향을 제시할 수 있고, 변화하는 상황에 적절히 대응할 수 있다.
고려	경찰기획을 담당하는 사람은 경찰 업무의 효과성과 능률성, 경찰 운영의 경제성, 시민에게 봉사하고 있는 경찰기관의 반응 등에 관한 목적을 고려해야 한다.
기능	① 목표를 구체적으로 제시한다. ② 경찰관에게 교육훈련과 직무 수행의 지침이 된다. ③ 업무 개선이 촉진된다. ④ 시행기관이나 개인의 업무 성과를 평가하는 데 기준과 척도가 된다. ⑤ 기획은 여러 조직 단위의 가용 자원을 효율적으로 활용할 수 있도록 한다.

제 2 절 해양경찰 기획의 원칙 및 특성

1. 기획의 원칙

목적성의 원칙	기획은 반드시 목적이 있어야 한다.
신축성의 원칙	기획은 유동적 상황에 대응할 수 있어야 한다.
경제성의 원칙	최소의 경비로 최대의 효과를 얻을 수 있어야 한다.
계속성의 원칙	기획은 계속적인 과정이어야 한다.
단순성의 원칙	기획은 간단・명료해야 하며, 이해하기 쉽게 작성되어야 한다.
안전성의 원칙	기획은 빈번한 수정이 없도록 그 요인을 최소화해야 한다.
장래예측성의 원칙	기획은 장래에 대한 정확한 예측 판단에 기초를 두어야 한다.
표준화의 원칙	기획 대상이 되는 재화・서비스・작업 방법의 표준화를 통해 계획을 용이하게 수립할 수 있다.

2. 기획의 특성

목표지향성	기획은 일단 설정된 목표나 정책을 달성하기 위한 수단을 제시하는 과정이다.
미래지향성	미래의 바람직한 활동계획을 준비하는 과정이다.
합리지향성	정치적・역동적 정책 결정에 비해 합리성을 추구한다.
최적 수단을 탐색	의사 결정 과정의 일종이다.
계속적 준비 과정	기획은 조직이 집행할 계속적인 작은 결정을 준비하는 과정이다.

3. 기획의 5단계

① 해양경찰은 해양에서 공공의 안녕과 질서의 유지 및 국민의 생명과 재산을 보호하는 이중적 가치에서 세밀하고 치밀한 기획 과정을 거쳐 이뤄져야 한다.

② 이러한 과정은 통상 1) 목표 설정 → 2) 상황 분석 → 3) 기획 전제 설정 → 4) 대안 탐색과 평가 → 5) 최종안 선택으로 이뤄진다. 그러나 해양경찰 업무의 특성상 상황과 현실의 변화에 적극적으로 대응하기 위해 과정은 일부 수정되거나 바뀔 수 있다.

제 4 장 해양경찰 인사관리

제 1 절 인사관리

1. 인사관리의 의의

① 해양경찰 인사관리는 다른 관리 기능과의 유기적인 협조 아래 경찰 목적을 효과적으로 달성하기 위해 경찰 인력을 효율적이고 공정하게 운용하는 동태적인 과정으로서, 경찰관을 체계적이고 합리적인 기준에 따라 분류 · 모집 · 채용 · 관리 등을 해나가는 활동을 말한다.

② 인사관리의 구체적인 과정을 보면, 경찰활동의 수요와 공급에 관한 예측을 통해 최적의 경찰관 수급 방안을 수립하는 것부터 시작한다.

③ 해양경찰 인사관리는 크게 경찰관으로 채용하는 외부임용과 채용 후의 관리를 의미하는 내부임용으로 나눌 수 있다.

④ 인사관리 행정의 3대 변수로 채용 · 임용, 능력 발전(승진 · 전직 · 전보 · 파견근무 · 교육훈련 · 근무성적평정 등), 사기(보수 · 연금 · 신분 보장 · 고충처리 및 인사상담)가 있다.

2. 인사관리의 목적

① 효율성: 적재적소에 필요한 때에 지원해 주고 이들의 근무 의욕과 사기가 높은 수준으로 유지하도록 하는 데 있다.
② 합리성: 임기응변, 정실주의, 연고주의보다는 객관적이고 실적에 기반을 둔 인사관리를 말한다.
③ 조화성: 해양경찰 조직 발전에 대한 희생과 강요보다는 해양경찰 조직 발전과 경찰관 개인 발전의 조화를 말한다.
④ 우수 인력 확보: 우수한 인재를 확보해 그들의 능력을 계속적으로 발전시키고, 근무 의욕을 가지고 열심히 일하게 함으로써 조직의 효과성을 높이는 것을 말한다.
⑤ 환경 적응: 변화하는 사회의 여러 여건을 감안해 과거의 규칙과 관행에 얽매이지 않고 현재의 사회 변동에 적합한 인사 기준을 만드는 작업을 해야 한다.

3. 인사행정의 2원칙

(1) 엽관주의

의의	① 엽관주의란 모든 공직 임용에서 능력, 자격, 업적 기준보다 충성심, 당파성, 정치적 영향력 등에 기준을 두는 인사제도를 의미한다. 즉, 전쟁에서 승리한 자에게 전리품이 귀속되는 것처럼 관직도 승리한 정당이 일방적·자의적으로 처분할 수 있는 전리품이 되어야 한다는 것이다. ② 미국의 자유민주정치 발전 과정에서 도입된 인사행정제도이다.
장점	① 정당 이념의 발전과 책임행정 ② 관직을 만인에게 개방해 민주주의의 평등 이념에 부합 ③ 민주통제의 강화와 책임행정을 구현 ④ 공무원의 적극적인 충성심 유도
단점	① 행정의 비능률성·비전문성 초래 ② 부정부패 만연 ③ 국민보다 정당을 위한 봉사 ④ 기회 균등 원리 위배 ⑤ 행정의 계속성·안전성 저해 ⑥ 정당에 충성하는 사람들을 많이 임용하기 위해 불필요한 관직을 증설해 예산 낭비 초래 (파킨슨의 법칙)

[요약 정리] 엽관주의와 정실주의 비교

구분	엽관주의(미국)	정실주의(영국)
기준	정치성(당파성, 충성심)	정치성과 귀속성(학연 · 지연 · 혈연 등 인사권자와의 친분 및 신임 관계 고려)
신분 보장	불인정	인정
공통점	능력이나 실적에 의해 선발하지 않음.	

(2) 실적주의

의의	① 엽관주의의 폐해를 극복하기 위해 등장했으며, 인사행정의 기준을 당파성이나 정실, 혈연, 지연이 아니라 개인의 능력, 자격, 성적에 두는 제도를 말한다. ② 미국은 「펜들턴법」의 제정(1883년), 영국은 제2차 「추밀원령」(1870년) 제정으로 실적주의로 전환했다.
실천 수단	① 공직에의 기회 균등 ② 실적과 능력에 의한 임용 ③ 공무원의 신분 보장 ④ 정치적 중립 ⑤ 공개경쟁에 의한 채용
장점	① 기회 균등 및 사회적 평등의 실현, ② 정실적 · 정치적 인사행정의 극복, ③ 행정의 안정성, 계속성, 전문성 확보, ④ 공무원의 정치적 중립과 부패 방지
단점	① 인사행정의 소극화 · 형식화 · 집권화 초래, ② 정책의 효율적인 수립 · 집행 곤란, ③ 관료의 보수화 · 특권화, ④ 정당 이념의 행정에 대한 반영 곤란, ⑤ 공무원의 신분 보장으로 인한 민주적 통제 곤란, ⑥ 국민 요구에 부응하지 못함.

[요약 정리] 엽관주의와 실적주의의 비교

구분	엽관주의	실적주의
장점	① 민주적 통제↑ ② 국민에 대한 대응성↑	① 신분 보장↑ : 직업공무원제 확립 ② 행정의 계속성 · 안정성↑ ③ 공직 기회 균등
단점	① 신분 보장↓ ② 행정의 계속성 · 안정성↓ ③ 기회 균등의 원리에 위배	① 민주적 통제↓ ② 국민에 대한 대응성↓

4. 공직의 분류

구분	계급제	직위분류제
의의	개인의 자격 · 능력 · 학력을 기준으로 하여 계급을 부여하고 일정한 신분을 보장해 주는 제도	직무의 특성에 중점을 두고 각 직위에 내포되어 있는 직무의 종류와 책임 · 난이도를 기준으로 하여 수직 · 수평적으로 분류하는 제도

적용 국가	영국, 독일, 프랑스, 일본 등	1909년 미국의 시카고 시에서 처음 시작
분류 단위	사람 중심	직무 중심
분류 기준	개인의 자격 · 능력 · 신분(사람의 차이)	직무의 곤란성 · 책임도(직무의 차이)
인사 배치	신축적 · 융통적 · 탄력적	비신축적 · 비융통적 · 경직적
충원 방식	폐쇄형(내부에서 충원)	개방형(외부에서도 충원)
권한 · 책임	불명확	명확
신분 보장	강함.	약함.
직업 공무원제	확립 용이	확립 불가
조정 · 협력	용이(부서할거주의 적음.)	곤란
성격	일반행정가	전문행정가
보수 체계	생활급(동일 계급에 동일 보수)	직무급(동일 직무에 동일 보수)
기타	보통의 계급의 수가 적고 계급간 차별이 심함.	① 행정의 전문화 · 분업화 · 능률화를 촉진, 행정에 대한 민주적 통제 용이 ② 시험 · 채용 · 전직의 합리적 기준을 제공, 인사행정의 합리화 가능

제 2 절 사기관리

1. 서설

(1) 사기의 의의

해양경찰의 사기라 함은 해양경찰 조직의 구성원인 경찰관에게 개인적 · 집단적으로 해양경찰 조직의 목적 달성을 위한 열의와 솔선, 결의와 용기 등을 고취시키는 정신적 태도 또는 그러한 정신을 말한다.

(2) 사기의 성격

자주적 · 자발적 성격	각 경찰관의 자주적이며 자발적 성격의 사기는 스스로 행동에 책임감과 적응성을 길러주고, 나아가서는 창의성과 자기개발을 통한 자기혁신을 계속함으로써 조직 목표 달성에 기여한다. 이는 사기의 제1요소라고 한다.

집단적 · 조직적 성격	사기는 조직구성원이 전체로서 조직 목표를 달성하기 위해 열의 · 관심을 가지고 상호 협력적으로 조직활동을 수행하려는 정신 상태라 할 수 있다. 따라서 사기는 협동성, 단결성, 단체성 등을 전제로 한다.
사회적 성격	사기는 사회적 가치 또는 사회적 역할과 결부됨으로써 지적 · 도덕적 만족감을 충족시킬 수 있어야 한다. 사기는 단순히 개개 경찰관 또는 어느 한 경찰기관의 자기 만족을 의미하는 것이 아니며, 좀 더 큰 사회적 가치 및 효용과 결부될 때 참 의미가 있다.

(3) 사기 고취의 효과와 앙양 방법

사기의 효과	① 능률적인 직무 수행이 가능하며 경찰관들은 임무를 열성적으로 완수 ② 사기는 경찰기관의 이미지를 좋게 하며, 좀 더 우수한 자질을 갖춘 인재가 경찰기관에 지원토록 함. ③ 경찰관들은 경찰조직과 그 관리자에게 충성을 다하며, 자기가 속한 경찰기관을 자랑스럽게 생각함. ④ 규칙이나 직무명령 및 규범들을 자발적으로 준수, 경찰관의 자발적인 협력을 바탕으로 경찰기관의 위기 극복 능력이 증대 ⑤ 조직활동과 담당 직무에 대한 관심이 높아지고, 창의성 발휘
사기의 앙양 방법	① 인간의 자율성 존중 ② 인간으로서 인격을 존중 ③ 경찰관 개인의 기본적 인권 존중 ④ 기회의 평등성 보장 ⑤ 정당한 보상 보장 ⑥ 인사상 불이익이나 처분, 불만, 갈등의 해결 통로 마련

(4) 사기의 결정 요인

1) 의의

사기는 조직 내의 인간관계, 근무 조건, 신분의 안정, 승진 등 복합적 요인에 의해 결정된다.

2) 머슬로(Abraham H. Maslow)의 인간욕구 5단계

① 욕구는 하위 욕구부터 상위 욕구로 발전하며, 한 단계의 욕구가 만족되면 그 욕구는 더 이상 동기부여 요인으로서의 의미가 없어진다.

② 인간의 다섯 가지 욕구가 서로 연관되어 우선순위의 계층을 이루고 있어서, 한 단계의 욕구가 충족되어야 다음 단계로 순차적 · 상향적으로 표출된다.

③ 가장 궁극적인 욕구는 자아실현의 욕구이지만, 우선순위가 가장 높은 욕구

는 생리적 욕구이다.

구분	내용	구체적 제도
생리적 욕구	의·식·주 및 건강 등에 관한 욕구	적정보수제도, 휴양제도
안전의 욕구	안전, 안정, 보호에 대한 욕구	신분 보장, 연금제도
사회적 욕구 (애정의 욕구)	사랑, 소속감, 타인과의 관계를 맺으려는 욕구	인간관계의 개선, 고충처리 상담
존경의 욕구	존경, 명예, 인정, 확신의 욕구	참여 확대, 권한의 위임, 제안제도, 포상제도
자아실현 욕구	최상위의 욕구로 자신의 능력과 소질을 창의적으로 발휘할 수 있도록 성장하고 성숙하려는 욕구	공정하고 합리적인 승진, 공무원 단체활동

3) 맥클리랜드(Douglas C. McClelland)의 인간욕구이론

① 권력 욕구, 친교 욕구, 성취 욕구를 주장했고, 성취 욕구가 높을수록 생산성이 높아진다고 한다.

② 학습된 욕구이론에서 행동에 영향을 미칠 수 있는 잠재력을 지닌 욕구 단계는 개인에 따라 차이가 있다고 주장한다.

2. 인간관계론

(1) 동기부여이론

내용이론	① 사람을 움직이고 일하게 하는 실체가 인간의 마음속에 있다는 이론이다. ② 사람이 동기부여되는 과정에서 인간의 욕구가 무엇인가에 초점이 맞춰져 있다. ③ 내용이론의 대표적 학자는 머슬로이다.
과정이론	① 인간의 욕구가 곧바로 인간 행동을 유발하는 것이 아니라 자신의 행동이 가져오는 결과를 고려해 행동한다는 이론이다. ② 대표적인 이론으로 포터(Lyman W. Porter)와 롤러(Edward E. Lawler)의 동기부여이론을 들 수 있다. ③ 포터와 롤러는 사람은 과거에 습득한 경험이나 미래에 대한 기대감에서 동기가 부여된다고 하고, 이는 생산성에 영향을 미치는 요인으로 조직구성원의 사기나 만족보다는 오히려 노력이 중요하다고 한다. ④ 포터와 롤러의 동기부여이론에 의하면, 개인은 자기가 당연히 받아야 한다고 믿는 보상의 수준에 합치되는 보상을 받을 때에는 만족감 혹은 기대감을 충족할 수 있지만 그렇지 못한 경우는 부정적 반응을 갖게 될 것이다. 즉, 보상의 공평성에 대한 지각이 동기부여의 결정적 변인이라는 것이다.

(2) 인간관이론: 샤인(Edgar Schein)의 분류

합리적 경제인관	인간이 경제적 이득을 계산해 행동한다고 봄으로써 관리자는 사기나 리더십보다는 수당과 보수 같은 경제적 유인을 인간 통제의 수단으로 활용할 수 있다고 본다.
사회인관	직원은 업무나 경제적인 보상보다는 직장 내외의 인간관계, 사교 내지는 동료 관계가 동기 유발에 중요하다고 봄으로써 관리자는 직원의 인간관계 욕구의 충족을 위해 노력해야 한다.
자기실현인관	직원은 자아실현 욕구를 가지고 있고 스스로 자기통제를 해나간다고 봄으로써 관리자는 통제자가 아니라 직원이 보람을 느낄 수 있도록 촉진자, 코치, 촉매자로 행동하는 것이 생산성을 높여 준다.
복잡인간관	인간은 다양한 특성을 가지고 있어 관리자는 직원의 다양한 능력과 욕구를 감지해 그 특성을 이용한 관리를 해야 한다.

제 3 절 해양경찰 교육훈련

1. 의의

해양경찰 조직의 목표 달성에 민주적이고 능률적으로 기여할 수 있도록 경찰관의 능력을 개발하고 직무 수행에 필요한 지식과 기술을 연마하며, 직무 수행에 적합한 태도와 가치관의 발전적 변화를 추구하는 계획적이고 지속적인 활동이다.

2. 교육훈련의 필요성

국민 의식 수준 향상에 대한 대처	정보화시대에 들어와 향상된 국민의 의식 수준이 정부에 대한 다양한 욕구와 질 높은 서비스 요구 증대
급속한 경찰환경에 대한 대처	국민의 최전방에서 이뤄지는 경찰 업무는 사회 환경의 변화를 읽고, 범죄 유형에 한 발 앞서 대책을 마련하며 유동적이고 발전적인 지식 정보 연구
해양 질서 변화와 해상범죄 증가 대응	① 「유엔해양법협약」 발효에 다른 해양관할권 확대로 전 세계는 해양 개발 지향 정책으로 전환 → 해양 주권 확보 경쟁을 위한 해상 영토분쟁 발생 ② 해양경찰 임무는 해상치안, 경비작전, 어로 보호, 해양환경, 안전과 레저, 해양관광자원 보호 등 복잡 다양 ③ 소득 증가에 따른 해양레저 인구 확대로 해상안전관리 증대 ④ 해상에서의 범죄 형태 다양, 대비책 강구 → 해상 치안과 관할권 확대에 따른 주권 수호와 질서 유지 필요

3. 교육훈련 주요 내용(「경찰공무원 교육훈련규정」, 「국민안전처 소속 경찰공무원 직장훈련 시행규칙」)

<table>
<tr><td rowspan="3">학교교육</td><td>신임교육</td><td colspan="3">경찰공무원으로 신규채용된 자로서 임용 전 신임교육을 받지 아니한 자</td></tr>
<tr><td>기본교육</td><td colspan="3">경정 · 경감 · 경위 및 경사(계급별 기본교육), 총경(치안정책교육)</td></tr>
<tr><td>전문교육</td><td colspan="3">경정 이하 경찰공무원</td></tr>
<tr><td>위탁교육</td><td colspan="4">① 국내외의 교육기관 등에 위탁해 행하는 교육훈련
② 교육훈련결과보고서를 그 이수 후 출근하는 날로부터 30일 안에 해양경비안전본부장에게 제출</td></tr>
<tr><td rowspan="7">직장훈련</td><td>내용</td><td colspan="3">경찰기관의 장이 소속 경찰공무원의 직무 수행 능력을 향상시키기 위해 일상 업무를 통해 행하는 훈련</td></tr>
<tr><td>대상</td><td colspan="3">경정 이하의 경찰공무원</td></tr>
<tr><td>방법</td><td colspan="3">소집, 순회, 과제, 실습, 시청각 및 직접 지도 등</td></tr>
<tr><td rowspan="4">구분</td><td rowspan="2">능력개발</td><td>교양참석</td><td>월 1회 이상, 참석 여부만 평가</td></tr>
<tr><td>전문교육</td><td>집합교육, 사이버교육 등으로 평가</td></tr>
<tr><td>사격훈련</td><td colspan="2">연 2회 이상, 함정 근무 경위 이하를 대상으로 평가</td></tr>
<tr><td>체력검정</td><td colspan="2">연 1회 이상, 500m 바다수영, 윗몸일으키기, 팔굽혀펴기</td></tr>
<tr><td>기타 교육훈련</td><td colspan="4">학교교육, 위탁교육, 직장훈련에 속하지 아니하는 교육훈련으로서 경찰기관의 장의 명에 의하거나 경찰공무원 스스로 하는 직무 관련 학습 · 연구활동</td></tr>
</table>

[참고 사항] 교육과정별 교육 대상 · 교육기간 및 교육기관표(국민안전처 소속 「경찰공무원 교육훈련규칙」)

<table>
<tr><th colspan="2">교육과정</th><th colspan="2">교육 대상</th><th>교육기간</th><th>교육기관</th><th>비고</th></tr>
<tr><td rowspan="4">신임과정</td><td>간부후보생 교육과정</td><td colspan="2">간부후보생</td><td>52주</td><td rowspan="4">해양경비안전교육원</td><td rowspan="4">1. 국민안전처 장관이 지정하는 경찰공무원 중 경사 이하 신규채용자에 대한 신임교육은 12주까지 단축 운영할 수 있다.</td></tr>
<tr><td rowspan="3">신규 채용자 교육과정</td><td rowspan="3">경찰공무원으로 임용될 자 또는 임용된 자</td><td>경정</td><td>12주</td></tr>
<tr><td>경감 경위</td><td>12주</td></tr>
<tr><td>경사 이하</td><td>52주</td></tr>
</table>

<table>
<tr><td rowspan="8">기본
과정</td><td rowspan="2">치안정책
교육과정</td><td rowspan="2">총경
(승진후보자 포함)</td><td>4주</td><td>해양경비
안전교육원</td><td rowspan="8">2. 총경(승진후보자 포함) 치안정책교육과정은 2주까지 단축 운영 가능
3. 경감 이상(승진후보자 포함) 기본교육은 해양경비안전교육원 또는 경찰대학에서 운영하는 기본교육과정 중 어느 한 과정을 이수하는 경우 당해 계급의 기본교육 이수로 본다.
4. 경감 이상(승진후보자 포함) 기본교육을 해양경비안전교육원에서 이수하는 경우 경정·경감 기본교육을 통합해 운영할 수 있다. 다만, 이 교육을 이수한 경감이 경정으로 승진하는 경우에는 경정기본교육을 다시 이수해야 한다.
5. 경사(승후 포함) 기본교육은 1주까지 단축 운영 가능</td></tr>
<tr><td>24주</td><td>경찰대학</td></tr>
<tr><td rowspan="2">경정기본
교육과정</td><td rowspan="2">경정
(승진후보자 포함)</td><td>3주</td><td>해양경비
안전교육원</td></tr>
<tr><td>5주</td><td>경찰대학</td></tr>
<tr><td rowspan="2">경감기본
교육과정</td><td rowspan="2">경감
(승진후보자 포함)</td><td>3주</td><td>해양경비
안전교육원</td></tr>
<tr><td>3주</td><td>경찰대학</td></tr>
<tr><td>경위기본
교육과정</td><td>경위
(승진후보자 포함)</td><td>2주</td><td rowspan="2">해양경비
안전교육원</td></tr>
<tr><td>경사기본
교육과정</td><td>경사
(승진후보자 포함)</td><td>2주</td></tr>
</table>

제 5 장 해양경찰 예산관리

제 1 절 서론

1. 예산의 의의

① 일정 기간(회계연도, 즉 1월 1일~12월 31일)에 있어서의 국가의 수입과 지출의 예정적 계획에 대한 계산서를 말하며, 예산총칙 · 세입세출예산 · 계속비 · 명시이월비와 국고채무부담 행위를 총칭한다.

② 국가의 주요 정책이나 사업계획은 예산을 통해 구체화되고 실제 행동에 옮겨지게 된다. 그러므로 예산은 국가의 정책 이념이나 사업계획을 구체화하는 일련의 계획 과정이라 할 수 있다.

2. 예산의 기능

① 경찰예산은 국민의 세 부담을 전제로 하여 적정 재원을 동원하고 동원된 재원의 배분을 통해 경찰의 범죄 예방과 수사 등 경찰활동을 조장하고 유도하는 역할을 한다.

② 예산관리자는 경찰활동을 위한 재원 확보는 물론이고 배정된 예산의 효율적인 배분과 조정을 통해 재정지출의 생산성을 최대한 높여야 한다.

3. 예산의 구분

(1) 세입세출예산의 구분

1) 의의(「국가재정법」 제21조)

① 세입세출예산은 필요한 때에는 계정으로 구분할 수 있다.

② 세입세출예산은 독립기관 및 중앙관서의 소관별로 구분한 후 소관 내에서 일반회계·특별회계로 구분한다.

③ 세입예산은 그 내용을 성질별로 관·항으로 구분하고, 세출예산은 그 내용을 기능별·성질별 또는 기관별로 장·관·항으로 구분한다.

2) 회계 구분(「국가재정법」 제4조)

일반회계	① 일반회계란 일반적인 국가활동에 관한 세입·세출을 포괄한다. ② 세입은 주로 조세수입으로 충당하고, 세출은 국가의 존립과 유지를 위한 기본적 지출로 구성한다. 따라서 일반회계예산은 항구적이며 현금주의 원칙에 입각하고 있다. ③ 경찰예산의 대부분은 일반회계에 속한다.	
특별회계	운영	① 특별회계는 국가에서 특정한 사업을 운영하고자 할 때 ② 특정한 자금을 보유해 운용하고자 할 때 ③ 특정한 세입으로 특정한 세출에 충당함으로써 일반회계와 구분해 계리할 필요가 있을 때에 법률로써 설치한다. 따라서 세입을 조세수입에 의존하는 일반회계와는 차이가 있다.
	통제	특별회계는 예산단일성(통일성)의 원칙에 대한 예외가 된다. → 원칙적으로 설치 소관 부서가 관리하며 기획재정부의 직접적인 통제를 받지 않는다.
	운영 범위	최근에는 조세 이외의 정부수입과 사업적 성격을 지니는 행정 분야의 증대에 따라 이들 분야의 경영합리화를 위해 특별회계의 적용이 점차 늘어가고 있는 경향이다.
	특별회계	경찰특별회계로는 책임운영기관 특별회계 등이 있다

3) 세입세출예산의 분류

장(章)	관(款)	항(項)	세항(細項)	목(目)
기능별 분류	조직별·사업별·활동별 분류			품목별 분류
입법과목			행정과목	
이용 대상(국회 의결 요)			전용 대상(국회 의결 불요)	

[참고 사항] 품목별 분류 체계

> ① 현재 정부예산은 품목별로 편성되고 배정되는 시스템이다. 경찰예산관리 역시 이러한 품목별 예산 체계를 따라 편성, 배정, 지출, 감사활동이 이뤄진다.
> ② 품목별 예산 체계는 대분류부터 소분류로 세분되어 있으며 장, 관, 항, 세항, 목으로 짜여진다. 예산편성과 집행의 기본이 되는 분류는 목이라고 할 수 있다. 목은 예산의 편성과 집행에서 구체적으로 예산의 용도를 정해준다. 목(目) 간 전용은 원칙적으로 금지된다.

(2) 성립 과정을 중심으로 한 구분

본예산	정부는 회계연도마다 예산안을 편성해 회계연도 개시 90일 전까지 국회에 제출하고 국회는 회계연도 개시 30일 전까지 이를 의결해 예산을 확정하는데, 이렇게 성립된 예산을 본예산이라 한다(「헌법」 제54조 제2항). ※ 「국가재정법상」 예산안의 국회 제출(제33조): 정부는 대통령의 승인을 얻은 예산안을 회계연도 개시 120일 전까지 국회에 제출해야 한다.
수정예산	예산 심의 중(국회 제출 후 성립 전) 부득이한 사유로 수정, 제출하는 예산을 말한다.
추가경정 예산	예산이 확정된 이후에 생긴 사유로 인해 필요한 경비의 부족이 생길 때 본예산에 추가 또는 변경을 가한 예산을 말한다(단일성의 원칙의 예외)(「헌법」 제56조).
준예산	① 준예산이란 새로운 회계연도가 개시될 때까지 예산안이 성립되지 못할 경우 정부가 국회에서 예산안이 의결·확정될 때까지 전년도 예산에 준하여 지출하는 예산을 말한다. (「헌법」 제54조 제3항) → 예산 집행의 신축성을 부여하고 예산 불성립으로 인한 행정 중단의 방지 도모 ② 준예산제도가 적용되는 경비는 (a) 「헌법」이나 법률에 의해 설치된 기관 또는 시설의 유지비·운영비, (b) 법률상 지출의 의무가 있는 경비(공무원의 보수와 사무 처리에 관한 기본경비 등), (c) 이미 예산으로 승인된 사업의 계속을 위한 경비 등이다. ③ 준예산에 의해 집행된 예산은 당해 연도의 예산이 성립되면 그 성립된 예산에 의해 집행된 것으로 간주한다.

[참고 사항] 잠정예산·가예산·답습예산

잠정예산	잠정예산이란 회계연도 개시일 전까지 예산이 국회에서 의결·확정되지 못하는 경우 일정한 기간 동안 예산의 국고 지출을 잠정적으로 인정하는 제도로서 잠정예산의 구체적 내용은 국가마다 상이하다.
가예산	회계연도 개시 이전에 예산이 국회의 의결을 거쳐 확정되지 못할 경우 최초의 1개월분의 예산을 국회의 의결로 집행할 수 있는 예산제도를 의미한다.
답습예산	미국은 회계연도 개시일 전까지 예산 불성립시 상·하 양원의 결의에 의해 전년도 예산을 연방정부의 각성(各省)이 답습예산으로 사용하는 것이 관례로 되어 있다.

(3) 형식적 내용을 중심으로 한 구분(「국가재정법」)

예비비 (豫備費) (제22조)	① 정부는 예측할 수 없는 예산 외의 지출 또는 예산초과지출에 충당하기 위해 일반회계 예산 총액의 100분의 1 이내의 금액을 예비비로 세입세출예산에 계상할 수 있다. 다만, 예산총칙 등에 따라 미리 사용 목적을 지정해 놓은 예비비는 본문의 규정에 불구하고 별도로 세입세출예산에 계상할 수 있다. ② 제1항 단서의 규정에 불구하고 공무원의 보수 인상을 위한 인건비 충당을 위해서는 예비비의 사용 목적을 지정할 수 없다.
계속비 (繼續費) (제23조)	① 완성에 수년도를 요하는 공사나 제조 및 연구개발사업은 경비의 총액과 연 부액(賦額)을 정해 미리 국회의 의결을 얻은 범위 안에서 수년도에 걸쳐서 지출할 수 있다. ② 제1항 규정에 의해 국가가 지출할 수 있는 연한은 그 회계연도로부터 5년 이내로 한다. 다만, 사업 규모 및 국가재원 여건상 필요한 경우에는 예외적으로 10년 이내로 할 수 있다. ③ 기획재정부 장관은 필요하다고 인정하는 때에는 국회의 의결을 거쳐 제2항의 지출 연한을 연장할 수 있다.
명시이월비 (明示移越費) (제24조)	세출예산 중 경비의 성질상 연도 내에 그 지출을 끝내지 못할 것이 예측될 때에는 특히 그 취지를 세입세출예산에 명시해 미리 국회의 승인을 얻어 다음 연도에 이월해 사용할 수 있다.
국고채무 부담행위 (國庫債務 負擔行爲) (제25조)	① 법률에 의한 것과 세출예산 금액 또는 계속비의 총액의 범위 안의 것 이외에 국가가 채무를 부담하는 행위를 할 때는 미리 예산으로서 국회의 의결을 얻어야 한다. ② 제1항에 규정된 것 외에 재해복구를 위해 필요한 경우에는 매 회계연도마다 국가는 국회의 의결을 얻은 범위 안에서 채무를 부담하는 행위를 할 수 있다. 이 경우 그 행위는 일반회계 예비비의 사용 절차에 준해 집행한다. ③ 국고채무부담행위는 사항마다 그 필요한 이유를 명백히 하고 그 행위를 할 연도 및 상환 연도와 채무 부담의 금액을 표시해야 한다.

4. 예산제도

(1) 품목별 예산제도(통제 기능)

구분	내용
의의	① 품목별 예산제도란 예산을 품목별로 분류하는 방식으로서 행정책임의 소재와 회계책임에 대한 감독부서 및 국회의 통제가 용이하도록 하기 위한 제도이다. 즉, 이 제도는 예산 집행의 낭비와 부당 집행 방지를 위해 예산을 품목별로 구체적으로 명시해 그 집행 결과를 결산으로 확인하려는 제도이다. ② 현재 우리나라 경찰의 예산제도이다.

장점	① 비교적 운영하기 쉽고, 회계책임을 명확히 할 수 있다. ② 지출의 합법성에 치중하는 회계검사가 용이하다. ③ 인사행정에 유요한 자료와 정보를 제공할 수 있다. ④ 행정의 재량 범위를 축소한다.
단점	① 계획과 지출이 일치하지 않는 경우가 많다(품목별 예산제도는 기존의 조직과 활동 때문에 재정구조의 경직화를 초래하는 경향이 있어 계획에 맞도록 지출하기에 어려움이 있다). ② 기능의 중복을 피할 수 없다(조직별로 일을 추진할 때에는 사업활동이 중복될 가능성이 많으므로 사업의 효율적 추진 및 타 사업과의 연계성에 문제점이 있다). ③ 의사 결정을 위한 충분한 자료를 제시하지 못한다(품목별 예산제도는 지출만을 문제삼기 때문에 효율성을 따지기에는 문제점이 많다). ④ 품목과 비용을 따지는 미시적 관리로 정부 정책활동의 통합 조정에 필요한 수단을 제공하지 못한다.

(2) 성과주의 예산제도(관리 기능)

구분	내용
의의	성과주의 예산제도(Performance Budget System)는 사업 수행의 성과와 그 책임을 명확히 하는 예산제도로서 ① 예산과목을 사업별·활동별로 분류해 편성하고, ② 목표 달성에 적절한 경비를 계산할 수 있도록 사전에 사업별·활동별로 업무량을 측정하고 업무 단위당의 원가를 산출하며, ③ 정부계획의 성과 및 그 수행 상태를 미리 설정된 성과표준에 의해 분석·평가한다.
편성 방법	예산과목의 편성은 정보의 각 계획 내용을 명확히 할 수 있도록 사업별·활동별로 분류된 예산과목을 사용한다. 따라서 정부의 계획을 ① 기능별로 대분류하고, ② 계획을 담당해 수행하는 조직 단위의 기능 아래 수 개의 사업계획으로 중분류하고, ③ 사업계획은 수행 과정, 활동 절차 또는 사업 세분에 따라 성과 단위로 재분류하고, ④ 세부계획이나 활도을 모두 경비품목으로 표시할 수 있는 예산과목으로 분류한다. 단위원가 × 업무량 = 예산액 ※ 단위원가란 업무측정 단위 한 개를 산출하는데 소요되는 경비를 말하는데, 그것이 재화로서 시장가격이 형성되지 않았거나 용역의 경우에는 측정하기 어렵다. ※ 업무량이란 업무측정 단위에 의해 표시된 업무의 양을 말한다.
장점	① 국민의 입장에서 볼 때 예산을 통해 경찰의 활동을 쉽게 이해할 수 있다. ② 예산편성에서 자원 배분을 합리화할 수 있고, 예산의 집행에서도 신축성을 부여할 수 있다. ③ 정부정책이나 계획 수립을 용이하게 하고 있을 뿐 아니라 입법부의 예산 심의를 간편하게 하는 장점이 있다. ④ 예산 집행 결과에 대한 평가를 통해 해당 부서의 업무 능률을 측정할 수 있으며 다음 연도의 예산에 반영할 수 있다.
단점	① 업무측정 단위 선정 및 단위원가 계산에 어려움이 있다. ② 투자사업 등에 소요되는 예산에는 적용이 용이하나, 공무원의 봉급 등 인건비에 들어가는 행정 기본경비에의 적용에는 어려운 점이 있다.

(3) 계획예산제도(planning-programming-budgeting system: PPBS)

① 계획예산제도는 종래의 관리 중심의 예산 기능을 지양하고 상대적으로 경시되어 왔던 예산편성에서의 계획 기능을 중시하는 예산제도이다. 이는 일명 프로그램 예산이라고도 한다.

② 계획예산제도는 한마디로 정책결정자의 욕구를 충족시켜 주기 위한 예산제도이다. 재정에 대한 수요는 많고 이를 뒷받침해 줄 수 있는 재원은 한정된 상태에서 예산을 편성하자면, 최소의 비용으로 최대의 정책 효과를 거둘 수 있는 사업에 재원이 할당되어야 하는데, 이러한 과제를 계획예산제도가 충족시킬 수 있다는 것이다.

③ 계획예산제도의 첫 출발점은 조직의 목적을 가능한 한 정확하게 설정하는 데서 시작해야 한다. 그 다음에 이러한 목적 달성을 위해 취해야 할 대안들을 검토해야 하며, 이들 대안에 대한 비용과 편익을 분석해 그 분석을 토대로 예산 배분이 이뤄지게 된다.

④ 계획예산제도는 이상적이기는 하나 예산의 정치적 성격과 실현에 필요한 비용 부담 및 분석의 곤란 때문에 실제적으로는 실패했다.

(4) 영점기준예산제도(zero-base budgeting)

구분	내용
의의	① 매년 예산편성을 할 때 전년도 예산을 기준으로 하여 점증적으로 예산액을 책정하는 폐단을 시정하려는 데서 나온 예산제도이다. ② 전년도 예산 대비 개념을 탈피하기 위해 전년도와 유사한 사업이라도 그 사업의 수행 목적, 수행 방법, 수행 효과, 소요경비 등을 새로 사업을 시작하는 수준, 즉 '영의 수준(zero-base)'에서 판단해 우선순위를 새롭게 결정하고 그에 따라 예산을 책정한다.
장점	① 산출 및 결과 지향적 예산제도로서 예산의 경직성을 타파할 수 있다. ② 우선순위에 입각한 사업의 폐지 또는 삭감을 통한 재원의 합리적 배분을 유도할 수 있다. ③ 재정 압박에 대비하고 감축관리에 적합한 제도적 장치이다. ④ 하의상달 및 조직구성원의 참여를 촉진할 수 있고, 기존의 어떠한 예산제도와도 공존할 수 있다. ⑤ 운용상의 신축성을 발휘할 수 있는 장점도 있다.
단점	① 우선순위 결정에 많은 어려움이 수반된다. ② 새로운 사업을 제안하는 것이 곤란하고 예산편성이 통제 지향으로 흐를 가능성이 있다. ③ 장기적인 목표가 경시될 수 있는 우려도 있다. ④ 기득권자들의 저항, 매몰비용의 문제, 시간 부족 등으로 인해 여전히 점증적 예산 결정 행태가 존속된다는 것이다.

(5) 일몰법

① 일몰법은 특정의 정부조직이나 사업이 일정 기간이 지나면, 입법기관의 별도의 조치(재보증)를 얻지 못하는 한, 자동적으로 폐지되도록 규정한 법률을 말한다.

② 일몰법은 기존 사업과 지출에 대한 자동적 종결과 주기적 재검토를 통해 불필요한 사업을 폐지하고, 강력한 저항력을 지닌 행정조직들을 효과적으로 폐지할 수 있다는 점에 그 취지가 있다.

③ 영점기준예산제도와 일몰법 모두 전면적 재검토를 통한 자원 배분의 효율성을 높이는 것을 목적으로 한다는 점에서는 일치하지만, 영점기준예산제도가 예산편성에 관련된 행정적 과정이라면 일몰법은 예산에 관한 심의, 통제를 위한 입법적 과정이라고 할 수 있다.

(6) 자본예산제도

① 세입과 세출을 경상적인 것과 자본적인 것으로 나눠 경상적 지출은 경상적 수입으로 충당하고, 자본적 지출은 공채 발행 등의 차입으로 충당하는 복식 예산제도의 한 양식을 말한다.

② 1930년대의 공황기에 스웨덴에서 개발된 자본예산제도는 제2차 세계대전 후 공공시설의 투자자금을 조달하기 위한 방편으로 미국의 도시정부들에서도 채택되었다.

③ 경제적 불황기에 직면했을 때 자본예산제를 채택할 경우 적자재정, 즉 공채 발행을 정당화할 수 있고, 이것을 재원으로 하여 유효 수요를 창출하고 고용을 증대시켜 경기를 회복할 수 있다.

제 2 절 해양경찰 예산의 과정

1. 예산 과정의 절차

(1) 예산안 편성

구분	내용
신규사업 및 중기사업계획서 제출(제28조)	해양경비안전본부장은 매년 1월 31일까지 당해 회계연도부터 5회계연도 이상의 기간 동안의 신규사업 및 기획재정부 장관이 정하는 주요계속사업에 대한 중기사업계획서를 기획재정부 장관에게 제출해야 한다.
예산안 편성 지침의 통보 (제29조 제1항)	기획재정부 장관은 국무회의의 심의를 거쳐 대통령의 승인을 얻은 다음 연도의 예산안편성지침을 매년 3월 31일까지 해양경비안전본부장에게 통보해야 한다.
예산요구서의 제출 (제31조 제1항)	해양경비안전본부장은 예산안 편성지침에 따라 예산요구서를 작성해 매년 5월 31일까지 기획재정부 장관에게 제출해야 한다.
정부안의 확정 및 국회 제출 (제32조, 제33조)	기획재정부 장관은 예산요구서에 따라 예산안을 편성해 국무회의의 심의를 거친 후 대통령의 승인을 얻은 예산안을 회계연도 개시 120일 전까지 국회에 제출해야 한다.

(2) 예산의 심의 · 의결

대통령의 시정연설 기획재정부 장관의 제안 설명	➜	상임위원회의 예비심사	➜	예산결산위원회의 종합심사	➜	본회의 의결 (예산 성립)

(3) 예산 집행

① 예산배정요구서 제출: 해양경비안전본부장 → 기획재정부 장관

예산이 확정된 후 사업운영계획 및 이에 따른 세입세출예산 · 계속비와 국고채무부담행위를 포함 한 예산배정요구서를 기획재정부 장관에게 제출해야 한다.

② 예산배정계획서 작성: 기획재정부 장관 → 국무회의 제출, 대통령의 승인

기획재정부 장관은 분기별 예산배정계획을 작성하고, 국무회의의 심의를 거쳐 대통령의 승인을 얻어야 한다.

③ 예산 배정: 기획재정부 장관 → 해양경비안전본부장

기획재정부 장관은 분기별 예산배정계획에 의거 해양경비안전본부장에게 예산을 배정하며, 필요한 때에는 대통령령이 정하는 바에 따라 회계연도 개시 전에 예산을 배정할 수 있다.

④ 예산 배정 통지: 기획재정부 장관 → 감사원

기획재정부 장관은 해양경비안전본부장에게 예산을 배정한 때에는 감사원에

통지해야 한다.

⑥ 예산재배정: 해양경비안전본부장 → 산하기관장

산하기관의 재정 운영을 감독·통제하기 위해 해양경비안전본부장이 배정받은 예산액의 범위 내에서 다시 산하기관에 분기별로 예산을 배정해 주는 절차를 말한다.

(4) 예산의 결산 및 회계검사

① 출납사무의 완결: 회계연도 말일까지 완결

② 결산보고서 작성 및 제출: 해양경비안전본부장은 다음 연도 2월 말까지 재정경제부 장관에게 제출해야 한다.

③ 결산서 작성 및 제출: 기획재정부 장관은 회계연도마다 국무회의의 심의를 거친 후 대통령의 승인을 얻어 다음 연도 4월 10일까지 감사원에 제출해야 한다.

④ 감사원 작성 및 제출: 감사원은 결산을 검사하고 그 보고서를 다음 연도 5월 20일까지 기획재정부 장관에게 송부해야 한다.

⑤ 결산보고서의 국회 제출: 정부는 다음 연도 5월 31일까지 국회에 제출해야 한다.

⑥ 국회의 결산 심의: 소관 상임위원회의 예비심사, 예산결산특별위원회의 종합심사, 본회의 심의를 거친다.

※ 정부는 회계심사를 마친 결산서류를 국회에 제출하고, 국회는 결산 승인을 하며, 국회의 결산 승인이 나면 정부의 예산집행 책임이 해제되고 당해 연도 예산의 기능이 완결된다.

2. 예산의 집행

(1) 예산집행의 의의

1) 예산집행의 개념

① 예산집행이란 국회에서 의결·확정된 예산에 따라 재원을 조달하고 경비를 지출하는 재정활동을 말하며, 예산은 예산서에 명시된 목적 이외에는 사용하지 못한다. 다만, 상황 변화에 따른 신축성, 재량 인정이 필요하다.

② 예산집행의 구체적인 절차는 예산의 배정, 예산의 재배정, 지출원인행위와 지출, 현금 지급의 단계로 이뤄진다.

2) 예산집행의 목표

예산집행의 목표는 재정통제와 신축성의 유지이다.

(2) 예산의 집행통제

1) 예산의 배정

① 예산의 배정이란 기획재정부 장관이 해양경비안전본부장에게 일정 기간 동안 집행할 수 있는 금액과 책임 소재를 정해 나눠 주는 것을 의미하며, 예산의 집행은 예산의 배정으로 시작된다.

② 지출원인행위는 배정된 예산의 범위 내에서 수행되어야 하며, 예산이 국회를 통과해 확정되었더라도 해당 예산이 배정되지 않으면 지출원인행위를 할 수 없다.

2) 예산의 재배정

예산의 재배정이란, 산하기관의 재정 운영을 감독・통제하기 위해 해양경비안전본부장이 배정받은 예산액의 범위 내에서 다시 산하기관에 분기별로 예산을 배정해 주는 절차를 말한다.

3) 예산 배정 방법(「국가재정법」 제43조)

정기배정	4분기별 연간배정계획에 의거 정기적으로 예산을 배정하는 것을 말한다.
긴급배정	① 회계연도 개시 전에 예산을 배정하는 것을 말한다. ② 긴급배정할 수 있는 경비(동법 시행령 제16조 제5항) 1. 외국에서 지급하는 경비 2. 선박의 운영・수리 등에 소요되는 경비 3. 교통이나 통신이 불편한 지역에서 지급하는 경비 4. 각 관서에서 필요한 부식물의 매입 경비 5. 범죄 수사 등 특수활동에 소요되는 경비 6. 여비 7. 경제정책상 조기 집행을 필요로 하는 공공사업비 8. 재해복구사업에 소요되는 경비

조기배정	경제 정책상의 필요에 의해 사업을 조기에 집행하고자 할 때 연간 정기배정계획 자체를 1/4 또는 2/4분기에 앞당겨 집중 배정하는 것을 말한다.
당겨배정	사업의 집행 과정에서 계획의 변동이나 여건 변화로 인해 해당 사업에 대한 예산을 분기별 정기배정계획에 관계없이 앞당겨 배정하는 것을 말한다.
배정유보	경제정책이나 재정 운용상의 필요에 의해 그 사업에 대한 예산 배정을 유보하는 것을 말한다.
수시배정	분기별 정기배정에 관계없이 수시배정의 요구를 받아 해당 사업의 추진 상황, 문제점 등을 검토한 후 예산을 배정하는 것을 말한다.
감액배정	일단 배정된 예산에 대해 사업계획의 변동 또는 차질이나 재정 운용상의 필요에 의해 배정을 감액하는 것을 말한다.

(3) 예산집행의 신축성

1) 의의

예산집행의 신축성이란, 예산집행에서 경제 사정 등의 변화에 적응할 수 있도록 예산통제를 어느 정도 완화해 일정한 범위 내에서 행정부에 재량권을 부여하는 것이다.

2) 예산의 탄력적 집행제도(「국가재정법」)

구분	내용	
예산의 이용 (제47조)	예산집행상 필요한 일정한 사유의 경우에 미리 예산으로써 국회의 의결을 얻은 때에 기획재정부 장관의 승인을 얻어 장·관·항 간에 예산금액을 상호 이용하는 것을 말한다.	
예산의 전용 (제46조)	예산의 세항 또는 목의 금액을 기획재정부 장관의 승인을 얻어 상호 이용하는 것을 말한다.	
예산의 이체 (제47조)	정부조직 등에 관한 법령의 제정, 개정 또는 폐지로 인해 중앙관서의 직무와 권한에 변동이 있는 때에 예산을 이에 따라 변경해 사용하는 것을 말한다.	
이월 (제48조)	명시이월	세출예산 중 연도 내에 그 지출을 하지 못할 것이 예측될 때에 미리 국회의 승인을 얻어 예산을 다음 연도에 넘겨서 사용하는 것을 말한다.
	사고이월	연도 내에 지출원인행위를 하고 불가피한 사유로 인해 연도 내에 지출하지 못한 경비와 지출원인행위를 하지 아니한 그 부대경비의 금액을 다음 연도에 이월해 사용하는 것을 말한다.

(4) 예산의 지출

1) 의의

예산의 지출이란, 세출예산 및 기금운용계획의 집행에 따라 국고에서 현금 등이 지급되는 것을 말한다.

2) 지출관리기관

① 재무관: 각 중앙기관의 장의 임명(지정)에 의해 지출원인행위를 할 수 있는 권한을 가진 자를 재무관(해양경비안전서의 기획운영과장)이라고 한다.

② 지출관: 중앙관서의 장은 재무관의 지출원인행위에 대한 지출을 하게 하기 위해 지출관을 임명해야 한다. 재무관이 행한 지출원인행위에 대해 그 채무를 변제하기 위해 출납기관에게 지출을 명령하는 공무원(해양경비안전서 경리계장)을 말한다.

③ 출납기관: 지출관의 명령에 따라 현금의 지급을 행하는 집행기관(한국은행, 출납공무원)을 말한다.

3) 용어의 정의

지출원인행위	재무관이 세출예산·계속비·국고채무부담행위 및 기금운용계획에 따라 지출의 원인이 되는 계약 등을 행하는 것을 말한다.
지급원인행위	관서운영경비출납공무원이 지출관으로부터 교부받은 관서운영경비에 의해 또는 국고금 운용계정 출납명령관이 국고금에 의해 지급의 원인이 되는 행위를 하는 것을 말한다.
계정	국고금의 수급액을 기록하기 위해 한국은행에 설치된 것을 말한다.

4) 지출의 관리(제19조, 제20조)

① 기획재정부 장관은 지출에 관한 사무를 총괄하고, 중앙관서의 장은 그 소관 지출원인행위와 지출에 관한 사무를 관리한다.

② 지출원인행위는 중앙관서의 장이 법령이나 「국가재정법」에 따라 배정된 예산 또는 기금운용계획의 금액 범위에서 해야 한다.

5) 관서운영경비(제24조)

의의	① 관서를 운영하는 데 드는 경비로서 그 성질상 제22조에서 규정(지출의 절차)한 절차에 따라 지출할 경우 업무 수행에 지장을 가져올 우려가 있는 경비를 말한다. ② 관서운영경비의 범위(동법 시행령 제31조) 1. 운영비(복리후생비, 시험연구비 중 연구개발비, 학교운영비, 위탁사업비는 제외)·특수활동비 및 업무추진비 중 기획재정부령이 정하는 금액(건당 500만 원) 이하의 경비 2. 외국에 있는 채권자가 외국에서 지급받으려는 경우에 지급하는 경비(재외공관 및 외국에 설치된 국가기관에 지급하는 경비를 포함) 3. 여비 4. 그 밖에 제28조부터 제30조까지에서 규정(지출의 방법)한 절차에 따라 지출할 경우 업무 수행에 지장을 가져올 우려가 있는 경비로서 기획재정부령이 정하는 경비

	③ 해양경찰의 경우 관서운영경비 지급관서로는 각 부서, 안전센터, 함정 등이 있다.
운용	① 중앙관서의 장 또는 그 위임을 받은 공무원은 관서운영경비를 출납공무원으로 하여금 지출관으로부터 교부받아 지급하게 할 수 있다. ② 관서운영경비는 관서운영경비출납공무원이 아니면 지급할 수 없다. ③ 관서운영경비출납공무원은 교부된 자금의 범위에서 지급원인행위를 할 수 있으며, 관서운영경비를 금융회사 등에 예치해 관리해야 한다. ④ 관서운영경비를 지급하려는 경우에는 정부구매카드를 사용해야 한다. 다만, 경비의 성질상 정부구매카드를 사용할 수 없는 경우에는 현금 지급 등의 방법으로 지급할 수 있다. ⑤ 관서운영경비는 일부 세목 조정이 가능하나, 공공요금은 다른 비목으로 세목 조정이 불가능하다. ⑥ 관서운영경비의 증빙서류, 현금출납부 등은 회계연도 종료 후 5년간 보존해야 한다. ⑦ 관서운영경비 출납공무원은 매 회계연도의 관서운영경비의 사용 잔액을 다음 회계연도 1월 15일까지 해당 지출관에게 반납해야 한다. 다만, 다음의 경우에는 관서운영경비의 사용 잔액을 다음 연도로 이월해 사용할 수 있다(동법시행령 제37조). 1. 지급원인행위를 하고 지급하지 아니한 금액 2. 직전 회계연도에 사용한 정부구매카드 사용 금액 중 그 대금을 지급하지 아니한 금액 3. 재외공관의 시설비 중 지급원인행위를 하고 지급되지 아니한 경비

제 6 장 해양경찰 홍보

제 1 절 서설

1. 홍보의 의의

해양경찰 홍보란 해양경찰의 활동이나 업무와 관련된 사항을 널리 알려서 해양경찰 목적 달성에 유리한 환경을 조성하는 행위를 말한다.

2. 목적 및 중요성

① 목적: 국민에게 해양경찰의 시책이나 해양경찰 활동의 상황을 정확하게 전달함과 동시에 국민의 해양경찰에 대한 의견이나 요망을 파악해 경찰활동에 반영시키는 데 있다.

② 중요성: 오늘날 해양경찰 업무는 국민의 이해와 협력 없이는 목적 달성이 곤란하며, 홍보는 해양경찰과 국민을 연결하는 교량으로서 중요한 역할을 수행하고 있다.

3. 홍보의 특성

① 교류성: 해양경찰과 국민의 의사가 상호 교류되어야 한다.
② 수평성: 해양경찰과 국민은 대등한 수평적 지위에 있을 것을 그 전제로 한다.
③ 의무성: 국민은 해양경찰이 어떠한 정책을 수행해 나가려는지에 대해 알 권리가 있고, 해양경찰은 이를 국민에게 알려 줄 의무가 있다.
④ 계몽성: 해양경찰은 국민을 계도・설득해 건전한 여론이 조성될 수 있도록 노력해야 한다.
⑤ 객관성: 해양경찰은 국민에게 사실 그대로 홍보해야 한다(왜곡, 은폐, 과장 금지).

제 2 절 해양경찰 홍보의 유형 및 전략

1. 홍보의 유형

협의의 홍보	유인물, 팸플릿 등 각종 매체를 통해 개인이나 단체의 좋은 점을 일방적으로 알리는 활동을 의미
공공 관계	① 조직의 활동에 대한 공중의 태도를 평가하고 조직의 정책・사업에 대한 공중의 이해・협력과 신뢰를 확보해 이를 유지・증진시키기 위한 관리활동을 의미 ② 상대방의 지지를 얻기 위한 노력이나 활동이라는 점에서 선전과 유사
지역공동체 관계	미국에서 발달한 개념으로 지역사회 내의 각종 기관(관공서, 교육기관 등), 단체 및 주민들과 유기적인 연락・협조 체제를 구축・유지해 지역사회 각계각층의 요구에 부응하는 해양경찰 활동을 하는 동시에 해양경찰 활동의 긍정적인 측면을 지역사회에 널리 알리는 종합적인 지역사회 홍보 체계를 의미
언론 관계	신문, 잡지, TV나 라디오의 뉴스 프로그램의 보도 기능에 대응하는 활동으로 대개 사건・사고에 대한 기자들의 질의에 답하는 대응적이고 소극적인 홍보활동을 의미
대중매체 관계	언론 관계의 대상과 범위가 확대되고 발전된 좀 더 종합적인 홍보활동으로 신문・방송 및 영상물 등 각종 대중매체 제작자와 긴밀한 협조 관계를 구축・유지함으로써 대중매체의 필요를 충족시켜 주는 한편, 해양경찰의 긍정적인 측면을 널리 알리는 활동이며 대중매체에 대한 종합적인 이해와 전문적 지식이 필요한 적극적 홍보활동을 의미
기업 이미지식 해양경찰 홍보	① 소비자주권시대를 맞아 해양경찰 업무의 서비스 개념, 즉 국민을 '소비자'로 보는 관점에서 발달한 개념으로 영・미를 중심으로 발달한 매우 적극적인 홍보활동

② 일반 기업이 행하는 것과 같이 유료 광고를 내고 친근한 상징물을 개발해 전파하는 등 조직 이미지를 고양
③ 고양된 조직 이미지와 높아진 국민 지지도를 바탕으로 예산 획득과 해양경찰 활동에 대한 협력 확보 등의 목적을 달성하기 위한 종합적이고 계획적인 홍보활동

2. 홍보의 전략

(1) 소극적 홍보전략

① 대변인실의 이용 및 기자실 운영
② 비밀주의와 공개 최소화의 원칙
③ 언론 접촉 규제
④ 홍보와 타 기능의 분리: 홍보 기능이 수사, 안전, 방제 등 타 기능과 유기적인 협조 체계 미구축

(2) 적극적 홍보전략

① 대중매체의 이용
② 공개주의와 비밀 최소화의 원칙
③ 홍보와 다른 기능의 연계를 통한 총체적 홍보전략
④ 언론 접촉 장려(전 해양경찰의 홍보요원화): 해양경찰 교육과정에 언론 대응 교육 실시

3. 홍보의 유의점

① 경찰의 홍보활동과 관련해 「헌법」상 사생활의 보호와 알 권리 간의 균형 있는 조화가 필요하다.
② 범죄 사실이라도 공공의 이익을 위한 것이 아닌 경우에는 발표해서는 아니 된다.
③ 경찰의 보도기관에서 발표담당자는 지방해양경비안전본부장, 해양경비안전서장, 수사본부장, 그 지정을 받은 책임 있는 지위에 있는 자여야 한다.

[참고 사항] 보도 관련 용어

리드(lead)	기사 내용을 요약해서 1~2줄 정도로 간략하게 쓴 글
이슈(issue)	일정 시점에서 중요시되어 토론 · 논쟁이나 갈등의 요인이 되는 사회 · 문화 · 경제 · 정치적 관심이나 사고
오프 더 레코드 (off the record)	보도하지 않을 것을 조건으로 하는 자료나 정보의 제공
엠바고(embargo)	어느 시한까지 보도하지 않을 것을 전제로 자료 제공이 이뤄지는 관행
데드라인(deadline)	취재된 기사를 편집부에 넘겨야 하는 기사 마감 시간

제 7 장 해양경찰 보안관리

제 1 절 서론

구분	내용
보안의 개념	① 협의의 개념(적극적 보안활동): 국가가 보호를 필요로 하는 비밀이나 인원, 문서, 자재, 시설 및 지역 등을 보호하는 소극적인 예방활동을 말함. ② 광의의 개념(소극적 보안활동): 국가안전 보장을 해치고자 하는 간첩, 태업이나 전복으로 국가를 위태롭게 하는 불순분자에 대해 탐지·조사·체포하는 등의 적극적인 예방활동을 말함.
법적 근거	「국가정보원법」, 「정보 및 보안 업무기획 조정규정」, 「보안업무규정」, 「보안업무규정 시행규칙」, 「보안업무규정 시행세부규칙」 등(「국가보안법」 ×)
보안의 대상	인원, 문서 및 자재, 시설, 지역 등이 있고, 국가는 보안의 주체로 보안의 대상(객체)이 아니다.
보안 업무 원칙	① 한정의 원칙: 보안의 대상이 되는 사실은 전파할 때, 전파가 꼭 필요한가 여부를 신중히 검토한 후 꼭 필요로 하는 사람에게만 전달해야 한다는 원칙 ② 부분화의 원칙: 알 사람만 알게 하고 한 번에 다량의 비밀이나 정보가 유출되지 않도록 하는 원칙 ③ 보안과 효율의 조화: 보안과 업무 효율은 반비례 관계에 있으므로 양자의 적절한 조화를 유지하는 방법을 강구해야 한다는 원칙
보안책임	① 행정책임: 보안 업무를 담당하는 공무원과 관계 기관이 장이 고의와 관계없이 보안 누설이나 보안사고 등에 대해 또는 보안 업무 처리상 하자로 인해 부담하는 징계책임 ② 형사책임: 공무상 비밀누설죄로 처벌받게 되는 책임

제 2 절 보안의 방법

1. 문서보안

(1) 비밀의 구분(「보안업무규정」 제4조)

비밀이란 그 내용이 누설될 경우 국가안전 보장에 해를 끼칠 우려가 있는 국가기밀로서 「보안업무규정」에 따라 비밀로 분류된 것을 말한다(제2조 제1호).

Ⅰ급 비밀	누설될 경우 대한민국과 외교 관계가 단절되고 전쟁을 일으키며, 국가의 방위계획·정보활동 및 국가 방위에 반드시 필요한 과학과 기술의 개발을 위태롭게 하는 등의 우려가 있는 비밀
Ⅱ급 비밀	누설될 경우 국가안전 보장에 막대한 지장을 끼칠 우려가 있는 비밀
Ⅲ급 비밀	누설될 경우 국가안전 보장에 해를 끼칠 우려가 있는 비밀

※ 대외비: 비밀은 아니지만 직무 수행상 일시적으로 누설을 방지하기 위해 특별히 보호가 필요한 사항으로 비밀과 같은 방법으로 관리한다(동 규정 시행규칙 제16조 제3항).

(2) 비밀 분류의 원칙(규정 제12조)

과도 또는 과소 분류 금지의 원칙	비밀은 적절히 보호할 수 있는 최저 등급으로 분류하되, 과도하거나 과소하게 분류해서는 안 된다는 원칙
독립 분류의 원칙	비밀은 그 자체의 내용과 가치의 정도에 따라 분류해야 하며, 다른 비밀과 관련해 분류해서는 안 된다는 원칙. 즉, 문서와 분류되는 문서의 등급을 관련시켜 생각해서는 안 된다는 원칙
외국 또는 국제기구의 비밀 존중의 원칙	외국 정보나 국제기구로부터 접수한 비밀은 그 생산기관이 필요로 하는 정도로 보호할 수 있도록 분류해야 한다는 원칙

(3) 비밀의 취급

1) 의의

① 비밀의 취급이란 비밀을 수집·작성·관리·분류 등 일체의 비밀관리행위를 말한다.

② 인원 보안 대상에 해당하는 경찰공무원 중 신원 특이자는 자체 보안심사위원회 또는 자체 심의기구에서 인가 여부를 의결하고, 불(不)이라고 결정된 자는 즉시 인사 조치한다.

2) 비밀의 취급자

① 모든 해양경찰공무원(의무경찰을 포함)은 임용과 동시 Ⅲ급 비밀취급권을 가진다.

② 해양경찰공무원 중 ⓐ 경비, 경호, 작전, 항공, 정보통신 담당부서, ⓑ 정보, 보안, 외사부서, ⓒ 감찰, 감사 담당부서, ⓓ 치안상황실, 발간실, 문서수발실, ⓔ 각 과의 서무담당자 및 비밀을 관리하는 보안 업무 담당자, ⓕ 부속기관, 지방해양경비안전본부, 해양경비안전서 각 과의 서무담당자 및 비밀을 관리하는 보안 업무 담당자 다음의 부서에 근무하는 자(의무경찰을 포함)는 그 보직 발령과 동시에 Ⅱ급 비밀취급권을 인가받은 것으로 한다.

③ ① 및 ②에 따라 비밀의 취급인가를 받은 자에 대해서는 별도로 비밀취급인가증을 발급하지 않으나, 업무상 필요한 경우에는 발급할 수 있다.

3) 비밀취급 인가권자의 위임

① 지방해양경비안전본부장은 해양경비안전서장에게 Ⅱ급 및 Ⅲ급 비밀취급인가권을 위임한다. 이 경우 경정 이상의 경찰공무원을 장으로 하는 경찰기관의 장에게도 위임할 수 있다.

② ①에 의해 Ⅱ급 및 Ⅲ급 비밀취급인가권을 위임받은 기관의 장은 이를 다시 위임할 수 없다.

(4) 비밀의 보관 및 보안 등

보관 기준	① 비밀은 일반문서나 암호자재와 혼합해 보관해서는 아니 됨. ② Ⅰ급비밀은 반드시 금고에 보관해야 하며, 다른 비밀과 혼합해 보관해서는 아니 됨. ③ Ⅱ급비밀 및 Ⅲ급비밀은 금고 또는 이중 철제 캐비닛 등 잠금장치가 있는 안전한 용기에 보관해야 하며, 보관책임자가 Ⅱ급비밀 취급 인가를 받은 때에는 Ⅱ급비밀 및 Ⅲ급비밀을 같은 용기에 혼합해 보관할 수 있음. ④ 보관용기에 넣을 수 없는 비밀은 제한구역 또는 통제구역에 보관하는 등 그 내용이 노출되지 아니하도록 특별한 보호 대책을 마련해야 함.
보관용기	① 비밀의 보관용기 외부에는 비밀의 보관을 알리거나 나타내는 어떠한 표시도 해서는 아니 됨. ② 보관용기의 잠금장치의 종류 및 사용 방법은 보관책임자 외의 사람이 알지 못하도록 특별한 통제를 해야 하며, 다른 사람이 알았을 때에는 즉시 이를 변경해야 함.
비밀문서의 분리	단일문서로 된 비밀은 이를 분리할 수 없음. 다만, Ⅲ급비밀인 첩보 및 정보문서는 신속한 처리를 위해 관계 취급자에게 분리·취급시킬 수 있으며 업무 처리가 끝난 후에는

	반드시 그 예고문에 따라 처리해야 함.
비밀의 대출 및 열람	① 비밀보관 책임자는 보관 비밀을 대출하는 때에는 비밀대출부에 관련 사항을 기록·유지함. ② 개별 비밀에 대한 열람자 범위를 파악하기 위해 각각의 비밀문서 끝부분에 비밀열람기록전을 첨부함. 이 경우 문서 형태 외의 비밀에 대한 열람기록은 따로 비밀열람기록전을 비치하고 기록·유지함. ③ 비밀열람기록전은 그 비밀의 생산기관이 첨부하며, 비밀을 파기하는 때에는 비밀에서 분리해 따로 철해 보관해야 함.
암호자재의 제작	① 각급 기관에서 공통으로 사용할 암호자재나 각급기관의 장이 제작을 요청하는 암호자재는 국가정보원장이 제작·배부함. ② 각급 기관에서 사용하는 Ⅲ급비밀 소통용 암호자재는 국가정보원장이 인가하는 암호 체계에 따라 그 기관의 장이 제작·배부할 수 있음. ③ 각급 기관의 장은 Ⅲ급비밀 소통용 암호자재를 제작하거나 변경한 때에는 1부를 국가정보원장에게 제출해야 함. ④ 암호자재를 사용하는 기관의 장은 암호자재의 관리에 관해 책임을 짐.
비밀관리부철의 보존	서약서철, 비밀접수증철, 비밀관리기록부, 비밀접수 및 발송대장, 비밀열람기록전, 비밀대출부, 배부처는 해당 비밀의 보호 기간이 만료된 후 5년간 보존해야 하며, 그 이전에 폐기하고자 할 때에는 국가정보원장의 승인을 받아야 함.

2. 시설보안

(1) 보호구역(「보안업무규정」 제32조)

① 중요시설 보호구역의 설치권자: 중요시설의 장은 국가 비밀의 보호와 국가 중요시설·장비 및 자재의 보호를 위해 필요한 장소에 일정한 범위를 정해 제한지역, 제한구역 및 통제구역 등의 보호구역을 설정할 수 있다.

② 제한지역·제한구역·통제구역의 설치 기준: 시설의 중요도 및 취약성에 따라 이를 제한지역·제한구역 및 통제구역으로 나눈다.

(2) 보호구역의 구분

보호구역은 그 중요도에 따라 제한지역, 제한구역 및 통제구역으로 나눈다.

제한지역	비밀 또는 국·공유재산의 보호를 위해 울타리 또는 방호·경비 인력에 의해 일반인의 출입에 대한 감시가 필요한 지역	경찰관서 전역

제한구역	비인가자가 비밀, 주요시설 및 Ⅲ급비밀 소통용 암호자재에 접근하는 것을 방지하기 위해 안내를 받아 출입해야 하는 구역	① 전자교환기(통합장비)실, 정보통신실 ② 발간실 ③ 송신 및 중계소, 정보통신관제센터 ④ 항공대 ⑤ 작전 · 경호 · 정보 · 보안 업무 담당부서 전역 ⑥ 과학수사센터
통제구역	보안상 매우 중요한 구역으로서 비인가자의 출입이 금지되는 구역	① 암호취급소 ② 정보보안기록실 ③ 무기창 · 무기고 및 탄약고 ④ 종합상황실 · 치안상황실 ⑤ 암호장비관리실 ⑥ 정보상황실 ⑦ 비밀발간실 ⑧ 종합조회처리실

제 8 장 해양경찰 장비관리

제 1 절 물품관리(물품관리법)

1. 물품 및 물품관리의 개념

물품이라 함은 국가가 소요하는 동산과 국가가 사용하기 위해 보관하는 동산을 말한다. 해양경찰 물품관리는 크게 취득・보관・사용・처분 등 4단계로 나눠 볼 수 있고, 이를 행정 운용과 연결시켜 보면 각각 수급관리・재고관리・재물활용・불용품 처리의 네 가지 단계가 서로 연결되어 입체적으로 나타나게 된다.

2. 물품의 분류

의의	각 중앙관서의 장은 그 소관 물품을 기관별・사업별 및 성질별로 분류해 효율적이고 적정하게 관리해야 한다. 각 중앙관서의 장은 그 소관 물품의 효율적인 사용과 처분을 위하여 필요하면 그 소관 물품의 소속 분류를 전환할 수 있다.
표준화	각 중앙관서의 장은 해당 관서와 그 소속기관에서만 사용하는 주요 물품에 관해 그 표준을 정하고, 조달청장은 정부 각 기관에서 공통적으로 사용하는 주요 물품에 관해 그 표준을 정해야 한다.

물품관리 원칙	① 물품별 분류 보관의 원칙 ② 품질 및 성능 보존의 원칙 ③ 보관 상황 보고의 원칙 ④ 순환 빈도에 따른 위치 선정 원칙

3. 물품의 관리기관

총괄기관	기획재정부 장관은 물품관리의 제도와 정책에 관한 사항을 관장하며, 물품관리에 관한 정책이 결정을 위해 필요하면 조달청장이나 각 중앙관서의 장으로 하여금 물품관리 상황에 관한 보고를 하게 하거나 필요한 조치를 할 수 있다.
관리기관	각 중앙관서의 장은 그 소관 물품을 관리한다.
물품관리관	각 중앙관서의 장은 그 소관 물품관리에 관한 사무를 소속 공무원에게 위임할 수 있고, 필요하면 다른 중앙관서의 소속 공무원에게 위임할 수 있다. 이와 같이 물품관리에 관한 사무를 위임받은 공무원을 물품관리관이라 한다.
물품 출납공무원	물품관리관은 그가 소속된 관서의 공무원에게 그 관리하는 물품의 출납과 보관에 관한 사무를 위임해야 한다. 여기에서 물품의 출납과 보관에 관한 사무를 위임받은 공무원을 물품출납공무원이라 한다.
물품운용관	물품관리관은 그가 소속된 관서의 공무원에게 국가의 사무 또는 사업의 목적과 용도에 따라서 물품을 사용하게 하거나 사용 중인 물품의 관리에 관한 사무를 위임해야 한다. 여기에서 물품의 사용에 관한 사무를 위임받은 공무원을 물품운용관이라 한다.

4. 물품의 수급관리

수급관리제도는 계획적인 수급관리로 불요불급의 구매 억제, 잉여품이나 과장품의 발생 방지 및 보유 재물 등을 효율적으로 활용함으로써 물자 또는 예산의 낭비를 미리 방지하기 위한 것이다.

물품 수급 관리계획	물품수급관리계획서 작성 대상은 소모품을 제외한 비소모품으로 한다. 물품수급관리계획서의 작성은 매년 2월 말일까지 당해 연도의 물품수급관리계획을 수립해 조달청장에게 제출해야 한다.
물품의 취득	물품의 취득이란 물품관리관이 표준서식 등재, 전산기록 등의 행위로 물품이 국가소유로 관리 운용되는 상태를 말하며, 그 종류는 구매취득, 관리전환취득, 기증취득, 편입취득, 생산취득, 부생취득, 잡건취득의 형태로 이뤄진다.
물품의 보관	물품관리관으로부터 물품의 출납과 보관에 관한 사무를 위임받음 물품출납공무원이 실질적인 관리기관이다. 물품은 양호한 상태로 사용 또는 처분할 수 있도록 선량한 관리자의 주의로써 국가의 시설에 보관함을 원칙으로 한다.

물품의 출납	물품관리관은 물품을 출납하고자 할 때에는 물품출납공무원에게 출납해야 할 물품의 세부 사항을 명백히 하여 물품을 입고 또는 출고하게 하거나 물품운용관에게 사용할 수 없거나 사용할 필요가 없는 물품에 대해 반납명령을 해야 한다.
물품의 사용	물품운용관 또는 물품사용자는 물품의 소요 사유가 발생하면 물품관리관에게 당해 물품의 출급 명령을 요청해야 한다.
처분	① 매각: 물품은 매각을 목적으로 하거나 불용품이 아니면 매각할 수 없다. ② 교환: 물품관리관은 물품을 효율적으로 관리하기 위해 필요하면 국가 외의 자가 소유하고 있는 다른 물품과 교환할 수 있다. ③ 불용 결정 및 불용물의 매각 또는 폐기: 물품관리관은 그 소관 물품 중 사용할 필요가 없거나 사용할 수 없는 물품이 있으면 그 물품에 대해 불용의 결정을 해야 한다. 물품관리관은 불용품이 매각하기에 부적당하거나 매각하면 국가가 불리하다고 인정될 경우 또는 매각할 수 없는 경우에는 폐기할 수 있다. 단, 소정의 물품에 대한 결정은 소속 중앙관서의 장의 승인을 받아야 한다.

5. 물품관리 종사공무원의 책임

① 각 중앙관서의 장은 재물조사 결과 물품이 없어지거나 물품이 훼손된 것이 발견되면 변상명령을 할 수 있고, 각 중앙관서의 장은 정기적으로 물품관리에 관한 검사를 해야 한다.

② 물품관리관・물품운용관 또는 물품출납공무원이 교체된 경우나 그 밖에 필요한 경우에는 수시로 그 소관 물품의 관리에 관해 검사해야 한다.

제 2 절 함정정비

1. 개요(「국민안전처 함정정비 규칙」)

함정 정비	함정의 선체와 장비의 성능 유지 및 수명 연장을 위해 손질, 검사, 수리, 재생, 개조, 개장, 교정하는 등의 일체 행위
함정 수리	함정의 선체 혹은 장비의 설계, 자재, 수량, 위치 또는 구성부품의 상호 관계를 변경하지 아니하고 본래의 선체 또는 장비를 사용할 수 있도록 유지하는 데 필요한 작업
함정 개조	함정의 성능이나 특성에 영향을 미치는 선체, 장비, 설비 및 의장에서 설계상의 기재 수량, 위치 또는 함정 구조를 변경하는 작업

2. 함정 수리

(1) 함정 정비의 종류

구분		내용
자체정비		함정을 정상적으로 운용하면서 운전 시간에 따라 정기적으로 함정 승조원이 직접 부속품의 교환과 고장 방지를 위한 예방적 정비 및 경미한 수리를 실시하는 정비
예방정비		PMS에 따라 함정에서 실시하는 정비로서 함정에 설치된 장비의 성능 유지를 위해 제반 장비에 대한 주기적인 정비계획을 수립・시행하는 정비
안전서 정비		함정 자체정비의 범위를 초과한 고장 발생으로 해양경찰서 장비관리과에서 함정정비반 또는 민간업체에 의뢰해 수리를 실시하는 정비
계획정비	정기수리	일정 기간 운영 후 함정 전반에 걸친 검사, 정비 사항을 해양경비안전 정비창, 해군정비창(수리창) 또는 민간업체에 의뢰해 실시하는 정비로서 엔진 총 분해 수리 및 부품 교환 등을 통한 함정의 성능 회복을 위한 수리
	상가수리	수면 하 선체 및 구조물의 검사수리를 위해 상가(grounding)시설을 구비한 해양경비안전 정비창, 해군 정비창(수리창) 또는 민간업체에 의뢰 실시하는 정비로서 주기적으로 실시하는 정기상가, 중간상가 및 긴급소요에 의해 실시하는 긴급상가가 있다.
창정비		계획정비 이외의 긴급한 수리를 위해 해양경비안전 정비창 및 해군정비창(수리창)에 의뢰해 수리를 실시하는 정비

제 3 절 무기관리

1. 무기류의 용어 정의(「무기・탄약류 등 관리규칙」)

용어	정의
무기	인명 또는 신체에 위해를 가할 수 있도록 제작된 장비
개인화기	국민안전처 소속 경찰공무원(의무경찰 포함) 개인이 휴대하며 운용할 수 있는 무기
공용화기	경비함정 등에서 공동 임무를 수행하기 위해 사용하는 무기
무기고	해양경비안전관서에 배정된 개인화기와 공용화기를 보관하기 위해 설치된 시설
간이무기고	해양경비안전관서의 각 기능별 운용부서에서 효율적 사용을 위해 무기고로부터 무기・탄약의 일부를 대여받아 별도 보관 관리하는 시설
탄약고	경찰탄약 및 최루탄을 집중 보관하기 위해 다른 용도의 사무실, 무기고 등과 분리 설치된 보관시설

2. 무기 · 탄약 구분

① 개인화기: 권총, 소총(자동소총 및 기관단총을 포함한다) 등
② 공용화기: 유탄발사기, 중기관총, 함포(부대장비를 포함한다) 등
③ 도검 등

3. 무기 · 탄약의 안전관리

(1) 안전기준 검사 실시

해양경비안전기관의 장은 다음 각 호에 해당하는 보유 운용 중인 무기에 대한 안전기준 검사를 연간 1회 실시하고 이상 유무를 기록 · 유지 관리해야 한다.

구분	내용
소총, 권총, 기관총, 유탄발사기	① 총열의 균열 유무 ② 방아쇠를 당길 수 있는 힘이 1킬로그램 이상인지 여부 ③ 안전장치의 작동 여부
20M/M 이상 함포	포열의 균열 여부
탄약 및 폭약류	① 신관부 및 탄체의 부식 또는 충전물 누출 여부 ② 안전장치의 이상 유무

(2) 안전수칙 준수

구분	내용
권총	① 총구는 공중을 향할 것 ② 실탄 장전할 때는 반드시 안전장치 ③ 1탄은 공포탄 2탄 이하는 실탄 장전. 다만, 대간첩작전, 살인강도 등 중요 범인이나 무기 · 흉기 등을 사용하는 범인의 체포 및 위해의 방호를 위해 불가피한 경우에는 1탄부터 실탄을 장전할 수 있다. ④ 조준할 때는 대퇴부 이하
소총 기관총 유탄발사기	① 실탄은 분리휴대 및 보관 ② 실탄 장전 시 조정 간 안전 위치 ③ 사용 후 보관할 때는 약실과 총강을 점검할 것 ④ 공포탄약은 총구에서 6미터 이내의 사람을 향해 사격하지 말 것
20M/M 이상 함포	① 실탄은 사격 목적 이외는 장전 금지 ② 실탄을 장전할 때는 안전장치 안전 위치 ③ 사용 전 · 후에는 약실과 총강을 점검할 것 ④ 작동 전에는 포대 주위의 안전 저해 요소 사전 제거
탄약류	① 실탄 및 폭발류 등의 임의 변형 금지

	② 마찰 · 충격 금지 ③ 취급 및 사용할 때는 안전수칙 준수
안전수칙	① 총기 손질 시는 총구를 공중 또는 지면을 향해 검사 총을 실시해야 한다. ② 무기 · 탄약고 출입 시는 화재 요인이 되는 성냥 · 라이터 등을 휴대해서는 아니 된다. ③ 무기 · 탄약 등 위험물을 수송할 때에는 반드시 무장경찰관 1명 이상을 동승시켜야 하고, 과속 운행과 흡연을 해서는 아니 된다. ④ 개인이 휴대 운반 시는 견고한 전용 운반대를 이용해야 하며, 승차시에는 분실 등 제반 사고 예방을 위해 항상 몸에 지니도록 하고, 다른 업무를 수행해서는 아니 된다.

4. 무기 · 탄약의 회수 및 보관

강제 회수 대상	① 직무상 비위로 인해 징계 대상이 된 자 ② 형사사건으로 인해 조사의 대상이 된 자 ③ 사의를 표명한 자
임의 회수 대상	① 평소 불평이 심하고 염세 비관하는 자 ② 주벽이 심한 자, 변태 성벽이 있는자, 가정불화가 심한 자 ③ 기타 해양경찰관서장이 부적합하다고 판단한 자
보관 대상	① 술자리 또는 연회 장소에 출입할 경우 ② 상사의 사무실을 출입할 경우 ③ 기타 정황을 판단해 필요하다고 인정되는 경우

제 9 장 해양경찰 통제

제 1 절 해양경찰 통제의 의의와 필요성

1. 의의

① 해양경찰 통제란 해양경찰의 조직과 활동을 점검하고 감시함으로써 해양경찰 조직과 해양경찰 활동의 적정을 도모하기 위한 제도적 장치 또는 활동을 총칭하는 말이다.

② 해양경찰 책임은 해양경찰 통제를 통해 보장되며, 해양경찰 통제는 해양경찰의 책임성을 확보하는 수단이다.

2. 필요성

① 해양경찰의 민주적 운영과 정치적 중립성을 확보하기 위해 필요하다.

② 해양경찰 활동에서 법치주의를 실현하고, 나아가 국민의 인권을 보호하기 위해 필요하다.

③ 해양경찰 활동의 신뢰성과 정당성을 확보하기 위해 필요하다.

④ 해양경찰 조직 자체의 부정부패를 방지하고 건전한 조직을 유지하기 위해 필요하다.

제 2 절 해양경찰 통제의 기본 요소

1. 권한의 분산

① 권한이 중앙이나 일부에 집중되어 있을 때 남용되기 쉽고, 특히 정치적 유혹 또는 이용의 대상이 되기 쉬우므로 해양경찰의 권한을 통제하는 중요한 요소 중의 하나는 권한이 분산되어야 한다.
② 권한의 분산은 해양경찰의 중앙조직과 지방조직의 권한의 분산, 상위 계급자와 하위 계급자 간의 권한의 분산이 더 필요하다.

2. 정보의 공개

① 오늘날 국민의 알 권리를 보장하고 국정에 대한 국민의 참여와 국정 운영의 투명성을 확보함을 목적으로 행정기관의 정보 공개가 강력히 요청되고 있다. 현재 우리나라에서는 「공공기관의 정보공개에 관한 법률」이 제정되어 1998년부터 시행되고 있으며, 이 법률은 공공기관의 정보 공개를 원칙으로 하고 있다.
② 정보의 공개가 없으면 참여가 불가하고 그 결과 통제가 불가하게 된다. 따라서 정보 공개는 경찰통제의 근본 또는 전제 요소이다. 그러므로 경찰기관의 정보는 원칙적으로 공개해야 한다.

3. 국민의 절차적 참여 보장

① 오늘날 국민에게는 국민의 행정 참여를 도모함으로써 행정의 공정성, 투명성 및 신뢰성을 확보하고 국민의 권익을 보호할 목적으로 「행정절차법」에

의한 절차적 권리가 보편적으로 인정되고 있다.

② 주민의 해양경찰에 대한 참여 방안

민원봉사실	해양경찰 민원의 접수・처리와 민원 상담을 위해 설치
청문감사관제도	해양경찰의 감찰・감사 업무를 관장하는 한편 민원인의 고충 등을 상담・해소해 주는 역할을 함께 수행

4. 책임

① 해양경찰에 대한 통제의 과정에서 잘못으로 드러난 문제에 대해서는 분명히 책임을 추궁해야 한다(형사책임, 민사책임, 징계책임 등).

② 해양경찰기관의 행정에 대해 조직으로서 책임을 져야 한다.

③ 해양경찰공무원 개인의 징계 책임뿐만 아니라 관리자의 정책 결정 책임이나 조직을 개혁하지 않은 책임도 관심의 대상이 되어야 한다.

④ 해양경찰 조직의 과오에 대해 경찰공무원 개인의 책임으로 돌리는 경우가 많고, 해양경찰 조직의 구조적인 정책 결정의 과오나 구조적인 문제점 등에 대해서는 아무도 책임지려 하지 않는 경향이 있다.

5. 환류

해양경찰 통제는 해양경찰 행정의 목표와 관련해 그 수행 과정의 적정 여부를 확인하는 과정으로, 이의 확인 결과에 따라 책임을 추궁하고, 나아가 환류를 통해 순환을 발전적으로 유도해야 한다.

제 3 절 해양경찰 통제의 유형

1. 민주적 통제와 사법적 통제

① 민주적 통제(영미법계): 영미법계 국가는 경찰위원회제도, 경찰책임자의 선거제도, 자치경찰제도의 시행 등을 통해 시민이 직접 또는 그 대표기관을

통해 참여와 감시를 가능하게 하는 민주적 통제장치를 구축하고 있다. 이 중 우리나라는 국민감사청구제도를 도입했다.

※ 국민감사청구: 19세 이상의 국민은 공공기관의 사무 처리가 법령 위반 또는 부패행위로 인해 공익을 현저히 해하는 경우 일정한 수 이상의 연서로 감사원에 감사를 청구할 수 있도록 하고 있다(「부패방지 및 국민권익위원회의 설치와 운영에 관한 법률」 제72조 제1항).

② 사법적 통제(대륙법계): 대륙법계 국가는 경찰행정에 대한 행정소송제도나 국가비상제도 등을 통해 법원이 행정부의 행위를 심사함으로써 통제하는 사법적 통제장치를 구축하고 있다. 이 중 우리나라는 행정소송 및 국가배상제도를 모두 채택하고 있다.

2. 사전통제와 사후통제

사전통제	① 행정에 대한 사전통제를 규정하고 있는 기본법은 「행정절차법」 ※ 청문, 행정상 입법예고나 행정예고 등 ② 사전통제의 수단으로서 입법기관인 국회가 입법권, 예산심의권 등을 통해 해양경찰관계 법령의 제정이나 해양경찰 예산의 편성 과정에서 통제 가능
사후통제	① 사법부: 사법심사에 의한 통제 ② 입법부: 국회의 예산결산권, 국정감사·조사권 등의 행정감독 기능을 통한 통제 ③ 행정부: 징계책임이나 상급기관의 하급기관의 감사권, 행정심판을 통한 통제

3. 내부적 통제와 외부적 통제

내부적 통제	① 감사관제도: 국민안전처의 감사관, 지방해양경비안전본부의 청문감사담당관, 해양경비안전서의 청문감사관을 두어 해양경찰 내부의 감찰, 인권 보호, 민원 업무 감독 등의 업무를 수행하게 함. ② 훈령권: 상급기관이 하급기관에 대해 지시권, 감독권 행사를 통해 하급기관의 위법이나 재량권 행사의 오류 시정 ③ 직무명령권: 상급 경찰공무원이 하급 경찰공무원에 대하여 직무명령을 통해 행위를 통제
외부적 통제	① 국회에 의한 통제: 입법권, 예산 심의·결산권, 국정감사·조사권 등의 권한을 행사함으로써 해양경찰의 입법 과정, 예산 책정과 결산 과정 및 해양경찰 행정에 대해 감사·조사함으로써 통제 → 가장 강력한 경찰통제기관 ③ 사법통제: 위법한 처분 등을 재판 등을 통해 시정하게 할 뿐만 아니라, 경찰공무원 개인에게도 민사상·형사상의 책임을 물을 수 있다는 측면에서 위법한 경찰행정작용을 억지하는 통제 효과를 가짐. 또한 판례법의 형성을 통해 행정으로 하여금 판결

의 내용에 반하는 행위를 억제함으로써 국민의 권리구제에 기여함.

③ 행정부에 의한 통제

(a) 대통령에 의한 통제: 장관 및 본부장 임명권 등을 통해 통제하며, 행정수반으로서 주요 정책 결정을 통해 해양경찰을 통제할 수 있음.

(b) 국민권익위원회에 의한 통제: 국무총리 소속하에 부패 방지와 국민의 권리 보호 및 구제를 위해 설치

(c) 중앙행정심판위원회에 의한 통제: 해양경찰관청의 처분 또는 부작위에 대해 행정심판을 청구할 경우 중앙행정심판위원회는 심리 및 재결로써 통제함.

(d) 소청심사위원회에 의한 통제: 공무원이 징계처분이나 강임, 휴직, 면직처분 기타 그의 의사에 반하는 불리한 처분을 받았을 때에는 그 시정을 요청할 수 있음.

(e) 시민고충처리위원회에 의한 통제: 각 지방자치단체 소속하 지방자치단체 및 그 소속기관과 관련된 고충민원에 관한 조사 결과 위법·부단한 처분 등에 대한 시정조치의 권고, 행정제도 및 운영의 개선에 관한 권고 또는 의견 표명 등의 기능 수행

④ 감사원: 해양경찰기관의 세입·세출의 결산뿐만 아니라, 해양경찰기관 및 경찰공무원의 직무에 대한 감찰을 통해 통제

⑤ 국가인권위원회에 의한 통제: 인권 침해행위에 대한 조사와 구제 등의 업무를 수행하는데, 특히 유치장이나 사법경찰관리가 그 직무 수행을 위해 사람을 조사·유치 또는 수용하는 데 사용하는 시설에 대한 방문조사권을 가지고 있음.

⑥ 민중통제: 여론, 이익집단, 언론기관, 정당 등을 통한 직·간접적인 통제

⑦ 기타: 해양경찰은 정보·보안 업무와 관련 국가정보원의 조정과 통제를 받고 있으며, 대간첩작전은 국방부의 통제를, 수사 업무는 검찰에 의한 지휘를 받고 있음.

제 II 부

각 론

제 1 편

해양경찰 경비론

제 1 장 해양경찰 경비 개관

제 1 절 해양경찰 경비의 개념

1. 의의

① 해양경찰 경비는 해양에서 공공의 안녕 및 질서에 대한 위험 또는 경찰 위반의 상태가 발생되었거나 발생할 우려가 있는 경우 이를 예방·진압하는 활동을 말한다.

② 해양경찰 경비의 대상으로는 해양 주권 수호, 특정 해역 어로 보호, 해상집회·시위, 경호경비, 대테러 활동, 대간첩작전 수행은 물론이고, 각종 재난의 구난·구조활동도 포함된다.

2. 중요성

① 1994년 「유엔해양법협약」이 발효됨에 따라 세계 각국은 EEZ를 선포하고 해양 관할을 공고히 하는 한편, 심해저 개발 등 해양 개발을 활성화하고 있다.

② 또한, 한반도를 둘러싸고 일본·중국 등 인접국과 독도, 이어도 및 EEZ 등

주권 해역에 대한 갈등이 표출되고, 우리 배타적 경제수역(EEZ) 내 불법 어업 증가 그리고 해상범죄 등 해상 치안 수요가 증대되고 있다.

③ 2005년 8월 남북해운합의서 발효에 따라 우리 해역을 통과하는 북한 상선 감시 임무 및 북한 핵실험 이후 채택된 유엔 안보리 결의(1718호) 이행과 관련해 북한 화물선 감시·검색을 통한 국가정책의 지원책 강화가 요구되고 있다.

3. 특수성

① 다(多)기능성: 해양주권, 대간첩작전 수행, 환경 보호, 안전관리 등 바다로부터 파생되고 바다를 이용함으로써 유발되는 권리·이익과 관련된 복합적인 성격을 갖는다.

② 국익 우선성: 해양경찰의 주요 임무 중 하나는 해양 주권의 확보로서, 독도 영유권 수호, 이어도 경비, 중국 어선 불법조업 단속 등 국가의 이익을 우선으로 하는 국익 우선적 특성을 가지고 있다.

③ 주변국과 경쟁성: 배타적 경제수역 내 어업활동 감시, 해양경계 획정에 따른 갈등 등 주변 국가와 경쟁 관계적 성격을 가지고 있다.

④ 비군사성: 해양경찰의 경비 업무는 대간첩작전을 제외하고 대부분 비군사적 성격을 갖는다.

⑤ 관할의 광범위성: 육상경찰은 대부분 영토 내에서 국내 문제를 다루고 있는데 반해, 해양경찰은 영해에서부터 200해리 배타적 경제수역까지 바다를 기반으로 활동하고 있어 그 관할이 광범위하다.

⑥ 장비의존성: 해양은 바다라는 특성으로 인해 함정, 항공기 등 경비 세력을 이용해 활동을 함으로써 장비의 의존성이 높다고 볼 수 있다.

4. 법적 근거

1) 「헌법」

①「헌법」 제37조 2항은 국민의 모든 자유와 권리는 국가안전 보장, 질서 유지

또는 공공복리를 위해 필요한 경우에 한해 법률로써 제한할 수 있다고 규정하고 있다.

② 그러나, 제한하는 경우에도 자유와 권리의 본질적인 내용을 침해할 수 없다고 명시하고 있어 해양경찰 경비활동의 근거 및 한계를 정하는 근본 규정으로 의미를 가진다.

2) 법률

① 해양경찰 경비활동의 기본이 되는 대표적 작용법은 「해양경비법」, 「경찰관직무집행법」이 있다.

② 대간첩 수행에 적용되는 「통합방위법」과 「대통령 경호에 관한 법률」 역시 해양경찰 경비작용의 근거 법률이라고 할 수 있다.

③ 해양경찰은 업무 특성상 구조·구난 등 대국민 서비스 기능이 강하므로 이와 관련된 「재난관리법」, 「수상에서의 수색·구조 등에 관한 법률」 등도 중요한 근거 법률이라고 볼 수 있다.

「해양경비법」	대한민국 법령과 국제법에 따라 대한민국의 권리가 미치는 경비수역에서 해양안보 확보, 치안 질서 유지, 해양자원 및 해양시설의 보호를 목적으로 제정되었으며, 「경찰관직무집행법」으로 직무 수행이 곤란했던 해양의 특수성을 감안한 법률로 양 법률 간 상호 보완 관계에 있다.
「경찰관 직무집행법」	「경찰관직무집행법」 제2조 '직무의 범위' 3호에 "경비, 요인경호 및 대간첩작전 수행"으로 명시적 규정을 가지고 있다.
「재난관리법」	재난으로부터 국민의 생명과 재산을 보호하기 위해 국가 및 지방자치단체의 재난관리 체제 확립하고 재난의 예방과 수습, 긴급구조 기타 재난관리에 관한 필요한 사항을 규정하고 있다.
「집회 및 시위에 관한 법률」	이 법은 평화적인 집회 시위의 보호, 공공 안녕 질서 유지, 집회의 신고, 시간과 장소의 제한, 집회 또는 시위의 해산, 경찰관의 지시 또는 출입 등에 관해 규정하고 있다. 그러나 해상시위에 관련해 직접적 규정은 없다.
「전투경찰대 설치법」	이 법은 대간첩작전에 대비한 전담 부대의 육성을 목적으로 만들어진 법으로 전투경찰대의 각종 운용에 관해 근본적인 사항을 규정하고 있다.
「수상에서의 수색·구조 등에 관한 법률」	이 법은 하천, 해양 등에서의 조난 선박과 인명의 구호 및 표류물, 침몰품 등 인양과 이에 수반한 업무에 관한 사항을 규정해, 수난구호의 신속도모, 조난선박, 표류물 등의 조치에 관해 규정하고 있다.
「통합방위법」	이 법은 적의 침투, 도발이나 그 위협에 대해 국가총력전의 개념에 입각해 국가 방위요소를 통합·운용하기 위한 통합 방위대책을 수립, 시행하는 데 필요한 사항을 규정함을 목적으로 하고 있으며, 경찰작전과 관련되는 법이다.

「대통령경호실법」	대통령의 경호에 관한 제반 사항을 규정하고 있으며, 경호실장이 직무상 필요하다고 인정할 때 국가의 각 기관 및 지방자치단체의 장에게 공무원 파견 기타 필요한 사항에 대해 협조를 요청할 수 있도록 규정하고 있다.

5. 경비경찰과 다른 기능과 비교

구분	중심 목적	주요 임무	성격
경비경찰	공공의 안녕 및 질서 유지	해상에서 집단범죄 발생 또는 위험사태를 예방, 경계, 진압	행정경찰
수사경찰	개인의 생명, 신체, 재산 보호	개인적인 법익 침해에 대한 수사	사법경찰
정보경찰	국가의 안전, 사회 공공의 질서 유지	경찰활동 전반에 대한 기초적인 정보 및 정책 수립・판단의 자료 제공	행정경찰

제 2 절 해양경찰 경비의 수단과 한계

1. 경비의 수단

(1) 종류와 절차

방법	종류	내용 및 근거
간접적 실력 행사	경고	① 경고는 인명, 신체, 재산에 대한 위해를 방지하기 위해 필요한 경우에 범죄의 예방・진압 등 공공의 안녕과 질서를 유지하기 위해 필요한 경우에 관계자에게 주의를 주고, 위해를 방지하기 위해 필요한 작위, 부작위를 촉구하는 사실상의 통지행위이며 임의처분이다. ② 경비사태를 예방・경계・진압하기 위해 발할 수 있는 조치이다.
직접적 실력 행사	제지	① 경비 사태를 예방・진압하기 위한 강제처분으로 세력 분산・통제 파괴・주동자 및 주모자의 격리 등을 실시하는 직접적 실력 행사이다. ② 「경찰관직무집행법」 제6조에 근거하고 있으며, 관계자를 제한・통제하며 즉시강제에 해당하는 경찰상 강제처분이다. ③ 제지행위 시에 무기를 사용할 수 있다.
	체포	① 상대방의 신체를 구속하는 강제처분이며 직접적 실력 행사이다. ② 「형사소송법」 제212조 등에 근거하고 있다. ③ 체포는 명백한 위법일 때 실력을 행사하는 행위이다. 사건의 경중, 상대방의

	세력 등을 감안해 실력 행사를 할 것인가 아니면 현장 체포를 해야 할 것인가를 사전에 계획하고 검토해 각 담당자 간의 의사의 통일을 기해야 할 것이다.
불심검문	① 「해양경비법」 제12조에 근거를 두고 있다. ② 대량 파괴물자 수송 의심, 대한민국 법령 위반 등의 선박에 대해 해상에서 검문검색을 하는 직접적인 실력 행사이다.
추적 · 나포	① 「해양경비법」 제13조에 근거를 두고 있다. ② 동법 제12조를 위반하고 도주하는 선박 등을 국제법에 의거 추적 · 나포하는 직접적인 실력 행사가 가능하다.

(2) 원칙

균형의 원칙	경비 수단으로 경비력을 행사할 때에는 세력 운용을 균형 있게 해야 한다는 원칙이다.
위치의 원칙	경비 사태에 실력 행사를 할 경우에 유리한 지점과 위치를 확보해야 한다.
적시의 원칙	특정한 경비 상황의 가장 적절한 시기에 실력을 가해야 한다는 원칙이다.
안전의 원칙	경비 사태 발생 시 경비 경력이나 군중들의 사고 없이 안전하게 사태를 진압해야 한다는 원칙이다.

2. 경비의 한계

(1) 법규상의 한계

경찰경비권의 발동은 반드시 그 활동에 대한 법적 근거를 요한다. 즉, 「헌법」을 비롯한 각종 법률, 명령 등에 의해 발동되어야 하며, 그렇지 않는 경우에는 위법한 경찰권 행사가 된다.

(2) 조리상의 한계

경찰작용은 국민에게 명령, 강제하는 전형적인 권력작용인 바 반드시 엄격한 근거를 요한다. 그러나 현실적으로 모든 사항은 예측해 법규를 제정하기가 어렵고, 경찰작용의 다양성. 급박성 때문에 경찰 법규는 광범위한 재량 조항을 두지 않을 수 없다. 다만 이경우의 재량은 기속재량으로서 경찰권 행사의 목적, 성질에 비춰 필요한 일정한 한도 내에 그쳐야 한다는 조리상 한계가 있다.

소극 목적의 원칙	① 경찰 경비권은 소극적인 사회 질서 유지를 위해서만 발동하는 데 그치며, 적극적으로 공공복리의 증진을 위한 발동은 허용되지 않는다. ② 이는 경찰경비의 특징으로 현상 유지적 활동과 관련된다.
공공의 원칙	경비작용은 사회 공공의 안녕 질서 유지를 목적으로 하기 때문에 사회 공공의 질서와 직접 관계없는 특정 개인의 생활 범위 내에 한정되는 활동에 대해서는 경찰이 관여할 수 없고, 직접 공중과 접촉되지 않는 사주소에는 경찰권이 침해할 수 없다.
평등의 원칙	경찰이 경비권을 행사할 때 모든 국민에 대해 성별, 종교, 인종, 기타 사회적 신분 등을 이유로 불합리한 차별을 해서는 안 된다.
비례의 원칙	① 경찰권 중에서도 질서권의 한계로서 대표적인 것으로 경찰의 경비활동에서 질서권 발동의 조건과 그 정도는 공공질서의 유지를 위해 개인의 자유을 제한할 경우에 필요한 최소 범위 내에서 발동해야 한다는 원칙이다. ② 진압 조치의 경우에 사회 질서 유지상 '묵과할 수 없는 장애'를 제거하기 위해서만 발동할 수 있고, 예방 조치의 경우는 '묵과할 수 없는 장애 발생의 직접적 위험 또는 상당한 확실성'이 있을 때에만 발동 가능하다.
적시성의 원칙	① 경비 상황의 발생에 따른 개입의 조건을 고려해서 가장 적합한 시기에 발동되어야 한다. ② 구체적 수단의 선택에서도 안녕과 질서를 회복하는 데 가장 침해를 적게 가하면서 사태를 해결할 수 있는 방법을 선택한다.
보충성의 원칙	경찰의 경비상 법집행은 공공의 안녕과 질서의 유지를 목적으로 하는 공권력에 의한 활동이므로 다른 사회 일반적인 방법으로 통제 불가능할 때 최후 수단으로서 개입해야 된다는 원칙이다.

(3) 한계 이탈의 효과

① 법규상·조리상 원칙에 위반한 경비경찰권의 발동은 위법, 부당한 행위가 될 수 있다. 따라서 위법을 전제로 한 효과로서 행정구제 문제가 발생한다.

② 행정상구제로는 당해 경찰관에 대한 징계, 행정쟁송제도 등이 있고, 형사상 구제로는 당해 경찰관에 대한 형사책임, 정당방위, 고소, 고발 등이 있으며, 민사상 구제는 「국가배상법」에 따른 행정상 손해배상제도 등이 있고, 기타 「헌법」 및 「청원법」에 의한 청원제도가 있다.

제 2 장 해양경찰 경비활동

제 1 절 해양경찰 경비활동 및 경비 유형

1. 경비활동의 의의

해양경찰 경비활동이란 경비함정, 항공기 등 해양경비 세력을 이용해 해양에서 대한민국의 주권 및 관할권을 수호하고, 국민의 생명·재산 보호와 치안을 유지하기 위해 필요한 행동을 취하는 계획적인 행동을 말한다.

2. 경비활동의 범위

해양경비 활동의 범위에 대해서는 「해양경비법」 제7조에 명시되어 있다.

구분	내용
1. 해양 관련 범죄에 대한 예방	① 해양과 관련된 범죄 예방을 위한 순찰 ② 해양과 관련된 범죄의 단속 ③ 해양과 관련된 범죄의 진압 등 현장 조치
2. 해양오염 방제 및 해양자원 보호에 관한 조치	① 해양오염 발생 방지를 위한 예방 순찰 ② 해양오염 발생 시 방제 업무 ③ 해양환경 보호 및 보전에 관한 조치

	④ 해안가 오염 방제의 지도 ⑤ 해양 과학조사 보호 및 지원에 관한 조치
3. 해상경호, 대(對)테러 및 대간첩작전 수행	① 중요 인사에 대한 경호경비 ② 해양 대테러 예방 · 순찰활동 ③ 임해산업 사설등 국가 중요시설 방호활동 ④ 동 · 서해 어로 보호 활동 ⑤ 국가 통합방위 작전 수행 ⑥ 선박 및 항만 보안 활동 ⑦ 비확산(PSI) 등 해상 차단작전 수행
4. 해양시설의 보호에 관한 조치	① 인공섬, 시설물 및 구조물 보호 ② 해양과학기지 등 국가 시설물 보호
5. 해상 항행 보호에 관한 조치	① 해상시위 등 집단행동의 규제 ② 안전한 해상교통 질서 확보
6. 그 밖에 경비수역에서 해양경비를 위한 공공의 안녕과 질서 유지	① 이는 해양찰 경비활동에서 직무 수행의 목적과 방향을 제시하는 조항으로 불확정 개념이며 개괄적 수권 조항으로 개별적 수권 조항에 대해 보충적이고 예외적으로만 인정되고 일반 원칙에 의한 통제가 따른다. ② 「경찰관직무집행법」 제2조 제7호의 규정과 동일한 형식으로 해양에서 발생하는 모든 사건, 사고를 열거하는 것이 입법 기술적으로 곤란하므로 이를 포괄적으로 규정

3. 경비활동의 방법

거점경비	야간 또는 치안 수요가 적은 시간대에 함정장의 건전한 판단에 따라 긴급 출동이 가능하고 사주경계가 용이한 곳에서 대기와 순찰을 반복적으로 실시하는 경비 방법을 말한다.
순항경비	경비해역 중 선박의 밀도가 높은 해역 등을 저속으로 항해하면서 감시하는 경비 방법을 말한다.
표류경비	해양 이동 물체를 감시하기 위해 함정장의 건전한 판단에 따라 우범해역 등 임의의 해양을 선정해 기관을 정지시키고 표류하면서 실시하는 경비 방법을 말한다.
전략경비	함정운용 · 지휘 부서의 정보 판단에 따라 미리 지정한 해양에서 기관을 정지시킨 상태에서 해양 이동 물체를 감시하는 경비 방법을 말한다.
경계경비	밀입국 첩보 등 경계 강화가 요구되는 경우 경비해역의 모든 이동 물체에 대해 정선 및 승선 검색을 실시하는 경비 방법을 말한다.
복합 및 입체경비	① 경비함정이 거점 및 순항하면서 경비하는 형태로 해상경비의 대부분을 차지한다. ② 입체경비는 함정, 항공기 등을 이용해 해 · 공 입체적으로 행하는 경비를 말한다. ③ 해상 경호경비는 복합 및 입체경비의 한 형태로 정부요인, 국내외 중요 인사 등 피경호자의 신변에 대해 직접, 간접으로 가해지려는 위해 방지를 위해 위험 요소를 사전에 제거하고 피경호자의 안전을 도모하는 종합적이고 입체적 경비활동이라 할 수 있다.

제 2 절 해양경찰 경비 세력 운용

1. 의의

해양경찰 경비 세력이란 해양경비를 목적으로 투입하는 인력, 함정, 항공기 및 전기통신설비 등을 말한다. 즉, 경비 세력이란 해양경비 업무를 위해 일반적으로 투입되는 모든 해양경찰의 인력과 설비 등을 총칭한다.

2. 함정

(1) 현황 및 종류

'함정'이란 해양경비 안전 업무 수행을 위해 운용되는 선박을 말하며, 해양경비를 주임무로 하는 '경비함정'과 해양경찰 특수 목적 수행을 위해 운용되는 '특수함정'으로 구분된다.

1) 경비함정

해상에서 경비활동에 종사하는 선박을 경비함정이라 부르며, 톤수에 따라 호칭을 달리하는데, 200톤 이상 함정은 '함(艦)', 200톤 미만 함정은 '정(艇)'이라 부른다.

구분	분류 기준	경비구역
대형 경비함	1,000톤급 이상	광역구역
중형 경비함	200톤 이상 1,000톤 미만	내해구역
소형 경비정	200톤 미만	연안구역

2) 특수함정

특수함정은 해양경찰 특수 목적 수행을 위해 운용되는데, 톤수에 관계없이 '정'이라 칭하나 훈련함은 예외로 하고 있다.

형사 기동정	해상범죄의 예방과 단속활동을 주 임무로 하는 함정
순찰정	항·포구를 중심으로 해상교통 및 민생치안 업무를 주 임무로 하는 함정

소방정	해상화재 진압 업무를 주 임무로 하는 함정
방제정	해양오염 예방활동 및 방제 업무를 주 임무로 하는 함정
예인정	예인 업무를 주 임무로 하는 함정
수리지원정	함정수리 지원 업무를 주 임무로 하는 함정
공기부양정	천해, 갯벌, 사주 등 특수해역에서 해난구조와 테러 예방 및 진압 임무를 수행하는 함정
훈련함	해양경비안전교육원에서 실시하는 신임·기본·전문교육 및 대형 해양오염 방제 업무 등을 수행하는 함정
훈련정	불법 외국 어선 단속 훈련용으로 사용되는 함정

(2) 운용

함정은 일정한 조직을 구성하고 있다. 경비는 경비함정 톤수별로 구분해 실시하며, 근무 방법은 출동 중·정박 중 근무 등으로 나뉜다.

1) 함정의 조직

함정에는 함장 또는 정장(이하 '함·정장'이라 한다)을 두고, 함정의 크기와 기능에 따라 부장, 기관장, 통신장 등의 부서장을 둔다. 함정의 승무원은 경찰관 및 일반직 등 공무원과 의경으로 구성하며, 함·정장은 관할 해양경비안전서장의 명을 받아 함정을 운용·관리하고 함정 직원을 지휘 감독함으로써 부여된 임무를 완수할 책임을 진다.

2) 경비구역

경비구역은 해안으로부터의 거리를 기준으로 연안·내해·광역 등 3개 구역으로 구분해 톤급별로 배치하는데, 광역과 내해구역에는 구역별로 1일 1척의 경비함정을 배치하고, 연안구역에는 치안 수요를 감안해 해양경비안전서장이 적정 척수의 함정을 배치한다.

연안구역	연안구역이란 동해·남해안은 해안으로부터 10해리, 서해안은 해안으로부터 15해리 이내의 해역으로서, 소형 함정을 이용해 연안 취약 해역에 대한 각종 해상범죄 예방·단속, 임해산업시설 보호와 유·도선, 낚시어선 및 해양레저가 활발한 해역에 대한 안전관리에 중점을 두고 경비 임무를 수행
내해구역	내해구역이란 연안구역 외측으로부터 30해리 이내의 해역으로서, 치안 상황 및 정보분석 판단에 따라 중형 함정을 적정 운영하는데, 주로 영해 및 접속수역 내측을 중심으로 밀입출국 차단 및 검거, 외국 어선 영해 침범 단속, 해양오염 감시, 민생치안 등 법익 보호활동과 통합방위작전 등을 중점적으로 수행

광역구역	광역구역이란 내해 외측으로부터 대한민국의 법령에 따라 주권과 관할권이 인정되는 해역까지를 말하는데, 대형 함정과 항공기를 입체적으로 운영해 경비 임무를 수행하고 주로 SAR 구역에서의 수색·구조 활동, EEZ 수역 내의 경제적 개발과 탐사 등 주권적 권리와 인공섬·시설·구조물 설치 및 사용, 해양과학조사, 해양환경의 보호 등에 관한 관할권 행사를 위한 경비 임무를 중점적으로 수행

3) 함정 근무 방법

출동 중 근무	① 함정이 출동 시에는 함·정장의 허가 없이 하선해서는 안 되며, 항해 중에는 항해·기관·통신부서 등 부서별 항해 당직을 편성 운용 ② 항해 당직근무는 함·정장을 제외한 총원에 대해 각 기능별로 00시를 기준으로 4시간씩 3직제로 편성해 윤번제로 근무함을 원칙으로 함. ③ 기상 악화 등으로 출동 중 전용부두 이외의 항·포구 또는 연안해역에서 피항 중인 함정은 항해 당직 조를 편성해 배치. 다만, 전용부두 피항 시 총원 대기하되 상황 대기 근무로 전환해 긴급출동에 대비
휴무	① 함정이 출동으로 연일 근무한 경우 출동에 따른 피로를 감안, 출동 임무를 종료하고 모항에 입항한 후 정박 기간 중 휴무일을 지정해 운용 ② 휴무 실시 함정은 비상소집 체제를 유지 ③ 휴무 함정은 전체 정박 함정의 1/2 초과 불가
정박 중 근무	① 함·정장은 일과 시 함정 직원을 지휘 감독하고, 각 부서장은 함·정장을 보좌해 소관 업무를 관장 집행, 제반 사항 기록·유지 ② 정박 중인 함정의 전반적 안전관리와 긴급출동 등 긴급 상황에 대응 ③ 토요일, 공휴일, 휴무일 및 정상 근무시간 이후에는 상황 대기 근무 편성·운용

3. 항공기

(1) 현황

항공 업무를 원활히 수행하기 위해 5개 지방해양경비안전본부에 각각 항공단을 두고 있으며, 항공단에는 고정익항공대와 회전익항공대 그리고 중부해양경비안전본부 항공단에 항공정비대를 두고 있다.

(2) 운용

항공기는 해상순찰 50%, 교육·정비 50%로 운용한다.

1) 임무

기본 임무	① 공중 초계순찰 ② 수색 및 구조 ③ 해양오염 감시 및 방제 임무
특수임무	① 인명구조, 구조장비, 조명탄 및 화물 투하 ② 특공대, 해경구조대, 특수기동대 지원 ③ 응급환자 후송 ④ 해난사고 시 인원과 물자 수송 ⑤ 업무 지원 등
훈련임무	① 공중 근무자 기술 유지를 위한 비행 ② 교육훈련으로 간주되는 비행훈련
정비 및 시험임무	① 항공기 성능시험 비행 ② 항공기 정비 입·출고 비행 ③ 장비성능 시험점검 지원 비행 ④ 그 밖의 항공기 정비와 시험에 관계되는 비행 등

2) 종류별 운용

고정익	① 속력이 빠르고 비교적 오랜 시간 동안 먼 거리 비행 가능, 광역 초계순찰 임무 수행 ② EEZ 등 우리나라 전 해역을 대상으로 불법 어로 및 해양오염 등에 관한 정찰·감시 임무를 수행
회전익	① 함정보다 속도가 빠르고, 현장 집행 능력을 보유하고, 연안 순찰 및 수색구조 등 다양한 임무를 수행 ② 연안에서 100마일권 내 SAR 임무를 주로 수행 ※3000톤급 대형 함정 출동 시 탑재하는 탑재 헬기는 60해리권 SAR 임무, 회전익 중 구난용 헬기는 연안으로부터 100해리권 SAR 임무를 수행 ③ 회전익 항공대의 관할 해역은 해당 지방해양경비안전본부의 관할 해역과 동일

[요약 정리] 함정 및 항공기의 비교 분석

구분		장점	약점
함정	대형	• 장기 체류, 직접 감시 및 구조 • 불법행위 발견 시 물리적 행동 가능	• 시야 10~20마일/속도 20노트 내외 • 신속 대응 제한
	중소형	• 연안 위주 직접 감시 • 대형에 비해 기동, 선회 능력 우수 • 불법행위 발견 시 물리적 행동 가능	• 시야 5~10마일 내외 • 체류시간 및 속도 제한적 • 기상 여건에 영향을 많이 받음.
항공기	고정익	• 장거리 광역 감시에 효과적 • 신속한 광역 감시	• 직접 감시 및 구조에 제약 • 불법행위 발견 시 물리적 행동 곤란
	회전익	• 근거리(200km 내외) 감시에 유리 • 대형 함정과 연계 운용 가능 • 직접 감시 구조, 응급환자 수송	• 장시간 비행 제한(연료, 소음) • 함내 고정 배치 시 염해에 취약 • 이·착륙 시 위험 요소 내재

제 3 절 해상 검문검색

1. 의의

해양에서 경비활동 중 특이한 행동을 보이는 선박을 발견할 경우, 선체 수색이나 그 밖의 필요한 조치를 취하기 위해서는 정선, 승선, 질문 등의 절차를 거치도록 되어 있으며, 이러한 일련의 절차를 「해양경비법」상 '해상 검문검색'이라 정의하고 있다.

2. 근거 및 내용

「해양경비법」 제12조	① 국내 선박: 「해양경비법」 제12조에 "주위의 사정을 합리적으로 판단하여 상당한 이유가 있는 경우"라고 명시하고 있어 상당성의 원칙을 천명하고 있으며, 「경찰관직무집행법」의 불심검문 조항을 인용, 적용하고 있다. ② 외국 선박: 동법 제12조 후단에 "외국 선박에 대해서는 대한민국이 체결 비준한 조약 또는 일반적으로 승인된 국제 법규에 따른다."고 명시하고 있어 엄격한 요건을 요구하고 있다.
「유엔해양법협약」 제11조	「유엔해양법협약」 제111조에서 연안국의 관할수역에서 타국 선박이 연안국의 국내법을 위반한 경우에 연안국 군함은 이 위반 선박을 공해까지 계속 추적해 나포할 수 있다고 긴급추적권을 규정하고 있으며, 「영해 및 접속수역법」 제6조에서 외국 선박이 유해 통항의 협의가 있다고 인정되는 경우에 해양경찰은 정선 검색, 나포 기타 필요한 조치를 할 수 있다고 규정하고 있다.
기타	① 「주민등록법」 제17조(주민등록증의 제시 요구) ② 「영해 및 접속수역법」 제6조(정선 등) ③ 「해사안전법」 제50조(정선 등) ④ 「선박안전조업규칙」 제26조(정선명령의 준수) ⑤ 「배타적 경제수역법」 ⑥ 「해양과학조사법」 등

3. 일반 원칙

검문검색 등 한계	① 서류의 확인, 선체 수색 및 직무 수행과 관련된 질문(이하 '검문검색 등')은 「경찰관직무집행법」 제2조에서 규정한 직무 범위 내에서 하고 개인의 권리 및 자유를 부당히 침해하는 등 권한을 남용해서는 안 된다. ② 범죄 수사를 위해 검문검색 등을 실시하지 않는다.

주의 사항	경찰관은 검문검색 등을 실시하는 경우 다음 각 호의 사항에 주의해야 한다. ① 경찰관으로서의 품위를 유지하고 공정하게 행할 것 ② 함부로 관계자의 정당한 업무를 방해하지 않을 것 ③ 관계자의 명예를 손상하거나 감정을 부당하게 자극하지 않도록 할 것 ④ 관계자가 위압, 반항 등의 언동을 나타낼 때에도 냉정하고 침착하면서 의연한 태도로 대응할 것
지휘감독	지방해양경비안전본부장 및 해양경비안전서장은 소속 경비함정의 경찰관이 행하는 검문검색 등에 관해 지휘감독의 책임을 진다. 또한 함정장은 소속 경찰관이 행하는 검문검색 등에 관해 지휘감독 책임을 진다.

4. 검문검색 방법

(1) 검문검색의 대상과 절차

검문검색 요건	함정장은 다음 각 호의 어느 하나에 해당하는 선박에 대해 필요하다고 인정할 때에는 검문검색을 실시해야 한다. ① 진로 등 항행 상태가 일정하지 않고 행동이 의심스러운 선박 ② 경비함정을 보고 도주하려고 하는 선박 ③ 정규의 신호 또는 등화를 표시하지 않는 선박 ④ 선적, 선명 등이 명백하지 않은 선박 ⑤ 고유 용도 이외의 목적에 사용되고 있는 선박 ⑥ 여객, 선체, 화물 등의 상황으로 보아서 항행의 안전에 지장을 초래할 우려가 있는 선박 ⑦ 조난신호와 유사한 신호 등을 발하고 있는 선박 ⑧ 거동이 수상한 자가 출입하거나 승선하고 있는 선박 ⑨ 그 밖의 법령에 위반된 행위를 행하거나 행하려고 한다는 의심이 있는 선박
검문검색 필요성 보고 건의	경찰관은 함정장으로부터 검문검색의 실시를 명령받은 경우 외에 위 항의 어느 하나에 해당하는 선박을 발견한 경우 함정장에게 보고하고 검문검색을 실시해야 한다.
검문검색반의 편성	① 함정장은 검문검색을 실시할 때에는 검문검색반을 편성해야 한다. ② 검문검색반은 반장 1명과 반원 1명 이상으로 구성해, 별도의 지침이 있는 경우 지침에 의한 검문검색반을 편성한다. ③ 반장은 반원이 행하는 검문검색에 대해 지휘감독의 책임을 진다.
함정장 등의 지시	함정장은 검문검색을 명령한 경우 검문검색반장에게 그 목적, 방법, 그 밖의 필요한 사항을 지시해야 한다.
무기의 휴대	함정장은 검문검색을 명령한 경우 검색요원의 생명, 신체에 대한 위험 방지를 위해 필요하다고 인정하는 때에는 권총, 가스발사총 등 무기를 휴대시켜야 한다.
제복의 착용 등	경찰관은 검문검색을 실시하는 경우 제복을 착용해야 하고, 신분을 나타내는 증표를 휴대해야 한다.

고지	경찰관은 검문검색을 목적으로 선박에 승선한 경우 선장(선장이 재선(在船)하고 있지 않은 경우는 그 밖의 승선원, 이하 같음)에게 경찰관의 소속, 성명과 검문검색의 목적과 이유를 고지해야 한다. 단, 그 선박의 승선원이 검문검색을 회피하기 위해 고의로 이선(移船)하고 있다고 인정되는 경우 또는 승선원이 재선하고 있지 않은 선박에 대해 긴급히 검문검색을 실시할 필요가 있다고 인정되는 경우에는 고지하지 않고 검문검색을 실시할 수 있다.
입회 및 승낙	① 경찰관은 검문검색을 실시하는 경우 가능한 선장 등을 입회시켜야 한다. ② 경찰관은 승선원이 재선하고 있지 않은 선박에 대해 검문검색을 실시하는 경우에 가능하면 그 선박의 소유자 또는 승선원 등의 입회하에 한다.
정선명령을 하는 경우	경찰관은 항행중인 선박에 대해 검문검색을 하기 위해 정선 요청을 하는 경우 기상, 주위 선박의 교통 방해 등 해상 상황과 검문검색의 긴급성과 필요성 등을 합리적으로 판단해 시행해야 한다.
정선명령 방법	경찰관은 항행 중의 선박에 대해 검문검색을 위해 정선을 요구하는 경우에는 기적 또는 사이렌을 취명해 주의를 환기시키면서 수기신호, 국제기류신호, 발광신호, 확성기 등에 의해 정선신호를 보내야 한다.
정선명령 불응 시 강제조치	경찰관은 선박의 외관, 항해의 행태, 승선원, 여객 기타 선박 내에 있는 자의 이상한 거동 등 주위의 사정을 합리적으로 판단해 해상에서 범죄가 행해질 우려가 있다고 인정되는 경우에는 정선명령을 해야 하고, 정당한 이유 없이 정선하지 않는 선박에 대해서는 필요한 강제조치를 강구할 수 있다.
검문검색 결과 보고	경찰관은 검문검색을 실시한 경우에는 신속히 검문검색 결과보고서를 작성해 함정장에게 보고해야 한다.
보고 및 통보	① 검문검색의 실시를 수명한 경찰관이 해상 상태 등 주위 사정으로 인해 검문검색을 할 수 없는 경우에는 사진 촬영 등 기타의 방법으로 대상 선박을 확인하고 신속하게 선명(船名), 크기 기타 개요를 함정장에게 보고해야 한다. ② 제1항의 보고를 받은 함정장은 그 요지를 지방본부장, 해경서장에게 보고 또는 인근 경비함정에 통보해야 한다.

(2) 서류조사 및 질문

서류 제출 명령 실시	경찰관은 승선원, 여객, 선박, 적하의 설비・용도 및 운항의 상황을 조사하는 경우 필요하다고 인정될 때에는 서류 제출을 명령할 수 있다.
서류 제출의 방법	경찰관은 서류 제출을 명령할 경우에는 가능한 선장이 제출하게 해야 한다. 선장의 서류 제출이 불가능한 경우 다른 선원이 제출하게 할 수 있다.
서류의 조사 및 반환	경찰관의 서류 제출명령에 따라 제출된 서류를 신속하게 조사하고 필요하다고 인정될 때는 복사 후 선장 등에게 반환해야 한다.
질문의 실시	경찰관은 다음 각항에 해당하는 자를 발견한 경우 직무와 관련된 질문을 하는 등 범죄행위 발견에 노력해야 한다. ① 법령 위반의 행위를 행하거나 행하려고 하는 의혹이 있는 자 또는 그 위반행위에 관해 알고 있다고 인정되는 자 ② 그 밖에 거동이 의심스러운 자

질문을 위한 동행	경찰관은 직무와 관련된 질문을 하고자 할 때 다음 각 호의 어느 하나에 해당하는 경우에는 상대방에게 인근의 적당한 장소로 동행해 줄 것을 요구할 수 있다. 다만, 동행을 거부하는 경우에 동행을 강요해서는 아니 된다. ① 선내 작업 중이거나 교통의 방해가 된다고 인정되는 경우 ② 그 장소에서 질문하는 것이 그 자에게 불리하거나 합리적이지 않다고 인정되는 경우
검문검색 지휘감독	검문검색반이 편성된 경우에 그 반장은 반원이 하는 서류 제출명령 및 직무질문 등에 대해 지휘감독의 책임을 진다.

(3) 외국 선박에 대한 검문검색

영해	의의	대한민국의 영해는 기선(基線)으로부터 12해리의 선까지에 이르는 수역을 말한다(단, 대한해협에서는 3해리).
	권리	영토관할권에 준하는 경찰권, 관세권, 보건위생권, 안보권 등을 향유한다.
	대상	대한민국의 주권 침해 등 「영해 및 접속수역법」 제5조에 명시된 행위
접속수역	의의	대한민국의 접속수역은 기선으로부터 측정해 그 바깥쪽 24해리의 선까지에 이르는 수역에서 영해를 제외한 수역을 말한다.
	권리	관세, 재정, 출입국, 보건·위생 등의 관할권 향유한다.
	대상	대한민국의 영토 또는 영해에서 관세, 재정, 출입국 또는 보건·위생에 관한 대한민국의 법규를 위반하는 행위
배타적 경제수역	의의	대한민국의 배타적 경제수역은 기선으로부터 그 바깥쪽 200해리의 선까지 이르는 수역을 말한다.
	권리	① 해저의 상부 수역, 해저 및 그 하층토에 있는 생물이나 무생물 등 천연자원의 탐사·개발·보존 및 관리를 목적으로 하는 주권적 권리이다. ② 해수, 해류 및 해풍을 이용한 에너지 생산 등 경제적 개발 및 탐사를 위한 그 밖의 활동에 관한 주권적 권리이다. ③ 인공섬·시설 및 구조물의 설치·사용, 해양과학조사, 해양환경의 보호 및 보전에 관한 관할권이다.
	대상	상기 권리가 침해당한 경우
공해	의의	해양법협약상 공해의 범위에 대해 명확한 규정은 없다. 그러나 통상 전체 바다 중 국가의 해양관할권이 미치는 수역을 제외한 나머지 수역을 말한다.
	권리	공해 자유의 원칙에 의거 모든 나라가 무제한적인 권리를 가진다.
	대상	공해에서 모든 자유가 인정되지만, ① 노예 수송, ② 해적행위, ③ 마약류 불법거래, ④ 무허가 방송(해적방송) 등에 대해서는 군함 및 정부 관공선에 권한이 있다.
관계국에의 통보	① 외국 선박에 대한 검문검색 등의 결과를 그 선박의 기국 또는 제3국에 통보할 필요가 있는 경우에는 지체없이 함·정장에게 보고해야 한다. ② ①의 보고를 받은 함·정장은 그 통보가 필요하다고 판단된 경우에는 지체없이 지방본부장 또는 해경서장을 경유해 해양경비안전본부장에게 보고해야 한다.	

외국사절 등에 대한 질문 등	경찰관은 외국인인 외교사절 등의 불가침권 또는 치외법권을 누리는 자에 대해 직무 질문을 하거나 이러한 자의 개인 방실에 대해 검문검색을 해서는 안 된다.

※ 검문검색 대상에서 제외되는 외국 선박: 외국 군함 및 외국 정부의 사용에 제공되는 선박(상업 목적에 사용되는 것을 제외한다)은 특별한 명령이 있는 경우를 제외하고는 검문검색을 실시할 수 없다.

(4) 기타 일반적 검문검색 시 유의 사항

행정지도 등	경찰관은 검문검색 등을 하는 경우에 필요할 때에는 관계자에게 해상에서의 법령의 집행, 범죄 예방 등을 위해 필요한 지도를 해야 한다.
범죄 수사의 단서를 얻은 때의 조치	경찰관은 검문검색 도중 범죄 사실을 발견하거나 범죄가 이뤄졌다고 인정되는 경우에는 관계 법령에 따라 필요한 조치를 취해야 한다.
해양오염 사고 조치	① 경비함정이 항해 중 해양오염 현장을 발견했을 때는 지체없이 관할 지방해양경비안전본부장 또는 해양경비안전서장에게 보고해야 한다. ② 방제자재와 약제를 비치한 경비함정은 이를 사용해 오염 방제를 실시하고, 그 결과를 지방해양경비안전본부장 또는 해양경비안전서장에게 보고한다.

(5) 특수한 상황에서의 검문검색

적용 기준	① 특정 선박에 대한 검문검색으로 국제적인 파급 효과가 발생하는 경우 적용 ② 대한민국의 주권과 안보에 중대한 영향을 미칠 수 있는 특수한 상황의 검문검색 적용 ③ 해양경비안전본부에서 직접 지휘를 해야 할 필요가 있는 선박 등에 적용 ※남북해운합의서 부속합의서 위반 북측 선박과 우리 영해 통항 외국 선박 중 대한민국의 안보에 위협이 되는 행위를 하는 선박 등	
기본 절차	① 작전계획 수립: 작전 수행을 위한 지휘 관계, 경비 세력 운용, 세부작전계획 등에 관한 세부 실행계획을 수립 시행 ② 상급 부서 지시에 의거 경비 세력 배치 검문검색 실시	
검문검색 절차	제1단계 감시	① 가용 탐지 수단을 활용해 검문검색 대상 선박을 식별 ② 검문검색 대상 선박을 면밀히 관찰해 검문검색 시 주요 착안점 등 정보 수집
	제2단계 검문, 접근, 정선	① 통신검문: 검색 여부 결정을 위한 자료 획득(선박명, 선적, 호출 부호, 입·출항지, 적재물, 입항 예정시간 등) ② 승선 검색 결정: 통신검문을 통해 획득한 정보를 분석, 결정 ③ 정선명령/투입준비: 기류, 발광, 기적, 확성기, 무선통신 등 이용해 정선명령을 실시하고, 검색반 투입 준비 ④ 선박정선: 검색 함정 계류 또는 단정 이용, 검색반 투입
	제3단계 승선 검색	① 개략검색: 선박서류, 승선원 확인, ② 정밀검색 ③ 혐의 선박(정밀검색) 우선순위: 신병 확보, 위해 요소 확인, 서류 검색, 선실 검색, 화물, 적재물 검색

<table>
<tr><td></td><td>제4단계
항로 변경,
퇴거, 나포</td><td>검문검색 결과 위반 사항이 있는 선박일 경우 항로 변경, 퇴거, 나포 조치하고 채증자료 등을 확보한다.</td></tr>
<tr><td rowspan="3">승선 검색
착안 사항</td><td colspan="2">피검색 선박의 효과적인 통제를 위해 선장 및 기관장의 신병을 먼저 확보한다.</td></tr>
<tr><td>최초검색</td><td>① 확인되지 않은 무기 보유 및 선원 존재 등 여부와 안전 위해 요소를 우선적으로 확인
② 은신하고 있는 군인 또는 정보원 존재 여부를 조사</td></tr>
<tr><td>서류검색</td><td>① 선박등록증: 선박의 국적과 선주명, 주소가 기록
② 용선증서: 원본을 요구
③ 선원 및 승객 명부: 항해 중에 원본을 가지고 있어야 하고 승조원, 승객의 국적을 명시
④ 항해일지: 원본과 부본의 일치 여부 검사
⑤ 화물적하목록: 적재 항구, 예정 하역 항구, 선주의 성명과 주소, 화물 인수인 성명과 주소, 화물 유형과 용량 등 작성 여부 확인
⑥ 위험화물 목록: 적재된 화물 중 위험물로 분류된 화물의 유·무 확인
⑦ 화물 적재계획: 컨테이너, 벌크화물의 적절한 검색을 위해 필요
⑧ 여권, 선원수첩: 제시된 선원명단과 비교 대조</td></tr>
</table>

제 3 장 해양경찰 작전 및 위기관리

제 1 절 작전의 개관

1. 작전의 정의

① 작전은 전쟁이나 전투에서 적군의 섬멸, 특정 지역의 점령·방어, 또는 그 외의 목적을 위해 조직적으로 움직이는 군사행동이다.

② 통상 작전을 유효 적절하게 수행하기 위해서는 작전계획이 수립되고, 그 계획에 따른 구체적 행동으로서 작전을 전개하게 된다. 작전은 크게 평시작전과 전시군사작전으로 나눌 수 있다.

2. 해양경찰 작전 개념

(1) 의의

해양경찰 작전이란 평시 및 무력 충돌이 임박하거나 임박할 우려가 예상될 경우, 그리고 국제 관계, 북한과의 사회적·정치적 상황 등을 고려해 평시작전을 인용하면서 해양경찰의 특별한 임무 수행을 유효·적절하게 수행하기 위해 계획이 수립되고, 그 계획에 따른 구체적 행동으로서 작전을 전개하는 행위를 해양경찰 작전이라고 정의할 수 있다.

(2) 유형

해상경계작전	① 해상경계작전 중 일반 상황에서 관할구역을 담당하는 해양경찰이 수행하고 있다. ② 통합방위작전 시에는 함대사령관 책임 하에 군 · 경 합동작전을 수행하고 있다.
해안경계작전	해상에서 운항 중인 선박에 대한 동향 및 선박 입 · 출항 통제, 의아 선박 발견 시 현장출동 확인 등 작전활동과 해안가 특정경비지역에 적정 규모의 상주검문소를 운영하고 있다.

(3) 최근 작전 유형

① 최근 이슈화되고 있는 대량살상무기 확산 방지를 위한 국제협력체제(PSI) 및 유엔안보리 결의 1718호 관련 북한 선박의 감시경비가 있다.

② 지속적으로 갈등을 초래하고 있는 사안으로 이어도, 독도를 둘러싸고 중국, 일본과 지속적인 해양 분쟁 속에 있다.

3. 해양경찰 작전 근거

(1) 법률

「유엔해양법협약」, 「영해 및 접속수역법」, 「통합방위법」

※ 「통합방위법」은 현행법상 국가 방위 요소를 통합해 통합방위대책을 수립, 시행하기 위한 최상위법이다.

(2) 행정규칙

① 통합방위 지침: 평시 군과 경찰은 협조 관계 유지, 진돗개 하나 발령 시 또는 통합방위 선포 시 함대사령관이 해양경찰 작전을 통제해 통합방위 작전을 수행한다. 또한 해양경찰은 시 · 군 및 해양수산부의 어업지도선의 지원을 받아 동해 및 서해의 특정 해역 및 어로한계선 북방해역 어장에 대한 어선이 월선 어선의 월선조업을 통제 · 단속하고, 어선의 납북을 방지하기 위해 어로 한계선 및 조업구역을 월선한 어선을 발견한 때에는 복귀를 위한

조치를 취할 수 있다.

② 선박안전 조업규칙: 선박의 출·입항 신고 및 통제 업무를 담당하기 위해 해양경비안전서 소속으로 선박 출입항 신고기관을 두고 있으며, 백령도, 대청도, 소청도, 연평도 및 강화도에 설치되어 있는 신고기관의 경우 선박출입항 및 조업에 관해 당해 지역 관할 부대장의 통제를 받고 있다.

③ 합참 예규: 월선 어선 또는 피랍 상황 발생 시에는 해군 작전사령관이 해양경찰함정, 어업지도선을 통합 지휘하도록 규정하고 있다.

제 2 절 통합방위 작전

1. 의의

① 통합방위 작전이란 소규모의 적·간첩 및 무장공비 등이 육상, 해상, 공중 기타의 방법으로 침투하는 것을 막고, 침투한 간첩 등을 조기에 색출해 체포·섬멸하는 일체의 작전을 말한다.

② 해양경찰 통합방위 작전은 「통합방위법」 및 「대통령훈령」 제28호에 의해 평시 및 병종 사태 발생시 독자적으로 지휘·통제해 작전을 수행하며, 을종 및 갑종 사태 발생 시에는 지역사령관 또는 통합방위본부와의 지휘하에 작전을 수행한다.

2. 근거

「통합방위법」, 「의무경찰대 설치 및 운영에 관한 법률」, 「통합방위지침」

3. 유형

목적	적의 침투·도발이나 그 위협에 대응해 국가총력전의 개념에 입각해 국가방위 요소를 통합·운용하기 위한 통합방위 대책을 수립·시행하는 데 필요한 사항을 규정하고 있다.

<table>
<tr><td rowspan="4">통합방위
작전 유형</td><td colspan="2">적의 침투·도발이나 그 위협에 대응해 다음에 따라 선포하는 단계별 사태를 말한다.</td></tr>
<tr><td>갑종사태</td><td>일정한 조직 체계를 갖춘 적의 대규모 병력 침투 또는 대량살상무기 공격 등의 도발로 인한 비상사태로서 통합방위본부장 또는 지역군사령관의 지휘·통제하에 통합방위 작전을 수행해야 할 사태를 말한다.</td></tr>
<tr><td>을종사태</td><td>일부 또는 수개 지역에서 적의 침투·도발로 인해 단기간 내에 치안 회복이 어려워 지역군사령관의 지휘·통제하에 통합방위 작전을 수행해야 할 사태를 말한다.</td></tr>
<tr><td>병종사태</td><td>적의 침투·도발 위협이 예상되거나 소규모의 적이 침투한 때에 지방경찰관서장(지방해양경비안전본부장 및 지방경찰청장 포함)·지역군사령관 또는 함대사령관의 지휘·통제하에 통합방위 작전을 수행해 단기간 내에 치안이 회복될 수 있는 사태를 말한다.</td></tr>
<tr><td>통합방위
작전</td><td colspan="2">통합방위사태가 선포된 지역에서 그 사태의 구분에 따라 통합방위본부장·지역군사령관·함대사령관 또는 지방경찰관서장(이하 "작전지휘관"이라 한다)이 국가방위 요소를 통합해 지휘·통제하는 방위작전을 말한다.</td></tr>
</table>

제 3 절 국가 위기관리

1. 서설

① 1990년대 들어 냉전 체제가 해체된 가운데 정보화, 도시화, 복잡화, 네트워크화 등으로 사회 환경이 급속히 변화하면서 국가와 인간을 위협하는 요인도 다양하다.

② 2001년 9·11테러, 2002년 8월 유럽 대홍수 등 예기치 않은 대규모 인명 살상행위와 재난의 빈발 등은 국가의 위기관리 책임을 증대시키는 계기와 함께 국가 위기관리 개념 및 체계의 변화를 초래하고 있다.

③ 종전의 안보 개념이 포괄적 안보라는 개념으로 바뀌고, 이러한 포괄적 안보의 목표로서 '국민 보호' 개념이 대두됨에 따라, 세계 각국은 이러한 개념의 변화를 반영해 다양한 위협 요인과 영역을 국가가 관리해야 할 위기관리 대상에 포함시키고 새로운 위기관리 체계 구축에 나서고 있다.

2. 위기의 정의

위기는 국가와 기업·개인 등 주체의 존립과 기능에 근본적인 위협을 가하거나 가할 우려가 있는 상황을 의미한다.

3. 위기의 특성

① 체계의 일상적인 능력으로는 해결하기 어려운 상황을 유발한다.
② 상황에 대한 구성원의 장악력에 한계가 있다.
③ 발생 대상이 어느 특정 집단이나 대상에 한정되지 않는다.
④ 예측 불가능한 측면과 함께 발생 원인이 복잡하고 다양하다.

4. 위기 요인의 유형

전통적 위협 요인	최근 위협 요인
① 군사/외교 등 국가안위 관련 위협 ② 자연재해	① 사이버, 정보통신, 물류 등 국가 핵심 기능 마비 ② 테러 ③ 전염병, 조류독감 등 보건 관련 재난 ④ 방사능 누출, 화학물질 유출 등 인위재난

5. 위기관리의 개념

(1) 위기관리의 정의

위기를 예방하고 위기 발생에 대비해 대응 태세를 유지하며, 위기 발생 시 즉각적인 대응을 통해 피해를 최소화하고 조기에 위기 발생 이전의 상태를 회복한 후 재발 방지를 위한 일련의 활동을 의미한다.

(2) 위기관리 환경의 변화

① 생활환경의 변화: 생활환경의 변화는 이에 비례한 위협 요인의 증가를 초래하고 수시로 예기치 못한 재난과 위기로 이어져 인간 개개인과 국가에 막대

한 피해로 나타나고 있으며, 이러한 양상은 기술이 발달하고 사회가 복잡해질수록 점점 심화될 것으로 전망된다.

② 국가의 적극적인 책임과 역할: 국민은 경제적 풍요로 삶의 질이 향상되면서 안위에 대한 관심과 욕구가 증대되고 민주화의 진전으로 국민 의식이 발달함에 따라 국가와 국민의 안위를 위협하는 다양한 요인에 대한 국가의 적극적인 책임과 역할을 강력히 요구된다.

③ 적극적이고 포괄적인 위기관리 인식: 정부는 군사적 위협뿐 아니라 국민의 생활 속에서 다양하게 나타나는 각종 위협 요인에 대해서도 국민의 안위 보장 차원에서 적극적이고 포괄적인 위기관리를 인식해야 한다.

(3) 국가 위기관리 개념

1) 국가 위기관리 개념의 변화

1990년대 이후 냉전구조가 해체되면서 전쟁과 같은 군사적 충돌의 위협이 감소됨에 따라 전쟁 대비와 대응에 역점을 둔 기존의 국가안보 개념은 군사 분야뿐 아니라 비군사 분야의 다양한 국가적 위협에도 적극 대처해야 한다는 '포괄적 안보' 개념으로 전환하고 있다.

2) 국가 위기관리 정의

① 「국가안전보장회의(NSC) 국가위기관리 기본지침」상 정의

구분	내용
국가위기	국가 주권 또는 국가를 구성하는 정치, 경제, 사회, 문화 체계 등 국가의 핵심 요소나 가치에 중대한 위해가 가해질 가능성이 있거나 가해지고 있는 상태
국가위기 관리	국가 주권 또는 국가의 핵심 요소나 가치에 대한 중대한 위해로부터 국가와 국민을 보호하기 위한 예방 · 대비 · 대응 · 복구에 관한 제반 활동
위기관리 활동	① 위기 요인을 사전에 제거하거나 감소시킴으로써 위기 발생 자체를 억제하거나 방지 ② 위기 상황 하에서 수행해야 할 제반 사항을 사전에 계획, 준비, 교육, 훈련함으로써 위기 대응 능력을 제고 ③ 위기 발생 시 즉각적으로 대응할 수 있도록 태세를 강화 ④ 위기 발생 시 국가의 자원과 역량을 효율적으로 활용하고 신속하게 대처함으로써 피해를 최소화 ⑤ 2차 위기 발생 가능성을 감소시키는 한편 위기 이전 상태로 조기에 회복시킴과 동시에 제도 개선과 운영 체계 보완을 통해 재발을 방지하고 위기관리 능력을 보완하는 일련의 활동

② 국가 위기관리 개념과 체계의 변화 비교

구분	전통적 안보 개념 상황	포괄적 안보 개념 상황
국제정치 환경	냉전	탈냉전
국가적 위협 요인	전쟁 등 군사 분야 중심	군사, 비군사 분야 다양
국가 위기관리 목표	군사적 안전 보장	군사적 안전보장 · 국민 안전 · 국가 핵심 기능 유지
국가 위기관리 체계	① 군사 분야/전시 대비 중심 ② 국가 동원형	① 군사/비군사 간, 전/평시간 연계 통합형 ② 국민 참여 협력형

3) 우리나라의 국가 위기관리 개념

① 참여정부 출범과 함께 확대 개편된 국가안전보장회의(NSC) 사무처 내에 정부 수립 이후 처음으로 위기관리센터를 설치하고 포괄적 안보 개념의 구현을 위한 국가 위기관리 체계 구축 및 정비에 착수했다.

② 참여정부 출범 1주일을 앞두고 2003년 2월 18일 대구에서 한 정신질환자의 방화에 의해 339명의 사상자가 발생한 지하철 화재 참사가 일어나, 적게는 지하철 방재로부터 재난관리 체계, 나아가 국가 위기관리 체계 전반에까지 혁신적 변화를 모색하게 되는 계기가 되었다.

③ 정부는 "포괄적 안보 개념에 입각한 다양한 위기 유형에 대한 종합적, 체계적 관리 시스템의 구축과 국가 위기관리 능력의 제고 필요성"을 강조함으로써, 정부의 위기관리 개념은 곧 포괄적 안보 개념임을 분명히 하고 있다.

6. 국가 위기관리의 제도적 구현

(1) 정부의 위기관리 정책

포괄적 안보 개념에 입각한 위기관리 정책 기조를 바탕으로 국가 위기관리를 하고 있다.

국가의 위기관리 기본 역량 강화	위기 영역별 전담조직 및 의사 결정 체계의 지속적인 정비와 관련 기관 간 유기적인 협조 체제 구축
체계적인 위기관리 활동의 보장	국가 위기관리 기본 지침과 위기관리 표준 매뉴얼 등 국가 위기관리 활동 방향과 기준을 제시하는 각종 규범을 정비

위기관리 업무 능력 향상	정부 각 부처의 위기관리 업무에 대한 미비점을 지속적으로 발굴·개선
국가위기관리상 공백 방지	물류 등 주요 기능의 마비, 전염병 확산 등 새로운 위협 요인에 대한 신속하고 효율적인 대응 체계를 구축

(2) 우리의 국가 위기관리 체계 구축·정비 현황

1) 위기관리 영역의 명확화와 영역별 의사 결정 체계의 구축

① 전통적 안보 분야: 국가안전보장회의(NSC)를 중심

② 재난 분야: 중앙안전관리위원회(위원장: 국무총리)

③ 국가 핵심 기반 분야: 국정현안정책조정회의(의장: 국무총리, 정책적 의사 결정)

2) 위기관리 관련 법규의 정비

위기관리 활동에 기준이 되는 각종 법규를 환경과 개념의 변화를 반영해 좀 더 실효적인 위기관리 활동이 이뤄질 수 있도록 정비했다.

① 전쟁 등과 같은 군사적 위기 상황에 대비한 기존의 각종 대비 계획들을 안보환경 등 제반 상황 변화를 반영해 개정했다.

② 2001년 9·11 테러로 인해 그 중요성이 증대된 대(對)테러 분야의 관련법을 개정해 대테러 체계 운영의 효율성을 제고했다.

③ 재난 분야의 법령을 「재난 및 안전관리기본법」으로 통합, 2004년 6월 제정했다.

3) 위기관리 문서체계의 수립

국가 위기관리 기본 지침	NSC가 주관이 되어 각 부처와 학계 전문가 등이 참여한 가운데 수립된 위기관리에 관한 기본 방향과 기준을 제시하는 문서로서 국가 위기의 개념과 범위, 위기관리의 기본 방향과 내용, 위기관리의 절차와 경보, 각 부처의 기본적인 책무 등을 수록
위기관리 표준 매뉴얼	NSC가 각 부처와 협조해 3대 위기 영역별(전통적 안보, 재난, 국가 핵심 기반)로 32개의 위기 유형을 선정하고, 이에 대한 범정부 차원의 종합 위기관리 방향 및 체계와 위기 예방-대비-대응-복구활동에 대한 부처·기관의 임무와 역할 및 협조 관계를 규정
위기대응 실무 매뉴얼	위기관리 표준 매뉴얼을 바탕으로 각 유형별 위기관리 주관기관이 중심이 되어 유관 기관과 협조, 각종 위기 상황 발생 시 구체적으로 적용할 부처와 기관의 조치 사항 및 행동 절차 등을 규정

4) 구체적 위기관리 체계

「국가위기관리 기본지침」 (대통령 훈령 제124호)	① 국가 위기관리 개념과 방향 제시 ② 국가 위기 개념과 범위, 위기관리 기본 방향과 내용 ③ 위기관리 절차와 경보, 각 부처별 기본적인 책무를 규정한 대통령 훈령
「위기관리 표준 매뉴얼」 (32개)	① 위기 유형별 위기경보 체계 ② 예방 – 대비 – 대응 – 복구 활동에 대한 부처·기관의 임무·역할 및 협조 관계 등 범정부 차원의 위기관리 체계를 규정한 세부지침 ③ 전통적 안보(12건), 재난(11건), 국가 핵심 기반(9건)
「위기대응 실무 매뉴얼」 (10개)	① 위기 유형별 주관기관이 중심이 되어 유관기관과 협조 ② 위기 상황 발생 시, 부처·기관이 수행할 조치 사항 및 행동요령 등을 수록한 표준 대응 절차서

(3) 영역별 위기관리 전담 조직 체계

국가안전보장회의 (NSC)	국가 위기관리 체계 구축에 관한 종합적인 기획·조정 기능을 수행하는 기능이 필요하다고 보고 확대 개편된 국가안전보장회의(NSC) 산하에 위기관리센터를 설치(2003.3)했으며, 재난 영역에서 자연재해와 인위재난을 통합한 재난관리 업무의 전담 조직으로 '소방방재청'을 설치(2004.6)했으나 2014년 11월 19일 정부조직 개편으로 현재는 국민안전처로 통합 수행하고 있다.
국가정보원	사이버 침해에 대해서도 국가 차원에서 종합 대처하기 위해 '국가사이버안전센터'를 국가정보원 산하에 설치·운영하고 있다.
국민안전처	2014년 11월 19일 정부조직 개편으로 해상, 육상 등 모든 재난에 대응하기 위해 국민안전처를 출범시키고 해양경비안전본부와 소방본부를 두고 재난 위기관리에 대응하고 있다.
행정자치부	새로운 신종 위협 요인으로 대두되는 국가 핵심 기반의 마비에 대해서도 범정부 차원의 통합 지원 기능을 수행하는 전담부서로 행정자치부 안전정책관실 내 '기반체계보호담당관'을 설치했다.
국방부	군은 재난관리와 같은 평시 위기관리에 대한 군의 지원을 기본 임무로 규정(2004.11)하고 체계적인 지원 업무 수행을 위해 국방부 내에 '재난관리지원과'를 신설(2004.8)해 평시 위기관리에 관한 민관군 협력 기능을 강화했다.

(4) 위기평가 및 경보제도 도입·운영

① 위기 상황에 대한 평가 및 경보 발령 체계를 위기관리 표준 매뉴얼에 규정해 2005년부터 본격적으로 운영하기 시작했다.

② 경보 수준은 관심(Blue) – 주의(Yellow) – 경계(Orange) – 심각(Red) 등 4단계로 구분했다.

③ 각 위기 유형별 주관기관은 각종 상황에 대한 자체 위기 평가 및 경보 발령

체계를 가동하고 범정부 차원의 종합적인 평가와 조치가 요구되는 위기경보 발령이 필요한 경우엔 국가안전보장회의 사무처와 협의해 국가위기평가회의를 통해 경계와 심각 단계의 경보를 발령한다.

제 4 절 해양경찰 비상근무

1. 용어의 정의

비상상황	대간첩 · 테러, 대규모 재난 등의 긴급 상황이 발생하거나 발생할 우려가 있는 경우 또는 다수의 경력을 동원해야 할 치안 수요가 발생해 치안활동을 강화할 필요가 있는 때
지휘선상 위치 근무	비상연락 체계를 유지하며 유사시 1시간 이내에 현장 지휘 및 현장근무가 가능한 장소에 위치하는 것
정위치 근무	감독순시 · 현장근무 및 사무실 대기 등 관할구역 내에 위치하는 것
정착 근무	사무실 또는 상황과 관련된 현장에 위치하는 것
필수요원	전 경찰관 및 일반직 공무원 중 경찰기관의 장이 지정한 자로 비상소집 시 1시간 이내에 응소해야 할 인원
일반요원	필수요원을 제외한 경찰관 등으로 비상소집 시 2시간 이내에 응소해야 할 인원
가용 경력	총원에서 휴가 · 출장 · 교육 · 파견 등을 제외하고 실제 동원될 수 있는 모든 인원
소집관	비상근무발령권자로부터 권한을 위임받아 비상근무 발령에 따른 비상소집을 지휘 · 감독하는 주무참모 또는 상황관리관(치안상황실장)
작전 준비 태세	경계 강화 단계를 발령하기 이전에 별도의 경력 동원 없이 경찰작전부대의 출동 태세 점검, 지휘관 및 참모의 비상연락망 구축 및 신속한 응소 체제를 유지하며, 작전상황반을 운영하는 등 필요한 작전 사항을 미리 조치하는 것

2. 근무 방침

① 비상근무는 비상상황 하에서 업무 수행의 효율화를 도모하기 위해 발령한다.

② 비상근무 대상은 경비, 작전, 정보, 수사 등의 업무 중 비상 상황에 국한한다. 다만 2개 이상의 기능에 관련되는 상황에 대해서는 경비비상으로 통합 단일화해 실시한다.

③ 적용 지역은 전국 또는 일정 지역으로 구분한다. 다만, 2개 이상의 지역에

관련되는 상황은 차상급 기관에서 주관해 실시한다.

3. 비상근무 등급

① 비상근무는 유형에 따라 경비 · 작전 비상, 정보비상, 수사비상 등으로 구분해 발령한다.

② 기능별 상황의 긴급성 및 중요도에 따라 비상 등급을 갑호비상, 을호비상, 병호비상, 경계 강화, 작전준비 태세(작전비상 시 적용)로 구분해 실시한다.

4. 근무 요령

구분	내용
갑호비상	① 연가를 중지하고 가용 경력 100%까지 동원 가능 ② 지휘관과 참모는 정착 근무를 원칙
을호비상	① 연가를 중지하고 가용 경력 50%까지 동원 가능 ② 지휘관과 참모는 정위치 근무를 원칙
병호비상	① 부득이한 경우를 제외하고는 연가를 억제하고 가용 경력 30%까지 동원 가능 ② 지휘관과 참모는 정위치 근무 또는 지휘선상 위치 근무를 원칙
경계 강화	① 별도의 경력 동원 없이 특정 분야의 근무를 강화 ② 전 경찰관은 비상연락 체계를 유지하고 경찰작전부대는 상황 발생 시 즉각 출동이 가능하도록 출동대기 태세를 유지 ③ 지휘관과 참모는 지휘선상 위치 근무를 원칙
작전 준비 태세	① 별도의 경력 동원 없이 경찰관서 지휘관 및 참모의 비상연락망을 구축하고 신속한 응소 체제를 유지 ② 경찰작전부대는 상황 발생 시 즉각 출동이 가능하도록 출동 태세 점검 실시 ③ 유관 기관과의 긴밀한 연락 체계를 유지, 필요 시 작전상황반을 유지

5. 비상경계

① 비상경계는 연말연시, 명절, 기타 중요 행사와 관련된 긴급 및 중요 상황이 발생하거나 또는 발생 예상 시 실시한다.

② 비상경계는 중요 상황 발생 또는 예상 시 경찰력을 집중 운용함으로써 중요 사태의 예방 · 경계 · 진압을 목적으로 실시한다.

③ 비상경계의 정황은 갑호 · 을호 · 병호로 구분한다.

제 4 장 해양테러

제 1 절 테러리즘 및 대테러 개념

1. 개설

① 탈냉전시대의 도래 초기에는 미·소 간의 화해와 이념적 대결 퇴조로 무고한 사람들의 생명과 안전을 위협하는 반문명적인 테러가 국제사회에서 대폭 줄어들 것으로 예상되었다. 하지만 기대와는 달리 2001년 9월 미국에서 발생한 9·11테러 등 국제사회는 지금도 여전히 테러(terror)의 위협에 노출되어 있다.

② 21세기 테러는 비정규전의 양상을 띠며, 테러조직 간의 국제적인 네트워크를 형성하고 있고, 얼굴을 드러내지 않으며, 특별히 전선(戰線, war front) 없이 전 세계를 무대로 테러를 자행하고 있어, 이를 뉴테러리즘(new terrorism)이라고 부른다.

③ UN은 안전보장이사회 결의를 채택해 테러에 대비해 각국에 대해 포괄적인 노력을 할 것을 촉구했으며, 각국은 자국의 테러 방지대책을 재정비하기 위해 노력하고 있으며, 우리나라도 2016년 관련 법령을 제정했다.

2. 테러 관련 근거 법령 및 내용

(1) 공통 법령

1) 「국민 보호와 공공 안전을 위한 테러방지법」

테러라 함은 국가 안보 또는 공공의 안전을 위태롭게 할 목적으로 행하는 다음 각 항목의 어느 하나에 해당하는 행위를 말한다.

① 국가 또는 국제기구를 대표하는 자 등의 살해, 납치
② 국가 또는 국제기구 등에 대해 작위·부작위를 강요할 목적의 납치
③ 국가 중요시설 또는 다중 이용 시설 및 장비의 폭파
④ 운항 중인 항공기의 납치·점거
⑤ 운항 중인 항공기의 파괴 및 안전에 위해를 줄 수 있는 항공시설의 파괴
⑥ 국제 민간항공에 사용되는 공항 내에서의 인명 살상 또는 시설의 파괴
⑦ 선박 억류, 선박의 안전 운항에 위해(危害)를 줄 수 있는 선박 또는 항해시설의 파괴
⑧ 해저에 고정된 플랫폼의 파괴
⑨ 핵물질을 이용한 인명 살상 또는 핵물질의 절도, 강탈행위

2) 「형법」, 특별형법

① 「형법」 규정: 형법에서는 외국 원수나 사절에 대한 폭행(제107조), 범죄단체 조직(제114조), 폭발물 사용(19조), 공용물의 파괴(제141조), 기차, 선박 등의 교통방해죄(186조), 해상강도(제340조) 등이 있다.
② 특별형법: 특별법에서 군과 관련해 「군형법」 제54조(초병에 대한 폭행 협박), 항공기 운항과 관련해 항공법 제12조(항공기 납치), 제56조(항공상 위험 발생 등의 죄), 「국가보안법」에서 반국가활동에 대한 처벌(법제2조, 3조), 「보건범죄 단속에 대한 특별조치법」 부정독극물 제조. 사용(제4조), 테러행위와 관련된 금융거래정보를 추적해 처벌할 수 있게 하기 위해 「특정금융거래 정보의 보고 및 이용 등에 관한 법률」에서 금융정보분석원을 설치 운용하고 있다.

(2) 해상의 특수법령: 「해상운송 불법행위 억제협약(SUA)」

① 「SUA(The Convention for the Suppression of Unlawful Acts Against the Safety of Maritime Navigation)」는 해상테러를 범죄행위로 규정하고 그 범죄자에 대한 형사적 처벌을 위해 범죄인 인도, 관할권 등의 형사 절차를 위한 국제적 공조를 내용으로 하는 협약으로, 1988년 3월 10일 최초로 SUA 및 그에 관한 의정서가 체결되었으며, 2005년 10월 21일 핵무기 등의 수송을 규제하는 내용을 포함해 다시 개정되었다.

② 우리나라는 2003년 9월 8일 발효되어 국내법으로 「선박 및 해상구조물에 대한 위해행위의 처벌 등에 관한 법률」(제6880호)을 제정, 수용하고 있다.

3. 테러의 형태

① 인질과 상호 대치(hostage)
② 폭파 및 무장공격
③ 암살(assassination)
④ 납치(hijacking)
⑤ 유괴(kidnaping)
⑥ 기타, 방화, 매복 공격, 습격, 강탈 등

[참고 사항] 테러, 비정규전, 일반폭력과 구분

구분	테러	비정규전	일반폭력
목적	정치, 사회적 목적 달성을 전제로 하여 자신의 존재와 주장을 선전	정규전으로의 전환을 위한 유격전 전개, 사회 질서 교란, 군사적인 승리	금전, 복수 등 개인적 이해 또는 사원(私怨) 해결을 위해 자행, 자신의 존재를 감추려고 노력
주체	국가, 단체 또는 국가의 지원, 사주를 받은 단체나 개인	북한의 무장공비, 간첩, 공작원 등	범죄조직 또는 개인
수단	납치, 암살, 폭파, 시설 점거 등 유형적 폭력	테러와 구별 불가	의도한 범행 대상과 피해 대상이 대부분 일치
대상	범행 대상이 무차별적이고 범행 목적과 피해 대상이 일치하지 않는 경우가 대부분	테러와 구별 불가	의도한 범행 대상과 피해 대상이 대부분 일치

4. 대테러 정의 및 기관별 업무

(1) 대테러 정의

① 테러활동에 대한 예방·예견·저지 등 대응하는 모든 활동을 말하며, 소극적 대응책으로 사전 예방적 의미인 반(反)테러주의(anti-terrorism)와 사후 조치로서 적극적 대응책인 대(對)테러주의(counter-terrorism)을 포함하는 개념이다.

② 「국민 보호와 공공 안전을 위한 테러방지법」 제2조 제6호에 "테러 관련 정보의 수집, 테러 위험 인물의 관리, 테러에 이용될 수 있는 위험물질 등 테러 수단의 안전관리, 인원·시설·장비의 보호, 국제행사의 안전 확보, 테러 위협에의 대응 무력 진압 등 테러 예방과 대응에 관한 제반 활동을 말한다.

(2) 대테러 업무 관장기관 구분

<table>
<tr><th colspan="3">구분</th><th>내용</th></tr>
<tr><td rowspan="2">대테러
활동 근거</td><td colspan="2">업무 분담</td><td>「국민 보호와 공공안전을 위한 테러방지법」</td></tr>
<tr><td colspan="2">처벌 법규</td><td>「형법」, 「국가보안법 등 일반 법규」</td></tr>
<tr><td rowspan="3">대테러
지휘 체계</td><td colspan="2">완성 시기</td><td>1982,1988 올림픽 계기</td></tr>
<tr><td colspan="2">최고정책조정기구</td><td>테러대책회의(위원장: 국무총리)</td></tr>
<tr><td colspan="2">실무정책기구</td><td>테러대책상임 위원회(위원장: 대통령이 지명하는 자)</td></tr>
<tr><td rowspan="3">테러사건
관할</td><td rowspan="2">국내 사건</td><td>육상</td><td>행정자치부(경찰청)</td></tr>
<tr><td>해상</td><td>국민안전처(해양경비안전본부)</td></tr>
<tr><td colspan="2">국외 사건</td><td>외교통상부</td></tr>
<tr><td rowspan="4">테러사건
진압부대</td><td rowspan="2">경찰</td><td>육상</td><td>경찰특공대</td></tr>
<tr><td>해양</td><td>해양경찰특공대</td></tr>
<tr><td rowspan="2">군</td><td>육상</td><td>육군특공대</td></tr>
<tr><td>해양</td><td>해군특공대</td></tr>
<tr><td rowspan="2">테러사건
합동조사기구</td><td colspan="2">국내사건</td><td>국정원 주관, 중앙 및 지방 단위 편성</td></tr>
<tr><td colspan="2">국외 사건</td><td>국정원 주관, 합동조사반 편성 파견</td></tr>
<tr><td rowspan="4">대테러
활동 방향</td><td colspan="2">조정부서</td><td>국정원 대테러과</td></tr>
<tr><td colspan="2">합동기구</td><td>평시는 기관별 소관 업무 수행, 중요 행사 시
합동대책기구 운영</td></tr>
<tr><td colspan="2">활동 방향</td><td>사전 예방 및 대응 차원의 국내 보안활동</td></tr>
<tr><td colspan="2">협력 중점</td><td>국내·외 테러/대테러 정보 수집</td></tr>
</table>

제 2 절 해양 대테러 활동

1. 정의

「국민 보호와 공공 안전을 위한 테러방지법」 제2조 제1호 나목에 규정된 "선박 또는 해상구조물과 관련해 ① 운항 중인 선박 또는 해상구조물을 파괴하거나, 그 안전을 위태롭게 할 만한 정도의 손상을 가하는 행위, ② 폭행이나 협박, 그 밖의 방법으로 운항 중인 선박 또는 해상구조물을 강탈하거나 손상을 가하는 행위, ③ 운항 중인 선박의 안전을 위태롭게 하기 위해 그 선박 운항과 관련된 기기·시설을 파괴하거나 중대한 손상을 가하거나 기능장애 상태를 야기하는 행위 등"에 관련된 정보의 수집, 테러 위험 인물의 관리, 테러에 이용될 수 있는 위험물질 등 테러 수단의 안전관리, 인원·시설·장비의 보호, 국제행사의 안전 확보, 테러 위협에의 대응 및 무력 진압 등 테러 예방과 대응에 관한 제반 활동을 말한다.

2. 근거 법령

(1) 국제협약

1) 「해상운송불법행위 억제협약(The Convention for the Suppression of Unlawful Acts Against the Safety of Maritime Navigation: SUA)」

① 해상테러를 범죄행위로 규정하고 그 범죄자에 대한 형사적 처벌을 위해 범죄인 인도, 관할권 등의 형사 절차를 위한 국제법적 공조를 내용으로 하는 협약이다.

② 1988년 3월 10일 최초로 SUA 및 그에 관한 의정서가 체결되었고, 2005년 10월 런던 국제해사기구(IMO) 본부에서 열린 외교회의에서 선박을 이용한 해상테러에 대처하고 대량살상무기(WMD)의 확산 방지를 위해 「해상불법행위 억제협약(SUA협약)」을 개정했다.

2) 대량살상무기 확산 방지 구상(Proliferation Security Initiative: PSI)

① 의의: PSI는 확산 우려 국가 또는 비국가 행위자에 의한 대량살상무기(Weapons of Mass Destruction Proliferation Security Initiative) 확산이 우려되는 거래를 검색·차단함으로써 대량살상무기 확산을 방지하기 위한 국제 협력 체제를 의미한다.

② 우리나라 참여: 2003년 5월 부시 미국 대통령의 '크라쿠프(Krakow) 선언'을 계기로 11개국이 참여해 출범했으며, 우리나라는 2009년 5월 26일 95번째로 참여해 운영전문자 그룹으로 활동 중에 있다.

③ 활동의 기본 원칙 및 해양경찰 활동

기본 원칙	활동의 기본이 되는 PSI 차단 원칙(Statement of Interdiction Principles)은 PSI의 기본 정신과 대량살상무기 확산 방지를 위해 협조하겠다는 회원국들의 공약을 명시한 기본 문서이며, 주요 내용으로는 ① 단독으로 또는 외국과 협조해 WMD의 이전 및 운송을 차단 ② 신속한 정보 협조 채널 구축 ③ 대량살상무기 운송 의심을 받고 있는 자국 선박을 승선·검색, 의심 화물이 적발될 경우 압류 ④ 대량살상무기 운송 의심 선박에 대해 타국이 승선·검색을 요청할 경우, 해당 선박의 기국은 이를 진지하게 검토 ⑤ 대량살상무기 운송 의심을 받고 있는 자국령 안의 선박이나 항공기, 환적 화물을 검색하고, 의심 선박 적발 시 압류 조치 등 실질적인 비확산 활동이 다수 포함되어 있다.
해양경찰 활동	우리 정부가 PSI에 정식 참여한 이후, 해양경찰은 영해 및 AAO(Approved Areas of Operations: 작전인가구역)에 포함되어 있는 공해에서 WMD 등을 수송하는 북한 국적 선박을 자위권 행사 차원에서 정선·검색·나포할 수 있다.

[참고 사항] PSI와 SUA의 비교

구분	규제의 대상	주체 및 내용
PSI	국가, 테러리스트	모든 국가가 영해 및 공해에서 정선 검색 실시
SUA	테러리스트 개인	테러리스트 개인의 국적국이 그 개인을 범죄인으로 보아 국내법을 근거로 하여 형사 처벌

(2) 국내 법규

1) 「국민 보호와 공공 안전을 위한 테러방지법」(약칭: 테러방지법)

① 목적: 테러의 예방 및 대응 활동 등에 관해 필요한 사항과 테러로 인한 피해

보전 등을 규정함으로써 테러로부터 국민의 생명과 재산을 보호하고 국가 및 공공의 안전을 확보하는 것을 목적으로 한다.

② 대테러활동: 테러 관련 정보의 수집, 테러 위험인물의 관리, 테러에 이용될 수 있는 위험물질 등 테러 수단의 안전관리, 인원·시설·장비의 보호, 국제 행사의 안전 확보, 테러 위협에의 대응 및 무력 진압 등 테러 예방과 대응에 관한 제반 활동을 말한다.

국가테러 대책위원회	① 대테러활동에 관한 정책의 중요 사항을 심의·의결하기 위해 설치한다. ② 대책위원회는 국무총리 및 관계 기관의 장 중 지정하는 사람으로 구성하고 위원장은 국무총리로 한다. ③ 대책위원회는 다음 각 호의 사항을 심의·의결한다. (a) 대테러활동에 관한 국가의 정책 수립 및 평가 (b) 국가 대테러 기본 계획 등 중요 중장기 대책 추진 사항 (c) 관계 기관의 대테러활동 역할 분담·조정이 필요한 사항 (d) 그 밖에 위원장 또는 위원이 대책위원회에서 심의·의결할 필요가 있다고 제의하는 사항 ※대테러 인권보호관: 관계기관의 대테러활동으로 인한 국민의 기본권 침해 방지를 위해 대책위원회 소속으로 대테러 인권보호관 1명을 둔다.
대테러센터	① 대테러활동과 관련해 다음 각 호의 사항을 수행하기 위해 국무총리 소속으로 관계 기관 공무원으로 구성되는 대테러센터를 둔다. (a) 국가 대테러활동 관련 임무 분담 및 협조 사항 실무 조정 (b) 장단기 국가 대테러활동 지침 작성·배포 (c) 테러경보 발령 (d) 국가 중요 행사 대테러안전대책 수립 (e) 대책위원회의 회의 및 운영에 필요한 사무의 처리 (f) 그 밖에 대책위원회에서 심의·의결한 사항 ② 대테러센터 소속 직원의 인적 사항은 공개하지 아니할 수 있다.

③ 테러 예방을 위한 안전관리대책의 수립: 관계 기관의 장은 국가중요시설과 많은 사람이 이용하는 시설 및 장비에 대한 테러 예방대책과 테러의 수단으로 이용될 수 있는 폭발물·총기류·화생방물질, 국가 중요 행사에 대한 안전관리대책을 수립해야 한다.

④ 테러 취약 요인 사전 제거: 테러 대상 시설 및 테러 이용 수단의 소유자 또는 관리자는 보안장비를 설치하는 등 테러 취약 요인 제거를 위해 노력해야 하고, 국가는 테러 대상시설 및 테러 이용 수단의 소유자 또는 관리자에게 필요한 경우 그 비용의 전부 또는 일부를 지원할 수 있다.

⑤ 범죄 내용: 테러단체 구성죄, 테러자금 조달, 테러단체 지원, 테러단체 가입 등

2) 「선박 및 해상구조물에 대한 위해행위의 처벌 등에 관한 법률」

① 목적: 운항 중인 선박 및 해상구조물에 대한 위해 행위를 방지함으로써 선박의 안전한 운항과 해상구조물의 안전을 보호함을 목적으로 한다.

② 범죄 내용

구분	내용
폭행 · 협박 · 상해 · 살인죄 (제5조)	운항 중인 선박 또는 해상구조물의 안전을 위험하게 할 목적으로 그 선박 또는 해상구조물에 있는 사람을 살해한 자, 사람의 신체를 상해 또는 폭행하거나 사람을 협박한 자
선박납치죄 (제6조)	폭행 또는 협박 그 밖의 방법으로 운항 중인 선박 또는 해상구조물을 강탈하거나 선박의 운항을 강제한 자
선박 등 손괴죄 (제7조)	운항 중인 선박 또는 해상구조물을 파괴하거나, 안전을 위험하게 할 만한 손상을 운항 중인 선박이나 해상구조물 또는 그에 적재된 화물에 가한 자
선박 운항 관련 기기 · 시설의 손괴죄 등 (제8조)	운항 중인 선박의 안전을 위험하게 할 목적으로 그 선박 운항과 관련된 기기 · 시설을 파괴하거나 중대한 손상을 가하거나 기능 장애 상태를 야기한 자
위험물건 설치 · 탑재죄 (제9조)	운항 중인 선박 또는 해상구조물의 안전을 위험하게 할 만한 물건을 그 선박 또는 해상구조물에 설치하거나 탑재한 자, 허위의 정보를 전달해 선박의 안전 운항을 위험하게 한 자
선박 납치 등 살인 · 치사죄, 상해 · 치상죄(제12조)	운항 중인 선박 또는 해상구조물의 안전을 위험하게 할 만한 물건을 그 선박 또는 해상구조물에 설치하거나 탑재한 자 및 허위의 정보를 전달해 선박의 안전 운항을 위험하게 한 자
협박죄(제13조)	사람의 권리 행사를 방해하거나 의무 없는 일을 하게 할 목적으로 소정의 죄를 범해 운항 중인 선박 또는 해상구조물의 안전을 위험하게 할 것을 고지함으로써 사람을 협박한 자

3. 해양경찰의 테러지원국 선박 감시 대책

① 테러지원국가 선박 국내 입항(국내항 간 기항 포함) 시부터 출항 시까지 모든 선박에 대해 전담 함정을 배치하고, 평시는 함정 및 해 · 육상 연계 감시로, 테러 징후 포착 시 등 특수한 경우에는 전담 함정 배치

② 국내 입항 또는 관할 해역을 통항하는 테러 지원국가 선박에 대한 특별한 정보 사항이 없는 경우 항내 입항 시는 상황실(AIS) 및 항만관제실을 통한 동향 감시, 해상 통항 시에는 상황실(AIS) 및 해군 전탐기지(電探基地)와 협조해 감시하고 인근 경비함정은 지원

제 3 절 해양테러 위기 대응

1. 목적

선박 및 임해시설을 대상으로 발생하는 해양테러를 사전에 예방하고, 해양테러 발생 시 효과적인 대응으로 인명과 재산 피해를 최소화하는 데 있다.

2. 근거

① 「국민 보호와 공공 안전을 위한 테러방지법」(법률 제14071호), 동법 시행령(대통령령 제27203호) 및 시행규칙(총리령 제1281호)
② 「국가위기관리 기본 지침」(대통령훈령 제124호)
③ 「선박 및 해상구조물에 대한 위해행위의 처벌 등에 관한 법률」
④ 「폭탄 테러행위의 억제를 위한 협약」(1997.12 뉴욕)
⑤ 「SUA 의정서」(1988.3 로마)

3. 적용 범위

여객선 등 선박과 해상구조물에 대한 인질 폭파 등 해양 테러사건 발생 시 해양경찰의 대응 조치 및 유관 기관별 지원 조치

※ 통합방위지침의 적용 여부가 불분명한 사건은 그 성격이 명확히 판명될 때까지 통합방위지침의 대응활동과 병행

4. 위기 형태 및 피해 양상

(1) 위기 형태

선박 인질테러	테러범 다수가 여객선 등 선박에 잠입, 이념의 전파 및 제3국으로의 도주 등을 목적으로 총과 흉기로 승무원을 위협, 인질로 억류
선박, 해상구조물 폭파테러	유조선 등 선박에 폭발물 설치, 폭파, 폭발물을 적재한 소형 보트로 선박, 항만시설 등에 자살폭탄테러

공해상 선박테러	대한민국 주변 공해상에서 항해 중인 선박에 대한 인질 또는 폭파테러

(2) 피해 양상

① 사망자 및 부상

② 선박, 해상구조물 손괴 등 재산 피해 국민 동요, 혼란 등 심리적 공황 발생

5. 위기경보

관심(Blue) – 징후활동 감시	① 선박 및 해상을 통한 항만, 임해중요시설 테러 관련 미확인 첩보 입수 ② 국내 테러 위협으로 발전할 가능성이 낮은 테러사건 발생 및 해상을 통한 테러 이용물질 국제 유통 확산 등 동향 입수
주의(Yellow) – 협조 체계 가동	① 해상을 통한 테러 이용물질의 국내 반입 기도 첩보 입수 ② 주요 관계 국가 선박 및 해상을 통한 테러 발생, 국내에서 각국의 관심도가 높은 국제행사 개최, 테러 발생에 대한 여론 우려 및 보도 증가 등 동향 입수
경계(Orange) – 대비 태세 점검	① 해상테러 관련 첩보 입수 ② 테러 발생 가능성이 높은 테러 위협 발생, 국제행사에 대한 테러 위협 및 테러첩보 등 동향 입수
심각(Red) – 즉각 대응 태세 돌입	① 국제 항해 선박 탈취 등 첩보 입수 ② 우리나라에 대한 테러 발생 위험, 우리나라에 대한 직접적 테러 위험 경고, 테러 발생 가능성이 매우 높은 테러 위협 발생 등

제 5 장

해상 경호경비

제1절 경호 개설

1. 의의

경호라 함은 정부요인, 국내외 중요 인사 등 피경호자의 신변에 대해 직접·간접으로 가해지려는 위해를 방지하기 위해 위험 요소를 사전에 제거하고 피경호자의 안전을 도모하는 활동을 말한다.

실질적 의미의 경호	경호 대상자에 대해 인위적·자연적 위해 등으로부터 그 신변을 지키고 안전을 확보하기 위한 작용이다.
형식적 의미의 경호	실정법상 경호기관의 권한에 속하는 일체의 작용으로 경호를 담당하는 해양경찰 및 경찰, 대통령경호실의 작용이다.

2. 목적

① 피경호자의 신변 안전 도모
② 질서 유지와 혼잡 방지
③ 피경호자와 영접자 간의 친목 도모

④ 위험 방지와 국위 선양

3. 대상

국내 요인	갑호	대통령과 그 가족, 대통령으로 당선 확정된 자와 그 가족
	을호	퇴임 후 7년이 경과한 전직 대통령, 대통령선거 후보자 및 국회의장, 대법원장, 국무총리, 헌법재판소장
	병호	국민안전처 장관(해양경비안전본부장), 경찰청장이 필요하다고 인정한 인사
외국의 귀빈	외빈 A, B, C, D 등급	방한하는 외국의 국가원수 또는 행정수반과 그 배우자, 기타 경호실장이 인정한 요인
	외빈 E, F 등급	부총리, 왕족, 외빈A.B.C.D 등급 배우자 단독 방한, 전직 대통령, 전직 총리, 국제기구 및 국제회의 중요 인사, 기타 장관급 이상으로 국민안전처 장관(해양경비안전본부장) 또는 경찰청장이 경호가 필요하다고 인정한 외빈

4. 경호기관

구분	해양경찰, 경찰(일반경호기관)	대통령 경호실(특별경호기관)
국내 요인	① 갑호 경호 대상 ② 을호 경호 대상 ③ 병호 경호 대상	갑호 경호 대상
국외 요인	① 외빈 A, B, C, D 등급 ② 외빈 E, F 등급	외빈 A, B, C, D 등급

5. 경호활동의 원칙

예방경호	경호활동의 1차 목표는 예방경호이다. 행사장 및 행사장 주변의 인적, 물적, 지리적 위해 요소를 사전에 제거하고 위해 기도를 무력화시킴으로써 피경호인의 안전을 보장하는 예방경호활동에 경호 역량을 집중해야 한다.
즉각 조치	경호활동의 2차 목표는 비상 상황 발생 시 즉각 대응에 있다. 경호에 임하는 장비·인원은 비상 상황 발생 시 신속, 정확하게 상황을 전파하고, 피경호인을 방호, 대피시키도록 조치하고 대적해 피경호인의 안전을 보장해야 한다.
보안 유지	경호관계자는 피경호인 행사와 경호활동에 대한 보안을 유지해 위해 기도자의 행사 일정에 관한 정보 획득을 차단함으로써 위해 기도를 사전에 방지해야 한다.
총력 대응	완벽한 경호 목표를 달성하기 위해 대통령경호실 및 유관 기관은 상호 깊은 신뢰와 협력을 바탕으로 모든 경호 역량을 통합해 단일 지휘 체계를 확립하고, 경호지역 내 일반 국민들로부터도 적극적인 협조를 유도해 총력 대응해야 한다.

제 2 절 경호 원칙

1. 해상경호 4대 수칙

경호 임무를 부여받은 해상의 경비함정 및 육상해안가 근무 경호 업무를 담당하는 경찰관이 업무 수행 시 준수해야 할 기본적인 근무수칙을 말한다.

자기희생	피경호인은 어떠한 상황 하에서도 절대 보호되어야 한다는 원칙으로, 경호경찰관은 자기자신을 희생하는 일이 있더라도 피경호인의 안전을 반드시 보호해야 한다는 원칙이다.
담당구역 책임의 원칙	담당구역에 배치된 경비함정을 포함 경호 경찰관은 담당구역을 절대 사수해 주어진 경호 임무를 완수해야 한다는 원칙이다.
효율적인 해상통제	경호 시 일원화된 지휘를 통해 각종 위해 요소를 효과적으로 통제해 국민의 불편 없이 완벽한 해상경호를 수행한다.
감시 위주 경호	어로작업, 유·도선 운항 등 생업활동에 종사하는 국민들의 불편을 최소화하면서도 안전한 경호활동 수행을 위해 통제보다는 감시 위주의 경호를 원칙으로 한다.

2. 수행경호 기본 원리

(1) 자연방벽 효과의 원리

근접 경호경찰관들이 피경호인을 중심으로 정지간 또는 이동상에서 주변의 인적·물적 취약 요소에 따라 다양한 형태의 인적 방벽을 형성해 피경호인을 최대한 방호하는 활동이다.

(2) 대응 시간의 원리

위해 기도자가 총으로 위해(危害)를 가할 경우 경호경찰관은 총으로 대응하는 것보다 몸으로 대응하는 것이 경호의 목적인 피경호인 보호에 효과적이다.

(3) 대응 효과의 원리

피경호인을 좀 더 효과적으로 보호하기 위해 피경호인과 군중과이 적정 거리를 4~5m 유지해야 한다는 이론이다(일반성인의 신체적 감응시간 0.3초 이 시간에 달릴 수 있는 거리 2.14m).

3. 우발 상황 발생 시 기본 원칙

(1) SCE 원칙(SCE principle)

경고(sound off)	가장 먼저 위기를 포착한 경호원이 육성이나 무전으로 모든 경호 세력에게 상황 내용을 간단명료하게 전파하는 것이다.
방호(cover)	우발 상황 발생 시 경고와 동시에 신속히 피경고인을 보호하기 위해 방벽을 형성하는 것이다.
대피(evacuate)	피경호인을 위험지역에서 안전지역으로 신속히 이동시키는 행위이다.

(2) 촉수거리의 원칙(arms-reach principle)

위해 기도 시 범인과 가장 가까운 위치에 있는 경호관이 대응해야 한다는 원칙이다.

(3) 체위 확장의 원칙(body-expand principle)

상황 발생 시 경호관 자신의 몸을 은폐, 엄폐하는 것이 아니라 최대한 확장 노출시켜 피경호인에 대한 방호 효과를 극대화하면서 공격 방향으로 대응해야 한다는 원칙이다.

제 3 절 해상 경호경비 활동

1. 정의

피경호인이 선박으로 이동 시 또는 해상 관련 행사 및 해상과 인접한 육상에서의 행사 시 요인의 생명 또는 재산을 보호할 목적으로 경비함정과 경찰관을 배치해 특정한 지역을 경계, 순찰하는 등의 행위(정보, 보안, 검측활동 포함)를 행하는 활동을 말한다.

2. 관련 근거

① 「대통령경호실법」(법률 제6087호)
② 「대통령경호실 경호업무지침」(경호 유관 기관용)
③ 「경찰관직무집행법」 제2조 직무의 범위 '요인경호'
④ 「대통령경호안전대책위원회규정」

3. 경호활동 범위: 경호지역

행사장을 포함한 일정 지역을 경호지역으로 설정해 경호활동을 통해 피경호인의 안전을 확보하는 지역을 말한다.

① 해상경호지역(3선 경호): 안전해역(1선), 경비해역(2선), 경계해역(3선)
② 육상경호지역: 직접경호지역(경호활동지역), 간접경호지역(치안강화지역)
③ 공중경호지역: 우리나라 영공 전체

4. 경호 절차

준비 단계 (D-30 ~ D-3)	① 행사 관련 정보활동 강화, 현장답사 결과와 과거 자료 기반으로 해상경호안전판단서 작성, 해상경호계획 수립 ② 자체 해상경호 보고회의를 개최해 해상경호계획 최종 점검
안전활동 단계 (D-2 ~ H-2)	① 경호계획에 의거 점진적으로 경호 세력 배치 ② 안전 초계활동 및 선박, 수중에 대한 검측과 안전 유지 실시 및 취약 항・포구 안전 순찰활동 실시 ③ 경호실과 유관 기관 및 행사주관기관이 참여하는 경호관계관회의 실시 ④ 해양경찰 해경작전본부, 경호실의 경호작전본부 설치
실시 단계 (H-2 ~ 종료시)	① 해상경호 기본계획에 의거 모든 경호 세력을 배치, 상황 유지 ② 전면적인 경호활동과 취약 개소 감시 경비, 우발 상황 대비 태세 강화
평가 단계	해상경호 기본계획과 실제 임무 수행 사이의 문제점 및 개선 사항을 토의・평가하는 경호평가회의와 다음 행사를 위한 관련 자료 수집・보존 단계

제 6 장 기타 특수경비임무 (특정 해역 어로 보호)

1. 의의

동·서해 특정 해역 내 어장은 북방한계선(NLL)을 경계로 북한과 인접한 접경 해역으로 북의 도발 우발 상황 및 군 작전 등으로 조업선 통제가 필요함에 따라 우리 어선의 어로한계선 이탈 및 조업금지구역선 이탈 방지를 통해 안전조업 환경을 조성하고 어업인의 생명과 재산을 보호하기 위할 목적으로 운영하고 있다.

※ 북방한계선(Northern Limit Line: NLL)

북방한계선은 백령도, 대청도, 소청도, 연평도, 우도 5개 섬 북단과 북측 옹진반도 사이의 중간선을 연결한 선으로 1953년 8월 30일 유엔사령부(사령관 Mark W. Clark)가 일방적으로 서해와 동해에서의 우리측 해군 및 공군 초계(哨戒)활동의 북방 한계를 설정해 함정과 항공기의 북상 항행 방지와 어선과 일반 선박의 피랍 방지 및 그 보호를 목적으로 설정한 선이다.

2. 법적 근거

① 「선박안전조업규칙」 제7조(어로보호본부)
② 「선박안전조업규칙」 제4조(성어기의 설정 등)

3. 어로보호본부 설치 및 운영

설치 개소	① 백령도 등 서해 5도 등 특정 해역을 담당하는 인천해양경비안전서에 서해어로보호본부 설치 ② 강원도 동해안 최북단 특정 해역을 담당하는 속초해양경비안전서에 동해어로보호본부 설치
임무	① 어로 보호를 위한 경비 및 단속 ② 어선 출입항 및 어선 출어 등록 현황의 파악과 출어선 동태 파악 ③ 해양사고 구조 ④ 범법 어선의 적발 처리 및 관계 기관 통보 등

4. 어로보호협의회 운영

설치	동·서해 어로보호본부 산하에 어로보호협의회를 설치·운영한다.
기능	① 어업별 조업구역, 조업기간의 조정 건의 ② 어선 안전 조업에 관한 사항 ③ 어로보호본부장의 통제 사항 ④ 그 밖의 어로 보호에 관한 사항

5. 특정 해역 경비활동

① 특정 해역 내에서 어장별로 경비함정을 어선단 최북단에 배치해 해군 함정과 협력함으로써 어선들의 어로한계선 월선 조업 방지 및 피랍 방지 순찰을 실시한다.
② 자치단체 어업지도선 등과 협조해 특정 해역 내 안전 조업 질서 유지 활동을 한다.
③ 특정 해역 내 조업 질서를 문란하게 하거나 월선 조업 등 법령을 위반한 선박에 대해 범죄 예방 조치와 단속 업무를 수행한다.

제 2 편

해양경찰 수색구조론

제 1 장 해양경찰 수색구조의 의의

제 1 절 수색구조 개관

1. 수색구조의 정의

① 수색구조란 조난을 당한 사람 및 선박에 대해 함정, 항공기 및 기타 특수장비 등을 활용해 그 위치를 찾고 조난자를 구하는 제반 행위라고 정의할 수 있다.

② 수색구조 영역에는 크게 육상과 해상으로 구분하는데, 해상에서의 수색구조는 국제해사기구(IMO)에서 그 절차와 방법에 대해 「국제항공 및 해상수색구조(IAMSAR) 매뉴얼」에 따르도록 권고하고 있다.

③ 구조의 개념에서 유의할 것은 조난자를 조난 상황에서 벗어나게 하는 것에 그치지 않고 응급조치까지 포함하고 있다.

2. 수색구조 업무의 중요성

해양에서 여객선, 유・도선, 어선 등이 충돌・좌초・침몰될 경우 대규모 인명사고가 우려됨에 따라 가용 함정・항공기 및 관공선, 어선 등 수색구조 세력을 최대한 동원해 국민의 생명과 재산을 보호하고 패해를 최소화하는 데 있다.

3. 해양 관련 사고에 대한 용어 구분

수색구조	수색	인원 및 장비를 사용해 조난을 당한 사람 또는 사람이 탑승했을 것으로 추정되는 선박, 항공기, 수상레저기구 등을 찾는 활동
	구조	조난을 당한 사람을 구출해 응급조치 또는 그 밖의 필요한 것을 제공하고 안전한 장소로 인도하기 위한 활동
	해수면과 내수면에서 선박 등의 침몰·좌초·전복·충돌·화재·기관 고장 및 추락 등으로 인해 조난을 당한 사람 또는 선박 등을 찾아 위험에 처한 상태로부터 구출해 응급조치 또는 그 밖의 필요한 것을 제공하고 안전한 장소로 인도하는 일련의 구조 과정	
조난사고	수면과 내수면에서 선박 등의 침몰·좌초·전복·충돌·화재·기관 고장 및 추락 등으로 인해 사람의 생명·신체 및 선박 등의 안전이 위험에 처한 상태	
해양사고	일반적으로 해양에서 선박과 관련해 발생하는 사고를 총칭하는 것으로 해양 및 내수면에서 선박의 구조·설비 또는 운용과 관련해 사람이 사망 또는 실종·부상을 입거나, 선박의 조종이 불가능하게 된 사고나 해양오염 피해가 발생한 사고(「해양사고 조사 및 심판에 관한 법률」)	
재난	태풍, 홍수, 해일 등으로 인한 자연재난과 화재·붕괴·폭발·환경오염사고, 가축전염병의 확산 등으로 인한 사회재난으로 인해 국민의 생명·신체·지산과 국가에 피해를 주거나 줄 수 있는 것(「재난 및 안전관리기본법」)	
해난	항해에 관한 위험으로서 선박이 자력으로 감당할 수 없는 위험(「상법」)	

제 2 절 해상 수색구조 관련 법령

1. 수색구조 관련 국제협약

「UN해양법협약」	① 「UN해양법협약」은 해양 보호 및 안전에 관한 국제적인 헌법으로 우리나라는 1994년 11월 16일 비준했다. ② 제98조에 모든 연안국은 해상 안전에 관한 적절하고도 실효적인 수색·구조기관의 설치·운영 및 유지를 촉진시키고, 필요한 경우 이를 위해 지역 약정의 형태로 인접국과 서로 협력한다고 규정하고 있다.
「수색구조협약」 (SAR 1979)	① 전 세계의 수색 및 구조기구 간의 협력과 해상에서의 수색 및 구조활동의 참가 당사자 간의 협력을 촉진하기 위해 제정되었으며, 협약은 전문과 제1조 의무에서부터 제8조 언어 및 부속서의 3개 부분으로 구성되어 있다. ② 우리나라는 1995년 10월 4일 국내 발효되었다.

「해상에서의 인명 안전을 위한 국제협약」 (SOLAS 1974)	① 배경: 1912년 타이나닉 호가 북대서양에서 빙산과 충돌해 발생한 사고는 세계적으로 해양에서의 선박 안전에 대한 관심을 증폭시켜 선박의 안전 항해를 위해 건조, 장비 및 운용에 대한 최소한의 안전장치를 도입하기 위해 1914년에 최초로 제정되었다. ② 구명정(life boats), 구조정(rescue boats), 구명조끼 등과 관련한 구명설비 및 배치, 국제조난 및 안전 체계인 GMDSS(Gloval maritime Distress & Distress System)인 무선통신, 항해의 안전은 해상에서의 충분하고 효율적인 수색구조 서비스 제공, 자동식별장치(Automatic Ship Identification: AIS) 적재 및 최신의 IAMSAR 매뉴얼 제3권을 탑재하도록 규정하고 있다 ③ 우리나라는 1983년 발효되었다.
「국제항공 및 해상수색구조 매뉴얼」 (IAMSAR)	① 국제해사기구인 IMO와 국제민간항공기구인 ICAO가 공동으로 2001년 최초 제정된 이후 매 3년마다 개정되는 매뉴얼로 3권으로 구성되었다. ② 항공 및 해상에서의 수색구조 서비스 제공과 조직 구성에 대한 일반적인 지침을 제공한다.

2. 인접국 간 수색, 구조에 관한 협정

「일본국 정부 간의 해상에서의 수색, 구조 및 선박의 긴급피난에 관한 협정」	「중화인민공화국 정부 간의 해상수색 및 구조에 관한 협정」
① 발효일: 1990년 5월 25일 ② 본문 7조 및 부속서로 구성	① 발효일: 2007년 5월 16일 ② 본문 9조로 구성
① 자국의 주변 수역에서 발생한 해난에 대해 수색 및 구조를 위한 긴급조치를 취한다. ② 선박의 긴급피난 시 가능한 적절한 보호를 부여한다. ③ 협정은 3년간 유효하며, 이후 타방이 종료 통고를 하는 날로부터 1년간 유효하다. ④ 통신은 국제텔렉스, 국제전화, 무선통신에 의한다. ⑤ 부산해양경비안전서와 제7관구 해상보안본부가 각국의 무선통신 취급국이다. ⑥ 통신에 사용하는 언어는 원칙적으로 영어로 한다.	① 자국의 수색구조 구역 내에서 조난정보 입수 시 국적을 불문하고 수색 및 구조를 위한 긴급조치를 취하며, 상호간 지원을 요청할 수 있다. ② 양국의 국민과 모든 선박은 악천후 혹은 기타 긴급사태 발생 시 상대방 국가에 통보 후 안전수역으로 피난할 수 있다. ③ 양국이 오직 수색 및 구조의 목적으로 상대방 측 영해 · 영토 또는 그 상부 공역으로 입역하고자 할 경우 동 상대방 측의 허가를 신청하며, 동 상대방 측은 자국 법령에 따라 신속하게 허가해야 한다. ④ 협정은 3년간 유효하며, 별도의 종료 통보가 없는 한 유효하며, 협정 종료 시 6개월 전 타방 당사국에 서면 통보한다.

3. 수색구조 관련 국내법

「재난 및 안전관리 기본법」	각종 재난으로부터 국토를 보전하고 국민의 생명과 재산을 보호하기 위해 국가와 지방자치단체의 재난 및 안전관리 체제를 확립하고, 재난의 예방 · 대응 · 복구와 안전문화 활동, 그 밖에 재난 및 안전관리에 필요한 사항을 규정하고 있다.

「수상에서의 수색 · 구조에 관한 법률」	해수면에서의 수난구호는 구조본부의 장이 수행하고, 내수면에서의 수난구호는 소방관서의 장이 수행한다. 다만 국제 항행에 종사하는 내수면 운항 선박에 대한 수난구호는 구조본부의 장과 소방관서의 장이 상호 협조하도록 하고 있다.

4. 「수상에서의 수색 · 구조에 관한 법률」(약칭: 수상구조법) 주요 내용

(1) 의의

수상에서 조난된 사람, 선박, 항공기, 수상레저기구 등의 수색 · 구조 · 구난 및 보호에 필요한 사항을 규정함으로써 조난사고로부터 국민의 생명과 신체 및 재산을 보호하고 공공의 복리 증진에 이바지하는 것을 목적으로 한다.

수난구호	수상에서 조난된 사람 및 선박, 항공기, 수상레저기구 등(이하, '선박 등'이라 한다) 수색 · 구조 · 구난과 구조된 사람 · 선박 및 물건의 보호 · 관리 · 사후 처리에 관한 업무
조난사고	수상에서 다음 각 목의 사유로 인해 사람의 생명 · 신체 또는 선박 등의 안전이 위험에 처한 상태 ① 사람의 익수 · 추락 · 고립 · 표류 등의 사고 ② 선박 등의 침몰 · 좌초 · 전복 · 충돌 · 화재 · 기관 고장 또는 추락 등의 사고
수난구호 협력기관	수난구호를 위해 협력하는 중앙행정기관 · 지방자치단체, 「재난 및 안전관리기본법」 제3조 제8호에 따른 긴급구조 지원기관, 대통령령으로 정하는 공공단체
수색	인원 및 장비를 사용해 조난을 당한 사람 또는 사람이 탑승했을 것으로 추정되는 선박 등을 찾는 활동
구조	조난을 당한 사람을 구출해 응급조치 또는 그 밖의 필요한 것을 제공하고 안전한 장소로 인도하기 위한 활동
구난	조난을 당한 선박 등 또는 그 밖의 다른 재산(선박 등에 실린 화물을 포함한다)에 관한 원조를 위해 행해진 행위 또는 활동
구조대	수색 및 구조활동을 신속히 수행할 수 있도록 훈련된 인원으로 편성되고 적절한 장비를 보유한 단위조직
민간해양 구조대원	지역 해역에 정통한 주민 등 해양경비안전관서에 등록되어 국민안전처의 해상구조활동을 보조하는 사람

(2) 수난 대비 조치

수난대비 기본계획	① 국민안전처 장관(해양경비안전본부장)은 해수면에서 자연적 · 인위적 원인으로 발생하는 조난사고로부터 사람의 생명과 신체 및 재산을 보호하고 효율적인 수난구호를 위해 수난대비 기본계획을 5년 단위로 수립 ② 국민안전처 장관(해양경비안전본부장)은 수난대비 기본계획을 집행하기 위해 수난대비 집행계획을 매년 수립 · 시행

	③ 수난대비 집행계획은 「민방위기본법」에 따른 민방위계획에 포함해 수립·시행 가능
중앙구조본부 설치	해수면에서의 수난구호에 관한 사항의 총괄·조정, 수난구호협력기관과 수난구호 민간단체 등이 행하는 수난구호활동의 역할 조정과 지휘·통제 및 수난구호활동의 국제적인 협력을 위해 국민안전처(해양경비안전본부)에 중앙구조본부 설치
수난대비 기본훈련의 실시	중앙구조본부는 수상에서 자연적·인위적 원인으로 발생하는 조난사고로부터 사람의 생명과 신체 및 재산을 보호하기 위해 수난구호협력기관 및 수난구호 민간단체 등과 공동으로 매년 수난대비 기본훈련을 실시
각급 해상수난 구호대책위원회 설치	수난구호 협력기관 및 수난구호 민간단체와의 유기적인 협조 체제를 구축해 해상수난구호를 신속하고 효과적으로 수행하기 위해 중앙구조본부의 장 소속으로 중앙해상수난구호대책위원회를 설치
구조대 및 구급대 편성	구조본부의 장은 해수면에서 수난구호를 효율적으로 수행하기 위해 구조대를 편성·운영하고, 해수면과 연육로로 연결되지 아니한 도서(소방관서가 설치된 도서는 제외한다)에서 발생하는 응급환자를 응급처치하거나 의료기관에 긴급히 이송하기 위해 구급대를 편성·운영
종합상황실 설치	구조본부의 장은 조난사고와 그 밖에 구조·구급이 필요한 상황의 발생에 대비하고, 신속한 구조활동을 위한 정보를 수집·전파하기 위해 종합상황실을 설치·운영
여객선 비상수색구조 계획서 작성	국제 항해에 취항하는 여객선 소유자는 여객선 비상수색구조계획서를 작성해 관할 해양경비안전서장에게 신고하고 확인을 받아 해당 여객선 및 선박 소유자의 주된 사무실에 비치
선박의 이동 및 대피 명령	구조본부의 장은 ① 태풍, 풍랑 등 해상 기상의 악화로 조난이 우려되는 선박, ② 선박 구난 현장에서 구난작업에 방해가 되는 선박의 경우에는 해당 선박의 이동 및 대피명령 가능
조난된 선박의 긴급피난	인명이나 해양환경에 손상을 초래할 수 있는 조난된 선박의 선장 또는 소유자는 계속 항해 시의 위험을 줄이기 위해 긴급피난을 할 수 있다.

(3) 수난구호 활동

수난구호의 관할	해수면에서의 수난구호는 구조본부의 장이 수행하고, 내수면에서의 수난구호는 소방관서의 장이 수행한다.
조난 사실의 신고	수상에서 조난사고가 발생한 때에는 다음의 자는 즉시 가까운 구조본부의 장이나 소방관서의 장에게 조난 사실을 신고해야 한다. ① 조난된 선박 등의 선장·기장 또는 소유자 ② 수상에서 조난 사실을 발견한 자 ③ 조난된 선박 등으로부터 조난신호나 조난통신을 수신한 자 ④ 조난사고 원인을 제공한 선박의 선장 및 승무원
구조본부 등의 조치	조난 사실을 신고 또는 통보받거나 인지한 관할 구조본부의 장이나 소방관서의 장은 구조대에 구조를 지시 또는 요청하거나 조난 현장의 부근에 있는 선박 등에게 구조를 요청하는 등 수난구호에 필요한 조치를 수행한다.

현장지휘	조난 현장에서의 수난구호활동의 지휘는 지역구조본부의 장 또는 소방서장이 수행한다. 다만, 응급의료 및 이송 등과 관련된 사항에 대해서는 관련 수난구호협력기관의 장과 협의한다.
구난작업 현장의 안전관리	구조본부의 장 또는 소방관서의 장은 구난작업 현장의 안전관리와 환경오염 방지를 위해 필요한 경우 구난작업 관계자에게 인력 및 장비의 보강, 인근 선박의 항행안전을 위한 조치 등을 명령한다.
외국 구조대의 영해 진입 허가	외국의 구조대가 신속한 수난구호활동을 위해 우리나라와 체결한 조약에 따라 우리나라의 영해·영토 또는 그 상공에의 진입 허가를 요청하는 때에는 중앙구조본부의 장은 지체없이 이를 허가하고 그 사실을 관계 기관에 통보한다.
해외 수난 발생 시 수색구조	해외에서 우리나라 국민과 선박 등의 수난과 다른 나라 국민과 선박 등의 수난에 대해 수색·구조가 필요한 경우 중앙구조본부의 장은 구조대를 파견할 수 있다.

(4) 한국해양구조협회 설치 · 운영

한국해양구조협회의 설립	해수면에서의 수색구조·구난에 관한 기술·제도·문화 등의 연구·개발·홍보 및 교육훈련, 행정기관이 위탁하는 업무의 수행과 해양 구조·구난 업계의 건전한 발전 및 해양 구조·구난 관계 종사자의 기술 향상을 위해 한국해양구조협회를 설립한다.
협회의 업무	① 수색구조·구난기술에 관한 교육 및 조사·연구와 개발 ② 수색구조·구난기술에 관한 자문 ③ 해양사고 예방과 안전관리 의식의 고취를 위한 대(對)국민 홍보 ④ 수색구조·구난 업무에 관하여 행정기관이 위탁하는 업무 ⑤ 수색구조·구난 기술에 관한 정보의 수집·분석 및 제공 ⑥ 수색구조·구난 업무를 지원하는 민간 해양구조대원의 관리 ⑦ 그 밖에 회원의 복리 증진 등 정관으로 정하는 사항

(5) 민간 구조활동의 지원 등

수난구호를 위한 종사명령 등	① 구조본부의 장은 수난구호를 위해 부득이하다고 인정할 때에는 필요한 범위에서 사람 또는 단체를 수난구호 업무에 종사하게 하거나 선박, 자동차, 항공기, 다른 사람의 토지·건물 또는 그 밖의 물건 등을 일시적으로 사용할 수 있다. ② 수난구호 업무에의 종사명령을 받은 자는 구조본부의 장의 지휘를 받아 수난구호 업무에 종사해야 한다. ③ 국가 또는 지방자치단체는 제1항에 따라 수난구호 업무에 종사한 사람이 부상을 입거나 사망한 경우에는 그 부상자 또는 유족에게 보상금을 지급해야 한다. ④ 보상금을 지급받고자 하는 자는 관할 자치단체의 장에게 신청해야 한다.
민간 해양구조대원	① 민간 해양구조대원은 국민안전처(해양경비안전본부)의 해상구조 및 조난사고 예방·대응활동을 지원할 수 있다. ② 민간 해양구조대원이 해상구조 및 조난사고 예방·대응활동을 지원한 때에는

	수당 및 실비를 지급할 수 있다. ③ 지방자치단체의 장은 필요한 경우 관할구역에서 민간 해양구조대원이 수난 구호활동에 참여하는 데 소요되는 경비의 일부를 지원할 수 있다. ④ 구조본부의 장은 민간 해양구조대원의 구조활동에 필요한 장비 대여 및 교육을 무상으로 실시할 수 있다.
수상구조사	① 국민안전처 장관(해양경비안전본부장)은 수상에서 조난된 사람을 구조하기 위한 전문적인 능력을 갖췄다고 인정되는 사람에게 수상구조사 자격을 부여할 수 있다. ② 수상구조사가 되려는 사람은 국민안전처 장관(해양경비안전본부장)이 지정하는 관련 단체 또는 기관에서 교육과정을 이수한 후 시험에 합격해야 한다.
심해잠수사의 양성 및 관리	국민안전처 장관(해양경비안전본부장)은 심해(深海)에서의 잠수 및 수난구호를 전문으로 하는 심해잠수사의 양성 및 관리를 위하여 심해잠수 구조훈련센터를 설치할 수 있으며, 심해잠수사를 대상으로 심해 잠수에 적합 여부를 확인하기 위한 신체검사를 실시할 수 있다.

(6) 조난통신 운영

해상구조조정본부	국민안전처 장관(해양경비안전본부장)은 「1979년 해상수색 및 구조에 관한 국제협약」과 「1944년 국제민간항공협약」에 따른 해상구조조정본부와 해상구조조정지부를 지정·운영해야 한다.
조난통신의 수신	해상구조조정본부의 장은 조난통신을 수신할 수 있는 통신시설을 갖추고 조난사실을 신속히 알 수 있도록 항상 조난통신을 청취해야 한다.
선박 위치 통보 등	선장은 선박이 항구 또는 포구로부터 출항하거나 국민안전처장관(해양경비안전본부장)이 지정·고시하는 선박위치 통보해역에 진입한 때에는 해상구조조정본부의 장에게 다음의 통보를 해야 한다. ① 항해계획 통보, ② 위치 통보, ③ 변경 통보, ④ 최종 통보

(7) 사후 처리

구조된 사람·선박 등 물건 인계	① 구조본부의 장은 구조된 사람이나 사망자에 대해서는 그 신원을 확인하고 보호자 또는 유족이 있는 경우에는 보호자 또는 유족에게 인계해야 하며, 구조된 선박 등이나 물건에 대해서는 소유자가 확인된 경우에는 소유자에게 인계할 수 있다. ② 구조본부의 장은 구조된 사람이나 사망자의 신원이 확인되지 아니하거나 인계받을 보호자 또는 유족이 없는 경우 및 구조된 선박 등이나 물건의 소유자가 확인되지 아니한 경우에는 구조된 사람, 사망자, 구조된 선박 등 및 물건을 특별자치도지사 또는 시장·군수·구청장에게 인계한다.
구조된 사람의 보호 등	구조된 사람 등을 인계받은 시장·군수·구청장 등은 구조된 사람에게 신속히 숙소·급식·의류의 제공과 치료 등 필요한 보호 조치를 취해야 하며, 사망자에 대해서는 영안실에 안치하는 등 적절한 조치를 취해야 한다.

수난구호 비용의 지급	명령에 따라 수난구호에 종사한 자와 일시적으로 사용된 토지·건물 등의 소유자·임차인 또는 사용인은 시장·군수·구청장 등으로부터 수난구호 비용을 지급받을 수 있다.

※ 수색구조 관련 약어

- A/C(aircraft): 항공기
- ACC(area control centre): 항공관제소(센터, 시설물을 말함.)
- ACO(aircraft co-ordinator): 항공 조정관
- AIS(aeronautical information service): 항공정보 서비스
- AIS(automatic identification system): 자동위치 식별장치
- ARCC(aeronautical rescue co-ordination centre): 항공구조조종본부
- ARSC(aeronautical rescue sub-centre): 항공구조지부
- ATC(air traffic control): 항공교통관제(관제 시스템을 말함.)
- ATN(aeronautical telecommunication network): ICAO의 항공 통신망
- ATS(air traffic service): 항공교통 서비스(비교. VTS: 선박교통 서비스)
- CES(coast earth station): 연안지구국
- Cospass(Space System for Search of Vessels in Distess): 조난선박 구조를 위한 위성 체계
- C/S(call sign): 신호 부호
- DF(direction finding): 방향 탐지기
- DSC(digtal service calling): 디지털 선택호출장치
- ELT(emergency locator transmitter): 비상위치송신기(항공기용, 121.5MHz)
- EPIRB(emergency positon-indicating radio beacon): 비상위치지시용 무선표지설비(선박용, 4065MHz)
- FIC(flight information centre): 비행정보소
- FIR(flight information region): 비행정보구역
- GMDSS(Global Maritime Distress and Safety System): 전세계해상조난 및 안전제도
- GNSS(Global Navigation Satellite System): 전 세계 항해용 위성제도
- GPS(global positioning system): 전 세계 위치표시제도
- ICAO(International Civil Aviation Organization): 국제민간항공기구
- IMO(International Maritime Organization): 국제해사기구
- IMSO(International Mobile Satellite Organization); 국제이동위성기구
- INS(international navigation system): 국제항행제도

◦ JRCC(joint (aeronautical and maritime) rescue co-ordination centre): (항공 및 해양 RCC를 같이 수용하는) 합동 RCC
◦ LES(land earth station): 육지(내륙) 지구국
◦ LUT(local user terminal): (위성조난신호) 지역수신소
◦ MCC(mission control centre): (수색구조) 임무조종센터
◦ MRCC(maritime rescue co-ordination centre): 해양수색구조조정본부
◦ MRSC(maritime rescue sub-centre): 해양수색구조지부
◦ MSI(maritime safety information): 해양안전정보
◦ NBDP(narrow-band direct printing): 협대역 직접인쇄전신(무선텔렉스)
◦ NM(noutical mile): 해리(해양마일)
◦ OSC(on-scene co-ordinator): 현장조종관
◦ OSV(offshore supply vessel): 연안 지원 선박
◦ PLB(personal locator beacon): 개인용 위치 발신장치
◦ PRU(parachute rescue unit): 낙하산 구조대
◦ RANP(region air navigation plan): ICAO의 지역 항공 운항 계획
◦ RCC(rescue co-ordination centre): (항공・해양)구조조정본부
◦ RF(radio frequency): 무선주파수
◦ RSC(rescue sub-centre): (항공・해양)구조지부
◦ RTG(radio telegraphy): 무선전신
◦ SAR(search and rescue): 수색구조
◦ Sarsat(Search and Rescue Satellite-Aided Tracking): 수색구조용 위성을 이용한 추적
◦ SART(search and rescue radar transponder): 수색구조용 레이더 반사장치
◦ SC(SAR co-ordinator): 수색구조 조종관
◦ SCC(SAR co-ordinating committee): 수색구조 조종위원회
◦ SES(ship earth station): 선박 지구국
◦ SMC(SAR mission co-ordinator): 수색구조 임무 조정관
◦ SOLAS(International Convention for the Safety of life at Sea): 해상 인명안전 국제협약
◦ SRR(search and rescue region): 수색구조 구역
◦ SRS(search and rescue sub-region): 수색구조 부구역
◦ Inmarsat(satellite communication service provider for the GMDSS): 전세계 해상조난안전제도을 위한 위성통신 체계
◦ MRO(Mass rescue operation): 대량 구조작전

제 3 절 수색구조 조직

1. 의의

해수면에서의 수난구호에 관한 사항의 총괄·조정, 수난구호 협력기관과 수난구호 민간단체 등이 행하는 수난구호 활동의 역할 조정과 지휘·통제 및 수난구호 활동의 국제적인 협력을 위해 수색구조본부를 설치할 수 있다.

2. 수색구조본부 조직

<table>
<tr><td rowspan="2">중앙
구조본부</td><td>본부장</td><td>국민안전처 해양경비안전본부장
① 수난구호 대책의 총괄·조정
② 대규모 수난구호 활동의 현장 지휘·통제
③ 해수면에서의 수난구호 업무에 관한 관계기관·단체와의 협력
④ 해상수난구호 업무에 관한 국제기구 및 외국 기관과의 협력
⑤ 수난구호협력기관 등 관계 기관·단체의 구조대와의 합동훈련 및 합동 수색·구조활동에 필요한 구조지침에 관한 사항
⑥ 수난대비 집행계획의 시행
⑦ 수난구호장비의 확충·보급 등
⑧ 광역구조본부 및 지역구조본부의 지휘·감독
⑨ 그 밖에 해상수난구호 업무의 효율적인 수행을 위해 필요한 사항</td></tr>
<tr><td>부본부장</td><td>중앙구조본부의 장을 보좌하며, 중앙구조본부의 장이 부득이한 사유로 직무를 수행할 수 없을 때에는 그 직무를 대행한다.</td></tr>
<tr><td>광역
구조본부</td><td>본부장</td><td>해당 지방해양경비안전본부장
① 광역구조본부 관할 해역에서의 수난구호 업무 총괄·조정·지휘
② 관할 해역에서의 수난구호 업무 수행
③ 소속 구조대의 편성·운영 및 구조활동에 관한 지휘·통제
④ 지역 수난구호 협력기관과 수난구호 활동 역할 분담 및 지휘·통제
⑤ 선박위치 통보제도의 세부적 운영에 관한 사항
⑥ 해상수난구호 업무를 위한 지역 통신망의 관리·운용
⑦ 그 밖에 중앙구조본부의 장으로부터 위임받거나 지시받은 사항</td></tr>
<tr><td colspan="2">지역
구조본부의 장</td><td>해당 해양경비안전서장이 해상수난 구호 업무에 관해 광역구조본부의 장의 조정·지휘를 받아 다음을 관장한다.
① 관할 해역에서의 수난구호 업무 수행
② 소속 구조대의 편성·운영 및 구조활동에 관한 지휘·통제</td></tr>
</table>

	③ 지역 소재 수난구호협력기관과 수난구호 민간단체의 수난구호활동 역할 분담 및 지휘 · 통제 ④ 그 밖에 중앙구조본부의 장 또는 광역구조본부의 장으로부터 위임받거나 지시받은 사항

3. 현장 지휘 관련 각급 지휘관

(1) MRO(대형인명구조작전) 지휘 · 조정 체계도(해상수색구조 매뉴얼)

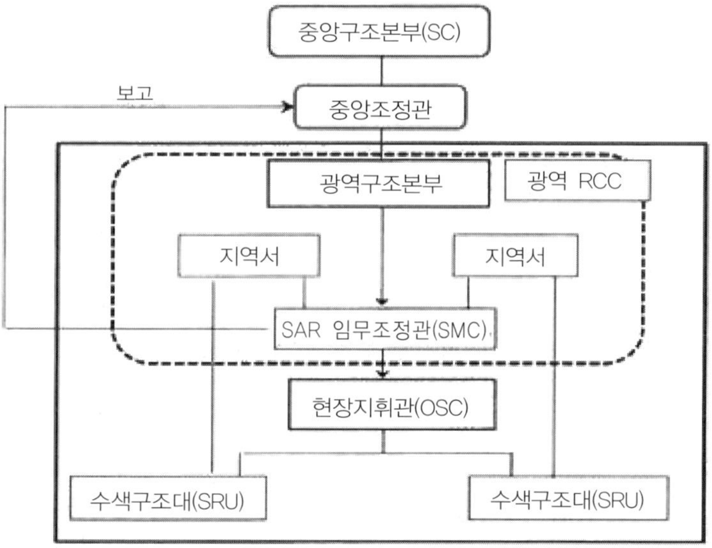

(2) 수색구조 조정관(SAR Coordination: SC)

1) 임무

① 조난 상황에 대한 모든 자료를 얻고 평가

② 실종되거나 조난당한 선박이 비치하고 있는 비상장비의 형태를 확인

③ 극복할 수 있는 환경 상태의 정보를 유지

④ 필요 시 선박의 움직임과 위치를 확인하고, 구조, 경계, 무선당직을 위해 수색지역에 있는 선박에 경보 송신

⑤ 수색 해역을 표시하고 사용할 방법 및 선박(항공기)을 결정

⑥ 수색 및 구조 활동계획을 적절히 개발
⑦ 필요 시 인근 RCC와 업무를 조정
⑧ SAR 인원의 상황 설명 및 업무 보고를 주선
⑨ 수색을 중지하거나 종결할 시점을 결정
⑩ 최종보고서 준비

2) 유의점
① 조난 상황에 대한 정보 수집에 만전을 기한다.
② 정확하고 실행할 수 있는 수색구조 업무계획의 개발을 주도한다.
③ 수색구조 임무를 수행하기 위한 자원의 파견과 조정을 수행한다.

(3) 수색구조 임무조정관(SAR Mission Co-ordinator: SMC)

1) 임무
① 조난 선박 또는 항공기 및 기상 등 조난 상황에 대한 정보 수집
② 효과적인 수색구조 계획 개발 및 추진
③ 수색구조 임무를 수행하기 위한 인력과 장비 등 자원의 관리
④ 조난 상황에 대한 모든 자료를 얻고 평가
⑤ 조난 선박 또는 항공기에 탑재된 구명 설비
⑥ 극복할 수 있는 환경 상태의 정보를 유지
⑦ 수색 해역을 표시하고 사용할 방법 및 산박(항공기) 결정
⑧ SAR 인원의 상황 설명 및 임무 보고를 주선
⑨ 수색을 중지하거나 종결할 시점을 결정 등 업무 수행

2) 유의점
① 조난사고가 발생할 경우에는 해양경비안전관서의 담당 과장이 보통 SMC 임무를 수행한다.
② 사회적 여파가 큰 조난사고의 경우에는 오랜 기간 진행되어 일반적으로 지원팀을 추가로 구성하며, 구조가 달성되거나 외관상으로 추가적인 노력이 소용없게 될 때까지 그 임무를 수행한다.
③ SMC는 조난정보의 수집, 평가, 다양한 분야의 집중적인 초기 진행 등으로

인해 임무를 수행하는 것은 쉽지 않으므로 수집된 정보를 바탕으로 가장 효과적인 수색구조 임무를 추진한다.

④ SMC는 정확하고, 시기 적절하고 완전한 조난 선박 또는 항공기에 대한 정보와 구조자 정보를 보유해야 한다.

(4) 수색구조 현장조정관(On-Scene Co-ordinator: OSC)

1) 임무

① 현장의 모든 구조 세력의 수색구조 작전을 조정

② SMC로부터 수색구조계획서를 수령하거나, 수색구조계획서를 작성하고 수색구조를 수행

③ 수색구조계획서를 현장 상황에 맞춰 수정하고 SMC와 지속적으로 상의

④ 현장 통신을 조정

⑤ 다른 참가 구조 세력의 구조 임무를 모니터링

⑥ SMC에 정기적으로 상황을 보고

⑦ 생존자가 탄 세력의 명칭을 수색구조 임무조정관(SMC)에게 보고

⑧ 추가적인 지원을 SMC에게 요청

2) 유의점

① 2개 이상의 구조 세력이 합동작전을 할 때 SMC는 OSC를 지정한다.

② 현실적으로 이것이 불가능하다면, 구조 세력 상호 협의하에 OSC를 지정한다.

③ OSC 지정은 가능하면 수색구역 도착 전에 지정하고, 가능하면 빨리 지정되어야 한다.

④ OSC가 지정되기 전에는 현장에 최초 도착한 세력이 OSC 임무를 수행한다.

⑤ SMC가 OSC에게 얼마나 많은 책임과 권한을 부여할지 결정할 때는, 지정하는 OSC의 통신 능력과 인적 능력을 감안해야 한다.

⑥ 부족한 통신, 많은 권한을 OSC의 자율적 행동을 요구한다.

(4) 항공조정관(Aircraft Co-ordinator: ACO)

① 다수의 헬기 등 항공기가 수색구조 작업을 수행할 경우, 수색구조 임무 조정관(SMC)은 항공조정관을 지정할 수 있다.

② 이것이 실행 불가능하면 OSC가 ACO를 지명할 수 있다.

③ 일반적으로 항공조정관은 SMC에 대해 책임이 있고, 현장조정관과 밀접하게 협력한다.

④ 얼마나 많은 책임을 항공조정관에게 부여할 것인가를 결정할 때, SMC는 참여한 시설의 통신장비, 레이더 및 훈련된 인력의 능력을 종합해 검토한다.

제 4 절 수색구조 인력 및 장비 · 시스템

1. 수색구조 인력

(1) 현황

해양경찰은 수색구조를 위한 인력으로 중앙해양특수구조단, 122해양경찰구조대, 항공구조대를 운영 중에 있다.

(2) 구성

중앙해양특수구조단	특수구조업무를 총괄하는 중앙구조단을 두고 있으며, 동해 및 서해특수구조대를 운영하면서 전 해역에서 조난사고에 대한 특수구조 업무를 담당하고 있다
122해양경찰 구조대	해양경비안전서장 소속으로 관내 연안 해역에서 조난자 구조를 위해 설치 · 운영 중에 있다.
항공구조대	헬기를 이용해 신속한 수상구조를 위해 운용 중이며, 통상 응급구조사와 팀을 이루고 임무를 수행한다.
응급구조사	조난 사고 현장에서 응급환자에 대한 응급처치를 신속하게 수행하기 위해 함정 등에는 2급을, 항공구조대 등은 1급을 배치해 운용 중에 있다.

2. 해양(도서) 원격응급의료 시스템

(1) 현황

해양에서의 발생하는 각종 조난사고로 부상자나 응급 환자를 함정 또는 헬기로 이송 중 신속하고 적절한 응급처치를 위해, 2008년부터 해양경찰 함정과 헬기에 원격응급의료 시스템을 단계적으로 구축했다.

(2) 효과

도서 및 해상 응급환자를 함정이 이송 중에도 육상의 응급병원 전문의사의 실시간 응급처치를 받을 수 있으며, 헬기는 전문의료인인 응급구조사 1급이 동승해 응급환자에 대한 응급처치를 적절히 하여 국민의 생명을 보호하는 역할을 하고 있다.

(3) 종류

함정 탑재 원격의료 시스템	함정은 공기부양정을 포함해 모든 함정에 해양원격응급의료 시스템을 탑재해 환자의 혈압 등 생체정보를 권역별 응급의료 지정병원에 송신, 응급 전문의의 실시간 의료 지도에 따라 함정에서 응급처치를 하는 시스템이다.
헬기 탑재 원격의료 시스템	헬기에는 11대에 해양원격응급의료 시스템을 탑재하고, 응급구조사 1급이 동승, 응급처치를 지원하고 있다.

3. 실종자 표류 예측 시스템

현황	야간, 안개, 높은 파도, 강한 바람 등 기상이 불량하거나 갑작스런 침몰 등 해양사고 발생 시 익수자를 신속하게 구조하기 위해서는 익수자가 시간의 경과에 따라 어느 방향으로 얼마만큼 표류했는가를 추정해 수색구조 의사 결정을 지원하는 장비가 필요하다.
개요	조류, 풍향, 해류 등 해양환경과 관련된 제반 요인을 분석함으로써 해양에서의 표류 흐름을 예측해 수색, 구조 업무의 효율화를 기하고 있다.
유의사항	① 해양은 규칙적인 자연환경뿐 아니라 불규칙적인 환경의 영향을 많이 받고 있다. ② 섬이 많은 지역에서는 조류 등이 바위, 섬에 부딪힐 경우 특이한 현상을 만들어 내고 있어 표류예측 시스템의 전망을 어렵게 하는 경우도 있다. ③ 연안 5해리 이내의 해역은 조류 등 자료 미비로 정밀도가 떨어질 가능성이 있다.

제 2 장 해양경찰 수색구조 절차

제 1 절 인지 단계

1. 인지 방법 및 긴급 단계 구분

<table>
<tr><td>조난사고
인지 방법</td><td colspan="2">① 조난 선박 또는 항공기에 탑재된 항무망(군항 내의 모든 항무를 관장하는 통신망), GMDSS(전 세계 해상조난 및 안전제도) · EPIRB(비상위치 지시용 무선표지 설비) 무선통신 등에 의해 직접, 인접 선박 또는 항공기로부터 수신
② 조난 선박의 조난경보장치로부터 육상국을 경유해 중계받는 정보
③ 경비함정 등 구조기관이 현장에서 직접 인지
④ 선주 등 조난 선박 관계자 또는 목격자에 의한 신고</td></tr>
<tr><td rowspan="2">조난사고
인지 단계
(긴급 단계)</td><td>불확실 단계</td><td>선박 및 승선 인원의 안전이 불확실한 상태
① 사람이 실종되거나 선박 또는 항공기의 도착이 지연되는 경우
② 사람, 선박 또는 항공기의 예정된 위치 또는 안전보고가 없는 경우</td></tr>
<tr><td>경계 단계</td><td>선박 및 승선 인원의 안전이 우려되는 상태
① 불확실 단계의 다음 단계로 사람, 선박 또는 항공기와 연락을 시도했으나 실패하고 기타 적절한 소식통에게 조회했으나 성공하지 못한 경우
② 조난 상황에 처해 있다고 여겨지는 정도는 아니지만 선박 또는 항공기의 운항 능력이 손상되어 있음을 나타내는 정보를 입수한 경우</td></tr>
</table>

	조난 단계	선박 또는 인원이 중대하고 절박한 위험에 처해 즉각적인 원조를 필요로 하는 상당한 정도의 확실성이 있는 상태 ① 경계 단계의 다음 단계로 사람, 선박 또는 항공기와 계속 연락을 시도했으나 성공하지 못하고 좀 더 넓은 범위에 대한 조회에 성공하지 못해 조난 상황이 존재할 가능성이 있음을 나타낸 경우 ② 사람, 선박 또는 항공기가 위험에 처해 있으며 즉각적인 원조가 필요하다는 확실한 정보를 입수한 경우 ③ 조난 상황에 처해 있다고 여겨지는 정도까지 사람, 선박 또는 항공기가 운항 능력이 손상되어 있음을 나타내는 정보를 입수한 경우

2. 긴급 단계별 수색구조 활동

불확실 단계	구조조정본부는 불확실 단계 선언과 동시에 구조조정본부 또는 지부는 적절한 경우, 사람, 선박 또는 기타 항공기의 안전을 확인하기 위해 조사를 개시하거나 또는 경계 단계를 선언한다.
경계 단계	경계 단계의 선언과 동시에 구조조정본부 또는 지부는 적절한 경우, 실종자, 실종 선박 또는 기타 실종 항공기에 대한 조사를 확대하고 적절한 수색 및 구조 업무를 위한 경보를 발하며, 그 경우의 상황에 비춰 필요한 행동을 개시한다.
조난 단계	조난단계의 선언과 동시에 구조조정본부 또는 지부는 적절한 경우 다음의 활동계획에 규정된 대로 구조 업무를 진행한다. ① 각 구조조정본부 및 구조지부는 특히 수색 및 구조 시설 당국과 당해 지역에서 수색 및 구조활동과 관련된 이용 가능한 통신에 관한 가능한 최신정보를 보유한다. ② 구조조정본부 및 구조지부는 구역 내에 있는 선박으로 해상의 조난 선박 또는 조난자에 대해 원조를 제공할 수 있는 선박의 위치, 항로, 속력에 관한 정보 및 그 선박들과 연락할 수 있는 방법에 관한 정보를 구비해 이용 가능하도록 한다. ③ 각 구조조정본부 및 구조지부는 수색 및 구조활동의 수행을 위한 상세한 운영계획을 보유한다. ④ 구조조정본부 또는 지부는 수색 및 구조대의 대비 상태를 계속 통보받는다.
위치가 불명인 수색 물체 긴급 단계 선언 시	① 긴급 단계가 존재할 경우에 구조조정본부 또는 지부는, 만약 다른 본부가 조치를 취하고 있는지를 알지 못하는 경우, 적절한 조치를 취할 책임을 지고, 책임을 지는 하나의 본부를 지정할 목적으로 다른 본부와 협의한다. ② 관계 구조조정본부 또는 지부들 간의 협정에 의한 별도의 결정이 없는 한, 지정된 구조조정본부 또는 지부는 수색물체의 최종 통보된 위치에 따라 그 수색 물체가 존재하는 구역에 대해 책임을 진다. ③ 조난 단계를 선언한 후, 수색 및 구조활동을 조정하는 구조조정본부 또는 지부는 적절한 경우, 긴급 상황과 그 후에 진전된 모든 상황을 다른 구조조정본부 또는 지부에 통보한다.

제 2 절 초동 조치 단계

1. 의의

초동 조치란 사고 사실을 함정·항공기 등 수색구조 세력에 전파해 추가 정보를 획득하기 위해 취해진 예비 조치로, 이 단계는 정보의 평가와 분류, 수색구조 함정·항공기에 대한 경보(출동 명령 등), 통신점검, 긴급 상황 시 다른 단계의 관련 활동들을 즉시 수행하는 것을 포함한다.

2. 단계별 조치

상황 판단	① 선박의 위치·상태, 승선원 수 등 수색구조 활동을 위한 유가치(有價値) 정보 수집 주력 ② 관할 해역 내 경비함정, 항공기, 122구조대 등 구조 세력 정보 파악
상황 전파	① 사고 인지 및 상황 판단 과정에서 습득한 유가치(有價値) 정보를 수색 세력 및 유관기관 전파 ② 상황 전파는 우선순위에 따라 전파(직접 행동을 취할 부서 → 협조 및 지원부서 → 지휘 및 참모 계통 → 기타 기관 및 부서)
수색구조 세력 동원	① 통합 선박 모니터링 시스템(CVMS)을 통해 함정·항공기 등 수색구조 세력의 위치 확인 ② 수색구조 세력은 조난 선박 및 상황실을 통해 임무 수행에 필요한 정보 수집 ③ 조난 위치에 최초 도착한 함정장은 현장조정관(OSC) 역할 수행 ④ 대규모인명구조작전(MRO) 상황에서는 신속하고 체계적인 수색구조계획 수립 및 민·관·군 구조자원 동원을 통해 OSC 지원 방안 강구

3. 유의 사항

① 조난사고 사실을 인지한 경우, 수색구조기관은 신속한 초동 조치를 이행해야 한다.

② 조난사고를 인지했을 경우, 신속한 수색구조 세력의 출동도 중요하지만 초동 조치 및 수색구조 활동 수행을 위한 초기 상황 판단이 무엇보다 중요하며, 판단을 위해 사고에 대한 유가치(有價値) 정보를 수집·파악하는 것이 핵심이다.

③ 선박의 위치(경 · 위도 또는 육지 물표(物票)로부터 방위 · 거리 등)와 조난 상태 등 조난 상황정보를 정확하게 입수하는 동시에 구명조끼 착용 및 위급할 경우에는 즉각적인 퇴선이 가능하도록 조난 선박의 안전한 장소에 승객과 선원을 소집하고, 선원들은 구명벌(life raft) 등 구명장비를 바로 사용할 수 있도록 준비해야 한다.

제 3 절 수색 및 구조 단계

1. 의의

① 수색은 수색구조 세력을 조난사고 현장으로 신속하게 이동해 수색계획에 따라 조난 선박 또는 실종자 등을 찾는 활동이다.
② 수색 기간은 조난사고 발생 초기에 가용 함정 · 항공기 및 관공선, 어선 등 수색구조 세력을 최대한 동원하고, 해수 온도에 따른 익수자 생존 시간을 고려해 합리적 수색 기간을 설정해 수색한다.
③ 표류예측 시스템을 통해 조난 선박과 조난자의 위치를 추정해 항공기와 함정을 배치한다.
④ 해수 온도에 따른 익수자 생존 시간 및 추천 수색 시간을 참조해 적절히 수색 방법을 정한다.

수온	50% 생존 시간	추천 수색 기간	수온	50% 생존 시간	추천 수색 기간
5℃	약 1시간	6시간	15℃	약 6시간	18시간
10℃	약 2시간	12시간	20~30℃	24시간 이상	–

※ 보온복 등 체온 보호를 위해 특수한 보호복을 착용하지 않았을 경우

2. 수색의 방법

수색구역 결정	① 수색 초기에는 수색 물표와 조난신호 등을 탐지해 추정 수색구역을 결정한다. ② 조난이 명백하거나 조난 우려가 높은 사고에 대해 생존자 위치를 포함한 소재 추정 위치를 추정하고 오차 범위를 고려해 수색구역을 결정한다.

수색구역 지정	구난 현장에 동원된 함정 및 민간 구조 선박 등 동원 세력별 톤수, 수색 능력 등을 고려해 수색 책임구역을 지정해 정밀 수색을 실시한다.
수색 시간 설정	수색 기간 설정 시에는 해수 온도 외에도 구명동의 착용 여부, 주변 해역의 부유물 존재 등 사고 발생 당시 상황에 대한 종합적인 검토가 필요하다.
외국과 중첩 해역 수색	해양경찰의 관할 수색구조 해역(SRR)은 주변국의 영해를 제외한 해역에서 수색활동을 실시하며, 양국간 중첩된 해역에 대해서는 상호 협의해 수색 해역을 할당해서 수색활동을 수행할 수 있다.

3. 구조활동

① 수색을 통해 조난 선박이나 생존자를 찾았거나, 처음부터 조난 위치가 특정되어 수색이 필요없는 상황에서는 곧바로 구조 단계가 시작되어야 한다.

관련 법률	구조의 개념
「수상에서의 수색·구조에 관한 법률」	조난을 당한 사람을 구출해 응급조치 또는 그 밖의 필요한 것을 제공하고 안전한 장소로 인도하기 위한 활동
「SAR협약」	조난 중인 사람을 구하고, 초기 의료 지원 또는 기타 필요한 것을 제공하고, 안전한 장소까지 후송하는 활동

② 구조활동은 초기 응급조치, 지원 제공 및 안전 후송까지 포괄하는 개념이므로, 임무조정관(SMC) 및 현장조정관(OSC)은 구조계획를 수립하고 수행할 때 상시 부상자가 발생할 수 있다고 가정하고 의료 지원에 대한 대책을 구조계획에 포함시켜야 한다.

구조계획 수립 시 고려할 사항	① 생존자의 수, 위치 및 분포, ② 생존자의 상태 및 의료적인 고려 사항 ③ 이용 가능한 수색구조 세력 및 장비 등의 준비 상태 ④ 수색구조 대원에 대한 위험 ⑤ 기상 요건이 구조작전에 미치는 영향 ⑥ 관찰되거나 예상되는 기상 등 환경조건 ⑦ 주간 시간(잔여 일광 시간) 및 시정과 관련된 기타 요소들
의료시설 이송 시 고려한 사항	① 생존자의 상태 ② 가장 짧은 시간에 생존자 이송 가능한 구조 세력의 능력 ③ 생존자 중에 있는 의사 또는 인근 선박에 있는 의사의 이용 가능성 ④ 생존자 부상이 악화되지 않고 힙빙증 유발 없이 이송할 수 있는 구조 세력의 능력 ⑤ 의료기관의 교육, 자격 및 수술 능력 ⑥ 임무조정관(SMC)과 통신을 유지할 방법

수색구조 작업 시 고려할 사항	① 수색구조의 노력에도 불구하고 실종자를 구조하지 못한 상태가 지속되면, 실종자 가족들에게 그동안의 수행한 수색구조 노력, 수색 해역 기상 상태, 기타 수색 작업상 특징 및 수색구조 중지·종료 사유에 대한 설명 필요 ② 해양경찰의 조난자 수색구조에 대한 실종자 가족의 신뢰를 얻기 위해서는 적극적인 수색구조 활동을 실시해야 하며, 실종자 가족이 원할 경우에는 함정 또는 항공기에 실종자 가족을 동승해 수색구조 현장을 참관하는 것도 중요

4. 수색 및 구조활동의 종료

조난 선박의 승조원 또는 해상 퇴선한 인원에 대한 구조가 완료된 경우에는 더 이상의 수색구조 실익이 없으므로 종료할 수 있다.

관련 법률	규정 내용
「수색구조협약」 (SAR협약)	① 수색 및 구조활동은 실행 가능한 한, 생존자 구조에 대한 모든 합리적인 희망이 사라질 때까지 계속된다. ② 책임 있는 관계 구조조정본부 또는 지부는 수색 및 구조활동의 중단 시기를 결정한다.
「국제항공해상수색구조 매뉴얼」 (IAMSAR 매뉴얼)	① 현장조정관은 생존자를 구조하는 모든 합당한 희망이 사라질 때까지 수색을 계속해야 한다. ② 현장조정관은 수색이 실패했을 경우, 수색을 종결할 것인가를 결정할 필요가 있을 경우, 다음 요소를 고려해야 한다. (a) 만약 생존해 있다면 생존자가 수색지역 내에 존재할 가능성 (b) 수색 목표물이 수색된 지역 내에 있다면 그것을 탐지할 가능성 (c) 생존자가 아직 생존해 있을 가능성
「수상에서의 수색·구조에 관한 법률」	구조본부의 장은 다음 각 호의 어느 하나에 해당하는 경우에는 구조활동을 종료 또는 중지할 수 있다. 1. 구조활동을 완료한 경우 2. 생존자를 구조할 모든 가능성이 사라지는 등 더 이상 구조활동을 계속할 필요가 없다고 인정되는 경우

제 4 절 구난 등 사후 조치 단계

1. 의의

수색 및 구조가 종료된 이후에 조난당한 선박 또는 그 밖의 다른 재산에 관한 원조의 일환으로 행하는 활동이다.

2. 구난 의무자

구난 업무는 특별한 경우를 제외하고 선주(민간) 또는 보험사가 수행한다.

3. 해양경찰 사후 조치 활동

① 해양경찰은 구난작업 현장에서 해양오염 및 안전사고에 대비해 통항선에 대해 안전관리를 하고, 오염 발생에 대비해 방제 기자재를 현장에 전진 배치하며, 인력과 장비가 부족할 경우에는 보강하도록 요구할 수 있다.

② 기상 불량 및 기타 사유로 인해 구난 의무자가 선박 등에 대해 구난 의무를 수행할 수 없을 때에는 이를 대행할 수 있다.

제3장 해양경찰 수색활동

제1절 수색활동의 의의 및 고려 사항

1. 의의

수색이란 구조 세력이 모든 이용 가능한 인력·장비를 이용해 조난자의 위치를 찾는 행위를 말하는 것으로, 수색활동 시 조류, 해류 등 조난자에 영향을 미칠 다양한 요소들을 전반적으로 고려해 결정해야 한다.

2. 고려 사항

표류 거리 추정 요소	표류의 3요소: 바람, 해·조류, 편류 추정 위치의 산정: 풍압류, 편류, 해·조류와 방향과 거리의 벡터량의 합산
수색구역 결정에 영향을 주는 요소	① 해류의 존재 가정 요소: 수심 91m 이상, 육지로부터 25해리 이상 떨어질 것 ② 취송류: 수심 30m 이상, 연안으로부터 20해리 이상 ③ 조류: 연안지역 ④ 풍압차: 수색 목표물이 건현을 가지고 있고 바람이 부는 경우 ⑤ 총수류: 수색 물체에 영향을 미치는 모든 수류력의 합성 벡터 하류, 연안해류, 밀물류, 조류, 취송류, 해류 등의 총 합성

수색조건 평가 기본 요소	① 탐색폭의 결정: 수색 대상, 기상조건, 지형의 형태 및 바다의 상황, 수색장치의 표면 높이, 시각, 태양의 위치, 수색 근무의 효율성 ② 수색 참여 항공기 또는 선박 항행의 정확성
수색 패턴 및 방향 결정 요소	① 파도 등 환경조건과 수색 대상의 위치에 대한 정보의 정확성 ② 각각의 수색시설의 항행 성능 ③ 사용되는 수색장비(감지장치)의 유형 ④ 수색 동안 수색 대상의 예측되는 움직임의 방향 및 속도 ⑤ 생존자의 생존 예상 시간, 수색시설의 내구성, 일광의 이용 가능성 등에 의한 시간의 제약

제 2 절 수색 유형

수색 유형은 보통 주간시각 수색, 전자수색, 야간시간 수색 및 특수목적 수색으로 분류한다. 이중 주간시각 수색에는 부채꼴 수색, 확대사각 수색, 항로 수색, 평행 수색, 크리핑 라인 수색, 해공합동 수색 등이 있다.

1. 시각(주간) 수색

부채꼴 수색 (VS, Secter Search) (원형 수색)	① 수색 대상의 위치를 정확히 알고 있으며 수색지역이 소규모일 때 가장 적합 ② 기준점에 중심을 둔 원형지역의 수색에 사용 ③ 1척의 선박, 항공기일 때 효과적 ④ 최초 도착 시 적절한 표지를 기준점 위치에 투하해 수색 패턴의 중심점을 만들어 항로 표지로 사용 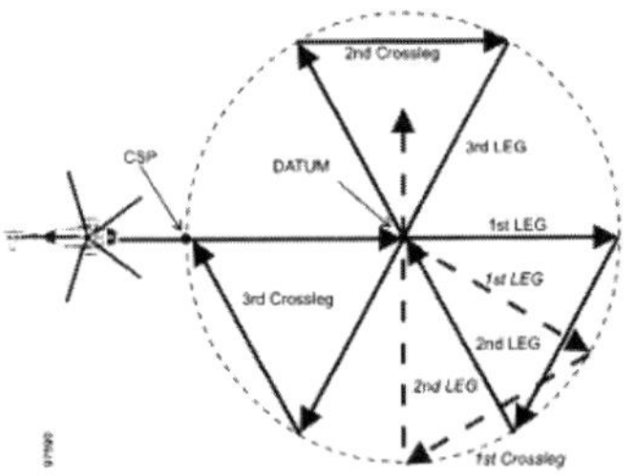
확대 사각 수색 (Expanding Square Search: ES)	① 상대적으로 작은 한계 내에서 수색 대상의 위치가 알려진 경우 효과적 ② 기준점을 중심으로 직사각형 또는 정사각형으로 퍼져나가는 방법 ③ 정확한 패턴으로 정확한 항행이 요구 ④ 소형 선박을 이용 해류, 풍압류가 거의 없는 지역에서 물 속의 사람 등을 수색할 때 적합

	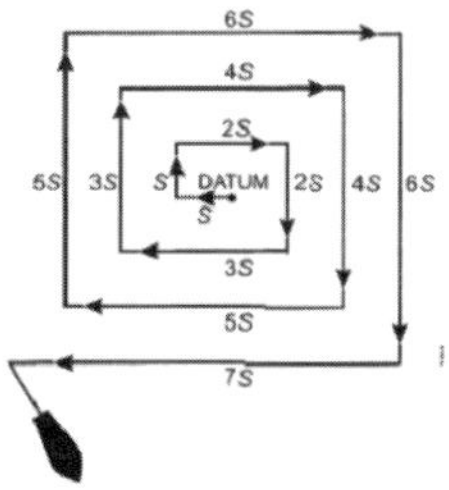 〈확대사각형 수색〉 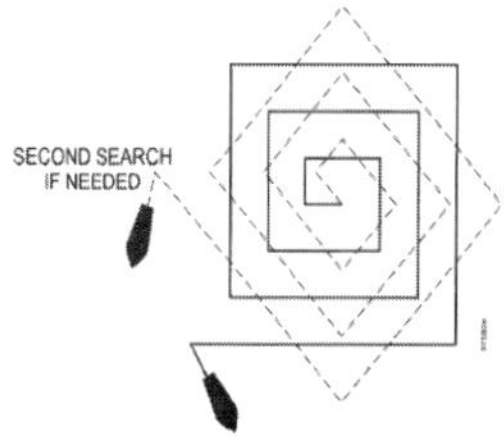 〈2차 확대사각형 수색〉
항로 수색 (Track Line Search: TS)	① 항공기 또는 선박이 어느 지점으로부터 다른 지점으로 가는 도중에 아무런 자취 없이 사라진 경우에 사용 ② 선박(항공기)이 침몰했을 것으로 가정되는 예상 항로를 따라 직선 수색 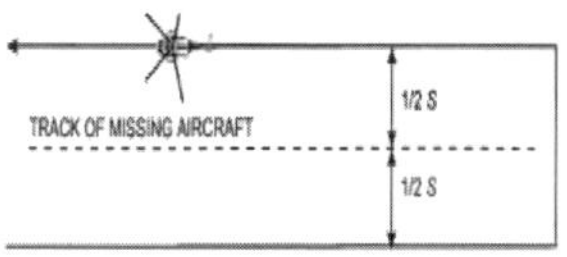 〈항로 왕복 수색〉 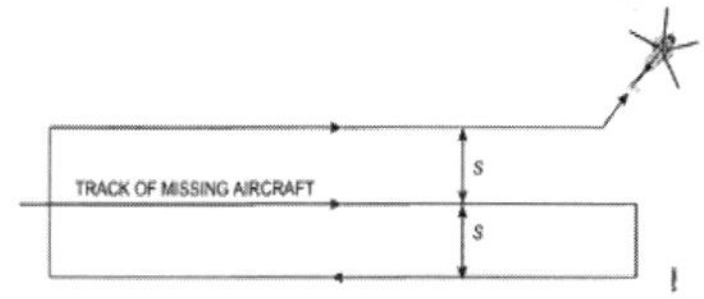 〈항로 비왕복 수색〉
평행 수색 (Parallel Sweep Search: PS)	① 생존자의 추정 위치가 불확실하고 광범위한 지역을 수색하는 것으로, 대부분의 해상 수색 시 사용하는 유형 ② 현장에 있는 여러 척의 함정이나 항공기로 수색이 가능 ③ 단점: 수색에 장시간이 소요되고 수색 효율성이 떨어짐. 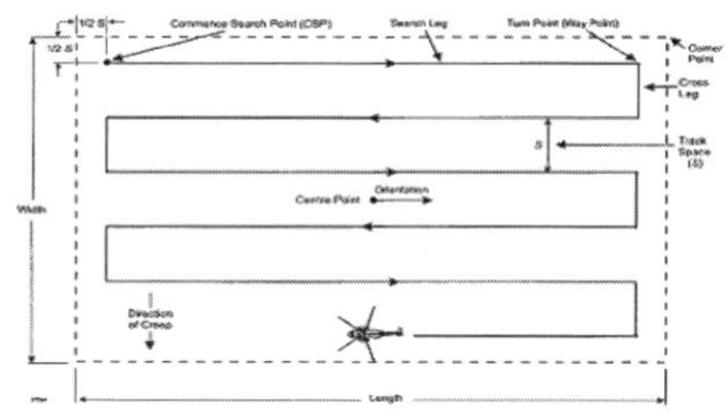
크리핑 라인 수색 (Creeping line Search: CS)	기본적으로 평행 수색과 같으나, 'ㄹ'자 형을 세운 형태의 수색으로 길이가 길고 폭이 좁은 해역의 수색에 사용된다. 목표물이 통상 항로를 크게 벗어나서 표류할 것으로 추정되는 경우에 사용되며 통상 항로를 따라 광범위한 수색에 사용 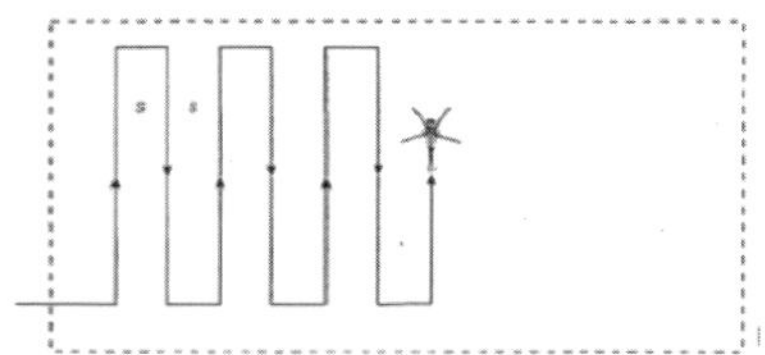
해공(海空) 합동수색 (Creeping line Search, Co-ordinated: CSC)	공중과 해상에서의 신속하고 조화를 이룬 수색으로 항공기가 수색의 주체이며, 다량의 인원을 구조할 때 이용 항공기는 크리핑 라인 수색을 하고, 선박은 수색구역의 중심축을 따라서 수색하며 항공기에서 조난자를 발견하면 선박에서 구조하고, 항공기 불시착의 경우 승무원에 대한 신속구조가 가능하다. 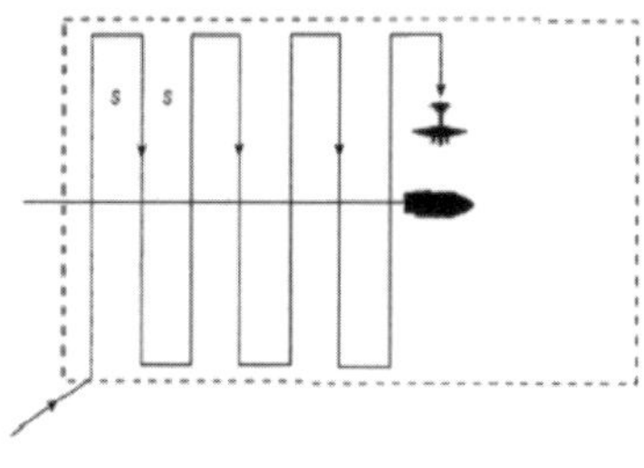

2. 야간 수색

① 조명탄 수색

(a) 조명탄은 수역 세력 앞쪽을 날고 있는 고정익 항공기에서 투하한다.

(b) 선박 및 헬리콥터가 가장 효과적인 수색 세력이다.

② 적외선 장비에 의한 수색

③ 야간투시경에 의한 수색

제 3 절 기타 사항

1. 수색 중의 선박·항공기 조종사 유의 사항

① 수색을 하는 동안에는 「국제해상충돌방지규칙」 및 「해사안전법」 등 안전항법에 관련된 법률 또는 협약은 전반적이고 지속적으로 적용되어야 한다.

② 수색에 참여하고 있는 경비함정 함장과 항공기 기장은 수신된 모든 지시 사항을 수행하기 위해 노력해야 하며, 함정 및 승조원 안전도 고려해야 한다.

2. 수색 속도와 고도 결정

수색 속도는 목표물 발견에 가장 좋은 최저 속도와 수색구역을 신속히 관측할 수 있는 최고 속도를 절충한 것이 좋으며, 일반적으로 수색 목표물, 기상 및 장애물 등을 고려해 속도를 선정해야 한다.

수색 물표	시정	권고 수색 고도
사람, 경항공기	보통	60~50m (200~500ft)
대형 항공기	보통	120~300m (400~1,000ft)
사람, 1인용 구명뗏목, 경항공기	양호	60~150m (200~500ft)
중형 구명뗏목, 항공기	양호	300~900m (1,000~3,000ft)
야광반사기	야간	450~900m (1,500~3,000ft)
중량 항공기	산악지대	150~300m (500~1,000ft)

3. 최적 수색 세력 배치

수색을 계획하는 자가 고려해야 할 문제는 가용 가능한 수색 세력을 어떻게 가장 효과적으로 운용할 것인가를 결정하는 것이다. 수색은 많은 비용이 발생하고 위험을 증대시킨다. 그러므로 효과적인 수색 세력 배치를 위해 다음과 같은 사항을 고려할 때에 가능하다.

① 발견 가능 해역을 여러 하부 해역으로 구분
② 존재 가능 해역을 여러 해역으로 구분
③ 최적 성공 가능성 있는 수색계획 수립
④ 수색계획 이행
⑤ 수색 결과를 반영한 새로운 수색 가능 해역 지정
⑥ 차기 최대 수색 성공을 위해 개선된 확보 가능성 이용

제 4 장 해양경찰 구조활동

제 1 절 서설

1. 의의

구조란 조난자를 조난 상황에서 벗어나게 하고 응급조치 또는 다른 필요한 의학적 원조를 제공하며 조난자를 안전한 장소까지 이동시키는 제반 행위를 말한다.

2. 구조계획 수립 시 유의 사항

① 인명을 최우선으로 하여 구조 선박의 규모를 검토하고 구조 방침을 세운다.
② 기상 악화의 가능성, 구조작업의 난이성 등을 감안, 가용 세력의 투입을 결정한다.
③ 구조 관련 기관에 해난 발생 장소, 형태, 규모 등을 통보하고 협조를 구한다.
④ 인력과 장비의 이동 및 비상시 긴급계획과 안전조치를 강구한다.
⑤ 구조작업 시 진행 사항에 대해 사진 촬영, 녹화작업 등을 수행할 담당자를 지정한다.

⑥ 발생 가능한 우발적인 사태 설정 및 대응전략을 수립한다.

⑦ 언론 대응 및 홍보대책을 포함시킨다.

제 2 절 인명구조 장비 및 익수자 구조

1. 인명구조 장비

구명동의(구명조끼, life jacket)	구명동의는 구명조끼 또는 구명재킷 등으로 불리며, 재킷형, CO_2 팽창형 등 2종이 있으며, 해상 퇴선 시 착용하는 마지막 생명보호 장비이다. 사용상 주의할 점은 침수 중인 여객기 또는 여객선 내부에서는 착용하지 않고 휴대해 외부로 이동한 후 착용한다.
팽창식 구명벌 (inflatable life raft)	합성고무 재질로 원형 또는 타원형으로 제작되며, 조난 선박이 침몰할 경우에 자동으로 팽창하는 자동 팽창과 승선원 또는 구조자가 팽창시키는 수동 팽창의 두 종류가 있다. 또한 구명벌에 탑승하고 있을 경우 신호홍염 또는 낙하산 신호탄을 사용해 조난자의 위치를 신속하게 알려 주어야 한다.
강하식 탑승장치	① 크루즈 여객선 또는 카페리 여객선의 탑승객은 수천 명의 승객과 선원이 탑승하는 거대한 선박으로 승선자 전원을 퇴선시키는 장비이며 수직으로 내려오는 슈트(chute) 방식과 미끄럼과 같이 사선으로 내려오는 슬라이드(slide) 방식의 두 종류가 있다. ② 강하식 탑승장치는 승객이 많이 탑승하는 외부에 탑재되어 있으며, 신속한 퇴선과 구조를 위해 강하식 탑승장치가 있는 곳에는 구명뗏목과 탑승용 사다리가 근접한 장소에 설치되어 있다.
구명부환 (life ring)	원형 부유물로 가까이 있는 익수자 구출용으로 자기발연신호 또는 자기점화등을 연결해 사용한다.
구명볼	직경 8인치의 구형 부유물로 멀리 있는 익수자 구조용으로 사용한다.
해상 들것	익수자를 해상에서 갑판상으로 인양해 익수자를 실을 수 있는 보트형 부유물이다.
구명줄 발사기	구조선에서 조난선에 구명줄 또는 예인줄을 보낼 때 사용되지만, 선박이 좌초되었을 경우에 구명대를 설치할 경우에도 사용한다.
자기점화등	구명부환과 연결되어 야간 익수자 구조 시 활용하며, 자기점화등이 직립 상태일 경우에 자동으로 점화되는 등이며 흰색 섬광을 매분 50~70회 발신한다.
자기발연신호	주간에 용이한 수색을 위해 익수자가 점화해 해상에 투하하면, 해면으로 떠오르며 오렌지색 연기를 15분 이상 연속 발생시킨다.
로켓낙하산신호	로켓 작용에 의해 300미터 이상의 장소에서 낙하산이 펴지고 조명장비가 점화되며, 매초 5m 이하의 속도로 낙하하면서 적색 불꽃을 40초 이상 발생한다.
신호홍염	야간에 구조선 접근을 유도하기 위해 사용, 홍색 불꽃을 1분 이상 연속해 발신한다. 수중 10㎝ 아래에서 10초간 완전히 잠긴 경우에도 계속 작동된다.

2. 익수자 구조 방법

구명부환 또는 부유물 투하	자기점화등(자기발연신호)이 부착된 구명부환 또는 효과적인 부유물을 투하해 익수자의 위치를 계속 확인할 수 있도록 조치하고, 선내 음향신호로써 주의환기 신호(장음 3회)와 즉시 익수자 발생 사실을 주위에 고함지르며 사람이나 함교에 통보한다.
당직근무자 조치	함교 당직자는 즉시 기관을 정지하고 익수자 쪽으로 최대 타각(舵角)을 주어 추진기에 익수자가 빨려 들어가지 않도록 조치하고, 킥(kick)을 이용해 선미가 익수자로부터 신속히 이탈되도록 한다.
인명구조요원 배치	함교 당직자는 선내 방송을 실시하고 인명구조요원을 배치한다. 신호기 'O'기(주간)를 익수자 발생 현측에 게양하거나, 홍등(야간) 2개 점등 및 탐조등 요원을 배치한다.
구명정 사용	① 익수자가 암초 부근, 협수역 등에 위치해 구조 선박 접근이 곤란한 경우 구조하는 방법이다. ② 다만, 시간이 많이 소요되며, 해상 상태가 불량한 경우에는 구조요원과 익수자의 안전사고 가능성이 더욱 커지기 때문에 승선 인원 제한 및 안전주의가 더욱 요구된다.
다수인 인명구조	① 부환부 구조법: 로프의 끝에 구명 뗏목이나 드럼통을 달고 로프 중간 중간에 구명동의나 구명부환을 여러 개 설치해 다수의 조난자를 구조한다 ② 표류구조법: 집단으로 운집한 경우에 구조함정의 풍하 현측(風下舷側)에 그물이나 로프, 줄사다리 등을 수면에 잠길 정도로 늘어뜨려 구조하는 방법이다.

제 3 절 선박 예인 구조

1. 선박 예인 관련 법령

관련 근거	국내법	① 「수상에서의 수색·구조 등에 관한 법률」 제19조 및 동법 시행령 제21조: 조난된 선박의 구난작업 및 예인 시 소유자, 운항자 또는 관리자에 소요비용 책임 규정 ② 「해사안전법」(제9조): 해양사고 시 위험 방지 조치 선장 또는 선박 소유자의 책임 규정 ③ 「공유수면관리법」(제13조): 전복, 방치 선박 등에 대해 소유 또는 점유자의 제거 책임 규정
	국제법	「해난구조협약」: 예인 등 해난구조의 국제적 기준 제시와 구조자에 대한 유인책 제공 및 구조작업의 신속한 개시 규정

2. 예인작업의 위험성

기상 악화 시 위험	파도와 너울에 의한 예인 장력의 불규칙으로 예인줄 절단
침수선 예인 시 위험	파공 부위 확대 및 지속 침수로 침몰
야간 예인 시 위험	예인줄을 타고 넘는 안전사고와 시야 제한으로 충돌사고 빈번
전복선 예인 시 위험	부력 회복 조치 없이 예인시는 가능성 증가
대형선박 예인 시 위험	타력의 차이로 선수, 선미 간 접촉 및 강한 예인 장력으로 절단 시 선체 손상 및 인명사고 발생 증대
예인중 침몰로 인한 대형오염 사고 야기	예인 중 암초나 해안 등 좌초, 침몰 우려 높음.

3. 구조 예인 준비

(1) 예인 전 사전조사

피예인선의 상태를 면밀히 조사 점검해 예인계획을 신중히 작성한다.

① 선저와 수선부 손상 정도 및 침수 상태 조사 점검

② 파공 개소로부터 기름의 유출 여부 점검(유류 종류, 적재량, 적재 장소, 유출량 등 조사)

③ 화재나 비상사태의 발생 가능성 조사

④ 선박의 경사도

⑤ 중량물의 유동 여부

⑥ 긴급장비 사용 가능성

⑦ 통신기의 상태

(2) 예인계획

조사 및 시험 항목	예인선	① 예인장비(로프, 스토퍼 등)의 강도와 수량 ② 주기관의 추진 마력 ③ 연료, 청수, 식량의 재고량 ④ 통신기의 성능
	피예인선	① 예인 저항: 피예인선의 형, 배수량, 손상 정도에 따른 저항 ② 예인장비의 성능과 사용 가능성 ③ 생존 승무원, 선원 수, 피로 정도

	기상 상태	① 조난해역의 기상 및 해상 상태 감안 예인색 전달 방법 및 사전 작업 소요시간 감안 ② 예인 시의 기상 상태와 해상 상태: 예인 소요 시간은 기상 상태와 해·조류 등을 감안해 최악의 상태를 상정 결정
	침로(針路, course)	① 예인 침로는 조류를 충분히 이용할 수 있는 침로를 선정함이 좋다. ② 연안을 항해하는 경우 연안으로부터 충분한 거리 유지 ③ 예인 선열은 속력이 낮으므로 해조류, 바람 등 외력을 많이 받게 되어 시침로(視針路, apparent course)를 항해하게 되므로 항해 중 계속 침로를 조정
예인계획 수립	① 예인 방법의 결정 ② 예인삭의 길이, 굵기, 형 결정 ③ 예인삭의 전달 방법, 신출과 수납 방법 결정 ④ 예인 보조장비인 스토퍼, 샤클 등 결정 ⑤ 예인 속력, 침로 선택, 일기예보, 항해일수 측정 등 항해일정 결정	

(3) 구조 예인 시 유의 사항

① 인명구조가 우선이며, 선박 구조 예인은 구조 선박의 능력 범위 내로 한다.

② 선박의 구조·예인은 최인근 수리 가능 항·포구까지로 한다.

③ 피예인선 선장 및 승선원에 대해 예상되는 돌발사고 대비 사전 준수 사항을 전달하고 승조원 전원에게 구명의 착용 등 제반 안전조치를 취한다.

④ 피예인선과의 통신 수단을 확보해 수시 이상 유무 등 정보를 교환한다.

⑤ 예인 중 견시 근무자를 상시 배치해 피예인선을 철저히 감시한다.

(4) 예인삭(曳引索, towline)의 종류

합성 섬유 로프, 마닐라 로프, 와이어 로프, 앵커 체인(anchor chain) 등이 사용된다.

(5) 예인삭의 선정

① 대형선: 묘색 1~2샤클(shackle)과 와이어 로프 2코일(400미터) 사용

② 어선 등 소형선: 주로 합성수지계 사용

(6) 예인삭의 길이

① 예인 중 가해지는 급격한 장력의 흡수를 위해 예인줄의 일부가 물에 잠기게,

즉 충분한 현수를 가지는 길이가 되어야 한다.

② 예인삭의 길이는 길면 좋으나 너무 길면 현수가 커져 저수심에서 예인삭이 해저에 걸려 절단될 우려가 있다.

③ 예인삭의 길이는 일반적으로 아래와 같으며, 풍랑이 강할 경우 1.5~2배를 더 내주는 것이 안전하다.

$$S(m) = k(L1 + L2)$$

※ L1: 본함 길이, L2: 피예인선 길이,
K: 계수(보통 예항 1.5~2.0, 해상 예항 2.5~3.5)

4. 예인작업

예인선의 준비 사항	① 예인삭을 넘겨줄 방법 선택: 히빙 라인(heaving line: 던짐줄), 계류삭 발사기, 구명정이나 고무보트, 구명부이 또는 기타 부유물을 이용하는 방법 ② 예인삭 준비 (a) 합성섬유 로프는 갑판상에 가지런히 시계 방향으로 사려둔다. (b) 와이어 로프는 일시적으로 현측의 핸드레일에 가는 로프로 10~20㎝마다 묶어 둔다. (c) 예인장구를 준비하고 구동 부분에는 충분히 주유한다.
피예인선의 준비 사항	① 피예인선의 현측에 앵커 체인이나 와이어 로프가 사용될 경우에는 피예인선은 산출해야 할 길이를 예인선에 문의하도록 한다. ② 추진기를 주축으로부터 분리시킬 수 있는 경우 추진기가 자유로이 회전하도록 하여 추진기 저항을 줄인다.

5. 피예인선 접근법

① 피예인선에 접근 시 예인선은 피예인선의 풍상(風上) 쪽에서 바람이나 파도를 뒤에서 받으며 접근하는 것이 원칙이나 접근 방법과 대기 위치는 피예인선의 표류 속력, 표류 방향, 표류 상태 및 해묘의 투하 여부 등에 따라 결정된다.

② 예인선은 피예인선의 선수나 선미 부근에서 잠시 정지 상태로 있으면서 자선과 피예인선의 상대 표류 속력, 피예인선의 선수 방향과 파도 방향이 이루는 각도 등을 관찰해 적절히 대응한다.

6. 예인삭 건네는 방법

히빙 라인(던짐줄) 사용법, 계류삭 발사기(line throwing appliance, 투색총) 사용법, 구명정 사용법, 구명부이나 기타 부유물의 이용법 등이 있다.

7. 예인 작업 시 유의 사항

예인 초기 시	① 예인삭에 급격한 장력이 미쳐 절단 우려가 있으므로 예인삭 부근에 있는 사람을 대피시킨다. ② 기관을 미속 전진, 정지를 반복해 예인삭에 급격한 장력이 발생하지 않도록 하며, 서서히 장력을 증가시킨다. ③ 피예인선에 타력이 붙게 되면 서서히 침로를 변경해 원침로를 잡는다. 변경 시 타각(舵角, rudder angle)은 1회 20도 이내로 해야 한다. ④ 정침 후 예인삭의 붙들어 매어놓은 상태에 이상이 없는가 또는 마찰 방지 부분에 이상이 없는가를 확인하고 선박과 파도와의 관계 등을 확인한다. ⑤ 속력의 증감은 1회 0.5노트 이하로 하고, 급속한 증속은 피한다.
예인 시작 후	① 예인 중 시정이 악화되거나, 협수로를 통과하게 되거나, 강조류 수역을 항해할 경우에는 예인삭의 길이를 줄이고 감속한다. ② 기상이 악화되어 장력이 증가하면 예인삭의 길이를 늘이고 감속한다. ③ 변침 시에는 자선의 변침 상황뿐만 아니라 피예인선의 변침 상황도 감안해야 한다. ④ 예인 중 침로 부근에 선박이나 부유물 등의 장애물이 발견되면 변침해 충분히 멀리 떨어져 회피해야 한다. ⑤ 예인 목적지에 도착해 예인삭을 회수할 때에는 예인삭이 추진기에 감기지 않도록 주의한다. ⑥ 피예인선이 예인선으로부터 분리되면 안전 상태를 확보할 때까지 주위에서 감시한다. ⑦ 피예인선이 계류하거나 정박해 안전 상태를 유지한 후에 예인선은 이탈하도록 해야 한다.

제 5 장 해양사고 예방 및 대응

제 1 절 태풍 등 자연재난 대비 · 대응

1. 개요

관련 근거	①「국가위기관리 기본지침」 ②「수상에서의 수색 · 구조 등에 관한 법률」 ③「재난 및 안전관리기본법」 ④「자연재해대책법」
자연재난 형태	① 태풍: 태풍이 발생되면, 풍랑, 강풍으로 인해 해안가 침수 · 침식, 방파제 · 선박 접안시설 등 어항 · 항만시설 파괴, 선박 파손 · 침몰 등 피해 발생 ② 지진 · 해일: 해안가 인명 및 물건, 시설물 등과 해상의 선박 및 시설물에 대한 높은 해일에 의한 침수, 침몰, 전복, 익사, 파괴, 충돌, 화재 폭발 등 피해 발생

[참고 사항] 기상특보 및 발표 기준(해상)

종류		주의보	경보
풍랑		해상에서 풍속 14m/s 이상이 3시간 이상 지속되거나 유의 파고가 3m 초과 예상	해상에서 풍속 21m/s 이상이 3시간 이상 지속되거나 유의 파고가 5m 초과 예상
해일	폭풍	천문조, 태풍, 폭풍, 저기압 등의 복합적인 영향으로 해수면이 상승해 발표 기준값은 지역별로 별도 지정	
	지진	한반도 주변 해역에서 규모 7.0 이상 해저 지진이 발생해 해일 발생이 우려될 때	한반도 주변 해역에서 규모 7.5 이상 해저 지진이 발생해 피해가 예상될 때

태풍	태풍으로 강풍, 풍랑, 호우 현상 등이 주의보 기준에 도달할 것으로 예상될 때	태풍으로 인해 풍속이 17m/s 이상, 또는 강우량이 100mm 이상 예상될 때

2. 예방활동

① 태풍 피해 경감을 위한 사전 예방활동 강화

② 취약지역 순찰 강화, 청사 · 전용부두 등 시설물 사전 태풍 대비 점검 등 종합 방재대책 수립 시행

③ 재해 취약지 사전 예방대책 및 여객선, 유도선 등 정박 선박 안전 활동

3. 대응활동

① 신속한 초동 조치 실시

② 경비함정, 항공기 안전대책 수립

③ 순찰정, 연안구조장비 안전대책

④ 여객선, 유 · 도선 안전관리 대책

⑤ 어선 대피 및 피해 예방대책

⑥ 양식장, 어장, 방파제 등 피해 예방대책

⑦ 낚시객 등 연안레저객 안전대책

⑧ 해양오염 방지대책

4. 복구활동

① 신속한 복구 및 긴급구조 지원: 가용 경비함정 및 인력 총동원 긴급구조 지원, 자체 피해 상황 신속 파악 및 응급조치, 체계적인 복구계획의 수립 · 추진, 현장 복구를 위한 공공 및 민간 부문의 지원 및 협조 등

② 기록 유지: 피해 사례의 영상기록 등 자료의 보관 및 태풍 대응활동의 평가 · 결과 전파

제 2 절 대규모 인명사고(MRO) 등 대응

1. 개요

관련 근거		
관련 근거	국내법	①「재난 및 안전관리기본법」 ②「수상에서의 수색 · 구조 등에 관한 법률」 ③「유선 및 도선사업법」 ④「선박안전법」 ⑤「기상법」 ⑥「재난방송 실시에 관한 규정」 등
	국제법	①「SAR 협약(해상수색 및 구조에 관한 협약)」 ②「UN해양법 협약」 ③「SOLAS 협약(해상인명안전협약)」

2. 예방활동

구분	내용
여객선 안전관리	① 운항관리규정에 의한 엄격한 안전운항관리(해양수산부) ② 여객선 안전 운항 확보를 위한 지도 · 감독 철저(해양수산부) ③ 기상 악화 및 비상 상황 발생 시 운항 통제 ④ 명절, 피서철 등 특별수송대책 수립 · 시행 ⑤ 효율적인 여객선 안전관리 체제 유지 및 해양사고 대비 훈련 실시
유 · 도선 안전관리	① 시기별 · 지역별 유도선 안전관리 시행 ② 사업자 · 종사자 등 자율적인 안전관리 체제 정착 ③ 현장 중심의 안전관리 체제 확립 ④ 행락철 철저한 안전점검 및 안전교육 실시 ⑤ 신속한 구조 · 구난 체제 및 유관 기관 간 협조 체제 유지

3. 대응활동

구분	내용
상황조사 우선순위	① 사고 선박 내 인원 수와 상태, 인명 피해 사항 파악 ② 인화물질, 폭발성 물질의 적재 여부와 화재 및 폭발 가능성 여부 ③ 적재물의 양, 종류, 유동 여부 ④ 선체의 손상 정도, 침수 개소와 침수량, 자체 방수 조치 가능 여부 ⑤ 전복, 침몰, 화재 동반 가능성 여부 ⑥ 선박 제원

고려 사항	① 해양사고가 급박한 경우 사고 관련 사람들로부터 얻은 정보로 사고의 규모를 진단해 성급한 결론을 내리거나 간과하는 일이 없도록 한다. ② 야간에 사고 발생 시 날이 밝은 후 확실한 조사가 필요하다. ③ 책임있는 자가 사고 현장에 파견, 현장을 장악하고 구조 체계와 구조대책을 재검토한다.
구조계획 수립	① 인명을 최우선으로 하여 구조 선박의 규모를 검토하면서 구조 방침을 세우며, 사고 악화의 가능성, 구조작업의 난이도 등을 감안, 가용 세력의 투입을 고려해 조기 준비 대책을 수립한다. ② 구조 관련 기관에 해난 발생 장소를 통보해 협조를 구하며, 최적의 사고 선박 구조작업 방법을 선정한다.
정보 분석판단	해난정보를 근거로 구조 세력 동원, 구조 방법, 구조난이도, 위험성, 수습 소요 시간, 장비, 기자재 소요, 인력·예산 소요, 타기관 협조 등을 분석해 판단한다.
수색 및 인명구조 활동	① 수색구조 세력의 크기, 규모, 파고의 높이, 조난 표류, 실종 대상, 식별 용이성, 기상의 영향을 고려해 결정하고, 인명구조 활동을 실시한다. ② 헬기, 함정 이용 익수자 및 사고 선박 주변 구명의, 구명동의, 구명볼을 투하해 익사를 방지하고 야간일 경우 공군의 조명탄 지원 요청을 한다.

4. 복구활동

사망자 인양·수송	① 정중하고 경건한 조사, 운구, 운송 ② 신체 부위 특징 파악, 소지품 검사, 복장·의류 확인 등
습득 물품 처리	① 물품명세서 작성, 안전 보관 ② 구조된 선박과 물건에 대한 소유자 확인 이후 인계, 소유자 확인 불가 시 구조 후 처음 도착하는 지역 관할 시장, 군수 등에게 인계 ③ 외국인일 경우 외교 경로를 통해 확인, 인계
선체 처리	① 침몰 방지 등 2차 사고 방지 조치 ② 해양오염 발생 방지 조치, 예인 전 반드시 유류 이적작업 수행 ③ 사고 선박 예인 조치
국제적 조치	① 중·러·일 등 주변에 의한 구조 시, SAR 협약 절차에 따른 협의 처리 ② 수색, 구조 및 오염 발생 시 방제 등 제반 소요비용에 대해 관련국 간 협의 처리 ③ 외국인 및 선박에 대한 인계 협의

제 3 편

해양경찰 안전관리론

제 1 장 해양경찰 안전관리 개관

제 1 절 해양안전의 의의 및 특성

1. 의의

해양안전이란 해양에서 생명이나 재산에 대한 위험이 없는 자유로운 상태에서 해양을 무대로 활동하는 사람들이 안심하고 이용할 수 있는 환경을 말한다.

2. 대상별 특성

국가는 해양의 이용자들에게 안전한 활동을 보장해 주어야 할 책임이 있으며, 해양사고의 방지를 위해 장소적, 인적, 물적 요소에 대한 기준을 정하고 이에 대한 규제를 필요로 한다.

장소적 대상	① 해양안전은 해양과 육상의 내수면이라는 장소를 대상으로 수행되는 현장 법집행활동 및 정책집행 등 규제활동이다. ② 해양의 장소적 특성으로는 격리・소외성, 광활・위험성 등 인위적으로 경계 설정 및 분리가 곤란하다. ③ 해양은 천연자원(어업자원, 해저자원)의 보고인 동시에 해상교통로와 생활공간(해양레포츠 공간 등) 등으로 활용된다.

인적 대상	① 해양안전과 관련된 인적 대상으로는 어민, 해양관광객, 해상교통 이용객 등 해양을 자신들의 목적을 위해 이용하는 특정인들을 그 대상으로 하고 있다. ② 유도선업, 잠수산업, 연안수송업, 폐유처리업, 유창청소업, 선박청소업 등 해양산업종사자 및 수상레저사업자 등 특정 계층의 사람들을 대상으로 한다. ③ 그러나, 최근 해양에 대한 활용이 확대됨에 따라 해양안전의 인적 대상이 레저 및 관광객 등 일반 국민까지 그 대상이 확대되고 있다.
물적 대상	① 해양 안전과 관련된 물적 대상으로는 해양을 이용하는 선박, 수상레저기구, 항로표시 등이다. ② 또한 해상 교통과 관련된 등대, 항만 및 어항 등도 전통적으로 중요한 대상으로 여기고 있다. ③ 해양을 생계의 터전으로 생각하는 어민들과 원자력발전소 등 산업의 기반으로 생각하는 두 가지 가치가 혼재하는 특성을 가지고 있어, 개발과 보존이라는 상충된 가치 속에서 갈등과 분쟁이 지속되고 있다.

제 2 절 해양경찰 안전관리 개념

1. 의의

① 해양안전이란 "해양활동을 저해하는 요소들이 없는 상태를 말하는 것"이며, 해양경찰 안전관리란 "해양에서의 안전정책의 수립과 집행, 기타 이에 관련된 경찰활동을 통해 안전한 해상 수송, 뱃길, 해상관광, 수상레저활동 등이 보장될 수 있도록 해양에서 일어나는 모든 위험과 장애로부터 국민을 보호하는 법 집행활동"이라고 할 수 있다.

② 해양경찰 안전관리 업무는 직제상 해양경비안전서 소속 해양경비안전센터를 중심으로 이뤄지고 있으며, 대상으로는 안전센터의 치안·구조 등 경찰활동, 「연안사고 예방에 관한 법률」 집행, 해상교통 안전관리, 수상레저안전관리, 유선 및 도선 안전관리, 낚시어선 안전관리, 해수욕장 안전관리 등이 있다.

2. 임무 구분

법집행 업무	① 해양경비안전센터 · 출장소 및 선박 출입항 신고기관 운영 및 지도 · 감독 ② 주취 운항자 단속 및 안전 운항 지도 ③ 연안해역, 해수욕장, 갯바위, 방파제, 갯골 등 안전관리 ④ 해상범죄 예방 및 단속 등에 관한 사항 ⑤ 선박 출입항 신고 업무(선박통제규정, 선박안전조업규칙) ⑥ 즉결심판 및 통고처분에 관한 사항
수상레저 안전관리 업무	① 수상레저 조종 면허 발급 · 갱신 · 취소 · 정지 등에 관한 사항 ② 시험대행기관 및 수상레저안전교육 위탁기관의 지도 · 감독에 관한 사항 ③ 수상레저사업자 등록관리 및 시설 · 기구 등 안전 점검에 관한 사항 ④ 수상레저 관련 법인 · 단체의 지도 · 감독 업무에 관한 사항 ⑤ 수상레저활동 안전협의회 운영 업무에 관한 사항 ⑥ 수상레저 안전관리에 관한 사항 등
다중이용 선박 안전관리 업무	① 유 · 도선, 낚시어선의 안전관리지도에 관한 사항(해수면에 한함.) ② 유 · 도선 사업면허 발급, 휴 · 폐업 및 등록 등에 관한 사항(해수면에 한함.) ③ 낚시어선 안전관리 등에 관한 사항
해상교통 안전관리 업무	① 교통안전 특정해역 안전관리에 관한 사항 ② 항로의 보전과 안전 확보에 관한 사항 ③ 해상교통관제 업무에 관한 사항 ④ 무역항에서 선박의 속력 위반, 교통 방해 예방 및 단속활동에 관한 사항

제 2 장 해양경비안전센터

제 1 절 안전센터의 조직 및 운영

1. 운영 목적 및 설치 근거

(1) 운영 목적

체계적이고 효율적인 안전관리와 치안활동을 위해 해양경비안전센터와 출장소를 조직 · 운영한다.

(2) 설치 근거

① 근거: 해양경비안전센터, 출장소의 명칭, 위치 및 관할구역은 「국민안전처와 그 소속기관 직제 시행규칙」 등에 따른다.

② 내용: 지방해양경비안전본부장은 인구, 선박, 해수욕장, 해상교통, 범죄, 해양사고 등 치안 수요 및 지리적 여건 등을 고려해 해양경비안전서의 관할구역을 나누고, 해양경비안전본부장의 승인을 얻어 해양경비안전센터 또는 출장소를 설치, 폐지한다.

2. 임무

① 범죄의 예방, 단속 및 치안정보의 수집
② 다중이용 선박 및 수상레저활동 안전관리
③ 선박 출입항 신고 접수 및 통제
④ 연안해역 안전관리
⑤ 각종 해양사고 예방 및 초동 조치
⑥ 민원, 주민 협력 체계 구축 등 지역경찰 활동
⑦ 국가기관, 지방자치단체 등의 공익을 위한 행정 지원 등

3. 근무 방법

(1) 용어의 정의

용어	정의
해양경비 안전센터	해양경비안전서장의 소관사무를 분장하기 위해 해양경비안전서장 소속하에 설치하는 지방관서를 말한다.
출장소	해양경비안전서장의 소관사무를 분장하기 위해 해양경비안전센터장 소속하에 설치한다.
지역경찰활동	지역사회의 주민과 기관·단체 등과 협력을 통해 범죄와 안전사고를 예방하고 민원사항이나 지역주민의 의견을 청취해 치안활동에 반영하며 해양경찰 활동에 지역주민의 이해와 참여를 이끌어내어 함께하는 해양경찰 활동을 말한다.
연안구조정	연안해역의 안전관리와 해상치안 활동을 위해 해양경비안전센터 및 출장소에 배치해 운용하는 선박 등을 말한다.
연안구조장비	해양경비안전센터 및 출장소에 배치해 운용하는 연안구조정 및 수상오토바이 등을 말한다.
교대근무	근무조를 나눠 일정한 계획에 의한 반복 주기에 따라 교대로 업무를 수행하는 근무형태를 말한다.
당번	교대근무자가 일정한 계획에 따라 근무하는 날 또는 시간을 말하며, 주간근무와 야간근무를 포함한다.
상황대기근무	해양경비안전센터장이 해양경비안전센터의 전반적 안전관리와 긴급 상황에 대응하기 위해 토요일·공휴일 및 일과시간 후에 근무하는 것을 말한다.
휴무	근무일에 해당함에도 불구하고 누적된 피로 회복 등 건강 유지를 위해 근무에서 벗어나 자유롭게 쉬는 것을 말한다.
비번	교대근무자가 다음 근무 시작 전까지 자유롭게 쉬는 것을 말한다.
휴게	교대근무자 또는 연일 근무자 등을 대상으로 근무 중 청사 내에서 자유롭게 쉬는 시간을 말한다.

(2) 복장 및 장비의 휴대

① 해양경비안전센터 및 출장소 근무자는 규정된 근무복장을 착용하는 것을 원칙으로 하나, 해양경비안전서장이 특별히 지정한 경우에는 별도의 복장을 할 수 있다.

② 해양경비안전센터 및 출장소 근무 경찰관은 다음의 장비를 연안구조정에 비치하거나 개인 휴대해야 한다. 다만 경찰장비는 필요 시에만 휴대한다.

경찰장비	권총 및 가스총 등 무기와 경찰봉, 수갑, 포승 등의 경찰장구
인명구조장비	구명조끼, 구명줄 및 구조 튜브 등
통신장비	TRS, 모바일 오피스 등

③ 해양경비안전센터장은 치안 상황 및 임무 수행의 특성 등을 고려해 휴대장비를 조정할 수 있다.

(3) 근무의 종류 및 수행 업무

행정근무	① 문서의 접수 및 처리 ② 시설·장비의 관리 및 예산의 집행 ③ 각종 현황, 통계, 자료 등 관리 ④ 그 밖에 해양경비안전센터장이 지시한 업무 등 행정 업무
상황근무	① 민간 구조 세력 등 관내 안전관리 및 치안 상황 파악, 전파 ② 중요 사건·사고 및 수배 사항 전파 ③ 민원 및 사건의 접수, 조사, 처리 ④ 피보호자 또는 피의자, 수배자에 대한 보호·감시 ⑤ 순찰 근무자와의 무전 상황 유지 및 자체경비 ⑥ 그 밖에 해양경비안전센터장이 지시한 업무
순찰근무	① 순찰근무는 해양경비안전센터장 및 출장소장의 지시에 따라 해양경비안전센터 또는 출장소의 관내를 순회하는 근무를 말하며, 해상순찰과 육상순찰로 구분하되 주로 해상순찰을 중심으로 해야 한다. ② 해양경비안전센터장 및 출장소장은 관내의 순찰 요점, 순찰 코스, 순찰 방법, 순찰근무 중 착안 사항 등을 구체적으로 지시해야 한다. ③ 순찰근무자는 순찰활동 사항, 검문검색 등 순찰근무 중 취급 사항을 근무일지에 기록한다. ④ 해양경비안전센터장 및 출장소장은 관내 사건사고 현황 분석, 조치 사항 및 사건사고 유형별 처리 요령과 관내 지리적·인문적 참고자료 등을 담은 순찰지도집을 해양경비안전센터, 순찰차 및 순찰정 내에 비치해 순찰근무에 활용해야 한다.

대기근무	① 각종 사건사고 또는 신고에 따른 출동 등 안전·치안 상황에 대응하기 위해 일정 시간 지정된 장소에서 근무 태세를 갖추고 있는 형태의 근무를 말한다. ② 대기근무의 장소는 해양경비안전센터 및 출장소 내로 한다. ③ 대기근무를 지정받은 경찰관은 지정된 장소에서 대기하되, 통신기기를 청취하며 5분 이내 출동이 가능한 상태를 유지해야 한다.
기타 근무	① 기타 근무는 안전관리 및 치안 상황에 효과적으로 대응하기 위해 위의 근무에 해당되지 않는 근무 형태를 말한다. ② 기타 근무의 근무 내용 및 방법 등은 해양경비안전센터장이 정한다.

제 2 절 안전센터의 운용 시스템 및 장비

1. 선박 출·입항 시스템

(1) 개요

출·입항 척수·인원 등 어선의 출·입항 업무를 처리하는 시스템으로 국가 통계의 신뢰성 제고 및 선박의 안전을 확보함을 목적으로 설치·운영하는 시스템이다.

(2) 관리부서

① 해양경비안전센터(출장소 포함): 매일 출·입항하는 선박의 현황과 단속 실적, 사고 사례, 홍보 실적 등을 수시로 입력하는 등 관리한다.

② 해양경비안전서 해양안전과: 안전센터의 안전관리 실적 입력 현황 확인 및 정보 교환으로 안전관리 통계가 신뢰성 있게 지속적으로 관리될 수 있도록 모니터링한다.

2. 모바일 오피스

(1) 개요

정부통합전산센터 내 모바일전자정부지원센터에서 제공하는 모바일 전자정보

공통기반 시스템을 활용한 스마트폰에 행정용 앱을 안전하게 사용할 수 있는 시스템으로 '바로일터' 앱을 실행해 '모바일 해피스'를 안전하게 현장에서 이용 가능하도록 도입한 시스템이다.

(2) 모바일 해피스 기능

1) 선박 출입항

상선 조회	선박명, 선박번호 등으로 상선을 조회하면, 상선의 상세 정보가 표 형태로 표출
선박대장 조회	신고기관 및 선박명, 선주 등 조회 시 선박의 상세 정보 및 어업 인허가 조회 가능
승선원 조회	성명, 주민번호 등으로 조회 시 승선원 상세 정보 및 승하선 이력 확인 가능
선원수첩	성명, 주민번호 등으로 조회 시 해당 선원의 선원수첩 정보 표출
해기사 면허 조회	성명, 주민번호 등으로 조회 시 해당 인의 해기사 면허 상세 정보 표출
입항신고	입항하는 선박의 입항 신고 및 승선원 삭제·추가 가능
출항신고	출항하는 선박의 상세 정보 확인 및 출항신고 가능, 승선원 삭제·추가 가능

2) 수상레저

면허 조회	면허 연도, 관할서, 면허 종류 등 조건 검색하면, 면허 상세 내용, 법령 위반 이력 확인 가능
기구 조회	시·군·구, 기구 종류, 조회 조건 입력하면 해당 기구에 대한 상세 정보 확인 가능

3) 해양오염관리

해양오염 업무와 관련해 선박출입검사, 시설출입검사, 법위반사범, 선박출입항정보, 재박선박정보, 해양오염신고 조회 등이 가능하다.

4) 해상교통

유도선 조회	각 해양경비안전서별로 관내 유도선 상제 정보 조회 가능
운항 실적 조회	안전본부, 안전서, 안전센터 선택 후, 조회 기간 설정하면, 해당 유도선의 운항 실적(회, 척, 명) 확인 가능
선착장별 통제요원 조회	안전본부, 안전서, 안전센터 선택 후, 조회 기간 및 조건 입력 시 통제 현황 상세 정보 조회 가능
지도감독 조회	각 조건으로 조회시, 각 관계 기관 지도감독 상세 내용에 대한 정보 조회 가능

5) 순찰관리

순찰관리	순찰 장소, 순찰팀, 순찰 구분 입력 시 미완료된 순찰 확인 및 관련 순찰 코스 안내 순찰 내용 입력, 기상 입력, 순찰 항목, 조치 사항, 사진 촬영 및 등록 가능

상황보고	순찰 시 상황보고 작성 가능, 신규 등록 및 조치 사항 등록, 조회 가능
실무집/매뉴얼	현장에서 많이 사용하는 「수상레저안전법」, 「어선법」, 「수산자원관리법」, 「수산업법」 등 법령과 벌칙 사항에 관련된 내용 확인 가능
체험지식 공유	현장에서 많이 발생하는 사건, 사고 유형별 대처 방법 등에 대한 지식 공유

6) 조석정보

각 지역을 선택하면 해당 지역의 조석(潮汐)의 상세 정보 조회가 가능하다.

7) 경찰정보

수배자 조회	조회 조건 입력 시 죄명, 사건 종별, 관할서 등 수배자 상세 정보 조회 가능
수배차량 조회	조회 조건 입력 시 차대번호, 성명, 주소 등 수배 차량 상세 정보 조회 가능
종합수배자 조회	조회 조건 입력 시 죄명, 사건 종별, 관할서 등 종합 수배자 상세 정보 조회 가능
운전면허 조회	조회 조건 입력 시 주소, 수배 여부, 사건 종별 등 운전면허 상세 정보 조회 가능
실종아동 조회	성명, 생년월일 입력 시 실종아동 결과 화면에서 정보가 표 형태로 표출

3. 어선 위치 발신장치(V-PASS)

(1) 개요

설치 목적	① 해양에서 사고 발생 시 실시간 위치 확인을 통해 신속한 구조 ② 어선 출·입항 시 해양경비안전센터 또는 출장소에 찾아와서 직접하던 신고 업무를 자동화함으로써 국민 편익 행정 추구
법적 근거	① 「어선법」 제5조의2(어선 위치 발신장치) 및 제53조(과태료) ② 「어선법 시행령 별표」(위반행위별 과태료의 부과 기준) ③ 「어선법 시행규칙」 제42조의2(어선 위치 발신장치를 갖춰야 하는 어선 등)
유용성	① 어선 출·입항 신고 자동화, 해상 검문·검색 간소화 등 어민 편익 증진 ② 실시간 어선 위치정보 모니터링으로 신속한 수색·구조 체계 확립 ③ 밀수·밀입국, 면세유 부정 유출 등 각종 해상범죄에 효과적 대응
설치 대상	「어선법」상 모든 어선
기능	① 자동 입·출항 신고 ② 선박 운항관리(운항기록, 일정관리), 실시간 선박위치정보 ③ 모바일 122신고(긴급구조, 사고신고), 문자 메시지 발송 가능 ④ 전자해도 ⑤ 날씨, 공지 사항 등 알림정보 ⑥ 통신권역은 연안 30해리 이내

(2) V-PASS 관제 시스템 유용성

1) 의의

어선 출항 시 V-PASS 수신기가 설치된 해양경비안전관서 각 부서에서 모니터를 통해 어선의 긴급 상황을 사전에 인지, 신속한 조치가 가능하도록 하기 위함.

① 긴급구조(SOS) 대응: 어선에서 긴급 상황 발생 시 SOS 메시지를 송신하면 관할 안전센터 및 출장소, 관할 상황실, 최근접 안전센터 및 출장소, 최근접 상황실, 본청 상황실에 SOS 알람이 표출되며, 최초 인지 근무자가 상황을 파악 후 대응

② 각종 조회

어선정보 조회	해당 어선을 선택 후 선박 제원 및 선원정보에서 선장 · 선원의 연락처 조회 가능
주변 경비 세력 조회	해당 어선을 선택 후 주변 경비 세력 조회를 선택해 주변 함정을 조회 후 긴급 상황에 대응 가능
기타 조회	사고 지점 등록, 해당 선박 항적 조회 등

4. 연안구조장비

① 연안구조장비란 해수욕장, 갯벌, 갯바위 등 연안해역에서 발생한 해양사고 시 신속하게 수색구조 활동으로 사고 피해를 최소화하기 위해 도입했으며, 각 안전센터에 배치해 운영 중이다.

② 연안구조장비에는 고속제트보트, 수상오토바이, 소형 공기부양정 등이 있다.

순찰정(S정)	항 · 포구를 중심으로 해상교통 및 민생치안 업무를 주 임무로 하는 함정
신형 연안구조정	광역 경비 수행보다는 연안사고 대응 역량을 키우기 위한 장비로 도입되었으며, 파고 2m의 해상 상황에서도 운항 가능, 전복사고 시 자체 복원 가능
모터보트 (M정)	안전센터 및 출장소의 증가와 해수욕장 물놀이 사고 등 해상안전 계도활동을 전개하기 위한 소형 모터보트로 현재는 도입 중단
연안구조정 (고속제트보트)	워터제트 추진 방식으로 어망 산재 지역의 연안 수색 및 구조에 효과적인 장비
소형 공기부양정	해수욕장 및 갯벌 등 저수심 수륙 양용으로 관련 안전관리 수요가 많은 안전센터에 배치, 운용 중인 장비
수상오토바이	갯바위, 저수심 등 연안사고 특성을 고려해 도입, 해수욕장 안전관리시 접근성 용이 및 현장 인명구조에 적합한 장비

제 3 절 순찰근무

1. 순찰의 의의

순찰활동이란 해양경비안전센터·출장소의 기본 근무 중 하나로 다음의 근무를 수행하기 위해 해양경비안전센터 또는 출장소의 관내를 순회하는 활동을 말한다.

① 불심검문 및 해상에서의 범죄 예방과 제지
② 현행범 또는 피의자의 체포
③ 위험 발생의 방지 또는 위험 방지를 위한 출입
④ 해양오염 방지를 위한 선박 또는 해양시설의 출입
⑤ 출·입항 선박에 대한 임장·임검
⑥ 방범 또는 보안의 지도·홍보
⑦ 우범자 관찰 보호 및 수배 또는 경찰사범의 단속
⑧ 기타 순찰 중 인지한 사건의 취급 및 처리
⑨ 방범진단 등 기타 다양한 치안 서비스 활동 수행

2. 순찰의 기능

범죄 예방	경찰관이 순찰을 하면 범죄인은 심리적 위축을, 일반국민은 안심을 함으로써 일반적으로 지역사회의 안정성이 증진되어 범죄를 예방하는 환경이 조성된다.
법령 집행	순찰 중 다른 사람의 신고나 경찰관 자신이 범죄를 인지했을 경우 법령을 집행하게 된다.
국민 보호 및 지도계몽	정신병자, 주취자, 자살기도자, 미아 보호, 선박 도난 및 화재 등에 관한 주의 환기와 지리 안내 등으로 국민에게 봉사한다.
관내 정황 관찰	순찰 중 요(要)주의 사항 및 각종 사고 발견 등 관내 상황을 파악하는 것으로 순찰하는 경찰관은 주도면밀하게 관찰력을 발휘, 담당구역의 상황에 정통해야 한다.

3. 순찰의 방법

(1) 사전계획과 준비

① 효과적인 순찰을 하기 위해서는 중요 활동 지시 사항을 반영해 실시계획을 수립한다.

② 각 구역마다 중요한 지점은 출발 전에 그 중요성을 충분히 이해해 둔다.

③ 순찰의 효과는 순찰의 횟수보다 목적 의식에 따라 크게 좌우되므로 분명한 목적 의식을 가지고 실시한다.

④ 소내 근무자와 다른 순찰근무자들과 상시 연락 체제를 구축해 긴급 상황 발생 시 즉각 도움을 받을 수 있도록 한다.

⑤ 순찰근무자는 출발 전에 항상 제복과 구두를 손질하는 등 용모·복장을 단정히 해야 한다.

⑥ 출발 전에 외근경찰관 근무수첩, 필기구, 수갑, 경적, 권총, 경찰봉, 야간의 경우 손전등을 확인·휴대해야 한다.

(2) 순찰 시 유의 사항

일반 사항	① 해양사건·사고 취약지역을 면밀히 관찰하고 위험 요소가 있는지 확인한다. 계절별, 요일별, 시간별, 기후별로 다르게 일어난다는 것을 알고 수시로 확인 점검하고 대응 방법을 찾는다. ② 어민, 관광객 밀집지역과 선박 절도 다발지역은 정밀한 관찰과 세심한 주의력을 가지고 살피며, 취약지역에서는 통과만 하지 말고 머물면서 주위를 살핀다. ③ 순찰 중에는 인적이 드문 곳이나 범죄 용이 장소에서 나오는 사람이나 들어가는 사람은 반드시 의심을 가지고 검문검색을 하며 소지품을 살핀다. ④ 전주, 골목, 어두운 길, 지형지물을 이용해 은폐하거나 자신을 숨기려는 자, 불안해하거나 황급히 달아나는 자는 검문하고, 피가 묻어있는 자나 차량은 범죄와 관련지어 생각한다. ⑤ 평소에 없던 차가 주차되어 있거나 차의 외부 모양이 이상하거나 장기 주차되었거나, 차량번호 변조 등 의심스러운 차는 차적 조회를 반드시 하며, 절도 차량 여부와 트렁크 속을 살펴 수상한 점이 있는지 확인한다. ⑥ 관내 지리를 자세히 익히고 각종 건물의 특징, 건물명, 점포명을 항상 기억해 둔다. 또한 수배자, 수배 차량을 메모해 소지하고 익혀, 순찰할 때 확인하는 습관을 길러야 한다. ⑦ 순찰 중 우범자 등을 항시 관찰하고 가능하면 인권에 저촉하지 않는 범위 내에서 사진도 찍어두어 관리하고 인적 사항을 파악한다.

	⑧ 새벽에 움직이는 차량과 사람들을 잘 살펴보아야 한다. 절도 후 나가거나 들어오는 경우가 흔히 있을 수 있다.
항·포구 순찰 유의 사항	① 외관상 조업을 한 흔적이 없는데도 흘수가 낮은 선박은 밀수를, 선박 내 필요 이상의 식량 및 식수 등을 적재하거나 선박 내 중국산 담배꽁초나 물건 등의 사용 흔적이 있는 선박은 밀입국을 의심해야 한다. ② 특별한 목적 없이 취약시간대 출·입항이 잦거나 주변 항·포구의 특색에 맞지 않게 출·입항하는 선박, 장기 계류 선박이 출·입항할 때는 범죄의 가능성을 의심해야 한다. ③ 조수 간만의 차가 큰 항·포구에서 계류삭(繫留索, mooring rope)이 짧게 연결된 선박이나 관리가 미흡한 장기 계류 선박은 침수·침몰될 수도 있으므로 수시로 확인해 이상이 있을 시 선주 또는 선장에게 연락한다. ④ 기상 악화 또는 태풍이 예견될 때에는 선박 고박 상태 등을 사전에 대비할 수 있도록 관내 선박들에게 홍보한다.
기타 유의 사항	① 방파제·갯바위 낚시객이나 관광객에 대해서는 수시로 안전순찰을 하여 사고가 발생하지 않도록 안전수칙을 환기시키고 사고 발생 시 즉시 신고토록 홍보한다. ② 관광객은 현지 실정과 해상 기상에 어두워 사고 발생 위험성이 높으므로 기상 악화 시에는 안전 계도활동을 강화하고 위험지역에 대한 출입통제 등의 조치를 한다. ③ 일반 국민에 대해 항상 정중하고 친절하게 응대해야 한다.

(3) 순찰 시 중점 점검 사항

지역사회 경찰활동	① 관내 해양 관련 각종 행사 내용 사전 파악, 안전 위해 요소 분석 및 지원 ② 레저사업자, 자율구조대 대원 등 구조 세력과 네트워크 강화
어선 등 안전관리 대상 관리 철저	① 해상기상 악화 시 관내 일일조업 및 생계형 소형 선박 입항 여부 확인 ② 대행신고소 및 자율 출입항 신고서 작성 시 허위 작성 여부 불시 확인 ③ 기상특보 예상 시 출입항 선박 사전통제 및 안전 계도 ④ 시계 제한 시 출어선 주의 촉구 및 GPS 시스템 정상 작동 여부 확인 ⑤ 조업 형태 등을 파악 비정상적 출입항 선박에 대한 감시 철저 ⑥ 낚시어선 출항 또는 입항 승선원 초과 여부 확인 ⑦ 음주 운항 확인 및 구명동의 등 안전설비 이상 유무 수시 확인·계도 ⑧ 밀물, 썰물 등을 고려한 선박의 안전 상태 확인 및 지도
다중이용선박 안전 및 치안관리	① 선착장의 탑승장 등 안전 상태 확인 및 필요 시 질서 유지 업무 수행 ② 선박 주변 기름띠 유무 및 거동 수상자 불심검문 실시 ③ 운항 중 악천후 예상 시 승객 이동 제한 등 운항 중 안전사고 예방 계도 ④ 운항 중 선내 도박, 폭력 행위 등 범법행위 관련 정보 수집 활동 ⑤ 유도선 과승 방지 및 음주 운항 확인
연안안전관리 등 해안가 안전지도 및 단속	① 소규모 해수욕장 자율구조대 운영 여부 및 안전관리 현황 확인 ② 안전수역 바깥에서의 해수욕객 활동 여부 및 안전 조치 ③ 방파제, 갯바위 등 안전사고 위험 개소의 행락객 여부 및 안전지도 ④ 해안가, 해안유원지 등 배회 청소년 범죄 예방 계도

	⑤ 연안해역 안전관리 예방활동 및 야간 물놀이객 안전 지도 ⑥ 윈드서핑, 스킨스쿠버 등 해양레저객 활동 현황 파악 및 안전지도 ⑦ 방파제 등 비치 인명구조장비 손상 여부 확인 및 조치 ⑧ 해안가, 방파제, 갯바위, TTP 주변 주취자 여부 확인 및 안전 조치
해상 범죄 예방 · 단속 및 해양환경 관리	① 밀입 · 출국 취약 장소 야간 선박 입출항 유무 확인 ② 선용품 도난, 양식장 절도 등에 대비, 취약 해역 및 항 · 포구 순찰 ③ CCTV 미설치 항 · 포구 중점으로 범죄 예방 순찰 ④ 폐수, 기름 등 해양오염 물질 해상 유입 여부 확인 ⑤ 해상순찰 시 녹조 예찰, 백화 현상 유무, 해파리 출현, 해양오염 여부 확인 ⑥ 지역사회와 바다 정화활동 적극 참여 및 유도

4. 해상순찰

임무	각 해양경비안전센터에는 관할 해역의 다음의 임무를 수행하기 위해 연안구조정이 배치되어 있으며 주기적으로 해상순찰을 실시한다. ① 해양레저활동 및 연안해역 안전관리 ② 해상교통 질서 유지 및 해상치안 확보 ③ 항 · 포구 순찰 등 해상 방범 활동 ④ 여객선, 유도선 및 선박 통제 업무 지원 ⑤ 각종 사건 · 사고에 대한 초동 조치 ⑥ 해양오염 감시 · 단속 등 해양오염에 관한 사항 ⑦ 기타 해양에서의 경찰에 관한 사항
준비 사항	① 치안 여건, 해상 기상 등을 사전에 파악하고 특히 간출암, 양식장 등 해상순찰 위험 요소는 확실히 숙지해 자체사고가 발생치 않도록 주의한다. ② 신규발령자 등 관내 해역에 미숙한 경찰관은 경험이 많은 선임자와 동행해 사전에 위험 요소 등을 숙지해 둔다. ③ 해상에서는 육상과 달리 장비 이상 발생 시 외부 도움을 받기가 곤란하므로 출발 전에 연료, 윤활유, 각종 밸브 및 구조장비 등을 철저히 점검한다. ④ 통신장비는 항상 최상의 상태를 유지하며 평소 통신 통달거리를 파악해 두고, 통신 불가능 시 대체 수단 등을 강구한다.
유의 사항	① 경제 속력으로 순찰하고, 관할 해역 이상 유무를 확인하며 해양경비안전센터와 해양경비안전서 상황실에 해상 정황보고를 한다. ② 순찰 중 급히 그물을 걷거나 도주하는 선박은 반드시 검문검색을 실시하며, 피검문 선박이 파손되지 않도록 최대한 안전에 유의해 접안한다. ③ 항해등을 켜지 않거나 어로작업한 흔적이 없는데도 흘수가 낮은 선박은 밀수 · 밀입국 등을 의심한다. ④ 유 · 도선 및 낚시어선의 정원 초과, 음주 운항, 영업구역 위반, 무신고 영업 등 안전위해사범에 대해서는 중점 단속하되 경미한 사항은 지도 · 계몽토록 한다. ⑤ 해양관광객 및 갯바위, 방파제 낚시객의 안전을 위해 필요한 예방 조치를 취하고 기타

	인명 및 재산의 보호에 최선을 다해야 한다. ⑥ 순찰 중 기상 악화나 안개 등으로 인해 임무 수행이 불가능하거나 안전에 위험이 있다고 판단될 때에는 해양경비안전센터장의 승인을 받아 안전해역으로 피항해야 한다. 사전 승인을 받을 시간적 여유가 없는 경우에는 먼저 피항 조치를 한 후 지체없이 보고해 승인을 받는다.

5. 불심검문

(1) 법적 성격

불심검문은 주로 범죄의 예방, 치안 유지라는 행정 목적을 달성하기 위한 경찰 활동으로서 행정경찰작용으로 수사와는 엄격히 구분된다.

(2) 근거 법령

「경찰관직무집행법」 제3조(불심검문), 「주민등록법」 제26조(주민등록증의 제시 요구), 「전투경찰대설치법」 제2조의2(전투경찰순경의 검문), 「통합방위법」 제15조(통합방위 작전) 등

(3) 불심검문 판단 요소 · 대상자 · 판단 기준

판단 요소	① 수상한 거동: 비정상적이고 자연스럽지 못한 언어, 동작, 태도, 착의, 휴대품 등으로 판단하고 경찰관을 보고 급히 도주하거나 빈 선박을 기웃거리는 행위 등 ② 주위의 사정: 대상자의 직접적인 거동 이외의 사정 즉 인적 · 물적 · 시간적 · 장소적 상황을 의미함.
대상자 선정	① 어떠한 죄를 범했거나 범하려 하고 있다고 의심할 만한 상당한 이유가 있는 자 ② 행해진 범죄 행위에 관해 그 사실을 안다고 인정되는 자
판단 기준	직무를 행하는 경찰관의 주관적이고 독단적인 판단이 아닌 객관적이고 합리성이 담보되어야 함.

(4) 기타 착안 사항 및 유의 사항

질문 시 착안 사항	① 불심자로부터 눈은 떼지 말고 언어, 동작, 표정의 변화를 충분히 관찰할 것 ② 질문의 속도는 거짓말을 생각할 여유를 주지 않도록 연달아 행할 것 ③ 진술의 모순점을 빨리 발견하고 모순이 밝혀질 때까지 추궁해야 하며, 경찰관의 끈기에 포기할 때까지 최선을 다할 것

위조주민등록증 식별 요령	① 바탕무늬와 홀로그램이 본인이 소지한 주민등록증과 같은지를 확인 ② 앞면 사진 위 가운데(사진 왼쪽에 1cm, 오른쪽에서 2cm) 부분에 숨겨진 '민' 자가 있는지 확인 ③ 홀로그램 큰 태극의 안쪽 테두리에 '대한민국 KOREA'라는 원형의 미세 문자 띠가 있는지 확인 ④ 홀로그램 바탕에 21개, 사진에 8개의 크고 작은 태극 문양이 있는지 확인
임의동행 시 유의 사항	① 동행 시 상대의 우측 일보 뒤에 위치하며, 불의의 기습 공격에 유의한다. ② 동행 시 인권 침해나 자해를 방지토록 하고 하천변이나 교량 위, 절벽, 철로변 등 자살·도주 우려가 있는 장소는 가급적 피한다. ③ 흉기나 증거물은 경찰관이 직접 휴대해 가지고 간다. ④ 혼자서 둘 이상을 동행할 경우는 경찰력을 지원받아 동행하도록 한다.

제 4 절 출·입항 통제

1. 개요

어선에 대한 선박 출·입항 통제는 「선박안전조업규칙」에 법적인 근거를 두고 있으며, 해양경비안전센터 및 산하 출장소에서 관장한다.

(1) 목적

「선박안전조업규칙」은 「수산업법」 규정에 따라 선박에 대한 어업 및 항해의 제한이나 그 밖에 필요한 규제에 관한 사항을 정함으로써 어업과 항해가 안전하게 이뤄질 수 있도록 함을 목적으로 한다.

(2) 선박 통제 대상

1) 원칙

어선과 총톤수 100톤 미만의 선박

2) 제외

정부나 공공단체가 소유하는 선박, 원양어업에 종사하는 어선, 여객선, 국외에 취항하는 선박

(3) 절차

대상	내용
어선	① 5톤 미만의 선박은 전화 또는 정보통신망을 통한 신고 가능 ② V-PASS가 설치된 선박은 자동 출·입항 신고 가능
낚시어선	승선자명부를 작성 출·입항 신고기관에 제출
수상레저기구	원거리 또는 기상특보 발효 중 활동 시 사전에 출·입항 신고기관에 신고
유선 및 도선	사업자가 스스로 출·입항 기록을 관리
여객선	2014년 「해운법」 개정에 따라 해양수산부에서 관리

(4) 용어의 정의

선박 통제	선박을 통한 간첩 또는 불순분자의 침투 및 탈출의 방지와 선박의 항해 및 조업의 안전을 위해 선박에 대해서 출·입항 항해 및 조업에 관한 제한·지시 및 임무를 부여하고 이를 확인하는 조치
선박	수상에서 항해용으로 사용하거나 사용할 수 있는 배의 종류
어선	선박 중 어로작업에 종사하는 선박과 어획물 운반선
미귀항 선박	출항한 선박이 출항신고서에 기재한 입항 예정일까지 귀항하지 아니한 선박
신고기관	선박 출·입항 통제 업무를 담당하는 기관으로 해양경비안전센터 및 출장소
통제요원	신고기관에서 선박 출·입항 통제 업무를 수행하는 자
수협요원	통제요원 중 지구별 수산업협동조합장 또는 업종별 수산업협동조합장이 수산업협동조합 직원으로 임명·배치하는 어선 안전점검요원

(5) 조업 해역의 구분

특정해역	「어로한계선과 선박안전조업규칙」 제5조 제2항에서 정한 선을 차례로 연결한 해역으로 출어하고자 하는 어선은 출어 등록, 어선단을 편성 조업, 1일 3회 이상 어업정보통신국에 위치 보고 의무
조업자제해역	서해 및 대화퇴 해역으로서 해양수산부 장관이 중앙행정기관의 장과의 협의를 거쳐 정해 고시한 해역으로 출어하고자 하는 어선은 출어 등록, 1일 2회 이상 어업정보통신국에 위치 보고 의무
일반해역	특정해역 및 조업자제해역을 제외한 모든 해역으로 1일 1회 이상 어업정보통신국에 위치 보고 의무

(6) 어로보호본부

특정해역에서의 어로 보호에 관한 사무를 처리하기 위해 설치(「선박안전조업

규칙」 제7조)

본부 설치	① 동해 어로보호본부: 속초해양경비안전서장 ② 서해 어로보호본부: 인천해양경비안전서장
본부 구성	① 본부장: 해양경비안전서장 ② 본부 근무자: 해양경비안전서 소속 경찰공무원(경비함정 근무자 제외)
관장사무	① 어로 보호를 위한 경비 및 단속 ② 어선 출·입항 및 어선 출어 등록 현황의 파악과 출어선의 동태 파악 ③ 해양사고 구조 ④ 범법 어선의 적발·처리 및 관계 기관 통보
연락관 파견	어로본부의 경비 업무를 원활하게 하기 위해 어로보호본부와 군부대 간에 서로 연락관 파견 가능
어로보호협의회	① 어로보호본부의 효율적 운영과 그 기능의 강화 목적 ② 구성, 기능, 운영에 관해서는 어로보호본부장이 관계 기관의 장과 협의 결정

2. 선박 출·입항 업무(「선박안전조업규칙」 제9조~제15조)

(1) 출·입항 신고기관의 설치

목적	선박의 출·입항 신고 및 통제 업무를 담당하기 위해 해당 항·포구에 설치	
설치 기준	① 통제소: 「선박안전조업규칙」에 따라 해양수산부 장관이 지정·고시하는 항·포구 ② 신고소: 조업자제해역 및 일반해역에 출·입항하는 선박을 통제하기 위해 필요하다고 인정되는 항·포구 ③ 대행신고소: 일반해역에 출어하는 어선이 해당 항·포구에 선적을 둔 선박의 척수와 치안 수요 등을 감안해 신고소에 갈음하는 대행신고소 지정	
종류	통제소	특정해역, 조업자제해역, 일반해역에 출입하는 선박의 통제, 어로보호본부의 업무 수행을 지원(경찰요원, 수협요원 배치)
	신고소	조업자제해역 및 일반해역에 출입하는 선박 통제(경찰요원 배치)
	대행신고소	일반해역에 출어하는 어선의 현황을 파악하기 위해 통제소 또는 신고소를 설치하지 아니한 항·포구에 설치(민간인 위촉 신고 업무 대행)

(2) 신고기관 및 임무

통제소	경찰요원	① 출·입항 신고의 접수 ② 선원의 신원 확인, 선박에 대한 임검 ③ 선박 출·입항 현황에 관해 해양경비안전서장에게 보고 ④ 귀항하지 아니한 선박을 수배 조치하거나 관계 기관에 통보 ⑤ 범법 선박을 관계 기관에 통보 ⑥ 그 밖에 어로보호본부의 경비연락관과의 업무 협조에 관한 사항

	수협 요원	① 특정해역 및 조업자제해역 출어선에 관한 출어 등록 ② 조업 질서 유지 및 안전에 관한 교육 이수의 확인 ③ 어선단 편성 및 어선 승선 지도 ④ 어선검사 유효기간의 확인 ⑤ 어선 항해장비(나침의, 해도, 구명동의) 비치 여부의 확인 및 청력 등에 의한 안전 점검 ⑥ 어선 출입항 · 어선단 편성 현황 및 출어 등록 현황 어업정보통신국 통보 ⑦ 선원 자격(해기사 면허증 · 선원수첩)의 확인 ⑧ 어업정보통신국 가입 여부 확인 ⑨ 그 밖에 어로보호본부의 수산연락관 및 해운연락관의 업무 협조에 관한 사항
신고소	① 출 · 입항 신고의 접수 ② 선원의 신원 확인 및 선박에 대한 임검 ③ 범법 선박의 관계 기관에의 통보 ④ 귀항하지 아니한 선박의 수배 ⑤ 어선단 편성의 확인 ⑥ 통신기가 설치된 어선의 출 · 입항 현황을 어업정보통신국에 통보 ⑦ 어업 질서 유지 및 안전에 관한 교육 이수의 확인 ⑧ 어업정보통신국의 가입 여부 확인	
대행 신고소	① 출 · 입항 신고의 접수 ② 미귀항 선박이나 의심스러운 선박을 군이나 경찰기관에 신고	

(3) 관할 부대장의 통제

백령도, 대청도, 소청도, 연평도, 강화도에 설치되어 있는 신고기관은 선박의 출 · 입항 및 조업에 관해 당해 지역의 관할 군부대장의 통제를 받는다.

(4) 출 · 입항 신고

출 · 입항 신고서	① 선박이 항 · 포구에 출입하려면 어선은 어선 출 · 입항 신고서를, 그 밖의 선박은 선박 출 · 입항 신고서를 2부씩 작성해 신고 기관에 제출(정보통신망을 이용해서 제출한 경우 포함)한 후 1부는 신고기관장의 확인을 받아 선박에 갖춰야 함. ② 5톤 미만의 어선은 다음 경우를 제외하고는 전화 또는 정보통신망을 이용 출 · 입항 신고 가능 ③ 인터넷으로 출입항 신고서를 접수한 때에는 지체없이 사실 여부를 확인한 다음 승인해 주고 경찰요원이 선박의 출항 시간에 맞춰 현장을 방문해 임검 관리 임무 수행 ④ 전화 등의 방법으로 출 · 입항 신고서를 접수한 때에는 지체없이 그 사실을 '선박 출 · 입항전산관리시스템'에 입력
어선 구비서류 확인	① 어선 구비서류를 확인하고 확인증을 발급할 때 서류의 원본을 대조해 확인 ② 어선 구비서류 확인증을 발급받은 어선에 대해서는 그 확인증을 제시함으로써 어선 구비서류의 확인을 대체

	※ 어선 구비서류: 선박검사증, 선박국적증서 또는 선적증서, 어업허가증, 선박무선국허가장, 어업정보통신국 가입증
안전점검	① 안전점검의 대상: 특정해역 및 조업자제해역에 출어하는 어선과 일반해역에 대해서도 필요하다고 인정되는 경우 점검 가능 ② 해도(가급적 최신판) 비치 여부 및 수로 고시에 의한 해도 수정 여부 ③ 나침의, 무전기 등의 작동 상태 ④ 구명동의 비치 및 비상시 활용 가능 여부 ⑤ 신호등(장등, 현등, 선미등, 정박등 등)의 부착 및 점등 여부
임검 요령	① 출항 선박에 대한 임검은 승선자의 범죄 경력, 수상한 거동 기타 주위의 사정을 합리적으로 판단해 출항 직전 수행 ② 신고된 선원명부와 실제 승선 인원의 일치 여부 및 선내에 총기, 도검류, 폭발물 등 은닉 여부를 확인 ④ 입항 선박 임검 시기: 입항신고 접수 후 지체없이 임검

(5) 미귀항 선박의 조치

1) 의의

미귀항 선박이란 출항신고서에 기재된 입항 예정 시간까지 귀항하지 않은 선박을 말한다.

2) 조치

① 미귀항 선박 발생 시 출항지의 신고기관은 어업정보통신국, 수산업협동조합 선주 기타 관계인을 통해 선박 소재를 파악한다.

② 소재 미확인 시: 해양경비안전서에 보고 → 전국에 수배(5톤 미만의 선박은 인접 시・도까지만 수배) → 미귀항 선박 수배대장에 기록・유지한다.

3) 보고 및 수배 내용

① 해양경비안전서(경찰서) → 관내 신고기관, 경비함정에 수배－선박 소재 파악→ 소재 확인 시 지체없이 출항지 관할 해양경비안전서에 통보한다.

② 출항 일시 및 장소, 선박 제원(선명, 톤수, 마력, 승선 인원) 및 선박의 특징, 조업 해역 또는 항해 구역, 귀항 예정 일시 등을 기재한다.

(6) 어선 출어 등록

특정해역, 조업자제해역에 출어하려는 어선은 어선 출・입항 신고기관에 출어 등록을 해야 한다. 그 대상은 「수산업법」에 의해 허가, 면허, 신고된 어선에 한해 출어 등록을 하고 그 유효 기간은 등록일로부터 1년이다.

(7) 어선단 조업

① 특정해역 및 조업자제해역에 출어하고자 하는 어선은 어선단을 편성해 조업해야 한다.

② 동일 어선단에 편성된 각 어선의 선장은 선단장의 지시에 따라야 하며, 선단장은 어선단에 속하는 선박에 대해 선단장이 승선한 어선과 동시에 출·입항하고 가시거리 내의 동일 어장에서 조업하도록 지도·감독해야 한다.

(8) 출·입항의 제한

신고기관이 설치되지 아니한 항·포구에는 선박이 출·입항해서는 아니 된다. 다만, 기상 악화에 따른 피항 등 부득이한 사정이 있는 경우에는 예외로 한다.

3. 어로 및 항해의 금지 등

어로 또는 항해의 금지	① 해양수산부 장관은 치안 유지, 국방상 필요한 경우에 일정 해역을 지정·고시하고 지정 해역에서의 항해·어로를 금지할 수 있다. ② 규정된 해역 외의 해역에 대해 광역시장 또는 도지사는 기선으로부터 3해리 이내의 해역에서 어로 및 항해를 금지할 수 있다. ③ 제한·금지 해역의 범위와 시간 및 안전조업을 위해 필요한 사항 등을 정하고 어로와 항해가 금지되는 시간에 긴급 출입항할 수 있는 항·포구 및 통로를 설정·고시한다
출항의 금지	① 기상특보가 발령되었을 때 ② 승선 인원이 신고된 내용과 상이하거나 신원 불확실한 자가 승선할 때 ③ 선내에서 불온물품 또는 총기, 도검류, 폭발물 등이 발견되었을 때 ④ 유자격 해기사가 승선하지 아니했을 때 ⑤ 규정된 장비, 의장품의 불비 또는 작동 불량으로 안전 항해가 우려될 때 ⑥ 밀수, 밀항 기타 범죄의 혐의가 있을 때
월선의 금지	① 선박은 어로한계선이나 조업자제해역의 자제선을 월선해 어로 또는 항해를 해서는 아니 된다. ② 예외: 어로한계선 인근지역 도서의 어선, 「남북교류협력에 관한 법률」의 규정에 의해 정부의 승인을 받은 어선 또는 외국 정부의 입어 허가를 받아 당해 외국 수역에 출어하는 어선 → 출·입항로 지정고시 또는 통보

4. 선박의 보고와 이행 의무

어업정보통신국 가입	통신기가 설치된 어선은 어업정보통신국에 교신 가입을 하고 어업정보통신국 가입증을 발급받아야 한다.
위치 보고	① 특정해역 출어선: 지정 어업정보통신국에 1일 3회 이상 ② 조업자제해역 및 지정된 일반해역 출어선: 출항지 어업정보통신국에 1일 2회 이상 보고 ③ 일반해역 출어선: 출항지 어업정보통신국에 1일 1회 이상 보고
의심스러운 선박의 보고	① 의심스러운 선박, 물체 발견 시 선장은 지체없이 인근 어업정보통신국에 보고해야 한다. ② 보고 요령: 발견 당시의 관찰 사항(일시, 의아 선박의 위치, 승선자, 항해 방향, 항해 목적 등)을 구체적으로 보고하고 의아 선박의 행동을 계속 감시해야 한다.
경보 청취 의무	① 통신기가 설치된 선박은 매시 정각부터 3분간씩 통신기를 개방해 긴급사태 경보에 관한 사항을 청취해야 한다. ② 라디오를 비치한 선박은 매 뉴스 시간마다 뉴스를 청취해야 한다.

5. 교육 및 관리

(1) 교육

조업 질서 유지 및 안전에 관한 교육	① 간부 선원의 교육 이수 의무: 매년 1회 이상 ② 그 이외의 선원교육: 선장이 전달교육 실시 ③ 정기교육: 조합 단위로 조합장이 연 1회 4시간씩 실시
선박 통제 규정에 관한 교육	① 통제요원 배치 시: 본 규정 및 선박안전조업규칙, 기타 선박 통제 요령에 관해 충분한 사전교육 실시(해양경비안전서장) ② 수협요원: 연 1회 교육 실시(수협중앙회장) ③ 신고기관 소속 통제요원: 월1회 이상 선박 통제 업무 처리 요령 실무교육 실시(신고기관의 장)

(2) 지도 감독

통제소 및 신고소	① 해양수산부 장관은 통제소 및 신고소의 소관 업무에 관해 지도·감독 ② 해양경비안전서장은 신고기관에 대해 월1회 이상의 감독순시 실시 ③ 지방해양경비안전본부의 소속 경찰관은 해양경비안전서 지도방문, 통제 업무 수행 실태 확인

	④ 수협중앙회장은 통제소 및 합동신고소 수산 관계 공무원을 출장시켜 수협요원의 근무 상황 확인 · 감독, 연 1회 이상 ⑤ 해양경비안전센터장 · 출장소장은 대행 신고소에 대해 월 1회 이상(파 · 출장소 없는 도서지역 분기 1회) 방문 통제 상황 확인, 지도 · 교양 실시
중점확인 사항	① 통제요원(수협요원 포함)의 근태 ② 출 · 입항 신고 업무 처리 실태 ③ 본 규정에 의한 문서 · 부책의 정리 상태 ④ 신고기관의 청사관리 상태 ⑤ 기타 신고기관 운영 및 출 · 입항 통제 업무 수행상 문제점 유무

(3) 범법 선박에 대한 처리

1) 대상

① 어로한계선 · 조업 자제선을 무단으로 월선한 선박

② 출어 등록 및 출항 · 입항 신고를 하지 아니한 어선

③ 위치 보고를 하지 아니하거나 허위 보고를 한 어선

④ 교육 이수하지 아니한 간부 선원이 승선, 출어한 어선(특별교육 포함)

⑤ 어선단에 편성되지 아니하거나 어선단으로부터 무단 이탈한 어선

⑥ 특정해역에 출어하는 어선으로서 어업정보통신국에 가입하지 아니하거나 통신기가 고장된 상태로 출어한 어선

⑦ 특정해역 내의 어로 제한의 규정에 위반해 특정해역 출어한 어선 등

2) 조치

대상 선박에 승선한 해기사 및 그 어업경영자에 대해서는 관계 법령(「수산업법」, 「어선법」, 「선원법」, 「선박직원법」, 「어업자원보호법」, 「선박의 입항 및 출항 등에 관한 법률」) 등이 정하는 바에 따라 범죄인지서 또는 위반 사항 적발보고서를 작성해 해양경비안전서 소관 기능에 보고 조치한다.

제 5 절 경범죄 처벌

1. 서설

(1) 의의

① 경범죄란 국민의 일상생활에서 도덕률에 위반하는 비교적 경미한 범죄를 지칭하며, 이것에 대한 형벌을 규정한 형사실체법을 「경범죄처벌법」이라고 한다.

② 우리나라에서는 국민의 일상생활 주변에서 흔히 범하기 쉬운 공공질서 위반 및 경미한 도덕률에 위배되는 범법행위에 대해 그 제재로서 가벼운 형벌인 60만 원 이하의 벌금·구료 또는 과료에 처할 것을 규정한 경찰벌에 관한 법률이다.

(2) 목적

경범죄의 종류 및 처벌에 필요한 사항을 정함으로써 국민의 자유와 권리를 보호하고 사회 공공의 질서 유지에 이바지함을 목적으로 한다.

(3) 성격

광의의 형법	본질적으로 형벌과 내용·성질·기능을 같이하고 형법 영역에 속하는 것을 규정하고 있다. ① 범죄와 형벌(60만 원 이하의 벌금·구류·과료)을 규정하는 것을 내용으로 하는 점에서 형법과 같은 법규범이다. ② 일정한 행위에 대해 일정한 형벌을 과한다는 판단 형식을 취함으로써 행위에 대한 형벌적 평가를 하는 법규범이란 점에서 형법과 그 성질이 같다. ③ 「형법」과 같이 자유보장적·법익보호적·사회보전적 기능을 한다고 볼 수 있다.
형법의 보충법	「형법」에서 누락된 경미한 행위로 사회풍속상 위험을 초래할 우려가 있는 것을 단속하려는 데 그 목적이 있으므로 「형법」에 대한 보충법이다.
일반법	특정한 신분·사물·행위·지역에 제한 없이 일반적으로 적용된다는 점에서 특별법이 아닌 일반법이다.
형사실체법	「경범죄처벌법」은 경범죄 행위 유형과 이에 대한 처벌을 정한 형사실체법이다. 다만, 통고처분 절차 규정이 있으므로 동법은 일부 절차법적 성격도 띠고 있다.

(4) 「형법」 총칙과의 관계

「형법」 총칙은 다른 형사법에 특별한 규정이 없으면 원칙적으로 그 다른 형사법에도 적용되는 것이므로, 「형법」 총칙은 원칙적으로 「경범죄처벌법」에도 적용된다. 그러나 형의 면제와 병과 · 교사 및 방조행위에 대해서는 다음과 같은 특별 규정을 두고 있다.

1) 형의 면제와 병과(「경범죄처벌법」 제5조)

제3조에 따라 사람을 벌할 때에는 그 사정과 형편을 헤아려서 그 형을 면제하거나 구류와 과료를 함께 과할 수 있다.

① 경범죄를 범한 사람의 사정과 형편을 헤아려서 그 형을 면제할 수 있도록 한 것은 「형법」에 정범도 면제할 수 있도록 한 것과 균형을 맞추기 위한 것이다.

② 형의 병과를 인정한 이유는 범죄행위의 수단 · 방법 등이 아주 나쁘거나 같은 종류의 범죄를 여러 번 저지른 전과가 있거나 또는 여러 가지의 위반행위가 있을 경우에 이를 가중 처벌하기 위한 것이다.

2) 교사 · 방조(「경범죄처벌법」 제4조)

제3조의 죄를 짓도록 시키거나 도와준 사람은 죄를 지은 사람에 준해 벌한다.

① 교사범에 관해서는 형법과 같게 규정하고 있다.

② 종범에 관해서는 정범의 형보다 감경한다고 규정한 형법과는 달리 「경범죄처벌법」에서는 정범과 동일한 형으로 처벌한다고 함으로써 종범에 대한 형의 감경을 인정하지 않고 있다.

2. 단속 수단 및 절차

(1) 단속 및 현장 처리

위반사범 단속	① 친절하고 따뜻한 언행으로 인권 존중 ② 증거자료(목격자, 참고인 등) 수집 철저로 무죄 선고 사례 방지 ③ 외근 경찰관은 통고처분서 항상 휴대 ④ 주민등록증 등 신분증 확인을 통해 허무인(虛無人 : 架空人)에 대한 통고처분서 발부 방지

	⑤ 친절 · 공정 · 신속한 처리로 시민의 보호와 공감대 형성
현장처리	① 현장계도: 지도장 발부 ② 통고처분: 적발 현장이 혼잡하거나 주위 사정이 범칙자의 인권에 불리하다고 인정될 때 경찰관서에 동행 ③ 즉심 대상: 임의동행이 원칙이며, 주거를 밝히지 않거나 확인한 주거가 불분명한 현행범일 경우는 강제연행 가능

(2) 해양경비안전센터에서의 처리

해양경비안전센터장은 동행한 위반자에 대해 1시간 이내에 훈계 방면 또는 통고처분의 대상 여부, 즉심 또는 형사 입건 대상 여부를 심사 처리해 해양경비안전서에 인계해야 한다.

훈계방면	훈방 요건에 해당되면 일시, 장소와 인적 사항, 위반 내용, 훈방 사유를 근무일지에 기록하고 즉시 방면한다.
통고처분	「경범죄처벌법」 제3조에 규정한 범칙자로 인정될 때에는 범칙금 납부통고서를 발부한다.
즉심회부	① 비보호 처리: 주거 및 신원이 확실한 자로서 형 집행에 지장이 없다고 인정되는 자는 즉결심판사범적발보고서 등을 작성한 후 위반자가 법원에 자진 출석해 심판을 받도록 즉결심판 출석통지서를 교부하고 귀가 조치한다. ② 보호 처리: 비보호 처리 대상이 아닌 자는 즉결심판사범처리부에 등재 후 해양경비안전서에 신병 인계한다.

3. 통고처분

(1) 의의

통고처분이라 함은 경미한 질서 위반 행위에 대해 벌금 · 과료에 상당한 금액을 일정한 장소에 납부할 것을 통고하는 행정처분으로서, 경찰법규상 통고처분은 「도로교통법」과 「경범죄처벌법」에서 규정하고 있다.

(2) 목적

통고처분은 경미한 질서 위반 행위에 대해 형사소추 또는 즉결심판에 회부함이 없이 금전벌로 대신함으로써 국민의 소송으로 인한 시간과 경비를 최소화하기 위한 것이다.

(3) 효과

통고처분을 받은 자가 이를 이행함으로써 확정 판결과 동일한 효력을 발생해 동일한 범죄 사실로 재차 형사소추되지 아니한다.

(4) 통고처분 대상

1) 통고처분 항목

「경범죄처벌법」 제3조에 규정된 44개의 범칙행위

2) 통고처분 대상자

통고처분은 범칙자에 대해 발할 수 있는데, 범칙자란 범칙행위를 한 사람으로서 다음에 해당하지 아니하는 사람을 말한다.

① 범칙행위를 상습적으로 하는 사람
② 죄를 지은 동기나 수단 및 결과를 헤아려 볼 때 구류처분을 하는 것이 적절하다고 인정되는 사람
③ 피해자가 있는 행위를 한 사람
④ 18세 미만인 사람

(5) 통고처분권자

해양경비안전서장, 경찰서장, 제주특별시도지사, 철도특별사법경찰대장은 범칙자로 인정되는 사람에 대해 그 이유를 명백히 나타낸 서면으로 범칙금을 납부할 것을 통보할 수 있다. 다만, 다음 사람에게는 통고하지 아니한다.

① 통고처분서 받기를 거부한 사람
② 주거 또는 신원이 확실하지 아니한 사람
③ 그 밖에 통고처분하기가 매우 어려운 사람

(6) 범칙금의 납부

범칙금	범칙금이란 범칙자가 통고처분에 따라 국고 등에 납부해야 할 금전을 지칭
납부 방법	① 범칙금 납부통고처분서를 받은 사람은 그 통고처분서를 받은 날부터 10일 이내에 국민안전처 장관(해양경비안전본부장) · 경찰청장 등이 지정한 은행 등에 범칙금을 납부해야 한다. 다만, 천재지변이나 그 밖의 부득이한 사유로 말미암아 그 기간 내에

범칙금을 납부할 수 없을 때에는 그 부득이한 사유가 없어지게 된 날부터 5일 이내에 납부해야 한다.

② 납부 기간 내에 범칙금을 납부하지 아니한 사람은 납부 기간의 마지막 날의 다음날부터 20일 이내에 통고받은 범칙금에 그 금액의 100분의 20을 더한 금액을 납부해야 한다.

(7) 통고처분 불이행자 등의 처리

해양경비안전서장 또는 경찰서장(이하 경찰관서장이라고 한다)은 다음의 경우 지체없이 즉결심판을 청구해야 한다.

① 통고처분서 받기를 거부한 사람

② 주거 또는 신원이 확실하지 아니한 사람

③ 그 밖에 통고처분을 하기가 매우 어려운 사람

④ 납부 기간에 범칙금을 납부하지 아니한 사람

납부 기간에 범칙금을 납부하지 아니해 즉결심판이 청구된 피고인이 통고받은 범칙금에 그 금액의 100분의 50을 더한 금액을 납부하고 그 증명서류를 즉결심판 선고 전까지 제출했을 때에는 경찰관서장은 그 피고인에 대한 즉결심판 청구를 취소해야 한다.

범칙금을 납부한 사람은 그 범칙행위에 대해 다시 처벌받지 아니한다.

4. 즉결심판

(1) 근거: 「즉결심판에 관한 절차법」

즉결심판은 범증이 명백하고 죄질이 경미한 범죄사건을 통상적인 형사소송절차에 의하지 아니하고 관할 경찰관서장의 청구에 의해 지방법원 또는 순회판사가 심판하는 특별형사소송절차이다.

지방법원·지원 또는 시·군법원의 판사는 즉결심판절차에 따라 피고인에게 20만 원 이하의 벌금, 구류 또는 과료에 처할 수 있다.

(2) 청구권자

즉결심판은 관할 경찰관서장이 관할법원에 청구한다.

(3) 청구의 방식 및 청구의 기각

① 즉결심판의 청구는 서면으로 해야 하며, 이 즉결심판청구서에는 피고인의 성명, 기타 피고인을 특정할 수 있는 사항, 죄명, 범죄 사실과 적용 법조를 기재해야 한다.

② 경찰관서장은 즉결심판의 청구와 동시에 즉결심판을 함에 필요한 서류 또는 증거물을 판사에게 제출해야 한다.

③ 판사는 사건이 즉결심판을 할 수 없거나 즉결심판 절차에 의해 심판함이 적당하지 아니하다고 인정할 때에는 결정으로 즉결심판의 청구를 기각한다. 이 경우 관할 경찰관서장은 사건을 지방검찰청 또는 지청장에게 송치한다.

(4) 개정

① 즉결심판절차에 의한 심리와 재판의 선고는 공개된 법정에서 행하되, 그 법정은 경찰관서 외의 장소에 설치되어야 한다.

② 판사는 상당한 이유가 있는 경우에는 개정 없이 피고인의 진술서와 서류 또는 증거물에 의해 심판할 수 있다. 다만 구류에 처하는 경우에는 그러하지 아니하다.

(5) 피고인의 출석

① 피고인이 기일에 출석하지 아니한 때에는 특별한 규정이 없으면 개정할 수 없다.

② 벌금 또는 과료를 선고하는 경우에는 피고인이 출석하지 않아도 심판할 수 있다.

③ 피고인 또는 즉결심판출석통지서를 받은 자는 법원에 불출석 심판을 청구할 수 있고, 법원이 이를 허가한 때에는 피고인이 출석하지 않아도 심판할 수 있다.

(6) 정식재판 청구: 7일 이내

① 피고인 → 관할 경찰관서장 → 판사에게 송부

② 관할 경찰관서장 → 검사의 승인 → 판사에게 제출

제 6 절 주취 운항 단속

1. 서설

(1) 음주 운항 및 주취 운항의 의의

① 음주 운항은 혈중 알코올 농도와 상관없이 술을 마신 상태에서 선박의 조타기를 조작 또는 지시하는 일체의 경우로 혈중 알코올 농도 0.03% 이상인 주취 운항을 포함하는 넓은 개념을 말한다.

② 「해사안전법」 제41조 등에서는 술에 취한 상태에서의 조타기 조작 등을 금지하고 있고, 이를 근거로 음주 운항 단속을 실시한다.

(2) 단속 근거

법적 근거	처벌 내용	
「해사안전법」	5톤 이상	3년 이하의 징역 또는 3,000만 원 이하의 벌금 ※ 음주측정 거부, 혈중 알코올 농도 0.03% 이상 ※ 5톤 미만 선박 중 낚시어선, 유선 및 도선, 여객 정원 13인 이상 선박, 수면 비행 선박 포함
	5톤 미만	300만 원 이하의 과태료 ① 음주측정 거부: 200만 원 ② 혈중 알코올 농도 0.03% 이상 0.1% 미만: 50만 원 ③ 혈중 알코올 농도 0.1% 이상 0.2% 미만: 100만 원 ④ 혈중 알코올 농도 0.2% 이상: 200만 원
「유선 및 도선 사업법」	1년 이하의 징역 또는 1,000만 원 이하의 벌금 ※ 혈중 알코올 농도 0.03% 이상	
「수상레저안전법」	1년 이하의 징역 또는 500만 원 이하의 벌금 ※ 혈중 알코올 농도 0.03% 이상	

(3) 적용 범위

구분	적용 범위
「해사안전법」	① 대한민국의 영해, 내수(해상 항행 선박이 항행을 계속할 수 없는 하천·호수·늪 등은 제외)에 있는 선박 ② 대한민국의 영해 및 내수를 제외한 해역에 있는 대한민국 선박 ③ 대한민국의 배타적 경제수역에서 항행 장애물을 발생시킨 선박

「수상레저안전법」	수상(해수면+내수면)에 있는 동력수상레저기구(추진기관이 부착되어 있거나 추진기관을 부착하거나 분리하는 것이 수시로 가능한 수상레저기구) ※ 동력수상레저기구: 모터보트, 세일링 요트, 수상오토바이, 고무보트, 스쿠터, 호버크래프트

(4) 주취 운항 구성 요건

구분	행위
「해사안전법」	① 술에 취한 상태에서 선박의 조타기를 조작하거나 조작할 것을 지시하는 행위 ② 술에 취한 상태에서 도선구에서 도선사가 선박에 승선, 그 선박을 안전한 수로로 안내하는 행위 ③ 해양경비안전본부 소속 경찰공무원의 측정 요구에 따르지 아니하는 행위 ④ 술에 취한 운항자가 정상적으로 조타기를 조작하거나 조작할 것을 지시할 수 있는 상태가 될 때까지 조타기 조작 또는 조작 지시를 못하게 명령하거나 도선을 하지 못하게 명령하는 등 필요한 조치를 위반하는 행위
「유선 및 도선 사업법」	유·도선 사업자와 선원이 음주, 약물 중독, 그 밖의 사유로 정상적인 조종을 할 수 없는 상태에서 유·도선을 조종하는 행위
「수상레저안전법」	수상레저활동을 하는 자가 술에 취한 상태에서 수상동력기구를 조종하는 행위

2. 단속 절차

(1) 목적

주취 운항으로 인한 해상교통사고 발생 시 인명·재산·환경에 막대한 피해를 주므로 사전에 예방 및 단속을 통해 공공의 질서 유지와 국민의 생명과 재산을 보호하기 위함이다.

(2) 중점 단속 대상

① 주취 운항이 의심되거나 주취 상태로 운항(항해)하는 선박

② 민원 발생으로 인해 음주측정을 필요로 하는 선박

③ 기타 선박의 안전 운항을 해치거나 해칠 우려가 있는 선박

④ 해양사고가 발생한 경우

(3) 단속 장소 선정

피검 선박의 안전이 확보되고 다른 선박의 해상교통을 방해하지 않는 해역에서

단속한다.

(4) 음주 운항 단속 요령

단속 전 준비 사항	① 경찰관 대상 주취 운항자 단속 관련, 음주 운항 단속 요령 · 음주측정기 사용 방법 및 주의 사항, 적발보고서 등 각종 서식 작성 요령, 음주 운항 단속 후 조치 사항 등 교육 실시, ② 음주측정기 정상 작동 여부 점검, ③ 용모 · 복장 및 불대, 감지컵, 채혈용구 등 지참물 확인
준수 사항	① 주취 운항자 단속은 2인 이상 경찰관이 합동으로 실시해야 한다. ② 단속 경찰관(의경 포함)은 단속 시간으로부터 최소한 24시간 이전부터 음주를 해서는 아니 된다. ③ 단속 시 피측정자에게 경례와 함께 간단한 인사말을 건네며 소속, 계급 및 성명을 밝히고 정중하게 협조를 구한다. ④ 단속자는 자체 안전사고 예방에 유념해야 하고 선박 운항자 및 승객의 오해를 사지 않도록 언행에 유의해야 한다. ⑤ 음주측정기 등의 피탈, 해중 망실 및 적발보고서 피탈, 훼손, 오손 등에 주의해야 한다. ⑥ 음주 운항을 단속할 때는 해역의 조건, 조류, 풍향, 교통량 등을 고려해 사고의 위험이 없는 해역을 설정, 단속을 실시해야 한다. ⑦ 음주 운항 단속 시에는 증거자료를 확보해 활용하는 데 미흡함이 없도록 참고인을 채택하는 등 노력해야 한다. ⑧ 주취 운항자로 확인된 자에 대해서는 정상적으로 조타기를 조작 또는 지시할 수 있는 상태가 될 때까지 운항을 금해야 한다. ⑨ 야간에 음주 운항 선박을 단속하는 경우에는 사전에 충분한 거리에서 정선신호를 해야 한다. ⑩ 주취 운항자로 인정할 만한 상당한 이유가 있는 자가 도주하는 때에는 추적 · 검거해 의법 조치한다. ⑪ 단속이 끝나고 출발지시를 하는 때에는 현장 주변 해역의 교통 상황에 유의해 사고가 발생하지 않도록 해야 한다. ⑫ 음주 운항을 일제 단속하는 때에는 지역별, 해역별 책임관을 지정해 현지 확인 감독을 실시해야 한다.
피검사자 확인 사항	① 주민등록증 등 신분증 제시 요구를 통해 본인 여부 확인 ② 최종 음주시간 확인 및 입 안을 헹굴 것 ③ 흡연 여부 및 물 · 얼음 섭취 여부 확인(2분 이상 경과 후 측정)
단속 방법	① 음주측정 시 단순 음주 및 해양사고 발생 여부 판단 ② 적발보고서 및 정황보고서 작성 ※ 서류 작성 시 위반자의 인적 사항 명확히 대조 ③ 피검사자가 채혈 요구를 하는 경우 채혈동의서 및 정황보고서 작성하고, 의료기관에 임의동행해 혈액 채취 ※ 채혈 감정 결과는 음주측정기 측정 결과에 우선한다. ④ 음주측정 요구에 불응하는 운항자에 대해 음주측정 불응에 따른 불이익을 3회 고지하고 적발보고서의 측정 결과란에 측정 거부로 적발보고서 작성 ⑤ 음주측정기 미휴대 시에는 가까운 경찰관서에 임의동행을 요구하고 임의동행 동의서, 확인서를 작성 후 적법 절차 준수해 음주 측정

(5) 적발보고서 처리

1) 보고 방법

해양안전과장(주말, 휴일, 야간에는 해양경비안전상황센터장)에게 다음 사항을 보고해야 하며, 모사전송(FAX) 또는 전화로 할 수 있다.

① 작성자 소속, 계급, 성명

② 작성 일시, 장소

③ 작성 대상자 인적 사항 및 혈중 알코올 농도

④ 음주 운항자 조치 계획

⑤ 기타 참고 사항

[요약 정리] 주취 운항 단속 흐름도

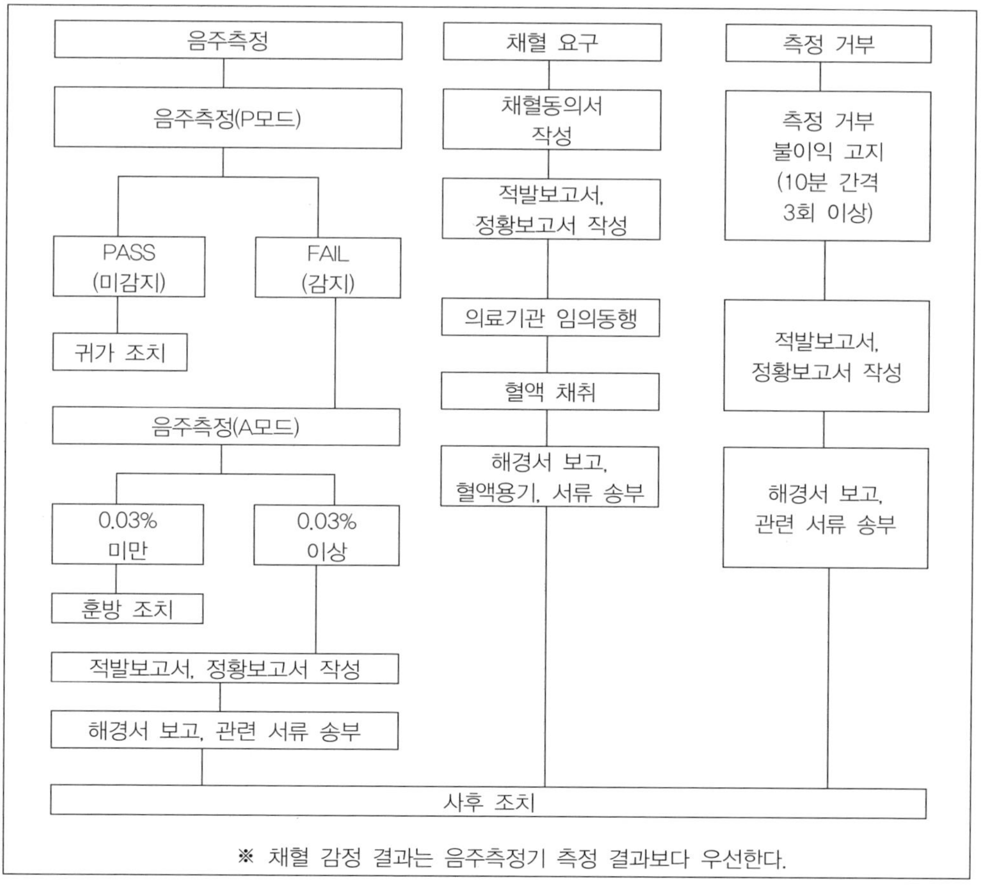

2) 관리

해양안전과, 해상수사정보과에서 해양경비안전서장의 결재를 받은 적발보고서는 해양안전과에서 주취 운항자 적발보고서 관리대장에 등재해 관리해야 한다.

3) 처리

① 과태료 사항: 해양안전과에서 '해양안전과용', '해상수사정보과용'을 편철 보관한다.

② 형사 처벌 사항: '해상수사정보과용'은 해양경비안전서장 결재를 받은 후 해상수사정보과에서 합철 보관하고, '해양안전과용'은 해양안전과에서 전결 처리 및 합철 보관한다.

제 7 절 주요 사건별 처리 요령

1. 기소중지자 처리

선박에서 검거	① 범죄 사실의 요지와 변호인 선임권을 알린다. ② 해양경비안전센터 또는 출장소로 동행해 신변 보호 조치를 한다. ③ 해양경비안전서 해상수사정보과에 기소중지자 검거 보고를 한다.
대상자 출항 후 인지	① 출입항 신고서에 기재된 입항 예정 항·포구를 관할하는 해양경비안전센터·출장소에 기소중지자 승선 사실을 통보한다. ② 기소중지자 승선 사실을 통보받은 해양경비안전센터·출장소는 항·포구에 미리 대기하다 동 선박이 입항 시 검거한다. ③ 처리 절차는 선박에서 검거 시와 동일하다.
신병 보호 및 인계	① 해양경비안전서 해상수사정보과에서 신병 인수 경찰관이 도착할 때까지 기소중지자가 자해 또는 도망가지 못하도록 신병을 철저히 감시한다. ② 인수 경찰관 도착 시 신병을 인계 조치하고, 위 사실을 해양경비안전센터·출장소 근무일지 취급 사항란에 시간대별로 정확히 기재한다.
지명통보자 검거	① 지명통보된 사실과 범죄 사실, 지명통보한 관서 등을 고지한다. ② 발견일자로부터 1개월 이내에 통보관서에 출석하거나 사건 이송을 하겠다는 내용이 기재된 「지명통보자소재발견보고서」를 3부 작성해 1부는 피의자에게, 1부는 발견관서에서 보관, 1부는 통보관서에 송부한다. ③ 지명통보가 여러 건일 경우에는 각 건마다 소재발견보고서를 작성한다.

2. 변사자 처리

(1) 신고의 접수

1) 접수 시 처리

6하 원칙에 따라 신고 사항을 접수, 기록하고, 상급관서에 보고한다.

2) 신고자에게 시체가 표류하지 않도록 필요한 조치 의뢰

① 사건 현장이 조류가 심한 곳이라면 익사체가 다른 곳으로 표류할 수 있으므로 신고자에게 한 곳에 고정될 수 있도록 필요한 조치를 부탁한다.

② 육지로 인양할 경우 반드시 경찰관이 현장에 입회한 후 행해져야 하며, 시체의 손상이 발생하지 않도록 주의를 기울여야 한다.

3) 해양경비안전센터장의 조치

① 해양경비안전서장에게 지휘보고 및 주무과장에게 참모 보고(야간 상황실장)한다.

② 해상수사정보과 당직에게 보고한다.

③ 현장 출동해 현장 보존 범위를 설정하는 등 본서 해당 간부가 현장 도착 시까지 현장 지휘 및 기타 필요한 조치를 한다.

(2) 발생 보고 및 현장 출동

발생 보고	① 신고접수와 동시에 해양경비안전서 해상수사정보과에 발생 보고한다. ② 수사요원의 출동 시 참고가 될 사항도 함께 보고한다.
현장 출동	신속하게 현장에 출동하되 신고인이 해양경비안전센터에 방문 신고 시에는 현장 지리감이 있는 신고인과 동행하며 현장 상황을 청취한다.
장비 휴대	① 구명조끼, 밧줄 등 익사자 인양에 필요한 장비를 준비한다. ② 익사체를 인양 후 바닥에 깔 수 있는 대형 비닐천, 시체를 덮어 둘 수 있는 시체포, 현장을 촬영할 수 있는 카메라 등을 준비한다.

(3) 현장 보존 및 초동 조치

1) 현장 보존

익사사건 특히 표류 익사체의 경우 현장 보존의 중요성은 여타의 사건 현장에

비해 낮다고 생각하기 쉽다. 그러나 부근을 잘 살펴서 조금이라도 이상한 흔적 등을 철저히 보존해 감식을 할 수 있어야 한다.

2) 초동 조치

① 익사 현장을 직접 목격한 목격자를 신속히 확보해 그 진술을 들을 수 있도록 한다.

② 사고 위험이 높은 곳이라면 추가 익사자가 발생하지 않도록 위험 방지 조치 등을 취하도록 관련 기관에 신속히 통보하고 출동 경찰관 자신의 안전에 유의해야 한다.

3. 밀입국자 처리

(1) 신고 접수

① 신고자 인적 사항, 성명, 주소, 연락처, 발견 경위(발견 일시, 장소 및 밀입국자 수, 선박 특징 등)를 기록한다.

※ 신고에 의해 밀입국자(선박)를 검거한 경우 신고포상금 지급 기준이 되므로 기록 유지 철저

② 접수 시간은 추후 사건 처리 시 중요한 사항이므로 접수후 조치 사항 등을 포함해 기록, 유지한다.

(2) 발생 보고 및 현장 출동

발견 시	① 도주 방지를 위해 인근 주민들에게 도움을 요청하고 즉시 해양경비안전서 해상수사정보과 또는 상황실에 보고 한다. ② 다수인 밀입국인 경우 인근 경찰서, 해양경비안전센터 등에 신속히 통보 ③ 밀입국 환승 선박을 발견했을 때는 도주 방지에 최선을 다하고 선박의 특징을 파악, 신속히 보고해 경비함정이 차단할 수 있도록 조치를 취한다.
초동 조치	① 경찰관 및 의경 등 가용 경찰력을 신속히 현장에 출동 조치한다. ② 밀입국(선박)자 발견 시 현장에서 해양경비안전서 및 해상수사정보과장에게 즉시 보고한다(인근 해양경비안전서, 해양경비안전센터, 군부대 등 통보). ③ 집단 밀입국인 경우, 경적을 준비해 도주 예방에 철저를 기하고 인근 주민에게 낯선 사람을 발견했을 때 신고하도록 요청한다. ④ 밀입국 운송 선박 발견 시 경찰관이 도착 시까지 도주 방지에 철저를 기해야 한다.

주의 사항	① 밀입국사범 검거는 물론 안전사고, 도주 등 방지에 최선을 다한다. ② 신고 접수 시 신속한 보고 체제 유지 및 초동 조치가 매우 중요하다는 점을 인식하고 근무에 철저를 기한다. ③ 신고 접수 즉시 출동 조치, 현장 상황을 신속히 파악한다. ④ 신고자 또는 신고 선박 연락처 등을 파악해 기록을 유지한다.

4. 해양오염사고 처리

(1) 해양오염 발생 보고

최초 접수 내용, 상황 계통 보고(파악된 사항부터 수시로 보고)

※ 긴급 상황은 구두 또는 전화로 간략 보고 후 전문 송신

오염원 현황	① 선박 제원: 총톤수, 선종, 선적, 선주, 선령, 대리점 등 ② 적재 유종 및 적재량 ③ 선체 상태: 좌초 · 침수 · 침몰 · 전복 · 파손 등 선체 상태와 안전성 ④ 보험 관련 사항 파악: 보험회사 및 보험금 등 가입 사항
오염 상태	① 유출량: 선체 상태를 감안해 유출량을 추정(1,000ℓ 미만은 ℓ 단위, 1,000ℓ 이상은 ㎘ 단위로 보고), ② 오염물질의 확산 범위(폭 · 길이), ③ 이동 방향 및 속도, ④ 유막의 색깔 및 두께 등
기상 및 해역 상태	① 해류 · 조류, ② 풍향 · 풍속, ③ 파고 · 시정 · 기상 특보 사항, ④ 조석 · 수심, ⑤ 어장 · 양식장 등 민감 지역 분포 현황

(2) 초동 조치

오염 상태 및 확산 상황 파악	① 오염원 유출 상태 및 선체 상태 등을 파악 ② 조류, 풍향, 풍속 감안, 오염물질의 이동 예상 해역 광범위 탐색
계속 배출 방지 조치	① 파공 부위 및 에어벤트 봉쇄로 계속 배출 방지 ② 파공 탱크 내 기름을 다른 탱크나 다른 선박에 이적 조치
사고 주변 선박통제	① 사고 현장에 불필요한 선박의 접근 금지 ② 항행 선박은 우회시켜 오염해역으로 진입하지 않도록 유도

(3) 방제 조치

1) 오염물질의 확산 방지 및 제거 조치

유출구 주변에 확산 방지용 오일 펜스 설치 또는 확산 방지, 유흡착재 투하, 유출유의 흡착 제거 조치

2) 유처리제 살포 등 유출유의 분산 조치

반드시 해양경비안전서장에게 사전 보고, 승인을 얻은 후 지시에 따라 실시한다.

(4) 기타

증거품 확보

1) 기름 시료 채취

① 기름 시료는 해상 유출유와 오염 선박 탱크에서 각 2점씩 채취

② 화장지나 헝겊에 기름을 묻혀 비닐봉투에 담아 밀봉

③ 기름 시료 채취 확인서를 작성해 선주나 선원의 확인 서명

2) 사진 촬영

① 오염원의 식별이 가능한 배경 사진

② 오염 범위 및 오염 상태를 확인할 수 있는 원거리 및 근거리 사진

③ 오염 피해를 입은 어장·양식장, 어구 등의 사진

5. 기타 중요 사건별 초동 조치

(1) 살인(변사)사건 초동 조치

현장 출동	① 출동 도중에도 범인이라고 의심나는 자는 반드시 불심검문으로 확인 ② 출동 중 범인의 기습에 대비해 즉시 경찰장구 사용이 가능하도록 점검 ③ 현장 상황을 파악해 긴급조치에 필요한 사항에 대해서는 우선 보고(일시·장소·범인의 인상 착의·특징·소지품·도주 수단과 방향 등) ④ 범죄 현장은 원상태로 보존
현장 조치	① 발견하거나 신고를 받은 경우에는 즉시 상급기관에 발견 보고 ② 변사자의 위치·상태 등이 변하지 않도록 하며, 변사자의 소지품이나 기타 유류한 물건 등도 보존, 현장 사진은 여러 각도에서 촬영 ③ 최초 발견자 및 목격자의 인적 사항 등을 확보 ④ 변사자의 최근 행적에 대한 유족·이웃사람 등 주변 인물에 대해 탐문 ⑤ 자살, 타살 유무를 확인(유류품, 유서 등) ⑥ 초동 조치 중 보고 들은 사항은 기록 유지해 수사전담 경찰에 함께 인계

(2) 강도 사건의 초동 조치

① 긴급조치에 필요한 사항은 우선해서 보고한다(일시, 장소, 범인의 인상 착의, 특징, 피해품, 도주 수단과 도주 방향 등).

② 범인 검거를 위해 현장 주변 수색활동을 철저히 한다.

③ 피해자에 대해 응급구호 활동을 한다. 응급구호 중이라도 피해자로부터 가해자의 인적 사항 및 목격자 등 수사 단서를 확보한다.

④ 범죄 현장은 원상태로 보존한다.

⑤ 탐문으로 목격자 등의 발견 확보에 주력한다.

⑥ 초동 조치 등 견문 파악한 사항은 수사전담 경찰에 인계한다.

(3) 절도(도난) 사건의 초동 조치

구분	내용
현장 출동	① 신속하게 임장(臨場)해 현장 검거나 수사자료를 수집함과 동시에 피해자의 불안을 해소하는 데 주력 ② 감식기자재 가방을 반드시 휴대 ③ 임장 도중 수상한 자의 발견에 유의하고 불심자는 검문으로 확인 ④ 피해 상황을 확인(피해품의 종류, 특징 등) ⑤ 현장 부근의 철저한 수색으로 은신하고 있는 범인을 체포 ⑥ 도주 중인 범인은 기동력을 최대한 활용하면서 추적하고, 동시에 상황실에 보고해 일제 지령으로 수배 요청
현장 조치	① 현장의 파괴 방지 ② 부득이 변경 시에는 약도 작성이나 사진을 촬영 ③ 족적이나 유류품을 발견하도록 하고 이를 보존하는 방법을 강구

(4) 대형 안전사고 발생 시의 조치

1) 신고 접수

신고 접수 시, 신고 내용, 인적 사항, 사고 현황 등을 기록 유지한다.

2) 긴급 출동

구분	내용
신속 출동 및 초동 조치	① 순찰차 · 순찰정 및 가용 경찰력 전원 출동 ② 필요한 인명구조장비와 인력을 유관 기관에 긴급 지원 요청 (유관 부서: 특공대, 소방서, 보건소, 한국전력, 군부대, 행정기관) ③ 다른 부처 소관이라도 주민 대피, 교통통제 등 주민의 생명과 재산을 보호하는 업무를 수행한다.

상황 속보 (1보, 2보, …)	① 사고 내용, 피해 상황 등 현장 확인 즉보 ② 통신망 구성 ③ 최초 목격자 신병 확보 및 현장 보존

3) 현장 조치

① 최우선적으로 인명구조 활동을 실시한다.

② 필요한 안전대책을 강구하는 등 필요한 조치를 취해야 한다.

③ 사상자 가족 등이 이의를 제기하지 않도록 언행에 유의한다.

4) 현장 주변 통제 및 교통관리

① 확산 우려 시 현장 주변의 주민을 대피 조치한다.

② 현장 주변에 통제선 설정해 차량 접근 통제 및 통행로를 확보한다.

③ 인파 정리 및 도난 예방활동을 실시한다.

5) 긴급현장 상황반 도착 시

탐문 내용과 함께 상황을 인계하고 지시 사항을 처리한다.

제 3 장 해양안전관리

제 1 절 「연안사고 예방에 관한 법률」

1. 개념

(1) 목적

이 법은 연안해역에서 발생하는 연안사고의 예방에 필요한 사항을 규정함으로써 국민의 생명·신체 및 재산을 보호하고 공공의 안전을 도모함을 목적으로 한다.

(2) 정의

연안해역	① 바닷가: 해안선으로부터 지적공부에 등록된 지역까지의 사이를 말한다. ② 바다: 해안선으로부터 영해의 외측 한계까지의 사이를 말한다.
연안사고	① 갯벌·갯바위·방파제·연육교·선착장·무인도서 등에서 바다에 빠지거나 추락·고립 등으로 발생한 사고를 말한다. ② 연안체험활동 중에 발생한 사고를 말한다. ※「해양사고의 조사 및 심판에 관한 법률」 제2조 제1호에 따른 해양사고는 제외한다.
연안체험활동	연안해역에서 이뤄지는 체험활동으로서 총리령으로 정하는 활동을 말한다.

2. 연안사고 예방 기본계획 수립 등

(1) 연안사고 예방 기본계획

1) 시기

연안사고 예방 기본계획은 5년마다 수립·추진해야 한다.

2) 내용

① 연안사고 예방에 관한 정책의 기본 방향

② 연안사고 예방에 필요한 안전 체계 구축에 관한 사항

③ 연안해역의 특성을 고려한 연안사고 예방 방안에 관한 사항

④ 연안사고 예방을 위한 전문인력의 양성 및 운영에 관한 사항

⑤ 연안사고 예방에 필요한 재원의 조달 방안에 관한 사항

⑥ 그 밖에 연안사고 예방에 필요한 사항

3) 의견 청취

국민안전처 장관(해양경비안전본부장)은 기본계획 수립 및 중요한 사항을 변경하려는 경우에는 미리 광역시장·도지사·특별자치도지사 및 교육감의 의견을 들어야 한다.

4) 자료 요청

국민안전처 장관(해양경비안전본부장)은 기본계획의 수립 또는 변경에 필요한 경우에는 관계 행정기관의 장에게 관련 자료의 제출을 요청할 수 있다.

(2) 연안사고예방협의회

연안사고 예방에 관해 필요한 사항을 협의하기 위해 국민안전처 장관(해양경비안전본부장) 소속으로 중앙연안사고예방협의회를, 지방해양경비안전본부장 소속으로 지방연안사고예방협의회를 둔다.

중앙연안사고 예방협의회	구성	① 위원장과 부위원장 각 1명 포함해 20명 이내의 위원으로 구성 ② 중앙협의회의 위원장은 국민안전처 해양경비안전본부장이 되고, 부위원장은 위원 중에서 호선 ③ 중앙협의회의 협의 사항을 처리하기 위해 간사 1명을 두며, 간사는 국민안전처 소속 경찰공무원 중에서 국민안전처 장관이 지명

	협의 내용	① 기본계획 및 시행계획의 수립에 관한 사항 ② 기본계획의 변경에 관한 사항 ③ 안전관리규정의 작성 및 변경에 관한 사항 ④ 그 밖에 연안사고 예방과 관련해 위원장이 중앙협의회의 협의에 부치는 사항
지방연안사고 예방협의회	구성	① 위원장과 부위원장 각 1명을 포함하여 15명 이내의 위원으로 구성 ② 지방협의회의 위원장은 지방해양경비안전본부장이 되고, 부위원장은 위원 중에서 호선 ③ 지방협의회의 협의 사항을 처리하기 위해 지방협의회에 간사 1명을 두며, 간사는 해당 지방해양경비안전본부 소속 공무원 중에서 지방해양경비안전본부장이 지명
	협의 내용	① 안전관리규정의 시행에 관한 사항 ② 연안체험활동에 관한 사항 ③ 연안사고 예방 및 재발 방지대책에 관한 사항 ④ 그 밖에 연안사고 예방과 관련해 위원장이 지방협의회의 협의에 부치는 사항

3. 연안사고 안전관리 활동

(1) 「연안사고 안전관리규정」의 작성 및 시행

작성 및 시행	국민안전처 장관(해양경비안전본부장)은 연안사고를 예방하기 위해 특별자치도지사·시장·군수·구청장 및 시·도 교육감의 의견을 들어 「연안사고 안전관리규정」을 작성해 시행해야 한다.
규정 내용	① 인명사고가 자주 발생하는 연안해역에 관한 사항 ② 인명사고 예방 조치에 관한 사항 ③ 인명사고 위험구역 설정 및 위험경보에 관한 사항 ④ 위험표지판 등 안전관리 시설물의 설치에 관한 사항 ⑤ 연안해역 안전점검 주기 및 안전점검 결과에 따른 응급조치에 관한 사항 ⑥ 기타 사항
포함 사항	① 연안사고 예방 업무 종사자의 관리에 관한 사항 ② 연안사고 원인의 조사·보고 및 처리에 관한 사항 ③ 그 밖에 연안사고 예방 교육에 관한 사항

(2) 출입통제 등

통제 사유	① 너울성 파도가 잦은 해안가 또는 방파제 ② 물살이 빠르고 갯골이 깊은 갯벌 지역

	③ 사고 발생이 빈번하고 구조활동이 용이하지 아니한 섬 또는 갯바위 ④ 연안 절벽 등 해상 추락이 우려되는 지역 ⑤ 그 밖에 연안사고가 자주 발생하는 장소
통제 및 해제 고지	해양경비안전서장이 출입통제를 하거나 출입통제를 해제하려는 때에는 그 출입통제 개시일 또는 출입통제 해제일 20일 전까지 다음 내용이 포함된 사항을 표지판으로 제작해 해당 장소 입구 등 일반인이 잘 볼 수 있는 곳에 설치해야 하고, 해당 해양경비안전서 게시판・인터넷 홈페이지 등에 공고한다. ① 출입통제 장소의 지정 또는 해제 사유 ② 출입통제 장소의 소재지 ③ 출입통제 장소의 범위 ④ 출입통제 기간(출입통제 장소를 지정하는 경우에 한함.) ⑤ 출입통제의 지정일 또는 해제일 ⑥ 그 밖에 출입통제와 관련해 필요한 사항

(3) 연안체험활동 안전수칙과 안전교육

안전수칙 제정	① 작성 주체: 국민안전처 장관(해양경비안전본부장) ② 내용: 안전관리요원의 자격과 배치 기준, 안전장비의 종류와 배치 기준, 그 밖에 별도로 정하는 사항
준수의무자	연안체험 프로그램 운영자
안전교육 실시	① 주체: 국민안전처 장관(해양경비안전본부장) ② 대상: 연안체험활동 운영자 및 안전관리요원

(4) 연안체험활동 신고 절차

안전관리 계획서 작성	① 작성 주체: 운영자 ② 내용: 연안체험활동의 기간과 장소 및 유형, 안전수칙 준수에 관한 사항, 보험의 가입 사실, 연안체험활동 중 사고 발생 시 연안체험활동 운영자의 관계 기관에 대한 신고 의무 부과 등 대처계획에 관한 사항 출입통제 장소의 소재지
연안체험활동 계획신고서 제출	① 기간: 연안체험활동 참가자 모집 14일 전 ② 신고기관: 관할 특별자치도지사・시장・군수・구청장
신고증명서 발급	접수후, 관할 특별자치도지사・시장・군수・구청장 → 연안체험활동 운영자에게 교부
신고관리대장 작성	특별자치도지사・시장・군수・구청장은 연안체험활동계획 신고관리대장을 작성・관리

(5) 연안체험활동의 제한

제한 주체	해양경비안전서장
제한 사유	① 자연재해의 예보·경보 등이 발령된 경우 ② 유류오염·적조·부유물질·유해생물이 발생하거나 출현하는 경우 ③ 어망 등 해상장애물이 많은 경우 ④ 그 밖에 연안사고 예방을 위해 정하는 경우 (a) 연안체험활동 중 사망자나 실종자가 발생한 경우 (b) 연안체험활동이 이뤄지는 연안해역의 인근 해상에서 조난사고 또는 해양사고가 발생해 이를 수습하기 위해 필요한 경우 (c) 연안체험활동이 이뤄지는 연안해역에 해상교통량이 많은 경우 (d) 그 밖에 해양경비안전서장이 연안사고 예방을 위해 연안체험활동을 제한할 필요가 있다고 인정하는 경우
고지	연안체험활동의 금지·제한 또는 금지·제한을 해제한 경우 지체없이 정보통신매체 등을 통해 공고

(6) 연안체험활동 안전점검 및 시정명령

주체	관할 해양경비안전서장
점검 내용	① 안전수칙 준수 여부 ② 연안체험활동 상황 ③ 그 밖에 별도로 정하는 사항
위반 시 조치	안전수칙을 위반했거나 안전 확보에 중대한 문제가 있다고 판단되는 경우에는 시정명령 등 필요한 조치를 하거나 관계 법률에 따른 영업정지 등의 조치를 관계 행정기관의 장에게 요청
증표 제시	안전점검을 하는 경찰관은 그 신분을 나타내는 증표를 지니고 이를 관계인에게 제시
시정명령	해양경비안전서장은 시정명령을 하는 경우 서면으로 그 이유와 시정 기한을 구체적으로 명시해 연안체험활동 운영자에게 교부
시정명령에 대한 조치	시정명령을 받은 연안체험활동 운영자는 시정명령을 받은 날부터 즉시 시정명령에 따른 조치를 이행해야 하며, 조치를 완료했을 경우 조치 내용을 관할 해양경비안전서장에게 보고

(7) 민간 연안순찰요원 위촉 및 활동

역할	연안사고 예방을 위한 순찰·지도 업무를 보조
증표 휴대	민간 연안 순찰요원이 그 직무를 수행하는 경우에는 신분을 표시하는 증표를 지니고 이를 관계인에게 제시

위촉 절차	민간 연안 순찰요원은 다음 사람 중에서 지방해양경비안전본부장의 추천을 받아 국민안전처 장관(해양경비안전본부장)이 위촉한다. ① 연안해역 인근에 거주하는 주민으로서 관련 지식과 경험이 풍부한 사람 ② 해양사고 예방과 관련 있는 단체나 비영리법인의 임직원 또는 구성원으로서 해당 단체나 비영리법인의 대표자가 추천하는 사람 ③ 그 밖에 연안사고 예방활동에 참여하려는 사람
활동 범위	① 122 연안 순찰대원 임무의 보조・지원 ② 연안체험활동이 이뤄지는 장소나 출입통제 장소 등에서의 순찰・지도 및 위험표지판 등 안전관리 시설물에 대한 점검 ③ 그 밖에 연안사고 예방을 위해 필요한 사항
수당 지급	국민안전처 장관(해양경비안전본부장)은 민간 연안 순찰요원의 활동을 지원하기 위해 예산의 범위 내에서 수당을 지급할 수 있다.

(8) 무인도서 안전관리

안전관리 체제 마련	① 작성 주체: 특별자치도지사・시장・군수・구청장 ② 대상: 연안체험활동이 활발한 무인도서, 연안체험활동 중 인명사고가 발생한 무인도서, 그 밖에 해양수산부 장관, 국민안전처 장관(해양경비안전본부장), 특별자치도지사 또는 시장・군수・구청장이 인명사고 발생이 우려된다고 판단하는 무인도서
긴급신고망 운영	① 운영 주체: 관할 해양경비안전서장 ② 목적: 무인도서에서 발생하는 인명사고의 효과적 대처안전관리요원의 자격과 배치기준, 안전장비의 종류와 배치 기준, 그 밖에 별도로 정하는 사항 ③ 협의: 특별자치도지사・시장・군수・구청장

4. 안전문화 시책 추진

안전문화 시책 수립	① 국민안전처 장관(해양경비안전본부장)은 연안사고 예방을 위해 국민의 안전의식을 높이고 안전문화를 정착시키는 데 필요한 시책을 마련해 추진해야 한다. ② 국민안전처 장관(해양경비안전본부장)은 연안사고 예방의 중요성을 인식시키고 안전문화를 실천할 수 있도록 안전체험시설을 설치・운영할 수 있다.
연안안전의 날	연안안전의 날은 매년 6월 18일로 한다.
안전점검주간 운영	안전점검 주간(週間)은 매년 6월 셋째 주로 한다.

제 2 절 해상교통 안전관리

1. 의의

해상교통 안전관리란 선박 또는 레저기구 등을 운항하거나 조종하는 선장, 도선사, 항해사, 레저기구 조종자 등 운항 관계자들과 사업자 및 안전관리 관계자 등에게 선박·레저기구의 안전 항해와 관련해 지켜야 할 항법, 관련 의무 규정, 면허조건, 안전시설 설치책임 등을 준수토록 하기 위한 권력적·비권력적 경찰작용을 말한다.

2. 관련 법령

「국제 해상충돌 예방규칙」, 「해사안전법」, 「선박의 입항 및 출항 등에 관한 법률」, 「유선 및 도선사업법」, 「수상레저안전법」, 「해운법」 등

3. 「국제 해상충돌 예방규칙」

의의	「국제 해상충돌 예방규칙」은 선박의 국제 항행성에 비춰 해상에서 적용되어야 할 교통법을 통일하고자 제정된 국제조약이다.
제정 경위	① 선박 사이의 충돌 방지를 위한 성문법 중에서 가장 먼저 제정된 것은 1863년 영국의 「해상에서의 충돌 예방을 위한 규칙(Regulation for Preventing Collisions at Sea)」이다. 그러나 이 규칙은 국제조약으로 성립되지는 않았다. ② 1912년 4월 타이타닉 호 침몰사건이 계기가 되어 1913년 「국제해상인명안전협약」이 체결되었고, 이 협약은 위의 「국제 해상충돌 예방규칙」을 개정했으나 제1차 세계대전의 발발로 실패로 돌아갔다. 1929년 「국제해상인명안전협약」의 제2부속서로 1928년 「국제 해상충돌 예방규칙」이 규정되었으나 역시 제2차 세계대전의 발발로 발효되지 못했다. ③ 1960년 정부간 해사자문기구(IMCO)는 1948년 「국제해상인명안전협약」과 「국제 해상충돌 예방규칙」을 개정해 의정서 제2부속서로서 1960년 「국제 해상충돌 예방규칙」을 성립시켰고 1965년 9월 1일부터 국제적으로 실시되었다. 1972년 정부간 해사자문기구는 국제회의에서 1972년 「국제 해상충돌 예방규칙(International Regulations for Preventing Collisions at Sea, 1972)」(이하 '국제규칙')을 성립시켰다. 1972년 국제규칙은 1977년 7월 5일부터 효력이 발생되었다.

국내 수용	우리나라는 1977년 7월에 1972년 조약을 비준해 사용하기 시작했고, 이를 바탕으로 1986년 12월 31일 「해상교통안전법」을 국내법으로 제정해 시행해 오다 2011년 6월 15일 「해사안전법」으로 전부 개정되어 현재에 이르고 있다.

4. 「해사안전법」

제정 목적	「해사안전법」은 선박의 안전 운항을 위한 안전관리 체계를 확립해 선박 항행과 관련된 모든 위험과 장해를 제거함으로써 해사안전 증진과 선박의 원활한 교통에 이바지함을 목적으로 한다.
국내 수용	① 우리나라는 1914년 '해상충돌 예방을 조선에 시행하는 건'에 따라서 일본의 해상충돌 예방규칙을 그대로 적용하다가, 1961년 12월 30일 공포된 「해상충돌예방법」에 의해 1948년 국제규칙의 내용을 전면적으로 채택했다. ② 그 뒤 우리나라는 1965년 12월 8일 조약 제187호로 공포된 1960년 국제규칙을 국내법으로 수용해 시행, 사용하다가 1986년 12월 31일 「해상교통안전법」을 제정했고, 2011년 6월 15일 「해사안전법」으로 전면적으로 개정되었다.
적용 범위	① 대한민국의 영해 내와 대한민국 국적 선박에 대해 국제 규칙보다 우선 적용되는 법이다. ② 동법은 기본적으로 대한민국의 영해 및 내수에 있는 대한민국의 선박은 물론 외국적 선박에 대해서도 적용하고, 대한민국의 선박에 대해서는 공해에서도 적용한다. 대한민국의 선박이란 「선박법」상의 선박을 말한다.
안전관리 활동	해양경찰의 안전관리 업무는 제2장 수역 안전관리편의 교통안전 특정해역에서의 안전관리, 제4장 해상교통 안전관리편의 항로 보전과 안전 확보, 순찰, 술에 취한 상태에서의 조타기 조작 등 금지(이하 주취 운항 단속), 해양사고 발생 시 초동 조치 활동이다.

5. 「선박의 입항 및 출항 등에 관한 법률」

목적	무역항의 수상구역 등에서 선박의 입항·출항에 대한 지원과 선박 운항의 안전 및 질서 유지에 필요한 사항을 규정함을 목적으로 한다.
적용 범위	① 원칙: 무역항의 수상구역 등에 출입하려는 선박의 선장은 해양수산부 장관에게 신고하도록 규정하고 있다. ② 예외: 총톤수 5톤 미만의 선박, 해양사고 구조에 사용되는 선박, 수상레저기구 중 국내항 간을 운항하는 모터보트 및 세일링 요트, 그 밖에 공공 목적이나 항만 운영의 효율성을 위해 해양수산부령으로 정하는 선박은 출입 신고를 하지 아니할 수 있도록 규정하고 있다.
안전관리 활동	해양경찰의 안전관리 업무는 제3장의 항로 및 항법 준수를 위한 무역항에서의 선박 속력 등의 제한 활동, 제4장 선박 교통관제 업무의 시행, 제9장 보칙의 선박 교통에 방해가 되는 어로 등 단속활동이다.

6. 해상교통 관제(VTS)

VTS 의의	선박 통항의 안전과 효율을 증진시키고 환경을 보호하기 위해 책임 있는 당국이 실행하는 서비스(IMO, IALA)이다. 즉, 선박으로부터 야기될 수 있는 충돌 및 좌초 사고의 예방, 교통 흐름 통제와 해양환경에 대한 위험을 예방하기 위해 입·출항 또는 통항 선박에 대해 행하는 해상교통 관제정보 제공 서비스를 말한다.
관제 절차	관찰·확인 → 정보 제공 → 조언 → 지시
대상 선박	관제 대상 선박은 국제 항해에 취항하는 선박, 총톤수 300톤 이상의 선박, 위험물 운반선박, 예인 선열의 길이가 200미터를 초과하는 예인선, 여객선, 도선선, 선박이·접안용 예인선, 기타 국민안전처 장관이 필요하다고 인정하는 선박으로 규정하고 있다.
관리활동	① 2010년부터 연안 해상교통관제센터 운영 : 2007년 12월 태안 허베이스피리트 호 기름유출사고를 계기로 연안에서의 대형 선박 및 해양오염사고의 재발 방지를 위해 그동안 해양수산부에서 운영해 오던 진도 연안 해상교통관제 업무를 해상에서의 현장집행력을 갖춘 해양경찰에 이관했다. 이에 따라 2010년 진도, 2012년 여수, 2014년 7월 통영에 연안VTS를 개국해 운영하고 있다. ② 연안 VTS의 정보 제공은 기상, 교통, 항행정보를 제공하는 INS(Infor mation Service)와 침로, 통항, 목적지 유도를 제공하는 NAS(Navigation Assistance Service), 관리, 속력 제한, 권고 및 지시 등을 제공하는 TOS(Traffic Organization Service) 그리고 비상대응 정보를 제공함으로써 안전관리 활동을 한다.
계획	해양경찰에서는 선박 통항량이 많고 사고위험성이 높은 연안해역의 해양사고 예방과 해양환경 보호를 위해 오는 2022년까지 단계별 우선 순위를 고려해 연안 VTS 8개소를 추가하고 동·서·남해 권역별 VTS 및 국가 VTS를 설립·운영할 계획이다.

제 3 절 수상레저 안전관리

1. 개념

(1) 「수상레저안전법」 제정 취지

① 국민 생활 수준 향상과 함께 여가활동의 고급화·다양화로 고급 스포츠에 대한 관심 급증 및 수상레저기구가 다양해지고 수상레저활동 인구가 급속히 증가했다.

② 이로 인한 충돌·전복 등 사고가 빈번히 발생하고 있으나, 수상레저기구의

관리 및 레저활동의 안전을 위한 법령이 없어 제도적 측면의 안전 조치가 미흡, 이와 같은 문제점을 시정하기 위해 「수상레저안전법」을 제정했다.

(2) 다른 법률과의 관계

① 수상레저기구는 국제 규칙이나 「해사안전법」, 「선박의 입항 및 출항 등에 관한 법률」상의 선박이 아니므로 이들 법의 적용을 받지 않고 「수상레저안전법」의 적용을 받는다.

② 「유선 및 도선 사업법」의 유선(遊船)과 「체육시설의 설치·이용에 관한 법률」의 시설업 중 요트, 조정, 카누 등을 이용해 수상활동을 할 경우, 동법의 적용이 가능한 경우에는 「수상레저안전법」의 적용이 배제된다.

③ 「낚시 관리 및 육성법」에 등록하지 아니한 선박 등을 이용해 낚시어선업과 같은 형태의 사업을 하는 경우에는 「낚시 관리 및 육성법」의 적용을 받지 아니하고 「수상레저안전법」의 적용을 받게 된다.

(3) 수상레저 환경의 변화 및 대응

지리적 교통 환경 개선	광역 교통망의 확충과 개선으로 수변지역에 대한 접근성의 향상
문화적 다양성 증가	① 국내외 관광 형태가 관람 및 쇼핑을 주로 하던 수동적 관광에서 체험과 활동 위주의 능동적 관광으로 전환되면서 수상레저에 대한 관심의 증대 ② 수상레저사업장에서의 기구 확대 구입과 신종 레저기구의 보급 확대 등으로 전체 수상레저기구 수 증가
보완 필요 사항	다양한 수상레저시설 수요에 따라 관련법의 정비와 함께 수상의 관광 활용에 대한 정책적 관심이 요구되고 있으며, 수상레저 활동자의 안전관리는 강화하면서도 불필요한 규제는 완화하는 등 수상레저 활성화를 위한 제도 개선 필요

2. 수상레저활동 용어의 정의 및 기구의 종류

(1) 용어의 정의

수상레저활동은 수상에서 수상레저기구를 이용해 취미·오락·체육·교육 등의 목적으로 이뤄지는 활동으로, 「수상레저안전법」에서 사용하는 용어는 다음과 같다.

래프팅	무동력 수상레저기구를 이용해 계곡이나 하천에서 노를 저으며 급류 또는 물의 흐름 등을 타는 수상레저활동을 말한다.
수상레저기구	수상레저활동에 이용되는 선박이나 기구로서 수상스키 등을 말한다.
동력 수상레저기구	추진기관이 부착되어 있거나 추진기관을 부착하거나 분리하는 것이 수시로 가능한 수상레저기구로서 모터보트 등을 말한다.
수상	해수면과 내수면을 말한다.
해수면	바다의 수류나 수면을 말한다.
내수면	하천, 댐, 호수, 늪, 저수지, 그 밖에 인공으로 조성된 담수(淡水)나 기수(汽水)의 수류 또는 수면을 말한다.

(2) 수상레저기구

동력 수상레저 기구(6종)	모터보트, 세일링 요트(돛과 기관이 설치된 것), 수상 오토바이, 고무보트, 스쿠터, 호버 크래프트
무동력 수상레저 기구	수상스키, 패러세일, 조정, 카약, 카누, 워터슬레드, 수상자전거, 서프보드, 노보트
기타	무동력 요트, 윈드서핑, 웨이크보드, 카이트보드, 케이블 수상스키, 케이블 웨이크보드, 수면비행 선박, 수륙양용기구, 공기주입형 고정식 튜브, 물추진형 보드 등 변형된 신종 수상레저기구 증가 추세

3. 수상레저 조종 면허

(1) 의의

① 자동차를 운전하는 자는 「도로교통법」에 따라 지방경찰청장이 발급하는 운전 면허가 있어야 하는 것처럼 수상레저기구를 조종하는 자는 국민안전처장관(해양경비안전본부장)이 발급하는 조종 면허를 받아야 한다.

② 대상은 추진기관이 부착되어 있거나 또는 추진기관을 부착하거나 분리하는 것이 수시로 가능한 동력 수상레저기구 중 추진기관의 최대 출력이 5마력 이상인 것을 조종 면허 대상으로 하고 있다.

(2) 조종 면허

1) 조종 면허 종류

구분		내용
일반 조종 면허	1급	수상레저사업자 또는 그 종사자, 일반 조종 면허시험 대행기관의 시험관이 되고자 하는 자
	2급	요트를 제외한 동력 수상레저기구를 조종하고자 하는 자
요트 조종 면허		요트를 조종하고자 하는 자 ※ 일반 조종 면허를 가진 자가 요트를 조종하고자 할 때에는 요트 조종 면허 필요 ※ 「선박직원법」의 적용을 받는 5톤 이상 레저기구를 조종할 경우 수상레저 조종 면허 외에 승무 기준에 적합한 해기사 면허 필요

2) 조종 면허 시험

① 시험 종류 및 과목

구분	종류	시험 과목
일반 조종 면허	필기시험	수상레저안전, 운항 및 운용, 기관, 법규(「수상레저안전법」, 「해사안전법」, 「선박의 입항 및 출항 등에 관한 법률」, 「해양환경관리법」)
	실기시험	출발 전 점검 및 확인, 출발, 운항, 변침, 사행, 급감속 및 후진, 인명구조, 접안
요트 조종 면허	필기시험	요트 활동 개요, 요트, 항해 및 범주, 법규(「수상레저안전법」, 「해사안전법」, 「선박의 입항 및 출항 등에 관한 법률」, 「해양환경관리법」, 「전파법」)
	실기시험	출발 전 점검 및 확인, 출발 및 기주, 범주(태킹, 자이빙, 침로 유지), 입항

② 면허시험의 합격 기준

구분	필기시험	실기시험
일반 조종 면허 1급	70점 이상	80점 이상
일반 조종 면허 2급	60점 이상	60점 이상
요트 조종 면허	70점 이상	60점 이상

※ 필기시험에 합격한 자는 그 합격일로부터 1년 이내에 실시하는 면허시험에 한해 필기시험 면제

③ 시험 면제

일정한 경력을 소지한 경우에는 수상레저기구의 조종에 필요한 지식과 능력을 보유하고 있는 것으로 간주해 시험의 전부 또는 일부를 면제하도록 하고 있다.

3) 면허증 갱신

① 원칙: 조종 면허의 유효 기간은 면허증 발급일로부터 7년이며, 이후 6개월 이내에 면허증 갱신을 위한 교육을 받아야 한다.

② 미갱신 시 효력: 6개월 이내에 갱신교육을 받지 않으면 갱신 기간 종료 다음 날부터 1년 동안 면허가 정지된다. 그러나 면허 정지 기간 중이라도 갱신교육을 받게 되면 면허의 효력이 다시 발생한다. 면허 정지 기간이 1년을 초과하면 면허의 효력은 상실되어 처음부터 다시 면허 취득을 위한 시험에 응시해야 한다.

4) 수상안전교육

대상	조종 면허를 받고자 하는 자, 조종 면허를 갱신하는 자
시기	조종 면허시험에 합격한 후, 조종 면허 갱신 기간 내
교육 내용	① 수상 안전에 관한 법령 ② 수상레저기구의 사용 및 관리에 관한 사항 ③ 수상에서의 안전을 위해 필요한 사항
수상안전교육 면제	① 갱신 기간 마지막 날로부터 소급하여 2년 이내 국민안전처 장관(해양경비안전본부장)이 실시하는 시험 업무 종사자에 대한 교육을 이수한 자 ② 조종 면허 갱신 시점에서 과거 1년 이내 수상안전교육 이수자

5) 면허증 휴대 및 제시 의무

① 동력 수상레저기구를 조종하는 자는 면허증을 지니고 있어야 한다.

② 조종 중에 관계 공무원이 면허증의 제시를 요구하면 면허증을 내보여야 한다.

※ 면허증은 조종면허시험 합격일, 재교부 신청일, 갱신 신청일로부터 14일 이내 교부, 면허증 휴대, 제시 의무 위반 시 처벌 규정은 따로 없음.

(3) 조종 면허의 취소 및 정지

효력의 정지	1년 범위 내에서 취소나 정지
면허증 반납	면허 취소일자부터 7일 이내
취소 및 정지 사유	① 거짓이나 그 밖의 부정한 방법으로 조종 면허를 받은 경우 ② 조종 면허 효력정지 기간에 조종을 한 경우 ③ 조종 면허를 받은 자가 동력 수상레저기구를 이용해 살인 또는 강도 등 범죄행위를 한 경우 ④ 술에 취한 상태에서 조종을 하거나 술에 취한 상태라고 인정할 만한 상당한 이유가 있음에도 불구하고 관계 공무원의 측정에 따르지 아니한 경우

	⑤ 조종 중 고의 또는 과실로 사람을 사상하거나 다른 사람의 재산에 중대한 손해를 입힌 경우 ⑥ 면허증을 다른 사람에게 빌려주어 조종하게 한 경우 ⑦ 약물의 영향으로 인해 정상적으로 조종하지 못할 염려가 있는 상태에서 동력 수상레저기구를 조종한 경우 ⑧ 이 법에 따른 수상레저활동의 안전과 질서 유지를 위한 명령을 위반한 경우

(4) 면허시험 업무의 대행

대행기관	국민안전처 장관(해양경비안전본부장)은 면허시험 실시에 관한 업무의 전부 또는 일부를 지정하는 기관이나 단체로 하여금 대행하게 할 수 있다. 시험대행기관의 지정 기준은 다음과 같다. ① 관리자: 시험장별 책임운영자 1인, 시험관 2인 이상 ② 시험용 수상레저기구: 실기시험용 수상레저기구에 적합한 수상레저기구 2대 이상 ③ 실기시설: 실기시험 운항 코스, 계류장(2대 이상 동시계류 가능, 비트 설치), 고정부이 3~5개 설치 ④ 안전시설: 비상구조선(속력:20노트 이상, 정원 4인 이상으로 1대 이상), 구명동의(20개 이상), 구명환(5개 이상), 소화기(3개 이상), 예비노(3개 이상), 조난신호장비 및 구급용 장비 ⑤ 부대시설: 안전교육장(24㎡ 이상), 행정실(10㎡ 이상), 감독실(5㎡ 이상) 및 화장실을 갖추고 응시자가 이용할 수 있는 주차 공간(승용차 10대 이상 주차 가능할 것)
지정 취소 및 업무정지	① 거짓 그 밖의 부정한 방법으로 지정을 받은 경우 ② 시험대행기관의 장, 책임운영자 또는 종사자가 면허시험에 관해 부정행위를 한 경우 ③ 지정 기준에 미치지 못하게 된 경우 ④ 이 법 또는 이 법에 의한 면허시험 대행 업무를 원활하게 수행하지 못할 사유가 발생한 경우
보고 및 관리	시험대행기관은 대행하는 면허시험 실시 업무에 대해 국민안전처 장관(해양경비안전본부장)에게 보고해야 한다. 국민안전처 장관(해양경비안전본부장)은 보고받은 대행 업무에 대해 처리 내용을 확인하고, 이 법을 위반한 사실을 발견하면 필요한 조치를 할 수 있다.

4. 수상레저 안전관리

(1) 안전 준수 의무 및 안전관리

1) 안전장비의 착용

해수면은 내수면에 비해 조류, 파도, 암초 등 많은 위험이 도사리고 있어 레저객은 해수면에서 레저행위 시 반드시 구명조끼 착용 등 안전장구를 갖춰야 한다.

① 수상레저 활동자는 구명조끼(구명 재킷 또는 구명 슈트를 포함) 착용

② 레프팅, 워터슬레드 활동자는 구명조끼와 함께 안전모 착용

③ 서프보드 이용 수상레저활동의 경우 구명조끼와 보드 리쉬(leash) 착용

④ 수상레저활동의 형태, 수상레저기구의 종류, 기상 등을 고려해 구명조끼·구명복, 안전모 등 다른 인명안전장비를 추가 착용 조정 가능

※ 착용 기준 조정 시 수상레저 활동자가 보기 쉬운 장소에 그 사실을 게시

2) 안전 확보를 위한 조치 사항

원거리 활동의 신고	출발항으로부터 10해리 이상 떨어진 곳에서 수상레저활동을 하려는 자는 해양경비안전관서나 경찰관서에 신고해야 한다. ※「선박의 입항 및 출항 등에 관한 법률」 및 「선박안전조업규칙」에 따른 출·입항 신고를 한 선박인 경우에는 제외
사고 신고	수상레저활동을 하는 자는 수상레저기구에 동승한 자가 사고로 사망·실종 또는 중상을 입은 경우에는 지체 없이 해양경비안전관서나 경찰관서 또는 소방관서 등 관계 행정기관의 장에게 다음의 사항을 신고해야 한다. ① 사고 발생 일시 및 장소 ② 사고와 관련된 수상레저기구의 종류 ③ 사고자 및 조종자의 인적 사항 ④ 피해 상황 및 조치 사항

3) 운항 규칙

「수상레저안전법」은 수상레저의 안전과 질서를 확보하고 수상레저사업의 건전한 발전을 도모함을 목적으로 한다. 요트 등을 제외한 수상레저기구들은 선박이 아니라서 「해사안전법」상의 운항 규칙의 적용 대상이 아니므로, 수상레저 활동자들에게 적용할 운항 규칙이 필요하다.

경계 의무	주위 상황 및 다른 수상레저기구와 충돌의 위험 등을 충분히 판단할 수 있도록 시·청각 등 모든 수단에 의한 적절한 경계를 해야 하며, 등록대상 동력 수상레저기구의 경우에는 안전검사증에 지정된 항해구역을 준수해야 한다.
위험 발생 우려 시 저속 운항	다이빙대·계류장 및 교량으로부터 20미터 이내의 구역이나 위험 발생 요소가 많은 구역이라고 판단해 고시하는 구역에서는 10노트 이하로 감속 운항해야 하며, 안개 등으로 인해 시정이 0.5km 이내로 제한되는 경우에는 레이더 및 VHF 통신설비를 갖추지 아니한 수상레저기구를 운항해서는 안 된다.
기상특보 발효 시 운항 금지	태풍, 풍랑, 해일, 호우, 대설과 관련된 주의보 이상의 기상특보가 발효된 구역에서는 수상레저기구의 운항을 금지한다.
우현 변침	다른 수상레저기구와 정면으로 충돌할 위험이 있는 때에는 음성신호, 수신호 등 적당한 방법으로 상대방에 알리고 우현 쪽으로 진로를 피한다.

횡단 충돌 위험 시 피항 의무	다른 수상레저기구의 진로를 횡단하는 경우에 다른 수상레저기구를 오른쪽에 두고 있는 수상레저기구가 피한다.
근접 운항 금지	다른 수상레저기구와 같은 방향으로 운항 시 2미터 이내 근접을 금지한다.
추월 시 진로 방해 금지	다른 수상레저기구를 추월하고자 하는 경우에는 추월당하는 수상레저기구를 완전히 추월하거나 그 수상레저기구에서 충분히 멀어질 때까지 그 수상레저기구의 진로를 방해해서는 안 된다.
안전위협행위 금지	다른 사람 또는 다른 수상레저기구의 안전을 위협하거나 레저기구의 소음기를 임의로 제거해 굉음을 발생시켜 놀라게 하는 행위를 금지한다.

4) 기타 준수 사항 등

야간 수상레저 활동 금지	금지 시간은 해진 후 30분부터 해뜨기 30분 전까지 수상레저활동이 제한된다. 다만, 야간운항장비를 갖춘 경우에는 예외로 한다. ※ 야간운항장비: 항해등, 나침반, 야간조난신호장비, 통신기기, 전등, 구명부환, 소화기, 자기점화등, 위성항법장치, 등이 부착된 구명조끼
술에 취한 상태 조종 금지	술에 취한 상태(혈중 알코올 농도 0.03% 이상)에서 수상레저기구 조종을 금지한다.
약물 복용 등 상태 조종 금지	마약·대마·향정신성의약품·환각물질 복용 등의 상태에서는 정상적으로 조종하지 못할 염려가 있기 때문에 조종을 금지한다.
정원 초과 금지	수상레저기구의 조종자는 당해 기구의 정원을 초과해 사람을 탑승시켜 조종해서는 안 된다.
활동금지구역 지정	해양경비안전서장은 수상레저활동의 안전을 위해 필요하다고 인정하는 때에는 수상레저활동 금지구역을 지정해 수상레저활동을 금지할 수 있다.
시정명령	해양경비안전서장은 안전을 위해 필요 시 수상레저 활동자에게 수상레저기구의 탑승 인원의 제한 또는 조종자의 교체, 수상레저활동의 일시 정지, 수상레저기구의 개선 및 교체를 명할 수 있다.

(2) 수상레저기구의 등록 및 검사

1) 등록

등록 대상	동력 수상레저기구 등록제도는 개인 소유 수상레저기구의 증가에 따른 고가 레저기구의 재산권 보호, 도난 방지와 검사 및 체계적인 안전관리 필요에 따라 도입되었다. 재산적 가치와 안전관리 시책상 현황 파악 및 관리가 필요한 다음의 등록대상 기구의 소유자는 주소지 관할 시장·군수·구청장에게 소유한 날부터 1개월 이내에 등록해야 한다. ① 수상 오토바이(마력 구분 없음.) ② 20톤 미만 모터보트(선내기, 선외기, 물 추진 방식 포함) ③ 추진기관 30마력 이상의 고무보트(공기를 넣어 부풀려지며 접어서 운반할 수 있는 것은 제외) ④ 20톤 미만 세일링 요트

변경 등록	① 매매 · 증여 등으로 소유권의 변경이 있는 때(공유의 경우 그 지분) ② 소유자의 성명(법인의 경우 법인명)이나 수상레저기구의 명칭에 변경이 있는 때 ③ 수상레저기구의 부양성에 영향을 미치는 구조의 변경 또는 구조물의 설치, 길이 · 너비 · 깊이 및 총톤수의 변경 후 안전검사에 합격한 경우
말소 등록	① 수상레저기구가 멸실되거나 수상사고 등으로 그 본래의 기능을 상실한 경우 ② 수상레저기구의 존재 여부가 3개월간 분명하지 아니한 경우 ③ 수상레저기구의 구조 · 장치의 변경으로 등록대상 수상레저기구에서 제외된 경우 ④ 수상레저기구를 수출하는 경우 ⑤ 위 규정에 따라 소유자가 말소등록 신청을 하지 아니한 경우 1개월 이내의 기간을 정해 소유자에게 해당 수상레저기구의 말소 등록을 신청할 것을 최고하고, 그 기간 이내에 말소등록의 신청을 하지 아니하면 직권으로 그 수상레저기구 등록을 말소할 수 있다.
보험 등의 가입	수상레저기구의 운항으로 다른 사람이 사망하거나 부상한 경우 피해자(피해자가 사망한 경우에는 손해배상을 받을 권리를 가진 자를 말한다) 보상을 위해 등록대상 수상레저기구의 소유자는 소유일부터 1개월 이내에 보험이나 공제에 가입해야 한다.
등록번호판 부착	등록대상 수상레저기구의 소유자는 규격에 맞게 제작된 등록번호판 2개를 수상레저기구의 옆면과 뒷면 등 잘 보이는 곳에 견고하게 부착해야 한다.
수상레저기구 구조장치 변경	① 수상레저기구의 부양성에 영향을 미치는 구조의 변경 또는 구조물의 설치, 길이 · 너비 · 깊이 및 총톤수를 변경한 경우에 해당한다. ② 수상레저기구의 임시검사에 합격한 후 시장 · 군수 · 구청장에게 변경 등록을 신청해야 한다. ※ 임시검사를 받는 시기가 정기검사 시기와 중복되는 경우에는 정기검사로 대체할 수 있다.

2) 안전검사

① 안전검사 대상 및 종류

안전검사 대상은 등록 대상과 동일하며 안전검사의 기간은 검사 유효 기간 만료일을 기준으로 하여 전후 각각 30일 이내 안전검사를 받아야 한다. 다음의 검사를 받지 아니하거나 검사에 합격하지 못한 수상레저기구를 수상레저활동에 사용해서는 안 된다. 검사의 종류는 다음과 같다.

신규검사	최초 등록을 하려는 경우에 하는 검사
정기검사	등록 후 정기적으로 하는 검사 ① 수상레저사업에 이용되는 동력 수상레저기구는 1년마다 정기검사 ② 그 외의 수상레저기구는 5년마다 정기검사
임시검사	수상레저기구의 구조나 장치를 변경한 경우에 하는 검사

② **안전검사 업무의 대행**

국민안전처 장관(해양경비안전본부장) 또는 시・도지사는 수상레저기구의 안전검사에 관한 업무의 전부 또는 일부를 검사 대행자로 하여금 대행하게 할 수 있다. 검사 대행자는 대행하는 업무에 대해 국민안전처 장관(해양경비안전본부장) 등에게 보고해야 하며, 검사 대행자가 보고한 사항에 대해 그 내용을 확인하고, 이 법을 위반한 사실이 발견되면 필요한 조치를 할 수 있다. 다만, 다음의 경우는 그 지정을 취소하거나 사업의 정지를 명할 수 있다.

(a) 거짓이나 그 밖의 부정한 방법으로 지정을 받은 경우
(b) 고의 또는 중대한 과실로 사실과 다르게 안전검사를 한 경우
(c) 검사 대행자가 갖춰야 할 수상레저기구 검사원 수, 검사시설・장비 등의 기준, 지정 절차 및 검사 대행자에 대한 감독 등에 대한 기준에 맞지 아니하게 된 경우
(d) 이 법 또는 이 법에 따른 명령이나 지정 조건을 위반한 경우
(e) 업무와 관련해 부정한 금품을 수수하거나 그 밖의 부정한 행위를 한 경우 등

5. 수상레저사업

(1) 수상레저사업의 등록

등록 대상	① 수상레저기구를 빌려 주는 사업 ② 수상레저활동을 하는 자를 수상레저기구에 태우는 사업
등록기관	① 해수면: 해당 지역을 관할하는 해양경비안전서장 ② 내수면: 해당 지역을 관할하는 시장・군수・구청장 ③ 영업구역이 둘 이상의 해양경비안전서장 또는 시장・군수・구청장의 관할지역에 걸쳐 있는 경우에는 수상레저사업에 사용되는 수상레저기구를 주로 정박해 두는 장소를 관할하는 관계 기관의 장
변경 등록	① 등록 사항을 변경 등록을 하고자 하는 자는 그 등록증과 변경 내용을 증명할 수 있는 서류를 첨부해 관계 기관의 장에게 제출 ② 해양경비안전서장 또는 시장・군수・구청장은 변경되는 사항에 대한 사실 관계를 확인해 필요한 조치
유효기간 및 갱신	① 수상레저사업의 등록 유효기간은 10년으로 하되, 10년 미만으로 영업하려는 경우에는 해당 영업기간을 등록 유효기간으로 함.

	② 등록 유효기간이 지난 후 계속해 수상레저사업을 하려면 등록을 갱신해야 함. ③ 갱신 절차: 관계기관의 장은 등록 유효기간 종료일 1개월 전까지 수상레저사업 등록 갱신 안내 → 해당 수상레저사업자는 등록 유효기간 종료일 5일 전까지 갱신 신청서 제출 → 신청 사항이 적합할 경우 관계 기관의 장은 수상레저사업 등록증 다시 발급
결격 사유	① 미성년자, 피성년 후견인, 피한정 후견인 ② 「수상레저안전법」을 위반해 징역 이상의 실형을 선고받고 그 집행이 끝나거나 집행이 면제된 날부터 2년이 지나지 아니한 자 ③ 「수상레저안전법」을 위반해 징역 이상의 형의 집행유예를 선고받고 그 유예기간 중에 있는 자 ④ 「수상레저안전법」의 규정에 따라 등록이 취소된 지 2년이 지나지 아니한 자
권리 · 의무 승계	① 수상레저사업자가 사망한 경우 그 상속인 ② 수상레저사업자가 그 사업을 양도한 경우 그 양수인 ③ 법인인 수상레저사업자가 합병한 경우 합병 후 존속하는 법인이나 합병에 따라 설립되는 법인
휴업 및 폐업신고	① 수상레저사업자가 등록된 사업기간 중에 휴 · 폐업 또는 재개업을 하고자 할 경우 등록 관청에 3일 전까지 신고 ② 해양경비안전서장 또는 시장 · 군수 · 구청장은 수상레저사업장 소재지의 관할 세무서에 휴 · 폐업 또는 재개업 사실을 통보
보험 가입	① 수상레저사업자는 종사자 및 이용자의 피해 보전을 위해 보험 또는 공제에 의무 가입 ② 가입 기간은 수상레저사업 기간 동안 계속해 가입하고, 그 가입 대상은 수상레저사업에 사용하거나 사용하려는 모든 수상레저기구
취소 · 정지	해양경비안전서장 또는 시장 · 군수 · 구청장은 수상레저사업자가 다음에 해당하는 경우에는 수상레저사업의 등록을 취소하거나 3개월의 범위에서 영업정지를 명할 수 있다. ① 거짓이나 그 밖의 부정한 방법으로 등록을 한 경우 ② 수상레저사업 등록의 결격 사유에 해당될 때 ③ 공유수면의 점용 또는 사용 허가기간 만료 이후에도 사업을 계속하는 경우 ④ 수상레저사업자 또는 그 종사자의 고의 또는 과실로 사람을 사상한 경우 ⑤ 수상레저사업자가 이용요금 신고 및 게시 의무 위반, 안전점검 시 정비 · 원상복구 명령 위반, 사업자의 안전점검 조치 위반, 영업의 제한 · 위반 규정을 위반한 경우

(2) 수상레저교육사업의 신고

수상레저사업자가 수상레저활동을 하려는 자를 위해 수상레저기구로 교육사업을 하려는 경우에는 주소지를 관할하는 시장 · 군수 · 구청장에게 교육사업 신고를 해야 한다.

(3) 안전점검

실시기관	해양경비안전서장 또는 시장 · 군수 · 구청장은 수상레저활동의 안전을 위해 관계 공무원으로 하여금 수상레저기구와 선착장 등 수상레저시설에 대해 안전점검을 실시하도록 해야 한다.
점검 대상	① 수상레저기구의 안정성(안전검사의 대상이 되는 수상레저기구는 제외) ② 수상레저사업의 사업장에 설치된 시설 · 장비 등이 등록 기준에 적합한지 여부 ③ 수상레저사업자 등의 안전 조치 준수 여부 ④ 이 법에 따른 행위 제한 등의 준수 여부 ⑤ 인명구조요원 및 래프팅 가이드의 자격 · 배치 기준의 적합 여부
결과 조치	안전점검 결과에 따라서 관계 기관의 장은 정비 또는 원상복구 명령 및 필요한 기간을 정해 당해 수상레저기구의 사용 정지를 명할 수 있다

(4) 사업자의 안전 조치

수상레저사업자와 그 종사자는 수상레저활동의 안전을 위해 다음 사항을 조치하고, 일부의 행위를 행해서는 아니 된다.

의무 사항	① 수상레저기구와 시설의 안전점검 ② 영업구역의 기상 · 수상 상태의 확인 ③ 영업구역에서 사고가 발생하는 경우 구호 조치 및 해양경비안전관서 · 경찰관서 · 소방관서 등 관계 행정기관에 통보 ④ 이용자에 대한 안전장비 착용 조치 및 탑승 전 안전교육 ⑤ 사업장 내 인명구조요원이나 래프팅 가이드의 배치 또는 탑승
금지행위	① 14세 미만인 자(보호자를 동반하지 아니한 자로 한정), 술에 취한 자 또는 정신질환자를 수상레저기구에 태우거나 이들에게 수상레저기구를 빌려 주는 행위 ② 수상레저기구의 정원을 초과해 태우는 행위 ③ 수상레저기구 안에서 술을 판매 · 제공하거나 수상레저기구 이용자가 수상레저기구 안으로 이를 반입하도록 하는 행위 ④ 영업구역을 벗어나 영업을 하는 행위 ⑤ 수상레저 활동시간 외에 영업을 하는 행위 ⑥ 폭발물 · 인화물질 등의 위험물을 이용자가 타고 있는 수상레저기구로 반입 · 운송하는 행위 ⑦ 안전검사를 받지 아니하거나 안전검사에 합격하지 못한 수상레저기구 또는 안전점검을 받지 아니한 수상레저기구를 영업에 이용하는 행위

(5) 영업의 제한

주체	관할 해양경비안전서장 또는 시장 · 군수 · 구청장

요건	① 기상・수상 상태가 악화된 경우 ② 수상사고가 발생한 경우 ③ 유류・화학물질 등의 유출 또는 녹조・적조 등의 발생으로 수질이 오염된 경우 ④ 부유물질 등 장애물이 발생한 경우 ⑤ 사람의 신체나 생명에 피해를 줄 수 있는 유해생물이 발생한 경우 ⑥ 기타 수상레저활동의 안전을 위해 필요하다고 인정되는 경우
해제	그 사유가 소멸되거나 완화되었다고 판단되는 경우 영업구역이나 시간의 제한 또는 영업의 일시정지를 해제해야 한다.

제 4 절 유선 및 도선 안전관리

1. 서설

(1) 「유선 및 도선 사업법」의 목적

유선사업 및 도선사업에 관해 필요한 사항을 정해 유선 및 도선의 안전 운항과 유선사업 및 도선사업의 건전한 발전을 도모함으로써 공공의 안전과 복리의 증진에 기여함을 목적으로 제정되었다.

(2) 용어의 정의

① 유선사업: 유선사업이란 유선 및 유선장(遊船場)을 갖추고 수상에서 고기잡이, 관광, 그 밖의 유락(遊樂)을 위해 선박을 대여하거나 유락하는 사람을 승선시키는 것을 영업으로 하는 것으로서 「해운법」을 적용받지 아니하는 것을 말한다.

② 도선사업: 도선사업이란 도선 및 도선장(渡船場)을 갖추고 내수면 또는 대통령령으로 정하는 바다목(하구・만의 양 해안의 거리 2마일 이내, 육지와 도서 간 또는 도서와 도서 간으로 「해운업법」에 의한 여객선 취항이 부적당한 해역)에서 사람을 운송하거나 사람과 물건을 운송하는 것을 영업으로 하는 것으로서 「해운법」을 적용받지 아니하는 것을 말한다.

2. 법령의 구성

① 총괄: 제1장 총칙, 제2장 유선사업, 제3장 도선사업, 제4장 안전검사 및 안전관리, 제5장 보칙과 제6장 벌칙으로 구성되어 있다. 일반적으로 「해사안전법」, 「선박의 입항 및 출항 등에 관한 법률」과 달리 「유선 및 도선사업법」에서는 해양경비안전서가 해상에서의 전반적인 해상교통 질서 유지 업무를 전담하고 있다.

② 관할: 사업면허구역에 따라 해상은 해양경비안전서장, 내수면은 자치단체장이 관할한다.

3. 안전관리의 중요성

공공성	유선은 여행・유락객들이 즐겨 이용하고, 도선은 해상 교통 수단으로서의 공공성을 지닌 선박임.
기술적 곤란성	유・도선은 운송의 시설・방법, 안전관리 면에서 육상교통보다 많은 어려움이 있고, 구조・구난 방법도 육상교통에 비해 많은 난점을 가지고 있음.
시설의 취약성	유・도선의 대부분이 100톤 미만의 소규모 선박으로서 영세적인 취약성을 지니고 있음.

4. 사업의 면허 및 신고

(1) 정의

유선장 및 도선장	유선・도선을 안전하게 정박하고 승객이 승・하선할 수 있게 한 시설과 승객 편의시설
수상	내수면과 해수면을 말함.
내수면	하천, 댐, 호수, 늪, 그 밖에 인공으로 조성된 담수(淡水)와 기수(汽水)의 수류(水流) 또는 수면을 말함.
해수면	바다의 수류나 수면을 말함.
바다목	① 내수면과 해수면이 접하는 하구나 만(灣)의 형태를 갖춘 곳으로 해안 간의 해상 거리가 2해리 이내인 해역 ② 육지와 도서(島嶼) 간 및 도서와 도서 간의 거리가 비교적 가깝고 「해운법」에 따른 여객선이 운항되지 아니하는 해역(여객선이 운항되고 있는 도서 중 한 곳과 여객선이 운항되지 아니하는 다른 도서 간의 해역을 포함한다.)

(2) 면허 및 신고 관할 관청

영업 구역	관할 관청
바다	해당 유・도선을 주로 정박해 두는 장소를 관할하는 해양경비안전서장
하천, 호소	① 원칙: 특별자치도지사, 시장・군수・구청장 유・도선의 영업구역이 1개 특별자치도・시・군・구 관할구역 내 ② 예외: 시・도지사 영업구역이 2 이상의 특별자치도・시・군・구의 관할구역에 걸쳐 있고 운항 거리가 5해리 이상인 경우에는 시・도지사, 운항 거리가 5해리 미만인 경우에는 유・도선을 주로 정박해 두는 장소를 관할하는 시장・군수・구청장

(3) 면허 및 신고사업 구분

면허 대상	① 유・도선의 총톤수가 5톤 이상인 선박 ② 유・도선의 총톤수가 5톤 미만인 선박 중 승객 정원이 13인 이상인 선박 ③ 유・도선사업의 영업구역이 2해리 이상인 경우 ※ 위 3개 항 중 1개 항에만 해당되어도 면허 대상임.
신고 대상	면허사업 대상이 아닌 선박

(4) 사업 신청 시 시설 기준 등

유선사업	선박 기준	① 「선박안전법」 제26조에 따른 선박시설 기준에 적합한 선박 ② 다만, 「선박안전법」을 적용받지 아니하는 경우에는 「유선 및 도선사업법」에 따른 안전검사를 받은 선박
	시설・장비・인력 기준	① 본법 규정에 의한 인명구조장비 및 시설 ② 「선박직원법」 및 본법 규정에 적합한 선원 ③ 본법 규정에 의한 인명구조요원을 배치할 것
도선사업	선박 기준	① 「선박안전법」 제26조에 따른 선박시설 기준에 적합한 선박 ② 본법 규정에 의한 안전검사를 받은 선박
	시설・장비・인력 기준	① 본법 규정에 의한 인명구조장비 및 시설 ② 「선박직원법」 및 본 법 규정에 적합한 선원 ③ 본법 규정에 의한 인명구조요원을 배치할 것

※ 유・도선사업의 면허 시 선령 기준 적용
① 「선박안전법」 적용을 받는 유・도선: 20년 이하
② 「선박안전법」 적용 제외 유・도선: 목선 및 합성수지선은 15년 이하, 강선은 20년 이하

(5) 면허 · 신고의 유효기간

유선사업	① 연중 상시적으로 영업하는 경우: 10년 ② 연중 한시적으로 영업하는 경우: 당해 연도
도선사업	① 연중 상시적으로 영업하는 경우: 영구 ② 연중 한시적으로 영업하는 경우: 5년

(6) 영업구역 및 영업시간

영업구역	① 「선박안전법」의 적용을 받는 유 · 도선: 선박검사 시 정해진 항행구역 내(선박검사증서)에서 시 · 도지사(시장 · 군수 · 구청장) 또는 지방해양경비안전본부장(해양경비안전서장)이 지정한 구역 또는 거리 이내 ② 「선박안전법」의 적용을 받지 아니하는 유 · 도선: 본법 규정에 의한 안전검사 시에 정해진 구역 또는 거리 이내
중간 기착	① 중간 기착이 가능한 경우 (a) 유선: 관광, 기타 유락을 위해 승객의 승 · 하선이 필요한 경우 (b) 도선: 일반교통 목적으로 승객의 승 · 하선이 필요한 경우 ② 중간 기착지의 시설: 선박의 안전 정박과 승객의 승 · 하선이 가능한 선착장 시설 ③ 영업구역 내 중간 기착지를 정할 수 있는 요건 (a) 「해운법」에 따른 해상운송여객사업자의 영업권을 침해할 우려가 없는 경우 (b) 유선사업의 경우 중간 기착지로 인해 사람을 운송하거나 사람과 물건을 운송하는 목적으로 이용될 우려가 없는 경우
영업시간	① 영업시간: 해 뜨기 전 30분부터 해진 후 30분까지를 원칙으로 하나, 야간 운항에 필요한 조명시설 등 안전 운항 시설과 장비를 갖춘 경우에는 해뜨기 전 30분 이전 또는 해진 후 30분 이후에도 영업을 할 수 있다. ② 적용 제외: 응급환자가 발생한 경우, 공공 목적으로 운항이 필요한 경우 ※ 야간 운항에 필요한 조명시설 등 안전운항시설과 장비를 갖추고 운항하는 경우
기상특보시 영업	① 유 · 도선은 기상특보 발효 시 운항할 수 없다. ② 「선박안전법」에 따른 항해구역 중 평수구역에서 운항하는 유 · 도선은 절차에 따라 기상특보 발효 시에도 운항할 수 있다. ③ 시장 · 군수 · 구청장 또는 해양경비안전서장은 운항이 허용된 경우에도 해당 영업구역의 실제 기상 상태를 확인해 안전 운항에 지장이 있다고 판단할 때에는 유 · 도선의 운항을 제한할 수 있다.

(7) 유 · 도선사업의 휴 · 폐업 등

휴 · 폐업기간	유선: 계속해 1년 이내, 도선: 계속해 6개월 이내
신고절차	휴 · 폐업 및 영업 재개 시 모두 3일 전에 관할 관청에 신고
내용	① 사업을 휴업 또는 폐업하거나 선박의 일부를 운항 중단하려는 경우 ② 휴업기간 또는 운항 중단기간 중 사업 또는 운항을 재개하려는 경우

5. 선박의 안전검사 및 안전관리

(1) 의의

유·도선사업자는 선체구조를 변경하거나 검사 유효기간 만료 전까지 안전검사를 받아야 한다.

(2) 요건 및 절차

요건 및 기간	① 유·도선사업자는 유·도선(비상구조선을 포함한다)의 선체구조를 변경하거나 기관을 교체했을 때에는 10일 이내에 안전검사를 받아야 한다. ② 유·도선사업자는 안전검사를 받은 후 1년마다 검사 유효기간 만료 전까지 정기적으로 안전검사를 받아야 한다.
제출 서류	유·도선사업자가 안전검사를 받으려면 안전검사 신청서에 다음의 서류를 첨부해 관할 관청에 제출해야 한다. ① 선박의 구조도면 1부, ② 인명구조용 장비에 대한 명세서 1부
검사 기준	① 유·도선(비상구조선을 포함)의 규격 및 시설·설비 기준과 선령 기준에 맞는지 여부 ② 인명구조용 장비의 기준과 시설 기준에 맞는지 여부 ③ 승선 정원, 적재 중량, 적재 용량 및 선원 정원에 맞는지 여부
검사증 부착	안전검사 신청을 받은 관할 관청은 그 신청 내용이 안전검사 기준에 맞는지를 검사하고, 검사에 합격한 선박마다 안전검사증을 선박 안의 보기 쉬운 곳에 붙여야 한다.

[참고 사항] 유·도선 승선 정원 책정 기준

기준	① 승객 및 선원이 안전하게 탑승할 수 있는 장소의 제곱미터 단위의 면적을 0.35제곱미터로 나눈 수 ② 도선의 경우 화물과 사람 혼재시 화물 55㎏을 1인으로 함. ③ 승선 정원에는 선원 정원을 포함
예외	해양경비안전서장은 위의 기준에 의한 승선 정원에 의할 경우 선박 안전 운항에 지장이 있다고 인정되는 때 또는 유·도선사업자가 기준보다 적은 인원을 승선 정원으로 신청하는 때는 안전 운항과 승객 수송에 지장이 없다고 인정되는 범위까지 승선 정원 감축 가능

6. 유선 및 도선의 안전 운항

(1) 안전관리계획의 수립

안전관리지침 시달	국민안전처 장관(해양경비안전본부장)은 유·도선 안전관리계획의 수립에 필요한 지침을 정하고, 그 시행에 필요한 지도·감독을 할 수 있다.

안전관리지침 수립 · 시행	① 주체: 시 · 도지사 또는 지방해양경비안전본부장은 유 · 도선안전관리계획 수립 · 시행 ② 수립 시기: 매년 1월 ~ 2월 ③ 추진: 매년 3월 1일부터 익년 2월 28일까지
관계 기관 협조	시 · 도지사와 시장 · 군수 · 구청장, 지방해양경비안전본부장 · 해양경비안전서장, 지방해양수산청 등 관계 기관의 장은 유 · 도선의 안전 운항과 위해 방지를 위해 필요한 때에 서로 협조를 요청할 수 있다.

(2) 안전 운항을 위한 점검

안전점검 의무	시장 · 군수 · 구청장 또는 해양경비안전서장은 유 · 도선의 안전 운항과 위해 방지를 위해 관계 공무원으로 하여금 유 · 도선 및 유 · 도선장에 대해 검사 또는 안전점검을 실시해야 함.
안전점검 방법	검사 등을 행하는 공무원은 그 권한을 표시하는 증표를 관계인에게 제시하고, ① 유 · 도선 및 유 · 도선장에 대한 현장검사 및 안전점검 실시 ② 유 · 도선사업자 등 관계인에게 필요한 질문을 하거나 보고를 지시 ③ 유 · 도선 안전 운항과 위해 방지와 관련된 장부 등을 검사
안전점검 대상 항목	① 시설 · 장비 등의 기준의 적합 여부 ② 유 · 도선사업자 등의 안전 운항 의무 준수 여부 ③ 유 · 도선 승객의 준수 사항 이행 여부 ④ 승선 또는 선적의 제한 등의 준수 여부 ⑤ 인명구조용 장비 기준 및 인명구조요원의 자격 · 배치 기준 적합 여부 ⑥ 선원의 정원 · 자격 기준의 적합 여부 등 ⑦ 그 밖에 유 · 도선의 안전 운항을 위해 필요한 사항

(3) 유 · 도선 안전 운항

1) 유선의 안전 운항

사업자 · 선원 안전 운항 의무	① 선박의 안전 점검, 기상 확인 등 안전 운항에 필요한 조치 및 승객에게 위해가 없도록 수면의 상황에 따라 안전하게 유선을 조종 ② 유선사업자와 선원은 출항하기 전에 승객에게 안전한 승선 · 하선 방법, 선내 위험 구역 출입금지에 관한 사항, 인명구조장비 사용법, 유사 시 대처 요령 등 안전에 관한 사항을 영상물 상영 또는 방송 등을 통해 안내 ③ 유선사업자와 선원은 음주, 약물 중독, 그 밖의 사유로 정상적인 조종을 할 수 없는 우려가 있는 경우에는 유선(遊船) 조종 금지 ④ 유선사업자와 선원은 안전 운항을 위해 필요한 경우 및 소형 유선의 경우에는 승객 등 승선자 전원에게 구명 조끼 착용 안내
사업자 · 선원 · 종사자 금지 사항	① 보호자를 동반하지 아니한 14세 미만의 사람, 술에 취한 사람, 정신질환자로 의심되는 사람으로서 자신 또는 타인의 안전을 해할 위험이 크다고 인정되는 사람, 말이나 행동이 수상하다고 인정되는 사람 또는 감염병 환자에게 유선을 대여하거나 승선하게 하는 행위

	② 정원을 초과해 승선하게 하는 행위 ③ 요금 외의 금품을 요구하는 행위 ④ 정당한 사유 없이 운항을 기피하는 행위 ⑤ 무리하게 승선을 권유하거나 정당한 사유 없이 승선 또는 선박 대여를 거부하는 행위 ⑥ 유선 내에서 주류를 판매하거나 제공하는 행위 또는 유선 내에 주류를 반입하게 하는 행위 ⑦ 영업시간 외에 항행하거나 영업구역 외 또는 항행구역 외에서 항행하는 행위 ⑧ 폭발물·인화물질 등 위험물을 일반 승객과 함께 반입하거나 운송하는 행위 ⑨ 수상에 유류·분뇨·폐기물을 버리는 행위 ⑩ 유선의 운항 중 구명조끼, 구명부환, 구명줄 등 인명구조용 장비나 설비에 잠금장치를 하는 행위
승객의 준수 사항	① 안전수칙을 준수하고, 운항 질서의 유지 및 위해 방지를 위한 주의 ② 정원을 초과해 승선을 요구하는 행위 금지 ③ 유선사업자, 선원, 그 밖의 종사자의 구명 조끼 착용 지시나 그 밖에 안전 운항 및 위해 방지를 위한 주의 사항 또는 지시를 위반하는 행위 금지 ④ 주류 판매·제공 또는 주류 반입이 허용된 유선이 아닌 유선 내에서 술을 마시거나 그 밖에 선내의 질서를 어지럽히는 행위 금지 ⑤ 인명구조용 장비나 그 밖의 유선 설비를 파손해 그 효용을 해치는 행위 금지 ⑥ 음란행위나 그 밖에 선량한 풍속을 해치는 행위 금지 ⑦ 폭발물·인화물질 등 위험물 반입 금지 ⑧ 조타실(操舵室), 기관실 등 선장이 지정하는 승객 출입 금지 장소에 선장 또는 그 밖의 종사자의 허락 없이 출입하는 행위 금지
유선 자력 조정 승객 금지 사항	① 음주·약물 중독, 기타 사유로 정상적인 조종을 할 수 없는 우려가 있는 경우 유선 조종행위 ② 유선 내에서 주류를 판매 또는 제공하거나 반입하는 행위 ③ 영업시간 외에 항행하거나 영업구역 또는 항행구역 외에서 항행하는 행위 ④ 해당 유선을 조종하는 승객은 유선장과 연락 가능한 통신장비를 휴대하고 연락 체계를 유지

2) 도선의 안전 운항

도선 운항 준비	① 도선사업자는 영업시간 중 언제든지 운항할 수 있도록 필요한 준비 조치 ② 도선사업자는 특별한 경우를 제외하고는 승객의 출선 요구를 거부하거나 지연 금지
사업자·선원 안전 운항 의무	① 선박의 안전 점검, 기상 확인 등 안전 운항에 필요한 조치 및 승객에게 위해가 없도록 수면의 상황에 따라 안전하게 도선(渡船)을 조종 ② 도선사업자와 선원은 출항하기 전에 승객에게 안전한 승선·하선 방법, 선내 위험구역 출입금지에 관한 사항, 인명구조장비 사용법, 유사 시 대처 요령 등 안전에 관한 사항을 영상물 상영 또는 방송 등을 통해 안내 ③ 도선사업자와 선원은 음주, 약물 중독, 그 밖의 사유로 정상적인 조종을 할 수 없는 우려가 있는 경우에는 도선 조종 금지

	④ 도선사업자와 선원은 안전 운항을 위해 필요한 경우에는 승객 등 승선자 전원에게 구명 조끼 착용 안내
승선 또는 선적의 제한	① 승선 정원, 적재 정량 또는 용량을 초과해 승선시키거나 선적하는 행위 ② 정당한 사유 없이 승선 거부행위 ③ 운임 외의 금품을 요구하는 행위 ④ 도선 내 주류를 판매 · 제공하는 행위(주류 판매 · 반입 허용 도선 제외) ⑤ 음란행위나 그 밖에 선량한 풍속을 해치는 행위 ⑥ 영업시간 외에 항행하거나 영업구역 외 또는 항행구역 외에서 항행행위 ⑦ 수상에 유류 · 분뇨 · 폐기물을 버리는 행위 ⑧ 도선의 운항 중 구명 조끼, 구명부환, 구명줄 등 인명구조용 장비나 설비에 잠금장치를 하는 행위
일반승객 또는 물건과 함께 운송이 제한되는 경우	① 전염병 환자 또는 정신이상자 ② 시체 ③ 폭발물, 인화물질 등 위험물 ④ 승객에게 불쾌감을 주거나 위해를 끼칠 우려가 있는 물건 ※ 예외: 위험물 보관시설 등 격리시설을 설치해 선원 등 종사자가 안전하게 관리할 수 있는 경우에는 운송 가능함.
도선 승객의 준수 사항	① 도선의 승객은 안전수칙을 준수하고, 운항 질서의 유지 및 위해 방지 협조 ② 정원을 초과해 승선을 요구하는 행위 금지 ③ 도선사업자, 선원, 그 밖의 종사자의 구명 조끼 착용 지시나 그 밖에 안전 운항 및 위해 방지를 위한 주의 사항 또는 지시를 위반하는 행위 금지 ④ 주류 판매 · 제공 또는 주류 반입이 허용된 도선이 아닌 도선 내에서 술을 마시거나 그 밖에 선내의 질서를 어지럽히는 행위 금지 ⑤ 인명구조용 장비나 그 밖의 도선 설비를 파손해 효용을 해치는 행위 금지 ⑥ 음란행위나 그 밖에 선량한 풍속을 해치는 행위 금지 ⑦ 폭발물 · 인화물질 등 위험물 반입 금지 ⑧ 조타실(操舵室), 기관실 등 선장이 지정하는 승객 출입금지 장소에 선장 또는 그 밖의 종사자의 허락 없이 출입하는 행위 금지

(4) 개선명령 등

1) 필요한 조치명령

명령권자	해양경비안전서장
명령 내용	유 · 도선의 안전사고 예방과 공공복리의 증진을 위해 특히 필요하다고 인정할 때 ① 승선 정원이나 적재 중량 또는 용량의 제한 ② 영업시간 또는 운항 횟수의 제한 ③ 영업구역의 제한 또는 영업의 일시 정지 ④ 유 · 도선 또는 유 · 도선장 시설의 개선 · 변경 및 원상복구 ⑤ 운항 약관의 변경 및 보험 등에의 가입 ⑥ 유 · 도선사업 면허 발급 시 붙인 조건의 이행

	⑦ 시설 기준 등의 유지 · 관리 ⑧ 휴업기간 초과 시 영업 재개 ⑨ 그 밖에 안전사고 예방을 위해 필요한 사항
명령 방법	① 필요한 조치는 서면으로 명하되 ② 안전 운항을 위해 긴급한 조치가 필요한 경우에, 구두나 그 밖의 방법으로 가능

2) 관계 기관의 협조

① 시 · 도지사(시장 · 군수 · 구청장), 지방해양경비안전본부장(해양경비안전서장)은 해당 지역을 관할하는 지방해양수산청장으로부터 선박의 안전과 질서 유지를 위해 필요한 조치를 요청받은 경우

② 관계 행정기관의 장은 특별한 사유가 없는 한 이에 응해야 함.

(5) 유 · 도선사업자 등의 안전교육

교육 대상	유 · 도선사업자, 선원, 기타 종사자
교육 시간	유도선의 안전 운항에 필요한 내용으로 매년 8시간 이내로 실시
교육 과목	① 운항규칙 등 수상교통의 안전에 관한 사항 ② 생존기술, 응급조치, 인명구조용 장비 사용법 등 수난구호에 관한 과목 ③ 그 밖에 유 · 도선 사업 및 유 · 도선의 안전 운항에 관해 필요한 과목 ※ 유 · 도선사업자는 선원 및 그 종사자가 교육을 이수하는 데에 필요한 조치를 하고, 교육을 이수하지 아니한 선원 및 그 종사자를 근무하게 해서는 아니 된다.

(6) 사고 발생 시 보고 및 의무

자체 조치	유 · 도선사업자와 선원은 선박의 전복 · 충돌 기타 영업구역 내에서 사고가 발생한 경우 인명구조에 필요한 조치를 해야 한다.
보고 기준	유 · 도선사업자와 선원은 다음과 같은 경우 지체없이 인근 시장 · 군수 · 구청장과 해양경비안전서장, 경찰서장에게 보고해야 한다. ① 승객이 사망 또는 실종되거나 중상자가 발생한 때 및 승객 중에 전염병으로 인정되는 환자가 있을 때 ② 충돌 · 좌초 기타 사고로 인해 선박 선체가 심하게 손상되는 등 선박 운항에 장애가 생긴 때 ③ 교량, 수리시설, 수표(水標), 입표(立標), 호안(護岸), 기타 수면에 설치한 공작물을 파손한 때
관계 기관 조치	보고를 받은 때에는 지체없이 관할 시 · 도지사 또는 해양경비안전본부장에게 보고하고, 인명구조 활동 등 사고수습을 위해 필요한 조치를 해야 한다.

(7) 출 · 입항의 기록관리

기록관리 대상	① 운항 거리가 2해리 이상인 경우 ② 운항 시간이 1시간을 초과하는 선박 ③ 그 밖에 관할 관청이 지정하는 선박
의무 사항	① 선박을 운항하는 유 · 도선사업자는 그 선박에 승선하는 승객이 총리령으로 정하는 바에 따라 승선신고서를 작성해 제출하도록 해야 한다. ② 유 · 도선사업자는 승선하려는 승객에게 신분증을 요구해 제2항에 따른 승선신고서 기재 내용을 확인해야 한다. ③ 유 · 도선사업자는 승객이 정당한 사유 없이 제2항에 따른 승선신고서를 작성해 제출하지 아니하거나 제3항에 따른 신분증 제시 요구에 따르지 아니하는 경우에는 승선을 거부해야 한다. ④ 유 · 도선사업자는 제2항에 따라 제출받은 승선신고서를 3개월 동안 보관한다.
승선신고서 작성	① 작성 대상: 출 · 입항 기록 · 관리 대상과 동일 ② 내용: 승객은 유 · 도선장에 비치된 승선신고서를 작성, 승선 전에 제출

(8) 운항 규칙

경계 운항	유 · 도선은 주위의 상황 및 다른 선박(유 · 도선을 포함한다. 이하 같다)과의 충돌의 위험을 충분히 판단할 수 있도록 시각 · 청각 및 당시의 상황에 적합하게 이용할 수 있는 모든 수단에 의해 항상 적절한 경계를 해야 한다.
안전한 속력	유 · 도선은 다른 선박과의 충돌을 피하기 위해 적절하고 유효한 동작을 취하거나 당시의 상황에 적합한 거리에서 정선(停船)할 수 있도록 항상 안전한 속력으로 운항해야 한다.
저속 운항	유 · 도선은 시계(視界)를 제한받는 때나 교량, 유 · 도선장 등의 부근 및 하천 폭이 좁은 구역에서는 속도를 줄여 운항해야 하며, 특히 추진기관이 설치되지 아니한 소형 유 · 도선의 운항에 지장이 없도록 그 운항구역에 접근하지 아니하거나 저속으로 운항해야 한다.
시계 제한	유 · 도선은 시계가 제한된 구역에서 앞쪽에 다른 선박이 있는 경우 왼쪽으로 진로를 변경해서는 아니 된다.
진로 변경	유 · 도선이 다른 선박과 마주칠 때에는 진로를 오른쪽으로 변경해야 한다.
다른 방향 운항 방법	유 · 도선이 다른 선박과 같은 방향으로 운항하는 경우에는 근접하거나 경쟁적으로 운항해서는 아니 된다.
추월 방법	유 · 도선이 다른 선박을 추월하려는 경우에는 추월당하는 선박을 완전히 추월하거나 그 선박에서 충분히 멀어질 때까지 그 선박의 진로를 방해해서는 아니 된다.
횡단 방법	유 · 도선과 다른 선박이 서로 진로를 횡단하는 경우에 충돌의 위험이 있을 때에는 다른 선박을 오른쪽에 두고 있는 선박이 그 다른 선박의 진로를 피해야 한다.
진출입 방법	유 · 도선장 또는 선착장으로 들어오는 유 · 도선은 유 · 도선장 또는 선착장 밖으로 나가는 유 · 도선의 진로를 방해해서는 아니 된다.

정박 방법	유・도선은 사업의 면허 또는 신고 시에 정해진 유・도선장 또는 선착장 외의 장소에 정박하거나 승객을 승선・하선시켜서는 아니 된다.
야간 항해	야간 운항을 하는 유・도선은 운항 및 승객의 승선・하선에 필요한 불빛을 표시해야 한다.
음향신호 의무 선박	선박 길이가 12미터 이상이거나 관할관청이 지정한 유・도선은 기적(汽笛) 또는 호종(號鐘) 등 음향신호를 설치해 다음 각 호의 구분에 따른 방법으로 음향신호를 해야 한다. ① 다른 선박과 서로 시계 내에 있는 경우 오른쪽으로 진로를 변경할 때에는 단음 1회, 왼쪽으로 진로를 변경할 때에는 단음 2회, 후진할 때에는 단음 3회 ② 다른 선박을 오른쪽으로 추월할 때에는 장음 2회 후 단음 1회, 왼쪽으로 추월할 때에는 장음 2회 후 단음 2회 ③ 다른 선박의 주의를 환기하기 위해 필요할 때 단음 5회 이상
조난 시 구조 요청	유・도선이 조난을 당해 구원을 요청하는 경우에는 국제해사기구가 정하는 신호를 해야 한다.

제 5 절 낚시어선 안전관리

1. 서설

(1) 의의

「낚시 관리 및 육성법」은 낚시로 인한 수산자원 남획과 환경오염 및 낚시인의 안전사고 등을 방지하기 위한 제도를 체계화하고 낚시를 건전한 국민 레저활동으로 육성함으로써 농어촌의 발전과 국민의 삶의 질 향상에 기여하기 위해 제정되었다.

(2) 적용 범위

바닷가, 인공적으로 조성된 육상의 해수면, 공공용 수면 및 사유 수면에서 적용한다. 바닷가란 만조수위선(滿潮水位線)과 지적공부(地籍公簿)에 등록된 토지의 바다쪽 경계선 사이를 말한다. 육상의 해수면이란 어업을 목적으로 하여 인공적으로 조성된 육상의 해수면을 말하며, 낚시어선업에 대해서는 「유선 및 도선사업법」을 적용받지 않는다.

(3) 용어의 정리

낚시	낚싯대와 낚싯줄·낚싯바늘 등 도구를 이용해 어류·패류·갑각류 등 수산동물을 낚는 행위
낚시인	낚시터에서 낚시를 하거나 낚시를 하려는 사람
낚시터	낚시가 이뤄지는 바다·바닷가·내수면 등의 장소
낚시터업	영리를 목적으로 낚시터에 일정한 수면을 구획하거나 시설을 설치해 낚시인이 낚시를 할 수 있도록 장소와 편의를 제공하는 영업
낚시터업자	낚시터업을 경영하는 자로서 허가를 받거나 등록한 자
낚시어선업	낚시인을 낚시어선에 승선시켜 낚시터로 안내하거나 그 어선에서 낚시를 할 수 있도록 하는 영업
낚시어선	「어선법」에 따라 등록된 어선으로서 낚시어선업에 쓰이는 어선
낚시어선업자	낚시어선업을 경영하는 자로서 제25조에 따라 신고한 자
미끼	수산동물을 낚기 위해 사용하는 떡밥 등
수면관리자	수면 등을 소유 또는 점용하거나 그 밖의 방법으로 실질적으로 지배하는 자

(4) 기관별 관장 업무

해양경비안전서	① 낚시인 안전관리: 낚시인의 생명과 신체의 안전 확보를 위해 기상 악화 등의 경우 조치명령 ② 출·입항 신고: 낚시어선업자는 승객을 승선하게 하여 항·포구 등에 출·입항을 하려는 경우에는 승선자명부를 첨부해 출·입항신고기관의 장에게 신고해야 함. ③ 출항의 제한: 출·입항신고기관의 장은 기상과 해상상황 등을 고려해 낚시어선업자·선원·승객의 안전을 위해 필요하다고 인정할 때 낚시어선의 출항을 제한 가능
해양수산부	① 낚시 제한 기준 설정: 수생태계와 수산자원의 보호를 위해 낚시로 잡을 수 없는 수산동물의 종류·마릿수·체장·체중 등과 수산동물을 잡을 수 없는 낚시 방법·도구 및 시기 등에 관한 기준 설정 ② 공동영업구역 지정: 해양수산부 장관은 지자체 사이의 협의회에서 공동영업구역에 관한 조정이 이뤄진 경우 그 구역을 공동영업구역으로 지정 ③ 미끼 기준 설정: 미끼의 안전성 확보를 위해 필요한 경우 미끼의 종류별로 특정물질의 함량 기준을 설정 ④ 낚시진흥 기본계획 수립: 낚시 및 낚시 관련 산업의 발전을 위해 5년마다 낚시진흥기본계획을 수립·시행 ⑤ 낚시어선업자 교육 :해양수산부 장관, 시·도지사 및 시장·군수·구청장은 건전한 낚시문화의 조성과 낚시인의 복지 향상을 위한 교육을 실시해야 함.
지방자치단체	① 낚시 제한 기준 설정: 관할 수역의 수생태계와 수산자원의 보호 등을 위해 시·도의 조례로 낚시 제한 기주보다 강화된 낚시 제한 기준을 정할 수 있음. ② 낚시통제구역 지정 및 고시: 수생태계와 수산자원의 보호, 낚시인의 안전사고 예방 등을 위해 일정한 지역을 낚시통제구역으로 지정해 고시할 수 있음.

	③ 낚시인 안전관리: 낚시인의 생명과 신체의 안전 확보를 위해 기상 악화 등의 경우 조치명령 ④ 낚시어선업의 신고 수리: 낚시어선업을 하려는 자는 낚시어선의 대상 · 규모 · 선령 및 설비 등 정하는 요건을 갖춰 해당 낚시어선의 선적항을 관할하는 시장 · 군수 · 구청장에게 신고 ⑤ 안전 운항 등을 위한 조치: 낚시어선의 안전 운항과 사고 방지 및 낚시어선업의 질서 유지를 위해 낚시어선업자에게 지시나 조치를 명할 수 있음.

2. '낚시' 활동 안전관리

제한 기준 및 통제구역 설정	① 낚시 제한구역의 설정: 해양수산부 장관은 수생태계와 수산자원의 보호 등을 위해 낚시로 잡을 수 없는 수산동물의 종류 · 마릿수 · 체장 · 체중 등과 수산동물을 잡을 수 없는 낚시 방법 · 도구 및 시기 등에 관한 기준을 정할 수 있다. ② 낚시 통제구역: 특별자치도지사 · 시장 · 군수 또는 구청장은 수생태계와 수산자원의 보호, 낚시인의 안전사고 예방 등을 위해 일정한 지역을 낚시통제구역으로 지정해 고시할 수 있다.
금지행위	① 수면 등에서의 금지행위: 낚시도구나 미끼를 낚시 용도로 사용하지 아니하고 버리는 행위 및 낚시 제한 기준을 위반해 수산동물을 잡는 행위 ② 유해 낚시도구의 제조 등 금지: 누구든지 수생태계와 수산자원의 보호에 지장을 주거나 수산물의 안전성을 해칠 수 있는 중금속 등 유해물질이 허용 기준 이상으로 함유되거나 잔류된 낚시도구를 사용 또는 판매하거나 판매할 목적으로 제조 · 수입 · 저장 · 운반 또는 진열해서는 아니 된다.
낚시인 안전관리	시장 · 군수 · 구청장 또는 해양경비안전서장은 낚시인의 생명과 신체의 안전을 확보하기 위해 기상 악화 등 경우에는 낚시인에게 다음 각 호의 조치를 명할 수 있다. ① 안전한 장소로의 이동 ② 시장 · 군수 · 구청장 또는 해양경비안전서장이 필요하다고 인정하는 지역의 출입금지

3. '낚시터업' 안전관리

(1) 허가 및 등록

허가	장소	바다, 바닷가, 인공적으로 조성된 육상의 해수면, 내수면의 공유 수면에서 낚시터업을 하려는 자
	허가권자	해당 수면 등을 관할하는 시장 · 군수 · 구청장이 허가
	기타 사항	낚시터업의 허가를 받으면 공유수면의 점용 또는 사용의 허가 및 농업생산 기반시설의 목적 외 사용의 승인을 받은 것으로 봄.
	허가 기준	① 낚시인의 안전과 편의 및 낚시터의 관리에 필요한 시설과 장비를 갖출 것

		② 낚시터를 이용하려는 사람과 낚시어선의 승객 및 선원의 피해를 보전하기 위해 보험이나 공제에 가입할 것 ③ 수생태계와 수산자원의 보호, 수산물의 안전성 보장 및 건전한 낚시문화 조성에 지장을 줄 수 있는 시설이나 장비를 설치하지 아니할 것 ④ 면허를 받은 양식어업 구역의 일정 부분을 이용하는 낚시터업인 경우에는 면허를 받은 양식 어종으로 한정할 것
	유효기간	① 낚시터업 허가의 유효기간은 10년. 다만, 수생태계와 수산자원의 보호 또는 공익사업의 시행 등을 위해 필요한 경우 10년 이내로 가능 ② 유효기간 만료 시 연장을 신청하면 유효 기간이 만료된 다음날부터 매회 10년 이내에서 2회까지 그 기간 연장 가능
등록	장소	사유 수면에서 낚시터업을 하려는 자
	등록권자	해당 수면을 관할하는 시장·군수·구청장에게 등록
	유효기간	① 낚시터업 등록의 유효기간은 10년. 다만, 공익사업을 위해 필요한 경우에는 그 유효기간을 10년 이내로 가능 ② 유효기간이 만료 시 연장을 신청하면 유효기간이 만료된 다음날부터 매회 10년의 기간 내에서 그 기간 연장 가능

(2) 낚시터업자 등의 준수 사항

방류 금지	수생태계의 균형에 교란을 가져오거나 가져올 우려가 있는 어종
수질오염 금지	수질의 한계 기준을 초과한 오염 금지
수생태계 훼손 금지	수생태계 보존의 한계 기준을 초과한 낚시터 수생태계 훼손 금지
준수 사항	① 수산생물의 서식지·산란지의 파괴·훼손 금지 ② 「수산생물질병관리법」에 따라 허가받지 아니한 의약품이나 화학물질의 사용 제한 또는 사용 금지 ③ 그 밖에 수생태계와 수산자원의 보호나 수산물의 안전성 확보를 위해 필요하다고 인정해 고시하는 사항

(3) 휴·폐업 등의 신고

낚시터업자는 다음 각 호의 어느 하나의 경우에는 시장·군수·구청장에게 신고해야 한다.

① 낚시터업을 허가 또는 등록의 유효 기간 내에 폐업하려는 경우

② 3개월을 초과해 휴업하려는 경우

③ 휴업 후 영업을 다시 하려는 경우

④ 휴업 기간을 연장하려는 경우

4. '낚시어선업' 안전관리

(1) 낚시어선업 개관

신고	낚시어선업을 하려는 자는 낚시어선의 대상·규모·선령 및 설비와 어선번호, 어선의 명칭 등을 작성해 낚시어선의 선적항을 관할하는 시장. 군수. 구청장에게 신고하며, 신고한 사항을 변경하고자 하는 경우에도 같다. ※ 변경 사유 발생 시 30일 이내에 신고
신고 요건	① 낚시어선이 「수산업법」 또는 「내수면어업법」에 따라 어업 허가를 받은 어선이거나 관리선으로 지정을 받은 어선으로서 총톤수 10톤 미만의 동력 어선일 것 ② 낚시어선이 선령 20년 이하인 목선이거나 선령 25년 이하인 강선·합성수지선·알루미늄선일 것 ③ 낚시어선에 구명설비, 소화설비, 전기설비 등을 갖출 것
영업구역	낚시어선의 선적항이 속한 시·도지사의 관할 수역으로 한다. 다만, 해양수산부 장관이 연접한 시·도 간 수역에 대해 대통령령으로 정하는 바에 따라 공동영업구역을 지정하는 경우에는 그 공동영업구역과 해당 시·도지사의 관할 수역을 영업구역으로 한다.
승선 정원	① 「어선법」에 따른 어선검사증서에 적힌 최대 승선 인원을 말한다. ② 낚시어선업자는 승선 정원 및 승객 준수 사항을 당해 낚시어선의 갑판실 외벽 등 누구나 볼 수 있는 장소에 게시한다.

(2) 낚시어선업자 등의 안전 운항 의무

낚시어선 안전 운항	낚시어선업자 및 선원은 낚시어선의 안전을 점검하고 기상 상태를 확인하는 등 안전 운항에 필요한 조치를 해야 하며, 승객에게 위해가 없도록 수면의 상황에 따라 안전하게 낚시어선을 조종해야 함.
금지 사항	① 승선 정원을 초과해 승선하게 하는 행위 ② 보호자를 동반하지 아니한 14세 미만의 사람, 정신질환자 등 승선에 부적격한 사람을 승선하게 하는 행위 ③ 그 밖에 낚시어선의 안전 운항에 위해를 끼친다고 인정되는 행위
구명장비 착용	낚시어선업자 및 선원은 안전 운항을 위해 낚시어선에 승선한 승객 등 승선자 전원에게 구명 조끼를 착용하도록 해야 하며, 이 경우 승객이 구명 조끼를 착용하지 아니하면 승선을 거부할 수 있음.
음주 금지	운항자와 승객 모두 선내에서의 음주는 금지됨.

(3) 출·입항 시 안전관리

1) 출항 시 안전관리

출항 신고	낚시어선업자가 출·입항신고기관에 출입항 신고서 제출(승선자 명부를 첨부)

서류 확인	① 출입항 신고서 확인: 연락 두절 등 긴급 상황 발생 대비 장소, 입항 예정 시간 기입 여부 확인 ② 선박검사증서, 선적증서 등 확인 ③ 선원의 자격 및 해기사 면허 등 확인
임검	① 임검요령: 승선자의 범죄 경력, 수상한 거동, 기타 주위의 사정을 합리적으로 판단해 필요하다고 인정되는 경우 출항 직전에 행할 수 있음. ② 확인 사항: 승선자명부와 실제 승선 인원의 일치 여부 및 선내 총기, 도검류, 폭발물 은닉 여부 등 ③ 계도·홍보: 구명조끼 착용 생활화(승선자 전원), 각종 항법 준수 및 안전 운항(낚시어선업자), 주류 반입 및 과도한 음주 자제(승객), 낚시 제한 기준, 낚시통제구역, 승객 준수 사항 등 지자체 고시 및 사고 발생 시 신속한 신고
출항 제한	① 태풍, 강풍, 풍랑, 호우, 대설, 폭풍해일, 지진해일, 주의보 또는 경보 발효 시 ② 안개 등으로 인해 시계가 1km 이내인 경우 ③ 출·입항신고기관의 장이 해상 상황의 급작스런 악화 등으로 인해 낚시어선의 출항이 어렵다고 판단하는 경우
시스템 입력	선박 출·입항관리 종합 정보 시스템에 출항 입력

2) 출항 후 영업 중인 낚시어선 안전관리

기상 상황 모니터링	안전센터별 관내 낚시어선 영업 해역 등 기상 상황 모니터링 실시
기상 악화	낚시어선 및 승객의 안전을 위해 회항 또는 안전한 항·포구로 대피하도록 계도

3) 입항 시

입항신고	입항 신고 접수
임검	입항 선박에 대한 임검은 「선박통제규정」 제1항의 규정에 준함.
시스템 입력	선박 출·입항관리 종합 정보 시스템에서 입항 입력

(4) 낚시어선 안전 운항을 위한 조치

자치단체 조치	시장·군수·구청장은 낚시어선의 안전 운항과 사고 방지 및 그 밖에 낚시어선업의 질서 유지를 위해 특히 필요하다고 인정할 때에는 관할 해양경비안전서장 또는 경찰서장의 의견을 들어 낚시어선업자에게 지시나 조치를 명할 수 있다. ① 영업시간이나 운항 횟수의 제한 ② 영업구역의 제한 또는 영업의 일시 정지 ③ 인명 안전에 관한 설비의 비치 및 관리 ④ 그 밖에 낚시어선의 안전 운항과 사고 방지 및 낚시어선업의 질서 유지를 위해 필요하다고 인정하는 사항

승객 준수 사항 고시 및 조치	① 시장·군수·구청장은 낚시어선의 안전 운항, 승객의 안전사고 예방, 수질오염의 방지 및 수산자원의 보호 등을 위해 낚시어선의 승객이 준수해야 하는 사항을 정해 고시해야 한다. ② 낚시어선업자 또는 선원은 안전 운항을 위해 낚시어선에 승선한 승객에게 다음 각 호의 준수 사항 이행을 위한 조치할 수 있다. 이 경우 낚시어선의 승객은 낚시어선업자 또는 선원의 조치에 협조해야 한다.
사고 발생 시 보고	낚시어선업자 또는 선원은 사고 발생 시 인접 시장·군수 또는 해양경비안전서장에게 지체없이 보고한다. 보고를 받은 시장·군수 또는 해양경비안전서장은 상부에 보고하고, 인명구조활동 등 사고 수습을 위해 필요한 조치를 해야 한다. ① 승객이 사망하거나 실종되었을 때 ② 충돌, 좌초 기타 낚시어선의 안전 운항에 영향을 미치거나 미칠 우려가 있는 사고가 발생했을 때
낚시업자 교육	① 낚시터업자와 낚시어선업자는 낚시인의 안전과 수산자원의 보호 등을 위해 해양수산부 장관이 실시하는 전문교육을 받아야 한다. ② 해양수산부 장관, 시·도지사 및 시장·군수·구청장은 건전한 낚시문화의 조성과 낚시인의 복지 향상 등을 위한 교육·홍보를 적극적으로 실시해야 한다. ③ 낚시어선업자는 선원이 전문교육을 이수하는 데에 필요한 조치를 하고, 전문교육을 이수하지 아니한 선원을 근무하게 해서는 아니 된다.

(5) 기타 안전관리 사항

선박 출·입항 관리 종합 시스템 운용 (출입항 업무를 처리하는 장비)	① 통계 현황: 낚시어선 현황(톤수별), 출·입항(척수, 인원 수), 사고 사례, 단속 실적, 홍보 실적 ② 관리 요령 (a) 안전센터(출장소 포함): 출·입항 안전관리 현황 등 자료 수시 입력 (b) 해양안전과: 수시·정기적인 모니터링 및 자료 입력
사고이력 선박 특별관리	① 지역별 사고 선박 관리를 위한 데이터베이스 구축 ② 낚시어선 관련 모든 사건·사고 자료 통계(선박 제원, 사고 유형, 사고 원인, 사고 개요 등) ③ 선박 출·입항관리 종합 정보 시스템 활용
안전 운항 위해 요소 발굴	① 경비함정: 낚시어선 영업·운항 해역 위해 요소 발굴 ※ 낚시영업구역 또는 해역 내 항로지정 해역, 간출암(干出岩: dry rock) 등 위해 요소 파악 ② 안전센터: 평시(낚시어선 임검, 순찰 등) 낚시어선업자 대면시 안전 운항 위해 요소 발굴 ③ 해양안전과: 경비함정, 안전센터(출장소 포함)의 의견을 정기적으로 수렴 해결을 위한 노력 필요(관계 기관 통보)

제 6 절 해수욕장 안전관리

1. 개요

(1) 해수욕장 안전관리 개념

「해수욕장의 이용 및 관리에 관한 법률」 제24조 및 같은 법 시행령 제11조에 따른 「해수욕장 안전관리에 관한 지침」(국민안전처지침) 제4조에 관리청에서 안전관리계획을 수립하도록 명시되어 있는데, 이 계획의 내용이 안전관리를 포함하고 있다.

① 해수욕장 위험성 평가 및 위험구역 설정・게시
② 해수욕장 안전시설 정비 및 확충
③ 해수욕장 안전관리요원 확보・운영
④ 유관 기관 및 민간단체와의 협력 구축
⑤ 대(對)국민 해수욕장 안전 홍보
⑥ 그 밖에 관리청이 안전사고 예방 및 대응을 위해 필요하다고 인정하는 사항

(2) 해수욕장 안전관리 주체

① 해수욕장 관리는 그동안 수질・환경관리는 지자체, 백사장 치안은 육상경찰, 해수욕장 치안 및 구조 업무는 해양경찰에서 관리해 왔다.
② 그러나, 2014년 12월 「해수욕장 이용에 관한 법률」이 제정되면서 해수욕장의 치안을 제외한 모든 업무를 지자체에서 수행, 집행하도록 되어 있다.
③ 해양경찰과 소방은 협업 부서로 지원 업무를 하도록 법령에 규정되어 있으나, 지자체의 여건을 감안해 해수욕장 안전관리・인명구조・인명구조요원의 교육 등을 담당하고 있다.

(3) 해수욕장 안전관리 지침 관련 주요 내용

구분	대상	내용
관계 기관 협업	해양경비안전서, 소방관서, 경찰서	① 인명구조를 위한 안전관리요원 및 수상구조장비 지원 ② 치안 및 질서 유지를 위한 인력 지원 ③ 그 밖의 사고 예방에 필요한 사항에 대한 인력 및 장비 지원
안전관리자 지정	관리청	① 해수욕장 안전관리계획 이행관리 ② 해수욕장 안전시설, 구조장비 확보 및 운영 및 점검 ③ 해수욕장 안전관리 요원 교육·훈련, 배치·운영, 복무관리 ④ 해수욕장 안전사고 대응 및 재발 방지대책 ⑤ 그 밖에 관리청이 지정한 사항
위험성 평가	관리청	① 해조 급경사면, 웅동이, 갯골, 암초, 갯바위 등 위험지역 조사 ② 안전 저해시설 여부 조사 ③ 안전시설 설치 규모 및 위치 판단 ④ 안전관리요원 인원 및 배치 위치 판단 ⑤ 과거 사망사고 발생 장소, 안전사고 다발지역에 대한 조사 및 대책 ⑥ 그 밖에 관리청이 안전관리를 위해 조사가 필요하다고 인정하는 사항
사고 대응 매뉴얼	관리청	① 익수사고 ② 수상레저기구 사고 ③ 백사장 응급환자 발생 ④ 그 밖에 관리청이 매뉴얼 수립에 필요하다고 인정하는 사항
상황 통보	관리청 → 관할 시·도지사, 지방해수청장, 해양경비안전서장, 경찰서장	① 즉시보고: 사망·실종 사고 발생 시점으로부터 3시간 이내 ② 최종보고: 즉시보고 후 현장 확인 결과 등 정확한 사망 원인 확정 후 24시간 이내

2. 해수욕장 안전관리 활동

해수욕장 개장 전	① 지자체와 협력해 해수욕장 개장 전 위험 개소 파악 ② 인명구조요원 적정 배치 여부에 대한 점검 ③ 해수욕장 개장 전, 수영객 안전사고 예방 순찰
해수욕장 개장 후	① 인명구조정 및 인명구조요원을 해수욕장 외곽 안전선에 배치 ② 안전선 밖으로 이탈하는 해수욕객 안전관리 ③ 안전사고 발생 시 안전하고 신속한 구조활동
해수욕장 폐장 후	① 해수욕장 폐장 후, 입수자 관리활동 ② 해상기상 불량 시 입수 통제 및 사고 예방을 위한 순찰활동 ③ 백사장 관광객 안전관리를 위한 순찰활동

3. 기타 물놀이사고 예방활동

① 청소년은 성인에 비해 물놀이의 위험성에 대해 경각심이 부족하고 상황 대처 능력도 부족하다. 이로 인해 매년 내수면 및 해수욕장에서 꾸준히 청소년 물놀이 안전사고가 발생하고 있다.

② 청소년과 교사 및 공무원을 대상으로 바다캠프 및 해양사고 발생 시 대처 요령 등에 대해 설명하고 정기적으로 물놀이 안전수칙, 심폐소생술, 해양 기초지식, 외상사고 처치, 생존 수영과 선내 비상 대피 실습, 구명뗏목 진수 및 탑승 요령 등 다양한 안전교육 프로그램을 진행하고 있다.

제 4 편

해양경찰 수사론

제 1 장 해양경찰 수사 개관

제 1 절 해양경찰 수사의 의의 및 법적 근거

1. 의의

① 지난 1953년 창설된 해양경찰은 변화하는 해상치안 환경에 능동적으로 대응하기 위해 많은 노력과 발전을 거듭해 왔으며, 그중 해양경찰 수사 기능은 국민의 생명과 신체·재산을 보호하며 범죄를 예방·진압하는 사법경찰기관으로서 육상경찰과 동등한 위치의 법집행기관으로 자리매김하고 있다.

② 해양경찰은 그동안 「정부조직법」에 '해양에서의 경찰'로 그 임무가 명시되어 기본적으로 해양과 관련된 범죄를 취급해 왔으나, 2014년 11월 19일 정부조직 개편 시 '해상에서 발생한 사건에 관한 수사사무'로 수사의 범위가 「정부조직법」에 명시되었으며, 인력의 일부가 행정안전부 소속 경찰청으로 이체되었고, 경찰청에서 해양 관련 범죄 중 일부를 관장하고 있다.

③ 해양경찰의 기본적인 임무는 해양에서의 질서 유지, 해양범죄 수사, 대국민 서비스 활동으로 나눌 수 있으며, 이 중 해양범죄 수사는 수사경찰 활동으로 해양경찰 활동의 핵심적 임무 중 하나이다. 그러나 해양범죄 수사권이

육상경찰과 이원화되어 있어 범죄 예방과 범죄 진압 활동의 효율성이 떨어지고 있다. 외국의 경우에도 해양범죄는 해상 치안기관으로 일원화되어 있다. 우리나라에서도 해양범죄 수사권의 일원화를 통해 해양에서 국민의 생명과 재산 보호의 효율성 제고가 요구되고 있다.

※ 외국의 해양수사권 사례

① 일본의 경우 「해상보안청법」 제2조 임무에 해상에서의 범죄 예방 및 진압, 해상에서의 범인 수사 및 체포로 규정되어 있으며, '해상범죄'에 대해서는 「범죄수사규칙」 제2조 제9호에 "해상에서 행해져 또는 시작되어 또는 해상에 미치는 범죄"라고 정의하고 있다.

② 미국의 경우 「미국연방법」 제2조(Title 14§ 89) "미국 관할권에 속하는 공해(high seas)와 수역(waters)에서 미국 법령의 위반 범죄의 예방, 적발 및 퇴치를 위해 질의(inquities), 심사(examimation), 검사(insprction), 수색(searchs), 압류(seizures) 그리고 체포(arrests)를 행사할 수 있다."며 그 범위를 정하고 있다.

2. 법적 근거

「형사소송법」	① 제195조: 검사는 범죄의 혐의 있다고 사료하는 때에는 범인, 범죄 사실과 증거를 수사하여야 한다. ② 제196조: 사법경찰관은 범죄의 혐의가 있다고 인식하는 때에는 범인, 범죄 사실과 증거에 관하여 수사를 개시·진행하여야 한다. ③ 기타: 수사에서의 준수 사항, 강제수사 절차, 고소·고발, 피의자 신문, 변호인 참여 및 전문수사 자문위원 등을 규정하여 수사에 관한 원칙을 기술함으로써 수사 활동을 실행함에 있어 가장 기본이 되는 법이라 할 수 있다.
「경찰관 직무집행법」	이 법은 국민의 자유와 권리를 보호하고 사회 공공의 질서를 유지하기 위한 경찰관의 직무 수행에 필요한 사항을 규정함을 목적으로 한다. ① 국민의 생명·신체 및 재산의 보호 ② 범죄의 예방·진압 및 수사 ③ 경비, 주요 인사 경호 및 대간첩·대테러작전 수행 ④ 치안정보의 수집·작성 및 배포 ⑤ 교통 단속과 교통 위해의 방지 ⑥ 외국 정보기관 및 국제기구와의 국제 협력 ⑦ 그 밖에 공공의 안녕과 질서 유지 등이 있으며, 경찰관의 직권은 그 직무 수행에 필요한 최소한도에서 행사되어야 하며 남용되어서는 아니 된다고 규정하고 있다.
수사준칙	「형사소송법」 제196조 제3항에서는 "사법경찰관리는 검사의 지휘가 있는 때에는 이에 따라야 한다. 검사의 지휘에 관한 구체적 사항은 대통령령으로 정한다."고 규정하고 있는데, 여기서 말하는 대통령령이 「검사의 사법경찰관리에 대한 수사지휘 및 사법경찰관리의 수사준칙」으로 이러한 수사준칙의 제정 목적은 검사의 수사지휘에 관한 사항과 사법경찰관리의 수사에 관한 직무상의 준칙을 규정함으로써 수사 과정에서 국민의 인권을 보호하고, 수사절차의 투명성과 수사의 효율성을 보장하고자 함에 있다.

행정규칙	수사에 대한 행정규칙 중 가장 기본이 되는 규칙은 「범죄수사규칙」이다. 「범죄수사규칙」은 경찰공무원이 범죄를 수사할 때 지켜야 할 마음가짐, 수사의 방법과 절차 그 밖에 수사 전반에 관해 필요한 사항을 정함으로써 수사사무의 적정한 운영을 기함을 목적으로 하고 있다. 「범죄수사규칙」 외 국민안전처의 수사와 관련된 수사규칙은 ① 수사 절차와 관계된 규칙, ② 수사행정과 관련된 규칙, ③ 수사 인사와 관련된 규칙, ④ 인권 보호 관련 규칙 등이다.

제 2 절 해양범죄의 특성

1. 의의

해양범죄가 일반범죄와는 구별되는 특수성은 우선 해양범죄의 발생 장소가 되는 해양이라는 지리적·물리적 특성에 기인하고 파도, 바람, 조류 등 환경적 요인으로 인한 고유한 특성이 있다. 이러한 해양범죄의 특성은 증거 멸실, 목격자 확보 곤란 등으로 실체적 진실 발견의 장애 요소가 되기도 한다.

2. 내용

격리 · 소외성	바다는 선박 등 운송 수단 없이 접근이 곤란하며, 조업 등 외에는 사람의 왕래가 빈번하지 않아 육지에 비해 관심이 떨어진 성향을 보이고 있어 은폐되거나 시간이 경과한 후에 발견되는 경향을 보이고 있다.
신속 대응 곤란성	사건, 사고 발생 시 육지의 경우 차량을 이용해 즉각 대응이 가능하지만 바다의 경우 선박을 이용해야 하며, 기상이 불량할 경우 접근이 곤란하여 신속한 대응이 곤란한 성향을 가지고 있다.
증거 확보 곤란성	바다에서 사건이 발생할 경우, 바닷물의 흐름에 의해 증거물 확보가 곤란하며, 바다를 범행의 장소 또는 범죄 은닉의 장소로 사용되는 경우에는 범죄의 인지, 발견 및 목격자의 확보가 곤란하다.
광활 · 위험성	해상에서 발생한 범죄는 실행의 착수 지점과 결과 발생 지점이 일치하지 않고 넓은 바다를 대상으로 이뤄지는 경향이 있으며, 기상 여건에 따라 때로는 위험한 환경에 놓이는 경향이 발생해 범죄 대응활동을 곤란하게 하는 경향이 있다.
수용 · 자정성	바다는 외부로부터 들어오는 오염물질 등을 그대로 받아들이고 이를 스스로 깨끗하게 처리하는 자정(自淨) 능력이 있고 이는 범죄의 증거 확보를 어렵게 만든다. 그리하여 해양의 수용 · 자정성은 일반적 과학수사 기법과 다른 해양만의 특수한 과학적 수사기법의 개발과 그에 따른 전문적인 수사기법의 개발이 필요하다.

선박 이용성	해상으로 나아가기 위해 선박 이용이 필수적이다. 해상에서 자행되는 불법행위는 모두 선박을 수단으로 이용하고 발생하고 있다. 또한 선박은 자동차에 비해 활용 및 접근이 어려워 선박 안의 범인을 검거하거나 검거된 범인을 구인하기가 용이하지 않다.

제 3 절 해양경찰과 육상경찰의 수사 업무 구분

1. 의의

① 정부조직 개편으로 해양경찰의 수사 관할은 "해상에서 발생한 사건의 수사에 관한 사무"로 명시하고 있다. 그러나 하부 법령에 관할에 대한 정의가 규정되어 있지 않아 논란이 일고 있다.

② 범죄는 이동성을 가지고 있으므로 실행의 착수가 육지나 바다에서 시작되어도 결과가 육지에서 발생하거나 또는 해상에서 발생할 수도 있어 관할을 해상과 육상으로 일률적으로 나눠 규정하기에는 현실적으로 곤란하다. 이러한 문제점을 해결하기 위해 해양경찰과 육상경찰은 협의를 통해 관련 사건의 기준을 정한 바 있다.

③ 물론 이를 통해 모든 혼란이 해결되었다고 보기는 어렵다. 범죄는 발생과 결과가 동일한 장소에서 일어나지 않는 경우가 많으며, 육상과 해상을 경유해 발생하는 경우도 많이 있다. 또한 최근 해양범죄는 전문적이고 지능적인 수단과 방법이 동원되는 추세에 있으므로 현재 이원화되어 있는 해양범죄 수사권을 전문성을 가진 해양경찰로 일원화하는 것이 해양범죄로부터 국민의 생명과 재산을 지키고 행정의 효율성을 달성하는 첩경이라고 생각한다.

2. 해양경찰과 육상경찰의 처리 사건 구분

구분	해양경찰 사건	육상경찰 사건
기준	해상에서 발생한 사건	육상에서 발생한 사건

사건 예시	① 해양 불법 투기・매립・해양오염 ② 선상 살인・상해・폭력행사, 해양에서 선박 충돌 도주 후 육상 검거 ③ 대교 위에서 바다로 투신 자살 ④ 해양에서 불법조업 어선, 선박 기름 불법 유출, 여객선 충돌 도주, 선박 운항 중 양식장 손괴, 면세유 급유선 불법 유통한 선박 등 현장 검거 ⑤ 조업 중 화재 발생 어선 ⑥ 수상 오토바이 무면허 운전 ⑦ 어선 등 주취 운항자 검거 ⑧ (접근성 고려) 해수와 접촉이 없는 갯바위・해안으로부터 원거리 갯벌에서 발견된 변사자, 연육가가 설치되지 않은 도서 해변에서 발생된 변사자 ⑨ 부두, 항・포구에 계류 정박 중인 선박에서 발생한 절도, 폭력, 화재 등 ⑩ 금어기에 해상에서 대게・꽃게를 포획하는 행위	① 수협 직원 및 어업인의 횡령・배임: 수협 금전, 어촌계금, 국고보조금 횡령 ② 염전 등 육상지역에서의 수산 종사자 인권 유린 ③ 불법 밀입자가 해양 경유해 육상에서 검거 ④ 밀수품 해양 경유하여 육상에서 검거 ⑤ 해수욕장에서 발생한 성추행범 검거, 해수와 접촉이 없는 해수욕장, 방파제 변사자 ⑥ 부두 해안가에 계류되어 있던 해상파이프 절도범 추적 후 육상 검거 ⑦ 부두가 하역 중 발생한 비산먼지로 인한 민원 사건 ⑧ 어업 종사자 면세유 불법 유통 ⑨ 금어기에 활대게를 육상에서 소지・유통・가공・보관・판매하는 행위

제 2 장 해양경찰 수사 기초이론 및 활동

제 1 절 수사의 개념

1. 서설

해양경찰공무원은 「형사소송법」상 일반사법경찰권을 가지고 육상경찰과 동일한 조건에서 수사활동을 하고 있으므로, 수사의 일반적인 기초 이론을 통해 해양경찰 수사활동의 개념을 살펴보고자 한다.

(1) 일반적 의의

① 형사사건에 관해 수사기관의 공소의 제기 및 유지를 위한 준비 절차로 범죄사실을 탐지하고, 범인을 검거·조사하며, 증거를 수집·보전하는 일련의 활동을 말한다.

② 궁극적으로 국가형벌권을 유효하고 적절하게 행사하기 위한 것이다.

③ 수사는 주로 공소 제기 전에 행해진다.

④ 불기소처분에 의해 종결되는 경우도 수사이다.

(2) 형식적 · 실질적 의의의 수사

형식적 의의	① 수사의 수단과 방법을 선택하는 절차적인 측면에서 수사한다. ② 합법성을 요구한다. ③ 인권 보장과 공공 복리의 조화를 추구한다.
실질적 의의	① 범행의 목적과 내용에 대한 실체적 측면에서 수사한다. ② 합리성을 요구한다. ③ 실체적 진실 발견을 추구한다.

2. 수사의 시간적 범위 및 목적

시간적 범위	시기	① 수사는 범죄 혐의가 있다고 사료될 때 개시된다. ② 범죄 혐의 유무를 확인하는 단계인 내사, 불심검문, 변사체 검시 등은 수사가 아니다.
	종기	① 수사는 주로 공소 제기 전에 이뤄진다. ② 다만, 공소 제기 후에 공소 유지를 위한 준비행위로서 행해질 수 있다.
목적	① 주로 공소 제기 여부를 결정하는 목적으로 한다. ② 공소 제기 후, 양형 또는 소송 조건의 존부에 대한 조사활동도 수사에 해당된다. ③ 불기소 처분에 의해 종결되는 경우도 수사이다. ④ 궁극적으로 국가형벌권의 유효 적절한 행사를 위한 것이다.	
성격	① 탄력성, 임기응변성, 기동성 ② 합목적성의 요청 ③ 법률적 색채의 미약 ④ 당사자주의적 관념의 희박 ⑤ 대상의 다양성과 불예측성	

3. 수사의 지도 원리

실체적 진실주의	① 공소권 행사의 적정과 형사재판의 공정을 위해 범죄 사실의 진상 파악 요청 ② 임의성 없는 자백의 증거 능력 배척
무죄 추정의 법리	형사 절차에서 피의자는 유죄 판결이 확정될 때까지 무죄로 추정
필요 최소한도의 법리	수사의 조건에 대한 이론적 근거이며 실정법상 수사 비례의 원칙으로 나타남.
적정 절차의 원리	형사절차 전체의 기본 원리이며, 인권 보장의 기초 원리로서 수사 절차에서 더욱 강조

4. 수사의 조건

의의		수사의 조건이란 수사 개시의 조건과 수사 실행의 조건, 즉 수사권의 발동・행사에 관한 조건을 말하는 것으로 탄핵주의 소송구조 하에서 강조된다.
수사의 일반적 조건	수사의 필요성	① 수사는 수사의 목적을 달성함에 필요한 경우에 한해 허용된다. ② 임의수사: 피의자 신문, 참고인 조사, 감정・통역・번역의 위촉 등은 '수사에 필요한 때'에 한해 허용된다. ③ 강제수사: 체포의 필요성, 구속의 필요성, 압수・수색・검증의 필요성이 조건이 된다. ④ 일반적 소송조건: 소송조건이 결여되면 처음부터 공소 제기의 가능성이 없어지므로 수사의 필요성도 부인된다고 보아야 한다.
	수사의 상당성	① 수사의 상당성은 강제수사의 경우에 특히 강조된다. 수사의 목적을 달성함에 필요한 최소한도 내에서만 허용되어야 하며, 수사의 결과에 의한 이익과 수사로 인한 법익 침해가 부당하게 균형을 잃어서는 안 된다. 이것을 수사 비례의 원칙이라 한다. ② 수사의 방법이 사회 통념상 상당하다고 인정되어야 하는데, 범의(犯意) 유발형 함정수사는 수사의 상당성을 결여한다.
	수사의 조건과 범죄 혐의	범죄의 혐의라 함은 범죄 사실 존재의 개연성을 말한다. 이는 주관적 혐의와 객관적 혐의로 구분할 수 있으며, 전자는 수사기관이 범죄의 혐의를 주관적으로 인정한 경우이고, 후자는 범죄의 혐의가 증거에 의해 객관적으로 뒷받침되는 경우이다.
수사 개시의 조건		① 수사기관이 범죄 수사를 개시하려면 주관적인 혐의로도 족하다. ② 구체적인 사실에 근거해 주위의 사정을 합리적으로 판단해 범죄의 혐의 유무를 결정해야 한다.
피의자 체포・구속 조건		피의자 체포・구속 시에는 증거에 의해 어느 정도 뒷받침되는 객관적인 혐의점이 있어야 한다.

5. 범죄 수사의 원칙

(1) 범죄 수사의 3대 원칙(3S)

신속 착수의 원칙 (Speedy initiation)	신속히 착수해 죄증(罪證)이 인멸되기 전에 수사를 수행, 종결해야 한다.
현장 보존의 원칙 (Scene preservation)	현장을 잘 보존하고 관찰해야 한다(범죄 현장은 증거의 보고).
공중 협력의 원칙 (Support by the public)	수사는 공중으로부터 신고나 협조를 얻어야만 범죄 수사를 성공적으로 이끌어 낼 수 있기 때문에 평소 시민들로부터 협조를 얻을 수 있도록 노력해야 한다.

(2) 범죄 수사의 기본 원칙

임의수사의 원칙	① 수사는 상대방의 동의와 승낙을 받아서 행하는 임의수사를 원칙으로 하고 강제수사는 「형사소송법」에 특별한 규정이 있는 경우에 한해 예외적으로 허용한다. ② 무죄 추정의 법리 또는 필요 최소한도의 법리의 제도적 표현이기도 하다.
수사 비례의 원칙	① 수사의 결과에 따른 이익과 수사로 인한 법익 침해가 부당하게 균형을 잃어서는 안 된다. ② 강제수사와 임의수사에 공통적으로 요구된다.
수사 비공개의 원칙	① 수사의 개시와 실행은 공개하지 않는다는 원칙이다. ② 범인의 발견, 검거 또는 증거의 발견·수집·보전을 위해 요구되며, 피해자·참고인·피의자 등 관계자의 개인적인 비밀, 사생활, 명예 등 인권의 보호를 위해서도 요청된다.
자기부죄 강요 금지의 원칙	① 「헌법」은 자기부죄 거부의 특권을 명시하고, 「형사소송법」은 피의자의 진술거부권을 보장한다. ② 피의자 등에 대한 고문의 절대적인 금지를 요한다.
강제수사 법정주의	「형사소송법」 등에 특별한 규정이 있는 경우에만 예외적으로 강제수사가 가능하다.
영장주의	① 「헌법」상의 원칙으로 수사기관의 강제처분에 관해서는 영장주의가 원칙이다. ② 다만 엄격한 요건하에서 영장주의 예외가 일부 허용한다.
제출인 환부의 원칙	수사기관이 압수물을 환부할 때는 제출인에게 환부함을 원칙으로 한다.

(3) 범죄 수사상의 준수 원칙

선증후포의 원칙	개인의 기본적 인권 보장의 개념에 근거한 원칙으로서 범인을 확인할 수 있는 증거를 수집한 다음에 범인을 체포해야 한다는 원칙이다.
법령 준수의 원칙	수사를 할 때는 「형사소송법」·「범죄수사규칙」 등의 관계 법령과 규칙을 준수함으로써 개인의 자유와 권리를 부당하게 침해하는 일이 없도록 주의한다.
민사사건 불관여의 원칙	수사는 형사사건에 한해 행해져야 하며, 순수한 민사사건에 관해서는 수사권이 발동되어서는 안 된다.
종합수사의 원칙	수사를 할 때는 모든 정보자료를 종합해 상황을 판단하는 동시에 모든 지식과 기술을 활용하고 또한 수사관 개개인의 공명심에 치우치는 일이 없이 언제나 체계 있는 조직력에 의해 수사를 종합적으로 진행하도록 해야 한다.

(4) 수사 실행의 5원칙

수사자료 완전 수집의 원칙	수사를 할 때에는 자료를 완벽히 수집해야 한다는 원칙으로 여죄 여부, 동일 내지는 유사 수법의 유무, 지리적 연계성 등 가능한 모든 주변 자료를 수집해 수사해야 된다는 원칙이다.

수사자료 감식・검토의 원칙	과학수사 방법을 통해 수집된 자료를 무조건 맹신하지 말고 면밀히 검토해 사실과 부합되는지 혹은 불합리하거나 납득이 가지 않는 것은 없는지 섬세하게 검토하고 적용해야 한다는 것이다.
적절한 추리의 원칙	수사자료의 감식・검토로 문제점이 명확히 추출되었으며, 적정한 추리로써 문제의 해결 방법을 찾아야 한다는 원칙으로 합리적인 판단에 대한 원칙이다.
검증적 수사의 원칙	여러 가지 추측 하에서 과연 어느 추측이 정당한 것인가를 모든 각도에서 검토하라는 원칙이다.
사실판단 증명의 원칙	수사는 수사관 자신의 주관적 판단에 의해 사실을 판단해서는 아니 되며, 객관적으로 그 사실에 대한 판단이 공정하며 어느 쪽에도 치우침이 없이 실체적 진실 규명에 다가가야 한다는 원칙이다.

6. 수사기관

<table>
<tr><td>의의</td><td colspan="3">법률상 범죄 수사의 권한이 인정되어 있는 국가기관을 말한다.</td></tr>
<tr><td>검사</td><td colspan="3">검사는 수사기관임과 동시에 소추기관이기도 하다. 검사는 수사의 주체로서 수사의 주도적인 주재자로서의 지위를 갖고 있다.</td></tr>
<tr><td rowspan="3">사법
경찰
관리</td><td rowspan="2">일반사법
경찰관리</td><td>사법경찰관</td><td>수사관, 경무관, 총경, 경정, 경감, 경위: 수사를 개시・진행</td></tr>
<tr><td>사법경찰리</td><td>경사, 경장, 순경: 수사를 보조</td></tr>
<tr><td>특별사법
경찰관리</td><td colspan="2">법률상 당연히 사법경찰관리의 권한이 있는자와 검사장의 지명에 의해 사법경찰관리로서의 권한이 인정되는 자로서 지정된 구역과 직무 범위 내에서만 수사가 가능하다.</td></tr>
</table>

제 2 절 수사경찰 활동

1. 수사의 단계

(1) 수사 개시 이전

<table>
<tr><td>내사</td><td>① 내사(內査)란 수사의 전 단계라 할 수 있으며, 신문・출판물・방송・인터넷・익명의 신고 또는 풍문 등에 범죄의 혐의 유무를 조사해야 할 가치가 있는 내용이 있을 경우 그 진상을 밝히기 위해 입건하지 아니하고 조사하는 단계를 말한다. 즉, 입건 전의 단계이다.
② 조사 결과 범죄 혐의가 있고 입건의 필요와 가치가 있는 때에는 수사 개시의 단서가 되므로 범죄인지보고서를 작성해 입건하고, 범죄 혐의가 없거나 입건할 필요가 없을 때에는 내사 종결한다.</td></tr>
</table>

(2) 수사활동

<table>
<tr><td>입건</td><td>① 수사기관이 사건을 수리해 수사를 개시함을 입건이라고 하는데, 입건 이후에는 혐의자가 피의자로 불리게 된다.
② 실무상으로는 범죄사건부에 사건을 기재하고 사건번호를 부여하는 단계를 말한다.
③ 입건은 인지, 고소·고발의 접수, 검사의 수사 지휘 등이 있을 때에 한다.</td></tr>
<tr><td>수사의 실행</td><td>① 사건이 수리되면 수사를 실행하게 된다.
② 수사해야 할 사항은 범인, 범죄사실, 증거 수집 등이다.
③ 구속사건은 구속한 날부터 10일 이내, 고소·고발 사건은 수리한 때로부터 2개월 이내에 수사를 완료해야 한다.</td></tr>
<tr><td>사건 송치</td><td>① 사건의 진상을 어느 정도 파악해 구체적인 법령의 적용이 가능하고 검사에게 처리 의견을 제시할 정도가 되면 수사를 종결하게 되는데, 수사를 종결할 때에는 경찰관서장의 지휘를 받아 사건을 모두 관할 지방검찰청검사장 또는 지청장에게 송치해야 한다.
② 공소를 제기할 수 없음이 명백한 경우에도 마찬가지이다.
③ 사건을 송치했을 때에는 3일 이내에 피해자, 고소인 또는 고발인에게 그 사실을 통지해야 한다.</td></tr>
<tr><td>송치 후 수사와 추송</td><td>① 사건 송치 후라도 항상 그 사건에 주의해 새로운 증거의 수집 및 참고 사항의 발견에 힘써야 하며, 새로운 증거물 등을 입수했을 때에는 신속히 추송해야 한다.
② 사건 송치 후에 당해사건에 속하는 피의자의 여죄를 발견했을 때에는 검사의 지휘를 받아 신속히 그 수사를 행하고 이를 추송해야 한다.</td></tr>
</table>

(3) 수사의 종결

<table>
<tr><td colspan="2">의의</td><td colspan="2">① 수사는 공소 제기 여부를 판단할 수 있을 정도로 범죄의 혐의가 명백하게 되었거나 또는 수사를 계속할 필요가 없는 경우에 종결한다.
② 현행법상 수사의 종결권은 검사에게만 인정되며 사법경찰관은 수사의 종결권이 없다. 다만, 즉결심판의 경우는 예외이다.</td></tr>
<tr><td rowspan="3">종결형식</td><td>공소 제기</td><td colspan="2">수사 결과 피의사건에 관해 범죄의 객관적 혐의가 충분하고 소송 조건 및 처벌 조건을 구비해 유죄의 판결을 얻을 수 있는 경우에 검사는 공소를 제기한다.</td></tr>
<tr><td rowspan="2">불기소 처분</td><td>협의의 불기소 처분</td><td>① 혐의 없음: 피의사실이 인정되지 아니하거나 피의 사실을 인정할 만한 충분한 증거가 없는 경우 또는 피의 사실이 범죄를 구성하지 아니하는 경우
② 죄가 안 됨: 피의 사실이 범죄 구성 요건에는 해당하나 위법성 조각사유나 책임 조각사유가 있어 범죄를 구성하지 아니하는 경우
③ 공소권 없음: 피의 사실에 대해 소송조건이 결여된 경우나 형면제 사유가 있는 경우
④ 각하: 고소·고발 사건에서 혐의 없음·죄가 안 됨·공소권 없음 사유가 있음이 명백한 경우</td></tr>
<tr><td>기소 유예</td><td>피의사건에 대해 범죄의 혐의가 인정되고 소송 조건이 구비되었으나 범인의 연령, 성행, 지능과 환경, 피해자에 대한 관계, 범행의 동기·수단의 결과, 범행 후의 정황 등을 참작해 공소를 제기하지 아니하는 경우를 말한다.</td></tr>
</table>

		공소 보류	검사는 「국가보안법」의 죄를 범한 자에 대해 「형법」 제51조의 사항을 참작해 공소 제기를 보류할 수 있으며, 공소 보류를 받은 자가 공소의 제기 없이 2년을 경과한 후에는 소추할 수 없다.
		기소 중지	피의자의 소재가 판명되지 않은 경우이다. 기소중지는 잠정적인 수사종결이라는 점에서 협의의 불기소처분과 구별된다.
		참고인 중지	검사가 참고인·고소인·고발인 또는 같은 사건의 피의자의 소재 불명으로 수사를 종결할 수 없는 경우 그 사유가 해소될 때까지 하는 처분이다.
	타관 송치	검사는 사건이 그 소속 검찰청에 대응한 법원의 관할에 속하지 아니한 때에는 사건을 서류·증거물과 함께 관할 법원에 대응하는 검찰청의 검사에게 송치해야 한다.	
불복		검사의 불기소 처분에 대한 고소인 또는 고발인의 불복 수단으로는 검찰 항고, 재정 신청, 헌법소원이 있다.	

2. 수사의 단서

(1) 의의와 내용

의의	수사의 단서라 함은 수사를 개시할 수 있는 자료를 말한다.
내용	「형사소송법」은 현행범인 체포, 변사자 검시, 고소·고발·자수 등을 규정하고 있고, 「범죄수사규칙」에서는 이에 한하지 않고 피해 신고, 불심검문, 밀고, 투서, 소문, 언론의 보도 등도 모두 수사의 단서가 됨.
구분	① 수사기관의 체험에 의한 단서: 현행범인의 체포, 변사자 검시, 불심검문, 신문, 출판물, 풍설 등 ② 타인의 체험에 의한 단서: 고소, 고발, 자수, 피해 신고, 투서 등

(2) 종류

1) 범죄첩보

① 의의: 범죄첩보라 함은 수사첩보의 한 내용으로서 대상자, 혐의 내용, 증거자료 등이 특정된 내사 단서자료(범죄내사첩보)와 범죄 관련 동향(범죄동향첩보)을 말한다.

※ 기획첩보라 함은 범죄첩보 중 일정 기간 집중적으로 수집이 필요한 내사 단서 자료 및 동향을 말하며, 각 경찰관서 수사부서의 장은 소속 관서의 경찰공무원에게 한시적·단편적·지역적 사안에 대해 기획첩보를 수집하도록 요구할 수 있다.

② 특징

시한성	범죄첩보는 시간이 경과함에 따라 가치가 감소한다.
가치변화성	범죄첩보는 수사기관의 필요성에 따라 가치가 달라진다.
결합성	범죄첩보는 여러 첩보가 서로 결합되어 이뤄진다.
결과지향성	범죄첩보는 수사에 착수해 사건으로 현출되는 결과가 있어야 한다.
혼합성	범죄첩보는 그 속에 하나의 원인과 결과를 내포하고 있다.

2) 불심검문

① 의의: 수사의 처분이 아니라 수사의 단서에 해당한다.

② 한계: 임의동행 시 6시간을 초과해 경찰관서에 머물게 할 수 없다.

3) 변사자 검시

의의	변사자의 검시란 사람의 사망이 범죄에 기인한 것인가 여부를 판단하기 위해 검사 또는 사법경찰관이 변사체의 상황을 조사하는 것을 말함.	
성질	수사 전의 처분, 즉 수사의 단서에 불과	
주체	검사의 권한임, 검사는 사법경찰관에서 검시를 명할 수 있음.	
절차	법관의 영장 불요. 다만, 검시로 범죄의 혐의를 인정하고 긴급을 요할 때에는 영장 없이 검증할 수 있으나, 이 경우에는 사후에 지체없이 영장의 발부를 받아야 함.	
변사 사건의 처리 요령	변사체의 발견·보고	① 경찰관은 변사자 또는 변사의 의심있는 시체를 발견하거나 시체가 있다고 신고를 받았을 때에는 즉시 관할 해양경비안전서장에게 보고 ② 변사체 발생 보고를 받은 사법경찰관은 변사체 검시가 행해지도록 즉시 관할 지방검찰청 또는 지청의 검사에게 보고해 그 지휘를 받을 것
	검사의 대행	① 사법경찰관이 직접 검시 → 이 경우 사법경찰관은 의사를 참여시켜 검시를 행하고 즉시 그 결과를 해양경비안전서장과 검사에게 보고 ② 검시를 할 때 검시조서를 작성해야 하며, 관계자 등의 진솔조서를 작성했을 때에는 의사의 검안서와 촬영한 사진 등과 같이 이를 검시조서에 첨부
	검시와 참여자	검시를 함에 있어 사법경찰관리와 의사를 참여하게 하는 외에 검시에 특별한 지장이 없다고 인정할 때에는 변사자의 가족, 친족, 이웃사람, 친구, 시·군·구·읍·면·동의 공무원 그 밖에 필요하다고 인정하는 자를 참여시킬 것
	검시 시 주의 사항	① 검시에 착수하기 전에 변사자의 위치, 상태 등이 변하지 않도록 현장을 보존할 것 ② 변사자의 소지금품이나 기타 유류한 물건으로서 수사에 필요가 있다고 인정될 때에는 이를 보존하는 데 유의할 것 ③ 잠재지문과 변사자지문 채취에 유의하고 의사로 하여금 검안서를 작성하게 할 것 ④ 자살자나 자살의 의심 있는 시체를 검시할 때는 교사자 또는 방조자의 유무, 유서가 있을 때는 그 진위를 조사할 것

	검시에 연속된 수사	① 사법경찰관은 검시를 한 경우에 사망이 범죄에 기인한 것으로 인정될 때에는 즉시 소속 해양경비안전서장에게 보고하는 동시에 수사 개시 ② 사법경찰관은 수사에 필요한 때에는 압수·수색·검증 영장을 발부받아 검증을 하되 의사에게 시체의 해부를 위촉할 것 → 긴급을 요해 영장 없이 검증한 경우 검증조서와 감정서만을 작성하고 검시조서는 생략 가능
	시체의 인도	① 사법경찰관은 변사체를 검시한 결과 사망의 원인이 범죄로 인한 것이 아니라는 점이 명백히 인정되었을 때에는 검사의 지휘를 받아 소지품 등과 같이 시체를 신속히 유족 등에게 인도해야 하며, 인도를 했을 때에는 시체 및 소지금품 인수서를 받을 것 → 시체를 인수할 자가 없거나 그 신원이 판명되지 않은 때에는 시체가 현존하는 지역의 시장, 군수, 구청장에게 인도 ② 변사체는 후일을 위해 매장함이 원칙

[참고 사항] 해상 실종 및 변사사건의 유형

해상 실종사건의 유형	해상 변사사건의 유형
① 선박의 침몰 전복에 수반된 실종 ② 투망 중인 어망에 걸려 해중에 낙하되는 실종 ③ 선체 동요에 의한 실족 실종 ④ 선체 위로 유입되는 파도의 영향으로 해중 실족 ⑤ 수영으로 선박에서 탈출하다가 실종 ⑥ 범죄 후 은폐를 위한 해중 투기(유기) 등	① 투망, 양망작업 시 어망이나 로프 등에 결삭(結索)되어 해상 추락 ② 던지거나 친 그물을 걷어올리다가 롤러줄에 장갑이나 의류가 감겨서 발생 ③ 파도나 선체의 요동에 의한 해상 추락 ④ 계류삭(繫留索)이나 양망 로프의 절단으로 인한 해상 추락 및 줄에 타격되어 발생 ⑤ 선체 침몰로 인한 익사 ⑥ 복어 등 유독성 음식 복용 중독 ⑦ 화물창 내 유독가스에 의한 질식 등

4) 고소 및 고발

구분		고소	고발
공통점		① 방식이나 절차가 동일하다. 개인이 모두 범죄의 소추를 구할 수 있다. ② 수사 개시의 단서가 되나 특정한 경우 소송 조건이 된다.	
차이점	주체	규정된 자에 한함.	고소권자 및 범인 이외에 제3자
	기간	친고죄: 범인을 알게 된 날로부터 6개월(원칙)	무제한
	대리	허용	불허
	취소	제1심 판결 선고 후에는 취소 불가능	제한 없음.

3. 임의수사와 강제수사

(1) 임의수사의 원칙

① 임의수사: 강제력을 행사하지 않고 상대방의 동의나 승낙을 얻어서 수사하는 방법

② 강제수사: 상대방의 의사 여하를 불문하고 강제적으로 수사하는 방법

③ 우리 「형사소송법」은 임의수사의 원칙과 강제수사는 특별한 규정이 있는 경우에만 예외적으로 허용하는 강제수사법정주의 원칙을 채택하고 있다.

(2) 임의수사와 강제수사의 종류

임의수사	강제수사
① 출석 요구 ② 피의자 신문 ③ 참고인 조사 ④ 감정 · 통역 · 번역의 위촉 ⑤ 임의제출물의 압수 ⑥ 실황 조사 ⑦ 사실 조회 ⑧ 촉탁수사	① 체포영장에 의한 체포 ② 긴급체포 ③ 현행범인의 체포 ④ 피의자의 구속 ⑤ 압수 · 수색 · 검증 ⑥ 증거 보전 ⑦ 증인신문의 청구 ⑧ 수사상의 감정 유치(鑑定留置) ⑨ 기타 감정에 필요한 처분

4. 통신수사

(1) 의의

① 통신 제한 조치의 종류: 검열, 감청

② 통신 제한 조치의 보충성 → 범죄 수사 또는 국가안전 보장을 위해 보충적 수단으로 이용

③ 불법 검열에 의한 우편물의 내용과 불법 감청에 의한 전기통신 내용의 증거 사용 금지

(2) 통신 제한 조치 대상 범죄

① 통신 제한 조치 적용 대상 범죄: 「형법」상 내란의 죄 · 외환의 죄 · 강간죄 · 경매 · 입찰방해죄 · 절도죄 · 공갈죄 등, 「국가보안법 위반」, 「폭력행위 등 처벌에 관한 법률」 위반(단체 등의 구성 · 활동, 단체 등의 이용 · 지원, 협박), 「총포 · 도검 · 화약류 등의 안전관리에 관한 법률」, 「특정범죄 가중처벌 등에 관한 법률」상 관세법 위반, 「특정경제범죄 가중처벌 등에 관한 법률」상 사기 등

② 통신 제한 조치 적용 대상이 아닌 범죄: 외국 국기 · 국장 모독, 직무 유기, 공무집행 방해, 「폭력행위 등 처벌에 관한 법률」 위반(상해, 폭행), 상해치사, 폭행치사, 존속 협박, 주거 침입, 자동차 등 불법 사용, 사기, 장물 취득, 「관세법」 위반 등

(3) 통신 제한 조치

허가 요건	① 「통신비밀보호법」 제5조 ② 요건 대상 범죄를 계획 또는 실행하고 있거나 실행했다고 의심할 만한 충분한 이유가 있고 다른 방법으로는 그 범죄의 실행을 저지하거나 범인의 체포 또는 증거의 수집이 어려운 경우에 한함.
대상	허가 요건에 해당하는 자가 발송 · 수취하거나 송 · 수신하는 특정한 우편물이나 전기통신 또는 그 해당자가 일정한 기간에 걸쳐 발송 · 수취하거나 송 · 수신하는 우편물이나 전기통신
허가 절차	① 절차: 사법경찰관의 신청(서면 신청) → 검사의 청구 → 법원의 허가 ② 관할 법원: 그 통신 제한 조치를 받을 통신 당사자의 쌍방 또는 일방의 주소지 · 소재지 · 범죄지 또는 통신 당사자와 공범 관계에 있는 자의 주소지 · 소재지를 관할하는 지방법원 또는 지원 ③ 방법: 법원에 대해 원칙적으로 각 피의자별 또는 피내사자별로 허가 청구
제한 기간	2월 초과 금지 → 2월 범위 안에서 연장 청구 가능

(4) 국가 안보를 위한 통신 제한 조치

요건	① 「통신비밀보호법」 제7조 ② 정보수사기관의 장이 국가안전 보장에 대한 상당한 위험이 예상되는 경우에 한해 그 위해를 방지하기 위해 이에 관한 정보 수집이 특히 필요한 때
절차	① 통신의 일방 또는 쌍방 당사자가 내국인인 경우: 정보수사기관의 장이 고등검찰청 검사에게 신청 → 고등검찰청 검사의 청구 → 고등법원 수석부장판사의 허가 ② 대한민국에 적대하는 국가, 반국가활동의 혐의가 있는 외국의 기관 · 단체와 외국인, 대한민국의 통치권이 사실상 미치지 아니하는 한반도 내의 집단이나 외국에 소재하는 그 산하단체의 구성원의 통신인 때 및 「군용전기통신법」 제2조의 규정에 의한 군용전기통신에 대한 경우: 대통령의 승인
제한 기간	4월 초과 금지 → 4월 범위 안에서 연장 청구 가능

(5) 긴급통신 제한 조치

요건	①「통신비밀보호법」 제8조 ② 검사, 사법경찰관 또는 정보수사기관의 장은 (a) 국가 안보를 위협하는 음모행위, 직접적인 사망이나 심각한 상해의 위험을 야기할 수 있는 범죄 또는 조직범죄 등 중대한 범죄의 계획이나 실행 등 긴박한 상황에 있고, (b) 범죄 수사와 국가 안보를 위한 통신 제한 조치의 요건을 구비한 자에 대해 보통 통신 제한 조치 절차를 거칠 수 없는 긴급한 사유가 있는 때에는 법원의 허가 없이 통신 제한 조치 가능 ③ 정보수사기관의 장은 (a) 국가 안보를 위협하는 음모행위, 직접적인 사망이나 심각한 상해의 위험을 야기할 수 있는 범죄 또는 조직범죄 등 중대한 범죄의 계획이나 실행 등 긴박한 상황에 있고, (b) 국가 안보를 위한 통신 제한 조치에 해당하는 자에 대해 대통령의 승인을 얻을 시간적 여유가 없거나 통신 제한 조치를 긴급히 실시하지 아니하면 국가안전 보장에 대한 위해를 초래할 수 있다고 판단되는 때에는 소속 장관의 승인을 얻어 통신 제한 조치 가능
허가·승인 기간	긴급통신 제한 조치의 집행 착수 후 36시간 이내에 법원의 허가나 대통령의 승인을 받아야 함. → 허가나 승인을 얻지 못한 경우 즉시 중지
검사의 사전 지휘	사법경찰관은 미리 검사의 지휘를 요함. 다만 급속을 요하는 경우 긴급통신 제한 조치의 집행 착수 후 지체없이 검사의 승인을 얻을 것
긴급감청서, 긴급통신제한 조치 대상 비치	긴급통신 제한 조치를 하고자 하는 경우에는 반드시 긴급검열서 또는 긴급감청서에 의해야 하며 소속기관에 긴급통신제한조치대장을 비치할 것
긴급통신 제한 조치 통보서 송부	긴급통신 제한 조치가 단시간 내에 종료되어 법원의 허가를 받을 필요가 없는 경우에는 그 종료 후 7일 이내에 관할 지방검찰청 검사장 등은 이에 대응하는 법원장에게 긴급통신 제한 조치를 한 검사, 사법경찰관 또는 정보수사기관의 장이 작성한 긴급통신 제한 조치통보서를 송부

(6) 통신사실 확인자료 · 통신자료

구분	통신사실 확인자료	통신자료
관계 법령	「통신비밀보호법」	「전기통신사업법」
절차	검사 또는 사법경찰관이 관할 지방법원 또는 지원의 허가를 받아야 함.	관서장의 명의로 요청
내용	① 가입자의 전기통신 일시 ② 전기통신 개시·종료 시간 ③ 발·착신 통신번호 등 상대방의 가입자 번호 ④ 사용 도수 ⑤ 컴퓨터통신 또는 인터넷의 로그기록 자료 ⑥ 발신기지국의 위치 추적 자료 ⑦ 접속지의 추적 자료	① 이용자의 성명, 주민등록번호, 주소, 가입 및 해지 일자에 관한 자료 ② 전화번호, ID ③ 특정 시간, 특정 유동 IP를 통신사업자에게 제시하고 가입자 정보만을 요구하는 경우

[참고 사항] 통신수사의 종류

구분	통신 제한 조치	통신사실 확인자료	통신자료
근거	「통신비밀보호법」		「전기통신사업법」
대상 범죄	동법 제5조에 규정된 280개 범죄	모든 범죄	모든 범죄
절차	① 법원 허가, ② 사후통지 의무, ③ 긴급처분		관서장 명의로 협조 요청

제 3 절 현장수사 활동

1. 기초수사

의의	수사 개시 당초에 수사 사항의 결정 및 수사 방침의 수립을 위해 수사자료를 수집하는 활동이다.
기초수사 내용	① 현장 중심 수사: 범죄의 현장은 증거의 보고이다. 유류품·유류물, 범행 일시의 확정, 범인의 출입 관계 등 현장 중심의 수사를 철저히 하여 지리감 유무를 추정한다. ② 피해자 중심 수사: 피해자 및 가족의 생활 상태, 재산 상태 등으로 피해 정도를 파악한다. ③ 피해품 중심 수사: 증거수사의 면에서 귀중한 수사 방법이다. 피해품이 판명되면 장물 수배서의 발생, 대상 업소의 임검 등의 방법으로 피해품 발견에 노력한다.

2. 현장관찰

(1) 의의 및 목적

의의	범죄의 현장에서 범행에 직·간접으로 결부되어 있는 유형·무형의 수사자료를 발견·수집함과 동시에 범행 현장 보존을 위해 오관(五官)의 작용으로 범죄 현장의 상황·물체의 존재 및 상태를 관할하는 것을 말함.
목적	범죄사건의 확인, 현장자료의 수집, 범행 현장의 보존

(2) 현장관찰의 요령

유의 사항	① 현장에는 사건 해결의 열쇠가 반드시 존재한다는 신념을 가지고 관찰에 임할 것 ② 선입관을 떠나서 어디까지나 백지의 상태에서 객관적이고 합리적으로 관찰할 것 ③ 될 수 있는 대로 넓은 범위에 걸쳐 질서 있고 치밀한 관찰을 반복적으로 실시할 것 ④ 법령을 준수할 것 ⑤ 주도면밀하게 구석구석까지 반복해서 관찰할 것

	⑥ 자연적인 관찰보다 완전한 관찰을 할 것 ⑦ 가능한 한 범행과 동일한 조건에서 실시할 것 ⑧ 모순과 불합리의 발견에 노력할 것
일반적 순서	현장의 위치 및 부근 상황 관찰 → 가옥 주변의 관찰 → 가옥 외부의 관찰 → 현장 내부의 관찰(전체에서 부분으로, 외부에서 내부로, 좌에서 우로, 위에서 아래로)

3. 공조 · 수법수사

(1) 공조수사

의의	해양경비안전서 또는 경찰서(이하, 경찰관서라고 한다) 상호간에 자료를 수집하고 수배 · 통보 · 조회 · 촉탁 또는 합동수사를 함으로써 범인, 여죄, 장물, 범죄 경력, 신원 불상자의 신원을 확인하고 범인을 검거하고 범죄를 구증(口證)하기 위한 과학적이고 종합적이며 입체적인 일련의 조직수사 활동을 말한다.	
성질	과학적 수사, 종합적 수사, 조직수사, 입체수사	
종류	평상공조	평소 예견 가능한 일반적인 공조로서 수배, 통보, 조회, 촉탁 등
	비상공조	중요 특이사건 발생 등 특수한 경우의 공조로서 수사긴급 배치, 수사본부 설치 운영, 특별사법경찰관리 등과의 합동수사 등
	횡적 공조	① 대내적으로 지방본부 상호간 해양경비안전서, 안전센터 상호간은 물론 관서 내의 각 부서 내지 횡적 동료 상호간의 수사 공조로서 정보의 교환, 수사자료의 수집 활용, 수배 통보, 촉탁 또는 합동수사 등 ② 대외적으로 특별사법경찰관리와의 수사 협조 및 경찰 유관 기관, 단체, 개인과의 수사 협조, 국제형사기구와의 형사 공조 등
	종적 공조	상 · 하급 관서는 물론 관서 내의 상 · 하급 부서 내지 상 · 하급자 상호간의 상명하복 관계
	자료공조	자료의 수집과 조회제도가 해당되며, 모든 공조제도의 총아이며 이상향임.
	활동공조	현재 제기되는 당면 문제에 대한 공조수사 활동으로서 수사긴급 배치, 불심검문, 미행, 잠복, 현장긴급출동 등
효과	범인 색출, 여죄 색출, 장물 발견, 특정인의 범죄 경력 확인, 신원 불상자의 신원 확인, 지명수배자 · 통보자 검거 등	

(2) 수법수사

1) 의의 및 특징

의의	범죄 수법이란 반복적인 범인의 범행 수단 · 방법 및 습벽에 의해 범인을 식별하려는 인적 특징의 유형 기준을 말함.

특징	① 수법의 관행성(반복성): 일정한 정형으로 고착 ② 수법의 필존성: 완전범죄는 있을 수 없음.
범죄수법제도가 적용되는 범죄	강도, 절도, 사기, 위조·변조사범, 약취·유인, 공갈, 방화, 강간, 위 범죄 중 가중처벌되어 특별법에 위반하는 죄
범죄수법 자료	수법원지, 피해통보표, 공조 제보

2) 범죄 수법 자료 작성

① 수법원지

의의	수법원지(手法原紙)란 수법범인의 인적 사항, 인상 특징, 수법 내용, 범죄 사실, 직업, 사진, 지문번호, 필적 등을 수록한 기록지 또는 이를 전산 입력한 것을 말한다.
작성 대상	① 검거 또는 인도받아 조사, 구속 송치하는 수법범죄 피의자. 다만, 불구속 피의자라도 재범의 우려가 있다고 인정되는 수법범죄 피의자에 대해서는 작성 가능 ② 수법범죄 피의자가 여죄가 있고 그것의 범죄 수법 소분류가 각각 상이한 유형의 수법일 때에는 그 수법마다 수법원지를 작성
작성자	① 해당 범인을 수사하거나 조사 송치하는 경찰공무원이 직접 작성하고 작성자가 날인해야 하며, 범죄사건부 해당란에 수법원지 작성 여부를 표시 ② 수사 주무과장은 사건송치기록 검토 후 수법원지 작성 누락 여부 및 작성된 수법원지 내용의 오기나 기재 누락 사항 유무를 검토해 교정하고 작성 책임자가 직접 날인
작성 시 유의 사항	자필란은 반드시 피의자가 기재, 범인이 성명 불상자로 미검인 경우에는 수법원지를 작성하지 않고 공범자들 중 일부라도 검거된 경우에만 수법원지를 작성할 것
이용 목적	필적 조회 가능, 범인 조회에 활용 등
수법원지 보관	성별, 수법 소분류별, 생년월일 순으로 보관
수법원지 폐기 전산자료 삭제	① 피작성자가 사망했을 때 ② 피작성자가 80세 이상 되었을 때 ③ 원지 작성 후 10년이 경과했을 때 ④ 작성자의 수법분류번호가 동일한 원지가 2매 이상 중복될 때 1매를 제외한 자료

② 피해통보표

의의	피해사건이 발생해 그 범인이 누구인지 판명되지 아니했을 때에 해당 사건의 피해자, 범인의 인상, 신체·기타 특징, 범행 수법, 피해 사실, 용의자 인적 사항, 피해품, 유류품 등 수사자료가 될 수 있는 내용을 수록한 기록지 또는 이를 전산 입력한 것을 말함.
작성 대상	발생한 반복성 수법범죄 사건. 다만, 당해 범죄의 피의자가 즉시 검거되었거나 피의자의 성명·생년월일·소재 등 정확한 신원이 판명된 경우에는 제외
작성자 및 요령	① 반드시 당해 사건을 담당하는 수사경찰관이 전산 입력 ② 수법범죄의 신고를 받았거나 또는 인지했을 때에는 패해통보표를 작성해 전산 입력 ③ 범죄사건부에 그 작성 여부를 표시

<table>
<tr><td>작성 시
유의 사항</td><td>정확한 수법을 파악, 수법의 위장 부분 등 실제 수법을 간파하도록 할 것</td></tr>
<tr><td>이용 목적</td><td>여죄 파악, 중요 장물의 수배·통보·조회 등</td></tr>
<tr><td>전산자료
삭제</td><td>① 피의자가 검거되었을 때
② 피의자가 사망했을 때
③ 피해통보표 전산 입력 후 10년이 경과했을 때</td></tr>
</table>

4. 장물수사

<table>
<tr><td>의의</td><td colspan="3">범죄의 피해품을 확정하고 종류, 특징을 명백히 함과 아울러 그 이동 경로에 따라서 장물수배, 장물수배서의 발행, 임검조사, 불심검문 등을 행해 범인을 발견하고자 하는 수사로 도범수사에서 기본적인 수사 방법이다.</td></tr>
<tr><td rowspan="5">장물
수배서</td><td>의의</td><td colspan="2">해양경비안전서장 또는 경찰서장(이하, 경찰관서장이라고 한다)이 범죄 수사상 필요하다고 인정할 때 장물의 신속한 발견을 위해 장물과 관련 있는 영업주에 대해 해당 장물을 소유 또는 소지하고 있거나 받았을 때에는 즉시 경찰관에게 신고할 것을 의뢰하는 피해품의 통지서를 말한다.</td></tr>
<tr><td rowspan="3">종류</td><td>특별중요
장물수배서</td><td>수사본부를 설치하고 수사하고 있는 사건에 관해 발부하는 것으로 홍색용지를 사용한다.</td></tr>
<tr><td>중요
장물수배서</td><td>수사본부를 설치하고 수사하고 있는 사건 이외의 중요한 사건에 관해 발부하는 것으로 청색용지를 사용한다.</td></tr>
<tr><td>보통
장물수배서</td><td>그 밖의 사건에 관해 발부하는 것으로 백색용지를 사용한다.</td></tr>
<tr><td>작성자</td><td colspan="2">장물수배서의 작성권자는 경찰관서장이다.</td></tr>
</table>

5. 알리바이 수사

<table>
<tr><td>의의</td><td colspan="2">알리바이(alibi)라 함은 범죄가 행해진 시간에 범죄 현장 이외의 장소에 있었다는 사실을 입증함으로써 범죄 현장에는 있지 않았음을 증명하는 현장부재증명을 말하는 것으로, 피의자가 주장하는 알리바이의 존재 여부를 확인하는 수사활동을 알리바이 수사라 한다.</td></tr>
<tr><td rowspan="4">알리바이
태양</td><td>절대적
알리바이</td><td>범죄가 행해진 시각에는 혐의자가 현실적으로 범죄 현장 이외에 다른 장소에 있었다는 사실이 명확하게 입증되는 경우이다.</td></tr>
<tr><td>상대적
알리바이</td><td>범죄 혐의자가 그 시간까지는 현장에 도저히 도착할 수 없다거나 범행 후 제3의 장소에 그 시간까지는 도저히 도착할 수 없었을 경우이다.</td></tr>
<tr><td>위장
알리바이</td><td>사전에 계획적으로 자기의 존재를 확실히 인상깊게 해놓고 그 사이에 극히 단시간 내에 감행하는 것이다.</td></tr>
<tr><td>청탁
알리바이</td><td>범죄 실행 후 자기의 존재를 은폐하기 위해 가족, 동료, 친지에게 시간과 장소를 약속 혹은 청탁해 놓는 경우이다.</td></tr>
</table>

6. 기타 수사기법

탐문수사	수사관이 범죄를 탐지하거나 또는 범죄 수사를 행할 때 범인 이외에 제3자로부터 범죄에 대해 견문 또는 직접 체험한 사실을 탐지하기 위해 행하는 수사활동을 말한다.
감별수사	범인과 피해자 또는 범인과 범행지 및 주변의 지역 간에 존재하는 사정·관계 등에 근거를 두고 수사하는 방법을 말한다.
유류품수사	범죄 현장이나 그 부근에 남아 있는 흉기, 옷, 휴지 등 범인의 유류품을 수집해 검토함으로써 범인의 윤곽, 범죄의 상황 등을 추정하는 수사활동을 말한다.

제 4 절 수사 서류 작성

1. 의의

협의	① 범죄 수사에 관해 당해 사건의 유죄 판결을 받을 목적으로 공소의 제기 및 유지를 위해 수사기관이 스스로 작성한 서류 ② 수사기관 이외의 자가 작성한 서류로서 수사기관이 수집한 서류 중 내용적 의미만으로 증거가 되는 서류
광의	협의의 수사 서류와 범죄의 혐의가 없어 내사종결에 그치는 서류 및 수사행정에 관해 작성한 모든 서류

2. 종류(작성 주체에 따라)

수사기관	진술서류	피해자진술조서, 참고인진술조서, 피의자신문조서, 대질조서 등
	보고서류	범죄인지보고서, 현행범인체포서, 수사보고서 등
	기타 서류	압수조서, 각종 건의서, 사실조회의뢰서, 촉탁서, 수사협조 의뢰서 등
사인	① 고소장, 고발장, 피해신고서, 진술서 등 ② 사실 조회에 대한 회보서 ③ 등본, 초본, 사본류 등	

3. 작성 방법

<table>
<tr><th>작성 주체</th><th>작성 방법</th></tr>
<tr><td>수사기관</td><td>① 작성 연월일을 기재
② 소속관서를 기재: 작성자의 소속 관서(과 단위)
③ 작성자의 계급 기재
④ 작성자의 기명 날인 또는 서명
⑤ 매장마다 간인: 수사 서류가 2매 이상인 때에는 계속하는 것을 증명하기 위해 좌측에 작성자가, 우측에 진술자가 날인을 한다.
⑥ 여백이나 공백에는 사선을 긋고 날인한다.
⑦ 날인은 문자 등 형태를 알아볼 수 있도록 해야 한다.
⑧ 문자 변개 금지: 일단 기재한 문자는 지우개나 약물로써 지우거나 칼로 긁어 다시 쓰지 못한다.
⑨ 문자를 삭제하거나 삽입 외에 기재할 필요가 있는 경우
(a) 문자를 삭제할 때에는 삭제할 문자에 두 줄의 선을 긋고 날인하며 그 왼쪽 여백에 "몇자 삭제"라고 기재(삭제 부분은 해독 가능하도록 자체 존치)
(b) 문자를 삽입할 때에는 그 개소를 명시해 행의 상부에 삽입할 문자를 기입하고 그 부분에 날인해야 하며 그 왼쪽 여백에 '몇자 추가'라고 기재
(c) 1행 중에 2개소 이상 문자를 삭제 또는 삽입했을 때에는 각 자수를 합해 '몇자 삭제' 또는 '몇자 추가'라고 기재
(d) 여백에 기재할 때에는 기재한 곳에 날인하고 그 난 외에 '몇자 추가'라고 기재
(e) 정정에 사용하는 인장은 기명 날인에 사용한 인장을 사용</td></tr>
<tr><td>사인
(sign)</td><td>① 작성 연월일을 기재할 것
② 작성자의 기명 날인 또는 서명을 할 것
(a) 서명할 수 없을 때는 타인으로 하여금 대서 기명하게 할 수 있음.
(b) 인장이 없으면 날인 대신 무인 가능
③ 타인으로 하여금 대서하게 했을 때에는 그 이유를 기재하고 기명 날인 또는 서명
(a) 경찰관이 대서했을 때에는 그 이유를 기재하고 서명・확인하게 할 것
(b) 경찰관이 대서했을 경우에는 열람하게 하거나 읽어 주어서 대서 사항이 본인의 의사와 다름이 없는가를 확인한 후 대서의 이유를 기재하고 본인과 함께 기명 날인 또는 서명</td></tr>
</table>

제 5 절 해양경찰 과학수사

1. 과학수사의 개념

(1) 의의

① 해양경찰 과학수사란 해양에서 발생한 범죄에 대해 범인을 발견하고 증거를 수집해 진상을 밝히는 수사활동에 과학적 지식·기술과 감식시설·장비·기자재 등을 체계적이며 합리적으로 적용해 활동하는 수사를 말한다.

② 해양에서 발생한 범죄는 조류, 해류, 바람 등의 영향으로 사건 현장의 보존이 어려울뿐더러 증거가 유실, 멸실, 훼손되는 경우가 많고 변사사건의 경우에도 시신의 변화가 육상과 다른 특성을 보이는 경우가 많이 있으므로 사건 해결을 위해 경험·육감에 기초한 주관적 판단이나 근거 없는 추리에 의한 것이 아니라 현대의 발전된 과학적·지식, 기술, 조직적인 자료와 시설을 이용해 합리적인 판단과 객관적인 증거에 의하는 수사활동을 말한다.

(2) 중요성

① 광역화·기동화·교묘화 추세에 있는 해양범죄에 능률적으로 대처한다.

② 과학수사에 의해 눈에 보이지 않는 증거도 검출·수집해 증명력의 있는 증거로서 가치를 높인다

③ 시민의 인권 옹호 의식 향상으로 사람을 통한 각종 증거 수집이 어려워짐에 따라 과학적 방법 동원의 시대적 요청에 부응한다.

④ 자백의 보강 법칙 등 변화하는 형사소송절차에 적극적으로 대응한다.

(3) 주요 유형

DNA 지문 분석	1953년 영국의 크릭(Francis H. C. Crick)과 미국의 왓슨(James D. Watson)에 의해 밝혀졌는데 DNA의 분자구조는 2중의 나선구조로 되어 있어 이를 2중 나선이라 불리고 있으며, 삼풍백화점 붕괴사건, 대구 지하철 붕괴사건, 세월호 침몰 사건 등 대규모 재난사고 현장에서 개인 식별을 하는 데 중요한 역할을 하고 있다.
루미놀시험	살인 등 범죄 현장에서 육안으로 혈흔이 발견되지 않는 증거물에 대한 혈흔 발견을 위한

		실험으로 어두운 장소에서 실시하며 혈흔 예비시험의 한 종류이다. 특히 선상에서 살인사건이 발생한 경우 바닷물로 씻어낼 경우 육안으로 혈흔을 발견하기 곤란하나 이러한 시약을 사용하면 육안으로 발견되지 않은 증거를 확보할 수 있다.
지문수사		만인부동, 종생불변의 특성을 가지고 있는 지문을 전자적으로 읽어 특징점과 형태 정보의 값을 자동 추출해 구축한 대용량의 지문 데이터베이스와 비교해 본인 의뢰 지문의 신원을 확인하는 시스템이다. 해양 변사자 신원 확인 시 가장 많이 사용된다.
중성자 방화 분석법		미량의 증거물에 대한 정량적 분석을 통해 동일인, 동일물 여부를 확인해 결과를 도출하는 과학수사의 방법이다
수사종합 검색 시스템		이름, 인상, 신체적 특징, 수법 자료 등에 의해 범인을 검색해 내는 방법이다.
디지털 포렌식 (digital forensics)		최근 휴대폰 및 선박에 장착하는 각종 장비가 전자화되어 있으며 사용하는 내용이 기기에 남아 있으며, 이를 사용자가 삭제한다 해도 복원 기술을 동원해 사건 발생 당시의 상황을 알 수 있는 기술을 말한다. 특히 선박에서 발생한 사건의 경우 대부분 항해장비가 GPS 위성을 통해 받고 있는데 이러한 정보는 항행 기기에 남아 있으며, 증거를 인멸하기 위해 고의로 삭제한다 해도 복원을 통해 당시 상황을 파악하고 중요한 증거를 확보할 수 있다.
거짓말 탐지기 검사	의의	거짓말탐지기란 심리적인 변화로 생리적 변화를 일으키는 과정에서 심장의 움직임과 혈압, 맥박의 변화 및 전류에 대한 피부 저항도의 변화와 호흡운동의 변화 상태 등을 기록해 진술의 진위 발견에 응용하는 장치를 말한다.
	요건	① 수사 사항에 대해 알고 있거나 관련되어 있다고 믿을 만한 상당한 이유가 있는 자에 대해 실시 → 피의자, 피내사자, 중요 참고인 등 ② 특정 사건의 수사와 관련된 사항에 한정 ③ 검사받을 자가 사전에 스스로 동의할 것
	절차	검사 준비 → 검사 전 면담 → 본 검사 → 차트 해석 → 결과 통보
최면술	의의	최면술은 의식 저변에 깔려 있는 사실을 재생시켜 참고인이나 피해자의 신문을 보조하는 수단으로 이용된다.
	절차	법최면검사 의뢰 → 사건 개요의 파악과 타당성 검증 → 피해자 또는 목격자 면담 → 법최면검사에 대한 설명 및 동의서 작성 → 최면 반응성 검사 및 최면 유도·심화 → 최면 상태에서 사건 내용 회상 → 최면 종결 → 최면 후 면담
프로파일링 (profiling)		① 프로파일링 수사기법이란 특별한 범행 동기 등의 확보가 곤란한 경우, 수사선 설정 및 용의 사항, 대상자 확정이 어려운 유형의 범죄사건이나 연쇄범죄사건에서 활용될 수 있는 수사기법 또는 범행 유형의 유사성을 확인해 이를 개인 동일성 식별 증거 또는 동일범에 의한 범행을 입증하기 위한 증거 등을 위한 정황 증거로 활용하는 경우를 의미한다. ② 프로파일링은 범죄자의 '신원'을 파악하는 것이 아니라 '유형'을 파악하는 것이며, 범죄자가 범죄 현장에 보통과 다른 특별한 흔적을 남겼을 경우 이것을 유용하게 활용할 수 있다.
몽타주 (montage)		몽타주란 범죄 수사에서 범인을 목격한 피해자나 목격자 등의 진술을 근거로 범인의 모습과 비슷한 눈, 코, 입 등 얼굴의 부분별 자료를 합성해 범인의 모습과 유사하게 그 특징을 잡아서 그린 얼굴 사진을 말한다.

슈퍼임포즈 (superimpose)	① 물건 위에 물건을 겹치어 간다는 사진상의 용어로 시체의 신원을 확인하는 데 사용하는 방법이다. ② 열차, 항공기의 추락사고, 대형 화재사고, 부패로 백골화된 시체 등의 신원을 확인하는 데 많이 활용된다.

2. 범죄감식

(1) 범죄감식

<table>
<tr><td>의의</td><td colspan="3">범죄감식이란 과학적 지식 및 기술을 이용하고 조직적인 자료와 시설을 활용해 범인을 발견하며 범죄를 입증하는 수사기관의 활동을 말한다.</td></tr>
<tr><td>중요성</td><td colspan="3">과학수사의 중추, 물증 확보의 수단</td></tr>
<tr><td rowspan="3">분류</td><td>구분</td><td>자료감식</td><td>기술감식</td></tr>
<tr><td>내용</td><td>수집된 기초자료를 활용하는 감식</td><td>법의학, 물리·화학, 심리학 등 자연과학적 지식과 기술을 활용한 감식</td></tr>
<tr><td>해당 사항</td><td>① 지문 자료에 의한 신원·범죄 경력 확인
② 사진 자료에 의한 범인 추정
③ 수법원지에 의한 감식
④ 족·윤흔적 자료에 의한 용의자 추정</td><td>① 잠재지문, 족·윤흔적, 혈흔, 모발, 섬유, DNA 등의 채취·검사 및 감정
② 화재감식
③ 필적감정, 성문감정, 사진 촬영
④ 말소 문자의 현출
⑤ 거짓말탐지기 사용 등</td></tr>
</table>

(2) 현장감식

의의	현장감식이란 범행 현장에서의 감식활동으로서, 범행 흔적·유류물 등 범죄 현장에서 범죄와 관계되는 모든 자료를 발견·수집해 이를 과학적 방법 등으로 검사·감정함으로써 범인의 신체·생리적 특징, 범죄 수법 등을 파악해 범인 추정에 필요한 자료를 제공하며, 범죄의 진상을 밝히고 증거를 보전하는 활동을 말한다.
작업 순서	간부의 현장관찰 → 사진 촬영 → 채증감식 → 범행 수법의 검토
유의 사항	① 광범위하게 행할 것 ② 일정한 순서에 따라 감식할 것 ③ 철저하게 행할 것 ④ 장갑 등을 착용할 것 ⑤ 모순·불합리의 발견에 노력할 것 ⑥ 발견·채취한 자료는 신속하게 활용할 것 ⑦ 자료를 정확하게 채취하고 확실하게 증거화할 것

3. 지문감식

(1) 지문의 의의

지문이란 사람의 손가락 끝마디의 안쪽면 피부의 융기한 선 또는 점으로 형성된 각종 문형 및 인상을 말하며, '융기한 선 또는 점'을 융선이라 한다.

(2) 지문의 2대 특성

만인부동	지문은 사람마다 달라서 동일한 지문을 가지고 있는 사람은 세계에서 단 한 사람도 존재하지 않는다. 따라서 지문의 특성은 개인 식별 방법에 활용된다.
종생불변	사람이 태어날 때의 지문은 일생 동안 변하지 않는다.

(3) 지문의 종류 및 채취 방법

<table>
<tr><th colspan="2">종류</th><th colspan="2">의의</th><th>채취 방법</th></tr>
<tr><td rowspan="4">현장지문</td><td rowspan="3">현재지문</td><td>의의</td><td>가공을 하지 않고도 육안으로 식별되는 지문</td><td rowspan="4">① 먼지지문: 사진 촬영, 전사법, 실리콘 러버(silicone rubber)법
② 혈액지문: 사진 촬영, 전사법</td></tr>
<tr><td>장상지문</td><td>손끝에 묻은 혈액・잉크・먼지 등이 손가락에 묻은 후 피사체에 인상된 지문으로 무인했을 때의 지문과 동일하다.</td></tr>
<tr><td>역지문</td><td>먼지 쌓인 물체, 연한 점토, 마르지 않은 도장면에 인상된 지문으로 선의 고랑과 이랑이 반대로 현출된다.</td></tr>
<tr><td>잠재지문</td><td colspan="2">인상된 그대로는 육안으로 식별되지 않고 이화학적 가공을 해야 비로소 가시(可視) 상태로 되는 지문</td></tr>
<tr><td colspan="2">준현장지문</td><td colspan="3">① 피의자 검거를 위해 범죄 현장 이외의 장소에서 채취한 지문
② 범죄 현장과 관련이 있는 범인의 침입 경로, 도주 경로 및 예비 장소 등에서 발견된 지문을 말한다.</td></tr>
<tr><td colspan="2">관계자지문</td><td colspan="3">현장지문, 준현장지문 중에서 범인 이외의 자(피해자, 현장출입자 등)가 남긴 것으로 추정되는 지문</td></tr>
<tr><td colspan="2">유류지문</td><td colspan="3">현장지문, 준현장지문 중에서 관계자 지문을 제외하고 남긴 지문으로 범인 지문으로 추정되는 지문</td></tr>
</table>

4. 시체 현상

① 사람이 죽으면 생전의 생리작용이 사라지고 시체에만 나타나는 변화 혹은 현상이 나타나는데 이를 시체 현상이라 하며, 초기에 나타나는 현상과 후기

에 나타나는 현상으로 나눠 볼 수 있다.

② 특히 해상에서 발견된 시체는 시간 경과 후 발견되거나 해양생물에 의해 손상되거나 스크류 등 선박 장비에 의해 훼손되는 경우가 있어, 시체에 나타난 특성을 잘 살펴서 사망 전에 발생한 것인지 사망 후에 발생한 것인지 면밀히 조사해 구별해야 할 필요가 있다.

시체의 초기 현상	① 체온의 냉각 ④ 시체 얼룩	② 시체 건조 ⑤ 시체 굳음	③ 각막의 혼탁
시체의 후기 현상	① 자가용해 ④ 시체 밀랍	② 부패 ⑤ 백골화	③ 미라화

(1) 시체의 초기 현상(물리적 변화)

체온의 냉각	① 사망하면 체내에서 열을 생산하는 화학적 현상은 정지되나 복사 및 전도 등 체열을 방산하는 물리학적 현상은 계속됨. ② 시체의 체온은 시간이 경과할수록 떨어져 결국 주의의 온도와 같게 되며, 수분이 증발하면서 주위의 온도보다 낮아지는 경우도 있음. ③ 습도가 낮을수록, 통풍이 좋을수록 하강의 속도가 빠름. ④ 남자는 여자보다, 어린이나 노인은 청장년보다, 마른 사람은 비만한 사람보다 빠름.
시체 건조	① 피부에 대한 수분 보충이 정지되어 몸의 표면은 습윤성을 잃고 건조해짐 → 특히, 피부·입술·항문 등 외부에 노출되어 있는 부분이 피혁상화되고 이에 의해 사후 경과 시간 추정 가능 ② 피부까짐, 화상, 기타 외상이 있었던 부분은 건조가 빠르고 담갈색으로 보이며 다른 주위 조직과 쉽게 구별
각막의 혼탁	사후 12시간 전후에서 안개가 낀 것처럼 흐리기 시작해 약 24시간 이상이 되면 현저하게 흐리고 동공도 흐리게 되며 약 48시간 이상이 되면 불투명하게 됨.
시체 얼룩	① 사후 피부에 생기는 암적색의 얼룩을 말하는데, 사망으로 혈액 순환이 정지되면 적혈구의 자체 무게에 의해 신체의 낮은 곳으로 모이는 혈액 침전 현상으로 시체 하부의 피부가 암적갈색으로 변하는 현상 ② 사망 후 10시간 후면 침윤성 시반이 형성되어 체위를 바꿔도 이미 형성된 시체 얼룩은 사라지지 않음.
시체 굳음	① 사후에는 일시 풀렸다가 시간이 경과함에 따라 근육은 점차 수축해 다시 굳어짐. ② 2~4시간에 나타나고 6~8시간이면 전체 근육에 미치는 바, 통상 사후12시간 정도이면 온몸에 미침. → 급사체는 굳음의 지속 시간이 길어짐. ③ 일반적으로 턱관절 → 어깨관절 → 팔·다리 → 손가락·발가락 순으로 진행 ④ 근육이 발달할수록 강하게 나타나며, 노인·소아·쇠약자는 약하게 나타나고 속히 완화됨.

(2) 시체의 후기 현상(화학적 변화)

자가용해	세균의 작용과는 별도로 사후 체내에 있는 각종 효소가 자가용해에 관여해 각 장기나 물렁조직 등의 단백질 분해효소, 지방질 분해효소, 탄수화물 분해효소 등에 의해 분해되어 가는 과정
부패	부패는 부패균의 작용에 의해 일어나는 질소화합물의 분해(공기의 유통이 빠를수록, 온도가 20~30℃ 사이일 때, 습도가 60~66%일 때 부패는 잘 진행된다.)
미라화	고온 · 건조지대에서 시체의 건조가 부패 · 분해보다 빠를 때 생기는 시체의 후기 현상
시체 밀랍	시체 성분이 화학적 분해에 의해 고체 형태의 지방산 혹은 그 화합물로 변화한 상태 → 비정형적 부패 형태로서 대부분은 수중 또는 수분이 많은 지중에서 형성
백골화	부패가 진행되어 뼈만 남게 되는 것 → 소아에서는 사후 4~5년, 성인 시체는 7~10년 후에는 완전 백골화됨.

제 6 절 해양경찰 수사행정

1. 유치인 보호근무

(1) 유치의 의의 및 근거 법규

의의	유치라 함은 피의자, 피고인, 구류인 및 임의 입감자 등의 도주, 증거 인멸, 자해행위, 통모(通謀) 방지, 도주 원조 등을 미연에 방지하고 동시에 유치인의 건강을 보호하기 위해 신체의 자유를 구속하는 것을 말한다.
근거 법규	① 「형의 집행 및 수용자의 처우에 관한 법률」 ② 「피의자 유치 및 호송 규칙」 ③ 「경찰관직무집행법」 ④ 「유치장 설계 표준 규칙」 ⑤ 「호송경찰관 출장소 근무규칙」

(2) 유치 시의 조치

입 · 출감지휘서	피의자를 유치장에 입 · 출감시킬 때에는 유치인 보호 주무자가 발부하는 피의자 입 · 출감지휘서에 의해야 하며, 동시에 3명 이상의 피의자를 입감시킬 때에는 경위 이상 경찰관이 입회해 순차적으로 입감시킨다.
접견 등 설명	유치인보호관은 새로 입감한 유치인에 대해서는 유치장 내에서의 일과표, 접견, 연락 절차, 유치인에 대한 인권 보장 등에 대해 설명하고, 인권 침해를 당했을 때에는 진정할 수 있음을 알리고, 그 방법을 안내해야 한다.

신체 등 검사	① 유치인 보호관은 신체 등의 검사를 하기 전에 유치인에게 신체 등의 검사 목적과 절차를 설명하고, 스스로 그 위험물 등을 제출하도록 한다. ② 신체 등의 검사는 동성의 유치인 보호관이 실시한다. ③ 신체 등의 검사는 유치인 보호주무자가 피의자 입·출감 지휘서에 지정하는 방법으로 유치장 내 신체 검사실에서 실시한다. ㉠ 외표검사: 죄질이 경미하고 동작과 언행에 특이 사항이 없으며 위험물 등을 은닉하고 있지 않다고 판단되는 유치인에 대해서는 신체 등의 외부를 눈으로 확인하고 손으로 가볍게 두드려 만져 검사함. ㉡ 간이검사: 일반적으로 유치인에 대해서는 탈의막 안에서 속옷은 벗지 않고 신체 검사의를 착용하도록 한 상태에서 위험물 등의 은닉 여부를 검사함. ㉢ 정밀검사: 살인, 강도, 절도, 강간, 방화, 마약류, 조직폭력 등 죄질이 중하거나 근무자 및 다른 유치인에 대한 위해 또는 자해할 우려가 있다고 판단되는 유치인에 대해서는 탈의막 안에서 속옷을 벗고 신체 검사의로 갈아입도록 한 후 정밀하게 위험물 등의 은닉 여부를 검사해야 함.
분리 수용	다음에 해당하는 자는 유치실이 허용하는 범위 내에서 분리하여 유치해야 한다. ① 형사범과 구류 처분을 받은 자 ② 19세 이상의 사람과 19세 미만의 사람 ③ 신체장애인의 경우 신체장애를 고려한 처우를 해야 한다. ④ 사건 관련의 공범자 등
여성의 유치	① 여성은 남성과 분리해 유치해야 한다. ② 경찰관서장은 여성 유치인이 친권이 있는 18개월 이내의 유아의 대동을 신청한 때에는 다음에 해당하는 사유가 없다고 인정되는 경우 이를 허가해야 한다. (a) 유아가 질병·부상, 그 밖의 사유로 유치장에서 생활하는 것이 적당하지 않은 경우 (b) 유치인이 질병·부상, 그 밖의 사유로 유아를 양육하는 것이 적당하지 않은 경우 (c) 유치장에서 감염병이 유행하거나 그 밖의 사정으로 유아의 대도이 적당하지 않은 경우
위험물 및 현금 등 보관	유치인 보호 주무자가 보관한다.
가족에의 통지	① 사법경찰관은 피의자를 구속한 때에는 구속 통지를 피의자를 구속한 날로부터 지체 없이 서면으로 그 가족이나 그가 지정하는 자에게 통지한다. ② 유치인으로부터 신청이 있을 때에는 경찰관서장은 수사상 지장이 없는 범위 내에서 그 가족 또는 대리인에게 유치인의 신상에 대해 통지한다.

2. 호송

(1) 의의 및 종류

의의	기결수·형사피고인·피의자 또는 구류수 등을 검찰청·법원·교도서 또는 경찰관서 등으로 연행하기 위해 이동하면서 유치인을 보호하는 것을 말함.

종류	호송 방법	직송	피호송자를 관서 또는 출두해야 할 장소나 유치할 장소에 직접 호송
		채송	피호송자가 중병으로서 호송의 계속이 불가능할 때 이를 인수받은 경찰관서에서 치료한 후 호송하는 경우
	호송 내용	이감 호송	피호송자의 수용 장소를 다른 곳으로 이동하거나 특정 관서에 인계하기 위한 호송
		왕복 호송	피호송자를 특정 장소에 호송해 필요한 용무를 마치고 다시 발송관서 또는 호송관서로 호송
		집단 호송	한 번에 다수의 피호송자를 호송
		비상 호송	전시·사변 또는 이에 준하는 국가비상사태나 천재·지변 시에 피호송자를 다른 곳에 수용하기 위한 호송
	호송 수단	도보 호송, 차량 호송, 열차 호송, 선박 호송, 항공기 호송	

(2) 호송 출발 전의 조치

피호송자의 신체검사	반드시 포박하기 전에 신체 검색을 실시, 여자의 경우 여자 경찰관이 행하거나 성년의 여자를 참석시킴.
피호송자의 포박	① 호송관서 출발 전 반드시 피호송자에게 수갑을 채우고 포승으로 포박한다. ② 피호송자가 2인 이상일 때에는 피호송자마다 포박한 후 2인 내지 5인을 1조로 하여 상호 연결시켜 포승함.
호송의 방법	직접 호송
호송 시간	일출 전 또는 일몰 후에는 불가. 다만, 기차, 선박 및 차량을 이용할 때 또는 특별한 사유가 있는 때는 가능
호송 수단	경찰호송차, 기타 경찰이 보유하고 있는 차량에 의함이 원칙 → 호송에 사용되는 경찰차량에는 커튼 등을 설치해 피호송자의 신분이 외부에 노출되지 않도록 할 것
인수관서 통지	미리 인수관서에 피호송자의 성명, 호송 일시, 호송 방법 등을 통지

(3) 호송 시 관리 방법

영치금품의 처리	금전·유가증권은 호송관서에서 인수관서에 직접 송부하고 물품은 호송관에게 탁송
피호송자의 숙박	피호송자를 숙박시켜야 할 사유가 발생했을 때에는 체류지 관할 경찰관서 유치장 또는 교도소를 이용해야 하며, 숙박시킬 수 없는 지역에서는 호송관은 가장 가까운 경찰관서에 숙박에 관해 협조를 의뢰
식량 등의 자비 부담	피호송자가 식량, 의류, 침구 등을 자신의 비용으로 구입할 수 있을 때에는 호송관은 물품의 구매 허가 가능

호송비용의 부담	호송관 및 피호송자의 여비, 식비 기타 호송에 필요한 비용은 호송관서에서 이를 부담 → 다만 피호송자가 사망했을 때와 피호송자가 발병했을 때의 비용은 각각 그 교부를 받은 관서가 부담
호송비용 산정	피호송자를 교도소 또는 경찰관서 유치장이 아닌 장소에서 식사를 하게 한 때의 비용은 시가의 최저 실비액으로 산정
분사기 등의 휴대	호송관은 호송근무를 할 때에는 분사기를 휴대해야 하며, 호송관서의 장은 특별한 사유가 있는 경우 호송관이 총기를 휴대하도록 할 수 있음.

(4) 사고 발생 시의 조치 요령

피호송자 도주 시	① 즉시 사고 발생지 관할 경찰관서에 신고하고 도주 피의자 수배 및 수사에 필요한 사항을 알려 주어야 하며, 소속장에게 전화, 전보 기타 신속한 방법으로 보고해 그 지휘를 받을 것 → 즉시 보고할 수 없는 때에는 신고관서에 보고를 의뢰 ② 호송관서의 장은 즉시 상급 감독관서 및 관할 검찰청에 즉보하는 동시에 인수관서에 통지하고 도주 피의자의 수사에 착수해야 하며, 사고 발생지 관할 경찰관서장에게 수사를 의뢰 ③ 도주한 자에게 관한 호송 관계 서류 및 금품은 호송관서에 보관
피호송자 사망 시	① 즉시 사망지 관할 경찰관서에 신고하고 시체와 서류 및 영치금품은 신고관서에 인도 → 다만 부득이한 경우에는 다른 도착지의 관할 경찰관서에 인도 가능 ② 인도를 받은 경찰관서는 즉시 호송관서와 인수관서에 사망일시, 원인 등을 통지하고 서류와 금품은 호송관서에 송부 ③ 호송관서의 장은 통지받은 즉시 상급 감독관서 및 관할 검찰청에 보고하는 동시에 사망자의 유족 또는 연고자에게 이를 통지 ④ 통지받을 가족이 없거나, 통지를 받은 가족이 통지를 받은 날부터 3일 내에 그 시신을 인수하지 않으면 시・군・구・읍・면장에게 가매장을 하도록 의뢰
피호송자 발병 시	① 경증으로서 호송에 큰 지장이 없고 당일로 호송을 마칠 수 있을 때에는 호송관이 적절한 응급조치를 취하고 호송을 계속할 것 ② 중증으로서 호송을 계속하기가 곤란하다고 인정될 때에 피호송자 및 그 서류와 금품을 발병지에서 가까운 경찰관서에 인도 → 인수한 경찰관서는 즉시 질병을 치료해야 하며, 질병의 상태를 호송관서 및 인수관서에 통지하고, 질병이 치유된 때에는 호송관서에 통지함과 동시에 치료한 경찰관서에 지체없이 호송

3. 지명수배・통보

(1) 지명수배

의의	특정한 피의자에 대해 그의 체포를 의뢰하는 제도로서, 특히 기소중지 의견으로 사건을 송치할 때에는 지명수배를 해야 한다.

지명수배 대상	① 법정형이 사형·무기 또는 장기 3년 이상의 징역이나 금고에 해당하는 죄를 범했다고 의심할 만한 상당한 이유가 있어 체포영장 또는 구속영장이 발부된 자 ② 지명통보의 대상인 자로 지명수배의 필요가 있어 체포영장 또는 구속영장이 발부된 자 ③ 긴급사건 수배에서 피의자의 성명 등을 명백히 하여 그 체포를 의뢰한 경우
인수 · 호송	① 검거된 지명수배자의 호송: 검거된 시명수배자에 대해서는 수배관서에서 검거관서로부터 인계받아 호송하는 것이 원칙 → 지명수배자를 검거한 때로부터 영장청구 시한을 경과해서는 안 됨. ② 지명수배자를 검거관서에서 조사하는 경우 (a) 검거관서의 관할 구역에서 수배를 받은 범죄의 죄종 및 죄질이 동등 또는 그 이상의 다른 범죄를 범한 경우 (b) 검거관서에 지명수배자와 관련된 범죄로 이미 정범이나 공동정범인 피의자 일부를 검거하고 있는 경우 (c) 지명수배자가 단일 사건으로 수배되고 불구속 수사 대상자로서 검거관서로 출장해 조사한 후 신속히 석방함이 타당한 경우 ③ 검거한 지명수배자에 대해 지명수배가 여러 건인 경우 인계받아 조사할 수배관서 순위: 공소시효 만료 3개월 이내이거나 공범에 대한 수사 또는 재판이 진행 중인 수배관서 → 법정형이 중한 죄명으로 지명수배한 수배관서 → 검거관서와 동일한 지방검찰청 또는 지청의 관할구역에 있는 수배관서 → 검거관서와 거리 또는 교통상 가장 인접한 수배관서

(2) 지명통보

의의	특정한 피의자를 발견한 경우 그 피의자에 대한 출석 요구를 의뢰하는 제도로서 기소중지 의견으로 사건을 송치할 때에는 지명통보를 해야 한다.
대상자	① 법정형이 장기 3년 미만의 징역 또는 금고, 벌금에 해당하는 죄를 범했다고 의심할 만한 상당한 이유가 있고, 수사기관의 출석 요구에 응하지 아니하고 소재수사 결과 소재불명인 자 ② 법정형이 장기 3년 이상의 징역이나 금고에 해당하는 죄를 범했다고 의심되더라도 사안이 경미하거나 기록상 혐의를 인정하기 어려운 자로서 출석 요구에 불응하고 소재가 불명인 자 ③ 사기·횡령·배임죄 및 「부정수표단속법」에 정한 죄의 혐의를 받는 자로서 초범이고 그 피해액이 500만 원 이하에 해당하는 자 ④ 구속영장을 청구하지 아니하거나 발부받지 못해 긴급체포되었다가 석방된 지명수배자
소재 발견 시 조치 요령	① 지명통보된 자의 소재를 발견한 때에는 피의자에게 지명통보된 사실과 범죄 사실, 지명통보한 관서 등을 고지하고 발견 일자부터 1개월 이내에 통보관서에 출석하겠다는 내용과 정당한 사유 없이 출석하지 않을 경우 지명수배되어 체포될 수 있다는 내용이 기재된 지명통보 사실 통지서를 피의자에게 교부하고 형사사법정보 시스템에서 지명통보자 소재 발견 보고서를 작성한 후 사건 인계서를 작성해 통보관서에 인계해야 함. ② 지명통보가 여러 건인 경우에는 각 건마다 지명통보자 소재발견보고서를 작성 ③ 지명통보자 소재발견보고서를 송부받은 통보관서의 사건담당자는 즉시 지명통보된 피의자에게 출석요구서를 발송

	④ 지명통보된 피의자가 정당한 이유 없이 확인한 일자에 출석하지 아니하거나 사건 이송 신청을 하지 않은 때에는 체포영장을 발부받아 지명수배 절차에 따름. ⑤ 지명통보자가 통보관서에 출석하거나 이송 신청에 따른 이송관서에 출석해 조사에 응한 때에는 즉시 지명통보를 해제

4. 범죄 통계

(1) 의의

범죄 통계란 범죄의 발생, 검거 등을 계속적으로 집계해 분석·검토함으로써 사회의 치안 상태 및 이에 대처하는 경찰활동의 실태를 객관적으로 파악하고 수사 운영, 생활안전 대책 등 시책을 유효·적절하게 추진하기 위한 기초자료로 삼는 것을 말한다.

(2) 범죄 통계 원표

근거	경찰 범죄 통계 작성 및 관리 규칙(「국민안전처 훈령」 제68호)
종류	① 범죄발생통계원표(발생사건표) ② 검거통계원표(검거사건표) ③ 피의자통계원표(피의자표)
입력 및 작성 관서	① 범죄발생통계원표: 범죄 수사 업무를 담당하는 경찰공무원이 고소·고발, 신고, 인지 등을 통해 범죄 발생을 알게 된 때에 범죄발생통계원표를 작성 ② 검거통계원표, 피의자통계원표: 범죄 수사 업무를 담당하는 경찰공무원이 사건을 처리해 송치하는 때에 검거통계원표 및 피의자 통계원표를 작성
작성 대상	① 기소, ② 불기소(혐의 없음, 죄안됨, 공소권 없음) 의견 송치 시
작성 요령	① 피의자가 법인일 경우는 발생통계원표, 검거통계원표, 피의자통계원표 모두 작성 ② 원표는 사건담당경찰관이 전산 입력 ③ 발생통계원표는 발생 1건에 1매를, 검거통계원표는 검거 1건에 1매를, 피의자통계원표는 피의자 1명에 1매를 각 작성 ④ 1인 수죄인 경우에는 발생·검거통계원표는 각 죄마다 작성하고 피의자통계원표는 그 중 가장 중한 죄 또는 주된 죄에 대해 1매를 작성 ⑤ 수인 1죄의 경우에는 발생통계원표와 검거통계원표를 각 1매, 피의자통계원표를 피의자의 수대로 작성 ⑥ 수인 수죄의 경우에는 죄수와 같은 수의 발생통계원표와 검거통계원표를 작성하고, 피의자통계원표는 각 피의자마다 그가 범한 죄 중 가장 중한 죄 또는 주된 죄에 대해서만 1매씩 작성

제 5 편

해양경찰 정보론

제 1 장 해양경찰 정보 개관

제 1 절 해양경찰 정보활동 및 법적 근거

1. 정보활동의 개념

① 의의: 정보경찰은 형식적 의미의 정보경찰과 실질적 의미의 정보경찰로 분류할 수 있다. 형식적 의미의 정보경찰이란 정보 기능에 소속된 경찰관을 말하며, 실질적 의미의 정보경찰이란 국가안전 보장, 사회 질서 유지, 국민의 생명・신체・재산 보호 등 치안상 필요한 정보를 수집・작성하고 이를 배포하는 것을 주임무로 하는 경찰활동을 말한다.

② 정보활동: 해양경찰의 정보활동은 기능 분장상 해상수사정보과 등 정보 기능에서 주로 담당하고 있으나, 경비정보, 범죄정보, 보안정보, 외사정보 등은 다른 기능에서 취급하고 있다. 그러므로 모든 경찰관은 정보 수집의 의무가 있다.

③ 필요성: 해양경찰 정보활동은 해양에서 발생・예견되는 다양한 경비활동과 국민의 생명・재산 보호를 위한 안전활동 및 해양오염의 예방과 사고 발생 시 신속한 방제를 통한 피해 최소화 등을 위해 필수적인 활동이다.

2. 정보경찰의 특징

구분	정보경찰	일반경찰
제1차 목적	국가의 안전 보장	국민의 생명・신체・재산 보호
활동지침	예방적・사전적	예방적・사후 교정적
대상 범죄	위태성 범죄	침해성 범죄
보호 법익	국가의 안전	개인적 법익

3. 법적 근거

① 법률: 「경찰관직무집행법」 제2조 제4호(치안정보의 수집・작성 및 배포)

② 법규명령: 「국민안전처 그 소속기관 직제」 제21조 제2항 34호, 35호(정보업무의 기획・지도 및 조정, 정보의 수집・분석 및 배포)

4. 역할 및 중요성

예방 수단	① 정보활동의 필요성 중 예방 수단이란 경찰 위반 상태의 예방 기능을 말한다. ② 해상에서 발생하는 각종 집회 및 시위 등 불법행위가 우려되는 상황에서 사전 정보 수집과 분석을 통해 불법 폭력시위가 사전에 차단되도록 하는 역할을 한다.
사후 수단	① 사후 수단이란 사태가 발생할 경우 위해를 최소화하거나 신속한 조치를 말한다. ② 사태가 발생한 후에도 위해의 최소화를 도모하기 위해 정보활동이 중요하다.

5. 일반경찰과 비교

구분	정보경찰	일반경찰
제1차 목적	국가의 안전 보장	국민의 생명・신체・재산 보호
활동지침	예방적・사전적	예방적・사후 교정적
대상 범죄	위태성 범죄	침해성 범죄
보호 법익	국가 안전	개인적 법익

제 2 절 해양경찰 정보의 기능

1. 의의

① 해양경찰 정보는 해양 관련 새로운 정책의 입안, 집행 및 사회문제가 야기된 현상을 해결할 때 정확성과 적시성이 있는 정보를 제공해 국가경쟁력을 높이는 데 기여한다.

② 해양에서의 각종 사건·사고 발생 시 적절하고 유효한 정보 제공으로 피해를 최소화하고 최단 시간 내에 사건을 종결하는 데 필요한 자료를 제공한다.

③ 해양 관련 공사 및 어업권 분쟁 발생 시 이를 조정, 중재함으로써 사태의 확산을 방지하고 사회 질서의 평온한 상태를 유지하는 데 기여한다.

2. 정책 결정 과정에서 정보의 역할

(1) 정책 결정과 정보의 관계

① 정보는 정책 및 환경의 불확실성을 제거하고 정책결정자의 오판과 실수의 개연성을 최소화하는 데 목적이 있다.

② 정보는 정책결정자에게 제공됨으로써 조직 간의 경쟁을 유발하고 정책부서의 제한된 정보수집력을 보완하는 한편, 정책의 중복 확인(cross-check)을 통해 오류 발생 가능성을 줄일 수 있고, 이를 통해 정책의 신뢰도를 높이는 데 기여한다.

(2) 정책 단계별 정보의 역할

단계	내용
정책의제 설정 단계	정부가 일반공중 또는 언론·이익집단·사회단체들이 제기한 사회문제를 정책문제로 채택하는 과정 또는 행위를 말한다
정책 결정 단계	어떤 정책문제가 거론되면 해결을 위한 정책 목표를 설정하고 이 목표를 달성할 수 있는 여러 가지 대안을 고안·검토해 하나의 정책대안을 채택하는 등의 일련의 모든 활동을 말한다.
정책 집행 단계	정책의 내용을 실현시키는 과정을 말한다.

정책 평가 단계	집행 결과 정책 효과의 발생 여부를 검토하는 것으로 정책이 좋았는지 나빴는지를 검토하는 활동을 말한다.

(3) 정책정보

치안정보와 구별	치안정보는 정치·경제·사회·문화 등 제반의 상황을 반영하는 것으로, 이에 따라 정부의 정책의제 설정, 정책집행 및 정책평가의 전 과정과 밀접하게 관계가 있다.
정책정보의 중요성	경찰은 자연스럽게 정부정책에 대한 국민들의 요구나 문제점을 접하게 되므로 이러한 정보는 정부정책의 설정 및 오류의 시정 과정에 귀중한 자료가 된다.
정책정보 작성 요령	① 현황의 면밀한 분석 ② 문제점의 작성 ③ 구체적이고 실현 가능한 대안의 제시

3. 사건·사고 예방 및 피해의 최소화 역할

사전 예방 역할	① 경찰관들은 경비활동 또는 순찰활동을 통해 사회의 제반 문제 요인을 사전 발굴한다. ② 발굴한 문제점은 견문 또는 첩보의 형식으로 제출하며, 이를 분석·평가해 문제화 이전에 이를 사전 제거하는 역할을 한다.
사후 피해 최소화 역할	① 사건, 사고가 발생한 후에는 현재의 상황을 분석해 피해 최소화를 위한 대안 발굴에 주력한다. ② 유효적절하고 동원 가능한 인력, 장비, 방법 등을 발굴하고 관계 기관 간 협조 등 적절한 조치 방안을 제시한다.

4. 갈등의 조정에 대한 정보 역할

협상	당사자 간에 대화와 타협으로 갈등을 해소하는 것을 말한다.
조정	중립적인 제3자가 개입해 당사자 간 의사소통을 원할히 하고 갈등 해결 아이디어를 제공하는 것을 말하는 데, 당사자에 대한 구속력은 미약하다.
중재	중립적인 제3자가 개입해 당사자 간 의사소통을 원할히 하고 중재안을 제시하는 것으로, 당사자에 대한 구속력이 비교적 강하다.
사실 확인	갈등의 요인들을 파악하고 평가해 보고하는 임무를 수행하며 대체로 평가 및 분석이 이뤄진다.

제 3 절 외국 해양경찰 정보기관 비교

1. 일본 해상보안청

(1) 의의

해상보안청 정보 기능은 고유한 의미의 경찰정보와 국민들에게 제공하는 해양 관련 정보 모두를 취급하고 있으며, 경비구난부 산하 경비정보과와 해양정보부 산하 해양정보과 및 항해정보과에서 담당하고 있다.

(2) 담당부서 및 업무 분장

고유한 의미의 경찰정보를 취급하는 경비구난부 경비정보과는 '경비정보조 정관'과 '선박동정정보조정관'을 두고 있으며, 담당 업무는 ① 경비 업무에 관한 정보의 수집, 분석 및 경비정보의 관리에 관한 사항, ② 공포 또는 불안을 야기할 목적으로 하는 정치적 주장과 폭력적 파괴활동 등 테러정보, ③ 그 밖의 공안을 해하는 활동에 관한 범죄, ④ 수사와 용의자 체포에 관한 사항을 취급하고 있어 해양경비안전본부의 경비 업무와 유사한 범위의 사항에 대해 정보활동을 하고 있다.

해양 관련 정보를 인터넷 등을 통해 제공하는 해양정보 담당부서로 해양정보부 해양정보과와 항해정보과를 두고 있다.

첫째, 해양정보과는 '해양공간 정보실'과 '대륙붕정보관리관'을 두고 있는데, 담당하는 업무는 ① 해양의 개발 · 이용, 조사, 연구, 환경보전 등을 위해 수집한 정보의 수집 · 관리 및 제공, ② 전국 연안지역의 자연정보, 방재정보, 해안선의 ESI정보(환경취약성 지표) 등 '연안해역 환경보전정보' 제공, ③ 영해 및 배타적 경제수역 등 관할 해역의 범위 확정에 필요한 기선 정보 수집 · 관리 등을 하고 있어 순수한 해양정보 제공을 위한 자료 수집, 관리 업무를 하고 있다.

둘째, 항해정보과는 '수로통보실'을 두고 있는데, 담당 업무는 ① 항로의 상황, 연안 및 항만의 지형 · 시설 · 법규 등을 기재한 수로도지 및 항공도지 발행, ② 선박의 안전 항행을 위한 긴급항행경보 통보 등의 업무를 하고 있다.

(3) 특성

이상의 자료를 통해 보면 일본의 경우 해양과 관련된 정보는 해상보안청으로 일원화했으며, 담당 업무를 기준으로 경찰 업무 수행에 필요한 정보는 경비구난부 경비정보과에서 담당하고, 수로 · 항로 · 교통 · 환경 등 일반 해양 관련 정보는 해양정보부 2개 과에서 취급하고 있어 해양정보의 일관성과 전문성을 함께 추구하고 있음을 알 수 있다.

2. 미국 해안경비대(USCG)

(1) 의의

정보 기능은 해양경비대(Coast Guard) 사령부에 정보 · 범죄조사처(소장급)가 있고, 부사령관의 임무를 동시에 수행하며, 산하에 수사국(Coast Guard Investigative Service: CGIS)과 정보국(Coast Guard Intelligence: CGI)을 두고 있다. 이들은 광범위한 관할에서 적시에 맞춤형 업무를 집행하기 위해 다른 정보기관과 폭넓은 협력 관계를 맺고 있으며, 항만 보안 · 수색 및 구조 · 해상 안전 · 마약 단속 · 외국인 이주 차단 및 해양자원 보호 등에 관한 정보를 수집, 분석한다. 이 부서는 1915년 윌슨 대통령이 Article 304와 614법에 서명함으로써 창설되었다.

(2) 담당부서 및 업무 분장

정보국은 연방법집행기관 및 국가정보기관의 일원으로서 비권력적 작용 임무인 ① 해상 안전(marine safety), ② 수색과 구조(search and rescue), ③ 항해 지원(aid to navigation), ④ 내국 어업과 관련된 해양생물자원(living marine resources (fisheries law enforcement), ⑤ 해상환경 보호(marine environmental protection), ⑥ 쇄빙작업(ice operations) 등 여섯 가지와, 권력적 작용인 ① 항만, 수로 및 연안경비(ports, waterways and coastal security), ② 마약 차단(drug interdiction), ③ 입국차단(migrant interdiction), ④ 국가방어 준비(defence readiness), ⑤ 외국인의 어업에 대한 법집행(other law enforcement(foreign fisheries)) 등 열한 가지 법정 임무를 지원하고 국가 안보의 중요한 교량적 역할을 한다(U.S.C Title 6 §468).

(3) 특성

미국의 해안경비대(USCG)는 직제상 정보 업무를 담당하는 부서는 국(局) 단위로 편제되어 있으며, 내용상으로는 권력적 · 비권력적 작용에 관한 모든 정보를 수집, 분석하고 있어 폭넓은 정보활동을 하고 있다.

제 2 장 해양경찰 정보 기초 이론

제 1 절 정보의 개념 및 특성

1. 의의

(1) 정보의 의의

정보란 국가의 정책 결정을 위해 수집된 첩보를 평가 · 분석 · 종합, 판단의 과정을 거쳐서 생성된 산출물을 말한다.

(2) 정보의 개념에 대한 견해

제프리 리첼슨 (Jeffery T. Richelson)	정보는 외국이나 국외 지역과 관련된 제반 첩보 자료들을 수집 · 평가 · 분석 · 종합, 판단의 과정을 거쳐서 생성된 산출물
마이클 허만 (Michael Herman)	정부 내에서의 조직된 지식
에이브럼 슐스키(Abram N. Shulsky)	국가 안보 이익을 극대화하고, 실제적 또는 잠재적 적대 세력의 위험을 취급하는 정부의 정책 수립과 정책의 구현과 연관된 자료
마크 로웬탈 (Mark M. Lowenthal)	정보란 정책결정자의 필요에 부응하는 지식을 말하며, 이를 위해 수집 가공된 것

마이클 워너 (Michael Warner)	정보는 아측에 해악을 끼칠 수 있는 다른 국가나 다양한 적대 세력의 영향을 미치거나 또는 단지 그들을 이해하기 위한 노력을 지원하는 비밀스러운 그 무엇
셔먼 켄트 (Sherman Kent)	정보는 국가정책 운용을 위한 지식이며 활동이고 조직
노버트 위너 (Norbert Wiener)	정보란 인간이 외계에 적응하려고 행동하고 또 그 조절행동의 결과를 외계로부터 감지할 때에 외계와 교환하는 내용
카를 폰 클라우제비츠 (Carl von Clausewitz)	적국과 그 군대에 대한 첩보

2. 특성

적실성 (適實性)	정보는 정보 사용자가 현재 당면하고 있거나 당면하게 될 문제 해결을 위해 필요한 내용을 제공할 때 그 가치를 발한다.
적시성 (適時性)	정보는 정보 사용자의 의사 결정에 필요한 시기에 제공되어야 그 가치를 발하며, 일반적으로 시간이 갈수록 가치가 줄어드는 특징이 있다.
비이전성 (非移轉性)	정보는 타인에게 전달해도 본인에게 그대로 남아 있다.
누적효과성 (累積效果性)	정보는 생산·축적되면 될수록 그 가치가 커진다.
신용가치성 (信用價値性)	정보는 정보 구입 시 그 출처, 즉 정보원의 신용이 중요한 가치판단의 기준이 되며, 같은 정보라도 출처의 신뢰도가 높을수록 그 가치가 높다.
무한가치성 (無限價値性)	물질이나 에너지는 하나의 상품에 하나의 가치밖에 없지만, 정보는 그 내용이 한 가지라고 할지라도 필요한 사람이면 누구에게나 가치가 있다.
빈도 (頻度)	빈도란 정보 사용자가 얼마나 자주 필요로 하고 또 수집되며 생산하는가를 측정하는 기준으로 정보의 가치를 판단하는 데 중요한 요소가 된다.
완벽성 (完璧性)	특정 상황에 대한 정보가 그 정보가 필요한 사람에게 전반적이고 체계적인 내용을 모두 전달해 줄 수 있는가도 정보의 가치를 판단하는 데 중요한 요소가 된다.

3. 첩보와 정보의 차이

구분	첩보(information)	정보(intelligence)
정확성	부정확한 견문지식을 포함	객관적으로 평가된 정확한 지식
완전성	기초적·단편적·불규칙적·미확인 상태의 지식	특정한 사용 목적에 맞도록 평가·분석·종합·해석해 만든 완전한 지식
적시성	시간에 구애받지 않고 과거와 현재의 것을 불문	정보사용자가 필요로 하는 적시에 제공되어야 하는 적시성이 특히 요구

생산 과정 특수성	협동작업이 아닌 단편적이고 개인의 식견에 의한 지식	정보의 요구・첩보 수집 및 정보의 생산・배포 등의 과정을 거치면서 여러 사람의 협동작업을 통해 생산
사용 목적성	사용자의 목적에 맞지 않음.	사용자의 목적에 맞도록 작성된 지식
기술과 절차	처리 절차 불문	처리 절차 강조
공통점	정보와 첩보 모두 지식으로서의 자료적 가치를 갖는다는 점에서 공통점이 있다.	

제 2 절 정보의 가치

1. 정보의 효용

정보의 효용이란 정보의 질적 요건을 갖춘 정보를 어떻게 사용하면 정책 결정 과정에 기여할 수 있는가에 대한 기준을 말한다. 정책 결정 과정에서 정보가 효과적으로 활용될 수 있기 위해서는 다음의 요소들이 고려되어야 한다.

2. 정보의 효용을 평가하는 기준

형식 효용	① 정보는 정보 사용자의 요구에 맞는 형식에 부합할 때 효용이 높다는 평가를 받게 된다. ② 정보 사용자의 수준에 따른 정보 형태가 결정된다. 대통령 등 최고정책결정자에 대한 정보보고서는 1면주의 원칙이 요구된다.
시간 효용	① 정보는 정보 사용자가 필요로 하는 시점에 제공될 때 효용이 높다는 평가를 받는다. ② 시간 효용은 적시성과 밀접히 관련되어 있다.
접근 효용	정보는 정보 사용자가 쉽게 접근할 수 있어야 한다.
소유 효용	① 정보는 상대적으로 많이 소유할수록 집적의 효과를 발휘할 수 있다. ② '정보는 국력이다'라는 표현은 정보의 소유 효용을 잘 나타내고 있다.
통제 효용	① 정보는 정보를 필요로 하는 사람들에게 필요한 만큼 제공되도록 통제되어야 한다. ② 방첩활동과 가장 밀접하게 관련되어 있다.

제 3 절 정보의 분류

1. 정보 분류의 기준

분류 기준	종류
사용 수준에 따른 분류	전략정보(국가정보), 전술정보(부문정보), 방첩정보
분석 형태에 따른 분류	기본정보, 현용정보, 판단정보
출처에 따른 분류	근본·부차적 출처, 정기·우연출처, 비밀·공개출처
대상에 따른 분류	적극정보, 소극정보(보안정보)
입수 형태에 따른 분류	직접정보, 간접정보
요소에 따른 분류	정치·경제·사회·군사·과학·산업정보
수집활동에 따른 분류	인간정보, 기술정보
경찰 업무에 따른 분류	보안·범죄·외사·일반·교통정보
내용에 따른 분류	국내정보, 국외정보

2. 분류별 내용

(1) 성질에 따른 분류

전략정보 (국가정보)	전략정보란 국가정책지도자들이 국가정책과 국가안전 보장에 막대한 영향을 주는 국가 수준의 정보를 의미하는 것으로 정보기관에서 작성한 정보를 토대로 평상시에는 국가의 안전과 관련된 정책 결정의 기초가 되며, 전시에는 군사작전계획의 기초로 사용되는 정보를 말한다.
전술정보 (부문정보)	전술정보는 부서별 정보 또는 정치적 정보라고도 하며 국가정책의 실현을 위한 세부계획의 수립·추진 등에 필요한 지식 등 각 부처가 요구하는 정보를 말한다.
방첩정보 (對정보)	방첩정보란 국가 안보를 위협하는 적대적 제3국 또는 집단의 정보공작력(간첩·태업·전복)에 대항하기 위한 정보로서, 소극적·방어적 기능을 수행한다.

(2) 분석 형태에 따른 분류

기본정보	① 기본정보는 모든 사상의 정적인 상태를 기술한 인종이라든지 지리적 일반 상태, 국가의 전통, 가치관, 권력구조, 국가의 기본 정책 등과 같이 비교적 변화가 적은 정태적이고 기초적인 사항을 내용으로 하고 있으며, 이미 경험했거나 경험 중에 있는 사항이다.

	② 기본정보는 본래적인 정보 사용자가 사용할 정보라기보다는 현용정보 또는 판단정보의 작성자가 사용할 정보로서 일반적으로 정보수록집에 보관했다가 정보백과 사전화할 수 있는 정보이다. ③ 인종, 가치관, 권력구조 등 비교적 변화가 적은 정태적이고 기초적인 사항이다.
현용정보	① 현용정보는 모든 사상의 동태를 현재의 시점에서 객관적으로 기술한 정보로, 의사결정자에게 그때그때의 동향으로 알리기 위한 정보이다. 실무상의 '속보'와 가장 관련성이 높은 정보이다. ② 정책결정자 또는 의사결정자에게 그때그때의 동향을 알리기 위한 정보이며, 이에는 시사정보 · 수시정보 · 정기정보가 있다.
판단정보	① 판단정보는 과거와 현재를 바탕으로 논리적 사고와 추리적 능력을 통해 미래에 있을 수 있는 어떤 상태를 예측한 평가정보이다. ② 판단정보는 장래에 있을 어떤 상태에 관한 예측평가적 또는 보고적 유형의 정보로서 정보생산자의 능력과 재능을 가장 많이 필요로 한다. ③ 워싱턴 플랫(Washington Platt)은 판단정보를 "사실에서 도출된 특징적 정보"라고 했다.

(3) 출처 · 시기 · 요소 등에 따른 분류

1) 정보가 얻어지는 출처에 따른 분류

근본 출처	근본 출처란 정보가 획득되는 실질적인 원천을 말한다.
부차적 출처	근본 출처에서 획득한 정보를 정보 작성기관에 전달해 준 사람 또는 기관을 말한다.

2) 정보가 얻어지는 시기에 따른 분류

정기출처	정기출처란 정기적으로 정보를 획득할 수 있는 출처를 말한다.
우연출처	① 우연출처란 한때 우연히 정보가 제공되는 출처를 말하며, 적극적인 경우와 소극적인 경우로 나눌 수 있다. ② 적극적인 경우: 평소 주위 사람들과 원만한 인간관계를 이뤄 주변 사람들로 하여금 발생된 정보를 자발적으로 제공해 올 수 있도록 하는 경우이다. ③ 소극적인 경우: 사람이 많이 모인 장소, 다방이나 공원, 시장 등지에서 우연한 기회에 정보를 입수하는 것이다.

3) 비밀 보호의 정도에 따른 분류

공개출처	특별한 보호 조치가 요구되지 않는 출처로서 일상적인 방법으로 첩보를 수집하는 출처를 말한다.
비밀출처	외부에 노출되면 출처로서의 기능을 상실하게 되는 것은 물론 출처의 입장이 난처해질 위험이 크기 때문에 외부로부터 강력히 보호를 받아야 하는 출처를 말한다.

4) 대상에 따른 분류

적극정보	① 이는 Positive Intelligence라고 하며, 국가의 경찰 기능에 필요한 정보 이외의 모든 정보를 말한다. ② 국가 이익을 증대하기 위한 정책의 입안과 계획 수립 및 정책계획을 수행하는 데 필요한 정보 요소로서 정책정보이다.
보안(소극) 정보	① 이는 Security Intelligence라고 하며, 국가의 경찰 기능을 위한 정보이다. ② 셔먼 켄트(Sherman Kent)는 보안정보를 "기본적으로 경찰 기능의 기초가 되는 정보이며, 그 임무는 국가와 국민 또는 개인에게 위해를 가하고자 하는 범인으로부터 보호하는 것이다."라고 정의하고 있다.

5) 요소에 따른 분류

정치정보	개인 또는 집단의 정치 권력의 획득, 유지, 행사 등에 대한 정치적인 능력과 취약성 및 가능한 행동방책에 대한 지식이다.
경제정보	개인 또는 조직체가 재화를 얻어 욕망을 충족시키는 활동에 대한 경제적인 능력과 취약성 및 가능한 행동방책에 대한 지식이다.
사회정보	사회적 요소에서의 사회적 현상에 대한 개인 또는 조직체 등이 공동생활을 영위하는 데 필요한 능력과 취약성 및 가능한 행동방책에 대한 지식이다.
군사정보	군사 역량에 관계되는 요소로서 규모, 편제, 확장능력, 실용성, 영도력, 전약, 전술, 전통, 군대의 사기로서, 전략정보와 전술정보, 대적정보(방첩정보)로 나눠진다.
기타	과학정보, 산업정보 등이 있다.

6) 입수 형태에 따른 분류

직접정보	① 직접정보는 매개체 없이 직접 입수하는 것으로, 정보의 입수자가 직접적으로 경험하거나 직접 보고, 듣고, 느껴서 얻은 정보를 말한다. ② 일반적으로 신뢰성이 가장 높은 정보이다.
간접정보	① 간접정보는 중간매체를 통해 입수한 정보를 말한다. ② 과학문명이 발달하기 이전에는 주로 직접정보에 의존했으나, 오늘날에는 대부분 언론매체나 도서 등을 통해 얻는 간접정보가 많아지는 추세이다.

7) 수집활동에 따른 분류

인간정보	① 인적 수단을 사용해 수집한 정보를 말하며, 인간이 정보 수집의 대상이 되는 경우도 있다. ② 인간정보는 대표적인 비밀출처정보로서 인간정보의 출처들은 첩보의 신뢰성을 검증하기 어려운 경우가 많다. ③ 일반적으로 공식적인 직함을 가진 백색정보관과 민간인으로 위장한 흑색정보관으로 분류하는데, 외교관은 백색정보관, 상사원・언론기자 등은 신분 노출이 안 되는 흑색정보관이다.

기술정보	① 영상정보: 레이더, 적외선 등의 기술적 수단을 이용해 사진이나 영상을 수집하고 그것을 분석해 얻어지는 정보를 말한다. ② 신호정보: 상대방으로부터 전파·전자적 신호를 탐지하고 수집해 얻은 정보로서, 신호정보는 통시정보와 전자정보를 포함하는 개념이다. 이는 전화, 이메일 등을 포함하고 있어 원칙적으로 국내에서 수집하고자 할 경우 법원 통제를 받아야 한다.

8) 경찰 업무에 따른 분류

보안, 범죄, 외사 등 정보를 제외한 일반정보 업무를 정보 기능에서 관장한다.

제 3 장 정보의 순환

제 1 절 개설

1. 의의

정보의 순환은 정보를 산출하기 위해 소요되는 정보 요구를 결정하고, 이러한 요구를 충족시키기 위한 첩보를 수집 · 보고하며, 수집된 첩보를 평가 · 분석 · 종합 및 해석하고, 정보를 생산해 사용자에게 배포하는 4단계가 부단히 순환하면서 이뤄진다.

2. 특징

정보 순환 과정은 일방적 · 계속적 · 반복적인 순환 과정으로서 연속성과 동시성을 가지며, 각 단계는 매 단계마다 소순환 과정을 거쳐 전체 순환 과정에 연결된다.

3. 정보의 순환 과정

정보 요구 단계	① 정보의 사용자가 필요성의 결정에 따라 첩보의 수집활동을 집중 지시하는 단계(정보순환 과정 중 최초의 단계, 정보활동의 기초 단계) ② 소순환 과정: 첩보 기본 요소 결정 → 첩보 수집계획서 작성 → 명령 · 하달 → 사후검토(수집활동에 대한 조정 · 감독)
첩보 수집 단계	① 수집기관이 수집 지시 및 수집 요구에 의해 첩보를 수집하고 이를 지시 또는 요구한 사용자에게 제공하는 단계(정보 순환 과정 중 가장 중요하고 어려운 단계) ② 소순환 과정: 수집계획 → 출처의 개척 → 첩보의 수집 → 첩보의 전달
정보 생산 단계	① 수집된 첩보를 기록 · 평가 · 조사 · 분석 · 결론 도출 과정을 통해 정보로 전환해 처리하는 단계(학문적 성격이 가장 많이 지배되는 단계) ② 소순환 과정: 선택 → 기록 →평가 →분석 →종합 → 해석
정보 배포 단계	생산된 정보가 정보를 필요로 하는 정보의 사용권자에게 유용한 형태, 즉 구도 · 서면 · 도식 등으로 배포되는 단계

제 2 절 정보의 요구

1. 의의

정보활동의 기초로서 사용자가 필요에 따라 첩보의 수집활동을 집중 지시하는 단계이다.

2. 형태

정보의 요구는 국가지도자 및 정책입안자의 요구(종적 요구), 횡적 기관에서 요구(횡적 요구), 정보생산자 자체의 판단에서 오는 요구(내적 요구) 등 세 가지로 나눌 수 있다.

3. 정보 요구 4단계 과정

정보 요구는 첩보 기본 요소 결정 → 첩보수집계획서 작성 → 첩보 수집 명령

하달 → 사후검토의 4단계 과정으로 이뤄진다.

첩보 기본 요소 결정	정치 · 경제 · 사회 · 문화 등 어느 부문의 정보를 요구할 것인지에 대해 기본 요소를 결정해야 한다.
첩보 수집 계획서 작성	누가, 언제까지, 어떤 방식으로 첩보를 수집 · 보고할 것인가에 대한 사전계획서를 작성해 지시해야 수집기관에서 요구 내용에 따라 충실히 수집할 수 있게 된다.
명령 · 하달	① 적합한 수집 시기, 요구 방법(what)에 따라 구두나 서면 기타 상황에 따라 알맞은 방법으로 하면 된다. ② 보안 유지의 필요가 높다면 구두 형태의 지시가 이뤄져야 한다.
사후 검토 (조정 · 감독)	① 요구된 내용이 수집기관에 의해 잘 수집되고 있는지. ② 수집 지시된 내용 중에서 필요없는 내용이나 첨가해서 보완해야 할 요구 사항은 없는지를 검토한다. ③ 수집기관의 활동에 대해 지속적인 조정과 감독이 없는 경우에는 수집활동의 효율성은 확보될 수 없다.

4. 정보의 요구 방법(수단)

요구 수단을 성질에 따라 분류해 정보의 요구가 일시적으로 끝나는 것이냐 혹은 계속적 · 반복적인 수집을 필요로 하는 것이냐에 따라 PNIO, EEI, SRI, OIR 등으로 구분한다.

국가 정보 목표 우선순위 (PNIO)	① PNIO(Priority of National Intelligence Objective)란 "국가안전보장이나 정책에 관련되는 국가정보 목표의 우선순위"로서 정부에서 기획된 연간 기본 정책을 수행하는 데 필요로 하는 자료를 목표로 하여 선정된다. ② PNIO는 국가정책의 수립자와 수행자의 질문에 대한 응답을 위해 선정된 우선적인 정보 목표일 뿐만 아니라 국가의 모든 정보기관 활동의 기본 방침이기도 하다 → 국가정보기관(국가정보원)에서 작성 ③ 정보기관의 일상 업무에서 국가정보활동의 우선순위는 통상적으로 PNIO에 귀결된다.
첩보 기본 요소 (EEI)	① EEI(Essential Elements of Information)란 "정부의 각 부서에서 맡고 있는 정책계획을 수행하는 데 우선적으로 필요로 하는 첩보 요소"를 말한다. ② EEI는 국가정보의 전 활동을 규제하는 PNIO처럼 해당 부서의 정보활동을 위한 일반적인 지침으로 국가지도자 또는 정책 수립자가 임무를 효과적으로 수행하기 위해 우선적으로 필요로 하는 정보 요구 사항으로 정보수집계획서의 핵심을 이루는 기준이다. ③ EEI는 계속적이고 반복적이며, 전체적 지역에 걸쳐 수집되어야 할 사항의 요구 수단으로 첩보 수집 요구에 가장 기본이 되는 지침이다. 어떤 특정지역에 한정된 것 또는 비항구적 · 비일반적 성격의 첩보는 EEI의 형식을 취하지 않는다. ※ EEI의 개념은 SRI의 개념과는 상대적인 개념이라고 할 수 있다.

특별 첩보 요구 (SRI)	① SRI(Special Requirements for Information)란 "특정 지역의 특별한 돌발 상황에 대한 단기적 해결을 위해 필요한 범위 내에서 임시적이고 단편적인 첩보를 요구하는 것"을 말한다. ② SRI는 특별한 사전의 수집계획서가 필요치 않으며 수시로 단편적 사항에 대해 명령되는 것으로 요구자의 즉흥적인 첩보 요구 방법이라고 할 수 있다. ③ 정보 작성기관은 PNIO와 EEI를 하달하는 한편 SRI를 수집·보고하도록 임무를 부여해야 한다.
기타 정보 요구 (OIR)	① OIR(Other Intelligence Requirement)란 급변하는 정세의 변화에 따라 불가피하게 정책상 수정이 요구되거나 이를 위한 자료가 절실히 요구될 때 PNIO에 우선해 이를 충족시키기 위한 정보 요구를 말한다. ② 통상 OIR은 PNIO에 포함되어 있지 않거나 포함되어 있더라도 그 우선순위가 늦게 책정되어 있기 때문에 OIR로 책정되는 정보는 PNIO에 우선해 작성한다.

[참고 사항] EEI와 SRI의 구분

구분	EEI	SRI
요구 사항	① 계속적, 반복적, 일반적, 포괄적 사항 ② 전체적으로 지역에 걸쳐 수집되어야 할 사항 ③ 긴급 상황과 관계없이 장기적 문제 해결을 요구하는 것	① 임시적, 돌발적, 지역적, 단편적 사항, 특수지역적인 특수 사항을 요구 ② 단기적인 문제 해결의 즉응적 첩보 요구
요구 방법	통상 서면(첩보수집계획서)에 의함.	구두 가능
활동기관	대부분 통계표와 같이 공개적인 것이 많고 문서화되어 있는 경우가 많음.	통상 정보기관의 정보활동이 여기에 해당하며, 일상적인 경찰 업무에 활용되는 정보 요구임.

제 3 절 첩보의 수집

1. 의의

첩보 수집기관이 출처를 확보해 첩보를 입수·획득하고, 이를 정보 작성기관에 전달하는 과정을 말한다. 정보 순환 과정 중에서 가장 중요하고 어려운 단계로서, 훌륭한 정보를 작성하기 위해서는 우선 좋은 자료를 수집해야 한다.

2. 첩보 수집 4단계 과정

첩보의 수집 단계는 첩보 수집계획 → 첩보 출처의 개척 → 첩보의 획득 → 첩보의 전달 등의 소순환 과정을 거친다.

3. 첩보의 출처

의의	① 첩보 출처란 첩보가 얻어지는 존재 원천을 말한다. ② 입수한 정보의 진실성을 점검할 수 있도록 이중 출처를 개척해서 활용한다.
첩보 출처 종류	입수 단계에 따라 근본 출처와 부차적 출처, 주기성 여부에 따라 정기출처와 우연출처, 첩보 존재 상태의 공개 여부에 따라 공개출처와 비공개출처로 분류된다.

4. 첩보의 수집

(1) 첩보 수집의 우선순위를 결정할 때 고려해야 할 기준

고이용정보 우선의 원칙	① 이용 가능성이 높은 정보부터 수집한다. ② 달성하고자 하는 목표에 얼마나 영향을 미치는가 하는 문제이다. ※ 첩보의 중요도는 상황에 따라 수시로 변하기 때문에 상황 인식과 미래를 예측할 수 있는 정보 감각을 요하게 된다.
참신성 원칙	① 정보의 가치는 신선도에 의해 크게 영향을 받는다. ② 이제까지 알려져 않은 정보를 우선적으로 수집함으로써 정보의 가치 창출을 확대시킬 수 있다.
긴급성 원칙	① 긴급한 정보부터 우선적으로 수집해야 한다. ② 긴급한 정보일수록 우선순위를 두어 수집해야 한다.
수집 가능성의 원칙	아무리 중요하고 필요한 정보라 하더라도 수집가능성이 희박하다면 곤란하므로 수집 가능성 여부를 함께 검토해야 한다.
경제성 원칙	수집에 필요한 경비・시간・노력 등이 얼마나 소요되는지를 검토해 우선순위를 정함으로써 불필요한 낭비를 방지한다.

(2) 첩보수집자의 기본적 자세

① 목적 의식을 갖는다.

② 정보의 배경을 분석한다.

③ 다각적이고 종합적인 시각을 갖도록 한다.

④ 공개출처를 적극적으로 활용한다.

⑤ 선입관 없이 바라본다.

⑥ 우선순위를 정한다.

5. 국내 및 국외 첩보 수집 방법

(1) 국내에서의 첩보 수집 방법

인쇄물	① 신문: 가장 적은 비용으로 또 가장 쉽게 첩보를 입수할 수 있는 자료이다. ② 잡지·단행본: 전문적이고 분화된 정보를 알려 주는 자료가 된다. ③ 정부간행물: 사회 상황을 알려 주는 좋은 자료가 된다.
방송	정기적이며 공개적으로 실시하는 라디오나 TV방송은 현용정보의 가장 신속한 입수 방법으로 취급되고 있다.
인간정보	① 지역 주민·공작원·체포 간첩 등 사람을 통해 수집되는 정보를 말한다. ② 인간정보는 첩보 수집의 시작이자 마지막이라고 할 수 있다.
영상정보	레이더·적외선 센서·정찰위성 등의 기술적 수단을 이용해 사진이나 영상을 수집하고 그것을 분석해 얻어지는 정보를 말하며, 기상과 적의 방해에 의해 적시성이 떨어지는 경우가 있다.
신호정보	상대방으로부터 전파 및 전자적 신호를 탐지하고 수집해 얻은 정보를 말하며, 통신정보와 전자정보를 포함하는 개념이다.

(2) 해외에서의 첩보수집 방법

외교관의 활동	공무상 담당한 범위 내에서 주재하는 국가에 대한 정치·경제·사회·문화 등과 관련한 사항을 수집해 보고할 수 있다.
무관의 활동	무관은 주재국의 군사 관련 정책 변화 등에 대한 정보를 수집해 보고할 수 있다.
정부관리 및 민간인	정보관리의 공식·비공식 방문이나 민간인의 사사로운 여행에서 얻은 외국 지식도 훌륭한 정보가 될 수 있다.
특수인간 정보	① 특수인간정보란 공작원을 활용해 적국 또는 적군 내의 기밀을 탐지해 정보를 얻는 방법으로서 인간정보의 일환이다. ② 특수인간정보는 원래 정치·군사·외교 분야에 이용되는 것이기는 하지만 근래에는 산업정보를 수집하는 데도 활용되고 있다. ③ 손자는 일찍이 간첩의 중요성을 인식하고 간첩을 쓰는 방법에 따라 향간(鄕間), 내간(內間), 반간(反間), 사간(死間), 생간(生間)으로 구분했다. ④ 나폴레옹은 "적절한 곳에 배치된 1명의 스파이는 2만 명의 군대와 같다."라고 비유해 간첩의 중요성을 강조했다.

제 4 절 정보의 생산

1. 의의

① 정보의 생산이란 수집된 첩보가 정보 작성기관에 보고되면 작성기관은 일반적인 첩보 처리 단계를 통해 첩보의 선택 · 기록 · 평가 · 분석 · 종합 · 해석 및 판단 등의 과정을 거쳐 정보보고서를 작성함으로써 정보를 생산하는 과정을 말한다. 따라서 정보 생산이란 정보 작성이라고도 할 수 있다.

② 정보 생산 단계는 단편적이고 불확실하며 산만한 내용들을 어떤 목적에 따라 총집결시켜 하나의 완전한 내용으로 구성하는 단계로서, 정보 순환 과정에서 가장 중심이 되며, 학문적 성격이 가장 많이 요구되는 단계이다.

2. 정보의 생산 단계에서 소순환 과정

① 정보의 생산 단계에서 첩보의 선택 → 첩보의 기록 → 첩보의 평가 → 첩보의 분석 → 첩보의 종합 → 첩보의 해석 등 소순환 과정을 통해 정보가 생산된다.

② 정보 생산의 소순환 과정은 항상 순차적으로 이뤄지는 것이 아니라 거의 동시에 이뤄진다.

(1) 첩보의 선택

입수된 각종의 첩보 중에서 긴급성 · 유용성 · 신뢰성 · 적합성 등을 제1차적으로 평가해 필요한 자료를 가려내는 과정으로서 초기적 평가 과정이라 할 수 있다.

(2) 첩보의 기록

1) 개념

당장 사용할 필요가 없는 첩보이거나 이미 사용된 첩보는 기록해 관리한다.

2) 첩보의 분류 원칙

통합의 원칙	첩보를 분류하는 데 우선 다른 것과의 관계를 고려해야 한다.
점진의 원칙	순차적으로 분류해야 한다는 원칙으로, 간단한 것에서 복잡한 것으로, 일반적인 것에서 특수한 것으로 분류해 나가야 한다.
일관성의 원칙	분류의 목적을 고려해 어떠한 기준으로 분류할 것인가를 확실히 정하고 일관성 있게 해야 한다.
상호배제 원칙	분류의 세부 항목은 모호한 점이 없이 확실하고 중복이 없도록 해야 한다.
병치의 원칙	유사한 것이나 관계되는 자료는 가깝게 위치할 수 있도록 분류해야 한다.

3) 정보 기록의 분류 방법

연대별 분류	자료를 접수하는 일자순으로 배열하는 방법으로 소규모 기관, 자료를 단기간 보관하거나 일정한 기간이 경과하면 폐기해야 하는 기관에서 효과적이다.
주제별 분류	① 보관할 자료의 내용을 대표하는 주제에 의해 배열하는 방법이다. ② 자료의 양이 많고 내용을 위주로 하는 기관에 편리하나 어렵고 고도의 분류 기술이 필요하다.

(3) 첩보의 평가

1) 개념

첩보의 평가란 첩보의 출처에 대한 신뢰성 및 내용에 대한 사실적 타당성을 판정하는 생산 과정으로 볼 수 있다. 출처의 신뢰성이 높다고 반드시 내용의 타당성까지 보장되는 것은 아니므로 출처에 대한 신뢰성과 내용에 대한 타당성은 따로따로 검토되어야 한다.

2) 평가 방법

적절성	목적과 관련해 현재나 장래에 있어 그 첩보가 어느 정도 유용한 것인가 평가한다.
신뢰성	출처와 관련해 ① 첩보의 능력과 지식, ② 훈련과 경험, ③ 성실성, ④ 수집환경, ⑤ 과거 업적, ⑥ 문서에 의한 증거 등을 평가한다.
가망성	내용과 관련해 ① 견실성, ② 상세성, ③ 타당성(일반적인 지식과 경험에 비춰본 타당성), ④ 일치성(다른 출처의 첩보 및 정보와 대조한 일치성) 등을 평가한다.

(4) 첩보의 분석

① 평가 단계에서 정선된 첩보를 가지고 정보 요구를 해결하기 위한 가설들을 논리적으로 검증하는 일련의 과정을 말한다.

② 평가된 첩보를 기본 요소별로 분류하고 기존 자료에 있는 것과 비교해 유사한 것끼리 재분류하는 과정이다.

③ 정보분석관이 정보 사용자와 밀착해 함께 일할 경우 정보의 적실성 · 적시성은 강화되지만, 정보를 사유화할 우려가 있고 정보를 정치화하려는 유혹을 받게 될 우려가 있다. 이와 같은 문제는 경쟁적인 분석 시스템을 갖춰 해결할 수 있다.

(5) 첩보의 종합

① 부여된 주제에 대한 정보를 생산하기 위해 동류의 것끼리 분류된 사실을 하나의 통일체로 결합하는 과정이다.

② 하나의 자료를 집대성해 문제를 해결하기 위한 마지막 정리 작업으로 평가와 분석을 통해 증명된 사실을 근거로 정보를 생산하기 위해 결집시키는 과정이다.

(6) 첩보의 해석

① 평가, 분석, 종합된 새 정보에 대해 그 의미와 중요성을 결정해 건전한 결론 도출을 가능케 하는 과정이다. 분석관의 객관적인 관찰과 예리한 판단력이 필요한 과정이다.

② 주관이 개입할 가능성이 많으므로 주의를 해야 한다.

③ 객관성을 담보로 하여 과학적 원리와 사회 통념에 가장 타당한 첩보자료를 자료로 선택하게 하는 요소를 말한다.

(7) 결론

① 해석에서 나타난 여러 가정을 확정하는 것으로 최초에 부여된 문제에 대한 해답을 제시하는 과정이다.

② 모든 자료를 객관적으로 검토하고 자신의 편견을 배제한 상태에서 판단함으

로써 신뢰성 있는 결론을 내려야 하며 주관적 판단이나 추측에 지나치게 의존해서는 안 된다.

제5절 정보 보고 작성

1. 의의

수집된 자료를 분석, 평가해 일정한 형식에 맞게 작성하는 것을 말한다.

2. 목적

정보 보고의 가장 중요한 목적은 일정한 사실의 명확한 전달 및 이해이다.

3. 구비 요건

① 보고 사항은 필요한 가치가 인정되어야 한다.
② 보고서 작성 시 미사여구는 필요치 않다.
③ 작업 과정에서 시간과 경비의 절약을 이뤄야 한다.
④ 적시에 보고해 실기(失機)하지 않게 보고해야 한다.

4. 정보 보고의 종류

구분	내용
상황정보	① 전체 사항을 종합적으로 평가한 것이 아니라 어떤 사상의 현 상태에 관한 일시적인 것으로 그 상황의 현실에 관한 정보를 보고하는 것으로 현용정보의 일종이다. ② 속보라고도 하며, 특별한 사안에 대한 일시적인 동향이나 진행 과정을 신속하게 보고하는 것이 주목적이므로 보고서 작성상의 일정한 형식이 배제되고, 6하원칙에 따라 간단하게 보고한다. ③ 집회, 시위 등 치안 상황과 관련 지휘관으로 하여금 경력 동원 등 상황에 대한 조치를 하게 하는 정보판단서도 상황정보의 일종이다.
민심정보	주요 정책이나 현안 사항에 대한 국민 여론을 파악·보고해 정책 조정이나 후속 조치 등에 반영하는 것을 말한다.

정책정보	주요 정부시책의 효과 · 타당성 · 문제점 등을 파악해 개선 방향을 보고하는 것을 말한다.
범죄정보	각종 범죄와 관련해 수사의 단서로 사용될 수 있는 정보를 말한다.
치안정보	① 치안정책의 수립 · 집행, 치안행정 전반에 걸친 문제점 및 제도 개선 사항에 관한 정보를 말한다. ② 내부시책 보고라고도 한다.

5. 정보보고서의 종류

견문보고서	경찰관이 오관의 작용을 통해 근무 및 일상생활 중 지득한 국가 시책 또는 국내 · 외 치안상 필요한 견문을 신속 · 정확하게 수집 · 제보하는 보고서를 말한다.
중요상황정보	전국의 사회갈등이나 집회시위 상황을 정리해 각 부서 및 관련 기관에 전파하는 보고서를 말한다.
정책보고서	① 정부의 정책 및 치안행정 시행 과정에서 나타나는 제반 문제점과 개선책 또는 관련 여론 등을 수집 · 분석하는 보고서를 말한다. ② 정보 기능에 근무하는 경찰관이 현행 「연안사고 예방에 관한 법률」이 국민의 법감정과 맞지 않아 불만의 대상이 되고 있는 점을 발견하고 관련 문제점 및 대책에 관해 보고서를 작성한 경우가 이에 해당한다.
정보판단서	① 다른 견문과 자료를 종합 · 분석해 작성한 보고서로서 지휘관으로 하여금 경찰력 동원 등 상황에 대한 조치를 요하는 보고서를 말한다. ② 관내 어민들이 인근에 건설 예정 중인 임해산업시설과 관련해 집회를 계속 중이라는 첩보에 따라 정보과에 근무하는 경찰관이 관련 동향 및 경력 대비가 요망된다는 취지의 보고서를 작성한 경우가 이에 해당한다.

6. 보고서 용어

판단됨	어떤 징후가 나타나거나 상황이 전개될 것이 거의 확실시되는 근거가 있는 경우
예상됨	첩보 등을 분석한 결과 단기적으로 어떤 상황이 전개될 것이 비교적 확실한 경우
전망됨	과거의 움직임이나 현재의 동향, 미래의 계획 등으로 미뤄 장기적으로 활동의 윤곽이 어떠하리라는 예측을 할 경우
추정됨	구체적인 근거 없이 현재 나타난 동향의 원인 · 배경 등을 다소 막연히 추측할 경우
우려됨	구체적인 징후는 없으나 전혀 그 가능성을 배제하기 곤란해 최소한의 대비가 필요한 경우

7. 정보평가에 따른 정보자료의 종류(견문 평가 분류)

구분	내용
정책자료	정부의 정책 및 치안행정 시행 과정에서 나타나는 제반 분제점과 개선책 또는 관련 여론 등을 수집·분석한 견문
범죄자료	각종 범죄로부터 국민의 생명과 재산을 보호하고 범죄의 예방 및 검거와 관련해 수사의 단서로 사용될 수 있는 모든 견문
판단·대책자료	집회·시위 등 치안 상황과 관련해 조치 및 판단을 하도록 제공하는 견문
중요정보자료	집회·시위 및 행사, 중요 사건 등 특별한 상황을 종합한 견문
기록자료	계속 보존의 가치가 있어서 존안철 등에 기록을 요하는 견문
통보자료	업무를 주관하는 부서에서 처리토록 하거나 시책자료로 사용할 수 있도록 하기 위해 당해 부서에 통보해 주는 견문
보완자료	내용이 불확실하거나 출처의 신빙성이 약해 재확인을 요하는 견문
참고자료	단순히 정보 업무 수행에 참고가 될 뿐 사용 가치가 적은 견문

제 6 절 정보의 배포

1. 의의

정보의 배포란 정보를 필요로 하는 개인이나 기관에게 적합한 형태와 내용을 갖춰 적당한 시기에 제공하는 과정을 말한다. 정보가 효과적으로 이용되기 위해서는 배포 부서를 결정하고 능률적으로 배포할 수 있는 절차와 형태 및 시기를 충분히 고려해야 한다

2. 정보 배포의 원칙

구분	내용
필요성	① 정보는 반드시 알아야 할 필요가 있는 대상에게만 알려야 한다는 원칙이다. ② 배포기관은 누가 어떤 정보를 언제, 어떻게 사용할 것인가를 파악하고 있어야 한다.
적시성	① 보안과 효과를 극대화하기 위한 것으로 정보는 필요한 시기에 배포되어야 한다. ② 너무 빨리 배포된다든가 너무 늦게 배포되면 그 가치를 잃게 된다. ③ 특히 컴퓨터가 널리 보급되고 통신위성에 의한 직접 방송이 실용화된 요즘에 와서는 그 중요성이 더욱 강조되고 있다.

보안성	① 완성된 정보연구 및 판단이 누설되면 정보로서의 가치를 상실할 수 있다. ② 따라서 훌륭하게 작성된 정보연구 및 판단이 누설됨으로써 초래될 수 있는 결과를 예방하기 위해 보안대책을 강구해야 한다.
적당성	정보는 사용자의 능력과 상황에 맞춰서 적당한 양을 조절해 필요한 만큼만 적절한 전파수단을 통해 배포해야 한다는 원칙이다.
계속성	① 정보가 필요한 기관에 배포되었으면 그 주제와 관련된 새로운 정보는 그 기관에 계속 배포해 주어야 한다. ② 즉, 배포된 정보와 관련성을 가진 새로운 정보를 조직적이고 계속적으로 배포해야 한다.

3. 정보 배포의 수단

비공식적 방법	분석관과 정책결정자 간에, 다른 기관의 대표 간에 또는 분석관 동료 간에 이뤄지는 수단이다.
브리핑	① 정보 사용자 또는 다수 인원에 대해 개인의 정보 내용을 요약해서 구두로 설명하는 것을 말한다. ② 통상 강연식이거나 문답식으로 진행되며 시간을 절감하는 데 이점이 있고 특히 현용정보의 배포 수단으로 많이 이용된다.
메모	① 정보분석관이 가장 많이 활용하는 방법으로 정보 사용자 또는 관계 기관에 대해 메모의 형식으로 정보를 배포하는데, 신속성이 생명이다. ② 정기간행물에 적절히 포함시킬 수 없는 긴급한 정보, 즉 현용정보를 전달하는 데 주로 사용한다. ③ 분석된 내용에 대한 요약이나 결론만을 언급하기 때문에 정확도가 다른 수단에 비해 떨어지지만, 브리핑과 비교할 때는 필기되기 때문에 증거를 남길 수 있고 발송자나 수신자의 서류철에 보관할 수 있다는 장점이 있다.
일일정보 보고서	① 매일 24시간에 걸친 정치 · 경제 · 사회 · 문화 등 제반 정세의 변화를 중심으로 망라한 보고서이다. ② 사전에 고안된 양식에 의해 매일 작성되어 제한된 대상에게 배포되며 대부분 현용정보이므로 신속한 전달이 중요시된다.
정기간행물	통상 광범위한 배포를 위해 출판되며 공인된 사용자로 하여금 가장 최근의 중요한 진행 상황을 알 수 있도록 하는 전달 방법으로서 주 · 월간 등으로 발생, 배포된다.
정책(특별) 보고서	축적된 정보가 다수의 사람이나 기관에게 이해관계가 있거나 가치가 있을 때에 사용하는 정보의 배포 수단이다.
연구과제 보고서	특정한 기관 또는 사용자가 요청한 문제에 대해 비교적 심층적인 분석을 통해 정보를 작성하고 배포하는 것이다.
도표 및 사진	내용을 쉽게 이해하는 데 효과적이며 통상 다른 수단의 설명을 보충하거나 요약하기 위해 이용된다.
전화(전신)	① 돌발적이고 긴급을 요하는 정보의 배포를 위해 이용되는 수단으로, 흔히 해외에서 주재하는 기관이나 요원에게 최근의 상황을 신속히 전달하는 데 효과적인 정보의

	배포 수단이다. ② 특히 보안 유지가 요구되는 방법이라 할 수 있다.
문자 메시지	① 최근 활용도가 증가하고 있는 수단으로서 정보 사용자가 공식회의나 행사 등에 참석하고 있어 물리적 접촉이 용이하지 않거나 사실확인 차원의 단순보고에 주로 활용된다. ② 동시에 다수를 대상으로 전파하고자 하는 때에도 이용된다.
SNS	카카오톡, 밴드 등을 통해 계선 조직의 조직원 사이 관련 내용의 정보를 주고받을 수 있다. 보안에 다소 취약하다는 우려도 있으나 업무 관련자들이 동시에 접속해 내용을 열람할 수 있어 효능 면에서 월등하다는 평가를 받고 있다.

제 4 장 해상집회 · 시위 및 채증활동

제 1 절 해상에서의 집회 · 시위

1. 의의

① 해상에서는 임해산업공단 건설에 따른 어업권보상, 조업분쟁, 해양오염 보상 요구 등 다양한 형태로 집단행동의 개연성이 높다. 그러나 해상에서의 집회 및 시위는 육상과 달리 「집회 및 시위에 관한 법률」이 적용되지 않고 있다.

② 이는 바다 또는 수상이라는 장소가 위험성을 동반하고 있으며, 누구나 자유로이 통항할 수 있는 장소가 아니라는 이유 등으로 유관 기관에서의 유권해석에 따른 것이다.

③ 그러나 최근 낙동강과 한강에서의 집회 및 시위를 현행법에 따라 신고 접수받으며, 이를 합법적 제도권으로 수용하고 있어, 해상에서의 집회 및 시위에 대해서도 국민의 기본권적 자유권을 보장하는 방향으로 법적 · 제도적 보완이 필요하다.

2. 개념

해상집회	해상의 일정 장소에서 선박 등을 동원 정박한 후, 행진 없이 자신들의 주장이나 요구사항을 발표하는 행위
해상시위	① 다수가 공동의 목적을 가지고 선박을 동원해 항로를 행진하거나 위력 또는 기세를 보여 불특정한 여러 사람의 의견에 영향을 주거나 제압을 가하는 행위 ② 서해 5도 북방한계선(NLL)에서 중국 어선의 불법 조업으로 피해를 보고 있다면 연평도, 백령도 어민들이 해양수산부 등 관계기관의 대책을 요구하며 선박에 플랭카드를 게첨하고 해상에서 일정 해역을 행진하는 경우가 전형적인 해상시위라고 볼 수 있다.
차이점	해상에서 선박을 동원하는 행동은 해상집회와 동일하나, 일정한 장소를 행진한다는 점에서 양자가 구분된다.

3. 처리 요령

신고 접수 단계	① 현행 법령상 해상에서의 집회 및 시위는 신고 대상으로 지정되어 있지 않으므로 해양경찰관서에서는 신고서를 접수할 수 없다. ② 당사자들 면담을 통해 실정법 규정을 충분히 설명하고 합법적인 방법을 통한 해결을 유도하는 등 차선의 방안을 강구한다
실행 단계	① 실정법상 해상집회 및 시위의 불가함을 고지했음에도 불구하고 선박을 동원 집회 및 시위 감행 시, 출항하는 선박을 대상으로 불법임을 고지 → 선박 검문검색을 통해 화염병 등 불법 시위용품 수거 → 불법 행위 시 형사처벌 가능성에 대해 재차 고지한다. ② 상황실과 안전센터에서는 V-PASS 등을 통해 선박의 이동 경로를 수시로 확인해 해상교통 방해 여부를 중점 확인한다. ③ 선박들의 이동 경로를 사전에 파악해 경비함정과 인명구조정 등을 사전에 배치한다. ④ 불법행위 발생 시 사법 처리에 대비해 채증을 실시한다.
종료 단계	① 당해 해상집회 및 시위 도중 해상교통 방해 등 위법행위가 있었는지 검토한다. ② 위법행위 선박을 분류하고, 채증자료와 대조해 본다. ③ 위법행위 및 행위자에 대한 증거를 기반으로 관련자 조사를 실시한다.

제 2 절 채증활동

1. 의의 및 법적 근거

의의	① 채증활동은 각종 집회 및 치안 위해 사태 발생 시 불법행위 또는 이와 밀접한 행위를 촬영·녹화 또는 녹음을 하여 정확한 상황 파악 및 사법 처리를 위한 자료를 확보하는 정보경찰의 활동을 말한다. 따라서 채증활동은 정보활동과 수사활동으로서의 성격을 동시에 갖는다. ② 특히, 해상은 파도, 바람의 영향으로 해상시위 등 사태 발생 시 채증이 쉽지 않은 특성을 지니고 있으므로, 채증 전 사전 장비점검, 채증요원 교육 등에 많은 노력을 기울여야 한다.
목적	채증활동은 일반적으로 관련자의 사후 처리와 유사 상황 발생 시 대응책 수립의 자료 등으로 활용되는데, 구체적으로 채증활동의 목적은 ① 집회 및 시위 등의 상황 파악, ② 사법 처리의 증거 확보, ③ 치안자료의 축적 등이다.
법적 근거	① 「경찰관직무집행법」 제2조 제4호(치안정보의 수집·작성 및 배포) ② 「형사소송법」 제216조, 제212조 ③ 「채증활동규칙」(국민안전처 예규) ④ 「인권 보호를 위한 경찰관 직무규칙」 제88조

2. 활동 요령

① 범죄의 구성 요건에 해당하는 행위에 중점을 두어 채증한다.

② 주동자 등 인물 채증은 얼굴의 식별이 가능하도록 행위 유형별로 반복해서 촬영한다.

③ 사용된 선박은 선명을 식별할 수 있도록 채증한다.

④ 파도 등으로 전체의 상황을 촬영하기 어려울 때는 파노라마식으로 촬영한다.

⑤ 사용된 주요 장비 및 시위용품은 특정지을 수 있도록 촬영한다.

⑥ 채증자료는 신속히 판독한다.

3. 영상판독 시스템

의의	불법·폭력 시위 현장에서 채증한 각종 사진자료를 경찰 온라인망을 활용, 입력과 동시에 전국적으로 전파, 신속한 사진 판독이 가능하도록 함으로써 검거 대상자들의 도피나 잠복 등을 미연에 방지해 검거의 효율성을 향상할 수 있도록 한 시스템을 말한다.

목적	채증영상판독 시스템의 궁극적인 목적은 현재 시간적 · 지역적으로 한정되어 있는 채증활동의 범위와 역할을 전국적으로 확대시키는 것이다.

4. 채증요원 단계별 활동

출동 전 준비	① 상황의 특징, 양사에 대한 사전 파악으로 채증 수단 및 방향 결정 ② 출동지역에 대한 지형 · 지물 및 진 · 출입로 사전 파악 ③ 상황에 따른 장비 및 보조장비 확보 ④ 폭행 · 피랍에 대비한 위장
현장활동	① 채증활동에 최대한 유리한 위치 선점 ② 전개 상황 예측으로 중요 상황 채증 실기 방지 ③ 침착 · 냉철한 판단으로 피랍 · 폭행 방지
사후활동	① 장비점검 ② 채증사진첩 제작 ③ 채증자료 판단 ④ 채증자료 보전관리

제 6 편

해양경찰 보안론

제 1 장 해양경찰 보안 개관

제 1 절 해양경찰 보안의 의의 및 목적

1. 개념

① 해양에서의 보안경찰은 육상경찰과 같은 목적으로 국가안전 보장을 위태롭게 하는 간첩활동 및 국가적 대공 취약점에 대한 첩보 수집과 분석 및 보안사범 수사를 전담하고 있다.

② 특히, 해상을 통한 간첩 침투, 불순분자 및 탈북자들의 합동심문 등을 실무적으로 담당하고 있으며, 국가 체제 관리 기관의 한 축으로 역할을 하고 있다.

③ 북한의 간첩 침투 전술은 간접적인 방법에 의한 우회침투 전술과 육상・해상 등을 통한 직접침투 전술로 대변할 수 있는데, 이 중 해상침투 전술이 가장 선호하는 대남 침투전술이라고 한다. 그러므로 해양경찰의 보안활동은 국가안전 보장을 위해 더욱 중요한 요소라고 하겠다.

2. 목적

해양경찰 보안은 자유민주주의 기본 질서의 보호를 목적으로 하며, 이에 위협적인 간첩활동, 대공 취약점에 대한 첩보 수집과 분석 판단, 보안사범의 수사를 담당한다.

제 2 절 해양경찰 보안의 법적 근거, 특징 및 임무

1. 법적 근거

「국가보안법」, 「보안관찰법」, 「경찰관직무집행법」 제2조(직무의 범위), 「형법」 제98조(간첩) 등

2. 특징 및 임무

특징	① 국가 안전과 사회 공공의 안녕 질서 유지를 목적으로 하는 점에서 정보경찰과 같은 특색을 가지나, 국민의 생명・신체・재산의 보호를 직접적인 목적으로 하는 일반경찰과 다른 특색이 있다. ② 국가적・사회적 침해범죄를 그 대상으로 하는 점에서 정보경찰과 같으나 주 대상은 대공에 관한 사항이다. ③ 보안경찰활동은 직접 국가안전 보장에 관련되는 범죄를 대상으로 하기 때문에 고도의 보안을 요하는 비공개활동을 그 특징으로 한다.
임무	① 간첩 등 중요 방첩공작수사, ② 좌익사범수사, ③ 반국가적 안보위해문건 수집 및 분석, ④ 보안관찰, ⑤ 북한이탈주민, 남북교류 관련 업무 등이다.

제 2 장 해양경찰 방첩 및 보안수사

제 1 절 방첩활동

1. 침투전술

(1) 의의

① 침투전술은 두 가지가 있는데, 우회 침투전술은 간접 침투전술이고, 나머지는 직접 침투전술이라고 한다.

② 직접 침투전술 중 북한이 가장 많이 사용하는 방법이 해상 침투전술이다. 그래서 해양경찰의 보안은 육상의 대공 취약점 분석 및 순찰활동과 더불어 해상에서의 간첩 침투 방지 활동에 중요한 역할을 하고 있다.

(2) 직접 침투전술 유형

육상 침투전술	침투 대형	① 통상척후조, 핵심조, 후방척후조로 편성된다. 각자 2~3m 거리를 유지한다. ② 새소리, 벌레소리, 개머리판치기, 상호연결줄을 이용해 신호한다.
	침투로 선정	기존에 개척한 침투로를 이용하고, 하천 부근 4~6부 능선, 관측사각지역 등을 선정한다.

<table>
<tr><td rowspan="2">강상
침투전술</td><td>침투 계절</td><td>얼음이 꺼져 내리는 양력 3월 초부터 11월 말까지이다.</td></tr>
<tr><td>침투 수법</td><td>① 서울에서 가장 단시간에 침투할 수 있는 곳은 한강이다.
② 한강 침투의 출발점은 대개 개성지구 판문점 남단의 관상포이며, 예비훈련은 남파 10여일 전에 개성시 옥련저수지 또는 개풍군 소재 예성강에서 2~3일 실시한다.</td></tr>
<tr><td rowspan="2">해상
침투전술</td><td>침투 시기</td><td>① 음력 20일부터 익월 8일까지의 무월광기이다.
② 외출이 많고 경계근무가 해이될 수 있는 주말과 해상의 파고가 잔잔한 3~6월 및 9~11월이 침투 시기이다.</td></tr>
<tr><td>침투 수법</td><td>① 상륙지 부근의 공해까지는 공작모선으로, 우리나라 영해까지는 공작자선으로, 상륙 지점 접근은 수중추진기로 침투한다.
② 지난번 강원도 양양 앞바다에 침투한 잠수정은 공해를 거치지 않고 해안선을 따라 남하해 1.5km 해상까지 항진한 후 추진기를 이용 침투한 것으로 추정된다.
③ 어망, 양식장 등 해상장애물이 많은 지점으로 침투한다.</td></tr>
</table>

(3) 간접 침투전술

① 합법적인 입국을 가장해 침투한다.

② 해외에서 망명이나 귀순을 가장하는 방법이다.

③ 포섭된 제3국인을 이용 관광, 회의 참석 등의 명분으로 침투한다.

2. 방첩 일반

(1) 방첩의 의의

방첩이란 적국에 의한 간첩, 태업, 전복 등 위해(危害)로부터 국가 안전을 보장받기 위한 일체의 행동으로 상대로 하여금 우리 측의 의도를 간파하지 못하게 하고, 우리 측의 어떤 상황도 상대에게 전파되어서는 안 된다는 것을 말하며, 외세 또는 국내 불순 세력으로부터 국가 안전을 보장하기 위한 활동이다.

(2) 방첩활동의 대상

간첩 (spy)	한 국가의 이익을 위해 또는 타국의 국가 기밀 수집이나 내부 혼란을 조장할 목적으로 타국에 잠입하거나 이에 동조 및 협조하는 세력
태업 (sabotage)	국가의 방위력 또는 전쟁 수행 능력을 물리적 또는 심리적 방법으로 파괴 또는 약화시키기 위해 취해지는 모든 파괴행위

전복 (subversion)	헌법기관을 강압에 따라 변혁시키거나 기능을 저하시키는 행위 또는 정권을 타도해 탈취하는 모든 행위

(3) 방첩의 기본 원칙

완전 협조의 원칙	전문기관인 방첩기관과 보조기관 및 일반대중으로부터 완전 협조가 이뤄져야만 완벽한 방첩활동이 가능하다는 원칙을 말한다.
치밀의 원칙	한 사람의 간첩이 침투되기까지는 치밀한 계획하에 물색되고 교육되며, 교묘한 방법을 사용하므로 이에 대한 방첩활동은 더욱 치밀한 계획과 준비를 해야 한다.
계속 접촉의 원칙	① 방첩기관은 간첩 등의 용의자를 발견하더라도 즉시 검거하지 않고 조직망 전체가 완전히 파악될 때까지 계속 유형 무형의 접촉을 한다. ② 계속 접촉의 유지 단계는 탐지 → 판명 → 주시 → 이용 → 검거(타진) 순(順)이다.

(4) 방첩의 수단

적극적 수단	① 침투되어 있는 적 및 적의 공작망을 분쇄하기 위해 취하는 공격적인 수단을 말한다. ② 수단으로는 대간첩행위, 대태업행위, 대전복행위 등을 들 수 있다. ③ 현실적으로 취해지는 조치는 적에 대한 첩보 수집, 적의 첩보공작 분석, 대상 인물 감시, 침투공작 전개, 역용 공작, 간첩 신문 등이다.
소극적 수단	① 적의 비밀공작으로부터 아측을 보호하기 위한 자체보안의 기능을 발휘하는 방어적 조치 수단을 말한다. ② 수단으로는 정보 및 자재보안의 확립, 인원보안의 확립, 시설보안의 확립, 보안 업무 규정화 확립, 입법 사항 건의 등이 있다.
기만적 수단	① 비밀이 적에게 노출되어 있는 상황에서 우리가 기도한 바를 적이 오인하도록 방해하는 조치이며, 고도의 기술과 계획이 요구된다. ② 허위정보의 유포, 유언비어의 유포, 양동 간계 시위 등이 이에 해당한다.

(5) 간첩

1) 의의

간첩이란 타국에 대한 첩보 수집행위, 태업행위, 전복행위 등을 목적으로 대상국 내에 잠입한 자 또는 이를 지원·동조하거나 방조한 자를 말한다.

2) 간첩의 종류

① 활동 방법 기준

고정간첩	① 일정한 공작 기간이 별도로 지정되어 있지 않다. ② 장기적·고정적으로 간첩활동을 하도록 임무를 부여받고 활동하는 간첩이다. ③ 합법적인 신분 보장이 될 수 있는 조건이 구비되어야 한다.

배회간첩	① 고정간첩에 반대되는 개념으로 전국을 배회하며 임무를 수행한다. ② 합법적인 신분을 취득하면 고첩으로 변할 수 있다.
공행간첩	① 타국에 공용의 명목하에 입국한다. ② 합법적인 신분을 갖고, 이를 이용 상대국에 대한 각종 정보를 수집한다. ③ 해외주재원, 외교관, 기자 등과 같이 여기에 포함된다.

② 임무 기준

일반간첩	① 우리나라에 잠입한 대다수의 간첩으로 일반적인 정보를 수집하거나 또는 태업공작, 전복공작을 전개하는 간첩 ② 기밀 탐지·수집 등 가장 전형적인 형태의 간첩
증원간첩	이미 구성된 간첩망의 보강을 위해 파견되는 간첩 또는 간첩으로 이용할 양민 등의 납치, 월북 등을 주된 임무로 하는 간첩
보급간첩	간첩을 파견함에 필요한 일정한 장소에서 토대를 구축하고 남파간첩의 공작활동에 필요한 공작금품, 장비, 증명서 원본 등 물적 지원의 사명을 수행하는 간첩, 일본 등지에 거점
무장간첩	특별한 훈련을 받으며 주로 요인 암살, 남파간첩의 호송, 월북 안내, 연락 및 남파 루트를 개척하고 부차적으로 휴전선 일대의 군사정보 수집을 사명으로 함.

③ 일반적 기준

대량형 간첩	간첩으로서 필요한 교육을 받은 다수의 자들이 대상 국가에 밀파되어 특수한 대상의 지목도 없이 광범위한 분야에서 정보를 입수하는 자로 주로 전시에 파견된다.
지명형 간첩	필요한 비밀활동 및 공작기술에 관한 교육을 받고 어떠한 특정한 목표와 임무를 부여받아 특수한 정보를 수집토록 개별적으로 지명해 파견된 자이다. 고정간첩인 경우가 많으며 전쟁 및 평상시를 막론하고 파견된다.

3) 간첩망의 형태

삼각형	① 간첩이 3명 이내의 공작원을 포섭해 지휘한다. ② 포섭된 공작원 간 횡적 연락을 차단(지하당 구축에 많이 사용)한다. ③ 지하당 구축에 많이 사용된다. ※ 장점: 횡적 연락이 안 되고 보안 유지가 잘 되어 일망타진이 곤란하다. ※ 단점: 활동 범위가 좁고 공작원이 검거되었을 경우 주공작원의 정체가 쉽게 노출된다.
서클형	① 합법적 신분을 이용해 활동한다. ② 대상국의 정치, 사회문제를 이용해 적국의 사상에 동조하도록 유도한다. ③ 현재 첩보전에서 가장 많이 이용된다. ※ 장점: 간첩활동이 자유로워 대중적 조직을 할 수 있고 동원이 용이하다. ※ 단점: 간첩의 정체 폭로 시 외교적 문제가 야기될 수 있다.

단일형	동조자를 포섭하지 않고 단독으로 활동한다. ※ 장점: 간첩 상호간 횡적, 종적 연락이 차단되어 보안 유지와 신속한 활동이 가능하다. ※ 단점: 활동의 범위가 좁고, 공작 성과가 낮다.
피라미드형	간첩이 주공작원 2~3명을 두고, 주 공작원 밑에 각각 2~3명의 행동공작원을 둔다. ※ 장점: 활동 범위가 넓고 일시에 많은 공작을 수행할 수 있다. ※ 단점: 조직 구성에 많은 시간이 소요되고, 활동이 노출되기 쉽고, 일망타진 가능성이 높다.

(6) 태업 · 전복

1) 태업

<table>
<tr><td colspan="3">태업의 의의</td><td>한 국가의 방위력 또는 전쟁 수행 능력을 약화시키기 위해 행해지는 직 · 간접의 모든 손상, 파괴행위로서 합법적이고 소극적인 쟁의행위로서의 태업과 다른 의미의 개념</td></tr>
<tr><td colspan="3">태업의 대상</td><td>① 전략 · 전술적인 가치를 가진 것
② 태업에 필요한 기구를 용이하게 입수할 수 있고 접근이 가능한 것
③ 일단 파괴되면 수리하거나 대체하기 어렵고 많은 시간이 소요되는 것</td></tr>
<tr><td rowspan="6">태업 형태</td><td rowspan="3">물리적 태업</td><td>방화태업</td><td>성냥 · 유류 등 인화물질로 목표물에 화재를 발생케 하는 태업 방법</td></tr>
<tr><td>폭파태업</td><td>TNT, 다이나마이트 등 폭발물을 사용해 목표물을 파괴하는 방법</td></tr>
<tr><td>기계태업</td><td>① 열차를 탈선, 전복 또는 충돌케 하는 등 기계류의 조작에 의한 태업으로 장기 공작원에 의해 행해짐.
② 범행이 용이하며 발견이 쉽지 않음.</td></tr>
<tr><td rowspan="3">심리적 태업</td><td>선전태업</td><td>유언비어의 유포 등으로 사회 불안, 국민의 사기 저하를 유도하는 태업</td></tr>
<tr><td>경제태업</td><td>화폐 위조, 악성 노동쟁의 야기 등으로 경제 질서의 혼란을 초래하는 태업</td></tr>
<tr><td>정치태업</td><td>정치적 갈등, 부당한 정치적 물의를 일으켜 국민의 일체감을 약화시키는 태업</td></tr>
</table>

2) 전복

<table>
<tr><td colspan="2">의의</td><td>폭력 수단 동원 등 위헌적인 방법으로 「헌법」에 의해 설치된 국가기관을 강압에 의해 변혁시키거나 기능을 저하시키기 위해 취해지는 실력행위를 말함.</td></tr>
<tr><td rowspan="2">전복 형태</td><td>국가전복</td><td>협의의 혁명으로 피지배자가 지배자를 무력으로 타도해 정권을 탈취하는 행위</td></tr>
<tr><td>정부전복</td><td>동일 계급 내의 일부 세력이 집권 세력을 폭력으로써 기습 · 제압해 정권을 차지하거나 권력을 강화하는 쿠데타 개념</td></tr>
</table>

3. 비밀공작

(1) 공작 일반

1) 비밀공작의 의의

비밀공작이란 정보기관이 어떠한 목적하에 주어진 목표에 대해 계획적으로 수행하는 비밀활동으로서, 방첩 업무에 현저히 가치가 있는 보안정보의 수집이나 간첩·반국가단체에 대한 범증(犯證) 획득 및 범인 색출 등 국가 안전 보장을 위한 비노출적 보안활동을 말한다.

2) 비밀공작의 성격

헌신성	비밀공작에 종사하는 모든 요원에게 국가 목적적인 헌신이 요구된다.
비밀성	비밀공작은 그 계획 추진 과정에는 물론이고 종료 후에도 누설해서는 안 된다.
전제성	비밀공작은 강력한 통제하에 수행되야 하므로 하급자의 지령에 대한 이의는 허용되지 않는다.
복선성	비밀공작이 노출될 경우에 대비해 주관자는 그 공작활동에 대한 위장대책을 마련한다.
변화성	비밀공작활동은 현실 상황에 따라 다양한 대처로 수행되므로 비정형적 성격을 가진다.
다양성	비밀공작은 적대국가뿐만 아니라 제3국 우방국가에 대해서도 전개된다.
장기성	비밀공작은 목전의 성과보다는 장기에 걸치는 활동 효과를 추구한다.

3) 비밀공작의 4대 요소

주관자	① 주관자라 함은 상관으로부터 하달된 지령을 계획하고 수행하는 하나의 집단을 말한다. ② 그 집단의 대표자를 공작관이라고 한다. 공작관은 본부를 대표하는 자이다.	
공작 목표	① 공작 상황 진전에 따라 결정되며, 개괄적이고 광범위한 것부터 구체적이고 특정된 것까지 있으나, 공작의 진행에 따라 구체화·세분화되는 것이 특징이다.	
공작원	비밀조직의 최일선에서 철저한 가장과 통제하에 공작 목표에 대해 공작관을 대행해 비밀을 탐지하거나 기타 부여받은 임무를 수행하는 사람이다.	
	주공작원	① 공작관 바로 밑의 공작망 책임자로서, 공작관의 명령시달에 의해 자기 공작망 산하의 망원에 대한 지휘·조정을 한다.
	행동공작원	공작 목표에 접근해 실제로 첩보 수집 등 공작 임무를 수행한다.
	지원공작원	공작원에 대해 공작활동에 필요한 기술과 물자, 기타의 자원을 제공한다.
공작금	선정된 공작 목표의 달성을 위해서는 막대한 공작금이 필요하게 된다.	

4) 비밀공작망의 순환 단계

비밀공작은 업무의 성격상 항구적인 보전성과 헌신성이라는 2대 규범적 요소가 지배한다.

지령	① 비밀공작은 임의로 수행하는 것이 아니고 상부의 지령에 위해 수행한다. ② 지령은 공작의 성격과 방향을 결정하는 것이다.
계획	지령을 수행하기 위한 수단, 방법을 조직화한 것으로 공작관이 작성한다.
모집	공작계획 수립 후 공작원을 확보하는 것이다.
훈련	안전가옥에 수용되어 임무 수행에 필요한 지식과 기능을 습득시키고 단련하는 것이다.
브리핑	파견전에 공작관이 공작원에게 구체적인 공작 임무를 부여하는 과정이다.
파견 및 귀환	예정된 일시에 공작원을 공작 대상 지역에 파견하며, 파견되는 공작원은 각기 부여받은 공작 임무를 수행한 후 다시 기지로 귀환한다.
디브리핑 및 보고서 작성	디브리핑(debriefing)은 귀환한 공작원이 공작관에게 공작 상황을 보고하는 과정이다.
해고	공작 임무가 종료되었거나 더 이상 계속할 필요성을 느끼지 않을 경우 공작원을 그 공작에서 이탈시키는 단계로, 이때에는 보안 및 비밀 유지에 대한 조치를 철저히 해야 한다.

5) 비밀공작망의 조직 형태

비밀공작망은 첩보 수집, 대간첩활동, 침투, 도피 탈출 등을 임무로 하며, 비밀공작망 선택 시 공작 목표, 난이도, 공작의 중요도 등이 고려되어야 한다.

구분	장점	단점
직접망	의의: 최일선에서 활동하는 공작원이 직접 공작관과 연락되어 공작관의 조정통제를 받는 망 형태(북한이 최근 이용하는 점조직 간첩망)	
	① 공작원에 대한 조정·통제 용이 ② 양질의 첩보 수집 및 보안 유지 유리 ③ 공작비 절약 ④ 공작관과 공작원이 직접 접촉해 공작원에 대한 테스트가 용이	① 공작원의 업무량이 많음. ② 많은 목표를 대상으로 공작할 수 없음. ③ 공작원이 체포되었을 때 공작관 등 조직이 쉽게 노출
주공작원망	의의: 공작관으로부터 공작 임무를 직접 위임받은 주공작원이 일선에서 공작원을 조정·통제하는 공작망 형태이다.	
	① 많은 공작원을 간접적으로 조종 ② 공작관의 언어상 장벽이 해소 ③ 공작관이 노출될 염려가 없음. ④ 유능한 공작원의 활용, 공작 능률 향상 ⑤ 필요 시 공작원 교체 가능	① 공작관이 직접 공작원 통제 불가 ② 공작비가 많이 듦. ③ 공작원에 대한 테스트 곤란 ④ 공작원 해고가 어려움.

<table>
<tr><td rowspan="2">혼합망</td><td colspan="2">의의: 직접망과 주공작원망을 혼합해서 조직하는 망 형태이다.</td></tr>
<tr><td>① 공작관이 직접 주공작원 통제 가능
② 공작관이 공작·첩보 보고 등 진위 확인 가능</td><td>주공작원망의 단점을 그대로 지님.</td></tr>
</table>

(2) 비밀공작의 수법

1) 가장

<table>
<tr><td>의의</td><td colspan="2">가장이란 정보활동에 관계되는 인원, 시설, 물자, 활동 등의 모든 요소의 정체가 외부(공작대상 및 공작상 무관계자)에 노출되지 않도록 꾸며지는 외적 및 내적인 형태를 말한다.</td></tr>
<tr><td rowspan="6">종류</td><td>① 자연적 가장</td><td>기존 신분, 직업 등 기존 사실을 그대로 활용해 정체를 숨기는 것</td></tr>
<tr><td>② 인공적 가장</td><td>새로운 신분, 직업 등을 조작해서 정체를 숨기는 것</td></tr>
<tr><td>③ 중가장</td><td>가장을 충분히 입증할 수 있는 증명문건을 완전히 구비한 경우</td></tr>
<tr><td>④ 경가장</td><td>입증문건 상태가 완벽하지 못한 경우</td></tr>
<tr><td>⑤ 집단가장</td><td>여러 정보기관 종사자가 집단적으로 행동을 취하려고 하는 가장</td></tr>
<tr><td>⑥ 조직가장</td><td>비밀공작 조직 자체를 정보활동 수행에 적합한 명칭이나 사업체처럼 가장하는 것</td></tr>
</table>

2) 신호

의의	비밀공작활동에서 조직원 상호 간에 어떤 의사를 전달하기 위해 사전에 약정해 놓은 표시를 말한다.
인식신호	인원이나 시설, 지역, 물자 등에 사전에 약정된 방법으로 표시 또는 행동함으로써 상호 식별케 하는 인식 수단을 말한다.
확인신호	인식신호로써 대상자임을 인식하고 접근한 다음, 다시 확인하기 위해 약속된 신호로써 통상 물자 교환이나 약속된 대화로 하게 된다.
안전·위험신호	인원·시설·지역 또는 단체의 현재상태가 안전 또는 위험하다는 것을 알리는 신호이다.
행동신호	계획상의 행동 수행이나 변경 및 공작활동의 가능 여부를 연락하기 위한 신호이다.

3) 연락

① 의의

연락이란 비밀공작을 수행할 때 상·하급 인원이나 기관 간에 비밀을 은폐하려고 기도하는 방법으로 첩보, 문서, 관념, 물자 등을 전달하기 위해 강구된 수단·방법의 유지 및 운용을 말한다.

② 연락의 3대 요소

㉮ 안전성: 은폐기술을 적절히 활용하고 차단의 수단에 따라 조직원 간에 부분화가 요구된다.

㉯ 정확성: 표시의 정확성이 요구된다.

㉰ 신속성: 전달의 신속한 방법이 요구된다.

③ 연락선

의의	연락선이란 변동하는 각종 상황하에서도 비밀조직 내의 인원이나 기관 사이에 연락이 유지될 수 있도록 체계를 구성하는 것으로서 비밀연락선이라고도 한다.	
종류	정상선	정상적인 공작 상황하에서 지령·첩보 등을 전달하기 위해 조직한 접촉 수단으로서의 연락선으로 기본선·보조선·긴급선이 있다.
	예비선	조직원의 교체 또는 조직의 변동 등에 대비해 상호 알지 못하는 조직원 간에 최초의 접촉을 위해 조직한 것이다.
	비상선 (경고선)	위급한 상황하에서 공작의 중단 또는 정지를 알리기 위한 연락선이다.

④ 연락의 수단

㉮ 개인 회합

비밀조직의 두 구성원 간에 첩보 보고 혹은 지령 공작자료 등을 전달하기 위해 직접 대면해 임무를 수행하는 연락 수단으로 연락의 정확성과 신속성은 높으나 노출의 위험성이 크다.

㉯ 차단

차단이란 비밀조직 내의 두 구성원 간에 직접적인 접촉 없이 연락을 은폐·보호할 수 있는 매개자나 매개물을 통해 연락하는 수단을 말하며, 수단으로는 편의주소관리인(일반우편물을 이용해 필요한 물건이나 통신문을 보내거나 받는 데 편의상 선정한 주소관리인), 무인 포스트(수수소), 유인 포스트(수수자), 우편물, 방송, 전보 등이 있다.

㉰ 아지트와 드보크

아지트(agit)	비합법적인 운동이나 간첩행위의 근거지로 사용되는 집회소나 지도본부를 의미한다.
드보크(dvoke)	사람을 통하지 않고 자연지물을 이용한 비밀함에 의해 문건이나 물건·공작금·무기 등을 주고받는 연락 수단을 말한다.

난수표	간첩이 지령이나 보고의 내용을 은닉·보호하기 위해 아라비아 숫자로 상호 약정한 암호문건을 말한다.

4) 관찰·묘사

① 관찰: 일정한 목적하에 사물의 현상 및 사건의 전말을 주의깊게 감지하는 과정을 말한다.

② 묘사: 관찰했던 것을 재생하여 표현·기술하는 것을 말한다.

5) 사전정찰

의의	장래의 공작활동을 위해 공작 목표나 공작 지역에 대해 예비지식을 수집하는 사전조사 활동이다.
목적	보안성이 유지되는 수수소의 선정, 회합을 위한 적당한 장소의 선정, 공작 대상 지역의 선정, 안전가옥의 선정을 위해 수행된다.
절차	계획서 작성 → 공작원 선정 → 안전대책의 점검 → 정찰 실시 → 보고서의 작성의 순으로 이뤄진다.

6) 감시

의의		공작 대상의 인물, 시설, 물자 및 지역 등에 관한 정보를 획득할 목적으로 시각이나 청각 등을 사용해 관찰하는 기술이다. 감시에 대한 직·간접적인 근거 규정으로는 「대통령 등의 경호에 관한 법률」, 「국가정보원법」, 「정보 및 보안업무기획·조정규정」 등이 있다.
형태	신중감시	대상자가 감지하지 못하도록 행하는 감시로서, 신중감시 도중 대상자가 접선 등 어떤 용의 사실이 발견되면 근접 감시 형태로 전환한다.
	근접감시 (직접감시)	감시 대상자가 감시당하고 있음을 감지하더라도 계속 감시하는 것을 말하며, 대상자를 절대 놓쳐서는 안 될 경우, 또는 대상자의 공작을 방해하기 위한 경우에 사용된다.
	완만감시	계속적인 감시를 필요로 하지 않는 감시 대상자에 대해 필요한 시간, 장소를 정해서 행하는 감시 방법으로 감시할 인적·물적·시간적 사정이 여의치 않아 적은 인원으로 많은 감시 효과를 올리고자 할 때 적합하다.

4. 심리전

(1) 심리전의 의의

심리전이란 비무력적인 선전·선동·모략 등의 수단에 의해 직접 상대국의 국민 또는 군대에 정신적 자극을 주어 사상의 혼란과 국론의 분열을 유발시킴으로써 자국의 의도대로 유도하는 비무력 전술이다.

(2) 심리전의 형태

1) 선전

① 의의

선전이란 특정 집단의 심리적 작용을 자극해 감정이나 견해 등을 자기 측에 유리한 방향으로 유도하기 위해 계획적으로 특정한 주장과 지식 등을 전파하는 심리전의 기술이다. 오직 주최 측의 이익을 위한 것이라는 점에서 주최 측의 역할 등을 대상 집단에게 알려 이해를 구하는 PR과는 구분된다.

② 유형－출처의 공개 여부에 따른 분류

백색선전	출처를 공개하고 행하는 백색선전은 공공연한 심리전으로서 발기인 또는 공인된 기관에 의해 실시되는 선전으로 흑색선전에 반대되는 개념이다.
흑색선전	출처를 위장하면서 암암리에 행사하는 선전으로 백색선전의 반대 개념이다. 북한의 한국민족민주전선에서 운영한 구국의 소리방송, 영국의 대독일비밀송신소 제1호 등이 대표적인 예이다.
회색선전	특별한 출처를 명확하게 밝히지 않는 선전활동을 말한다. 회색선전은 단지 출처만 밝히지 않는 점에서 출처를 위장하는 흑색선전과는 다르며, 암암리의 심리전인 점에서 공공연한 심리전인 백색선전과 다르다.

2) 선동

선동이란 대중의 심리를 자극, 감정을 폭발시킴으로써 그들의 이성·판단력을 마비시켜 폭력을 유발하게 하는 심리전의 한 기술이다.

3) 유언비어

국가 불안이나 국론 분열 등 공작 목표에 따라 확실한 근거가 없고 출처가 불분명한 풍설을 터뜨리는 심리적의 한 방법이다.

4) 모략

모략이란 자기 측에 불이익한 특정 개인·단체에 누명을 씌워 사회적으로 몰락·매장시키거나, 상대국 세력을 약화 또는 단결력을 파괴시키는 심리전의 한 기술이다. 이는 계획적·의도적·날조적인 성격을 띠고 있는 것이 특징이다.

5) 전단

전단은 심리전 주체가 의도한 선전 내용을 간단히 문자·그림·사진 등으로 수록한 유인물로서, 이는 다른 매개물과는 달리 선전 내용의 길이와 복잡성에 구애받지 않을뿐더러 선전 효과나 신뢰도가 큰 중요 내용을 빠짐없이 상세히 전달할 수 있고, 비용이 적게 들며 수송이 용이하다.

6) 북한 볼온선전물

대남 심리전의 목적으로 대한민국의 정치·경제·사회·문화·군사 및 외교 등의 문제를 그때그때의 시사성에 민감하게 맞춰 왜곡·선전하는 내용을 담은 각종 삐라·책자·신문·화보·가요 테이프·전단 등의 선전물을 말한다.

(3) 심리전의 유형

① 주체에 의한 분류	
공연성 심리전 (백색선전)	사실 출처를 명시하면서 실시하는 심리전으로 공식방송·출처를 명시한 전단·출판물 등이다.
비공연성 심리전 (회색·흑색선전)	출처를 밝히지 않거나 위장·도용해 상대국의 시책 등을 모략·비방함으로써 내부 혼란을 조장하는 방법으로 전개하는 심리전이다.
② 운용에 의한 분류	
전략심리전	광범위하고 장기적인 목표하에 대상국의 전 국민을 대상으로 실시하는 심리전이다. 자유진영 국가들이 공산진영 국가의 국민을 대상으로 전개하는 대공산권 방송이 그 예이다.
전술심리전	단기적인 목표하에 즉각적인 효과를 기대하고 실시되는 것으로 간첩을 체포했을 때 널리 공개하는 것이 그 예이다.
③ 목적에 의한 분류	
선무심리전	우리 측의 후방지역에서 사기를 앙양시킨다든다 수복지역 주민들의 협조를 얻고 질서를 유지하는 선전활동 등을 가리키는데 타협심리전이라고도 한다.
공격적 심리전	적측에 대해 특정의 목적을 달성하기 위해 공격적으로 행하는 심리전을 말한다.
방어적 심리전	적측이 가해오는 공격 목적으로 와해·축소시키기 위해 방어적으로 실시하는 심리전을 말한다.

제 2 절 대공상황 분석판단

1. 의의

대공상황이란 국가안보와 관련된 새로운 제반 사태 중 보안경찰의 업무 영역에 해당되는 상황으로서, 대공상황이 발생 또는 탐지되면 즉각 신속·정확하게 보고·전파해야 하며, 즉시 이에 대한 적절한 대책을 조속히 수립해 정확한 처리를 해야 한다.

2. 대공상황 유형 및 용어 설명

간첩	① 유형: 출현, 자수, 발생 보고 ② 형태: 적 또는 반국가 단체로부터 지령을 받고 유격활동 및 거점 확보·중요시설의 파괴·양민 학살·약탈 등 민심 교란을 목적으로 무기를 소지하도 침투한 자
괴한	① 유형: 출현, 발견 신고 ② 형태: 인상 착의, 휴대폰, 언동 등과 주위의 제반 사항 등으로 보아 반국가적 용공행위를 자행했거나 자행할 우려가 농후한 자
거동수상자	① 유형: 출현, 발견 신고 ② 형태: 인상 착의, 휴대폰, 언동 등과 주위의 제반 사항 등으로 보아 불합리한 점이 많아 간첩, 무장공비, 용공불순분자 또는 기타 범법자로 인정할 만한 징후가 농후한 자
간첩선	① 유형: 출현, 발견 신고 ② 형태: 우리 측의 보안상 위해를 가할 우려가 있다고 인정되는 정체 불명의 선박
괴선박	출현, 발견 신고
의아 선박	출현, 발견 신고
적성물품	① 유형: 발견, 습득 신고 ② 형태: 공식적으로 수입, 반입하지 않는 적성국가 등에서 제조된 것으로 국가의 안전 보장에 영향을 끼칠 수 있는 물품.
각종 대형사건사고	항공기 실종·추락, 열차의 전복·충돌, 미귀항, 화재 등
빨치산	러시아혁명 전후에 게릴라전으로 싸운 비정규군으로서, 정규군과 호응해 적군 후방을 교란, 파괴하는 유격대

3. 대공상황 발생 시 조치 요령

보고 및 전파	① 적시성, 정확성, 간결성, 보안성이 고려되게 작성하고 신속하게 보고 ② 우선적으로 사건 개요에 대해 신속히 전파, 미비점에 대해서는 2차, 3차로 연속해서 보고하되 일관성 유지
신속한 출동	① 현장 확보, 목배치 등 초동 조치는 사건 처리에 중요하므로, 경비함정 현장 출동, 안전센터 요원 취약 항·포구 배치 등 신속한 조치 ② 이와 동시에 군·보안부대 등 유관 기관에 통보해 상호 협력 강화 ③ 분석요원과 보안책임자는 통신장비, 분석장비를 휴대하고 신속히 현장에 출동해 분석 판단 및 사건 처리에 임함.
관련자 조사	① 신고자 및 목격자 조사 시 과장이나 흥분으로 인해 사실이 왜곡 될 수 있으므로 냉정, 침착하게 조사에 임할 것 ② 내용은 가식 없이 사실을 바탕으로 기록
현장조사	① 일반형사사건의 경우와 마찬가지로 현장조사는 상황분석에서 가장 중요함. ② 주변 일대에 대한 탐문, 조사 ③ 목격자가 다수일 때에는 분리해 진술을 듣고 추후 진술 내용을 대조·판단하며, 정밀 관찰과 수색을 실시

4. 보고서 작성

발생보고, 상황보고, 판단보고, 종합보고 순으로 작성한다.

5. 상황 분석 · 판단

(1) 의의

① 대공상황의 분석: 상황 발생과 발전 과정을 세밀히 파악 그 내용을 확인하며 관련성을 검토, 체계화하는 것을 의미한다.

① 대공상황의 판단: 상황 분석한 내용을 전개 과정과 결과 발생을 종합해서 결론을 도출하는 것이다.

(2) 중요성

대공상황의 분석 · 판단은 보안경찰의 업무 수행에 필수적인 기본 과정으로 이론적 방향 제시보다는 정책결정권자에게 시대에 따른 처리 방향과 결심을 주는 데 그 중요성이 있다.

(3) 주의 사항

① 주어진 상황과 결론은 일치해야 한다.
② 여러 출처에서 나온 정보를 활용하는 것이 좋다.
③ 전체적인 관련성을 유지한다.
④ 합리적이며 논리적 분석이 필요하다.

제 3 절 대남전략 노선과 대남공작기구

1. 대남전략 노선

(1) 3대 전략

① 북한의 혁명기지화
② 남조선혁명론
③ 통일전선전략

(2) 대남혁명전술

1) 지하당 구축전술

① 레닌의 당 조직론에 입각해, 남한 조선 혁명을 남한 자체의 혁명으로 위장하기 위해 지하당 구축이 필요하다
② 지하당 건설은 비합법적으로 전개한다.

2) 대중투쟁전술

남한 혁명을 승리로 이끌기 위해서는 각종 투쟁의 유형과 방법을 잘 배합해야 한다는 원칙이다.

합법 · 비합법 · 반합법투쟁의 배합	합법투쟁	지하조직이 미약한 경우 법의 테두리에서 행하는 투쟁 방식
	비합법투쟁	비밀조직이 결성되어 은밀하게 행하는 불법적 투쟁 방식
	반합법투쟁	법적으로 금지되어 있으나 대인관계 · 사회관습적인 측면에서 용인되어 온 제반 관례에 편승하는 투쟁 방식

경제투쟁과 정치투쟁의 배함	① 레닌의 '경제투쟁에서 정치투쟁으로'라는 전술을 원용한 것 ② 임금 인상 등의 경제투쟁을 전개시키고 이를 바탕으로 무장봉기 등의 투쟁으로 나아가는 정치투쟁을 적절히 배합해야 한다는 것
폭력투쟁과 비폭력투쟁의 배합	① 폭력투쟁과 비폭력투쟁을 상황에 따라 적절히 배합해 투쟁 효과를 높이자는 것 ② 폭력투쟁은 테러 · 파괴 · 무장봉기 등 비합법정치투쟁을 말하며, 비폭력투쟁은 폭력 이외의 온갖 방법을 전개해 벌이는 투쟁

(3) 통일전선전술

대남 적화혁명을 위한 연합 · 동맹전술로 남한 내의 학생, 지식인 등을 통한 투쟁을 기폭제로 삼아 개인이나 단체 또는 반대 노선과도 연합해 혁명 세력을 집결해 궁극적으로 적화 통일을 이루려는 전술이다.

2. 대남공작기구

<table>
<tr><td>225국
(舊, 대외연락부)</td><td colspan="2">공작원 교육 · 남파, 남한 내 지하당 구축공작, 거점 확보, 조총련 지도를 전담하고 있다.</td></tr>
<tr><td rowspan="4">통일전선부</td><td colspan="2">① 1977년 김일성의 교시에 따라 설치된 대남사업부서이다.
② 남북대화 주관, 해외교포 포섭, 국내외 반정부인사 포섭, 대남심리전 및 통일전선공작 등을 전담하고 있다.
③ 특히, 이 부서는 통상 대남사업 담당비서가 직접 통일전선부 부장을 겸임할 정도로 핵심적인 대남공작부서이다.</td></tr>
<tr><td>조국평화
통일위원회
(조평통)</td><td>남한의 4 · 19 직후 제기되었던 남북협상론에 대응하기 위해 1961년 급조된 단체로 북한의 위장 평화통일정책을 선전하는 기구이다.</td></tr>
<tr><td>반제민족
민주전선
(반제민전)</td><td>① 한국 내 지하당인 것처럼 날조 선전하고 있는 대남 혁명투쟁의 전위조직으로 1964년 통일혁명당(통혁당) 창당준비위원회를 조직했다.
② 1985년 통혁당의 명칭을 '한국민족민주전선'으로 개칭하고, 2005년 '반제민족민주전선'으로 개명했다.
③ 심리전의 흑색선전과 관련된 단체이고, 미국의 식민지 지배가 '군사적 지배 → 정치적 지배 → 경제적 지배'의 통로를 통해 이뤄지고 있다고 보고 있다. 그래서 반미자주화투쟁의 내용 중 주한미군 철수 투쟁을 가장 중요시하고 있다.</td></tr>
<tr><td>재북통일
촉진협의회</td><td>6 · 25 당시 납북된 인사들로 결성된 북한의 위장 평화통일 단체로, 남한의 정당 및 각계 인사들에게 북한의 통일정책 등을 선전하는 편지를 보내는 등의 활동을 했다.</td></tr>
</table>

	조국통일 민주주의전선 (조국전선)	조선노동당 등 북한의 사회단체가 모두 망라되어 있으며, 대남 적화 혁명을 위한 북한의 위장 평화통일 선전을 전개하는 통일전선의 총괄체라고 할 수 있다.
	조선아세아태평양평화위원회(아 · 태평화위)	
정찰총국	1국(작전국)	① 공작원들에 대한 기본교육훈련, 침투공작원 호송 · 안내 · 복귀 · 대남테러 공작 및 대남 침투로 개척 등을 주임무로 하고 있다. ② 1998년 유고급 잠수정으로 속초지역으로 침투한 바 있다.
	2국(정찰국)	① 무장공비 양성 · 남파, 요인 암살 · 파괴 · 납치 등 게릴라 활동, 대남군사정보 수집 등을 주임무로 한다. ② 1983년 미얀마 아웅산 암살폭파사건, 1996년 강릉무장공비사건 등을 자행했다.
	3국(기술국)	해킹, 도청, 암호 제작 등 통신 관련 업무를 담당한다.
	5국(해외정보 국舊, 35호실)	① 주로 대외 · 대남정보 수집, 해외 간첩공작 및 테러공작을 전담하고 있는 부서이다. ② 1987년 KAL 858기 공중폭파 테러를 자행한 바 있다.
	6국(정책국)	대남 군사정책 및 군사회담 등을 담당한다.
	7국 (후방지원국)	보급 등 후방 지원을 담당한다.
국가안전 보위부	① 주민 감시, 반체제사범 수사, 정치범수용소 관리, 대간첩 공작, 해외 공작, 국경 경비 등을 주임무로 한다. ② 법적 절차 없이 용의자를 구속할 수 있고, 재판 없이 처단할 수 있는 권한이 있다.	

제 4 절 보안수사

1. 의의

정보사범을 인지, 색출, 검거, 심문하는 일련의 활동이며, 보안수사의 대상이 되는 범죄가 정보사범이다.

2. 정보사범

(1) 정보사범의 의의

① 정보사범은 국가 존립상의 기본 질서를 해하는, 즉 국가안전 보장과 관련된

반국가사범이다.

② 정보사범을 인지, 색출, 검거, 신문하는 일련의 활동을 보안수사라 한다.

※ 내란죄, 외환의 죄, 반란죄, 이적죄, 군사비밀누설죄, 암호부정사용죄 등

(2) 정보사범의 특성

확신범, 보안성, 비노출적 범행, 비인도적 범행, 조직적 범죄, 동족 간의 범행 등이 있다.

3. 「국가보안법」의 특성

(1) 범죄에서의 특성

고의범	「국가보안법」에서는 고의범만을 처벌하고 있는 특성을 갖고 있다.
예비·음모 확장	「국가보안법」에서는 그 모든 범죄가 국가 안보가 직결되므로 '불고지죄, 무고죄, 날조죄, 특수직무유기죄, 반국가단체가입권유죄, 찬양·고무·동조죄, 이적표현물 소지 등의 죄, 회합·통신죄, 편의 제공죄'를 제외한 모든 범죄에 관해 예비·음모를 처벌한다.
편의제공죄	형법상 범인에게 무기, 금품, 잠복·회합·통신 등 장소를 제공하는 것은 종범으로서 정범의 실행행위에 종속되어 처벌된다. 그러나 「국가보안법」은 본법의 죄를 범하려는 자뿐만 아니라 편의를 제공한 자도 종범이 아니라 별개의 독립된 편의제공죄로 처벌하고 있다.
범죄의 선동·선전 및 권유	일반적으로 형법에서 선동·선전은 교사·방조로서 논의되며 그 수단 방법으로서 취급되어 정범의 행위가 있을 때에만 범죄로서 처벌된다. 그러나 반국가적 사범으로 국가의 존립을 위태롭게 하는 범죄의 경우에는 그 자체만으로도 가벌성이 인정되어야 하므로 「국가보안법」 제3조 제2항, 제4조 제1항, 제7조 제1항에 별도의 범죄로 규정해 처벌규정을 두고 있다.
불고지 시 형사책임	「국가보안법」의 또 하나의 특성은 불고지에 대한 처벌인데, 그 이유는 국가 안보를 위해 전 국민에게 범죄 고지 의무를 과할 필요가 있기 때문이다. 따라서 제3조 반국가단체 구성 등의 죄, 제4조 목적 수행, 제5조 자진 지원의 경우 처벌하도록 제10조에 불고지죄를 규정하고 있다.

(2) 형벌에서의 특성

자격 정지 병과	「국가보안법」 위반 범죄에 대해 징역형을 선고할 때에는 그 형이 장기 이하의 자격정지를 병과할 수 있다.
재범자 특수 가중	일정 반국가적 범죄를 범해 금고 이상의 형을 선고받고 그 형의 집행을 종료하지 아니한 자 또는 그 집행을 종료하거나 집행을 받지 않기로 확정된 후 5년이 경과하지 않은 자가 「국가보안법」상의 일정 범죄를 다시 범한 때에는 법정최고형을 사형으로 정하고 있다.

몰수 · 추징 및 압수물 특별처분	몰수 · 추징 및 국고귀속 조치에 관해 형법에 대한 특례입법으로서 본법의 범인이 범행의 보수를 받았을 때에는 필요적으로 몰수하고, 몰수 불능 시에는 상당 가격을 추징하도록 했으며, 불기소처분 시에도 압수물의 폐기 또는 국고 귀속을 명할 수 있도록 했다.
형의 특별감면	궁극적으로 국가 안보를 지키기 위해서는 사전 예방을 할 수 있는 것이 효과적인 방법이다. 이에 본법의 죄를 범한 후 자수하거나 다른 국가보안사범을 고발 · 방해한 때에는 필요적 감면을 하도록 규정하고 있다.

(3) 소송절차상의 특성

참고인 구인과 유치	① 검사 또는 사법경찰관으로부터 본법에 규정된 죄의 참고인으로 출석 요구를 받은 자가 정당한 이유 없이 2회 이상 출석 요구에 불응할 때에는 관할 법원판사의 구속영장을 받아 구인할 수 있다. ② 구속영장의 집행을 받은 참고인을 구인하는 경우에 필요할 때에는 근접한 경찰관서나 기타 적당한 장소에 임시로 유치할 수 있다고 규정하고 있다.
피의자 구속기간 연장	① 지방법원판사는 제3조 내지 제10조에 해당하는 범죄로서 수사를 계속함에 상당한 이유가 있다고 인정할 때에는 사법경찰관의 구속 기간은 1차, 검사의 구속기간은 2차에 한해 10일 이내로 구속기간의 연장을 허가할 수 있다고 규정하고 있다. ② 단, 「국가보안법」 제7조, 제10조의 경우는 위헌으로 연장이 불가능하다. 따라서 이 경우는 일반 형사범의 경우와 동일하다.
공소보류	① 「국가보안법」이 기소유예제도와 동일한 형사정책적 견지에서 두고 있는 제도이다. ② 검사는 본법의 죄를 범한 자에 대해 「형법」 제52조의 사항을 참작해 공소 제기를 보류할 수 있다. ③ ②에 의해 공소보류를 받은 자가 공소의 제기 없이 2년을 경과한 때에는 그를 소추할 수 없다. ④ 공소보류를 받은 자가 법무부 장관이 정한 감시 · 보도에 관한 규칙에 위반한 때에는 공소보류를 취소할 수 있다. ⑤ ④에 의해 공소보류가 취소된 경우에는 「형사소송법」 제208조 재구속의 제한 규정에 불구하고 동일한 범죄 사실로 재차 구속할 수 있다.

4. 수사의 대상(「국가보안법」을 대상으로)

(1) 반국가단체 관련 범죄(제2조, 3조)

1) 반국가단체의 의의

반국가단체라 함은 정부를 참칭(僭稱)하거나 국가를 변란할 것을 목적으로 하는 국내외의 결사 또는 집단으로서 지휘통솔 체제를 갖춘 단체를 말한다.

2) 반국가단체의 성립 요건

① 정보를 참칭하거나 국가를 변란할 것을 목적으로 할 것

정부 참칭	① 합법적인 절차에 의하지 않고 임의로 정부를 조직해 진정한 정부인 양 사칭하는 것을 말한다. → 전형적인 예는 북한 공산집단이다. ② 한반도에서 유일한 합법정부는 대한민국 정부뿐임을 전제로 한다.
국가 변란	① 정부를 전복해 새로운 정부를 조직하는 것을 말한다. ② 정부란 입법, 사법, 행정부를 포함하는 넓은 의미의 정부를 의미하고, 전복은 정부조직이나 제도 그 자체를 파괴·변혁하는 것을 말한다. ③ 「형법」 제91조의 국헌 문란은 「국가보안법」상 국가 변란보다 넓은 개념이다.
목적	① 정부 참칭 또는 국가 변란의 목적은 반드시 직접적이어야 한다. ② 정부를 참칭하거나 국가를 변란할 목적이 있는 한 그 목적을 달성하기 위한 수단, 방법은 불문한다.

② 결사 또는 집단일 것

결사	일정한 공동 목적을 수행하기 위해 조직된 특정 다수인의 계속적인 결합체를 의미한다. ① 일정한 공동 목적의 수행을 위해 조직된 것이라야 한다. ② 반드시 구성원이 2인 이상이어야 하고, 그 구성원은 특정되어 있어야 한다. ③ 계속성이 있어야 한다. 그러나 영구히 존속하거나 사실상 계속하여 존속함을 요하지 않으며 일정한 기간 존속케 할 의도하에 조직된 것이면 충분하다.
집단	집단은 일정한 공동 목적을 수행하기 위해 조직된 특정 다수인의 집합체이며, 일시적인 집합체인 점에서 결사와 차이가 있다.

③ 지휘통솔 체제를 갖출 것: 2인 이상의 특정 다수인 사이에 내부 질서를 유지하고 그 단체를 주도하기 위해 일정한 위계 및 분담 등의 체계를 갖춰야 한다.

3) 반국가단체 구성·가입·가입권유죄(제3조)

의의			반국가단체를 구성하거나 이에 가입하거나 타인에게 가입할 것을 권유함으로써 성립하는 범죄이다.
	주체		내·외국인을 막론하고 누구든지 주체가 될 수 있다. 기존의 반국가단체의 구성원도 새로운 반국가단체를 구성하거나 가입하는 경우 그 주체가 될 수 있다.
	행위	구성	① 2인 이상의 사람이 의사 합치에 의해 단체를 창설하는 것을 말한다. ② 회칙이나 결성식, 명칭이나 대표자 선출 등 별도의 형식이나 절차가 반드시 필요한 것은 아니다.
		가입	구성죄와 가입죄는 행위가 완료되면 바로 범죄가 성립한다(즉시범).

구성 요건		가입 권유	① 타인에게 반국가단체에 가입할 것을 권유하는 것으로서, 이는 타인에게 반국가단체에 가입할 것을 새롭게 결의하게 하거나 기존의 가입 의사를 더욱 확고하게 하는 것이다. ② 권유의 수단과 방법에는 아무런 제한이 없으나, 권유의 대상은 특정한 타인이어야 하므로 불특정인에 대한 권유는 가입 권유에 해당하지 않고, 찬양·고무죄가 성립할 수 있다. 또한 피권유자가 실제로 가입하지 않더라도 독립적으로 범죄가 성립한다.
	인식 고의		① 행위시에 그 단체가 반국가단체임을 인식하고 있어야 한다. 따라서 과실로 반국가단체임을 인식하지 못한 경우는 범죄가 성립하지 않는다. ② 구성·가입·권유하는 점에 대한 고의가 있어야 한다. 따라서 강요에 의해 행위한 경우는 벌할 수 없다.

(2) 목적수행죄(제4조)

① 목적수행 간첩

간첩죄	개념	반국가단체의 구성원이나 지령을 받은 자가 목적 수행의 의사로 간첩함으로써 성립한다. 간첩이란 대한민국의 군사상 기밀 사항을 탐지·수집하는 것을 말한다.	
	구성 요건	주체	반국가단체의 구성원 또는 그 지령을 받은 자여야 한다.
		객체	군사상 기밀이다.
		행위	본죄의 행위는 대한민국의 군사상 기밀을 탐지·수집하는 것이다. 탐지는 무형적 사항, 즉 사실 또는 정보를 찾아서 지득하는 것이고, 수집은 유형적 문서, 도화, 물건 등을 모으는 것을 의미한다.
	처벌	간첩죄에 대한 법정형을 기밀의 등급에 따라 구분해 두 가지로 규정하고 있다. ① 가목: 중대한 불이익을 회피하기 위해 한정된 사람에게만 지득이 허용되고 적국 또는 반국가단체에 비밀로 해야 할 사실·물건 또는 지식인 경우 – 사형, 무기징역 ② 나목: 가목 이외의 군사상 기밀 – 사형, 무기 또는 7년 이상의 징역	
간첩 방조죄	개념	간첩방조란 간첩이라는 정을 알면서 간첩의 임무 수행과 관련해 간첩행위자의 범의를 강화시키거나 또는 간첩의 범의에 의한 실행행위를 용이하게 하는 일체의 행위를 말한다.	
	처벌	본죄는 간첩죄와 대등한 독립범죄로서 「형법」 제32조의 종범 감경 규정이 적용되지 않는다.	
군사상 기밀누설	개념	반국가단체의 구성원 또는 그 지령을 받은 자가 그 목적 수행을 위해 직무상 지득한 군사상의 기밀을 반국가단체에 누설함으로써 성립하는 범죄이다.	
	처벌	간첩죄와 동일하다.	

② 국가기밀 탐지, 수집, 누설 등 죄

이 죄는 반국가단체의 구성원 또는 그 지령을 받은 자가 그 목적 수행을 위해 국가 기밀을 탐지·수집·누설·전달·중개함으로써 성립하는 범죄이다.

(3) 자진지원죄(제5조 제1항)

개념	반국가단체의 구성원 또는 그 지령을 받은 자 이외의 자가 반국가단체나 그 구성원 또는 그 지령을 받은 자를 지원할 목적으로 자진해 외환 유치·간첩·소요·중요시설 파괴 등 「국가보안법」 제4조 제1항 각 호에 규정된 행위를 함으로써 성립하는 범죄이다.
구성요건	① 주체: 반국가단체의 구성원 또는 그 지령을 받은 자를 제외한 모든 사람이 주체가 된다. ② 행위: 반국가단체의 구성원 또는 그 지령을 받은 자와 아무런 의사의 연락 없이 스스로 의사에 의해 범행하는 경우이다.
처벌	본죄는 목적수행죄와 그 위험성에서 아무런 차이가 없기 때문에 목적수행죄와 동일하게 처벌한다. 또한 미수, 예비·음모를 처벌한다.

(4) 금품수수죄(제5조 제2항)

개념	국가의 존립·안전이나 자유민주적 기본 질서를 위태롭게 한다는 정을 알면서 반국가단체의 구성원 또는 그 지령을 받은 자로부터 금품을 수수함으로써 성립하는 범죄이다.	
구성요건	주체	제한이 없다. 자진지원죄와는 달리 반국가단체의 구성원이나 그 지령을 받은 자도 본죄의 주체가 될 수 있다.
	행위	본죄의 수수는 자기가 취득하는 것을 의미하므로, 제3자에게 전달하기 위해 일시 교부받은 경우는 본죄의 방조죄나 편의제공죄가 될 수 있다.
	주관적 요건	국가의 존립·안전이나 자유민주적 기본질서를 위태롭게 한다는 정을 알면서, 반국가단체의 구성원 또는 그 지령을 받은 자로부터 금품을 수수하는 행위이다.
처벌	본죄의 기수범은 7년 이하의 징역에 처하고, 미수범도 처벌한다. 그러나 자진지원죄의 경우와 달리 예비·음모의 처벌 규정은 없다.	

(5) 잠입·탈출죄(제6조)

1) 단순잠입·탈출죄

개념	국가의 존립·안전이나 자유민주적 기본 질서를 위태롭게 한다는 정을 알면서 반국가단체의 지배하에 있는 지역으로부터 잠입하거나 그 지역으로 탈출함으로써 성립한다.
구성요건	① 주체: 아무런 제한이 없다. ② 내용: 반국가단체의 지배하에 있는 지역이란 외국에 있는 북한 공관, 공작원 교육·공작에 사용되는 안전가옥과 공작선도 포함된다.
처벌	미수와 예비·음모를 처벌한다.

2) 특수잠입 · 탈출죄

개념	반국가단체나 그 구성원의 지령을 받거나 받기 위해 또는 목적 수행을 협의하거나 협의하기 위해 잠입하거나 탈출함으로써 성립힌다.
구성 요건	① 주체: 아무런 제한이 없다. ② 내용: 잠입 전에 반국가단체 또는 그 구성원으로부터 어떠한 지령을 받았다는 사실만으로는 부족하고 행위자에게 잠입 당시 그 지시 사항을 실천할 의사와 목적이 있어야 한다.
처벌	미수와 예비 · 음모를 처벌한다.

(6) 찬양 · 고무 등(제7조)

1) 구성 요건 체계

제1항	반국가단체의 그 구성원 또는 지령을 받은 자의 활동을 찬양 · 고무 · 선전 · 동조하거나 국가 변란을 선전 · 선동하는 행위
제3항	제1항의 행위를 목적으로 하는 단체를 구성하거나 이에 가입하는 행위
제4항	이적단체 구성원이 사회질서 혼란을 조성할 우려 있는 사항에 관해 허위 사실을 날조 · 유포하는 행위
제5항	위 세 가지 유형의 행위를 할 목적으로 하는 문서 · 도화 · 기타 표현물의 제작 · 수입 · 복사 · 소지 · 운반 · 반포 · 판매 또는 취득행위

2) 이적단체 구성 · 가입죄(제7조 제3항)

개념	이적 찬양 · 고무 · 선전 · 동조 또는 국가 변란 선전 · 선동의 행위를 목적으로 하는 단체를 구성하거나 이에 가입함으로써 성립한다.
구성 요건	① 주체: 제한이 없다. ② 이적단체의 성립을 위해서는 단체성과 이적행위의 목적성을 필요로 한다.
처벌	① 법정형이 1년 이상의 유기징역으로 찬양 · 고무보다 중하다. ② 본죄는 필요적 공범의 일종으로 반국가단체의 구성 · 가입죄와는 달리 행위자의 지위와 역할의 차이에 따른 법정형의 구별을 두지 않고 있다. ③ 미수범은 처벌하며, 제7조의 죄 중에서 유일하게 예비 · 음모행위를 처벌하는 규정을 두고 있다.

(7) 회합 · 통신죄(제8조)

개념	국가의 존립 · 안전이나 자유민주적 기본 질서를 위태롭게 한다는 정을 알면서도 반국가단체나 그 구성원 또는 그 지령을 받은 자와 회합 · 통신 기타의 방법으로 연락함으로써 성립한다.	
구성 요건	주체	제한이 없다.
	행위	① 회합은 2인 이상이 일정한 장소에서 만나는 것을 의미한다. ② 통신은 우편 · 전신 · 전화 등을 통해 서로 의사를 전달하는 것을 지칭한다. ③ 기타 방법에 의한 연락에는 인편에 의한 연락, 무인 포스트에 의한 연락, 낙서, 광고 등을 이용한 안착 신호, 방송에 의한 지령 수수 등이 이에 해당한다.

	주관적 요건	국가의 존립·안전이나 자유민주적 기본 질서를 위태롭게 한다는 정을 알아야 하며, 상대방이 반국가단체의 구성원 또는 그 지령은 받은 자라는 점, 반국가단체의 구성원 등과 회합·통신 등 연락한다는 점에 대한 인식이 있어야 한다.
처벌	미수범은 처벌하나, 예비·음모의 처벌 규정은 없다.	

(8) 편의제공죄(제9조)

개념	「국가보안법」 제3조 내지 제8조의 죄를 범하거나 범하려고 하는 자에게 유형·무형의 편의를 제공함으로써 성립한다.
구성 요건	행위 태양은 총포 등의 무기 제공과 금품, 기타 재산상의 이익 제공, 잠복·회합·통신·연락을 위한 장소의 제공, 기타 방법의 편의 제공으로 나뉜다.
처벌	① 무기류 등의 편의 제공과 단순 편의 제공은 미수범을 처벌한다. 단 무기류 등의 편의제공죄만 예비·음모를 처벌한다. ② 금품 제공, 잠복 등 장소 제공, 기타 방법으로 편의 제공한 자와 본범 사이에 친족 관계가 있는 때에는 그 형을 감면할 수 있지만, 무기류 등의 편의 제공에 대해서는 그 특례가 적용되지 않는다.

(9) 불고지죄(제10조)

개념	반국가단체를 구성하거나 반국가단체에 가입한 자 또는 그 구성원, 구성원으로부터 지령을 받은 자의 일정한 범죄행위 또는 그들에 대한 자진지원행위를 알면서도 그 사실을 수사기관에 신고하지 아니함으로써 성립한다.
구성 요건	① 불고지죄 대상 범죄는 제3조, 제4조, 제5조 제1항·제3항·제4항이다. ② 본죄의 행위 태양은 '수사기관 또는 정보기관에 고지하지 아니하는 것'이다. ③ 구성 요건적 고의 외 별도의 동기, 목적을 요하지 않는다.
처벌	5년 이하의 징역 또는 200만 원 이하의 벌금에 처하고, 다만 본범과 친족 관계가 있는 때에는 형을 감경 또는 면제한다.

(10) 특수직무유기죄(제11조)

개념	범죄 수사 또는 정보의 직무에 종사하는 공무원이 「국가보안법」에 규정된 죄를 범한 자라는 것을 인지하고도 그 직무를 유기하기 위해 수사 등에 필요한 조치를 취하지 아니하는 경우를 가중 처벌하기 위한 규정이다.	
구성 요건	주체	범죄 수사 또는 정보의 직무에 종사하는 공무원에 국한된다.
	행위	「국가보안법」의 죄를 범한 자이다.
	주관적 요건	① 직무란 「국가보안법」 위반 범죄의 수사 또는 그에 관련한 정보를 취급하는 업무를 말한다. ② 유기란 직무를 의식적으로 방임하거나 포기하는 등 정당한 이유 없이 그 직무를 수행하지 아니하는 것을 말한다.
처벌	본범과 친족 관계가 있을 때에는 그 형을 감경 또는 면제할 수 있다.	

(11) 무고 · 날조죄(제12조)

개념	타인으로 하여금 형사처벌을 받게 할 목적으로 「국가보안법」에 규정된 죄에 대해 무고 · 위증하거나 증거를 날조 · 인멸 · 은닉하는 행위를 처벌하는 규정이다.
구성 요건	① 일반 무고 · 날조와 직권 남용, 무고 · 날조로 구분된다. ② 주체: 제1항의 주체에는 아무런 제한이 없으나, 제2항의 주체는 범죄 수사 또는 정보의 직무에 종사하는 공무원이나 이를 보조하는 자 또는 이를 지휘하는 자이다. ③ 본죄가 성립하기 위해서는 무고, 위증 증거의 날조 · 인멸 · 은닉에 대한 사실적 고의 이외에 행위자에게 '타인으로 하여금 형사처분을 받게 할 목적'이 있어야 한다. 그러나 타인으로 하여금 형사처분을 받게 할 목적이 유일한 목적일 필요는 없고 다른 목적과 결부되어 있어도 형사처분을 받게 할 목적이 있었다면 본죄가 성립한다.
처벌	제2항의 경우 제1항의 경우보다 가중해 처벌하고 있다.

제 3 장 남북교류 협력 및 북한이탈주민 대책

제 1 절 남북교류 협력에 관한 법률

1. 개념

목적	남한과 북한 간의 상호 교류와 협력을 촉진하기 위해 필요한 사항을 규정함으로써 한반도의 평화와 통일에 기여함을 목적으로 한다.
주관자	남북교류 협력의 주관자는 통일부 장관이며, 남·북한 간의 교류·협력 관계는 기본적으로 통일부 장관의 승인을 요한다.
다른 법률과의 관계	남한과 북한과의 왕래·교역·협력사업 등 남북 교류의 협력을 목적으로 하는 행위에 관해서는 이 법률의 목적 범위 안에서 다른 법률에 우선해 이 법을 적용한다.

2. 주요 내용

(1) 남북한 방문(제9조)

방문 승인	남한의 주민이 북한을 방문하거나 북한의 주민이 남한을 방문하려면 통일부 장관의 방문 승인을 받아야 하며, 통일부 장관이 발급한 방문증명서를 소지해야 한다.
방문증명서	① 방문증명서는 유효 기간을 정해 북한 방문증명서와 남한 방문증명서로 나눠 발급한다.

	② 방문증명서는 한 차례만 사용할 수 있는 방문증명서와 유효기간이 끝날 때까지 여러 차례 사용할 수 있는 방문증명서로 구분한다. ③ 복수 방문증명서의 유효 기간은 5년 이내이다.	
방문 승인 취소 사유	통일부 장관은 다음에 해당하는 경우에는 방문 승인을 취소할 수 있다. 다만, ①의 경우에는 그 승인을 취소해야 한다. ① 거짓이나 그 밖의 부정한 방법으로 방문 승인을 받은 경우 ② 방문 승인 시 붙인 조건을 위반한 경우 ③ 남북교류 · 협력을 해칠 명백한 우려가 있는 경우 ④ 국가안전 보장 · 질서 유지 · 공공복리를 해칠 명백한 우려가 있는 경우	
재외국민 방문 절차	방문 신고	① 재외국민이 외국에서 북한을 왕래할 때에는 통일부 장관이나 재외공관의 장에게 신고해야 한다.→ 남한 주민보다 완화된 절차 ② 다만, 외국을 거치지 아니하고 남한과 북한을 직접 왕래할 때에는 방문증명서를 소지해야 한다.
	재외 국민 범위	① 외국 정부로부터 영주권을 취득했거나 이에 준하는 장기 체류 허가를 받은 사람 ② 외국에 소재하는 외국법인 등에 취업해 업무 수행의 목적으로 북한을 방문하는 사람

(2) 남북한 주민 접촉(제9조의2)

접촉 신고	남한의 주민이 북한의 주민과 회합 · 통신, 그 밖의 방법으로 접촉하려면 통일부 장관에게 미리 신고해야 한다. 다만 대통령령으로 정하는 부득이한 사유에 해당하는 경우에는 접촉한 후에 신고할 수 있다.
신고 수리 거부 사유	통일부 장관은 접촉에 관한 신고를 받은 때에는 ① 남북교류 · 협력을 해칠 명백한 우려가 있거나 ② 국가안전 보장, 질서 유지 또는 공공복리를 해칠 명백한 우려가 있는 경우에만 신고의 수리를 거부할 수 있다.
조건 부과 · 유효 기간	① 접촉 신고를 받은 통일부 장관은 납북교류 · 협력의 원활한 추진을 위해 북한주민접촉결과보고서 제출 등 조건을 붙이거나, 3년 이내의 유효 기간을 정해 수리할 수 있다. ② 다만, 가족인 북한 주민과의 접촉을 목적으로 하는 경우에는 5년 이내의 유효 기간을 정할 수 있다. ③ 통일부 장관은 필요하다고 인정할 경우 유효 기간을 3년의 범위에서 연장할 수 있다.

(3) 외국 거주 동포의 출입 보장(제10조)

외국 국적을 보유하지 아니하고 대한민국의 여권을 소지하지 아니한 외국 거주 동포가 남한을 왕래하려면 여권법에 따른 여행증명서를 소지해야 한다.

(4) 남북 교역

거래 원칙	남한과 북한 간 거래는 국가 간의 거래가 아닌 민족 내부의 거래로 본다.
반출·반입 승인	물품 등을 반출·반입하려는 자는 그 물품 등의 품목, 거래 형태 및 대금 결제 방법 등에 관해 통일부 장관의 승인을 받아야 한다.

(5) 절차 위반 시 조치

① 승인 없이 교류 협력 행위를 하면 「남북교류 협력에 관한 법률」로 처벌된다.

② 그러나 국가안전 보장에 해가 될 것을 알면서 교류 협력을 한 경우에는 절차를 준수해도 정당성이 없기 때문에 「국가보안법」으로 처벌된다.

③ 「남북교류 협력에 관한 법률」에서 정한 죄를 범한 자가 자수하면 그 형을 감경하거나 면제할 수 있다.

(6) 남북교류협력 추진협의회의

설치	남북교류·협력에 관한 정책을 협의·조정하고, 중요 사항을 심의·의결하기 위해 통일부에 남북교류협력 추진협의회를 둔다.
구성	① 협의회는 위원장 1명을 포함한 18명 이내의 위원으로 구성한다. ② 위원장은 통일부 장관이 되며, 협의회의 업무를 총괄한다.
운영	① 협의회의 회의는 위원장이 소집한다. ② 협의회의 회의는 재적위원 과반수의 출석과 출석위원 과반수의 찬성으로 의결한다.

제 2 절 북한이탈주민의 보호 및 정착

1. 북한 주민의 분류

북한은 전체 주민들을 출신 성분과 당성에 의해 핵심계층, 동요계층, 적대계층으로 나누고, 적대계층에 대한 감시를 강화하고 있다.

핵심계층	정규의 당원을 비롯해 김일성에게 충성을 다하는 계층
동요계층	어느 쪽으로도 분류하기 어려워 기본계층, 회색분자, 기회주의자라고도 불리며 하급 간부나 기술자로 배치되는 계층
적대계층	북한 공산집단에 동조하지 않는 계층으로 복잡계층이라고 하며, 유해 노동직에 배치되고 진학·입당 등이 원칙적으로 봉쇄된 계층

2. 「북한이탈주민의 보호 및 정착 지원에 관한 법률」

구분	내용
정의	① 북한이탈주민: 군사분계선 이북지역에 주소, 직계가족, 배우자, 직장 등을 두고 있는 사람으로서 북한을 벗어난 후 외국 국적을 취득하지 아니한 사람을 말한다. ② 보호 대상자: 이 법에 따라 보호 및 지원을 받는 북한이탈주민을 말한다. ③ 정착지원시설: 보호 대상자의 보호 및 정착 지원을 위해 설치·운영하는 시설을 말한다. ④ 보호금품: 이 법에 따라 보호 대상자에게 지급하거나 빌려주는 금전 또는 물품을 말한다.
적용 범위	대한민국의 보호를 받으려는 의사를 표시한 북한이탈주민에 대해 적용한다.
기본 원칙	① 대한민국은 보호 대상자를 인도주의에 입각해 특별히 보호한다. ② 대한민국은 외국에 체류하고 있는 북한이탈주민의 보호 및 지원 등을 위해 외교적 노력을 다해야 한다. ③ 보호 대상자는 대한민국의 자유민주적 법질서에 적응해 건강하고 문화적인 생활을 할 수 있도록 노력해야 한다. ④ 통일부 장관은 북한이탈주민에 대한 보호 및 지원 등을 위해 북한이탈주민의 실태를 파악하고, 그 결과를 정책에 반영해야 한다.
북한이탈주민 대책협의회	① 북한이탈주민에 관한 정책을 협의·조정하고 보호 대상자의 보호 및 정착 지원에 관한 사항을 심의하기 위해 통일부에 북한이탈주민 대책협의회를 둔다. ② 협의회는 위원장 1명을 포함한 25명 이내의 위원으로 구성한다. ③ 위원장은 통일부 차관이 되며, 협의회의 업무를 총괄한다.
보호 신청	① 북한이탈주민으로서 이 법에 따라 보호를 받으려는 사람은 재외공관이나 그 밖의 행정기관의 장에게 보호를 직접 신청해야 한다. 다만, 보호를 직접 신청하지 아니할 수 있는 대통령령으로 정하는 사유가 있는 경우에는 그러하지 아니하다. ② 보호신청을 받은 재외공관장 등은 지체 없이 그 사실을 소속 중앙행정기관의 장을 거쳐 통일부 장관과 국가정보원장에게 통보해야 한다. ③ 통보를 받은 국가정보원장은 임시보호나 그 밖의 필요한 조치를 한 후 지체없이 그 결과를 통일부 장관에게 통보해야 한다.
보호 결정	① 통일부 장관은 국가정보원장의 통보를 받으면 북한이탈주민 대책협의회의 심의를 거쳐 보호 여부를 결정한다. ② 다만, 국가안전 보장에 현저한 영향을 줄 우려가 있는 사람에 대해서는 국가정보원장이 그 보호 여부를 결정하고, 그 결과를 지체없이 통일부 장관과 보호 신청의 장에게 통보하거나 알려야 한다.
보호 결정 기준	다음에 해당하는 사람은 보호 대상자로 결정하지 아니할 수 있다. ① 항공기 납치, 마약 거래, 테러, 집단살해 등 국제 형사 범죄자 ② 살인 등 중대한 비정치적 범죄자 ③ 위장 탈출 혐의자 ④ 체류국에 10년 이상 생활 근거지를 두고 있는 사람 ⑤ 국내 입국 후 1년이 지나서 보호 신청한 사람 ⑥ 그 밖에 보호 대상자로 정하는 것이 부적당하다고 대통령령으로 정하는 사람

학력 인정	보호 대상자는 대통령령으로 정하는 바에 따라 북한이나 외국에서 이수한 학교교육의 과정에 상응하는 학력을 인정받을 수 있다.
자격 인정	① 보호 대상자는 관계 법령에서 정하는 바에 따라 북한이나 외국에서 취득한 자격에 상응하는 자격 또는 그 자격의 일부를 인정받을 수 있다. ② 통일부 장관은 자격 인정 신청자에게 대통령령으로 정하는 바에 따라 자격 인정을 위해 필요한 보수교육 또는 재교육을 실시할 수 있다.
특별임용	① 북한에서의 자격이나 경력이 있는 사람 등 북한이탈주민으로서 공무원으로 채용하는 것이 필요하다고 인정되는 사람에 대해서는 북한을 벗어나기 전의 자격·경력 등을 고려해 공무원으로 특별임용할 수 있다. ② 북한의 군인이었던 보호 대상자가 국군에 편입되기를 희망하면 북한을 벗어나기 전의 계급, 직책 및 경력 등을 고려하여 국군으로 특별임용할 수 있다.
거주지에서 신변 보호	① 통일부 장관은 보호 대상자가 거주지로 전입한 후 그의 신변 안전을 위해 국방부 장관이나 경찰청장에게 협조를 요청할 수 있으며, 협조 요청을 받은 국방부 장관이나 경찰청장은 이에 협조한다. ② 신변 보호에 필요한 사항은 통일부 장관이 국방부 장관, 국가정보원장 및 경찰청장과 협의해 정한다. 이 경우 해외여행에 따른 신변 보호에 관한 사항은 외교부 장관과 법무부 장관의 의견을 들을 수 있다.

제 7 편

해양경찰 외사론

제 1 장 해양경찰 외사 개관

제 1 절 해양경찰 외사의 의의 및 법적 근거

1. 의의

① 해양경찰의 관할은 영해, 접속수역뿐 아니라 배타적 경제수역 등 공해까지 관할하고 있고, 국내항 대부분은 개항장으로 외국 선박들이 상시 출입하고 있어 외국 또는 외국인과 관련된 사건, 사고의 발생 개연성이 매우 높으며, 중국 어선의 불법 조업, 해상을 통한 밀입국 등 외국인 범죄가 빈번하게 발생하고 있다.

② 해양경찰의 외사(外事)는 이처럼 외국 또는 외국인과 관련된 각종 사건, 사고에 대한 예방을 위한 첩보 수집 및 외사범죄 수사를 담당하는 기능으로 국내 법령뿐만 아니라 국제 법령까지 다양한 법규를 취급하고 있으며, 업무의 중요도도 매우 높다고 볼 수 있다.

2. 특성 및 활동 근거

특성	국내에 체류하고 있는 외국인 및 외국기관·단체 또는 해외교포를 주요 대상으로 하므로, 일반 내국인과 관련된 범죄의 예방과 단속을 주업무로 하는 일반 경찰활동과는 구별된다. ① 인물별 대상: 해양경찰 외사활동의 주요 대상은 우리 해역 내에서 불법행위(주로 불법어로 행위)를 행한 외국 선박 및 승선원, 밀항·밀입국 사범, 마약·밀수 사범 단속 등이다. ② 기관별 대상: 외국공관·기관, 국제기관, 외국인 사회단체 및 국내 항에서 영업행위를 수행하는 선박회사, 상사, 금융기관, 여객선사 등이다.	
활동 근거	법적 근거	① 법률: 「출입국관리법」, 「밀항단속법」, 「범죄인인도법」, 「국제형사사법 공조법」, 「여권법」, 「EEZ어업법」, 「영해 및 접속수역법」 등 ② 조약 및 협약: 「범죄인인도조약」, 「형사사법공조조약」, 「외교(영사)관계에 관한 비엔나협약」, 「유엔해양법협약」 등
	상황적 근거	① 국제화에 능동적인 대처: 국제화의 물결은 외국인 관련 범죄의 증가를 가져왔고 또한 국제 범죄조직의 연계, 무기·마약 밀매, 통화 위조 등 국제화로 인한 외국인 관련 범죄의 양적·질적 증가에 능동적으로 대비해야 한다. ② 국가 이익의 확보: 국가 간에 첨예한 이해관계의 대립 양상은 국제 정세에서 해양경찰도 적극적이고 전문적인 외사경찰활동을 통해 국제성 범죄에 효과적으로 대처함으로써 국가 이익을 확보하는 데 기여해야 한다.

제 2 절 해양경찰 외사 업무 유형

외사정보 및 보안활동	해양경찰의 외사정보·보안활동은 외국인, 외국기관·단체 등에 대한 동향이나 이들과 직·간접적으로 관계 있는 내국인 등을 대상으로 해상 치안 질서 또는 국가안보상 위해 요소 등과 관련된 첩보를 수집·판단·분석해 정책 수립에 반영함으로써 해상 치안 질서 유지 및 안보상 장애 요인을 예방·제거하는 자료로 제공하고자 하는 수행 활동이다. 주로 영해·EEZ에서의 불법어로행위와 관련한 출항정보, 밀입출국·밀항과 관련한 밀입국 정보, 원산지 허위 표시 단속활동과 관련한 외사수사정보가 포함된다.
외사수사활동	① 국제조약 등에서 규정하고 있는 범죄와 국내에서 발생한 범죄가 인적·장소적으로 2개국 이상 관련되거나 조직화해 행해지는 국제성 범죄와 「출입국관리법」, 「밀항단속법」, 「EZ어업법」 등 위반사범과 같은 일반외사사범 수사활동을 수행하는 것이다. ② 외사수사의 활동 범위는 해외 도피사범이 강제 송환을 위한 국가 간 경찰공조, 인터폴을 통한 각국 수배 등 활동 범위가 전 세계에 이르고 있다.
국제협력활동	① 국제기획 업무는 국제 교류 협력에 관한 계획을 수립·조정하며, 국제 협력 관련 주요 정책 등에 관한 사항과 함께 해외주재관의 파견 및 운영에 관한 사항을 포함한다.

② 국제협력 업무는 외국 및 해상치안기관과의 공조, 상호 방문, 협정서 체결, 교육파견, 국제회의 및 세미나 참석 등을 통해 외국 기관과의 협력 관계를 증진하고 외사정보를 상호 교환하며, 외국해상치안기관과의 정례회의 및 교류 협력에 관한 사항 등을 포함한다.

③ 국제정보 업무는 국제해양사건 · 사고 시 법률 검토에 관한 사항과 국제해양 정보협력망 운영, 국제해양정보 시스템 관리, 국제해양 관련 정보 수집 · 분석 · 배포에 관한 사항과 해적 관련 국제회의 및 사건 대응 등이 있다.

제 2 장 해양경찰 외사 업무의 대상

제 1 절 외국인

1. 의의

(1) 외국인의 개념

최광의 외국인	자국의 국적을 가지고 있지 않은 모든 사람을 말하며, 따라서 무국적자와 외국 국적을 가진 자가 포함된다.
광의의 외국인	① 무국적자와 외국의 국적을 가지고 있는 자 중에서 사인(私人)만을 말하며, 따라서 공적 기관의 지위에 있는 자는 포함되지 않는다. ② 일반적으로 외국인의 국제법상 지위를 논할 때의 외국인은 광의의 외국인을 말한다.
협의의 외국인	외국의 국적을 가지고 있는 모든 사람을 말하며, 따라서 무국적자는 포함되지 않는다.

(2) 국적의 취득

선천적 취득 사유	속인주의	① 출생 당시에 부 또는 모가 대한민국의 국민인 자는 출생과 동시에 대한민국 국적을 취득한다. ② 출생하기 전에 부(父)가 사망한 경우에는 그 사망 당시에 부가 대한민국의 국민이었던 자는 출생과 동시에 대한민국 국적을 취득한다.

	속지주의	① 부모가 모두 분명하지 아니한 경우나 국적이 없는 경우에는 대한민국에서 출생한 자는 출생과 동시에 대한민국 국적을 취득한다. ② 대한민국에서 발견된 기아는 대한민국에서 출생한 것으로 추정한다.	
후천적 취득 사유	인지	외국인으로서 대한민국의 국민인 부 또는 모에 의해 인지된 자가 다음 요건을 모두 갖추면 법무부 장관에게 신고함으로써 대한민국 국적을 취득할 수 있다. ① 대한민국의 민법상 미성년일 것 ② 출생 당시에 부 또는 모가 대한민국의 국민이었을 것	
	귀화	일반귀화	5년 이상 계속해 대한민국에 주소가 있는 외국인이 특정 요건을 갖춘 경우
		간이귀화	① 3년 이상 계속해 대한민국에 주소가 있는 외국인이 특정 요건을 갖춘 경우, ② 배우자가 대한민국의 국민인 외국인이 특정 요건을 갖춘 경우
		특별귀화	대한민국에 주소가 있는 외국인이 특정 요건을 갖춰 귀화 허가를 받아 귀화할 수 있다.
	수반 취득	외국인의 자(子)로서 대한민국의 민법상 미성년인 자는 부 또는 모가 귀화 허가를 신청할 때 함께 국적 취득을 신청할 수 있다.	

2. 외국인의 입국과 출국

(1) 입국

1) 입국의 의의

개념	외국인의 입국이란 외국인이 국가에 체류하거나 통과하기 위해 당해 국가의 영역으로 들어오는 것을 말한다.	
학설	영미법계	외국인의 입국은 본질적으로 국내 문제이므로 원칙적으로 금지할 수 있다.
	대륙법계	외국인의 입국은 국가의 교통권의 문제이므로 원칙적으로 금지할 수 없다.
일반적 경향	실제로는 2국가 간에 통상조약을 체결하고 이 조약에 근거해 체약 당사국이 상호 입국을 허용하는 경우가 일반적이지만, 통상조약이 체결되어 있지 않은 경우에도 체결되어 있는 국민과 같이 외국인의 입국을 허용하는 것이 일반적이다.	

2) 입국절차

여권 · 사증 발급	타국에 입국하기 위해서는 그의 소속 국가로부터 신분을 국제적으로 확인하는 여권을 발급받아야 하고, 그 여권을 입국하려는 국가의 당국에 제출해 입국 허가를 받아야 한다. 이 입국 허가는 통상 입국사증(Visa)의 형태로 발급된다.
무사증 입국 사유	다음에 해당하는 외국인은 사증 없이 입국할 수 있다(「출입국관리법」 제7조). ① 재입국 허가를 받은 사람 또는 재입국 허가가 면제된 사람으로서 그 허가 또는 면제받은 기간이 끝나기 전에 입국하는 사람

	② 대한민국과 사증면제협정을 체결한 국가의 국민으로서 그 협정에 따라 면제 대상이 되는 사람 ③ 국제 친선, 관광 또는 대한민국의 이익 등을 위해 입국하는 사람으로서 대통령령으로 정하는 바에 따라 따로 입국 허가를 받은 사람 ④ 난민여행증명서를 발급받고 출국한 후 그 유효기간이 끝나기 전에 입국하는 사람
미수교국 국민의 경우	대한민국과 수교하지 아니한 국가나 법무부 장관이 외교부 장관과 협의해 지정한 국가의 국민은 재외공관의 장이나 지방출입국 · 외국인관서의 장이 발급한 외국인입국허가서를 가지고 입국할 수 있다.

※ 감염병 환자 등의 경우 법무부 장관은 특정 사유에 해당하는 외국인에 대해 입국을 금지할 수 있다.

(2) 상륙

1) 의의

'외국인의 상륙'이란 선박 등의 승무원 · 승객 등이 질병 · 재난 등의 부득이한 사유로 사증 없이 출 · 입국항에서 지방출입국 · 외국인관서의 장의 허가를 받아 일시 상륙하는 것을 말하며, 이는 입국과는 구별되는 개념이다.

2) 상륙의 종류

종류	허가 사유	허가 기간	허가권자
승무원 상륙	① 외국인 승무원이 승선 중인 선박 등이 대한민국의 출 · 입국항에 정박하고 있는 동안 휴양 등의 목적으로 상륙하고자 하는 때 ② 외국인 승무원이 대한민국의 출 · 입국항에 입항할 예정이거나 정박 중인 선박 등으로 옮겨 타고자 하는 때	15일 이내	출입국 관리 공무원
관광상륙	관광을 목적으로 대한민국과 외국 해상을 국제적으로 순회해 운항하는 여객 운송 선박에 승선한 외국인 승객이 상륙하고자 하는 때	3일 이내	
긴급상륙	선박 등에 타고 있는 외국인이 질병이나 그 밖의 사고로 긴급히 상륙할 필요가 있다고 인정될 때	30일 이내	
재난상륙	조난을 당한 선박 등에 타고 있는 외국인을 긴급히 구조할 필요가 있다고 인정할 때	30일 이내	지방출입국 · 외국인관서의 장
난민 임시상륙	선박 등에 타고 있는 외국인이 「난민협약」 제1조 A에 규정된 이유나 그 밖에 이에 준하는 이유로 그 생명 · 신체 또는 신체의 자유를 침해받을 공포가 있는 영역에서 도피해 곧바로 대한민국에 비호를 신청하는 경우 ※ 허가 시 법무부 장관의 승인을 요함(외교부 장관과 협의해야 함).	90일 이내	

(3) 출국

1) 외국인의 출국정지

외국인이 체류하는 국가의 영역 밖으로 퇴거하거나 여행하는 것을 말한다. 원칙적으로 체류국은 외국인 출국을 금지할 수 없으나, 예외적으로 출국정지 사유에 해당하는 경우에 법무부 장관은 외국인의 출국을 정지할 수 있다.

2) 내국인의 출국금지

법무부 장관은 내국인에 대해 출국금지 사유에 해당하는 경우에 출국을 금지할 수 있다.

출국금지 사유	법무부 장관은 다음에 해당하는 국민에 대해 출국을 금지할 수 있다. ① 형사재판에 계속 중인 사람 ② 징역형이나 금고형의 집행이 끝나지 아니한 사람 ③ 1천만 원 이상의 벌금이나 2천만 원 이상의 추징금을 내지 아니한 사람 ④ 5천만 원 이상의 국세·관세·지방세를 정당한 사유 없이 내지 아니한 사람 ⑤ 그 밖에 위 규정에 준하는 사람으로 대한민국의 이익이나 공공의 안전 또는 경제질서를 해칠 우려가 있어 출국이 적당하지 아니하다고 「법무부령」으로 정하는 사람 ⑥ 범죄 수사를 위해 출국이 적당하지 아니하다고 인정되는 사람
출국금지 기간	① 출국금지 사유 ①~⑤에 해당하는 사람: 6개월 이내 ② 출국금지 사유 ⑥에 해당하는 사람: 1개월 이내 또는 특정한 기간
출국금지 기간 연장	① 법무부 장관은 출국금지 기간을 초과해 계속 출국을 금지할 필요가 있다고 인정하는 경우에는 그 기간을 연장할 수 있다. ② 출국금지를 요청한 기관의 장은 출국금지 기간을 초과해 계속 출국을 금지할 필요가 있을 때에는 출국금지 기간이 끝나기 3일 전까지 법무부 장관에게 출국금지 기간을 연장해 줄 것을 요청해야 한다. ③ 법무부 장관은 출국금지 기간 연장요청서를 받으면 그 날부터 3일 이내에 심사해 결정해야 한다.
출국금지 해제	법무부 장관은 출국금지 사유가 없어졌거나 출국을 금지할 필요가 없다고 인지할 때에는 즉시 출국금지를 해제해야 한다.
출국금지 이의 신청	① 출국이 금지되거나 출국금지 기간이 연장된 사람은 출국금지 결정이나 출국금지 기간 연장의 통지를 받은 날 또는 그 사실을 안 날부터 10일 이내에 법무부 장관에게 출국금지 결정이나 기간 연장 결정에 대한 이의를 신청할 수 있다. ② 법무부 장관은 이의 신청을 받으면 그날부터 15일 이내에 이의 신청의 타당성 여부를 결정해야 한다. 다만, 부득이한 사유가 있으면 15일 범위에서 한 차례만 그 기간을 연장할 수 있다.
긴급 출국금지	① 수사기관은 범죄 피의자로서 사형·무기 또는 장기 3년 이상의 징역이나 금고에 해당하는 죄를 범했다고 의심할 만한 상당한 이유가 있고, 일정한 사유가 있으며, 긴급한 필요가 있는 때에는 출국심사를 하는 출입국관리공무원에게 출국금지를 요청할 수 있다.

② 요청을 받은 출입국관리공무원은 출국심사를 할 때 출국금지가 요청된 사람을 출국시켜서는 아니 된다.
③ 수사기관은 긴급출국금지를 요청한 때로부터 6시간 이내에 법무부 장관에게 긴급출국금지 승인을 요청해야 한다.
④ 법무부 장관은 수사기관이 긴급출국금지 승인 요청을 하지 아니한 때에는 출국금지를 해제해야 한다. 수사기관이 긴급출국금지 승인을 요청한 때로부터 12시간 이내에 법무부 장관으로부터 긴급출국금지 승인을 받지 못한 경우에도 또한 같다.
⑤ ④에 따라 출국금지가 해제된 경우에 수사기관은 동일한 범죄 사실에 관해 다시 긴급출국금지 요청을 할 수 없다.

3. 여권과 사증

(1) 여권

1) 여권의 의의

여권이란 대한민국 정부·외국 정부 또는 권한 있는 국제기구에서 발급한 여권 또는 난민여행증명서나 그 밖에 여권을 갈음하는 증명서로서 대한민국 정부가 유효하다고 인정하는 것을 말한다.

2) 여권에 갈음하는 증명서

여행증명서	국외 체류 중에 여권을 잃어버린 사람으로서 여권의 발급을 기다릴 시간적 여유가 없는 사람 등에게 여행 목적지가 기재된 여권을 갈음하는 외교부 장관이 발급하는 증명서로서 유효기간은 1년 이내로 하되, 발급 목적을 이루면 그 효력을 잃는다.
난민여행 증명서	난민의 인정을 받은 사람이 출국하려고 할 때 그의 신청에 따라 법무부 장관이 발급하는 증명서로서 유효기간은 2년이다.
국제연합 통행증	국제연합이 그 직원들에게 발급하는 증명서로서 접수국에서 통상적으로 여권으로 취급한다.

3) 여권의 종류 및 유효기간

여권의 분류	여권의 종류	유효 기간
신분에 의한 분류	일반여권	10년 이내(18세 미만인 사람: 5년)
	관용여권	5년 이내
	외교관여권	5년 이내
사용 횟수에 의한 분류	단수여권	1회에 한해 외국 여행을 할 수 있는 여권
	복수여권	유효 기간 만료일까지 횟수에 제한 없이 외국 여행을 할 수 있는 여권

4) 여권의 발급권자 및 발급 거부

발급권자	① 여권은 외교부 장관이 발급한다. ② 외교부 장관은 여권 등의 발급, 재발급과 기재 사항 변경에 관한 사무의 일부를 영사나 지방자치단체의 장에게 대행하게 할 수 있다. ③ 현행 여권법은 여권의 발급 신청을 본인이 직접 하도록 함으로써, 여권 발급 신청 단계에서 차명 여권의 발급을 방지할 수 있도록 했다.
발급 거부	외교부 장관은 다음의 경우 여권의 발급 또는 재발급을 거부할 수 있다. ① 장기 2년 이상의 형에 해당하는 죄를 범하고 기소되어 있는 사람 또는 장기 3년 이상의 형에 해당하는 죄를 범하고 국외로 도피해 기소중지된 사람 ② 「여권법」 제24조부터 제26조까지에 규정된 죄를 범해 형을 선고받고 그 집행이 종료되지 아니하거나 집행을 받지 아니하기로 확정되지 아니한 사람 ③ ②외의 죄를 범하고 금고 이상의 형을 선고받고 그 집행이 종료되지 아니하거나 그 집행을 받지 아니하기로 확정되지 아니한 사람 ④ 국외에서 대한민국의 안전 보장·질서 유지나 통일·외교정책에 중대한 침해를 야기할 우려가 있는 경우

(2) 사증(Visa)

1) 사증의 의의 및 발급권자

의의	사증이란 여권이 외국 정부기관에서 합법적으로 발급된 유효한 것임을 확인하는 동시에 그 나라에의 입국 및 체류가 적당하다는 것을 인정하는 입국추천서로서, 사증은 해당국에의 입국 및 체류가 적당하다고 인정하는 행위이다.
발급권자	사증의 발급권자는 법무부 장관이나, 사증 발급에 관한 권한을 재외공관의 장에게 위임할 수 있다.

2) 사증의 종류 및 유효 기간

사증은 1회에 한해 입국할 수 있는 단수사증과 2회 이상 입국할 수 있는 복수사증으로 구분한다.

단수사증	발급일부터 3월	
복수사증	외교(A1)·공무(A2)·협정(A3)에 해당하는 자의 복수사증	발급일부터 3년 이내
	방문취업(H2)에 해당하는 자의 복수사증	발급일부터 5년 이내
	「복수사증발급협정」 등에 의해 발급된 복수사증	협정상의 기간
	상호주의, 기타 국가 이익 등을 고려해 발급된 복수사증	법무부 장관이 따로 정하는 기간

4. 외국인의 체류

의의	외국인의 체류란 외국인이 대한민국에 입국해 머무는 것으로 사증에 기재된 체류 자격과 체류 기간의 범위에서 체류할 수 있다.
활동 범위의 제한	① 대한민국에 체류하는 외국인은 법률이 정하는 경우를 제외하고는 정치활동을 해서는 아니 된다. ② 법무부 장관은 공공의 안녕 질서나 대한민국의 중요한 이익을 위해 필요하다고 인정하면 대한민국에 체류하는 외국인에 대해 거소 또는 활동의 범위를 제한하거나 그 밖에 필요한 준수 사항을 정할 수 있다.
체류 자격외 활동 허가	대한민국에 체류하는 외국인이 그 체류 자격에 해당하는 활동과 함께 다른 체류 자격에 해당하는 활동을 하려면 미리 법무부 장관의 체류 자격 외 활동 허가를 받아야 한다.
체류 기간 연장 허가	외국인이 체류 기간을 초과해 계속 체류하려면 체류 기간이 끝나기 전에 법무부 장관의 체류 기간 연장 허가를 받아야 한다.
체류자격 부여	대한민국에서 출생해 체류 자격을 가지지 못하고 체류하게 되는 외국인은 그가 출생한 날부터 90일 이내에, 대한민국에서 체류 중 대한민국의 국적을 상실하거나 이탈하는 등 그 밖의 사유로 체류 자격을 가지지 못하고 체류하게 되는 외국인은 그 사유가 발생한 날부터 30일 이내에 대통령령으로 정하는 바에 따라 체류 자격을 받아야 하며, 이를 받지 못하면 강제 퇴거시킬 수 있다.
여권 등의 휴대 · 제시	대한민국에 체류하는 외국인은 항상 여권 · 선원신분증명서 · 외국인입국허가서 · 외국인 등록증 또는 상륙허가서를 지니고 있어야 한다.

5. 외국인의 등록

(1) 의의 및 등록 대상

외국인이 입국한 날부터 90일을 초과해 대한민국에 체류하려면 입국한 날부터 90일 이내에 그의 체류지를 관할하는 지방출입국 · 외국인관서의 장에게 외국인등록을 해야 하는 제도이다.

등록 대상	① 외국인이 입국한 날부터 90일을 초과해 대한민국에 체류하는 경우 ② 체류 자격을 받는 사람으로서 그날부터 90일을 초과해 체류하게 되는 사람 ③ 체류 자격 변경허가를 받는 사람으로서 입국한 날부터 90일을 초과해 체류하게 되는 사람
제외 대상	① 주한외국공관(대사관 · 영사관 포함)과 국제기구의 직원 및 그의 가족 ② 대한민국 정부와의 협정에 따라 외교관 또는 영사와 유사한 특권 및 면제를 누리는 사람과 그의 가족 ③ 대한민국 정부가 초청한 사람 등으로서 「법무부령」이 정하는 사람

(2) 외국인등록증의 발급

원칙	외국인 등록을 받은 지방출입국·외국인관서의 자은 그 외국인에게 외국인등록증을 발급해야 한다.
예외	① 외국인이 17세 미만인 경우에는 외국인등록증을 발급하지 아니할 수 있다. ② 외국인등록증을 발급받지 아니한 외국인이 17세가 된 때에는 90일 이내에 체류지 관할 지방출입국·외국인관서의 장에게 외국인등록증 발급 신청을 해야 한다.

6. 외국인의 강제 퇴거

(1) 의의

사인의 자격으로 체류 중인 외국인이 국제법질서를 위반한 경우에 체류국 정부가 합법적으로 체류 중인 외국인을 체류국 영역 밖으로 퇴거를 명하는 행정행위를 강제 퇴거라 한다.

(2) 강제 퇴거의 절차

보호 조치	출입국관리공무원은 외국인이 강제 퇴거 사유에 해당된다고 의심할 만한 상당한 이유가 있고 도주하거나 도주할 염려가 있으면 지방출입국·외국인관서의 장으로부터 보호명령서를 발급받아 그 외국인을 보호할 수 있다.
보호 기간	보호 기간은 10일 이내로 한다. 다만 부득이한 사유가 있으면 10일을 초과하지 않는 범위에서 1회에 한해 연장할 수 있다.
강제 퇴거 명령서 발부	지방출입국·외국인관서의 장은 심사 결과 용의자가 강제퇴거 대상자로 인정되면 강제퇴거명령을 할 수 있다. 이때에는 강제퇴거명령서를 용의자에게 발급해야 한다.
강제 퇴거 명령서 집행	강제퇴거명령서는 출입국관리공무원이 집행하며, 강제퇴거 명령서 집행 시 그 명령을 받은 사람에게 강제퇴거명령서를 내보이고 지체없이 그를 송환국으로 송환해야 한다.

7. 외국인의 지위

(1) 외국인의 일반적 지위

외국인은 자국의 통치권뿐만 아니라 체류국의 통치권에 복종해야 하는 이중적 복종의 지위에 있다.

상호주의	외국이 그 외국에 있는 자국민에게 인정하는 것과 동일한 정도의 권리·의무를 자국에 있는 외국인에게 인정하는 주의이다.
평등주의	자국에 있는 외국인에게 자국민과 동일한 정도의 권리·의무를 인정하는 주의이다.
헌법의 태도	「헌법」은 "외국인은 국제법과 조약이 정하는 바에 의하여 그 지위가 보장된다."고 규정하고 있다.

(2) 외국인의 권리와 의무

권리	사법상 권리	① 일반적인 인격권, 재산권, 신분권 등은 내국인과 동일하게 인정·보호됨이 원칙이다. ② 예외적으로 선박소유권, 항공기소유권, 도선사가 되는 권리 등은 절대적으로 제한되며, 토지소유권, 저작권 등은 상호주의에 의해 제한된다.
	공법상 권리	공법상에서는 대체로 참정권과 생활권인 근로의 권리, 교육을 받을 권리 등은 인정되지 않지만, 자유권과 청구권 등은 인정된다.
의무	사법상 의무	외국인은 사법상의 권리에 대응하는 사법상의 의무를 내국인과 동일하게 부담한다.
	공법상 의무	① 원칙적으로 내국인과 동일하게 체류국의 통치권에 복종할 의무를 지고 있으므로 체류국의 재판권·경찰권·납세권에 복종해야 한다. ② 예외적으로 외국인은 내국인이 부담하는 병역의 의무, 교육의 의무, 사회보장 가입 의무 등은 부담하지 아니한다.
	외국인만 부담하는 의무	① 지방적 구제의 원칙에 대한 의무 ② 추방의 원인이 되는 행위를 하지 않을 의무 ③ 외국인 등록을 할 의무

(3) 외국인의 보호

① 국가는 그의 영역 내에 체류하는 외국인의 사법상·공법상 권리와 이익을 보호하기 위한 조치를 취할 국제법상 의무가 있다.

② 현행법 하에서는 국가가 최소한 자국민에 대한 것과 동일한 정보의 보호를 부여하지 않으면 안 된다.

국내적 표준주의	내국인에 대한 것과 동일한 정도의 보호 조치를 요구함(주로 후진 국가).
최저 표준주의	일반 문명국가의 국민과 동일한 정도의 보호 조치를 요구함(주로 선진 국가).

제 2 절 외교사절

1. 외교사절과 외교특권

(1) 외교사절

<table>
<tr><td>개념</td><td colspan="2">① 외교사절이라 함은 외교 교섭 기타의 직무를 수행하기 위해 외국에 파견되는 각국의 대외적 대표기관을 말하며, 외교사절에는 상주사절과 임시사절(사무사절 · 예의사절)이 있다.
② 국제법상 국가는 법인이며 외교사절은 법인인 국가의 기관이므로 외교사절의 사실적 · 법률적 행위의 효과는 법인인 국가에 귀속하게 된다.
③ 외교사절은 그를 접수한 국가 또는 국제조직과의 관계에서만 그가 속하고 있는 국가를 대표하는 것이 원칙이고, 국가원수 · 외교부 장관처럼 모든 국가나 국제 조직과의 관계에서 그가 속하는 국가를 대표하는 것이 아니다.</td></tr>
<tr><td rowspan="4">파견</td><td>아그레망 요청</td><td>① 외교사절의 파견을 희망하는 국가는 파견에 앞서서 접수국에 특정인의 임명 및 파견에 관해 이의의 유무를 문의하는 것이 보통인데 이를 '아그레망의 요청'이라 한다.
② 외교사절단의 장은 아그레망이 필요하고, 그 외 직원은 아그레망이 필요없다. 단, 무관의 경우에는 사전에 성명의 통지를 요구할 수 있다(「비엔나협약」).</td></tr>
<tr><td>아그레망 부여</td><td>접수국이 파견국의 아그레망 요청에 대해 이의가 없다는 의사 표시를 하는 것
① 접수국은 아그레망을 거절할 자유가 있는데, 특정인이 접수국에서 보아 '비우호적 인물'이라고 인정될 경우 아그레망을 거절할 수 있으며, 거절의 이유를 파견국에 통지할 의무는 없다.
② 아그레망을 부여한 후에도 비우호적인 인물로 선언하고 파견국에 대해 외교사절의 소환을 요구할 수 있다.</td></tr>
<tr><td>신임장 부여</td><td>파견국은 파견 예정자를 외교사절로 임명하고 신임장을 주어 접수국에 파견하는데 이 신임장은 특정인을 외교사절로 신임 · 파견한다는 공문서이다.</td></tr>
<tr><td>신임장 제출</td><td>신임장은 대사 · 공사의 경우에는 접수국의 원수에게, 대리공사의 경우에는 접수국의 외무부 장관에게 각각 제출한다.
※ 대사대리는 공관장 유고 시 임시로 그 업무를 대리하는 자이므로 신임장이 필요 없다.</td></tr>
<tr><td rowspan="2">직무</td><td>직무 개시 시기</td><td>직무의 개시 시기는 견해가 대립되나 일반적으로 신임장의 정본을 접수국의 외무부 당국에 제출시부터 이지만 외교사절의 특권은 외교사절이 주재국에 입국 시부터 인정된다.</td></tr>
<tr><td>직무 내용</td><td>① 파견국 대표
② 외교 교섭
③ 관찰과 보고
④ 자국민의 보호와 감독
⑤ 우호 관계 촉진</td></tr>
</table>

(2) 외교특권

1) 개념 및 내용

외교사절은 종류와 계급을 불문하고 일반 외국인과 달리 특권적 지위를 향유하는데, 이러한 외교사절의 특권을 외교특권이라 한다.

<table>
<tr><td rowspan="3">불가침권</td><td>신체·명예 불가침</td><td colspan="2">① 외교관의 신체는 불가침이다. 외교관은 어떠한 형태의 체포 또는 구금도 당하지 아니한다.
② 우리나라는 형법에 대한민국에 주재하는 외국사절에 대한 폭행이나 협박 등의 죄에 대해 일반범죄보다 가중해 처벌하는 규정을 두고 있다.</td></tr>
<tr><td>관사 불가침</td><td colspan="2">① 공관뿐만 아니라 외교관의 개인 주택도 불가침이다. 또한 외교사절이 요구나 동의가 없는 한 접수국의 관헌은 직무 수행을 위해서도 들어갈 수 없는 것이 원칙이다.
② 관사에 대한 불가침에 준해 외교사절의 승용차, 보트, 비행기 등 교통 수단도 불가침의 특권을 갖는다.
③ 다만, 예외적으로 화재나 전염병의 발생 등과 같이 공안을 유지하기 위해 긴급을 요하는 경우에는 사절의 동의 없이 공관에 들어갈 수 있는데, 이는 국제적 관습으로 인정되고 있다.</td></tr>
<tr><td>문서 불가침</td><td colspan="2">공관 및 외교관의 문서와 서류는 언제, 어디서나 불가침이며 수색·검열·압수되거나 그 제시가 요구되지 아니한다. 다만, 관사에 속한 문서가 간첩행위의 서증(書證)이 되는 경우, 또는 사절과 동일한 국적의 간첩이 주재국에서 절취 또는 복사한 문서로서 그것을 접수국이 입수한 경우에 그 문서는 불가침성을 상실한다.</td></tr>
<tr><td rowspan="3">치외법권</td><td rowspan="3">재판권 면제</td><td>형사 재판권</td><td>① 외교사절은 접수국의 형사재판 관할권으로부터 면제되므로 체포·구금·소추 또는 처벌되지 않는다. 이는 공무 수행 중에 행해진 행위에 대해서뿐만 아니라 개인자격으로 행한 행위에 대해서도 그러하다.
② 소환 요구나 추방은 가능하고 긴급시 일시적 신체 구속도 가능하다.
③ 주한미군은 형사재판권이 면제되지 않고 「SOFA규정」에 따라 한국 법원에 재판권이 부여될 때에는 한국 형사법에 의해 처벌된다.</td></tr>
<tr><td>민사 재판권</td><td>① 외교사절은 원칙적으로 접수국의 민사 및 행정재판 관할권으로부터 면제된다.
② 외교사절에 대한 민사소송을 접수국의 재판소에 제기할 수 없고, 또 접수국의 재판소는 이를 수리할 수 없고 강제집행 또는 손해배상청구도 허용되지 않는다.
③ 외교사절이더라도 접수국의 영역 내에 있는 개인 부동산·상속에 관한 소송, 공적 직무 이외로 행한 직업적 또는 상업적 활동에 관한 소송은 민사 및 행정재판 관할권으로부터 면제되지 않는다.</td></tr>
<tr><td>증언 의무</td><td>① 외교사절은 접수국 내에서 형사·민사·행정재판과 관련해 재판정에 출석해 증언할 의무가 없다.
② 재판 당사자로서의 증언 의무는 면제되지 않으나, 당사자가 아닌 경우에는 면제된다. 단, 스스로 원해 증언할 수는 있다.</td></tr>
</table>

	경찰권 면제	① 외교사절은 접수국의 경찰권으로부터 면제된다는 것이 통설이다. 경찰의 명령이나 규칙은 외교사절을 구속하지 않는다. ② 그러나 외교사절에게 경찰권으로부터 자유로이 마음대로 행동할 특권을 부여하는 것은 아니므로 교통경찰관의 수신호 등 사절의 직무 수행을 방해하지 않는 경찰상의 명령이나 규칙으로서 사회의 안전과 질서 유지에 필요한 것은 자진해서 이를 준수할 것이 기대된다.
	과세권 면제	① 외교사절은 원칙적으로 접수국의 과세권으로부터 면제되므로 인적, 물적 또는 국세, 지방세를 불문하고 조세로부터 면제된다. ② 예외적으로 간접세, 사유 부동산에 대한 조세, 상속세 및 개인영업 ③ 전기, 가스, 수도 등 공공요금 또는 특별한 수수료 등은 원칙적으로 면제되지 않으나 실제로는 국제 예의상 면제되는 경우가 있다.
기타 특권	여행의 자유, 통신의 자유, 종교의 자유, 사회보장 규정으로부터의 자유, 국기・기장 등 사용의 자유 등이 인정된다.	

2) 특권 향유의 범위

시기와 종기	외교특권의 시기는 외교사절이 부임하기 위해 접수국의 영역에 입국했을 때부터이고, 그 종기는 사절이 접수국의 영토를 출국할 때 또는 출국하는 데 상당한 기간이 경과했음에도 떠나지 않을 때는 그 기간이 종료한 때까지이다.	
공간적 범위	외교특권이 인정되는 접수국의 공간은 접수국의 배타적 통치권이 미치는 일체의 영역이다. 따라서 영토・영해・신탁통치권・공해 또는 공항에 있는 접수국의 선박 및 항공기가 포함된다.	
인적 범위	외교직원	① 외교직원은 공사, 참사관, 각급 서기관, 각종 주재관 등 본국 정부가 임명하는 대사관 직원이다. ② 접수국 국민이 아닌 한 원칙적으로 공관장에 대한 것과 같은 특권과 면제를 향유한다.
	외교직원 가족	외교직원의 특권과 면제는 그들의 가족에게도 미친다. 그러나 이는 직원의 가족이 접수국의 국민이 아닐 때에만 해당된다.
	행정・기능직원	① 행정 및 기능직원은 공관의 행정 및 기능 업무에 고용된 공관직원으로 개인비서, 속기사, 타자수 등이다. ② 접수국의 국민이나 영주자가 아닌 경우에 민사 및 행정재판 관할 면제는 공무집행 중의 행위에 한하고 관세 면제는 부임시의 수입물품에 한한다는 제한 외에는 외교직원과 같은 특권을 향유한다.
	노무직원	① 공관의 관내 업무에 종사하는 공관 직원으로 요리사, 운전사, 사환 등이다. ② 접수국 국민이나 영주권자가 아닌 한 직무 중 행위에 한해 면제된다. ③ 보수에 대한 부과금이나 조세로부터 면제되고 사회보장 규정으로부터 면제된다.
	개인 사용인	① 공관 직원의 가사에 종사하며 파견국의 피고용인이 아닌 자이다. ② 접수국 국민이나 영주권자가 아닌 한 보수에 대한 부과금이나 조세로부터 면제된다. 그 외의 것은 접수국의 재량에 의한다.

	외교신서사 (外交信書使)	① 외교신서사에 대해서는 외교상 안전과 비밀 유지를 위해 민사나 형사재판권이 면제될 뿐만 아니라 그의 임무 수행에 대해 특별한 보호가 부여된다. ② 제3국의 무해통항권(無害通航權)이 부여되며, 외교문서를 넣어 봉인 시 개봉 검사해서는 안 된다.

3) 특별의무

외교사절의 특별의무	내정불간섭의 의무, 공관지역 남용 금지의 의무, 영업활동 금지의 의무 등이다.
접수국의 특별의무	접수국은 외교사절에 대해 공관지역 및 소요시설을 용이하게 취득할 수 있도록 협조해야 하며, 외교사절의 임무 수행을 위해 충분한 편의를 제공해야 한다.

2. 영사

(1) 개념

① 영사(領事, consul)는 정치적 교섭을 주임무로 하는 외교사절과는 달리 임명국의 통상·산업·교통·항해 기타의 국가 경제적 목적 수행과 임명국 국민의 보호를 위해 국가 간에 파견된 공식기관이다. 영사는 국제법상 법인인 국가의 기관이므로 영사의 사실적·법률적 행위의 결과는 국가에 귀속된다.

② 외교사절은 국제법상 외교 교섭을 하는 국가의 대외적 대표기관이지만, 영사는 국가기관이기는 하나 국가를 대표해서 외교교섭을 할 권한은 없다.

(2) 영사의 파견과 접수

영사의 파견	외교사절의 경우처럼 접수국의 아그레망이나 신임장을 필요로 하지 않으며, 국가원수 또는 외교부 장관 명의의 위임장을 교부해 파견한다.
영사의 접수	접수국은 자국에 파견되어 온 영사를 당연히 접수해야 할 의무는 없으며 그 사람의 일신상의 이유로 이를 거절할 수 있다.

(3) 영사의 직무

① 자국민 보호, ② 우호 관계 촉진, ③ 정보 수집, ④ 여권 및 사증 발급, ⑤ 선박·항공기·승무원의 감독 및 자국민 분쟁 조정, ⑥ 제반 공증·가족관계 등록사무 및 서류 송달·증인 조사 등이 있다.

(4) 특권

<table>
<tr><td>특징</td><td colspan="2">영사는 외교사절이 아니므로 외교관과 같은 특권과 면제는 향유하지 않지만, 접수국에서 공적 성격이 승인된 외국관리로서 일반 체류 외국인과는 그 지위를 달리한다.</td></tr>
<tr><td rowspan="3">불가침권</td><td>영사관 불가침</td><td>접수국의 관헌은 영사기관의 활동을 위해 사용되는 영사관에 침입해서는 안 된다. 그러나 범인 비호권과 영사의 주택에 대한 불가침은 인정되지 않는다.</td></tr>
<tr><td>문서 불가침</td><td>영사관의 서류는 언제 어디서나 불가침이다. 다만, 영사기관원의 사문서는 불가침 대상이 아니다.</td></tr>
<tr><td>신체 불가침</td><td>영사관원은 중대 범죄의 경우에 권한 있는 사법 당국에 의한 결정에 따르는 것을 제외하고는 재판에 회부되기 전 체포, 구속, 구금, 신체의 자유를 제한받지 않는다.</td></tr>
<tr><td rowspan="3">면제</td><td>사법권 면제</td><td>① 영사는 영사 직무 수행 중의 행위 또는 경미한 범죄에 대해서는 접수국의 사법 또는 행정 당국의 관할권에 복종할 의무가 없다. 다만, 민사소송이나 접수국 내 차량 등 사고로부터 발생한 손해에 대해 제3자가 제기한 민사소송에 관해서는 복종 의무를 부담한다.
② 직무 수행 중 행위에 관해 증언하거나 공문서 등을 증거로 제출할 의무는 없다.</td></tr>
<tr><td>행정권 면제</td><td>① 영사는 원칙적으로 경찰권의 면제를 받지 않는다. 그러나 다수의 조약은 전임 영사의 경찰권의 면제를 규정하고 있다.
② 원칙적으로 과세권으로부터 면제되며 그 범위는 외교사절과 동일하나, 명예 영사에 관한 과세권의 면제는 인정되지 않는다.</td></tr>
<tr><td>가타의 특권</td><td>영사는 각종 편의의 공여, 국기 및 국장의 사용권, 여행의 자유, 사회 보장 가입의 면제, 인적 역무의 면제 등의 특권을 향유한다.</td></tr>
</table>

3. 외국공관

개념	외사경찰의 대상인 외국공관이라 함은 외교사절이 상주하면서 업무를 수행하는 건물 또는 장소를 말한다.
종류	외사경찰의 대상인 외국공관에는 대사관·총영사관·영사관 등이 있다. 한편 대사관저를 비롯한 외교사절의 개인 주택은 외국공관은 아니지만 경찰로서는 외국공관에 준하는 보호의 대상이 된다.
취급	외국공관은 외교사절에 대한 불가침권이 적용되는 곳으로서 치외법권 지역이다.

제 3 절 외국 군대

1. 외국 군대

(1) 개념

① 군대란 국가의 독립·권위·안전을 유지하기 위해 존재하는 국가기관이며, 국제법상 군대는 법인인 국가의 기능을 담당하는 기관이다. 따라서 군대의 행위는 국가행위로 그 효과가 귀속된다.

② 외국 군대의 구성원은 현역군인·군속 및 이들의 부양 가족을 포함하며, 무관은 외교관으로서의 특권을 향유하므로 일반적인 외국 군대의 구성원에서 제외된다.

(2) 외국 군대의 지위

접수국 법령 준수의 의무	외국 군대나 그 구성원은 영토국인 접수국의 법률 질서를 존중해야 하며, 접수국의 정치에 개입하는 것은 엄격히 금지된다.
출입국관리	통상 출입국 절차를 간소화해 주는 것이 보통이다.
통관 및 관세	외국 군대는 원칙적으로 접수국의 「관세법」 적용을 받는다. 다만, 일반적으로 공용 또는 사용으로 직접 사용하기 위해 외국 군대 당국의 공인된 기관을 통해 수입되는 물건은 관세를 면제한다.
형사재판 관할권	국가 면제를 누리지 못한다는 것이 국제법 원칙이며, 접수국의 관할권에 속하게 된다. (군대의 영사는 불가침이며, 주류지역 내에서 재판권이 면제)
민사재판 관할권	1967년 「민사특례법」이 제정되면서 우리 법원의 민사재판 관할권이 인정되었다.

2. 외국 군함

(1) 의의

군함은 해군에 복종하는 승무원이 승선하고 있고 해군 장교의 지휘하에 있는 선박으로 군대의 일부이다. 군함은 국제법상 그 군함이 소속되어 있는 국가의 기관이므로 군함의 법률상·사실상 행위의 효과는 그가 소속되어 있는 국가로 귀속된다.

(2) 군함의 요건

① 국가의 군대에 속하며 그 국적의 군함임을 나타내는 외부 표지를 게양한다.

② 정부에 의해 정식 임명되고 그 성명이 군적 또는 명부에 기재되어 있는 장교의 지휘하에 있어야 한다.

③ 정규 군대 기율을 따르는 승무원이 배치되어 있어야 한다.

(3) 군함 자체의 지위

일반적 지위	① 외국 군함은 항구의 정박 여부를 떠나 외국 영토로 인정된다. ② 외국 군함은 국제법상 특권 및 면제가 인정된다.
불가침권	① 군함은 불가침권을 가지므로 연안국의 관헌은 함장의 동의 없이 함 내에 들어갈 수 없다. ② 범인이 함 내로 도피한 경우에는 함장의 동의를 얻어 들어가거나 인도를 요청해야 하며, 함장이 인도를 거부할 때에는 외교 경로를 통해 인도를 요구해야 한다.
무해통항권	① 군함은 타국의 영해에서 평시 무해통항권을 가지지 아니한다. ② 따라서 사전허가나 사전 통보를 요한다. 우리나라는 3일 전 사전통고제도를 취하고 있다.
비호권	군함은 원칙적으로 비호권이 없으므로 일반범죄인은 반드시 인도할 의무가 있으며, 인도 불응 시 연안국은 군함에 대해 자국의 영해에서 퇴거할 것을 요구할 수 있다.
치외법권	① 군함 내의 모든 민사 또는 형사사건뿐만 아니라 군함 자체에 관한 사건에 대해 연안국의 재판관할권으로부터 면제된다. ② 군함은 항해·위생·경찰 등에 관한 연안국의 행정규칙을 준수해야 하며, 위반 시 퇴거를 요구할 수 있다.

(4) 군함 승무원의 지위

① 공무상 상륙한 승무원의 육상에서의 공무 집행 중에 행해진 범죄행위는 연안국의 관할권이 면제된다. 연안국은 일시적으로 그 신체를 구속할 수 있으나 함장의 인도 요구가 있으면 이에 응해야 한다.

② 상륙한 승무원의 사무 또는 단순한 휴양 중에 육상에서 행해진 범죄에 대해서는 치외법권을 갖지 못한다. 그러나 이러한 경우에도 관례상 연안국이 재판권을 행사하지 않고 범인을 군함에 인도하는 것이 보통이다.

제 3 장 해양경찰 외사 수사활동

제 1 절 외사범죄의 개요

1. 외사범죄의 의의

외사범죄	외사범죄 또는 외사사건이란 외국 또는 외국인 간 물적·인적으로 관련된 범죄를 의미하며, 외국인이 피의자이건 피해자이건 불문하고 외국인의 등록·미등록과도 무관하다.
외국인범죄	통상 외사범죄 수사의 대상인 외국인범죄라 함은 주로 국내 체류 외국인에 의한 외국인 범죄와 내국인의 외국 관련 범죄를 포함하는 것으로서 성질상 국제성 범죄에 속하지 않는 범죄를 말한다. 여기에는 외국인에 의한 국내 형법 위반 사범을 비롯해 「출입국관리법」, 「밀항단속법」, 「외국환관리법」, 「여권법」 등 각종 외사 관련 특별법규 위반사범, 그리고 「주한미군지위 협정(SOFA)」 등 각종 국제 조약이나 협정에 따른 외사사범 등이 있다.

2. 외사범죄 태양상의 분류

국제성 범죄	2개 국가 이상에 관련되어 있는 범죄로서 국제간첩, 국제테러 등 인류의 건강·존엄성 등을 해치는 국제적·조직적 범죄
외국인 형사범	외국인에 의한 살인, 강도, 절도, 강간 등 국내 형법 위반 범죄 및 주한미군지위협정 대상자의 범죄

외사사범	내・외국인을 불문하고 「출입국관리법」, 「여권법」, 「외국환거래법」 등 외사 관련 특별법규 위반 사범

제 2 절 해양경찰 주요 외사사범

1. 불법조업 외국 어선 단속 및 처리

(1) 적용 법조

외국 어선의 불법 조업이 이뤄지는 영역에 따라 「영해 및 접속수역법」 또는 「배타적 경제수역법(EEZ법)」, 「배타적 경제수역에서의 외국인 어업 등에 대한 주권적 권리의 행사에 관한 법률」(EEZ어업법)이 적용되며, 불법 조업 외에 살인・폭력・공무 집행 방해・해양오염 등 별도의 위법행위에 대해서는 각 개별법을 적용한다.

구분	영해	접속수역	EEZ
개념	연안국의 주권이 인정되는 영토 및 내수 외측의 해역(12해리 이내)	연안국의 특정한 규제가 인정되는 영해에 접해 있는 해역(24해리 이내)	자원의 탐사, 개발, 보전 및 관리에 대한 연안국의 주권적 권리가 인정되는 해역(200해리 이내)
국내 법령	「영해 및 접속수역법」	「영해 및 접속수역법」	① 「EEZ법」 ② 「EEZ어업법」 ③ 「해양과학조사법」
「유엔해양법」 관련 조항	제2조~제4조 제15조	제33조	제56조~제58조
권리	영토와 마찬가지로 모든 권리 인정	관세, 재정, 출입국관리 및 위생과 관련된 법령 위반에 대한 처벌권 인정	탐사・조사 및 자원개발권과 구조물 설치・사용 및 해양환경의 보호・보존에 관한 권리 인정
	무해통항권 향유		항행, 상공 비행, 해저전선 등 설치 자유 향유

(2) 「영해 및 접속수역법」 위반

범위	① 영해: 기선으로부터 측정해 그 바깥쪽 12해리의 선까지에 이르는 수역 ② 접속수역: 기선으로부터 측정해 그 바깥쪽 24해리의 선까지에 이르는 수역에서 대한민국의 영해를 제외한 수역
위반 및 처벌 조항	① 제5조(외국 선박의 통항) 제2항 제10호(어로행위) ② 제6조(정선, 검색, 나포, 그 밖에 필요한 명령이나 조치)

(3) 「배타적 경제수역에서의 외국인 어업 등에 대한 주권적 권리의 행사에 관한 법률(EEZ어업법)」 위반

목적	「UN해양법협약」의 규정에 의한 우리나라의 배타적 경제수역에서 행해지는 외국인의 어업활동에 관한 사항을 규정해 해양생물자원의 보존·관리 및 이용에 이바지한다.
위반 및 처벌 조항	① 제4조(특정 금지구역에서의 어업활동 금지) ② 제5조(무허가 조업) ③ 제6조의2(불법 어업활동 혐의 선박에 대한 정선명령) ④ 제12조(어획물 등의 직접 양륙 금지)

(4) 「EEZ어업법」과 「수산업법」과의 관계

「EEZ어업법」은 외국 어선의 어업 허가 등에 관한 법률로서 외국인에 대해서만 적용되나, 「수산업법」은 내국인 및 외국인 모두 그 적용 대상이 되며, 외국인이 배타적 경제수역에서 어업활동을 하는 경우 「수산업법」보다 「EEZ어업법」을 우선 적용한다.

(5) 단속 절차 및 처리 흐름

현장 검거	① 영해 및 접속수역·EEZ 침범 불법 조업 중국 어선 검거 (a) 시인서, 자인서 등 징구 (b) 불법 조업 채증 및 범칙 어획물 관리 ② 해당 관서 전용부두 호송
관계 기관 등 통보	① 지방본부 등 상급부서 및 검찰 보고, 주중대사관(영사), 출입국관리소, 수의과학검역소, 검역검사본부, 세관 등 유관 기관 통보 ② 구제역, 전염병 등 방역 실시(동·식물 방역)
조사	① 통역인 입회, 선장·항해사·기관장 입건 조사 및 선원 1명 참고인 조사 ② 선장 등 상대 담보금 납부 여부 확인 ③ 어획물 등 압수 (a) 「EEZ어업법」 위반: 담보금 납부 시 압수물 환부, 미납 시 위탁판매(수협중매인) (b) 「영해 및 접속수역법」 위반: 벌금 납부 유무와 관계 없이 위탁판매 후 국고 환수

검찰지휘 건의	① 해당 관서에서 벌금 납부 유무에 따라 검찰에 지휘 건의 (a) 담보금 납부: 불구속 지휘 건의(선장 · 선원 및 선박 퇴거 조치) (b) 담보금 미납: 선장 · 항해사 · 기관장 등 3명 구속, 선원은 출입국관리사무소 인계 강제 출국, 선박은 위탁관리 후 선주측 인수차 내한 시 위탁금 징구 후 퇴거 ② 검찰에 압수물 지휘 건의: 어획물 환부 및 위탁판매
신병 처리	① 구속영장 발부 시 해당 관서 유치장에 선장 · 항해사 등 구속 집행 ② 추가 · 보강조사 및 송치 서류 작성
사건 송치	구속 피의자 10일 내 관할 검찰청에 신병 및 서류 송치

2. 출입국사범 수사

(1) 의의

① 광의: 대한민국 출입국과 관련해 실정법을 위반한 모든 사범

② 협의: 「출입국관리법」 제94조 내지 제100조의 규정에 의한 죄를 범했다고 인정되는 자

(2) 관련 법령

「출입국관리법」, 「여권법」, 「밀항단속법」, 「관광진흥법」, 「재외동포의 출입국과 법적 지위에 관한 법률」 등

(3) 유형

밀입국사범	의의	「출입국관리법」 제7조 제1항(외국인의 입국)에 의거 외국인이 입국하고자 할 때에는 유효한 여권과 법무부 장관이 발급한 사증을 가지고 있어야 하나, 이러한 규정을 위반해 입국심사를 받지 않고 입국한 자
	범죄 형태	① 과거에는 공해상에서 우리 어선으로 환승하는 경우가 많았으나 최근에는 소형 화물선을 이용해 내항에 입항 후 도주하거나 또는 소형 고속보트를 타고 인적이 드문 해안이나 섬에 상륙 ② 불법적 방법이 아닌 외국인 산업연수 및 외국인 고용 허가를 이용해 법적으로 입국 후, 무단 이탈 및 불법 체류 ③ 제주 지역 무사증 입국 후 무단으로 여객선 등을 이용해 육상 도주
	단속	해상을 통한 밀입국의 경우 해상에서는 검문검색을 통한 감시활동, 육상에서는 상륙 후 도주하는 밀입국자 검거활동
	처리	사건 인지 → 발생 및 검거 보고 → 관계 기관 합동 신문 → 조사 → 검찰 지휘 건의 → 신병 처리 → 사건 송치

밀항사범	의의	밀항사범은 「출입국관리법」 제3조 및 「밀항단속법」 제2조에 해당하는 범죄로 "관계 기관에서 발행한 여권, 선원수첩, 그 밖의 출국에 필요한 유효한 증명 없이 대한민국 외의 지역으로 도항하거나 국경을 넘는 것"을 말함.
	범죄 형태	① 밀항사범은 주로 일본으로 밀입국하거나 일본에 불법체류하다 강제 퇴거당한 자들이 정상적인 방법으로 일본에 입국할 수 없을 때 활용하는 방법이며, ② 이들은 돈벌이를 위한 일본으로의 밀항이 대부분이고, 주로 고속소형선이나 화물선을 이용해 1회에 10여 명씩 밀항하는 추세임.
	단속	밀항 전력자를 상대로 우범 항·포구 정기적인 순찰 및 첩보 수집을 통해 밀항행위를 사전 차단 및 단속

3) 여권 관련 위반 사범

여권부정 발급사범	여권이나 여행증명서의 발급을 받기 위해 제출한 서류에 허위의 사실을 기재하거나 부정한 방법으로 여권이나 여행증명서의 발급을 받은 행위
타인명의 여권 행사	타인 명의의 여권을 행사하는 행위
여권 불법 양도 양수 등	① 사용하게 할 목적으로 여권을 다른 사람에게 양도·대여하거나 이를 알선하는 행위 ② 사용할 목적으로 다른 사람 명의의 여권을 양도받거나 대여받는 행위 ③ 채무 이행의 담보로 여권을 제공하거나 제공받는 행위

(4) 출입국관리 사범에 대한 조치

1) 출입국 제재

의의	유효한 여권과 사증을 소지했다고 하더라도 입국 금지 사유에 해당하는 경우 입국을 금지하는 제도
대상	① 대한민국의 안전 또는 사회 질서를 해하거나 기타 중대한 죄를 범한 혐의가 있어 수사 중에 있는 자 ② 조세 기타 공과금을 체납한 자 ③ 대한민국의 이익 보호를 위해 그 출국이 특히 부적당하다고 생각하는 자

2) 외국인 강제 퇴거

의의	외국인이 대한민국에 불법으로 입국했거나 합법적 절차에 의해 입국한 경우라도 체류기간 중 체류 자격, 기간, 신고 의무 사항 등을 위반하거나 기타 국익에 위배되는 범법행위를 했을 경우 해당 외국인을 대한민국의 영역 밖으로 추방하는 행정처분을 말한다.
사유	① 유효한 여권, 사증, 선원수첩 또는 입국허가서 없이 입국했을 때 ② 입국 후 전염병, 사회 질서 문란 등 국익에 위배되는 입국금지 사유가 발견되거나 발생한 때 ③ 입국심사 없이 입국한 때 ④ 허가 없이 상륙한 때 또는 상륙 조건을 위반한 때

	⑤ 체류 자격·체류 기간·활동 범위에 대한 제한·준수 사항·중지명령 등에 위반한 때 ⑥ 출국심사규정에 위반해 출국하려 한 때 ⑦ 외국인 등록 규정을 위반한 때 ⑧ 대한민국의 법률에 의해 금고 이상의 형의 선고를 받고 석방된 때 등

3) 출국 권고

비교적 경미한 「출입국관리법」 위반 외국인에 대해 출입국관리소장 등이 출국을 권고하거나 명령하는 조치를 말한다.

3. 관세사범 수사

(1) 의의

「관세법」 또는 「관세법」에 따른 명령을 위반하는 자를 단속하는 것을 말한다.

(2) 목적

관세의 부과 징수 및 수출입 물품의 통관을 적정하게 하고 관세수입을 확보함으로써 국민 경제의 발전에 기여함을 목적으로 한다.

(3) 특징

행정범과 형사범의 혼재	관세사범에 대해 행정상 합목적성을 달성하기 위해 벌금, 과태료에 중점을 두었으나 국가 사회적 해악이 커 자유형을 과하도록 처벌 수위를 확대해 행정범과 형사범이 혼재되어 있다.
영리성	절도범 등 곤궁범과 달리, 영리 획득을 위해 범행하는 영욕범으로서 이익 규모가 큰 자들은 사회적 영향력까지 행사하는 경향이 있다.
조직성	일반적으로 자금주와 행동대원의 분업 형태, 기업 형태 등 자금조달·운반·보관·판매 등으로 조직화·분업화되어 있고 침묵의 계율 등 행동수칙이 있어 증거 수집에 어려움이 있다.
국제성·전문성·지능성	① 외국과 연결된 국제 거래와 관련된 범죄이기 때문에 고도의 전문성과 지능성을 필요로 한다. ② 관세범이 관세를 포탈하고 국가의 금지 제한을 잠탈하려면 국내 법규뿐 아니라 국제 상품에 관해도 전문적인 지식을 가지고 있어야 한다. ③ 거래 가격의 조작, 차액의 이면 결재 등이 이뤄지고, 마약·외환·보석·고급전자제품 등 특수한 물품의 밀수에는 그 분야에 전문적인 지식이 필수적이다.
상습·직업성	밀수는 환금성과 수익성이 있어 다른 어떤 일에 종사하는 것보다 손쉽고 크기 때문에 이를 청산하기가 쉽지 아니하고 상습화되고 직업화되는 경향이 많다.

(4) 처벌의 특례

「형법」 규정의 일부 배제	① 징역형이 아닌 벌금형에 처할 때에는 「형법」 규정 일부의 적용이 배제되므로 약식기소할 때 고려함. ② 만 14세 미만인 형사 미성년자도 벌금형으로 처벌 가능 ③ 심신미약자, 농아자·종범에 대한 감경 배제 ④ 경합범의 형량 합산 ⑤ 형의 작량 감경, 법률의 착오 불인정
양벌 규정	「관세법」 제279조에 따라, 법인의 대표자나 법인 또는 개인의 대리인, 사용인, 그 밖의 종업원이 그 법인 또는 개인의 업무에 관해 일정한 벌칙에 위반하는 행위를 한 경우 그 행위자 외 법인 또는 개인에게도 해당조문의 형을 과하는 것을 말한다.

(5) 해상밀수 수법

① 중국, 일본 등 국제항을 출·입항하는 여객선에 금괴, 담배, 비아그라 등을 담은 박스를 해상에 투기한 후 연안에서 고속보트 및 낚싯배를 이용해 수거하는 방법

② 외국항을 출·입항하는 상선 선원들이 입항하면서 밀수품을 소지하고 입국하는 방법

③ 선식(船食) 업체나 대리점 직원 등을 통해 밀수품을 운반하는 방법

(6) 단속 및 수사

① 우범 도서지역과 주변 아지트, 배송지 등에 대한 잠복, 추적 등 기획수사

② 부두나 항만 출입자에 대한 감시활동

③ 육지와 상선을 오가는 통선 등에 대해 해상 및 육상에서의 감시활동

제 4 장 해양경찰 국제협력 업무

제 1 절 국제경찰 공조

1. 국제형사 사법공조

(1) 서론

1) 의의

국제형사 사법공조란 형사사건에서 수사・기소・재판절차와 관련해 어느 한 국가의 요청에 따라 다른 국가가 행하는 형사사법상 협조를 의미한다.

[참고 사항] 국제형사 사법공조의 개념

구분	내용
협의	형사사건과 관련한 증인・감정인의 신문, 물건의 인도, 압수・수색・검증, 문서의 송달・정보의 제공 등
광의	협의의 공조에 범죄인 인도를 포함
최광의	광의의 공조에 외국 형사 판결의 집행과 형사절차의 이관도 포함

2) 국제형사 사법공조의 기본 원칙

상호주의	외국이 사법공조를 해주는 만큼 자국도 동일하거나 유사한 범위 내에서 공조 요청에 응해야 한다는 원칙이다.
쌍방가벌성 원칙	국제형사 사법공조의 대상이 되는 범죄는 피요청국과 요청국 모두에서 처벌이 가능한 범죄여야 한다는 원칙이다.
특정성 원칙	요청국이 공조에 의해 취득한 증거를 공조 요청의 대상이 된 범죄 이외의 수사나 재판에 사용해서는 안 된다는 의미와 피요청국의 증인 등이 공조 요청에 따라 요청국에 출두한 경우 피요청국을 출발하기 이전의 행위로 인해 구금·소추를 비롯한 어떠한 자유도 제한받지 않는다는 의미를 포함하는 원칙이다.

3) 「국제형사사법공조법」과 국제형사사법 공조조약과의 관계

「국제형사사법공조법」 제3조는 "공조에 관하여 공조조약에 이 법과 다른 규정이 있는 경우에는 그 규정에 따른다."고 규정함으로써 조약의 우선적 효력을 인정하고 있다.

(2) 공조의 범위 및 제한

공조의 범위	① 사람 또는 물건의 소재에 대한 수사 ② 서류·기록의 제공 ③ 서류 등의 송달 ④ 증거 수집, 압수·수색 또는 검증 ⑤ 증거물 등 물건의 인도 ⑥ 진술 청취, 그 밖에 요청국에서 증언하게 하거나 수사에 협조하게 하는 조치
공조의 제한	다음의 경우는 공조를 하지 아니할 수 있다(임의적 공조 제한 사유). ① 대한민국의 주권, 국가안전 보장, 안녕 질서 또는 미풍양속을 해칠 우려가 있는 경우 ② 인종, 국적, 성별, 종교, 사회적 신분 또는 특정 사회단체에 속한다는 사실이나 정치적 견해를 달리한다는 이유로 처벌되거나 형사상 불리한 처분을 받을 우려가 있다고 인정되는 경우 ③ 공조범죄가 정치적 성격을 지닌 범죄이거나, 공조 요청이 정치적 성격을 지닌 다른 범죄에 대한 수사 또는 재판을 할 목적으로 한 것이라고 인정되는 경우 ④ 공조범죄가 대한민국의 법률에 의해서는 범죄를 구성하지 아니하거나 공소를 제기할 수 없는 범죄인 경우 ⑤ 이 법에 요청국이 보증하도록 규정되어 있음에도 불구하고 요청국의 보증이 없는 경우
공조의 연기	대한민국에서 수사가 진행 중이거나 재판에 계속된 범죄에 대해 외국의 공조 요청이 있는 경우에는 그 수사 또는 재판 절차가 끝날 때까지 공조를 연기할 수 있다.
공조조약상 공조 거부 사유	각국과의 개별 공조조약상에 공조 거절 사유를 따로 규정하고 있으며, 각 공조조약에서는 임의적 공조 거절 사유만을 규정하고 있다.

범죄인 석방	법무부 장관의 인도심사청구명령의 취소가 있는 경우 또는 법원의 인도심사 청구 각하 결정이나 인도 거절 결정이 있는 경우 검사는 구속 중인 범죄인을 지체없이 석방하고, 법무부 장관에게 그 내용을 보고해야 하며, 법무부 장관은 범죄인이 석방된 때에는 외교부 장관에게 그 사실을 통지해야 한다.
도 장소와 기한	① 범죄인이 인도명령 당시 구속된 경우에는 교도소·구치소 그 밖에 법무부 장관이 지정하는 장소에서 인도명령 후 30일 이내에 인도하고, 구속되어 있지 아니한 경우에는 범죄인이 인도집행장에 의해 구속되었거나 구속의 집행정지 취소에 의해 다시 구속된 날로부터 30일 이내에 인도한다. ② 인도명령을 할 때에는 법무부 장관은 검사장에게 인도장을, 외교부 장관에게 인수허가장을 각각 송부해야 한다.
도를 위한 구속	① 인도장을 받은 검사는 인도장을 교부하고 범죄인의 인도를 지휘해야 하며, 범죄인이 구속되어 있는 않은 경우에는 인도 집행장을 발부해 범죄인을 구속해야 한다. ② 이 때 법무부 장관은 범죄인의 구속 사실 및 인도할 기간을 지체없이 외교부 장관에게 통지해야 하며 외교부 장관은 청구국에 그 내용을 지체없이 통지해야 한다.

제 2 절 국제경찰 협력기구

국제형사경찰기구(인터폴, ICPO)

(1) 개관

의의	국제화에 따른 범죄의 '무국경화(無國境化)'에 대응하기 위해 사무총국 및 회원국 경찰 당국 간 범죄정보를 교환하고 범죄인 검거 등에 상호 협력하는 국제기구이다. 인터폴은 회원국 간의 협력기구이지 국제수사기관이 아니다. ※ 인터폴의 법적 근거는 「범죄인인도조약」, 「국제형사사법공조법」, 「인터폴헌장」 등이 있다.
활동 범위	① 범죄의 예방과 진압에 관한 자료 교환 ② 국제범죄에 관한 사실 확인 및 그에 관한 조사 ③ 국제 범죄인의 소재 수사 ④ 국제수배서 및 간행물 발간
법적 지위	① 인터폴은 「인터폴헌장」, 회원국의 국내법에 의거해 국가 간 경찰 협력을 위해 활동하는 국제기구이다. ② 회원국 정부가 어떤 권리나 권위를 위임하지 않고 인터폴 헌장과 회원국 자체 내의 현행법 범위 내에서 그 기능을 수행한다. ※ 「인터폴헌장」은 국제조약이나 협약이 아니라 경찰기관들의 국제적 공조기구의 헌장일 뿐이므로 외교적 서명이나 정부의 비준을 필요로 하지 않는다.

(3) 국제형사 사법공조의 절차

1) 외국의 요청에 따른 수사에 관한 공조

> 공조 요청국 → 외교부 장관 → 법무부 장관 → 지방검찰청검사장 → 검사 → 경찰

① 공조 요청 접수 및 요청국에 대한 공조 자료의 송부는 외교부 장관이 한다. 다만, 긴급한 조치가 필요한 경우나 특별한 사정이 있는 경우에는 법무부 장관이 외교부 장관의 동의를 받아 이를 할 수 있다(「국제형사사법공조법」 제11조).

② 요청국에 대한 공조는 대한민국의 법률에서 정하는 방식으로 한다. 다만, 요청국이 요청한 공조 방식이 대한민국의 법률에 저촉되지 아니하는 경우에는 그 방식으로 할 수 있다(동법 제13조).

2) 외국에 대한 수사에 관한 공조 요청

> 해양경비안전서 → 검사 → 대검찰청 → 법무부 장관 → 외교부 장관 → 상대국 주재 한국 대사관 → 상대국 외무부 장관 → 상대국 경찰기관

① 검사는 외국에 수사에 관한 공조 요청을 하려면 법무부 장관에게 공조요청서를 송부해야 하고, 사법경찰관은 검사에게 신청해 법무부 장관에게 공조요청서를 송부해야 한다.

② 공조요청서를 받은 법무부 장관은 외국에 공조요청하는 것이 타당하다고 인정하는 경우에는 그 공조요청서를 외교부 장관에게 송부해야 한다. 다만, 긴급한 조치가 필요한 경우나 특별한 사정이 있는 경우에는 외교부 장관의 동의를 받아 공조요청서를 직접 외국에 송부할 수 있다.

③ 외교부 장관은 법무부 장관으로부터 공조요청서를 받았을 때에는 이를 외국에 송부해야 한다. 다만, 외교 관계상 공조 요청하는 것이 타당하지 아니하다고 인정하는 경우에는 이에 관해 법무부 장관과 협의해야 한다.

2. 범죄인 인도

(1) 의의

① 범죄인 인도란 한 국가의 형법, 기타 형사관계법에 위반한 범죄인이 다른 나라에 있는 경우 범죄인의 현재지 국가가 범죄지 국가의 요청에 따라 그 범죄인을 인도하는 것이다.

② 그로티우스(Hugo De Grotius)는 범죄인 인도를 일반 국제법상 권리·의무라 했으나 오늘날 통설에 의하면 범죄인 인도를 의무로 하는 일반국제법은 존재하지 아니하며, 범죄인 인도는 조약상의 의무 또는 국제 예양에 의해 행해진다고 한다.

③ 「범죄인인도법」 제3조의2는 "범죄인 인도에 관하여 인도조약에 「범죄인인도법」과 다른 규정이 있는 경우에는 그 규정에 따른다."고 규정함으로써 조약의 우선적 효력을 인정하고 있다.

(2) 범죄인 인도의 제한

1) 범죄인 인도에 관한 원칙

상호주의	인도조약이 체결되어 있지 아니한 경우에도 범죄인의 인도를 청구하는 국가가 같은 종류 또는 유사한 인도범죄에 대한 범죄인 인도청구에 응한다는 보증을 하는 경우에 인도한다는 원칙이다.
쌍방 가벌성 원칙	청구국과 피청구국 쌍방의 법률에 따라 범죄를 구성하지 않는 경우에는 범죄인을 인도하지 않는다는 원칙이다.
특정성 원칙	인도된 범죄인이 인도가 허용된 범죄 외의 범죄로 처벌받지 아니하고 제3국에 인도되지 아니한다는 청구국의 보증이 없는 경우에는 범죄인을 인도해서는 안 된다는 원칙이다.
자국민 불인도 원칙	① 자국민은 인도하지 않는다는 원칙이다(한국은 임의적 거절 사유). ② 일반적으로 대륙법계 국가들은 속인주의 채택해 내국인의 국외범을 처벌하고 있으므로 자국민 불인도 원칙을 채택하고 있다. 그러나 영미법계 국가들은 속지주의를 채택해 자국민의 국외범을 처벌하기 위해서는 범죄지 국가에 이를 인도하는 방법 외에 다른 방도가 없으므로 자국민 불인도 원칙을 규정하지 않고 있다.
정치범 불인도 원칙	① 정치적 성격을 지닌 범죄는 인도하지 않는다는 원칙으로 우리나라에서도 명문 규정을 두고 있다. 정치범죄는 국제법상 불확정한 개념이기 때문에 정치범죄의 해당 여부는 전적으로 피청구국의 판단에 의존한다. ② 정치범 불인도의 원칙은 오늘날 일반 국제법상 확립된 원칙이라고 하는 것이 유력한 견해이며, 거의 모든 범죄인인도조약이 이를 규정하고 있다.

군사범 불인도 원칙	군사범죄자는 인도하지 않는다는 원칙이다(우리나라는 명문
최소한 중요성 원칙	① 어느 정도 중요성 있는 범죄만 인도한다는 원칙이다. ② 대한민국과 청구국의 법률에 따라 인도범죄가 사형, 무기 이상의 징역 또는 금고에 해당하는 경우에만 범죄인을
유용성 원칙	실제로 처벌하기 위해 필요한 범죄자만 인도한다는 원칙이

2) 형벌의 종류에 따른 인도의 제한

① 사형범죄: 사형제도를 가진 국가와 가지지 않은 국가 간 도는 국제법상 일반적인 관행은 사형범인 범죄인의 인도 행하지 않는다는 보증을 받고 청구국의 인도에 응하고

② 비인도적 형벌: 잔인하거나 비정상적인 처벌을 받게 될 인도범죄의 성격과 범죄인이 처한 환경 등에 비춰 범죄 비인도적이라고 인정되는 경우에는 임의적 거절 사유가

(3) 외국의 범죄인 인도 청구 절차

인도청구서의 접수	범죄인 인도는 조약이 체결되어 있는 경우에 한해 외교 경로에 도청구서를 보냄으로써 청구할 수 있는 것이 원칙이고, 조약 체 상호보증서를 첨부해야 한다.
외교부 장관 처리	외교부 장관은 청구국으로부터 범죄인의 인도 청구를 받았을 때 호보증 유무, 인도 범죄 대상인지 여부, 부수적 서류가 갖춰져 있 사항을 확인 후 인도청구서와 관련 자료를 법무부 장관에게 송부
법무부 장관 처리	외교부 장관으로부터 인도청구서 등을 송부받은 법무부 장관은 서 게 송부하고 소속 검사로 하여금 서울고등법원에 범죄인의 인도 를 청구하도록 명해야 한다. 다만, 인도조약 또는 범죄인인도법의 인도할 수 없거나 인도하지 아니하는 것이 타당하다고 인정되는 경 명령을 하지 않고 그 사실을 외교부 장관에게 통지해야 한다.
소속검사 인도심사청구	① 검사는 법무부 장관의 인도심사청구명령이 있는 때에는 지체없 도심사를 청구해야 한다. 인도심사청구는 서면으로 하고 관계자 ② 범죄인의 인도심사 및 그 청구와 관련된 사건은 서울고등법원 전속 관할로 한다.
서울고등법원 인도심사	① 인도심사 청구를 받은 법원은 범죄인의 인도 여부를 심사하여 인도 거절 결정이나 인도심사 청구 각하 결정을 해야 한다. ② 법원은 범죄인이 인도구속영장에 의해 구속 중인 경우에는 구 이내에 인도심사에 관한 결정을 해야 한다.

(2) 조직

총회	인터폴의 최고의결기관으로 매년 1회 개최해 일주일간 진행한다.
집행위원회	제한적 심의기관이며, 총회에서 선출되는 13명의 위원으로 구성되며, 총재는 4년 임기로 선출되고 부총재와 집행위원은 3년 임기로 선출된다.
사무총국	상설행정기관임과 동시에 기술기관으로서 총회와 집행위원회에서 결정된 사항을 집행한다. 사무총장은 5년 임기로 선출되며, 본부는 프랑스 리옹에 있다.
국가중앙 사무국	모든 회원국 내에 설치된 상설기구로 회원국 간의 각종 공조 요구에 대응하고 있다.

(3) 인터폴 회원국 간의 협력의 기본 원칙

주권의 존중	경찰 협력은 각 회원국 경찰기관들이 자국의 영토 내에서 국내법에 따라 행하는 통상적인 업무 수행의 범위 내에서만 협조함을 원칙으로 한다.
일반형법의 집행	인터폴의 활동 범위는 일반범죄와 관련된 범죄의 예방과 진압에 국한하고 정치·군사·종교·인종적 사항에 관해서는 어떠한 관여나 활동도 배제한다.
보편성	모든 회원국은 타 회원국과 협력할 수 있으며, 그러한 협력은 지리적 또는 언어적 요소에 의해 방해받아서는 안 된다.
평등성	모든 회원국은 재정 분담금의 규모와 관계없이 동일한 혜택과 지원을 받을 수 있다.
다른 기관과 협력	각 회원국은 국가중앙사무국을 통해 일반범죄의 예방과 진압에 관여하고 있는 다른 국가기관과도 협조할 수 있다.
협력 방법 융통성	협조 방식은 규칙성·계속성이 있어야 하나 회원국의 국내 실정을 충분히 고려해서 협조의 방식을 변경할 수 있다.

(4) 국제수배서

1) 의의

인터폴 국제수배란 인터폴 사무총국에서 국외도피범, 실종자, 우범자 및 장물 등 국제범죄와 관련된 수배 대상인 인적·물적 상황에 관한 정확한 자료를 각 회원국에 통보·정보를 공유함으로써 그 대상을 색출·감시·검거하는 국제 공조 체제를 말한다.

2) 국제수배서의 종류

적색수배서 (국제체포수배서)	적색수배서는 일반 형법을 위반해 체포영장이 발부되고 범인 인도를 목적으로 하는 경우에 한해 발행한다.
청색수배서 (국제정보조회수배서)	청색수배서는 주로 수배자의 신원과 소재 확인을 위해 발행한다.

녹색수배서 (상습국제범죄자수배서)	녹색수배서는 여러 국가에서 상습적으로 범행했거나 범행할 가능성이 있는 국제범죄자의 동향을 파악케 하여 사전에 그 범행을 방지할 목적으로 발행한다.
황색수배서 (가출인수배서)	황색수배서는 가출인의 소재확인 또는 기억상실자 등의 신원을 파악할 목적으로 발행한다.
흑색수배서 (사망자수배서)	흑색수배서는 사망자의 신원을 확인할 수 없거나 사망자가 가명을 사용했을 경우 정확한 신원을 확인할 목적으로 발행한다.
장물수배서	장물수배서는 도난당하거나 불법적으로 취득한 것으로 보이는 물건이나 문화재 등에 대해 수배하는 것으로 상품적 가치 및 문화적 가치를 고려해서 발행되며, 장물의 특성과 사진 등이 첨부되어 있다.
자주색수배서 (범죄수법수배서)	자주색수배서는 세계 각국에서 범인들이 범행 시 사용한 새로운 범죄수법 등을 사무총국에서 집중적을 관리하고, 각 회원국에 배포함으로써 수사기관이 범죄 예방과 수사자료에 활용하도록 하는 한편 경찰 교육기관의 교육자료로 이용할 목적으로 발행된다.
오렌지 수배서	오렌지 수배서는 인터폴 사무총국에서 2004년부터 폭발물, 테러범 등에 대한 보안을 경보하기 위해 발행하고 있으며, 국제수배자 조회 등을 통해 검거된 테러 용의자 및 배후 조직에 대한 정보를 입수한다.
인터폴-UN 수배서	인터폴과 국제연합 안전보장이사회가 협력해 국제테러범 및 테러단체에 대한 제재를 목적으로 발행한다.

3) 국제수배서 발생 및 취소 절차

수배서 발행	① 긴급한 경우 인터폴 무선망을 이용해 사무총국 및 각 회원국에 수배 의뢰한 후 사무총국에 국제수배서 발행을 요청한다. ② 사무총국은 각 회원국의 수배요청서를 종합해 월 1회 국제수배서를 발행해 배포한다.
수배 취소	① 수배 해제 사유 발생 시 사무총국에 이를 통보하고, 사무총국은 이를 종합해 월 2회 수배 해제 사유를 각 회원국에 통보한다. ② 녹색수배서는 특별한 경우를 제외하고는 취소하지 않는다.

2. 유럽형사경찰기구(유로폴, Europol)

의의	회원국 간 국경을 넘어서 일어나는 범죄, 특히 마약류 범죄에 관한 회원국 간 범죄정보의 교환과 조정, 그리고 정보 교환을 용이하게 하는 기구이다.
설치	1995년 유럽연합조약에 근거해 네덜란드 헤이그에 본부를 둔 유럽경찰사무소를 설치했다.
권한	① 유로폴은 하나의 법인격체로서 다른 공법상 기구와 조약을 체결할 수 있다. ② 유로폴은 테러의 예방과 진압, 마약의 불법적 거래, 그리고 마약조직을 포함한 모든 불법적 거래에 대한 조치를 개선한다. ③ 유로폴은 돈세탁과 영역에 관련된 정보를 교환한다.

언어	모든 문서의 원본은 각국어로, 회의용 언어는 영어, 불어, 독일어로 한다.
분담금	유로폴의 예산은 각 회원국의 분담금으로 충당한다.

3. 다자간 참여 경찰 협력 마약 관련 기구

대(對)마약진압유럽 위원회	1989년 유럽공동체 중 12개 회원국의 스크라스부르 정상회담에서 창설되었고, 회원국 간 대마약 범죄에 관해 협력
상호 협조 그룹	1967년 이탈리아 나폴리 조약의 발효로 창설된 유럽공동체 중 12개 회원국의 관세대표자 모임으로 마약 거래 진압에 관해 경찰 협력
퐁피두 그룹	1972년 프랑스 퐁피두(Georges-Jean Raymond Pompidou) 대통령의 발안으로 창설되어 마약 관련 범죄 진압 등에 관해 협력하며, 1981년 프랑스 스트라스부르 회의에서 3단계 마약 예방 프로그램을 실시하기로 결의

4. 아세아나폴(Aseanapol)

의의	아세안 국가 간 국제범죄 공동 대응을 위한 범죄정보 교환 및 법집행 관련 노하우 공유 목적으로 1981년 설립된 치안총수 협의체이다.
기구	마약・무기 밀매, 신용카드・여권 위변조, 경제범죄 분야 등 논의를 위해 3개의 특별위원회를 두고 있다.
참여국	말레이시아, 인도네시아, 싱가포르, 필리핀, 태국, 미얀마, 라오스, 캄보디아, 베트남, 브루나이 10개 회원국 외에 한국, 중국, 일본, 호주, 뉴질랜드 등 아세안 인지국과 인터폴, 유로폴 등 국제기구를 초청하고 있으며, 우리나라는 2005년부터 옵저버 자격으로 참석하고 있다.
운영	10개 회원국이 순번제로 연례행사를 개최해 아세안 치안총수들이 치안 현안을 논의해 친목 도모를 위한 다양한 문화행사를 갖는다.

제 3 절 외국 해양경찰기관과 협력약정 체결

1. 체결 유형

기관 간 약정은 국가 또는 정부 간에 체결되는 조약이 아닌 정부기관 간에 체결되는 약정을 말하며, 유형에는 두 가지가 있다.

① 국가 또는 정부 간에 체결된 모조약을 구체적으로 이행하는 시행사업을 규정하기 위한 자조약으로서의 기관 간 약정
② 모조약과 관계 없이 관계 부처의 소관 업무 내에서 기술적 협력 사항을 규율하는 기관 간 약정

2. 체결 현황

① 외국기관과 양자간 협력약정 등 체결 현황

명칭	일자	주요 내용
대한민국 해양경찰청과 러시아 연방국경수비부 간 협력에 관한 약정	1998년 9월 11일	해상범죄, 수색구조, 오염방제 분야의 협력 강화 및 양 기관장 정례회의
대한민국 해양경찰청과 중국 공안부 간 협력에 관한 약정	1998년 12월 8일	해상범죄 정보 교류 및 양기관 대표단 간 정례회의
대한민국 해양경찰청과 일본해상보안청 간 협력에 관한 약정	1999년 4월 29일	해상범죄, 수색구조, 오염방제 분야의 협력 강화 및 양 기관장 정례회의
대한민국 해양경찰청과 말레이시아연방 왕립해양경찰 간 국장급회의 합의서	2001년 9월 27일	해적, 수색구조, 밀수 등 국제성 범죄 협력
대한민국 해양경찰청과 필리핀 코스트가드 간 실무급회의 합의서	2003년 11월 29일	해적, 수색구조, 밀수 등 국제성 범죄 협력
대한민국 해양경찰청과 인도네시아 해양경찰국 간 실무급회의 합의서	2003년 12월 3일	해적, 수색구조, 밀수 등 국제성 범죄 협력
대한민국 해양경찰청과 싱가포르 코스트가드 간 협력을 위한 양해각서	2004년 8월 30일	해적, 수색구조에서의 협력
대한민국 해양경찰청과 인도 코스트가드 간 국제성범죄 대응 및 지역적 협력관계 개설을 위한 양해각서	2006년 3월 13일	해적, 수색구조, 밀수 등 국제성 범죄 및 지역 협력 관계 개설을 위한 협력

② 외국기관과 다자간 협력약정 등 체결

명칭	북태평양 해상치안기관장 협의회(North Pacific Coast Guard forum: NPCGF)
체결 일자	2000년 12월, 일본
내용	태평양 역내에서 발생하는 밀수·밀입국 등 국제성범죄 및 수색구조 등 해상치안의 주요 정책을 협의하는 기구
가입국	우리나라를 비롯해 일본, 미국, 러시아, 캐나다, 중국 등 6개국

3. 절차

외국기관과의 협력약정 체결 제의를 받거나 체결을 제의하고 할 경우에는

① 약정 체결 및 교류의 타당성 검토 후 외교부 관계국에 통보해 사전 협의

② 약정 체결 방침이 서면 상대국 유관 부처와 교섭하며 우선 양측이 약정의 초안을 교환하고 협의를 통해 단일의 약정 문안을 작성(협의 과정에서 외교부 조약국 심사 필요)

③ 단일 문안이 완성되면 양국 관계 기관장 간 직접 서명으로 기관 간 약정 체결 절차 종료

④ 체결이 종료되면 이를 외교부 조약국 및 관계국에 통보하며, 외교부 조약국은 필요 시 약정 체결 사실을 관보에 게재

약정 체결 필요성 타당성 등 검토 → 양측 기관 간 교섭 → 약정 초안 작성 → 단일합의문 → 약정서 서명 → 외교부 통보 → 관보 게재

4. 유의 사항

① 대상기관의 조직 체계, 관할지역의 규모, 치안 정세, 지역 특수성에 비춰 우리 기관과 공통점이 많거나 상호보안성이 강한지 여부를 판단한다.

② 약정 체결 추진 경위에 비춰 상호 대등한 입장에서 협력 가능성 및 실익이 기대되는지 여부를 판단한다.

③ 양 기관의 상호 이해를 촉진시킬 수 있도록 치안 정세 및 지역의 특수성을 소개하는 자료 교환 등을 확대하고, 서신 교환을 통해 바람직한 약정 체결을 위한 방향을 모색하며, 예비 교섭이 필요한 때에는 해양경비안전본부장의 승인을 받아 사전 회의를 실시한다.

[참고 사항] 조약의 유형

조약 (Treaty)	가장 격식을 따지는 정식문서로서 주로 당사국 간의 정치적·외교적 기본 관계나 지위에 관한 포괄적인 합의를 기록하는 데 사용되며, 체결 주체는 주로 국가이다.

헌장 (Consititution)	국제기구르 구성하거나 특정 제도를 규율하는 국제적인 합의에 사용된다.
협정 (Agreement)	정치적인 요소가 포함되지 않은 전문적 · 기술적인 주제를 다룸으로써 조정하기 어렵지 아니한 사안에 대한 합의에 사용된다.
협약 (Convention)	양자조약의 경우 특정분야 또는 기술적인 사항에 관한 입법적 성격에 합의에 사용된다.
의정서 (Protocol)	주로 기본적인 문서에 대한 개정이나 보충적인 성격을 띠는 조약에 주로 사용되나 최근에는 전문적 성격의 다자조약에도 사용된다.
양해각서 (Memorandum of understanding)	이미 합의된 내용 또는 조약 옹어의 개념들을 명확히 하기 위해 당사자 간 외교교섭의 결과 상호 양해된 사항을 확인 · 기록하는 데 사용된다.

제 8 편

해양경찰 오염방제론

제 1 장 해양경찰 오염방제 개관

제 1 절 해양오염의 의의

1. 해양오염의 정의

① 국내법: 「해양환경관리법」상 해양오염이란 "해양에 유입되거나 해양에서 발생되는 물건 또는 에너지로 인해 해양환경에 해로운 결과를 미치거나 미칠 우려가 있는 상태를 말한다."고 규정되어 있다.

② 외국 학회: UNESCO 및 IOC의 해양학자들에 의하면, 해양오염이란 "인간에 의해 직·간접적으로 하구를 포함한 해양에 유입된 물질 및 에너지로서, 생물자원에 나쁜 영향을 미치고 사람의 건강을 해치며 어업 등의 해양활동을 방해할 뿐만 아니라, 수질을 훼손시켜 쾌적함을 감소시키는 등 해수 이용에 나쁜 영향을 초래하는 것"이라 정의하고 있다.

[참고 사항] 해양오염 등 관련 정부 사무 분담

환경부	자연환경, 생활환경의 보전 및 환경오염 방지에 관한 사항
해양수산부	해양환경에 관한 사무
해양경찰	해양에서의 오염에 관한 사무

2. 해양오염원의 종류

하수오물	인구밀집지역에서 생산되는 오물이 하천 및 해안을 통해 연안 해역으로 유입된다. 이는 해수 중 용존산소를 고갈시킴으로써 생물을 질식사시키며, 해수를 부영양화해 적조 현상을 일으키기도 한다.
산업폐기물	정유, 금속 처리, 철광, 제지 등 여러 가지 산업활동으로 인한 폐기물이 연안 해역에 유입된다. 이는 대부분 산, 중금속 등의 비금속이 함유되어 있기 때문에 해양생물 및 수질에 매우 유독한 영향을 미친다.
준설토	항만수로 및 선박 접안 수역 등에서 준설한 준설토는 보통 유기물, 기름, 영양염 및 중금속으로 심하게 오염되어 있는데, 이를 연안에 투기할 경우 연안역 오염의 원인이 된다.
석유 생산 폐기물	석유 및 가스의 탐사 목적으로 해저 굴착을 할 경우 유독성 폐기물이 스며나오며 이 속에는 기름, 중금속 및 유기물이 포함되어 있어 해양에 악영향을 미친다.
유류오염	해양오염의 주 오염원으로서, 선박의 충돌, 좌초, 빌지 배출, 기름 이송 중 주의태만 등으로 인한 유출 등이 원인이 된다.
방사능폐기물	최근 들어 무기, 전력 및 의료용으로 원자에너지가 사용되면서 해양에 투기되는 방사능 폐기물의 양이 증가하고 있다. 해수 중에 누출될 경우 해양의 물리·화학·지질학적 과정을 통해 순환하면서 인간에게 나쁜 영향을 끼치게 된다.
열오염	화학발전소 및 원자력 발전소에 냉각수로 흡입된 해수가 데워진 상태로 다시 바다에 유입된다. 이는 고온수로 인해 해양 생물에 상당한 피해를 입힐 수 있다.
선박폐기물	오물, 쓰레기, 빌지 등 선박에서 투기되는 폐기물로 특히 공해상에서 많은 양의 폐기물이 바다로 투기되어 해양을 오염시킨다.
선저도료	선박 수리 시 사용하는 선저 방오 도료는 동, 납, 아연 등 유독성 중금속이 다량 함유되어 있어 해양생태계에 좋지 않은 영향을 미치고 있다.
선박 밸러스트 수	선박에서 공선 항해 시 무게 중심을 유지하기 위해 활용하고 있는 밸러스트 수는 플랑크톤이나 박테리아 등이 포함되어 있는데 선박이 입항해 밸러스트 수를 배출할 경우 주변 해역의 생태계를 교란시키는 해양오염의 주원인으로 꼽히고 있다.
살충제	살충제로 사용하는 딜드린이나 엔드린 같은 유기염소계 합성물이 포함된 DDT 등은 바다로 유입되면 해양생물에 유해한 영향을 미친다.

3. 해양오염에 영향을 미치는 환경 요소

바람	바람은 공기의 흐름으로 해상에서 해류를 발생시킴과 동시에 파를 생성시키는 구동력으로 해상에 유출된 기름을 이동시키고 상하 혼합시키며, 오염 방제 장비의 선택 및 작업 과정에도 크게 영향을 미친다.
해류	해류는 바다에서 흐르는 대규모의 강과 같은 물의 흐름으로 일반적으로 해안에서 멀리 떨어져 있기 때문에 연안역에서 발생한 기름 유출 사고의 오염 방제에는 크게 영향을 미치지 않는다. 그러나 연안역에서도 기상 요인 및 밀도차 등으로 인해 해류가 발생하기 때문에, 해류도 해면상의 유막의 이동에 어느 정도 영향을 미치는 동적 요소 중 하나이다.

조류	조류는 해면의 승강 운동인 조석 현상에 수반되어 일어나는 해수의 수평운동으로 유막을 이동시키고, 유출유의 기계적 회수를 어렵게 하는 등 오염 방제에 상당한 영향을 미친다.
파	파는 수면의 교란 현상으로, 해면에 부서지면서 대기중의 산소와 이산화탄소가 수중에 용존되도록 하고, 표면층을 혼합시키는 작용을 해서 방제자의 안전 확보를 어렵게 하고 방제선 운항에 제한을 주며 유회수기(oil skimmer)에 의한 유출유 회수를 곤란하게 만든다.
연안 지형	연안 지형은 지구의 지각 운동, 퇴적물의 공급원, 지역의 지질 변천 등으로 결정되는데 표석이나 자갈 해변에서는 기름이 하부층으로 스며들며, 조간대 간석지에 다양한 생물이 서식하고 있으므로 이들 특성을 고려해 방제 방법을 선택해야 한다.

4. 「해양환경관리법」상 용어 정의

해양환경	해양에 서식하는 생물체와 이를 둘러싸고 있는 해양수(海洋水)·해양지(海洋地)·해양대기(海洋大氣) 등 비생물적 환경 및 해양에서의 인간의 행동양식을 포함하는 것으로서 해양의 자연 및 생활 상태
해양오염	해양에 유입되거나 해양에서 발생되는 물질 또는 에너지로 인해 해양환경에 해로운 결과를 미치거나 미칠 우려가 있는 상태
배출	오염물질 등을 유출(流出)·투기(投棄)하거나 오염물질 등이 누출(漏出)·용출(溶出)되는 것. 다만, 해양오염의 감경·방지 또는 제거를 위한 학술 목적의 조사·연구의 실시로 인한 유출·투기 또는 누출·용출을 제외
폐기물	해양에 배출되는 경우 그 상태로는 쓸 수 없게 되는 물질로서 해양환경에 해로운 결과를 미치거나 미칠 우려가 있는 물질(단, 기름, 유해액체물질, 포장유해물질 제외)
기름	원유 및 석유제품(석유가스를 제외한다)과 이들을 함유하고 있는 액체 상태의 유성혼합물(이하 "액상유성혼합물"이라 한다) 및 폐유
밸러스트 수	선박의 중심을 잡기 위해 선박에 싣는 물
유해액체물질	해양환경에 해로운 결과를 미치거나 미칠 우려가 있는 액체물질(기름을 제외한다)과 그 물질이 함유된 혼합 액체물질
포장유해물질	포장된 형태로 선박에 의해 운송되는 유해물질 중 해양에 배출되는 경우 해양환경에 해로운 결과를 미치거나 미칠 우려가 있는 물질
유해 방오(防汚) 도료	생물체의 부착을 제한·방지하기 위해 선박 또는 해양시설 등에 사용하는 도료 중 유기주석 성분 등 생물체의 파괴작용을 하는 성분이 포함된 것
잔류성 유기오염물질	해양에 유입되어 생물체에 농축되는 경우 장기간 지속적으로 급성·만성의 독성(毒性) 또는 발암성(發癌性)을 야기하는 화학물질
오염물질	해양에 유입 또는 해양으로 배출되어 해양환경에 해로운 결과를 미치거나 미칠 우려가 있는 폐기물·기름·유해액체물질 및 포장유해물질
황산화물 배출규제해역	황산화물에 따른 대기오염 및 이로 인한 육상과 해상에 미치는 악영향을 방지하기 위해 선박으로부터의 황산화물 배출을 특별히 규제하는 조치가 필요한 해역

선박	수상(水上) 또는 수중(水中)에서 항해용으로 사용하거나 사용될 수 있는 것(선외기를 장착한 것 포함) 및 고정식·부유식 시추선 및 플랫폼
해양시설	해역(항만을 포함)의 안 또는 해역과 육지 사이에 연속해 설치·배치하거나 투입되는 시설 또는 구조물
선저 폐수	선박의 밑바닥에 고인 액상 유성 혼합물

제 2 절 해양오염 관련 국제협약

1. 의의

해양오염은 자국 내에 한정하는 경우도 있으나 인접국까지 확대되는 경우가 많으며, 국적 선박이 아닌 외국적 선박에 의해서도 야기될 수 있고, 방제에 많은 비용이 소요됨에 따라 국제적인 협력이 필수적인 분야라고 말할 수 있다.

2. 협약의 유형

분야	협약명	협약명(국문)
해양오염 방지	MARPOL 73/78	1973 선박으로부터 해양오염 방지를 위한 국제협약 및 1978년 의정서
	LC Protocol 1996	런던협약 의정서
	AFS Convention 2001	선박유해 방오 시스템의 규제에 관한 국제협약
	BWM Convention 2004	선박 밸러스트 수 관리협약
해양오염 방제	OPRC 1990	기름오염 대비·대응 및 협력에 관한 협약
	OPRC/HNS Protocol 2000	위험·유해물질 오염사고 대비·대응 및 협력에 관한 의정서
	INTERVENTION Protocol 1969	유류 오염 시 공해상 개입에 관한 의정서
해양오염 피해보상	CLC Protocol 1992	유류 오염 손해 민사책임에 관한 의정서
	FC Protocol 1992	유류 오염 손해보상을 위한 국제기금 의정서
	BUNKER Convention 2001	방카유 오염 피해 민사책임에 관한 국제협약
	HNS Convention 1996	위험·유해물질 운송 관련 피해에 대한 책임 및 보상에 관한 국제협약

제 3 절 해양오염물질의 특성

1. 의의

① 방제의 방법이나 전략은 방제활동의 대상이 되는 오염물질의 특성과 해양이라는 방제환경에 큰 영향을 받는다. 따라서 방제활동은 오염물질의 물리적·화학적 특성을 잘 이해하고 실시해야 하며, 특히 해당 오염물질이 바닷물에 섞였을 때의 경시 변화(經時變化)를 잘 알아야 한다.

② 바람, 파도, 해류, 조류, 수온 등 해양환경적 제반 요소가 해당 오염물질에 미치는 영향에 따라 적절한 방제 방법과 전략을 선택해야 한다.

③ 오염물질의 특성에 관한 내용은 기름, 폐기물, 유해액체물질, 포장유해물질 등 네 가지 오염물질 가운데 해양오염의 주원인이 되는 기름과 최근 국제적으로 문제가 야기되고 있는 유해액체물질에 대한 것을 알아보고자 한다.

2. 기름

① 기름의 경우 초기 방제활동 시 지속성과 비지속성으로 구분해 대응하는데, 지속성 기름은 해양에 유출되었을 때 그 화학적 특성 때문에 자연 방산되는 것이 느리고 퍼지기 쉬워 회수 필요성이 있는 기름으로 원유, 중유, 선박용 연료유, 윤활유, 아스팔트 등이 있다.

② 비지속성 기름은 빠르게 증발하는 경향이 있어 일반적으로 광범위한 회수작업이 필요하지 않은 것으로 나프타, 휘발유, 등유, 경유, 항공유 등이 있다.

(1) 물리적·화학적 특성

기름의 물리적·화학적 특성으로는 비중, 휘발성, 점성, 표면장력, 유동점, 인화점 등의 요소가 있다.

비중 (Specific Gravity)	① 물의 밀도와 기름의 밀도와의 비를 말하는 것으로, 대부분의 기름은 물보다 가볍기 때문에 비중은 1 이하이다. ② 비중이 작은 기름은 휘발 성분이 많고 점성이 약하며, 점착성이 낮아 매우 유동적이고 쉽게 에멀전(emulsion)되는 경향이 있다.

휘발성 (volatile)	온도에 따른 기름의 증발 성질을 말하는데, 기름에 포함되어 있는 각 성분이 자신의 비등점에 이르면 차례로 증류되면서 전체적인 기름이 양이 줄어들게 된다.
점성 (viscosity)	유체의 흐름에 저항하는 힘으로 기름의 종류에 따라 다르며, 같은 기름이더라도 온도에 따라 달라진다. 또한, 유출유가 풍화되는 과정에서 가벼운 분자나 휘발성 성분이 증발되면 점성은 증가한다.
표면장력 (surface tention)	유체의 표면을 최소화하려는 힘으로 점성과 함께 기름의 확산에 영향을 준다. 표면장력의 크기는 온도가 상승하면 감소하게 되어 유출유는 빨리 확산된다.
유동점 (pour point)	액체가 유동성을 잃어버리는 온도를 말하는데, 수온이 떨어지면 중유는 고체가 되어버리지만 상대적으로 유동점이 낮은 가솔린은 액체 상태를 유지하게 된다. 이는 해안에서의 방제 작업 시 매우 중요한 요소이다.
인화점 (flash point)	가연성 증기를 내어 인화할 수 있게 되는 최저 온도로, 가솔린 등 경질유는 대기온도에서 인화될 수 있다. 이는 방제 작업의 안전에 매우 중요한 요소이다. 반면, 중유는 인화될 위험성은 거의 없으나 방제 작업 시 소각시키기 어렵다.

(2) 종류별 특성

원유	① 의의: 흑갈색의 끈적끈적한 가연성 액체로서 여러 가지 탄화수소 혼합물을 주성분으로 하고 있다. 일반적으로 유정에서 나온 상태 그대로의 가공되지 않은 석유라는 뜻이며, 땅속 깊은 곳에서 얻어낸 탄화수소의 혼합물, 즉 정제하지 않은 자연 상태 그대로의 것을 말한다. ② 해상 유출 시 특성: 중질원유가 해상 유출 시 30~40% 정도 증발하나 에멀전이 형성되면 부피가 2~3배 정도 증가할 수 있으며, 유출 후 기름의 온도 강하로 인해 점도와 비중이 증가하는 특성을 갖고 있다.
휘발성 기름	① 종류: 납사, 휘발유, 항공유, 유기용매, 등유 등 ② 해상 유출 시 특성: 해상 유출 후 1시간 이내에 대부분 증발·소멸되나, 유증기에 의해 화재·폭발사고가 우려된다. ③ 유의 사항: 유증기 확산 지역 내에 선박·인력의 진입을 통제해야 하며, 만일을 대비해 폭발 및 유증기 흡입을 않기 위해 바람을 등지고 사고 지점에 접근해야 하며 방폭설비 및 안전장구 착용 후 현장에 접근한다.
경유 (MGO, MDO)	해상 유출 시 특성: 파도가 있는 맑은 해역에서는 12시간 이내에 확산·소멸되며, 단 MDO에는 중질유인 벙커 C유가 30% 정도 함유되어 있어 지속성이 있다. 따라서 동절기, 저기압·안개해역에서는 3~4일 잔존 가능하다. 외해에서는 계속 추적 감시하되 연안으로 이동하면 회수해야 한다.
벙커 A유	해상 유출 시 특성: 유출 후 빠르게 에멀전화해 황갈색으로 변화되며 점도 상승으로 부피가 3배 이상 팽창한다. 하절기에는 더운 날씨 영향으로 쉽게 확산·소멸되는 경향이 있으나 해안 암벽, 자갈, 모래 등에 부착되는 경우에는 장기간 지속되며, 동절기에는 기온 강하 등으로 점도가 높아져 장시간 지속된다.

벙커 B, C유	① 종류: 국내에서 선박 연료유로는 MF 60~460 범위를 사용하며, 보일러 연료유는 저유황 벙커 C유, 고유황 벙커 C유를 사용하고 있다. ② 해상 유출 시 특성: 장기 지속성 기름으로 방제 작업이 필수적이며 하절기에는 고형화되지 않으나 에멀전(emulsion)화되어 점도가 증가한다. 동절기에는 기온 강하로 고형화되는 경향이 있다.

(3) 유출유 경시 변화

기름이 바다에 유출되면 물리적·화학적 변화를 겪는다. 일부는 바다 표면에서 사라지는 반면 나머지는 지속적으로 남게 된다. 비록 유출유가 해양환경에 최종적으로 흡수된다 하더라도 경시 변화는 최초의 물리적·화학적 특성과 자연적인 기상작용에 의존한다. 이처럼 시간에 따른 기름의 변화 과정을 통틀어 풍화 과정이라 한다. 유출유의 풍화 과정은 확산, 증발, 분산, 에멀전, 용해, 산화, 침전, 미생물 분해 등이 있다.

확산 (spreading)	① 기름 유출 초기에 나타나는 과정으로 확산이 진행되면 유막의 면적은 증가하고, 이에 따라 증발과 용해가 촉진된다. 확산 속도는 장시간에 걸쳐 소량 유출되는 것보다 일시에 대량 유출될 때 더욱 빠르다. ② 기름 유출 3~4시간이 경과하면 바람과 파의 운동에 의해 유막이 분리되면서 바람과 평행한 방향으로 길고 좁은 리본형의 기름때를 형성하기 시작한다.
증발 (evaporation)	① 유출 후 24~48시간 동안의 질량 변화와 기름에 포함되어 있는 유동성 및 가벼운 성분의 소멸과 관련한 풍화 과정이다. 표면적이 클수록 가벼운 성분은 더욱 빨리 증발하므로 확산율도 증발에 영향을 미친다. 증발은 풍속이 가하거나 해면이 거칠며 기온이 높은 여건에서 활발하다. ② 등유나 가솔린은 유출 후 몇 시간 내에 대부분 증발하고, 경질원유는 하루 동안 약 40% 정도 증발하며, 중질원유는 거의 증발하지 않는다.
분산 (dispersion)	① 파도와 난류에 의해 유출유의 유막이 여러 크기의 유적으로 갈라지는 현상으로 보통의 해상 상태에서는 며칠 이내에 완전히 분산된다. ② 분산된 작은 유적은 수중에 그대로 떠 있고 큰 유적은 침하 후 수면으로 다시 부상해 이동하고 있는 유막의 후면에서 다른 유적과 합쳐지거나, 다른 유막을 형성하기도 하고 또는 매우 얇은 막으로 확산되기도 한다.
에멀전 (emulsification)	① 기름이 해수를 흡수하면서 기름덩어리 속에 해수가 포함된 유중수형(water-in oil)을 형성하는 현상이다. 이로 인해 기름덩어리의 부피는 3~4배로 늘어나며 그 점성도 증가시켜 유출유의 분산을 저해시킨다. ② 이는 바다에 유출된 경질원유라도 장기간 남아 있게 되는 원인이 된다.
용해 (dissolution)	① 기름의 성분 중 벤젠, 톨루엔 등 방향족 탄화수소류와 같이 가벼운 성분이 물에 녹는 것을 말한다. 하지만 이 같은 성분은 휘발성이 매우 강하기 때문에 해수에 용해되는 것보다 10~1,000배나 빨리 증발되어 버리므로 유출유 제거에 중요한 풍화 과정이 되지는 못한다.

	② 다만, 이러한 용해작용으로 해수에 침투한 독성이 해양생물에게 독성으로 작용할 수 있다는 점을 고려해야 한다.
산화	① 기름의 탄화수소 분자가 산소와 반응해 수중 용해물로 분해되거나 결합해 지속적인 타르를 형성하는 것을 말한다. ② 산화는 태양광에 의해 촉진되며 유막의 전 변화 과정을 통해 일어나지만, 용해와 마찬가지로 다른 과정에 비해 유출유 제거에 큰 영향을 미치지 못한다.
침전 (sedimentation)	① 일부 중질원유의 잔유물과 같이 비중이 1 이상인 경우를 제외한 대부분 비중이 1 이하인 기름이 해수 중의 침전입자나 유기물에 부착되어 가라앉는 현상을 말한다. 낮에 간신히 해수면에 떠 있는 기름도 밤이 되면 수중에 가라앉는 경우가 있으며, 낮이 되어 수온이 상승하면 다시 부상하기도 한다. ② 수심이 얕은 해역에서는 기름에 부착될 수 있는 부유물질이 많아 침전되기 쉽고, 기름입자가 동물 플랑크톤에 섭취된 후 배설물에 섞여 침전되기도 한다. ③ 모래사장에 밀려온 기름은 모래와 혼합되어 파도에 씻겨나가면서 해저에 가라앉게 되는데, 심한 경우 파도에 의해 운반된 침전물이 기름과 섞여 퇴적되어 타르매트가 형성되며, 계절에 따른 침전물의 퇴적과 침식작용에 의해 이러한 기름층이 퇴적물 속에 파묻혀 버리기도 한다. ④ 파도의 영향 등이 적은 해역의 해안은 미세한 입자의 침전물로 덮여 있어 한 번 기름이 밀려오면 상당 기간 머물러 남아 있게 된다.
미생물 분해	해수 중에 서식하는 박테리아, 사상균, 효모균 등이 석유 탄화수소를 먹이 에너지원으로 이용함으로써 기름을 분해하는 과정이다. 미생물 분해는 여러 요인이 복잡하게 작용하므로 그 정도를 예측하기 어렵다.

(4) 피해

해양에 유출된 기름의 영향은 초기의 직접적인 생물 피해와 사고 후 수개월 또는 수십 년에 걸친 장기적인 피해로 크게 나눌 수 있다.

직접적인 생물 피해	① 직접적인 생물 피해는 기름과 접촉하거나 독성이 강한 성분을 흡수해 영향을 받는 것을 말한다. ② 해안에서 서식하는 생물들이나 바닷새들은 원유나 벙커유와 같은 점도가 높은 기름과 직접 접촉하게 되면 체온이 떨어지거나 질식을 하는 등 치명적인 피해를 입는다.
생물 대사작용 방해	① 기름의 생리적 독성은 주로 방향족 탄화수소에 의한 생물의 대사작용 방해 때문에 일어난다. 기름의 독성은 용해도가 높은 성분의 함량과 밀접한 관계가 있다. ② 특히, 벤젠과 톨루엔 등은 독성이 강해 생물에 치사를 유발하기도 하고, 방향족탄화수소는 경질유일수록 많이 함유되어 있기 때문에 휘발유와 경유 등 경질 연료유의 유출사고가 중질유의 유출사고보다 심각한 오염 피해를 일으킬 수 있다.
플랑크톤 영향	① 기름 유출사고는 식물 플랑크톤의 생산력을 떨어뜨리고, 낮은 농도에서도 동물 플랑크톤이나 치어 등에 치사 효과를 나타내는 것으로 알려져 있다. ② 일반적으로 어류는 도피할 수 있는 능력을 가지고 있기 때문에 피해가 적지만, 가두리 양식장과 같은 경우는 큰 피해를 입을 수 있다.

생물군집 변화	① 미생물에 의해 분해되지 않는 기름은 생물군집을 변화시키는 등 심각한 피해를 주기도 한다. 특히, 우리나라의 서해나 남해와 같이 갯벌이 발달한 지역은 기름오염에 취약하다. 이러한 갯벌 지역은 한번 오염되면 회복하는 데 수십 년 이상의 시간이 소요되는 것으로 추정된다. ② 연안의 습지는 산란장일 뿐만 아니라 치어가 성장하는 장소이므로 기름오염에 의한 피해가 심각할 수 있다. 또한 유출된 기름은 관광 및 산업 분야에 피해를 야기하기도 한다.
경제활동 영향	① 많은 오염사고의 공통된 특징은 연안의 쾌적한 지역을 오염시켜 해수욕, 낚시, 식당 등 여가 및 영업활동을 방해한다는 점이다. ② 관광객을 상대로 경제활동을 하는 사람들도 직·간접적인 영향을 받을 수 있다.
발전소	발전소는 대량의 냉각수 사용을 위해 해안가에 설치되는데 만일 상당량의 기름이 취수구를 통해 들어가면 냉각관이 오염되어 이를 세척하는 동안 발전량을 줄이거나 가동을 정지할 수도 있기 때문에 취수구를 기름이 유입되지 않도록 조치를 취하는 것도 매우 중요하다.

3. 유해액체물질(위험유해물질, HNS)

(1) HNS의 물리적 거동

HNS(hazardous and noxious substance)가 해양환경에 방출되었을 때 존재하는 형태에 따라 고체, 액체, 기체로 분류하는 것은 방제전략 수립에 유용하게 작용한다. HNS의 최종 형태는 증발성, 수용성, 밀도에 따라 결정되고, 결국 이것이 그 물질의 위험성을 결정한다.

(2) HNS의 위험성 지표

HNS의 위험 특성은 대략 다음의 지표가 사용된다.

가연성	① 자연 상태로 또는 점화원의 존재에 의해 쉽게 불붙는 성질을 말한다. 액체의 가연성은 증기압이나 인화점에 의해 결정된다. 가연성이 있는 액체는 낮은 끓는점과 인화점을 갖는다. 기타 가연성 물질은 점화원이 없어도 공기와 접촉해 스스로 불이 붙을 수 있는 자연발화 온도를 가진다. ② 점화된 HNS는 열과 고체입자 그리고 독성가스를 방출할 수 있다.
폭발성	단독 또는 다른 물질과 혼합해 국지온도를 높이고 다량의 가스를 발생시키기 위해 순식간에 반응하는 성질을 말하는데, 제한된 구역에서 가연성 물질이 발화하면 폭발이 일어난다.
독성	미량의 호흡, 섭취 및 피부 접촉에 의해 부상에 이르게 하는 성질을 말한다.

부식성	접촉을 통해 눈, 폐 등 살아 있는 신체 조직이나 금속 등을 표면으로부터 파괴시키거나 돌이킬 수 없는 손상을 주는 성질을 말한다.
반응성	다른 물질이나 물 혹은 공기와 부식, 분해, 산화, 환원, 중화 반응 등 다양한 방법으로 반응하는 성질을 말하는데, 이러한 반응성은 외부로부터 발열 또는 흡열하거나 연소 반응 및 독성가스를 생성할 수 있다.

제 2 장 해양오염 방제활동

제 1 절 방제장비 및 약재

1. 오일 펜스

(1) 의의

오일 펜스(oil fence)는 해상에 유출된 오염물질의 확산 방지, 해양환경 민감 해역 보호 및 확산된 오염물질 포집에 사용하는 것으로 크기 · 구조 및 용도에 따라 다양하게 제작 · 사용되고 있다.

(2) 오일 펜스의 종류

1) 커튼형 오일 펜스(스커트가 유연한 재질로 구성)

종류	구조 및 장단점	사용 시기 및 장소
고형식	① 발포성 부력체 내장 ② 부피가 커 공간을 많이 차지 ③ 가격 저렴 ④ 파손 저항이 우수	① 사고선 주위 및 사고 위험 해역에 장기간 설치 시 ② 연안 · 항만에서 사용

강제 팽창식	① 부력체에 공기를 강제 주입 ② 전장 속도가 늦음. ③ 부력체 파공시 침강 우려 ④ 부피가 적어 보관, 운송 유리	① 초동 조치를 위한 긴급 설치 시 ② 중·대형으로 조류와 파도가 있는 해역에서 운용
자동 팽창식	① 팽창용 스프링 내장 ② 외피 파공 시 침강 우려 ③ 자동 팽창으로 신속 전장	① 초동 조치를 위한 긴급 설치 시 ② 중·대형으로 조류와 파도가 있는 해역에서 운용

2) 펜스형 오일 펜스(스커트가 고정되거나 패널로 구성)

구조 및 장단점	사용 시기 및 장소
① 방유벽 양쪽에 고형 부력체 부착, 부피가 크므로 보관 공간을 많이 차지 ② 포집 성능이 우수하나 유연성이 떨어져 조류와 파도에 취약	사고위험 해역에 영구적으로 오일 펜스 설치 시 해양시설, 취수구 주변에 설치

3) 특수 목적용 오일 펜스

종류	구조 및 장단점	사용시기 및 장소
해안용	① 튜브 3개 겹쳐서 제작 ② 부피가 크고 가격이 고가 ③ 조간대 해안 보호용	① 평평한 갯벌이나 모래사장에서 운용 ② 조석간만의 차가 큰 평평한 해안가
내화용	① 내화용 부력체 내장 ② 가격이 고가 ③ 유출유 포집·예인용으로도 사용 가능	① 해상에서 현장 소각 목적으로 사용 ② 외해에서 운용
네트형	① 보통 어선에 사용하는 1mm 정도의 그물눈 ② 구입이 쉽고 저가	해상에서 중질유, 유화된 기름, 타르볼(tar ball) 및 기름 묻은 유흡착재 수거 시 활용

2. 유회수기(oil skimmer)

(1) 의의 및 원리

의의	해상 또는 해안에 유출된 기름의 물리적·화학적 특성을 변화시키지 않고 유출유를 회수할 수 있도록 고안된 기계장치를 말한다.
재질	유회수기의 재질은 햇빛이나 해수에 내구력이 강한 스테인리스 스틸, 고무, 알루미늄, 폴리프로필렌 등을 주로 사용한다.
원리	유출유를 회수하는 원리는 물과 기름의 비중차, 기름의 점성 및 유동하는 특성을 이용해 기름을 회수한다. 유회수기는 주로 해상 및 해안에서 사용하는 장비이므로 안전사고 예방을 위해 전기구동보다 유압구동을 많이 채택한다.

(2) 구성

기본적으로 동력부・회수부・이송부(펌프와 호스)로 구성하고 있으며 회수유 저장장치, 유출유 포집장치, 원격조정장치, 자항(自航)장치, 호스 릴 등을 추가로 설치해 유회수기의 성능을 개선하고 취급을 용이하게 하고 있다.

동력부	유회수기를 구동할 수 있는 동력을 발생할 수 있는 부분이며, 디젤 엔진, 유압 펌프, 시동용 배터리, 유압 조정 밸브, 유압 탱크, 연료유 탱크 등으로 구성
회수부	해상 또는 해안에서 기름을 회수하는 부분으로서, 유회수기의 종류를 구분하는 기준이 된다. 회수부는 해상에서 뜰 수 있는 충분한 부력체를 갖춰야 한다. 종류별로는 디스크(disc) 방식, 브러시(brush) 방식, 몹(mop) 방식, 벨트(belt) 방식, 위어(weir) 방식, 진공흡입(vacuum) 방식으로 구성
이송부	회수부에서 회수한 기름을 저장부(저장탱크)로 이송하는 부분으로서 펌프와 호스 및 커플링(coupling, 축이음)으로 구성되며, 일반적으로 펌프는 동력부에 설치하고 연결부분은 퀵 커플링(quick disconnect coupling, 이음쇠)을 사용한다. 펌프가 동력부에 설치된 유회수기는 흡입양정이 6m 이내임을 유의
기타 부대장치	회수유 저장장치(회수한 기름을 저장하는 유조바지, 간이저장용기 등), 유출유 포집장치(유출유를 회수하기 용이하게 모을 수 있는 장치), 원격조정장치(회수부, 자항장치, 펌프 등을 원격으로 조정함), 자항장치(회수부를 유출유가 두꺼운 위치로 이동시킴), 호스 릴(유압호스, 토출 호스를 릴에 감아 보관을 용이하게 함)을 사용

(3) 유회수기의 종류 및 특성

1) 유회수기의 종류

회수 방식	회수부의 구조
흡착식	디스크, T-디스크, 브러시, 드럼, 붐, 흡착 벨트
위어식	스크루, 붐(트롤), 부유 벨트, 원심력
진공식	비치클리너
원심력식	사이클론
기타(기계식)	패들 벨트, 부유 벨트, 물분사식, 잠수식

2) 유회수기의 특성

흡착식 유회수기	① 회수 원리: 기름의 점성(粘性, viscosity)을 이용하는 것으로서, 친유성 소재로 만든 디스크, 브러시, 드럼, 몹, 벨트를 유출유가 부유하는 해면에서 회전시키면 유출유가 친유성 소재에 달라붙게 되며, 긁어내거나 짜내어 수집통에 모아 이송 펌프를 이용해 저장용기로 이송한다. ② 특성: 흡착식 소형 유회수기이므로 신속한 동원이 용이하며 연안, 항만 등에서 오일 펜스를 이용해 포집한 유출유 및 선박들이 계류되어 협소한 구역에서 유출유를 회수하는

	데 효율적이다. 주로 연안 및 부두에서 활용하므로 이동용 폐유저장용기가 필요하며 회수효율이 양호하고 함수율이 낮다. 디스크형 회수기는 평디스크, T-디스크형과 브러시형 회수기는 체인형, 디스크형, 드럼형 회수기가 있다. ③ 성능: 경질유, 중(中)질유에 우수하며, 중(重)질유는 보통이다. 최대 조류는 1노트 이하에서 정지 상태로 운영한다. 회수 능력은 보통 10~30㎥/hr 정도이다.
위어식 (스크루 스키머)	① 회수 원리: 물과 기름의 비중차를 이용하는 것으로서, 위어의 상단을 유출유와 수면 사이에 위치시켜 기름이 위어의 상단을 넘어 수집통으로 흘러가도록 유도해 이송 펌프를 이용해 저장용기로 이송한다. ② 특성: 스크루형 이송 펌프는 고점도유는 회수가 가능하나 위어 높이를 유수 경계면에 맞추기 위한 조정이 어려운 반면 토출양정이 우수해 기름 이적 용도로도 활용 가능하다. ③ 성능: 경질유는 보통이며, 중(中)질유 및 중(重)질유에는 우수하다. 최대 조류는 2노트 이하에서 정지 상태로 운영한다. 회수 능력은 보통 25~60㎥/hr 정도이다.
위어식 (트롤 스키머)	① 회수 원리: 압축공기를 주입해 팽창시킨 트롤 붐을 2척의 예인선으로 예인(예인 속도 약 2~3노트)해 유출유를 포집하는 것으로 여과기를 거쳐 부유 이물질은 걸러지고 기름만 회수하며 파도 약 1m 정도의 해상에서 회수작업이 가능하다. ② 특성: 붐 내부에 위어식 유회수기를 장착해 붐을 예인하면서 유출유를 회수하는 것으로 파도에 적응력이 양호하며 예인선 2척, 바지선, 유조선, 작업선, 크레인 등 선단을 이뤄 운용한다. ③ 성능: 경질유 회수는 보통이며, 중(中)질유 및 중(重)질유는 우수하다. 최대 조류는 2노트 이하에서 전진하면서 운영한다. 회수 능력은 보통 50~100㎥/hr 정도이다.
진공식 유회수기	① 원리 진공청소기와 같은 원리로 진공 탱크를 형성(이젝터 이용)하고 진공 탱크로 유출유가 유입되도록 유도해 회수한 후 진공 탱크의 진공을 해제해 회수된 기름을 저장용기로 이송한다. ② 특성: 파도에 취약해 해상보다 해안 청소에 유리하며 진공도 유지 정도에 따라 성능의 변화가 큰 장비로 암반 부착유는 유처리제를 살포 세척하면서 흡입해 회수 가능하다. ③ 성능: 경질유, 중(中)질유 및 중(重)질유 회수에 우수하며 정지 상태로 운영한다. 회수 능력은 보통 15~25㎥/hr 정도이다.
원심분리 유회수기	① 회수 원리: 기름의 비중을 이용해 기름과 물이 회오리(원심력)가 발생하는 챔버(chamber) 내부로 유입하면 비중차에 의해 물은 챔버 하부로 배출되고 기름은 챔버 상부에 모아진다. 상부에 모아진 기름은 이송 펌프를 이용해 저장탱크로 이송하는 방식의 회수기이다. ② 특성: 회수유는 함수율이 크므로 유수분리 필터를 통해 해수는 배출하며 유출유를 이적하기 용이하게 하기 위해 이젝터(ejector)를 이용해 챔버 상부의 공기를 배출하고 기름을 챔버 상부로 유도한다. 유회수기가 전진형이므로 선박에 탑재해 전진 항해하면서 회수한다. ③ 성능: 경질유, 중(中)질유 회수에 우수하며 중(重)질유 회수는 보통이다. 최도 조류 3노트에서 가능하며 전진형으로 운영한다. 회수 능력은 보통 90~180㎥/hr 정도로 매우 크다.

3. 유흡착재

(1) 개요

흡착재는 해상에 유출된 오염물질을 흡수 또는 흡착해 회수하는 물질로서 유출량이 적거나 좁은 지역으로 회수기를 이용한 회수작업이 곤란한 경우와 양식장 및 산란지 등 민감 해역에서 방제작업이 제한된 경우에 주로 사용한다. 해양에 유출된 오염물질을 물리적인 방법으로 흡착 수거하는 데 사용한다.

(2) 종류 및 특성

구분	특성
매트형	① 일정한 사각형의 시트 모양이다. ② 폐쇄된 해역 또는 좁은 해역에서 소량의 회수작업에 이용한다. ③ 포집된 오염물질 위에 직접 투하해 흡착한다.
롤형	① 폭 약 0.5~1m의 흡착재를 길이 약 50m 정도 감아놓은 롤(roll) 형태이다. ② 해안선, 해양, 좁은 해역에 대량으로 오염물질이 유입될 시 사용한다. ③ 해수욕장, 바위틈 등 민감 해역에 오염물질이 부착되기 전에 미리 깔아 둠으로써 민감 해역 보호에 이용한다. ④ 비교적 오염물질이 많은 경우나 선박의 갑판이나 작업구역의 오염 방지 및 미끄럼 방지 등에 사용한다. ⑤ 매트형(패드형)과 사용 방법은 같으나 적당한 길이로 잘라 사용한다.
쿠션형	① 가로, 세로를 일정한 크기로 베개처럼 흡착재를 많이 내장한 형태이다. ② 점도가 높은 기름이나 두꺼운 유층이 있을 때 유용하다. ③ 서로 연결해 사용하면 효과적이며, 이때 한쪽을 육지에 고정시켜 사용한다.
붐형 로프형	① 3~10m 붐 모양으로 연결한 형태이다. ② 오일 펜스 대체용으로 설치하거나 오일 펜스 내부에 설치하여 포집된 오염물질을 흡착한다. ③ 오일 펜스 설치가 곤란한 하수구나 좁은 하천 오염 시 설치한다. ④ 유회수기 뒤쪽에 설치하여 회수기에서 빠져 나온 기름을 회수할 때 사용이 가능하다.
기타	① 겔화형 내장제: 유겔화제를 내장한 유흡착재로 분말형 겔화제와 화학적인 반응을 일으켜 흡수된 기름이 겔(gel) 상태로 된다. ② 오일 스네어: 바위・자갈 및 TTP 사이의 기름을 제거할 때 사용할 수 있다. ③ 천연물질: 볏짚, 가마니, 건초, 마대, 대패밥, 머리카락 등을 흡착재 대용으로 사용할 수 있으나 오랜 시간 경과시 수분을 흡수해 침강 우려가 있으며, 수거 방법을 신중히 고려해서 사용한다.

4. 유처리제

사용 목적	유처리제에 의한 분산 처리 방법은 해상에서 발생하는 각종 유출 사고 시 물리적인 수거가 불가능할 경우에 오염에 민감한 지역의 피해를 사전에 대응하기 위해 사용되는 유출유 방제 방법으로 유출사고로 인한 생태계의 피해를 감소시키고 예측되는 각종 위험을 최소화하려는 데 그 사용 목적이 있다.
작용 원리	유처리제는 해상에 유출된 기름을 미립자화해 유화 분산(乳化分散)시켜 해수와 섞이기 쉬운 상태를 만들어 자연정화작용을 촉진, 즉 박테리아에 의한 미생물 분해, 일조에 의한 증발산화작용 등을 통해 기름을 소멸시키는 작용을 하는 것으로 결코 그 자체가 기름을 소멸시키거나 중화해 다른 것으로 변화시키는 것은 아니다. ※ 유처리제는 종류 및 제조사에 따라 구성 성분 및 조성 비율에 다소 차이가 있으나, 주성분은 용제 약 70%, 계면활성제 약 30% 등으로 되어 있다.
사용 시기	유처리제의 사용 시기의 결정은 환경영향 평가를 수행한 후 지역적 특성에 따라 해상에서의 분산 처리 효과를 고려해 최적 살포 시간을 선택해 사용해야 한다.
사용 결정	유처리제 살포 가능 해역을 지역방제 실행계획 및 방제정보지도에서 확인하고 현장지휘관 재량으로 살포 결정할 수 있다. 유처리제 살포 억제지역 및 고려 해역에서는 순수 환경이득분석 및 방제기술지원협의회 등의 자문을 받아 방제대책본부장 또는 해양경비안전서장이 살포를 결정할 수 있다.

제 2 절 방제활동

1. 해양오염방제의 의의

① 「해양환경관리법」에서는 해양오염에 대한 정의는 있으나, '방제'의 개념에 대해서는 용어 정의를 별도로 내리고 있지 않다.

② 다만 동법 제64조 '방제 조치'란 "오염물질의 배출 방지, 배출된 오염물질의 확산 방지 및 제거, 배출된 오염물질의 수거 및 처리하는 활동을 말한다."고 규정되어 있다. 즉, 해양오염 발생 이전의 예방과 해양오염 발생 이후의 대응 및 사후 처리까지 폭넓게 포함하고 있다.

2. 방제의 대상

「해양환경관리법」에서는 해양오염 방제의 대상이 되는 오염물질로 기름, 유해액체물질, 폐기물, 포장유해물질 등 네 가지로 규정하고 있다.

기름	① 원유 및 석유제품(석유가스 제외)과 이들을 함유하고 있는 액체 상태의 유성 혼합물 ② MARPOL 73/78 부속서 I 에서 기름을 "원유, 연료유, 슬러지, 기름 찌꺼기 및 부속서 II 에 규정된 석유화학제품을 제외한 정제유를 포함한 모든 형태의 석유"라고 정의 ③ 특히 해양오염에 위협이 되는 것은 원유와 정제유(석유제품)
유해 액체물질	① 해양환경에 해로운 결과를 미치거나 미칠 우려가 있는 액체물질(기름 제외)과 그 물질이 함유된 혼합 액체물질 ② 「선박에서의 오염 방지에 관한 규칙」에서 종류를 총 546종을 나열 ③ OPRC-HNS 의정서에서는 기름 이외의 물질로서 해양환경에 유출되어 인체에 해를 주고 생물자원 및 해양생물에 손해를 끼치며 또는 기타 해양의 정당한 사용을 방해할 가능성이 있는 물질
폐기물	① 해양에 배출되는 경우 그 상태로는 사용할 수 없게 되는 물질로서 해양환경에 해로운 결과를 미치거나 미칠 우려가 있는 물질 ② 「폐기물관리법」에서는 쓰레기, 연소재, 오니, 폐유, 폐산, 폐알칼리 및 동물의 사체 등으로서 사람의 생활이나 사업활동에 필요하지 아니하게 된 물질로 정의
포장 유해물질	① 포장된 형태로 선박에 의해 운송되는 유해물질 중 해양에 배출되는 경우 해양환경에 해로운 결과를 미치거나 미칠 우려가 있는 물질 ② 「위험물 선박 운송 및 저장규칙」에서는 화약류, 고압가스, 인화성 액체류, 가연성 물질류, 산황성 물질류 독물류, 방사성 물질, 부식성 물질 및 유해성 물질로 고시한 것으로 규정

3. 방제의 주체

(1) 「해양환경관리법」상 규정

① 국가 및 자치단체 책무: 국가와 지방자치단체는 해양오염으로 인한 위해(危害)를 예방하고 훼손된 해양환경을 복원하는 등 해양환경의 적정한 보전·관리에 필요한 시책을 수립·시행해야 하는 책무를 부과하고 있다.

② 원인자 책임: 자기의 행위 또는 사업활동으로 인해 해양환경의 훼손 또는 해양오염을 야기한 자는 훼손·오염된 해양환경을 복원할 책임을 지며, 해양환경의 훼손·오염으로 인한 피해의 구제에 소요되는 비용을 부담함을 원칙으로 하는 '오염원인자 책임의 원칙'을 명백히 하고 있다.

(2) 주체의 구분

국제협력체	① 우리 해역 인접국 간 국제협력체로는 북서태평양보전실천계획(NOWPAP)이 있다. ② 북서태평양 해역의 지속 가능한 이용과 개발 및 관리를 목적으로 유엔환경계획(UNEP)의 권고에 따라 한국, 일본, 중국, 러시아 4개국이 참여하는 국제협력체 ③ 대형 오염사고 발생 시 회원국 간 공동대응체계 구축 및 주기적인 방제훈련 실시
정부기관	① 방제 관할에 따라 해양수산부・해양경찰, 지방자치단체, 환경부로 구분 ② 바다에서의 방제활동은 해양경찰에서 주관하되, 「해양환경관리법」에 따라 해안의 자갈・모래 등에 붙은 기름은 해당 지자체에서 방제 조치 ③ 다만, 해양경찰에서 해안 방제에 사용되는 자재, 약제, 장비, 인력 및 기술 지원
공공기관	「해양환경관리법」에 따라 설립된 해양환경관리공단이 있는네, 이 공단은 해양수산부 장관의 지도・감독을 받으나, 긴급방제 조치에 필요한 업무에 대해서는 해양경비안전본부가 지도・감독하고 있다.
민간방제업체	정부 또는 공단과 협력해 방제 대비・대응 태세를 유지하는 한편, 사고 발생 시 응급방제를 실시하며, 오염사고를 유발한 선박이나 해양시설의 요청에 따라 방제활동을 수행
선박・해양시설	① 기름과 유해액체물질을 취급하는 자로서 해양오염 유발자로 활동함에 따라 해양오염에 대한 자체 대응 능력 제고를 위해 일정 규모 이상의 선박과 해양시설에 대해서는 방제선 및 방제장비・자재・약제 비치 의무 등을 부과 ② 오염물질을 배출했거나 배출될 우려가 있는 경우 방제 의무자가 되어 방제 조치 의무를 이행해야 하며, 그 오염으로 인한 제반 비용과 피해를 배상토록 규정

4. 방제의 방법

(1) 예방활동

예방순찰	해양경찰은 해양오염사고를 예방하기 위해 함정을 이용한 예방순찰과 항공기를 이용한 항공감시를 실시하고 있다.
출입검사	선박이나 해양시설을 직접 방문해 「해양환경관리법」 준수 사항을 확인하고, 이를 통해 오염물질 배출감시와 각종 기록부의 비치・기록・보존 상태, 오염방지 설비의 설치 및 정상 작동 여부 확인, 폐유・폐기물의 적정처리, 방제자재・약재 비치 및 오염방지관리인 임명 여부 등을 검사하고 있다.
해양환경 지킴이 위촉	해양경찰의 해양환경 보전활동에 관심이 많은 일반시민을 대상으로 위촉하고, 주로 기름, 폐기물, 유해액체물질 등 불법 투기행위에 대한 감시와 신고, 대국민 해양오염 예방을 위한 홍보활동 등을 수행한다.
신고포상금	오염물질이나 폐기물을 배출한 자를 신고・고발 시 해양경찰, 해양수산부, 지자체에서 「해양환경관리법」에 따라 신고포상금을 지급하고 있다.
기타 활동	어선쓰레기 되가져오기 운동, 선저폐수 수거운동, 바다정화 운동, 해양환경교실 등

(2) 대비활동

해양오염 방제에 관한 대비활동은 주로 민·관 방제 세력을 동원한 방제훈련이다. 전국해양경비안전서에는 방제 대응 체계를 점검하고 방제 대응 능력을 강화하기 위해 매년 해상방제훈련, 해안방제훈련, 위험유해물질(HNS) 사고 대응훈련을 정기적으로 실시하고 있다. 그리고 중국·러시아·일본 등 북태평양보건실천계획(NOWPAP) 회원국들과도 합동훈련을 실시하고 있다.

(3) 대응활동

초동 조치	현장에 도착하는 즉시 오염 상황을 파악한 후 방제 방법을 결정하고 실행해야 한다.
방제전략 수립	① 초동 조치만으로 충분치 못해 대형 오염사고로 확산될 경우에는 좀 더 구체적이고 전문적인 방제전략을 수립해야 한다. ② 우선, 방제 영역을 해상과 해안으로 구분한 뒤 오염이 시작되는 해상에서부터 방제활동을 전개하되 유출유의 확산 경로를 예측해 해안 방제에 대비한다.
방제 세력 투입	본격적인 방제활동 전에 오염원을 우선 확인하고 폭발, 화재 등 오염 현장의 위험성을 평가한 후 방제 세력을 투입한다.
방제 시 고려 사항	① 유출유를 원천 봉쇄해 추가 유출을 막는다. ② 유출된 기름이 확산되지 않도록 유출 현장을 오일 붐(oil boom)으로 막는다. ③ 방제선 등 방제 세력을 동원해 기계적, 물리적, 화학적, 생물학적 유출유 회수·처리 및 필요 시 현장 소각을 진행한다. ④ 방제작업 중 항공 탐색을 통해 유출유 확산을 지속적으로 확인하고, 오염 현장이나 인근 해역에서 발생할 수 있는 독성가스에 의한 보건사고 등에도 대비한다.
간접 대응활동	① 유출유 감식·분석: 해양오염 현장에서 채취된 시료 또는 혐의 시료를 기구·장비 등을 통해 물질의 특성과 상호 유사성, 동질성 등 과학적 기법에 의해 사실을 밝혀내는 일체의 과정으로 오염물질이 해양에 배출되어 선박 및 해양시설 등으로부터 유출 흔적이나 목격자 등이 없어 현장에서 쉽게 오염행위자를 밝혀내기 어려운 불명 해양오염을 주요 대상으로 한다. 이러한 감식·분석에는 통상 유지문(oil fingerprint) 기법이 사용된다. ② 해양오염행위 단속·조사: 「해양환경관리법」에 따라 오염물질을 배출하거나 해양오염행위를 일으킨 국내외 선박을 대상으로 하고, 해양오염 혐의 선박에 대해 정선·검색·나포·입출항 금지 및 그 밖에 필요한 명령이나 조치를 할 수 있으며, 외국 선박에 대해서는 「배타적 경제수역에서의 외국인 어업 등에 대한 주권적 권리의 행사에 관한 법률」에서와 같이 담보금 규정을 특별히 적용하고 있다.

(4) 사후 조치

피해자에 대한 배상문제	「유류오염손해배상 보장법」에 따른 오염사고 피해자에 대한 배상문제가 주요 사후조치이며 재난적 오염사고에 대해서는 「재난 및 안전관리기본법」을 적용하거나 특별법을 제정해 피해지역에 대한 범정부 차원의 지원을 할 수 있다.
민간 세력 방제비용 산정	원칙적으로 투입된 민간 세력의 방제비용에 대한 보상은 오염행위자인 선박·해양시설의 소유자나 보험사에서 이뤄지나, 해양경찰 세력이 투입된 방제비용, 해양경찰과 계약한 민간 세력의 방제비용, 해양경찰의 지시에 따른 해양환경관리공단의 방제비용에 대해서는 국민안전처 예규 「방제비용 부과·징수규칙」을 적용해 전체 방제비용을 산정한 후 해양경찰에서 직접 오염행위자에게 청구한다.
오염사고 원인 조사	이는 법률 위반행위에 대한 수사와 달리 오염사고의 근본 원인을 분석해 유사사고를 예방하기 위한 목적이다. 해양경찰에서는 심층적 원인조사와 함께 방제활동 과정을 전반적으로 평가하고 이에 따라 도출된 결과를 정책 및 현장으로 환류한다.

제3장 유형별 방제

제1절 해상방제

1. 의의

해양에서 기름 유출 사고가 발생하면 당시의 상황을 종합해 해상 부유 유출유 처리를 위해 기계적으로 회수할 것인지, 자연적인 소멸을 기대할 것인지, 현장 소각할 것인지, 화학약재를 사용할 것인가에 대한 방법을 결정하게 된다. 각 방제 방법은 나름대로 장·단점을 가지고 있으므로 각종 장비의 용도 및 특징을 파악해 최적의 방제 방법을 선택해야 한다.

2. 해상방제 방법

유회수기 사용	① 유출유의 기계적 회수는 해면상의 기름을 오일 붐으로 한 곳에 포집한 후 유회수기로 회수해 저장탱크로 이송하는 방법을 말한다. ② 특징으로는 고비용 소요, 계속적인 물자 지원, 기상 상태에 따른 작업 영향, 회수유의 처리 방법 등이 있다.

유흡착재 사용	① 기름을 흡착 또는 흡수하는 것을 유흡착재라고 하며, 이것은 기름을 회수할 때 유회수기 다음으로 많이 사용된다. ② 유흡착재는 흡착작용으로 기름을 표면에 붙게 하고, 흡수작용으로 기름이 그 내부 속으로 침투하는 것을 말한다. ③ 유흡착재는 유회수기 사용이 곤란한 장소에서 기름을 제거하고자 할 때나 오염 방제작업 과정의 마지막 단계에서 사용된다.
유처리제 사용	① 유처리제는 대형 기름 유출 사고 시 기름이 유출된 지 24시간이 경과한 후 사용한다. ② 선박, 헬기 또는 쌍발 엔진 항공기에 살포붐 등 살포장치를 설치해 살포한다.
현장 소각 방법	① 현장 소각이란 오염해역의 수면상 유출유를 현장에서 태우는 것을 말한다. 유출유는 해안에서도 태울 수 있지만, 해양환경에 더 많은 문제가 야기되므로 보통 해상에서 실시한다. ② 점화 방법으로는 불꽃점화기 점화 방식, 레이저 점화 방식, 공중점화 방식 등 세 가지가 있다.
화학약재 사용	유회수기 등 기름의 회수와 현장 소각에 의한 기름제거 방법 외에 침강제, 유겔화제 및 유화방지제 같은 화학약제를 유막에 적용시키는 방법과 미생물을 이용해 기름을 분해시키는 생물학적 방법을 사용한다.

제 2 절 해안 방제 및 폐기물 처리

1. 해안 방제

(1) 해안 방제 계획 및 실행

해안 방제 체계	① 해안에 부착된 기름은 해역관리청에서 방제 조치한다. ② 해역관리청에서 해안오염사고 대비 사전 방제조직 구성, 방제자원 확보 및 대응 계획을 수립·운용한다. ③ 해양오염사고 발생 시 해역관리청은 방제대책본부(해양경비안전서)와 협력해 해안 부착유 방제작업을 수행한다.
방제 조치 계획 수립	① 해안 부착유는 그 해안을 관할하는 지방자체단체 또는 항만관리청에서 필요한 조치계획을 수립·시행한다. ② 해안 부착유 방제조치 계획은 지역방제실행계획과 내용이 상충되지 않도록 수립해야 한다.
해안오염 평가	① 부착유량 추정: 대체로 해안에서는 기름이 일정하게 덮이는 일은 드물기 때문에 해안 부착유의 양을 정확히 추정하는 것은 매우 어렵다. 노출된 암석 해안에서는 기름이 모이는 구멍이나 갈라진 곳이 많으므로 특히 방제작업이 곤란하

	다. 그러나 적당한 해안방제조직을 만들고 작업에 요하는 인력을 명확히 파악하려면 대략적이라도 유량을 추정하는 것이 바람직하다. ② 오염 해안 조사: 전반적인 오염의 정도는 먼저 해당 지역의 항공 감시를 통해 눈으로 평가할 수 있다. 기름의 영향을 받은 해안의 대표적인 부분에 대해서는 실제로 현장답사에 의해 오염된 지역에 대해 좀 더 상세한 평가를 할 수 있다. 기름 오염 정도가 다르거나 또는 해안의 특성이 다른 곳에서는 이러한 평가작업을 반복하지 않으면 안 된다. 동시에 해안의 조사는 화학분석에 필요한 시료를 확보하고 진입로나 방제작업의 실행 가능성을 확인한다.

(2) 해안 방제작업 방법

물리적 수거	해안에 부착된 기름을 방치할 경우 조석에 따른 2차 오염을 야기시킬 수 있는 벌크 상태의 두꺼운 유층의 기름을 물리적으로 수거하는 단계이며, 해안오염 방제 대응 제1단계의 방제 기술에서 사용하는 방법이다.
갯닦이	두꺼운 유층이 제거된 후 바위나 암반, 암벽 등에 비교적 두꺼운 기름 층을 걸레 등으로 닦아내거나 기타 손 도구를 이용해 기름을 닦아내는 수작업을 말한다. 이 방법은 유층이 얇아지는 어느 단계에서는 더 이상 효과가 없으므로 해안의 용도 및 특성을 고려해 고압 세척, 저압 세척 또는 자연 정화의 방법으로 전환이 요구된다.
파도 세척	오염된 모래나 자갈층을 해안 하부로 이동해 작은 둑을 쌓아 부서지는 파도의 힘을 이용하는 방법이다. 파도의 힘에 의해 해안 상부로 이동하는 과정에서 모래, 자갈 사이의 기름을 부상시키고 입자끼리의 마찰에 의해 부착 기름을 제거하는 데 효과적이다.
저압 세척	대용량의 저압수를 이용해 모래 및 자갈층의 침투유나 바위 밑에 갇힌 기름을 부상시켜 유흡착재 등을 이용해 제거하는 방법이다. 비교적 운반이 용이한 펌프를 이용하므로 거의 모든 해안에 적용 가능하며 효과적인 작업을 위해 호스 끝에 파이프 연결 사용이 권장되며 기름의 점도가 높은 경우 스팀을 이용함으로써 세척 효율을 높일 수 있다.
모래 경작	기름이 30cm 이내의 깊이로 침적된 모래 해안을 트랙터를 이용해 갈아 이랑에서 부서지는 파도의 힘에 의해 침적유를 부상시키는 방법이다. 통상적으로 해안선과 평행한 방향으로 틸링(tilling)하는 방법과 상황에 따라서 직각 방향의 틸링을 시도할 수 있다.
고온 고압 세척	아주 높은 수준의 방제가 요구되는 지역에서 마지막 단계에 사용되는 방법이다. 방제 효과가 큰 반면 생태계 회복을 지연시키는 악영향을 초래할 수도 있는 방제 방법이다. 생태계 보전 측면보다 미관이 중요시되는 관광지나 방파제, 방조제 및 항만 안벽 등 인공구조물의 방제에 적용할 수 있다.

(3) 방제 종료

종료 시기	기름 유출사고는 단지 해양환경뿐만 아니라 지역 내 경제활동 및 여가활동을 포함한 해양이 사회에 제공하는 혜택을 받을 수 있는 모든 분야에 영향을 미칠 수 있기 때문에 환경적 요인을 모두 분석해 적절한 시기를 선정해야 한다..
판단 기준	방제작업을 종료하기 위해서는 해양환경의 생태학적, 인간의 활용성 및 계절적 다양성까지 고려해 사안별로 세밀히 평가해야 한다.

	① 환경적으로 민감한 자원에 어떤 피해를 줄만한 기름이 남아 있는가? ② 해안의 여가활동에 시각적, 쾌적성을 방해하는가? ③ 경제활동을 방해하거나 중단시킬 위험은 있는가? ④ 작업을 계속해도 환경적, 비용 측면에서 유리한가?
종료 절차	① 오염 해안별로 적절한 방제 방법이나 방제 종료 시기 결정 등의 기술적인 문제를 해결하기 위해 해안오염평가(Shoreline Cleanup Assess ment Technique: SCAT) 제도를 운영한다. ② 해안오염평가제도는 관계기관 대표자들로 구성된 해안오염평가팀을 구성・운영하는 데 해양경비안전본부 및 지방자치단체, 오염행위자, 보험사, 환경단체, 지역주민 대표 등 이해관계자들이 포함된다. ③ 해안오염평가팀은 오염사고 초기부터 오염된 해안 전체를 조사해 해안별 오염 상태에 따라 적절한 방제 방법을 제시하고, 방제작업 상태를 주기적으로 평가해 방제작업이 일정 수준에 이르면 방제대책본부에 방제작업 종료를 권고하고 방제대책본부는 해안오염평가팀의 권고안을 검토해 최종적으로 방제 종료를 결정한다.

2. 폐유・폐기물 처리

(1) 폐유・폐기물 저장, 운반, 처리

1) 폐유・폐기물 임시저장용기

드럼통	기름을 가득 채우면 운반하기 곤란하므로 80% 정도 채운다.
간이저장용기	회수폐유 저장용으로 제작한 사각 또는 원형의 이동 용기 등이 있다.
저장웅덩이	폐유저장용기 부족 및 많은 량의 폐기물이 발생할 경우 오염 해안 인근에 웅덩이를 파고 기름이 혼합된 폐기물을 임시 저장한다.
폐유 및 폐기물 운반차량	작업장 내의 차량이 외부로 운행할 경우 도로가 오염되므로 작업장 내 차량과 외부 운행 차량을 철저히 통제한다.
도서지역 폐기물 처리	도서지역 폐기물은 차도선에 포클레인(poclain)을 싣고 해안에 접안시켜 반출, 시급히 반출해야 될 폐기물은 헬기를 이용해 반출한다.
비닐 포대	20ℓ 정도의 플라스틱 포대로 폐기물을 담을 때는 묶을 여분을 남겨두고 햇볕에 10일 이상 노출되면 손상되므로 그 이전에 처리한다.

2) 폐유 및 폐기물의 분리, 처리 방법

형태	분리	처리 방법
액상 폐유	중력으로 분리 탱크 아래 물을 배출	재생 또는 소각 처리
고상 폐유	쓰레기 제거	재생 또는 소각 처리

모래 혼합 폐유	오염된 모래 분리	소각 처리 매립(유분 농도 5% 이하)
자갈 혼합 폐유	경질유와 유처리제로 처리 세척 분리	폐유 소각 처리 자갈은 원상 복원
쓰레기 혼합 폐유	액상과 고상으로 분리 액상: 유조차 고상: 폐기물 운반차	액상은 재생 또는 소각 고상은 소각 처리

(2) 방제자원 재사용 및 재활용

방재 사용상 유의점	유흡착재나 유처리제 등은 유출량에 맞게 적정량을 사용해야 폐기물 발생량을 줄이고 환경영향을 최소화할 수 있다.
수거 폐기물 분리 보관	폐기물은 수거할 때부터 액상과 고상으로 분리 수거해 최종 처리한다.
방재 자재 재사용	방제작업자가 착용하는 작업복, 장화, 장갑 및 작업도구들도 사용한 후에는 폐기되어 많은 폐기물을 발생시킨다. 방제 자재들을 최대한 재사용해 폐기물의 발생을 억제하는 것이 중요하다.

제 3 절 HNS 해양사고 방제

1. 의의

국내 규정	① 「해양환경관리법」: 해양환경에 해로운 결과를 미치거나 미칠 우려가 있는 기름 이외의 액체물질과 그 물질이 함유된 혼합 액체물질(유해액체물질) 및 포장된 형태로 선박에 의해 운송되는 유해물질 중 해양에 배출되는 경우 해양환경에 해로운 결과를 미치거나 미칠 우려가 있는 물질(포장유해물질)을 말한다. ② 국가긴급 방제계획: 해양에 배출 시 해양자원이나 생명체에 막대한 위해를 미치거나 해양의 쾌적성 또는 적법한 이용에 중대한 해를 야기하는 물질로서 「해양환경관리법」 제2조 제7호의 액체유해물질 및 제8호의 포장유해물질과 산적으로 운송되며 화재, 폭발 등의 위험이 있는 물질(액화가스류 포함)로 정해 고시하는 물질(총 68종)을 말한다.
국외 규정	OPRC-HNS의정서: 기름 이외의 물질로서 해양환경에 유출되어 인체에 해를 주거나 생물 자원 및 해양생물에 손해를 끼치거나 유착시설을 파괴하거나, 또는 기타 해양의 정당한 사용을 방해할 가능성이 있는 물질을 말한다.

2. 법적 근거

국내법	① 「해양환경관리법」(제61조, 62조, 64조, 65조, 114조) ② 「재난 및 안전관리기본법」(제14조, 제20조, 제35조~제39조, 제56조) ③ 「수난구호법」(제6조, 제9조)
국제협약	① 「기름오염 대비·대응 및 협력에 관한 국제협약」(OPRC협약) ② 위험·유해물질 오염사고 대비·대응 및 협력에 관한 의정서(OPRC-HNS) ③ 「해양오염방지협약」(73/78 MARPOL) ANNEX Ⅱ, Ⅲ ④ 해상인명안전협약(SOLAS) Chapter Ⅶ(위험물의 운송)Part A, A-1, B, C

3. 적용 범위

① 영해 및 배타적 경제수역에서 위험유해물질(HNS) 유출사고로 인해 예상되는 해양 재난 수습과 관련된 해양경비안전본부, 지방해양경비안전본부, 해양경비안전서 제반 활동에 적용한다.

② 선박·해양시설로부터 HNS가 유출되는 사고로 심각한 피해가 예상되어 범정부 차원의 조치가 필요한 사고에 적용한다.

③ 공해상이나 인접국 해역에서 발생했으나 우리나라 연안에 영향을 미칠 우려가 있는 HNS 유출사고에 적용한다.

4. 사고 유형

화재	HNS는 산소와 작용해 에너지를 방출(화재)하고 연기와 유독가스를 발생시킨다.
폭발	갑자기 에너지가 방출되어 충격이나 강한 압력파를 생성시켜 발생하는 현상을 말하며, 연소성 가스, 증기 및 고형물은 공기 중에서 폭발성 혼합물을 발생시키기도 한다.
정전기 위험	① 정전기는 전하가 정지 상태로 있어 전하의 분포가 시간적으로 변화하지 않는 전기를 말하며, 어떤 작업에 의해 연소에 충분한 에너지와 함께 정전기 방전에서 전하가 갑작스럽게 방출되어 축적됨으로써 심각한 폭발을 유발한다. ② 통상 액체를 펌프로 빈 탱크에 채워넣는 초기에 튀거나 교란이 일어날 때, 탱크 세정 중 노즐에서 액체를 뿌릴 때 등 정전기가 증강되어 사고가 발생한다.
중독 위험	HNS에 의해 인체에 독성 효과가 나타나는 경우는 가스나 입자성 물질의 흡입, 중독된 음식의 섭취, 피부나 눈에 접촉, 상처난 피부를 통해 유입될 수 있다.

반응성, 부식성 위험	어떤 물질이 일정한 에너지 상태에서 자연적으로 반응하거나 다른 물질과 접촉해서 반응하는데 이 같은 물질의 반응성으로 인해 독성 가스 및 과도한 열의 발생 또는 격납 계통에 파열을 일으킬 수 있다.

5. HNS의 해상 거동 특성

5대 거동 형태	가스, 증발, 부유, 용해, 침전
결정 인자	① 증기압: 액체 또는 고체가 증발하는 압력. 증기가 액체나 고체와 동적 평형 상태에 있을 때의 포화 증기압(단위 mmHg, kPa 등) ② 밀도: 단위 체적당 질량(물질의 질량 / 물질의 체적) ③ 용해도(%) = (용질의 무게 / 포화용액의 무게) × 100
산적 및 포장 물질 거동 특성	① 산적 물질: 12가지(G, GD, E, ED, F, FD, FE, FED, D, DE, S, SD) ② 포장 물질: 3가지(PF, PI, PS)

6. HNS 방제 장비

기본 방제장비	① 가스탐지기: 복합가스탐지기, 유해가스검지기, VOC 측정기 ② 개인보호장구: 화학 보호복, 냉각조끼 ③ SCBA 호흡장구: 방독마스크, 내화학 보호장갑 및 장화 ④ 샘플링 장치: 해수 샘플러, 대기 샘플러
소방 및 증기 억제장비	① 소방방제선: 선박의 화재나 해상의 화재를 소화시키는 특수 선박 ② 소방작업복: 강한 열이나 호스에서 뿜어져 나오는 수증기로부터 신체를 보호 ③ 약제: 폼약제, 고분자흡수제 등 ④ 살포장치: 약제살포기, 이동식 소화약제분사 시스템
유출물질 회수장비	① HNS용 붐 및 회수기 ② 집유형 약제살포장치 ③ 임시저장탱크 ④ HNS 여과장치
기타 방제장비	인원이나 장비의 제독을 위한 제독샤워실, 제독약제, 방수방폭 통신기기, 훈련용 보호복 등이 있다.

7. HNS 해양사고 대응활동

예방	① 사고 선박: 환경 피해를 최소화하기 위해 연안역의 적당한 장소로 선박을 예인한다. ② 위험구역: 유출사고 발생 장소를 중심으로 항해 선박의 통항과 어로행위를 금지한다. ③ 민감지역: 유출된 부유물질이 항만, 양식장, 철새도래지 등 생태적·경제적 민감지역으로 이동을 차단하기 위해 해당 구역에 오일붐 설치 보호한다. ④ 해수 취수관: 공장 냉각용수, 양식장 해수 공급 취수관 등에 오일붐을 사전에 설치해 오염 피해를 예방 보호한다.
방재	① 선박 선회: 바람에 대한 선박의 위치를 변경하는 등 조치를 통해 유독가스나 연기나 선박 탑승자에게 향하지 않도록 한다. ② 선박 예인: 유출사고로 인한 폭발 및 독구름 피해를 예방하기 위해 잠재적 위험구역으로부터 선박을 외해로 예인한다. ③ 적재화물 환적: 사고 선박에 적재된 화물을 다른 선박 또는 다른 용기로 옮겨 싣는다. ④ 계획 방출: 선체 부상, 경사 완화, 손상 탱크 감압 등의 목적으로 계획적으로 적재화물을 방출한다. ⑤ 증기량 감소: 항내 및 항 부근에서 증발을 억제시켜 증기의 확산을 제한하기 위해 살수 커튼 및 거품층을 사용한다. ⑥ 선박·화물 폭파 및 침몰: 외해에서 유출원을 파괴시킴으로써 위험을 제거하는 극단적인 방법이다. ⑦ 유류오염 방제 방법: 기름과 유사한 특성을 지닌 부유물질은 유류오염사고 대응 시와 동일하게 오일붐을 설치하고 유회수기로 회수한다. ⑧ 침강물질 회수: 공압 드렛지(dredge: 해저 시료 채취기)를 사용해 침강물질 및 오염 퇴적물을 제거하고 회수된 물질은 파이프를 통해 이송한다. ⑨ 산성물질의 중화: 산이나 염기를 유출물질에 적용시켜 중화시킨다. ⑩ 캡핑: 캡핑(capping)은 침강물질 위를 감싸거나, 씌우거나, 부착해 해양환경과의 접촉을 차단한다.
회수물질 처리	① 현장 소각: 회수물질 및 폐기물을 현장에서 태우는 방법이다. ② 소각장치에 의한 소각: 고정식 또는 이동식 소각기를 이용해 회수된 물질 및 폐기물을 소각시킨다. ③ 습식 산화 공정: HNS물질을 탈수시키지 않고 충분한 산소를 공급하면서 직접 산화시켜 분해시키는 방법이다. ④ 열분해: 무산소 또는 저산소 상태하에서 온도를 상승시켜 유기물질을 열화학적으로 분해하는 것을 말한다. ⑤ 기타 방법: 「토양경작법」 및 「지하저장법」 등이 있다.

참고 문헌

국내 문헌

경찰고시자료개발연구회(2014). 「해양경찰실무」, 경안기획.

경찰대학(2002). 「경찰경비론」, 대한문화사.

______(2002). 「경찰수사론」, 대한문화사.

______(2002). 「경찰외사론」, 대한문화사.

______(2002). 「경찰학개론」, 대한문화사.

교육원 집필위원(2016). 「해양경찰 승진시험 제1권 기초실무」, 문두사.

______(2016). 「해양경찰 승진시험 제2권 관리운영」, 문두사.

______(2016). 「해양경찰 승진시험 제3권 경비안전」, 문두사.

______(2016). 「해양경찰 승진시험 제4권 정보수사」, 문두사.

권영호 · 고헌환(2010). 「해양경찰법」, 제주대학교출판부.

김남진(2004). 「경찰행정법」, 경세원.

김동희(2012). 「행정법(Ⅱ)」, 박영사.

김은표(2014). 「김은표 뉴멘토경찰학개론」, 넥센.

김재규(2016). 「경찰학개론」, 이득북스, 2016.

박균성(2012). 「행정법강의」, 박영사.

박균성 · 김재광(2011). 「경찰행정법」, 박영사.

박준철(2007). 「박준철 경찰학개론」, 박문각.

박형신 · 박영식(2013). 「단원화경찰학」, 오래.

백완기(2007). 「행정학」, 박영사.

서동일(2016). 「해사법규」, 서울고시각.

손영태(2013).「해양경찰법체계」, 지식인.
신현기(2006).「경찰학개론」, 법문사.
오정동(2016).「해양경찰학개론」, 서울고시각.
윤종휘(2013).「기본 해양어염방제」, 다솜출판사.
이상규(2000).「신행정법론」(하), 법문사.
전국9개대학해양경찰학과교수(2016). 해양경찰교육원,「해양경찰학개론」, 문두사.
정진환(2006).「경찰행정론」(개정신판), 대영문화사.
최교호(2012).「해양오염방제론」 문두사.
최찬문 · 안장영(2012).「해기사 및 해양경찰을 위한 해상 수색 및 구조론」, 제주대학교출판부.
해양경비안전교육원(2016).「해양범죄수사과정」, 해양경비안전교육원.
허경미(2015).「경찰학개론」, 박영사.

순길태

(전)
해양경찰청 정보과장, 형사과장 역임
태안·인천해양경찰서장 역임
속초해양경비안전서장 역임

(현)
관동대학교 경찰행정학과 초빙교수
인하대학교 행정학과 외래교수
해양경비안전교육원 외래교수
안전문화포럼 부회장
한국해양경찰학회 이사
한국경찰연구학회 이사

<논문>

해적 대응을 위한 민간무장보안요원에 관한 연구, 「형사정책연구」, 제26권(2), KCI 등재, 2015-06-30

해양경비안전본부 수사권 분석 및 합리적 개선 방안에 관한 연구, 「한국해양경찰학회보」, 제5권(1), KCI 등재, 2015-06-30

해양경비안전본부 지위 재정립에 관한 연구, 「한국경찰연구」, 제14권(2), KCI 등재, 2015-06-30

수난구호 업무의 효율화를 위한 민간해양구조세력의 체계적 관리에 관한 연구, 「해양환경안전학회지」, 제21권(4), KCI 등재, 2015-08-30

해양경비안전본부의 정보활동의 법적, 제도적 측면의 문제점 분석 및 개선 방안 연구, 「한국경호경비학회지」, 제44권, KCI 등재, 2015-09-31

해상집회 및 시위의 보호와 규율을 위한 법정책적 고찰, 「해양환경안전학회지」, 제21권(5), KCI 등재, 2015-10-30

해양대테러 활동분석 및 효율적 대응을 위한 제언, 「한국경찰연구」, 제15권(1), KCI 등재, 2016-03-31

해양변사미제사건 감소를 위한 과학적 수사기법 도입에 관한 연구, 「한국경찰연구」, 제15권(3), KCI 등재, 2016-09-30

지리적 프로파일링을 활용한 해양범죄 및 해양사고 대응력 강화에 관한 연구, 「한국경호경비학회지」, 제48, KCI 등재, 2016-09-30

The Comparative Study of NORTH-EAST ASIAN Nations' POLICIES and Countermeasure Against Maritime Security Threats, *Internationsl Journal of Police and Policing*, 1(1), 2016-06-30

A Study on Problems & Countermeasures Related to Illegal Fishing by Chinese Boats in Neutral Zone of Han River Eastuary, *Internationsl Journal of Police and Policing*, 1(2), 2016-12-31

해양경찰학개론

펴낸날 제1판 제1쇄 2017년 3월 20일
지은이 순길태
펴낸이 임춘환
펴낸곳 도서출판 대영문화사
주소 서울특별시 용산구 청파로 61길 5(청파동 1가) 제일빌딩 2층
등록 1975년 12월 26일 제3-16호
전화 (02)716-3883, (02)714-3062
팩스 (02)703-3839
홈페이지 http://www.dymbook.co.kr

ISBN 978-89-7644-588-9
값 30,000원